Le Japonais
Collection Sans Peine

par Catherine Garnier
et Mori Toshiko

Illustrations de Nico

Nos méthodes

sont accompagnées d'enregistrements sur CD audio, clé USB ou téléchargement, et existent désormais en version numérique*.

*e-méthode disponible sur le site
www.assimil.com, Google Play et App Store

Sans Peine

L'allemand
L'anglais
L'anglais d'Amérique
L'arabe
Le bulgare
Le chinois
Le coréen
Le croate
L'égyptien hiéroglyphique
L'espagnol
Le finnois
Le grec
Le grec ancien
L'hébreu
Le hindi
Le hongrois
L'indonésien
L'italien
Le japonais
Le japonais l'écriture kanji
Le khmer
Le latin
Le malgache
Le néerlandais
Le norvégien
Le persan
Le polonais
Le portugais
Le portugais du Brésil
Le roumain
Le russe
Le sanskrit
Le suédois
Le swahili
Le thaï
Le turc
L'ukrainien
Le vietnamien

Perfectionnement

Allemand
Anglais
Espagnol
Italien
Russe

Langues régionales

Le breton
Le catalan
Le corse
L'occitan

Affaires

L'anglais des affaires

Objectif langues

Apprendre l'allemand
Apprendre l'anglais
Apprendre l'arabe
Apprendre le chinois
Apprendre le coréen
Apprendre le créole guadeloupéen
Apprendre le danois
Apprendre l'espagnol
Apprendre l'islandais
Apprendre l'italien
Apprendre le japonais
Apprendre le néerlandais
Apprendre le portugais
Apprendre le russe
Apprendre le serbe
Apprendre le tchèque
Apprendre le wolof

Sommaire

Introduction VII
Les mots de la langue.. VII
Écriture et prononciation.. IX
Comment utiliser votre méthode Assimil de Japonais ? XVI

Leçons 1 à 98

1. Pour commencer 1
2. ピカソ展 L'exposition Picasso 5
3. 朝食 Le petit-déjeuner 9
4. 税関 À la douane 14
5. 買物 Les courses 17
6. 東京 スカイ ツリー Tôkyô Sky Tree 23
7. まとめ Révision 29
8. 映画 Le cinéma 35
9. 中華 料理 Au restaurant chinois 41
10. テレビ La télévision 47
11. 朝 Le matin 51
12. 喫茶店 Au café 57
13. 約束 Le rendez-vous 63
14. まとめ Révision 67
15. 紹介 Présentation 73
16. 日曜日 Dimanche 77
17. のみ の 市 Le marché aux puces 85
18. 本屋 À la librairie 91
19. コンサート Le concert 97
20. 禁煙 Interdit de fumer 103
21. まとめ Révision 109
22. 郵便局 À la poste 117
23. 仕事 Le travail 123
24. アパート L'appartement 129

25	小説 Le roman	135
26	中国 へ 行く Voyage en Chine	141
27	飛行場 に 着く Arrivée à l'aéroport	147
28	まとめ Révision	155
29	誕生日 L'anniversaire	163
30	夏 休み Les vacances d'été	171
31	バーゲン Les soldes	179
32	高速道路 L'autoroute	187
33	ハチ公 Hachikô	195
34	不動産屋 さん Chez l'agent immobilier	201
35	まとめ Révision	209
36	苗字 Les noms de famille	215
37	ハチ公（続き）Hachikô (suite)	223
38	書類 Le formulaire	231
39	両親 へ の 手紙 Lettre aux parents	237
40	工場 見学 La visite d'une usine	245
41	変わった 人 Quelqu'un d'original	253
42	まとめ Révision	259
43	S. F. La science-fiction	267
44	ホテル L'hôtel	273
45	銀行 La banque	279
46	医者 Chez le médecin	287
47	音楽 La musique	295
48	秋 の 日 の… De l'automne	303
49	まとめ Révision	309
50	美術館 Au musée	317
51	道 を 探す Chercher son chemin	323
52	スポーツ Les sports	331
53	見舞 La visite	339
54	海岸 で Au bord de la mer	345
55	日本 へ 行く Partir au Japon	353
56	まとめ Révision	361

57	歴史 の 道 Chemin de l'histoire	367
58	選挙 Les élections	375
59	故障 Les pannes	383
60	新幹線 Le Shinkansen	391
61	返事 La réponse	399
62	銭湯 Le bain public	407
63	まとめ Révision	415
64	雑誌 La revue	423
65	カメラ を 選ぶ Choisir un appareil photo	431
66	家 を 建てる Construire sa maison	439
67	富士山 Le Mont Fuji	447
68	皇室 La famille impériale	457
69	お 見合い 1 Le mariage arrangé 1	467
70	まとめ Révision	475
71	お 見合い 2 Le mariage arrangé 2	483
72	スキー Au ski	491
73	静か な 晩 Une soirée tranquille	501
74	思い出 Souvenirs	511
75	キャンプ Camping	521
76	お 金 が あれば Si j'avais de l'argent	531
77	まとめ Révision	541
78	お 正月 の 挨拶 Visite de Nouvel An	549
79	新宿駅 La gare de Shinjuku	557
80	学生 の 部屋 Une chambre d'étudiant	567
81	風邪 Un rhume	577
82	ペット Les animaux de compagnie	583
83	文学 La littérature	593
84	まとめ Révision	603
85	金閣寺 Le Kinkakuji	611
86	上京 1 Visite à la capitale 1	621
87	上京 2 Visite à la capitale 2	629
88	貨幣 1 La monnaie 1	639

89	貨幣 2 La monnaie 2	649
90	花見 Le jour des cerisiers	663
91	まとめ Révision	673
92	学校 L'école	681
93	遠足 L'excursion	689
94	日常会話 Conversation banale	699
95	友情 L'amitié	707
96	ピアノ を 買う L'achat d'un piano	717
97	職業 Les métiers	727
98	まとめ Révision	737

Index grammatical 750
Transcription des réponses aux exercices 2 755
Liste des expressions usuelles 758
Lexique transcription-japonais-français 760
Lexique français-japonais-transcription 801

Introduction

Bonjour et bienvenue dans la méthode *Le japonais* collection Sans Peine. Pour bien débuter, nous vous recommandons de prendre le temps de lire et de relire cette introduction, qui vous mettra d'emblée au cœur de la langue japonaise, en vous exposant ses caractéristiques et en vous expliquant honnêtement ce qui est vraiment facile ou ce qui peut être un peu plus ardu. Mais surtout en vous faisant découvrir tout ce que cet univers linguistique a de fascinant.

Les mots de la langue

Un bon côté de la langue japonaise, ce sont les mots qui la composent.

Les noms

Prenons les noms, par exemple. Ils n'ont ni genre, ni nombre, pas d'article. Nul besoin donc de se creuser la tête pour se rappeler s'ils sont masculins ou féminins, ni de trembler devant les accords de participes, les *s* ou les *x* : たまご **tamago** *[tamago]*, c'est *l'œuf, un œuf, les œufs, des œufs, mon œuf, tes œufs*, etc. ; じどうしゃ **jidôsha** *[djidoocha]* c'est *la voiture, ma voiture, sa voiture, des voitures, leurs voitures*, etc.

Les verbes

On est bien loin de nos longs tableaux de conjugaison. Bien sûr, ils ont plusieurs formes, mais ils n'en changent pas selon les personnes. たべます **tabemasu** *[tabémass']*, signifie *je mange, tu manges, il/elle mange, nous mangeons, vous mangez, ils/elles mangent* et quelquefois même, *je mangerai…, ils/elles mangeront*. Quelle économie ! En 15 leçons, vous aurez déjà rencontré la plupart des formes les plus usuelles. Les verbes irréguliers ? Il n'y en a que 3 et qui le sont seulement partiellement. En revanche, il arrive que l'on emploie un verbe différent pour parler de soi ou des autres, ou bien que l'on fabrique des suites un peu longues de verbes et de suffixes, mais nous verrons cela plus tard.

Les adjectifs

Arrêtons-nous un moment aux adjectifs : leur fonctionnement pourrait bien vous sembler un peu bizarre. En effet, les mots qui correspondent à nos adjectifs se comportent de la même manière que les verbes. C'est-à-dire qu'ils changent de forme selon le temps (au présent ou au passé), la forme de la phrase (affirmative ou négative), etc. Par ailleurs, notez que, comme les verbes japonais, ils ne différencient pas les personnes : ちいさい **chiisai** *[tchïissaill']* veut dire *c'est petit*, mais aussi, *je suis petit, tu es petit, il/elle est petit/e,… ils sont petits* ; ちいさくない **chiisakunai** *[tchïissakounaill']*, *ce n'est pas petit*, mais aussi *je ne suis pas petit, il n'est pas petit, vous n'êtes pas petits*, etc. Nous y reviendrons tranquillement au fur et à mesure des leçons.

L'ordre des mots

Là où il va vous falloir faire une petite gymnastique cérébrale, c'est au niveau de l'ordre des mots de la phrase : il est complètement à l'inverse du nôtre. Le verbe (ou l'adjectif) sera toujours à la fin et tous les compléments (et le sujet, quand il y en a un) seront avant lui. Une phrase comme : *Il y a du pain et du café sur la table de la cuisine* sera : "cuisine. de. table. sur. pain. et. café. il y a." C'est une habitude à prendre et, après tout, vous verrez que c'est très logique et pas si compliqué que ça en a l'air !

Alors, direz-vous, si tout vient devant le verbe, comment faire la différence entre le sujet et les compléments, et entre les compléments ? Eh bien, les Japonais possèdent un petit système très ingénieux. Après chaque mot, ils placent une petite syllabe (parfois deux) dont le rôle est justement d'indiquer la fonction du mot qui le précède.

Ainsi, regardez la phrase suivante : パン を たべます **pan o tabemasu** *[pan.n' o tabémass']* ; **pan** *[pan.n']*, c'est *du pain* ; **tabemasu** *[tabémass']*, c'est *manger*, et le petit **o** entre les deux, veut dire : "**pan** est le complément d'objet de **tabemasu**". Toute la phrase signifie donc : *Je (tu, il/elle, nous, vous, ils/elles) mange du pain*.

Autre exemple : バス で いきます **basu de ikimasu** *[bassou dé ikimass']* ; **basu** *[bassou]*, *bus* ; **ikimasu** *[ikimass']*, *aller*. Le **de** *[dé]* entre les deux veut dire : "**basu** est le complément de moyen de **ikimasu**" et la phrase signifie *Je (tu…) vais en bus*.

Comme ces petits mots, qu'on appelle en jargon savant des **particules enclitiques**, n'ont pas de traduction possible en français, nous avons choisi d'indiquer leur fonction entre crochets dans la traduction littérale :

ペン を たべます
pan o tabemasu
[pan.n o tabémass']
je mange du pain (litt. "pain [objet] manger")

バス で 行きます
basu de ikimasu
[bassou dé ikimass']
je vais en bus (litt. "bus [moyen] aller")

Rassurez-vous, le japonais ne compte que dix particules enclitiques, et comme elles sont très employées, vous serez surpris de voir qu'une vingtaine de leçons vous suffira à les assimiler parfaitement. Évidemment, la langue japonaise dispose de bien d'autres mots pour faire des phrases et possède des constructions un peu plus difficiles, mais nous avons 98 leçons pour nous en occuper, alors…

Écriture et prononciation

1 La prononciation

Un autre bon côté de l'étude du japonais, c'est que sa prononciation ne pose aucune difficulté pour les Français. 95 % des sons du japonais existent en français. Pour les 5 % qui restent, vous comprendrez très vite après avoir lu les explications ci-dessous. Dès la 7ᵉ leçon, vous n'y penserez même plus ! D'ailleurs, cette prononciation est si simple que nous n'indiquerons la prononciation figurée qu'au cours des 35 premières leçons. Ensuite nous n'emploierons plus que la transcription officielle. Il y a donc seulement quelques points auxquels il vous faudra faire un peu attention au début.

1.1 Les consonnes

Pour les consonnes, c'est le plus facile :
– Tous les **h** que vous trouverez sont aspirés : **ha**, **hi**, **he**, **ho**, **hyo**…
– En japonais il n'y a pas de *r* ni de *l*, mais un son entre les deux.

La transcription officielle (d'origine américaine) note ce son par un **r**. Mais comme il est plus proche du *l* français, nous le noterons, au début, dans la prononciation figurée, par un *[l]* : *[la], [li], [lou], [lé], [lo], [lyo]*.

– On trouvera souvent dans la transcription officielle deux consonnes identiques qui se suivent : **tt**, **kk**. Pour prononcer ce **tt**, c'est très simple. Il suffit de reproduire le même son que lorsqu'on dit *"At… choum"* pour imiter un éternuement, en coupant le mot en deux et en retenant le *t*. Ou bien si vous dites *le sa…c que… j'ai acheté*, c'est-à-dire qu'on commence à prononcer le **t** ou le **k**, on le tient un peu, et on le termine : **shitte** *[chit'té]*, **ikka** *[ik'ka]*, **rokka** *[lok'ka]*.

1.2 Les voyelles

Pour les voyelles, ce n'est guère plus compliqué :

– Il y a des voyelles qui doivent être prononcées longues. Elles sont tenues un peu plus longtemps que les autres. Dans la transcription officielle, on les indique par un accent circonflexe (ou un trait) sur la voyelle. Dans la prononciation figurée, elles seront doublées : **sô** *[soo]* ; **ikimashô** *[ikimachoo]*. C'est très important de ne pas oublier de les allonger, car sinon, il y a des mots qui deviennent incompréhensibles.

– Vous rencontrerez très souvent un son qui est transcrit par **u** dans la transcription officielle. C'est le seul qui vous posera peut-être quelques problèmes. Mais comme il revient sans cesse, vous vous y ferez très vite. Selon le contexte, ce son se prononcera ou bien *[u]* (c'est le cas le plus rare), ou bien entre *[eu]* et *[ou]* (il sera noté *[ou]* dans la prononciation figurée), soit, c'est très fréquent, il ne se prononce pas du tout. Dans ce cas, la prononciation figurée le remplacera par une apostrophe : **arimasu ka** *[alimass' ka]*.

– Le dernier point un peu délicat est la prononciation de ce que la transcription officielle écrit **in**, **en** et **an**, **on**. Pour **in** et **en**, pas de problème, c'est un *[i]* ou un *[é]*, plus un *[n]*, comme dans *mine* ou *mène*. Nous l'écrirons *[in']* ou *[èn']* dans la prononciation figurée. Pour **an** et **on**, c'est un peu plus compliqué. C'est comme si on avait d'abord *[an]* et *[on]*, comme en français : *Jour de l'an*, *on m'a dit*, plus un *[n]*. Nous l'écrirons : *[an.n']* et *[on.n']*.

Voilà, c'est tout. Avec ces quelques explications, un minimum d'attention, quelques exercices et un peu d'oreille, vous êtes paré pour prononcer n'importe quelle phrase en japonais.

Nous ne vous ennuierons pas avec des histoires d'accent tonique, d'intonation, etc., qui ne sont pas tellement importantes pour vous faire comprendre. Pour les premières leçons, une intonation tout à fait plate ira très bien, sauf pour les questions, où le ton monte à la fin, comme en français. C'est tout naturellement que vous vous mettrez à varier votre intonation, et à acquérir ainsi, sans même vous en apercevoir, une prononciation vraiment japonaise.

Une seule chose donc, est à mettre dans un coin de votre tête et à ne pas oublier : faire attention à la prononciation des voyelles longues !

2 L'écriture

Parce qu'il faut bien quelque difficulté pour donner à l'apprentissage d'une langue toute sa saveur, en voilà une toute trouvée pour le japonais : l'écriture. En effet, il serait vain de le cacher, l'écriture japonaise est difficile. Si nous avons choisi de vous l'enseigner au cours de cet ouvrage, c'est parce qu'elle fait partie intégrante de la langue japonaise et qu'il est indispensable de la maîtriser pour apprendre efficacement à parler japonais. Plus de cent millions de personnes vivent, travaillent en utilisant cette écriture. Pourquoi pas vous ?

Pour cela, voyez d'abord d'où vient la difficulté : les Japonais utilisent en fait deux systèmes d'écriture en même temps. Si vous avez déjà eu l'occasion de voir un texte japonais, et si vous êtes un peu observateur, vous avez déjà eu l'occasion de repérer les deux systèmes. Sinon, faites le test maintenant. Regardez le texte suivant et essayez de trouver les éléments de chaque système.

明治の中ごろは、アメリカおよびイギリス、フランス、ドイツ、ロシアなど、ヨーロッパ諸国ともさかんに貿易をしました。さらに学問、文学、美術、音楽などの面でもいろいろな影響を受けました。

RÉPONSE

1er système

(1) のごろはおよびもさかんにをしましたさらにがくをうけました

(2) アメリカイギリスフランスドイツロシアヨーロッパ

2e système

明治中諸国貿易学問文学美術音楽面影響受

Comme vous le montre très clairement la réponse, vous avez d'un côté des signes très simples faits d'un, deux ou trois traits, et de l'autre des signes beaucoup plus complexes qui ont l'air d'îlots dans une mer. Voyez-vous la différence ? Bravo, vous savez d'ores et déjà distinguer les éléments des deux systèmes.

2.1 Les kana

Le premier système, celui dont les signes sont les plus simples, est un système syllabique, c'est-à-dire que chaque signe correspond à une syllabe. Cela s'appelle des **kana**. Si nous regardons la réponse à notre exemple, ce sont les signes des paragraphes 1 et 2. Si l'on reprend ceux du début :

の = **no**, ご = **go**, ろ = **ro**, ア = **a**, メ = **me**, リ = **ri**, カ = **ka**, お = **o**, よ = **yo**, び = **bi**

Mais pour corser un peu l'affaire (peut-être l'aviez-vous remarqué), il existe deux sortes de **kana** : les **hiragana** et les **katakana**.

Ils vous sont présentés dans des tableaux à la fin des deux paragraphes qui leur sont consacrés. Cela ne signifie pas que vous devez vous mettre à les apprendre tout de suite !... Nous avons tout prévu et cet apprentissage viendra en temps utile. Ces tableaux sont seulement là pour vous servir de référence.

Chacune de ces sortes de **kana** comporte un nombre limité de signes : 46 pour chacun, correspondant à la combinaison de presque toutes les voyelles existantes (5) avec les consonnes existantes (9).

• Les hiragana
Ils servent à écrire les mots japonais. Vous en trouvez des exemples sous le (1) de la réponse. Ils sont plutôt arrondis. Certains **hiragana** reviennent régulièrement, surtout ceux qui servent pour les terminaisons des verbes et les particules enclitiques (ces petites syllabes qui servent à indiquer la fonction des mots, dont nous parlions plus haut).
Vous réussirez très vite à les identifier.

Le syllabaire hiragana

	wa	ra	ya	ma	ha / ba / pa	na	ta / da	sa / za	ka / ga	a
	わ	ら	や	ま	は / ば / ぱ	な	た / だ	さ / ざ	か / が	あ
		ri		mi	hi / bi / pi	ni	chi	shi / ji	ki / gi	i
		り		み	ひ / び / ぴ	に	ち	し / じ	き / ぎ	い
		ru	yu	mu	fu / bu / pu	nu	tsu	su / zu	ku / gu	u
		る	ゆ	む	ふ / ぶ / ぷ	ぬ	つ	す / ず	く / ぐ	う
		re		me	he / be / pe	ne	te / de	se / ze	ke / ge	e
		れ		め	へ / べ / ぺ	ね	て / で	せ / ぜ	け / げ	え
n ん	o を	ro ろ	yo よ	mo も	ho / bo / po ほ / ぼ / ぽ	no の	to / do と / ど	so / zo そ / ぞ	ko / go こ / ご	o お

• Les katakana

Ils servent à écrire les mots d'origine étrangère : noms propres de personnes ou de lieux, et noms communs empruntés (surtout d'origine américaine). Vous en voyez des exemples sous le (2) de la réponse. Leur forme est assez différente de celle des **hiragana**. Elle est plus anguleuse, encore plus simple.

Le syllabaire katakana

wa ワ	ra ラ	ya ヤ	ma マ	ha ハ / ba バ / pa パ	na ナ	ta タ / da ダ	sa サ / za ザ	ka カ / ga ガ	a ア
	ri リ		mi ミ	hi ヒ / bi ビ / pi ピ	ni ニ	chi チ	shi シ / ji ジ	ki キ / gi ギ	i イ
	ru ル	yu ユ	mu ム	fu フ / bu ブ / pu プ	nu ヌ	tsu ツ	su ス / zu ズ	ku ク / gu グ	u ウ
	re レ		me メ	he ヘ / be ベ / pe ペ	ne ネ	te テ / de デ	se セ / ze ゼ	ke ケ / ge ゲ	e エ
n ン	(o) (ヲ)	ro ロ	yo ヨ	mo モ	ho ホ / bo ボ / po ポ	no ノ	to ト / do ド	so ソ / zo ゾ	ko コ / go ゴ	o オ

2.2 Les kanji

Il en va autrement pour le deuxième système, celui des caractères plus complexes. C'est le point noir pour tous ceux qui étudient le japonais. Autant le savoir, et faire sienne la maxime "patience et longueur de temps font plus que"… désespoir !

Ce deuxième système c'est ce qu'on appelle les **kanji** 漢字, c'est-à-dire tout simplement les *caractères* (字) *chinois* (漢) qui ont été, comme leur nom l'indique, empruntés par les Japonais à la Chine. Ce sont des idéogrammes, c'est-à-dire que chaque caractère correspond à un sens. Ainsi le caractère 人 correspond au sens *humain*. Utilisé par les Chinois, il aura une certaine prononciation. Utilisé par les Japonais, il en a une autre. Utilisé par les Coréens, il en a encore une autre. Et si nous voulions nous amuser à écrire le français avec ces idéogrammes, nous pourrions l'utiliser et le prononcer : *homme*. Il y a donc une différence fondamentale entre le système des kana et celui des kanji : *le feu*, en japonais, se dit **hi** (avec un **h** aspiré !). On peut l'écrire en utilisant un hiragana : ひ. Mais cet hiragana pourra aussi être employé dans tous les mots où il y a la syllabe **hi**, comme en français, même si *a* est le verbe *avoir* à la troisième personne (*il a*), la lettre *a* peut être employée dans une grande quantité d'autres mots. En revanche, si nous voulons employer un kanji, nous emploierons 火 qui se prononcera bien **hi**, mais ce caractère-là aura un unique sens, il ne voudra toujours dire que *le feu* : 火 = *le feu*.

Toutes ces explications pour en arriver au point crucial. Accrochez-vous bien ! Si l'on reprend, un idéogramme correspond à un sens. Prenons 煙 qui veut dire *la fumée* (et comme il n'y a pas de fumée sans feu, on trouve dans le dessin de la fumée, le dessin du feu : 火 ; en voyant ce caractère nous comprenons qu'il y a un rapport avec le feu… Ça aide, parfois !). Les Japonais, avant d'écrire leur langue avec les caractères chinois, faisaient déjà du feu ! et avaient, bien sûr, un mot pour dire *fumée*. C'était : **kemuri** *[kémouli]*. Que s'est-il passé quand ils ont emprunté les caractères à la Chine ? Ils ont trouvé ce caractère 煙, et puisque cela voulait dire *fumée*, ils l'ont choisi pour écrire leur **kemuri** *[kémouli]*. Et partout où on voyait ce caractère, on lisait désormais *[kémouli]*. Jusque-là le principe est simple.

Mais, malheureusement pour nous, les Japonais ont eu une autre idée, c'est de prendre non seulement l'écriture, mais aussi la prononciation chinoise. En chinois, ce caractère se prononçait à peu près comme **en** *[èn']*. Et les Japonais ont gardé cette prononciation dans le cas des mots composés. Par exemple, un mot composé : 煙害 qui veut dire *pollution par la fumée*, se prononcera **engai** *[èn'gaill']*, ce qui n'a plus rien à voir avec **kemuri** *[kémouli]*. Si bien que, pour finir, chaque **kanji** a au moins deux prononciations. L'une est le mot japonais primitif, l'autre, une adaptation de l'ancienne prononciation chinoise. Parfois certains caractères ont même plusieurs prononciations pour chaque catégorie.

Exemples tirés de notre texte :
– 国 *pays*
japonais : **kuni** *[kouni]* ; ancien chinois (revu par les Japonais) : **koku** *[kokou]*.
– 音 *bruit, son*
japonais : **oto** *[oto]* ou **ne** *[né]* ; ancien chinois : **on** *[on.n']* ou **in** *[in']*.
– 中 *intérieur*
japonais : **naka** ; ancien chinois : **chû** *[tchuu]* ou **jû** *[djuu]*.

Ne vous affolez pas. Il ne s'agit pas d'apprendre tout cela, de suite. Simplement nous emploierons les caractères chinois normalement, comme dans tout texte japonais, là où ils doivent être employés. Il s'agira pour vous, au début, et pendant toute la phase d'imprégnation, de les regarder, et d'apprendre petit à petit à reconnaître les plus usuels. Pour vous éviter la surprise de rencontrer le même caractère avec des prononciations différentes, nous avons souhaité vous montrer dès maintenant quelles subtilités vous guettent. Vous voilà prévenu ! Un homme averti en valant deux, il ne vous reste plus qu'à vous mettre à pied d'œuvre et à attaquer la première leçon.

Comment utiliser votre méthode Assimil de Japonais ?

La phase d'imprégnation

La première étape de votre étude correspondra à une phase dite d'imprégnation. Jusqu'à la 49ᵉ leçon, vous écouterez, vous lirez, vous ferez les exercices, vous vous amuserez à repérer les **kana** et les caractères chinois. Si vous avez envie tout de suite d'épater vos amis, vous pourrez en apprendre quelques-uns grâce aux tableaux qui précèdent, mais ce n'est pas obligatoire ! Il s'agit tout d'abord de bien comprendre, de vous laisser imprégner par la langue.

La phase d'activation

Ce n'est qu'à partir de la 50ᵉ leçon que vous entrerez dans la deuxième vague, la phase dite d'activation de votre apprentissage, c'est-à-dire qu'en plus de la leçon quotidienne, vous reprendrez une leçon déjà vue, en traduisant cette fois le français en japonais. Ainsi, après avoir travaillé en phase passive la leçon 50, vous travaillerez le même jour la leçon 1 en phase d'activation, lorsque vous aurez travaillé en phase d'imprégnation la leçon 51, vous reprendrez la leçon 2 en phase d'activation, etc. Comme vous aurez déjà compris beaucoup de choses, et que vos yeux et oreilles se seront habitués, vous parlerez naturellement, sans effort particulier, comme un enfant commence à parler après avoir longtemps assimilé le langage des adultes.

C'est au cours de cette phase que vous commencerez tranquillement (à partir de la leçon 57) les exercices d'écriture.

Organisation de votre apprentissage

Toutes les 7 leçons, une leçon de révision fera le bilan de ce que vous aurez vu précédemment, et vous aidera à le mettre en ordre. Vous serez étonné, chaque fois, de constater vos progrès.

La clé de votre réussite réside dans la régularité de votre travail. Il vaut mieux procéder à des séances de travail courtes mais fréquentes plutôt que de travailler beaucoup de temps en temps. Le plus difficile, il faut le savoir, sont les trois premières semaines, parce qu'il vous faut prendre le rythme. Mais c'est comme pour la marche ou la course : si vous allez trop vite, vous allez vous essouffler, si vous avancez trop irrégulièrement, vous allez vous fatiguer inutilement. Appliquez-vous dès le début à trouver votre rythme, et une fois lancé, ce sera avec plaisir et sans gaspillage d'effort que vous assimilerez la langue japonaise.

Les enregistrements

Les enregistrements vous proposent pour chaque leçon le dialogue et les phrases du premier exercice. Pour les douze premières leçons, le dialogue est enregistré deux fois (leçons de révision exclues). La première fois, chaque phrase est dite très lentement, afin que vous entendiez bien chaque syllabe. La deuxième fois, le texte est dit plus rapidement. La prononciation du japonais, nous venons de le voir dans l'Introduction, ne pose pas vraiment de problème.

Avant de commencer, il est absolument nécessaire de lire l'introduction qui précède, même si vous êtes faux débutant.
Dans la traduction des dialogues, les crochets [ ] permettent de repérer

第一課
だい いっ か
da i   i k   ka
[daill' ik' ka]

1 – 早く **1 2**。
   はや
   ha ya ku
   [hayakou]

2   行きましょう **3**。
    い
    i ki ma shô
    [ikimachoo]

3 – わかりました。
   wa ka ri ma shi ta
   [ouakalimach'ta]

4   どこ へ。
    do ko   e
    [doko é]

5 – あそこ へ。
   a so ko   e
   [assoko é]

6   暑い です ね **4**。
    あつ
    a tsu i   de su   ne
    [atsouï dèss' né]

7   そう です ね。
    sô   de su   ne
    [soo dèss' né]

Notes

1 N'oubliez pas : le **h** est aspiré !

1 • **ichi**

les mots nécessaires en français mais qui n'apparaissent pas dans la phrase japonaise. Les mots entre parenthèses ( ) et en italique indiquent la traduction littérale, mot à mot.

Première leçon
(ière-un-leçon)

Pour commencer

1 – Vite !
2   Allons[-y] !
3 – J'ai compris *(avoir-été-compréhensible)*.
4   Où *(où [destination])* ?
5 – Là-bas *(là-bas [destination])*.
6   Il fait chaud *(être-chaud c'est [accord])* !
7 – Oui alors *(ainsi c'est [accord])* !

2 Regardez bien le caractère chinois employé dans cette phrase. Au-dessus se trouvent des petits hiragana. C'est l'habitude japonaise que d'indiquer ainsi la prononciation d'un caractère. La prononciation de chaque caractère chinois vous est donc donnée trois fois : une fois en petits hiragana placés au-dessus de ce caractère (ici はや), une fois en transcription officielle (**ha ya**), une fois en prononciation figurée (*[haya]*). Ici, la transcription officielle et la transcription figurée sont identiques, mais ce n'est pas toujours le cas !

3 Les caractères chinois utilisés en Chine correspondaient tous à des mots invariables. Les verbes japonais, eux, varient (**ikimashô** *[ikimachoo]*, est une forme verbale d'un verbe qui en compte d'autres : **iku** *[ikou]*, **ikanai** *[ikanaill']*, etc). Si bien que pour les verbes, on garde le caractère chinois pour la partie invariable, ici le **i** : 行, et on écrit le reste avec des hiragana, -きましょう **-ki ma shô**. Ce qui donne : 行きましょう **ikimashô**, *allons*.

4 ね : les Japonais affectionnent particulièrement ces mots courts en fin de phrase, dits particules finales. Leur rôle est d'apporter une certaine nuance à la phrase. Ici, ce ね **ne** *[né]* montre à l'interlocuteur qu'on comprend bien sa situation et qu'on éprouve le même sentiment que lui : 暑い です ね **a tsu i de su ne** *[atsouï dèss' né]*, *il fait chaud* (= je crois que c'est ce que vous pensez et moi aussi je le pense) ; そう です ね **sô de su ne** *[soo dèss' né]* (phrase 7), *oui* (= je pense bien comme vous). Nous lui donnerons comme équivalent "[accord]" dans la traduction littérale.

ni • 2

1 / 第一課

<small>れんしゅう いち やく</small>
▶ 練習　1 - 訳 し なさい
ren shû　i chi ya ku　shi　na sa i
[lèn'chuu itchi yakou chi nassaill']

Exercice 1 – Traduisez
L'énoncé de l'exercice se traduit littéralement par "traduction faites".

❶ <small>はや</small>
早く。
hayaku
[hayakou]

❷ <small>い</small>
行きましょう。
ikimashô
[ikimachoo]

❸ <small>はや　い</small>
早く 行きましょう。
hayaku ikimashô
[hayakou ikimachoo]

***

<small>れんしゅう　　に　　　ことば　　　　　い</small>
練習　2 -　言葉　を　入れ　なさい
ren shû　ni　ko to ba　o　i re　na sa i
[lèn'chuu ni kotoba o ilé nassaill']

Exercice 2 – Complétez

L'énoncé de l'exercice se traduit littéralement par "mot [objet]mettez".

❶ Où ? Là-bas.
doko e ? . . . . . e

❷ Qu'il fait chaud !
atsui desu . .

3 •　**san**

Première leçon / 1

❹ わかりました。
wakarimashita
[ouakalimach'ta]

Corrigé de l'exercice 1
❶ Vite ! ❷ Allons-y ! ❸ Allons vite *(dépêchons-nous)* ! ❹ J'ai compris.

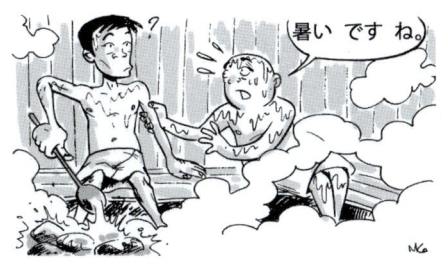

***

❸ Allons-y !
  iki . . . . .

Corrigé de l'exercice 2
❶ – asoko – ❷ – ne ❸ – mashô

2

<ruby>第<rt>だい</rt></ruby> <ruby>二<rt>に</rt></ruby> <ruby>課<rt>か</rt></ruby>
da i ni ka
[daill' ni ka]

ピカソ <ruby>展<rt>てん</rt></ruby>
pi ka so ten
[pikasso tèn']

1 − <ruby>見<rt>み</rt></ruby>ました か **1**。
   mi ma shi ta　ka
   [mimach'ta ka]

2 − <ruby>何<rt>なに</rt></ruby> を。
   na ni　o
   [nani o]

3 − ピカソ <ruby>展<rt>てん</rt></ruby> **2**。
   pi ka so　te n
   [pikasso tèn']

4 − まだ です。
   ma da　de su
   [mada dèss']

5 − いい です よ **3**。
   i　i　de su　yo
   [iï dèss' yo]

6 − そう **4** です か。
   sô　de su　ka
   [soo dèss' ka]

7　あした <ruby>行<rt>い</rt></ruby>きます。
   a shi ta　i ki ma su
   [ach'ta ikimass']

5 • **go**

Deuxième leçon
(ième deux leçon)

L'exposition Picasso *(Picasso exposition)*

1 – **[L']avez-vous vue** *(avoir-regardé [question])* ?
2 – **Quoi** *(quoi [objet])* ?
3 – **L'exposition Picasso** *(Picasso exposition)*.
4 – **Pas encore** *(pas-encore c'est)*.
5 – **Elle est vraiment bien** *(être-bien c'est [engagement])* !
6 – **Ah bon** *(ainsi c'est [question])* ?
7 **J'irai demain** *(demain aller)*.

Notes

1. Ce か *ka*, que nous allons rencontrer bien souvent, est impossible à traduire. Il indique simplement que la phrase qu'il termine est une question.

2. Le dernier hiragana de cette phrase, ん, est la seule exception à la règle syllabique : il ne transcrit pas une syllabe, mais un **n** seul, à la fin d'une syllabe.

3. よ *yo*, est une autre particule finale. Dans la 1ʳᵉ leçon, nous avons vu **ne** *[né]*. よ *yo*, ici, apporte la nuance inverse ; ce que j'exprime est ma propre opinion et n'engage que moi : いい です よ **ii desu yo** *[iï déss' yo]*, moi, je trouve que c'est bien ! Nous lui donnerons comme équivalent "[engagement]" dans la traduction littérale.

4. Nous avons parlé, dans l'introduction, des voyelles longues. En voici un exemple simple : **sô** *[soo]*, écrit そう. Vous rencontrez ici une des rares conventions orthographiques à retenir. Ces deux hiragana sont そ **so** et う **u**. Normalement, tout seul ce う se prononce **u**. Mais il sert ici à indiquer que le **o** de そ **so** est long. L'ensemble そ+う se prononce donc *[soo]*.

2 / 第二課

<ruby>練習<rt>れんしゅう</rt></ruby> 1 – <ruby>訳<rt>やく</rt></ruby> しなさい
ren shû i chi ya ku shi na sa i
[lèn'chuu itchi yakou chi nassaill']

Exercice 1 – Traduisez

❶ <ruby>見<rt>み</rt></ruby>ましたか。
mimashita ka
[mimach'ta ka]

❷ まだ <ruby>見<rt>み</rt></ruby>ません。
mada mimasen
[mada mimassèn']

❸ <ruby>見<rt>み</rt></ruby>ましたか。
mimashita ka
[mimach'ta ka]

***

<ruby>練習<rt>れんしゅう</rt></ruby> 2 – <ruby>言葉<rt>ことば</rt></ruby> を <ruby>入<rt>い</rt></ruby>れなさい
ren shû ni ko to ba o i re na sa i
[lèn'chuu ni kotoba o ilé nassaill']

Exercice 2 – Complétez

❶ Avez-vous vu ?
mimashita . .

❷ J'ai vu.
mimashi . .

❸ C'est bien ?
ii desu . .

❹ C'est vraiment bien !
ii desu . .

7 • **shichi** ou **nana**

❹ 見ました 。
mimashita
[mimach'ta]

❺ そうですか。
sô desu ka
[soo dèss' ka]

Corrigé de l'exercice 1
❶ Vous l'avez vu ? ❷ Pas encore. ❸ Vous l'avez vu ? ❹ Oui. ❺ Ah bon !

***

Corrigé de l'exercice 2
❶ – ka ❷ – ta ❸ – ka ❹ – yo

La caractéristique première des Japonais réside dans leur curiosité à l'égard de tout ce qui vient de l'extérieur. Si elle s'est manifestée avec force à partir de la fin du XIXe siècle, elle fut présente tout au long de leur histoire. Et ce, dans tous les domaines : les sciences et techniques, le droit, l'art militaire, la médecine, et plus particulièrement, la culture et les arts. Le monde entier défile dans les salles d'expositions japonaises, dans les musées privés, les salles de concert, les centres culturels et jusque dans les rayons des librairies du Japon. Pourquoi ? Parce que les artistes contemporains, peintres, sculpteurs, musiciens, cinéastes, savent non seulement qu'ils y trouveront un public toujours prêt à faire de nouvelles découvertes et souvent enthousiaste mais aussi que ce dernier se passionne également pour les œuvres du passé, en particulier pour celles du passé occidental.

3

<ruby>第<rt>だい</rt></ruby> <ruby>三<rt>さん</rt></ruby> <ruby>課<rt>か</rt></ruby>
da i sa n ka
[daill' san.n' ka]

<ruby>朝食<rt>ちょう しょく</rt></ruby>
chô sho ku
[tchoochokou]

1 – おはよう **1** ございます **2**。
   o ha yô　go za i ma su
   [ohayoo gozaïmass']

2 – おはよう　ございます。
   o ha yô　go za i ma su
   [ohayoo gozaïmass']

3 – パン　を　<ruby>食<rt>た</rt></ruby>べます　か。
   pa n　o　ta be ma su　ka
   [pan.n' o tabémass' ka]

4 – <ruby>食<rt>た</rt></ruby>べます。
   ta be ma su
   [tabémass']

5 – コーヒー **3**　を　<ruby>飲<rt>の</rt></ruby>みます　か。
   kô　hî　o　no mi ma su　ka
   [koohii o nomimass' ka]

6 – <ruby>飲<rt>の</rt></ruby>みます。
   no mi ma su
   [nomimass']

7 – ビール　を　<ruby>飲<rt>の</rt></ruby>みます　か。
   bî　ru　o　no mi ma su　ka
   [biilou o nomimass' ka]

9 • **kyû**

Troisième leçon
(ième trois leçon)

Le petit-déjeuner *(petit-déjeuner)*

1 – Bonjour !
2 – Bonjour !
3 – Voulez-vous du pain *(pain [objet] manger [question])* ?
4 – Oui *(manger)*.
5 – Voulez-vous du café *(café [objet] boire [question])* ?
6 – Oui *(boire)*.
7 – Voulez-vous de la bière *(bière [objet] boire [question])* ?

Notes

1 よう (leçon 2, note 4) : よ = **yo** ; う = **u** *[ou]*, mais les deux assemblés よう, correspondent à **yô** *[yoo]*, avec un **o** long.

2 お はよう ございます **o hayô gozaimasu** : il y a beaucoup de façons de dire *bonjour* en japonais. Cette formule-ci s'emploie quand on rencontre quelqu'un pour la première fois de la journée, dans la matinée.

3 Ce que nous expliquons en note 1 n'est valable que pour les hiragana. Pour les katakana, on note les voyelles longues par un tiret : コ = **ko**, コー = **kô** *[koo]* ; ヒ = **hi**, ヒー = **hî** *[hii]* ; ビ = **bi**, ビー = **bî** *[bii]* (voir phrase 7).

8 – <ruby>飲<rt>の</rt></ruby>みません。
no mi ma se n
[nomimassèn']

9 – りんご を <ruby>食<rt>た</rt></ruby>べます か。
ri n go　o　ta be ma su　ka
[lin'go o tabémass' ka]

10 – <ruby>食<rt>た</rt></ruby>べません。
ta be ma se n
[tabémassèn']

11 – それでは <ruby>卵<rt>たまご</rt></ruby> を <ruby>食<rt>た</rt></ruby>べます か。
so re de wa　ta ma go　o　ta be ma su　ka
[solédéoua tamago o tabémass' ka]

12 – <ruby>食<rt>た</rt></ruby>べます。
ta be ma su
[tabémass']

***

▶ 練習 1 – 訳 し なさい

❶ コーヒー を <ruby>飲<rt>の</rt></ruby>みます か。
kôhî o nomimasu ka
[koohii o nomimass' ka]

❷ <ruby>飲<rt>の</rt></ruby>みます。
nominasu
[nomimass']

❸ コーヒー を <ruby>飲<rt>の</rt></ruby>みます
kôhî o nomimasu
[koohii o nomimass']

Troisième leçon / 3

8 – **Non** *(ne-pas-boire)*.
9 – **Voulez-vous une pomme** *(pomme [objet] manger [question])* **?**
10 – **Non** *(ne-pas-manger)*.
11 – **Alors, voulez-vous des œufs** *(alors œuf [objet] manger [question])* **?**
12 – **Oui** *(manger)*.

***

❹ ビール を 飲みます か。
bîru o nomimasu ka
[biilou o nomimass' ka]

❺ 飲みません。
nomimasen
[nomimassèn']

Corrigé de l'exercice 1
❶ Voulez-vous du café ? ❷ Oui. ❸ Je bois du café. ❹ Buvez-vous de la bière ? ❺ Non.

練習 2 – 言葉 を 入れ なさい

❶ Je mange des œufs.
tamago . tabemasu

❷ Voulez-vous du pain ?
pan o tabemasu . .

❸ Oui.
tabe . . . .

❹ Buvez-vous du café ?
kôhî o nomi . . . . ka

❺ Non.
nomi . . . . .

4

だい よん か
第 四 課
da i yo n ka
[daill' yon.n' ka]

ぜい かん
税 関
ze i ka n
[zeill'kan.n']

1 – カメラ を 持って **1** います か。
ka me ra　o　mo t te　　i ma su　　ka
[kaméla o mot'té imass' ka]

2 – はい、持って います。
ha i,　mo t te　　i ma su
[haill' mot'té imass']

13 • *jû san*

Corrigé de l'exercice 2
❶ – o – ❷ – ka ❸ – masu ❹ – masu – ❺ – masen

*Si le régime alimentaire japonais fut très longtemps, à base de riz et de poisson (même au petit-déjeuner !), il a considérablement évolué dans la seconde moitié du XXe siècle pour devenir très proche du nôtre. La plupart des Japonais mangent du pain quotidiennement et prennent leur petit café du matin. Les produits lactés ont également fait leur apparition au Japon. La cuisine familiale intègre désormais nos classiques : steaks, pizzas, spaghettis... Dans les **ryokan** (hôtels traditionnels), il n'y a plus que les touristes étrangers pour commander le matin un petit-déjeuner japonais : riz dans lequel on casse un œuf cru, divers poissons séchés, thé vert. Les touristes japonais, eux, se commandent un bon café ou un thé anglais et des tartines !*

Quatrième leçon
(ième quatre leçon)

À la douane *(douane)*

1 – Avez-vous un appareil photo *(appareil-photo [objet] posséder [question])* ?
2 – Oui, j'en ai un *(oui posséder)*.

Note

1 Regardez bien ce mot 持って **motte** *[mot'té]*. Nous y trouvons pour la première fois, ces **tt** qui se suivent (Introduction). Dans l'écriture, ce redoublement est indiqué par le petit signe っ. C'est ce même petit signe qui servait à indiquer le redoublement de **k** dans le titre de la leçon 1 : だいいっか **dai ikka** *[daill' ik'ka]*. Regardez aussi la phrase 11 : けっこう **kekkô** *[kèk'koo]*.

3 — どこ に あります か。
  do ko ni a ri ma su ka
  [doko ni alimass' ka]

4 — トランク の 中(なか) に あります。
  to ra n ku no na ka ni a ri ma su
  [tolan.n'kou no naka ni alimass']

5 — トランク の 中(なか) に 何(なに) が
  to ra n ku no na ka ni na ni ga
  あります か。
  a ri ma su ka
  [tolan.n'kou no naka ni nani ga alimass' ka]

6 — 服(ふく) と 本(ほん) が あります。
  fu ku to ho n ga a ri ma su
  [foukou to hon.n' ga alimass']

7 — それ だけ です か。
  so re da ke de su ka
  [solé daké dèss' ka]

8 — はい、そう です。
  ha i, sô de su
  [haill' soo dèss']

9 — お 酒(さけ)?
  o sa ke
  [o saké]

10 — ありません。
  a ri ma se n
  [alimassèn']

11 — はい、けっこう です。
  ha i, ke k kô de su
  [haill' kèk'koo dèss']

15 • **jû go**

Quatrième leçon / 4

- **3 –** Où est-il *(où [lieu] se-trouver [question])* ?
- **4 –** Il est dans ma valise *(valise [relation] intérieur [lieu] se trouver)*.
- **5 –** Qu'y a-t-il dans votre valise *(valise [relation] intérieur [lieu] quoi [sujet] se-trouver [question])* ?
- **6 –** Il y a des vêtements et des livres *(vêtements et livres [sujet] se-trouver)*.
- **7 –** C'est tout *(Cela seulement c'est [question])* ?
- **8 –** Oui, c'est tout *(oui ainsi c'est)*.
- **9 –** De l'alcool *([familiarité]-alcool)* ?
- **10 –** Je n'en ai pas *(ne-pas-se-trouver)*.
- **11 –** Bon, ça va *(oui parfait c'est)*.

N'oubliez pas, n'essayez pas de retenir les kana ou les caractères chinois, essayez seulement de les identifier, de comprendre "comment ça marche". C'est à force de les voir que vous les retiendrez. Et cela viendra plus tôt que vous ne pouvez l'imaginer !

練習 1 – 訳 し なさい

❶ 服 を 持って います か。
fuku o motte imasu ka
[foukou o mot'te imass' ka]

❷ はい、持って います。
hai, motte imasu
[haill' mot'té imass']

***

練習 2 – 言葉 を 入れ なさい

❶ Avez-vous des livres ?
hon o motte imasu . .

❷ J'ai une valise.
toranku . motte imasu

❸ Où est-elle ?
. . . . ni arimasu ka

第 五 課
da i go ka
[daill' go ka]

買物
ka i mo no
[kaïmono]

1 – どこ　　へ　行きます　　か。
    do ko　　e　　i ki ma su　　ka
    [doko é ikimass' ka]

❸ どこ に あります か。
doko ni arimasu ka
[doko ni alimass' ka]

❹ あそこ に あります。
asoko ni arimasu
[assoko ni alimass']

Corrigé de l'exercice 1
❶ Avez-vous des vêtements ? ❷ Oui, j'en ai. ❸ Où sont-ils ? ❹ Ils sont là-bas.

***

❹ Elle est là-bas.
asoko ni ari . . . .

❺ Avez-vous un appareil photo ? – Non.
kamera . motte imasu ka – motte ima . . .

Corrigé de l'exercice 2
❶ – ka ❷ – o – ❸ doko – ❹ – masu ❺ – o – sen

5

Cinquième leçon
(ième cinq leçon)

Les courses *(achats)*

1 – Où allez-vous *(où [destination] aller [question])* ?

jû hachi • 18

2 – デパート **1** へ 行きます。
   de pâ to   e   i ki ma su
   [dépaato é ikimass']

3 – 一緒 **2 3** に 行きます。
   is sho   ni   i ki ma su
   [ich'cho ni ikimass']

4 何 を 買います か。
   na ni o ka i ma su ka
   [nani o kaïmass' ka]

5 – 靴下 を 買います。
   ku tsu shi ta o ka i ma su
   [koutsouchita o kaïmass']

6 – 着 きました。
   tsu ki ma shi ta
   [tsoukimach'ta]

7 入りましょう **4**。
   ha i ri ma shô
   [haïlimachoo]

Notes

1 パー pâ *[paa]*. Vous vous souvenez (leçon 3, note 3), le tiret est là simplement parce que le **a** est long, et qu'il s'agit de katakana.

2 Encore le petit っ, cette fois pour noter non plus **tt** ou **kk**, mais **shsh** : いっしょ **issho** *[ich'cho]*.

3 Regardez bien, le dernier hiragana de ce mot いっしょ **issho** *[ich'cho]*, est écrit plus petit lui aussi : ょ. Nous l'avons déjà rencontré dans la leçon 2, mais avec sa taille normale : よ **yo**. Il n'existe pas, parmi les 46 signes du système des kana, de signes

2 – Je vais au grand magasin *(grand-magasin [destination] aller)*.
3 – J'y vais avec vous *(ensemble [adverbial] aller)*.
4 Qu'est-ce que vous achetez *(quoi [objet] acheter [question])* ?
5 – J'achète des chaussettes *(chaussettes [objet] acheter)*.
6 – Nous y sommes *(être-arrivé)* !
7 Entrons !

pour écrire les syllabes avec **sh** *[ch]* sauf pour **shi** *[chi]* : し. Une convention orthographique a donc été adoptée et elle consiste à écrire ce **shi** *[chi]* (し) + un petit ょ **yo** *[yo]* par exemple, et cela donne しょ : **sho** *[cho]*.

4 入りましょう **hairimashô** *[haïlimachoo]* : cela ne vous rappelle rien ? Mais si ! Le 行きましょう **ikimashô** *[ikimachoo]* (leçon 1). Observez la fin de ces mots : しょう. On a d'abord un **shi** *[chi]* (し), puis un petit **yo** (ょ), puis un **u** (う). Depuis la note 3, nous savons que しょ, **shi** *[chi]* + petit **yo** donne **sho** *[cho]*. Si nous y ajoutons le う **u**, c'est parce que le ô de **shô** *[choo]* est long : しょう = **shô** *[choo]*.

ni jû • 20

8 — ここ に 靴下 が あります。
ko ko ni ku tsu shi ta ga a ri ma su
[koko ni koutsouchita ga alimass']

9 — でも 高い です ね。
de mo ta ka i de su ne
[démo takaill' dèss' né]

10 — そう です ね。
sô de su ne
[soo dèss' né]

11 やめます。
ya me ma su
[yamémass']

***

練習 1 – 訳 し なさい

❶ あそこ に 靴下 が あります。
asoko ni kutsushita ga arimasu
[assoko ni koutsouchita ga alimass']

❷ ここ に トランク が あります。
koko ni toranku ga arimasu
[koko ni tolan.n'kou ga alimass']

❸ どこ へ 行きます か。
doko e ikimasu ka
[doko é ikimass' ka]

Cinquième leçon / 5

8 – Ici il y a des chaussettes *(ici [lieu] chaussettes [sujet] se-trouver)* !
9 – Mais c'est cher *(mais être-cher c'est [accord])* !
10 – [Oh] Oui alors *(ainsi c'est [accord])* !
11 J'abandonne *(abandonner)* !

Entraînez-vous à lire le japonais à voix haute. Vous apprenez à **parler**, *ne l'oubliez pas !*

***

❹ 服 を 買います。
fuku o kaimasu
[foukou o kaïmass']

❺ どこ に あります か。
doko ni arimasu ka
[doko ni alimass' ka]

Corrigé de l'exercice 1
❶ Là-bas, il y a des chaussettes. ❷ Ici, il y a des valises. ❸ Où allez-vous ? ❹ J'achète des vêtements. ❺ Où y en a-t-il ?

ni jû ni • 22

練習 2 – 言葉 を 入れ なさい

❶ Qu'est-ce que vous achetez ?
   nani . kaimasu ka

❷ Qu'est-ce que vous mangez ?
   . . . . o tabemasu ka

❸ Où allez-vous ?
   doko . ikimasu . .

第 六 課
だい ろっ か
da i ro k ka

[daill' lok' ka]

東京　スカイ　ツリー
とう きょう
tô kyô　su ka i　tsu rî
[tookyoo s'kaill' tsoulii]

1 – 東京　スカイ　ツリー　を
    とう きょう
    tô kyô　su ka i　tsu rî　o
    知って　います　か。
    し
    shi t te　i ma su　ka
    [tookyoo s'kaill' tsoulii o chit'té imass'ka]

2 – はい、知って　います。
    し
    ha i,　shi t te　i ma su
    [haill' chit'té imass']

3 – ここ　から　どう　行きます　か。
    い
    ko ko　ka ra　dô　i ki ma su　ka
    [koko kala doo ikimass' ka]

❹ Je vais là-bas.
 . . . . . . ikimasu
❺ C'est cher !
 takai desu . .

Corrigé de l'exercice 2
❶ – o – ❷ nani – ❸ – e – ka ❹ asoko e – ❺ – ne

Sixième leçon
(ième six leçon)

Tôkyô Sky Tree

1 – Connaissez-vous Tôkyô Sky Tree *(Tôkyô Sky Tree [objet] connaître [question])* ?
2 – Oui, je connais *(oui connaître)*.
3 – D'ici, comment y va-t-on *(ici à-partir-de comment aller [question])* ?

6/第六課

4 － まず　　船橋　　　駅　　まで　バス
　　　ma zu　　fu na ba shi　e ki　ma de　ba su

　　で　　行きます。
　　de　　i ki ma su

　　[mazou founabachi éki madé bassou dé ikimass']

5　　近い　　です。
　　　　chi ka i　 de su

　　　[tchikaill' dèss']

6　　そこ　から　　押上　　駅　　まで　　電車
　　　　so ko　ka ra　o shi a ge　e ki　ma de　de n sha

　　で　　行きます。
　　de　　i ki ma su

　　[soko kala ochiagué éki madé dèn'cha dé ikimass']

7　　それから　　押上　　駅　から　　スカイ
　　　　so re ka ra　o shi a ge　e ki　ka ra　　su ka i

　　ツリー　　まで　　歩きます。
　　tsu rî　　ma de　　a ru ki ma su

　　[solékala ochiagué éki kala s'kaill' tsoulii madé aloukimass']

8　　スカイ　　ツリー　　に　　水族館　　が
　　　　su ka i　　tsu rî　　ni　　su i zo ku ka n　ga

　　あります。
　　a ri ma su

　　[s'kaill' tsoulii ni souïzokukan.n' ga alimass']

9　　おもしろい　　です。
　　　　o mo shi ro i　 de su

　　　[omochiloïll' dèss]

10　 おみやげ　の　店　も　たくさん　あります。
　　　　o mi ya ge　 no　mi se　mo　ta ku sa n　a ri ma su

　　　[omiyagué no missé mo takoussan.n' alimass']

25 • ni jû go

Sixième leçon / 6

4 – **D'abord on va en bus à la gare de Funabashi** *(d'abord Funabashi gare jusqu'à bus [moyen] aller)*.
5 **C'est tout près** *(être-proche c'est)*.
6 **De là, on va en train jusqu'à la gare d'Oshiage** *(là à-partir-de Oshiage gare jusqu'à train [moyen] aller)*.
7 **Puis, on marche de la gare d'Oshiage jusqu'à Sky Tree** *(ensuite Oshiage gare à-partir-de Sky Tree jusqu'à marcher)*.
8 **Au Sky Tree, il y a un aquarium** *(Sky Tree [lieu] aquarium [sujet] se-trouver)*.
9 **Il est intéressant** *(être-intéressant c'est)*.
10 **Il y a aussi de nombreuses boutiques de souvenirs** *(cadeau [relation] magasin aussi beaucoup se-trouver)*.

Note

1 電車 **densha** *[dèn'cha]*. Nous avons vu (leçon 5, note 3) comment s'écrivait **sho** *[cho]* ; **sha** *[cha]* s'écrira selon le même principe : **shi** *[chi]* + un petit **ya** : しゃ = **sha** *[cha]*. Pour les syllabes avec **sh**, nous connaissons donc maintenant **shi** *[chi]* し ; **sho** *[cho]* しょ et **sha** *[cha]* しゃ.

ni jû roku • 26

6/第六課

▶ 練習 1 – 訳 し なさい

❶ デパート へ 行きます。
depâto e ikimasu
[dépaato é ikimass']

❷ 着きました。
tsukimashita
[tsoukimach'ta]

❸ 入りました。
hairimashita
[haïlimach'ta]

***

練習 2 – 言葉 を 入れ なさい

❶ Je vais à Funabashi.
funabashi . ikimasu

❷ Je suis allé à Funabashi.
funabashi e iki . . . .

❸ Je suis allé de Funabashi à Oshiage.
funabashi . . . . oshiage . . . . iki . . . .

❹ J'y vais en bus.
basu . . ikimasu

*Tôkyô est une conurbation de plus de 35 millions d'habitants, comprenant 23 arrondissements ainsi qu'une trentaine de villes, sans rupture du tissu urbain. Le plus vaste arrondissement (**Setagaya-ku**) de la capitale japonaise a la taille de Paris intra-muros… C'est dire la différence d'échelle ! Si l'on veut avoir un bon panorama de Tôkyô, le Tôkyô Sky Tree (litt. "l'arbre des cieux") est une bonne adresse. Avec ses 634 m. de haut (la plus haute tour de télévision du monde au moment de son inauguration en mai 2012), il domine un océan de bâtiments disparates de toutes tailles, du petit immeuble au gratte-ciel. Du sommet, si l'air n'est pas trop pollué, on peut apercevoir la mer qui, malheureusement, recule de plus en plus du fait du comblement*

Sixième leçon / 6

❹ 駅 まで 歩きました。
eki made arukimashita
[éki madé aloukimach'ta]

❺ あそこ に 店 が たくさん あります。
asoko ni mise ga takusan arimasu
[assoko ni missé ga takoussan.n' alimass']

Corrigé de l'exercice 1
❶ Je vais au grand magasin. ❷ Je suis arrivée. ❸ Je suis entrée. ❹ J'ai marché jusqu'à la gare. ❺ Là-bas, il y a beaucoup de magasins.

***

❺ Allons-y en bus !
basu de iki . . . . .

Corrigé de l'exercice 2
❶ – e – ❷ – mashita ❸ – kara – made – mashita ❹ – de – ❺ – mashô

progressif de la baie de Tôkyô. Mieux, par beau temps, on pourra voir le fameux Mont Fuji et sa calotte de neige. La construction de cette tour, qui, parce qu'implantée dans un quartier traditionnel, ne fait pas l'unanimité parmi les Tokyoïtes, a été rendue nécessaire par l'élévation continue de la ville. La diffusion des émissions télé et radio était jusqu'alors assurée par une tour de 332 m., la Tour de Tôkyô, mais elle était gênée par la hauteur des constructions récentes. Détruite deux fois entièrement, d'abord en 1923 par un grand tremblement de terre, puis à la fin de la seconde guerre mondiale, Tôkyô est une ville moderne où toutes les audaces architecturales sont permises.

7

<ruby>第<rt>だい</rt></ruby> <ruby>七<rt>なな</rt></ruby> <ruby>課<rt>か</rt></ruby>
da i na na ka
[daill' nana ka]

まとめ – **Révision**
ma to me
[matomé]

Arrêtons-nous un peu après ces six leçons et regardons ce que nous avons déjà appris. Vous allez être étonné.

1 Les formes fondamentales des verbes

1.1 Les formes en ます *masu* et ません *masen*

• **Forme affirmative**
Vous avez sûrement remarqué qu'il y avait des ressemblances entre les formes verbales que vous avez rencontrées :
– 行きます **ikimasu** *[ikimass']* (leçons 2, 5, 6), *je vais (tu vas... Ils vont).*
– 食べます **tabemasu** *[tabémass']* (leçon 3), *je mange (tu manges... ils mangent).*
– 飲みます **nomimasu** *[nomimass']* (leçon 3), *je bois (tu bois... ils boivent).*
– あります **arimasu** *[alimass']* (leçons 4, 5, 6), *(cela) se trouve.*
– 買います **kaimasu** *[kaïmass']* (leçon 5), *j'achète (tu achètes... ils achètent).*
– 歩きます **arukimasu** *[aloukimass']* (leçon 6), *je marche (tu marches... ils marchent).*
Cette forme qui se termine par ます **masu** *[mass']* est la forme la plus courante de tous les verbes, équivalant à toutes nos personnes du présent, et très souvent du futur (leçon 2, phrase 7).

Septième leçon
(ième sept leçon)

- **Forme négative**

Nous avons déjà rencontré aussi, pour certains, la forme négative équivalente : il suffit de remplacer la terminaison ます **masu** *[mass']* de la forme affirmative par ません **masen** *[massèn']* :
– たべます **tabemasu** *[tabémass']*, *je mange (tu manges... ils mangent)* → たべません **tabemasen** *[tabémassèn']*, *je ne mange pas (tu ne manges pas... ils ne mangent pas)*.
– のみます **nomimasu** *[nomimass']*, *je bois (tu bois... ils boivent)* → のみません **nomimasen** *[nomimassèn']*, *je ne bois pas (tu ne bois pas... ils ne boivent pas)*.
– かいます **kaimasu** *[kaïmass']*, *j'achète (tu achètes... ils achètent)* → かいません **kaimasen** *[kaïmassèn']*, *je n'achète pas (tu n'achètes pas... ils n'achètent pas)*.

1.2 La forme en ました *mashita*

En plus de ces deux terminaisons, une autre série de similitudes a dû vous frapper :
– わかりました **wakarimashita** *[ouakalimach'ta]* (leçon 1, phrase 3) *j'ai, tu as... ils ont compris* (litt. "(cela) a été compris") ;
– 見ました **mimashita** *[mimach'ta]* (leçon 2, phrase 1), *j'ai, tu as... ils ont regardé* ;
– 着きました **tsukimashita** *[tsoukimach'ta]* (leçon 5, phrase 6), *je suis, tu es... ils sont arrivé(s)*.
Ici, pour exprimer le passé, on a remplacé ます **masu** *[mass']* par ました **mashita** *[mach'ta]*.

1.3 La forme en ましょう *mashô*

Enfin, vous avez sûrement dû remarquer un autre point commun :
– 行きましょう **ikimashô** *[ikimachoo]*, *allons !* (leçon 1, phrase 2)
– 入りましょう **hairimashô** *[haïlimachoo]*, *entrons !* (leçon 5, phrase 7).

Ici, pour exprimer une invitation que l'on se fait à soi-même ou éventuellement à ceux qui nous accompagnent, on a remplacé ます **masu** *[mass']* par ましょう **mashô** *[machoo]*.

2 Le verbe あります *arimasu [alimass']*

Une attention spéciale pour あります **arimasu** *[alimass']* (leçons 5 et 6). Il équivaut littéralement à notre "il y a", mais en réalité, il veut dire *se trouver, exister (à tel endroit)* et ne peut s'employer que dans le cas d'objets inanimés (pour les êtres vivants, il y aura un autre verbe). Retenez bien sa construction : 店 が あります **mise ga arimasu** *[missé ga alimass']* (litt. "il y a des magasins"), où 店 **mise** *[missé]* est le sujet de あります **arimasu** *[alimass']*, *Des magasins existent (à cet endroit)*.

3 Le sujet

Puisque nous parlons de sujet, avez-vous remarqué que, hormis justement pour あります **arimasu** *[alimass']*, dans aucune des phrases il n'y a de sujet ? Là où en français nous disons *je, vous…*, en japonais, on ne dit rien ! La langue japonaise n'exprime pas le sujet, tant que cela n'est pas indispensable à la compréhension. Ceci est une des clés du japonais.
Ainsi, si quelqu'un vous regarde et vous demande : ビール を 飲みます か **bîru o nomimasu ka** *[biirou o nomimass' ka]* ("bière [objet] boire [question]"), et ne donne aucune autre indication, il est évident que c'est vous que la question concerne, il n'est donc pas besoin de le préciser davantage. Cette phrase voudra automatiquement dire : *Voulez-vous de la bière ?* Si votre interlocuteur voulait poser cette question au sujet d'une autre personne, alors il emploierait le nom de cette personne comme sujet. Dans votre réponse, il se passe le même phénomène. Si la réponse est à votre propos, il est évident que ce sera *je…* et 飲みます **nomimasu** *[nomimass']* suffira pour dire : *je bois*.

4 Répondre "oui"

Pour répondre *oui*, il faut noter qu'il est rare que l'on réponde simplement par un mot qui voudrait dire *oui* (même chose pour *non*) ; en général, on répète le verbe à sa forme affirmative (à la forme négative si c'est *non*).

Pour donner plus de force à la réponse, on peut aussi employer en même temps que le verbe le mot はい **hai** *[haill']*, qui signifie *oui* : はい、持って います **hai, motte imasu** *[haill' mot'té imass']*, *oui, j'en ai un* (leçon 4, phrase 2) ; はい、知って います **hai, shitte imasu** *[haill' chit'té imass']*, *oui, je connais* (leçon 6, phrase 2). Mais はい **hai** n'est pas obligatoire.

5 Les particules enclitiques

Dans l'introduction, nous avions parlé de dix particules enclitiques, vous savez, ces petites syllabes qui indiquent la fonction du mot qui les précède. Eh bien, sans vous en apercevoir, vous en avez déjà rencontré et utilisé sept, et cela à plusieurs reprises :

– を **o** (leçons 2, 3, 4, 5, 6) pour le complément d'objet ;

– が **ga** (leçons 4, 5, 6) pour le sujet ;

– に **ni** (leçons 4, 5, 6) pour le complément de lieu qui indique l'endroit où se trouve quelque chose ;

– へ **e** (leçons 1, 5) pour indiquer l'endroit où l'on se rend ;

– で **de** (leçon 6) pour le complément de moyen ;

– から **kara** (leçon 6) qui exprime toujours le point de départ, *à partir de*, *de* ;

– まで **made** (leçon 6) qui fait le pendant de **kara** et exprime le point d'arrivée, *jusqu'à*.

6 Écriture

Au cours des six leçons précédentes, nous vous avons beaucoup parlé d'écriture. Dites-vous que c'est un mal pour un bien ; vous connaissez d'ores et déjà les points d'orthographe les plus délicats. Récapitulons-les :

– Le hiragana ん qui transcrit un **n** tout seul à la fin d'une syllabe (leçon 2, note 2).

– Le う **u** *[ou]* qui sert, dans le cas des hiragana, à indiquer que le **o** de la syllabe précédente est long (leçon 2, note 4) : そう **sô** *[soo]*.

– Le tiret dans le cas des katakana, qui sert à indiquer que la voyelle qui précède est longue (leçon 3, note 3).

– Le petit っ qui sert à indiquer que la consonne qui suit est doublée : いっか **ikka** *[ik'ka]*, もって **motte** *[mot'té]*, いっしょ **issho** *[ich'cho]* (leçon 4, note 1 ; leçon 5, note 2).

7 / 第七課

– La manière de noter le **sh** *[ch]* devant une voyelle autre que **i** : し **shi** *[chi]* + un petit **yo** ou un petit **ya** : しょ **sho** *[cho]*, しゃ **sha** *[cha]* (leçon 5, note 3 ; leçon 6, note 1).

▶ ふくしゅう かいわ
復習 会話 – **Dialogue de révision** *(révision dialogue)*
fuku shû kai wa
[foukoushuu kaill'oua]

1. どこ へ 行(い)きました か。
   doko e ikimashita ka
   [doko é ikimach'ta ka]

2. デパート へ 行(い)きました。
   depâto e ikimashita
   [dépaato é ikimach'ta]

3. カメラ を 買(か)います か。
   kamera o kaimasu ka
   [kaméla o kaïmass' ka]

4. 高(たか)い です よ。買(か)いません。
   takai desu yo. kaimasen
   [takaill' dèss' yo. kaïmassèn']

5. 東京(とうきょう) スカイ ツリー の 中(なか) に 店(みせ) が あります か。
   tôkyô sukai tsurî no naka ni mise ga arimasu ka
   [tookyoo s'kaill tsoulii no naka ni missé ga alimass' ka]

6. はい、たくさん あります。
   hai, takusan arimasu
   [haill' takoussan.n' alimass']

33 • **san jû san**

Septième leçon / 7

7 あした 何 を 見ます か 。
ashita nani o mimasu ka
[ach'ta nani o mimass' ka]

8 わかりません。
wakarimasen
[ouakalimassèn']

9 船橋 駅 まで 歩きます か 。
funabashi eki made arukimasu ka
[founabachi éki madé aloukimass' ka]

10 歩きません。電車 で 行きます 。
arukimasen. densha de ikimasu
[aloukimassèn. dèn'cha dé ikimass']

Traduction

1 Où êtes-vous allé ? **2** Au grand magasin. **3** Vous achetez un appareil photo ? **4** C'est cher ! Je n'en achète pas. **5** Est-ce qu'il y a des magasins à Tôkyô Sky Tree ? **6** Oui, il y en a beaucoup. **7** Qu'allez-vous voir demain ? **8** Je ne sais pas. **9** Vous marchez jusqu'à la gare de Funabashi ? **10** Non. J'y vais en train.

Nous avons beaucoup parlé d'écriture dans les notes et dans la leçon de révision. Rassurez-vous, cela ne va pas durer ! Dans ces 7 leçons, nous avons déjà repéré presque tous les cas un peu particuliers d'emploi des kana. De toute façon, pour l'instant, il ne s'agit pas de savoir tout ça par cœur, mais seulement de comprendre, pour lire facilement les leçons suivantes. Vous verrez, lorsque vous arriverez à la prochaine leçon de révision, ces manières d'écrire vous paraîtront tout à fait évidentes et à la leçon de révision suivante, vous n'y penserez même plus ! Attention à la prononciation... des voyelles longues !

8

だいはっか
第八課 **da i hak ka** *[daill' hak' ka]*

えいが
映画
ei ga
[eill'ga]

きのう　なに
1 – 昨日　何　を　しました　　か。
　　kinô　nani　o　shi ma shi ta　　ka
　　[kinoo nani o chimach'ta ka]

ともだち　　　き
2 – 　友達　が　来ました。
　　tomo dachi　ga　ki ma shi ta
　　[tomodatchi ga kimach'ta]

いっしょ　　　えいが　　　い
3 – 一緒　に **1**　映画　に **2** 行きました。
　　is sho　ni　ei ga　ni　i ki ma shi ta
　　[ich'cho ni eill'ga ni ikimach'ta]

なん　　えいが　　み
4 – 何 **3** の　映画　を　見ました　か。
　　nan　no　ei ga　o　mi ma shi ta　ka
　　[nan.n' no eill'ga o mimach'ta ka]

えいが　　　　み
5 – アメリカ　の　映画 **4** を　見ました。
　　a me ri ka　no　ei ga　o　mi ma shi ta
　　[amélika no eill'ga o mimach'ta]

Notes

1 Parmi les particules enclitiques (leçon 7, § 5), c'est ce mot-là, に **ni**, qui risque de vous causer le plus de soucis. C'est qu'il compte beaucoup d'emplois différents. Ici, avec le mot 一緒 **issho** *[ich'cho]*, il sert à fabriquer une expression qui fonctionne exactement comme un adverbe français : 一緒 に **issho ni** *[ich'cho ni]*, *ensemble*. Nous y reviendrons.

Huitième leçon
(ième huit leçon)

Le cinéma

1 – Qu'est-ce que vous avez fait hier *(hier quoi [objet] avoir fait [question])* ?
2 – Un ami est venu *(ami [sujet] être-venu)*.
3 Nous sommes allés ensemble au cinéma *(ensemble [adverbial] cinéma [but] être-allé)*.
4 – Qu'est-ce que vous avez vu comme film *(quoi [relation] film [objet] avoir-regardé [question])* ?
5 – Nous avons vu un film américain *(Amérique [relation] film [objet] avoir-regardé)*.

2 Revoilà に **ni** ; cette fois, il suit un nom qui exprime une activité, えいが 映画 **eiga** *[eill'ga]*, *le cinéma*, et précède un verbe qui exprime un déplacement, 行きました **ikimashita** *[ikimach'ta]*, *être allé*. Dans ce cas, に **ni** sert à indiquer que cette activité est le but du déplacement.

3 Le mot 何, *quoi*, se prononce de deux manières différentes : なに **nani** (phrase 1) mais aussi, comme ici, なん **nan** *[nan.n']*, devant の **no**.

4 映画 **eiga** *[eill'ga]* : ce terme japonais s'utilise à la fois pour dire *un film*, et *le cinéma* en général, vu comme une activité.

6 チャップリン の 「モダン タイムズ」 **5**
   cha p pu ri n   no   mo da n ta i mu zu

   を 見ました。
   o   mi ma shi ta
[tchap'plin' no modann' taill'mz' o mimach'ta]

7 – おもしろかった です か。
   o mo shi ro ka t ta   de su ka
[omochilokat'ta dèss' ka]

8 – わかりません。
   wa ka ri ma se n
[ouakalimassèn']

9 眼鏡 を 忘れました。
   me gane o wasu re ma shi ta
[mégané o ouassoulémach'ta]

10 よく 見えません でした **6**。
   yo ku mi e ma se n   de shi ta
[yokou miémassèn' dèch'ta]

Notes

5 Les crochets 「 」 servent, comme les guillemets en français, à citer un titre de livre, de film, de magazine, une marque de produits, etc.

6 Voici une nouvelle forme de verbe. Il s'agit tout simplement de l'équivalent négatif de ました **mashita** *[mach'ta]* : よく 見えました **yoku miemashita** *[yokou miémach'ta]*, *Je voyais bien* ≠ よく 見えません でした。 **yoku miemasen deshita** *[yokou miémassèn' dèch'ta]*, *Je ne voyais pas bien*.

6 Nous avons vu "Les Temps modernes" de Chaplin *(Chaplin [relation] moderne temps [objet] avoir-regardé)*.
7 – C'était bien *(était-intéressant c'est [question])* ?
8 – Je ne sais pas.
9 J'avais oublié mes lunettes *(lunettes [objet] avoir-oublié)*.
10 Je ne voyais pas bien *(bien ne-pas-avoir-été-visible)*.

Le cinéma est né au Japon dès la dernière décennie du XIXe siècle. Après la longue période de fermeture du Japon, qui dura du début du XVIIe à la fin du XIXe, le pays se montra friand de tout ce qui venait d'Occident et excella vite dans les techniques qu'il découvrait. Le cinéma en est une. De grandes compagnies se créèrent. Dans les années 20, le Japon est un des premiers pays pour la production de films (700 par exemple pour l'année 1928). Ce moment est considéré comme le premier âge d'or du cinéma japonais, et voit se former un grand nombre de cinéastes qui marqueront le milieu du XXe siècle. Dans les années 30, s'effectue le passage au cinéma parlant. Les années 50 sont un second âge d'or, mais l'arrivée de la télévision a porté un grand coup au cinéma japonais, qui, s'il est toujours présent, peine à retrouver sa splendeur d'antan.

第八課

▶ **練習 1 – 訳 し なさい**

① 友達 と 一緒 に 買物 に 行きました。
tomodachi to issho ni kaimono ni ikimashita
[tomodatchi to ich'cho ni kaïmono ni ikimach'ta]

② 何 を 買いました か。
nani o kaimashita ka
[nani o kaïmach'ta ka]

③ 映画 の 本 を 買いました。
eiga no hon o kaimashita
[eill'ga no hon.n' o kaïmach'ta]

練習 2 – 言葉 を 入れ なさい

① Avez-vous vu des films de Chaplin ?
chappurin . . . . . . o mimashita ka

② Est-ce que vous avez bien vu ?
. . . . mie . . . . ka

③ Qu'est-ce que vous avez acheté comme livre ?
. . . . . hon o kaimashita ka

④ Un ami est venu.
tomodachi . . . . mashita

⑤ Je n'y suis pas allé.
iki . . . .

Huitième leçon / 8

❹ 眼鏡 を 買いました か。
めがね　　か
megane o kaimashita ka
[mégané o kaïmach'ta ka]

❺ 買いません でした。
　か
kaimasen deshita
[kaïmassèn' dèch'ta]

Corrigé de l'exercice 1
❶ Je suis allée faire des courses avec un ami. ❷ Qu'est-ce que vous avez acheté ? ❸ J'ai acheté un livre sur le cinéma. ❹ Avez-vous acheté des lunettes ? ❺ Non.

Corrigé de l'exercice 2
❶ – no eiga – ❷ yoku – mashita – ❸ nan no – ❹ – ga ki – ❺ – masen deshita

9

だいきゅうか
第 九 課 **dai kyû ka** *[daill' kyuu ka]*

ちゅうか りょうり
中華 **1** 料理 **2**
chû ka ryô ri
[tchuuka lyooli]

こんばん ちゅうか りょうり
1 – 今晩 中華 料理 **3** を
kon ban chû ka ryô ri o
た
食べましょう か。
ta be ma shô ka
[kon.n'ban.n tchuuka lyooli o tabémachoo ka]

2 – ああ、 いい です ね。
a a, i i de su ne
[aa iï dèss' né]

ちゅうか りょうり だいす
3 中華 料理 が 大好き です。
chû ka ryô ri ga dai su ki de su
[tchuuka lyooli ga daill'souki dèss']

わたくし
4 – 私 も。
watakushi mo
[ouatakouchi mo]

Notes

1 Pour **chû** *[tchuu]*, se pose le problème de noter **ch** *[tch]* devant une voyelle autre que **i**. C'est le même problème que celui que vous aviez rencontré avec **sh** *[ch]* (leçon 5, notes 3 et 4) et il a la même solution : un grand **chi** *[tchi]* ち et un petit **yu** ゅ, **yo** ょ ou **ya** ゃ → **chu** *[tchu]* ちゅ; **cho** *[tcho]* ちょ ; **cha** *[tcha]* ちゃ. Et si le **u** ou le **o** est long : **chû** ちゅう ; **chô** ちょう. Notez qu'il n'y a jamais de **a** long dans les mots japonais.

Neuvième leçon
(ième neuf leçon)

Au restaurant chinois *(Chine cuisine)*

1 – On va au restaurant chinois ce soir *(ce-soir Chine cuisine [objet] mangeons [question])* ?
2 – Ah ! Quelle bonne idée *(ah être-bien c'est [accord])* !
3 J'adore la cuisine chinoise *(Chine cuisine [sujet] très-aimé c'est)* !
4 – Moi aussi *(moi aussi)* !

2 Voici le dernier point d'orthographe un peu délicat. Le japonais compte de nombreuses syllabes avec des semi-voyelles. Une semi-voyelle c'est, par exemple, le *i* de *rien*. Dans notre leçon, le **y** de **kyû** ou de **ryô**. Or, en japonais, on peut écrire **yu** ou **yo** avec des kana (le système syllabique) : **yu** ゆ ; **yo** よ, mais il est impossible d'écrire **k** ou **r** tout seul ! Les Japonais ont donc inventé une convention, en jouant sur la taille des caractères. On prend le kana pour **ki** ou **ri**, き ou り, et on le fait suivre de **yu** ゆ ou **yo** よ, d'une taille plus petite. On écrit ainsi : **kyu** きゅ ; **kyo** きょ ; **ryu** りゅ ; **ryo** りょ. Et comme dans le cas présent les voyelles **u** et **o** sont longues : **kyû**, **ryô**, on indique cette longue à l'aide du kana う (**u**) (leçon 2, note 4) : **kyû** きゅう ; **ryô** りょう.

3 料理 **ryôri** *[lyooli]*, *la cuisine*, dans le sens de la manière de préparer des aliments. On emploie aussi ce mot pour parler d'un *restaurant* : 中華 料理 **chûka ryôri** *[tchuuka lyooli]*, *cuisine chinoise* ou *restaurant chinois* ; 日本 料理 **nihon ryôri** *[nihon.n' lyooli]* (avec **h** aspiré !), *cuisine japonaise*, ou *restaurant japonais*.

yon jû ni • 42

5 スープ 4 と 　にく　 と 　さかな　 を
　　sû pu　　to　niku　to　sakana　o
   とりましょう。
   to ri ma shô
   [sououpou to nikou to sakana o tolimachoo]

6 - そう　です　ね。
    sô　de su　ne
    [soo dèss' né]

7 - お　　はし　　で　　た食べます　か。
    o　hashi　de　ta be ma su　ka
    [o hachi dé tabémass' ka]

8 - いいえ、フォーク　で　　た食べます。
    i i e,　fô ku　de　ta be ma su
    [iïyé fookou dé tabémass']

9 - おねがい　します。
    o ne ga i　shi ma su.
    フォーク　を　　くだ下さい。
    　　fô ku　o　kuda sa i
    [onégaï chimass'. fookou o koudassaill']

10 - はい、　どうぞ。
     ha i,　dô zo
     [haill' doozo]

11 - ありがとう。
     a ri ga tô
     [aligatoo]

12 おいしい　です　か。
    o i shi i　de su　ka
    [oïchiï dèss' ka]

13 - とても　おいしい　です。
     to te mo　o i shi i　de su
     [totémo oïshiï dèss']

14 - また　き来ましょう。
     ma ta　ki ma shô
     [mata kimachoo]

Neuvième leçon / 9

5 Nous prendrons un potage, de la viande et du poisson *(potage et viande et poisson [objet] prenons)*.
6 – Oui *(ainsi c'est [accord])*.
7 – Vous mangez avec des baguettes *([familiarité] baguettes [moyen] manger [question])* ?
8 – Non, je mange avec une fourchette *(Non fourchette [moyen] manger)*.
9 – S'il vous plaît *(politesse demande faire)* ! Une fourchette *(fourchette [objet] donnez-moi)*.
10 – Oui, voici *(oui je-vous-prie)*.
11 – Merci.
12 Est-ce que c'est bon *(être-bon c'est [question])* ?
13 – C'est délicieux *(très être-bon c'est)* !
14 – Nous reviendrons *(de-nouveau venons)*.

Notes

4 Vous vous rappelez ? Ce petit tiret indique que dans ces mots étrangers, en katakana, la voyelle est longue.

5 箸 hashi *[hachi]*, tout seul, veut dire *baguettes*. Pourquoi お 箸 o hashi ? Très souvent, les mots qui expriment les objets les plus quotidiens sont précédés de ce petit お o, comme une espèce de signe de familiarité.

Les notes de cette leçon vous semblent peut-être un peu compliquées. Il est vrai que nous avons encore quelques comptes à régler avec l'écriture, et qu'en même temps nous commençons à faire des phrases un peu plus difficiles. Mais ne vous inquiétez pas, ça ne va pas durer ! La prochaine leçon de révision sera la dernière où nous parlerons en détail de ces questions d'orthographe. Après, ce ne seront plus que des rappels.

9/第九課

▶ 練習 1 – 訳 し なさい

❶ テレビ が 大好(だいす)き です。
terebi ga daisuki desu
[télébi ga daill'souki dèss']

❷ とても 暑(あつ)い です ね。
totemo atsui desu ne
[totémo atsouï dèss' né]

❸ 昨日(きのう) スープ と 魚(さかな) を 食(た)べました。
kinô sûpu to sakana o tabemashita
[kinoo sououpou to sakana o tabémach'ta]

練習 2 – 言葉 を 入れ なさい

❶ J'adore la viande.
niku . . daisuki desu

❷ On mange le poisson avec une fourchette.
sakana . fôku . . tabe . . . .

❸ C'est très bon.
. . . . . . oishii desu

❹ Du pain, s'il vous plaît.
pan o . . . .

❺ Demain je vais au restaurant chinois. – Bonne idée !
ashita chûka ryôri . . . . – . . desu . .

Neuvième leçon / 9

❹ フォーク で 食べません。
fôku de tabemasen
[fookou dé tabémassèn']

❺ お 箸 を 下さい。
o hashi o kudasai
[o hachi o koudassaill']

Corrigé de l'exercice 1
❶ J'adore la télé. ❷ Il fait très chaud ! ❸ Hier j'ai mangé du potage et du poisson. ❹ Je ne mange pas avec une fourchette. ❺ Des baguettes, s'il vous plaît.

Corrigé de l'exercice 2
❶ – ga – ❷ – o – de – masu ❸ totemo – ❹ – kudasai ❺ – ni ikimasu –ii – ne

yon jû roku • 46

第十課 dai juk ka *[daill' djuk' ka]*
だいじゅっか

テレビ
te re bi
[télébi]

1 — お 相撲**1** を 見ました か。
　　o　su mô　o　mi ma shi ta　ka
　　[o soumoo o mimach'ta ka]

2 — はい、 テレビ で 見ました。
　　ha i,　te re bi　de　mi ma shi ta
　　[haill' télébi dé mimach'ta]

3 — また お 相撲 の シーズン です ね。
　　ma ta　o　su mô　no　shî zu n　de su　ne
　　[mata o soumoo no chiizoun dèss' né]

4 — そう です ね。
　　sô　de su　ne
　　[soo dèss' né]

5 — よく テレビ を 見ます か。
　　yo ku　te re bi　o　mi ma su　ka
　　[yokou télébi o mimass' ka]

6 — 時々 **2** 見ます。
　　toki doki　mi ma su
　　[tokidoki mimass']

7 — テレビ で 何 を 見ます か。
　　te re bi　de　nani　o　mi ma su　ka
　　[télébi dé nani o mimass' ka]

47 • **yon jû shichi** ou **yon jû nana**

Dixième leçon
(ième dix leçon)

La télévision

1 – **Avez vous vu du sumô** *([familiarité] sumô [objet] avoir-regardé [question])* **?**
2 – **Oui, j'en ai vu à la télévision** *(oui télévision [moyen] avoir-regardé)*.
3 – **C'est de nouveau la saison du sumô** *(de-nouveau [familiarité] sumô [relation] saison c'est [accord])*.
4 – **C'est vrai** *(ainsi c'est [accord])* **!**
5 – **Vous regardez souvent la télévision** *(souvent télévision [objet] regarder [question])* **?**
6 – **Quelquefois** *(quelquefois regarder)*.
7 – **Qu'est-ce que vous regardez à la télévision** *(télévision [moyen] quoi [objet] regarder [question])* **?**

Notes

1 お 相撲 **o sumô**, nous retrouvons notre petit お **o** de familiarité (leçon 9, note 5).
2 On emploie ce petit signe 々 pour éviter de répéter deux fois de suite le même kanji (caractère chinois). Ici, c'est comme si on avait 時時 **tokidoki**. Notez que le **t** du second **toki** devient **d** (équivalent sonore de **t**).

8 − ニュース と ドラマ を 見ます。
   nyû su   to   do ra ma   o   mi ma su
   [nyuussu to dolama o mimass']

9 − どちら 3 が 好き です か。
   do chi ra   ga   su ki   de su   ka
   [dotchila ga souki dèss' ka]

10 − どちらも 好き です。
   do chi ra mo   su ki   de su
   [dotchilamo souki dèss']

Note

3 どちら **dochira** *[dotchila]*, lequel parmi les deux côtés. Ce mot sert, comme ici, avec un adjectif, pour poser une question consistant à comparer les mérites de deux objets. On n'a même pas besoin, alors, d'employer un mot qui voudrait dire *le plus*, comme vous le voyez bien dans cette phrase.

※ ※ ※

▶ 練習 1 − 訳 し なさい

❶ どちら が 高い です か。
   dochira ga takai desu ka
   [dotchila ga takaill' dèss' ka]

❷ よく テレビ を 見ます。
   yoku terebi o mimasu
   [yokou télébi o mimass']

❸ テレビ で 映画 を 見ました。
   terebi de eiga o mimashita
   [télébi dé eill'ga o mimach'ta]

Dixième leçon / 10

8 – Je regarde les informations et les séries télévisées *(informations et séries-télévisées [objet] regarder)*.
9 – Qu'est-ce que vous préférez *(lequel-des-deux [sujet] aimé c'est [question])* ?
10 – J'aime les deux *(les-deux aimé c'est)*.

***

❹ テレビ が 大好き です。
terebi ga daisuki desu
[télébi ga daill'souki dèss']

❺ テレビ の ニュース が 好き です。
terebi no nyûsu ga suki desu
[télébi no nyuussu ga souki dèss']

Corrigé de l'exercice 1
❶ Lequel des deux est le plus cher ? ❷ Je regarde souvent la télévision. ❸ J'ai vu un film à la télévision. ❹ J'adore la télévision. ❺ J'aime les informations télévisées.

go jû • 50

練習 2 – 言葉 を 入れ なさい

❶ Regardez-vous souvent le sumô ?
   o sumô . . . . ka

❷ Je regarde les informations et les films.
   . . . . eiga o mimasu

❸ Lequel des deux est le plus près ?
   . . . . chikai desu ka

❹ Je l'ai vu à la télévision.
   . . . . mimashita

La télévision au Japon : profusion de chaînes privées, beaucoup de pubs souvent criardes… On est en terrain connu ! Il faut cependant faire une mention particulière pour la **NHK** *(***Nippon Hôsô Kyôkai***, Association japonaise de diffusion – notez l'ancienne prononciation* **nippon** *pour le nom du pays), puissante société publique aux émissions de qualité, dont l'une des chaînes, dite "éducative", diffuse des cours dans tous domaines : sciences, arts, vie pratique. S'ils finissent par vous lasser, pourquoi ne pas vous aventurer à regarder un* **do-**

11

だい じゅう いっ か
第 十 一 課 **dai jû ik ka** *[daill' djuu ik' ka]*

あさ
朝
asa
[assa]

あさ なん じ   お
1 – 朝 何 時 に**1** 起 き ま す か。
   asa nan ji ni o ki ma su ka
   [assa nan.n' dji ni okimass' ka]

❺ Ah bon ?
    . . . desu ka

Corrigé de l'exercice 2
❶ – o yoku mimasu – ❷ nyûsu to – ❸ dochira ga – ❹ terebi de – ❺ a sô –

rama, *série télévisée* **made in Japan** *: histoires d'amour, drames de familles, adaptations de manga, horreur, fantastique… l'éventail est large. Enfin, si vous voulez affûter vos connaissances en matière de sumô ; la règle en est simple, être le plus lourd possible et jeter son adversaire en dehors du cercle dans lequel on l'affronte. Malgré l'apparence c'est un sport qui demande une grande finesse et beaucoup de stratégie car, comme aux échecs, il faut à la fois attaquer et se défendre.*

Onzième leçon
(ième dix un leçon)

Le matin

1 – Vous vous levez à quelle heure le matin *(matin quoi heure [temps] se-lever [question])* ?

Note

1 Revoilà に **ni** ! Cette fois-ci, il s'emploie avec un "mot de temps" et sert à indiquer à quel moment se passe l'action : 何 時 に **nan ji ni** *[nan.n' dji ni], à quelle heure ?* ; 十 一 時 に **jû ichi ji ni** *[djuu itchi dji ni], à 11 heures* ; 三 時 に **san ji ni** *[san.n dji ni], à 3 heures.*

11 /第十一課

2 − 十じゅう 2 一いち 時じ に 起おきます。
   jû ichi ji ni o ki ma su
   [djuu itchi dji ni okimass']

3 − 遅おそい です ね。
   oso i de su ne
   [ossöill' dèss' né]

4 夜よる 何なん 時じ に 寝ねます か。
   yoru nan ji ni ne ma su ka
   [yolou nan.n' dji ni némass' ka]

5 − 夜中よなか の 三さん 時じ に 寝ねます。
   yo naka no san ji ni ne ma su
   [yonaka no san.n' dji ni némass']

6 でも 今日きょう は 十じゅう 時じ に 起おきました。
   de mo kyô wa jû ji ni o ki ma shi ta
   [démo kyoo oua djuu dji ni okimach'ta]

7 − それでも 遅おそい です ね。
   so re de mo oso i de su ne
   [solédémo ossöill' dèss' né]

8 午後ごご から 夜中よなか まで バー で 3
   go go ka ra yo naka ma de bâ de
   働はたらいて います 4。
   hatara i te i ma su
   [gogo kala yonaka madé baa dé hatalaïté imass']

9 − それなら わかります。
   so re na ra wa ka ri ma su
   [solénala ouakalimass']

10 大変たいへん です ね。
    tai hen de su ne
    [taill'hèn' dèss' né]

□

Onzième leçon / 11

2 – **Je me lève à onze heures** *(dix un heure [temps] se-lever)*.

3 – **C'est tard** *(être-tard c'est [accord])* !

4 **Le soir, vous vous couchez à quelle heure** *(nuit quoi heure [temps]se-coucher [question])* ?

5 – **Je me couche à trois heures du matin** *(pleine-nuit [relation] trois heure [temps] dormir)*.

6 **Mais aujourd'hui je me suis levée à dix heures** *(mais aujourd'hui [renforcement] dix heure [temps] s'être-levé)*.

7 – **C'est tout de même tard** *(tout-de-même être-tard c'est [accord])* !

8 – **Je travaille dans un bar à partir de l'après-midi jusque tard le soir** *(après-midi depuis pleine-nuit jusqu'à bar [lieu] travailler)*.

9 – **Dans ce cas, je comprends** *(dans-ce-cas être-compréhensible)* !

10 **C'est terrible** *(terrible c'est [accord])* !

Notes

2 じゅう **jû** *[djuu]*. Comme pour **shu** *[chu]* et **chu** *[tchu]*, un grand じ et un petit ゅ puis le う **u** car la voyelle est longue. Pour じ la transcription figurée est *[dji]* mais le **d** est à peine prononcé.

3 Vous avez vu で **de** *[dé]*, servant à indiquer le moyen (leçon 6, phrase 4) ; ici, で **de** *[dé]* a un autre emploi, il indique le lieu où se passe une action.

4 働いて います **hataraite imasu** *[hatalaïté imass']* : cette phrase vous donne à voir un exemple de l'autre grande série de formes des verbes. Il ne s'agit plus du modèle …ます **…masu** *[mass']*, avec ses variations (leçon 7, § 1), mais d'un nouveau modèle : …て います **…te imasu** *[té imass']* et de ses variations. Il indique que l'action décrite par le verbe est en train de se dérouler ou qu'il s'agit d'une occupation habituelle : (バー で) 働いて います **(bâ de) hataraite imasu** *[baa dé hatalaïté imass']*, *je travaille*, au sens de *je suis employé dans tel endroit* ; *au moment où je parle, je suis employé*.

11 /第十一課

▶ 練習 1 – 訳 し なさい

❶ 夜 早く 寝ます。
　yoru hayaku nemasu
　[yolou hayakou némass']

❷ 昨日 早く 起きません でした。
　kinô hayaku okimasen deshita
　[kinoo hayakou okimassèn' dèch'ta]

❸ 八 時 に 起きます。
　hachi ji ni okimasu
　[hatchi dji ni okimass']

練習 2 – 言葉 を 入れ なさい

❶ Je travaille dans un magasin.
　mise . . hataraite imasu

❷ À quelle heure vous levez-vous ?
　. . . . . . . okimasu ka

❸ Vous couchez-vous de bonne heure ?
　. . . . . . nemasu ka

❹ Mon ami vient à une heure.
　tomodachi ga . . . . kimasu

❺ Qu'est-ce que vous faites le soir ?
　. . . . . shimasu ka

❹ どこ で 働いて います か。
doko de hataraite imasu ka
[doko dé hatalaïté imass' ka]

❺ 何 時 に 買物 に 行きます か。
nan ji ni kaimono ni ikimasu ka
[nan.n' dji ni kaïmono ni ikimass' ka]

Corrigé de l'exercice 1
❶ Le soir je me couche de bonne heure. ❷ Hier je ne me suis pas levé tôt. ❸ Je me lève à 8 heures. ❹ Où travaillez-vous ? ❺ À quelle heure allez-vous faire des courses ?

Corrigé de l'exercice 2
❶ – de – ❷ nan ji ni – ❸ hayaku – ❹ – ichi ji ni – ❺ yoru nani o –

12

<ruby>第<rt>だい</rt></ruby><ruby>十<rt>じゅう</rt></ruby><ruby>二<rt>に</rt></ruby><ruby>課<rt>か</rt></ruby> **dai jû ni ka** *[daill' djuu ni ka]*

<ruby>喫茶店<rt>きっさてん</rt></ruby>
kis sa ten
[kiss'satèn']

1 – こんにちは **1**。
 ko n ni chi wa
 [kon.n'nitchi oua]

2 – こんにちは。
 ko n ni chi wa
 [kon.n'nitchi oua]

3 – あそこ の 喫茶店 へ 行きましょう。
 a so ko no kis sa ten e i ki ma shô
 [assoko no kiss'satèn' é ikimachoo]

4 – いらっしゃいませ **2**。
 i ra s sha i ma se
 [ilach'chaïmassé]

5 – 山田 さん **3** は 何 に **4** します か。
 yama da sa n wa nani ni shi ma su ka
 [yamada san.n' oua nani ni chimass' ka]

6 – 私 **5** は コーヒー。
 watashi wa kô hî
 [ouatachi oua koohii]

Douzième leçon
(ième dix deux leçon)

Au café

1 – Bonjour !
2 – Bonjour !
3 – **Allons dans ce café** *(là-bas [relation] café [destination] allons)* !
4 – Bonjour !
5 – **Qu'est-ce que vous prenez** *(Yamada Mme [annonce] quoi [but] faire [question])* ?
6 – **Pour moi, ce sera un café** *(moi [annonce] café)*.

Notes

1 Une autre formule pour se saluer. Vous connaissez déjà おはようございます **ohayô gozaimasu** *[ohayoo gozaïmass']* (leçon 3, note 2) ; こんにちは **konnichi wa** *[kon.n'nitchi oua]*, c'est quand on se rencontre une fois passées les petites heures du matin.

2 いらっしゃいませ **irasshaimase** (litt. "veuillez entrer") : c'est la formule consacrée par laquelle les garçons de café, les serveurs, ou les vendeurs, accueillent les clients.

3 さん **san** *[san.n']* suit obligatoirement le nom propre des personnes à qui vous vous adressez ou de qui vous parlez ; jamais le vôtre. Pour parler de soi, on dit seulement son nom. En général, hors de la famille, on n'emploie pas de terme équivalent à *vous* ou *tu*, mais on s'adresse aux autres en citant leur nom.

4 Encore et toujours に **ni**. Considérez ici l'expression en bloc : …に します **…ni shimasu** *[ni chimass']*, *se décider pour* (qqch.), *choisir* (qqch.).

5 私, *je*, *moi*, que vous avez rencontré avec la prononciation **watakushi** *[ouatakouchi]* (leçon 9, phrase 4), la plus normale, se prononce ici **watashi** *[ouatachi]*. Cette prononciation, plus familière, est surtout employée par les femmes.

12 / 第十二課

7 – じゃあ、 コーヒー と ビール を 下さい。
ja a, kô hî to bî ru o kuda sa i
[djaa koohii to biilou o koudassaill']

8 お 菓子 を 食べましょう か。
o ka shi o ta be ma shô ka
[o kachi o tabémachoo ka]

9 – いいえ、 けっこう です **6**。
i i e, ke k kô de su
[iïyé kèk'koo dèss']

10 – 本当 です か。
hon tô de su ka
[hon.n'too dèss' ka]

11 – ええ、 本当 に けっこう です。
e e, hon tô ni ke k kô de su.
今 ダイエット を して います **7**。
ima da i e t to o shi te i ma su
[éé hon.n'too ni kèk'koo dèss'. ima daillòt'to o chité imass']

12 – ああ、 そう です か。 いつ から?
a a, sô de su ka. i tsu ka ra
[aa soo dèss' ka. itsou kala]

13 – 昨日 から。
kinô ka ra
[kinoo kala]

□

Notes

6 けっこう です kekkô desu *[kèk'koo dèss']* (litt. "c'est parfait comme cela, je n'ai besoin de rien de plus") : c'est l'expression la plus habituelle pour refuser quelque chose.

7 – Bien, un café et une bière, s'il vous plaît *(bien café et bière [objet] donnez-nous)*.
8 On prend des gâteaux *([familiarité] gâteau [objet] mangeons [question])* ?
9 – Non, pas pour moi, merci *(non parfait c'est)*.
10 – Vraiment *(vrai c'est [question])* ?
11 – Oui, vraiment *(oui vrai [adverbial] parfait c'est)*. **En ce moment je suis au régime** *(maintenant régime [objet] faire)*.
12 – Ah bon *(ah ainsi c'est [question])* ! **Depuis quand** *(quand depuis)* ?
13 – Depuis hier *(hier depuis)*.

7 して います shite imasu *[chité imass']* (leçon 11, note 4), *je suis en train de faire, actuellement, au moment où je parle, je fais*.

12 / 第十二課

▶ 練習 1 – 訳 し なさい

❶ お 菓子 も 食べます。
o kashi mo tabemasu
[o kachi mo tabémass']

❷ コーヒー が 好き です か。- 大好き です。
kôhî ga suki desu ka. daisuki desu
[koohii ga souki dèss' ka. daill'souki dèss']

❸ あそこ の 店 で カメラ を 買いました。
asoko no mise de kamera o kaimashita
[assoko no missé dé kaméla o kaïmach'ta]

***

練習 2 – 言葉 を 入れ なさい
❶ Bonjour !
. . . .

❷ Achetons-nous aussi des pommes ?
ringo . . kai . . . . . ka

❸ Je vais à ce magasin là-bas.
. . . . mise e ikimasu

❹ Jusqu'à quand faites-vous votre régime ?
. . . . made daietto o shimasu ka

❺ Quand est-il venu ?
. . . . ki . . . . ka

❻ Aimez-vous le cinéma ?
eiga . . . . ka

Douzième leçon / 12

❹ いつ から 働いて いますか。- わかりません。
itsu kara hataraite imasu ka. wakarimasen
[itsou kala hatalaïté imass' ka. ouakalimassèn]

❺ テレビ を 見ませんか。
terebi o mimasen ka
[télébi o mimassèn' ka]

Corrigé de l'exercice 1
❶ Je prendrai aussi des gâteaux. ❷ Aimez-vous le café ? – J'adore ça. ❸ J'ai acheté un appareil photo dans ce magasin là-bas. ❹ Depuis quand travaillez-vous ? – Je ne sais pas. ❺ Ne regardez-vous pas la télévision ?

***

Corrigé de l'exercice 2
❶ konnichi wa ❷ – mo – mashô – ❸ asoko no – ❹ itsu – ❺ itsu – mashita – ❻ – ga suki desu –

Que boit-on dans un café au Japon ? Même si le café y est connu depuis la fin du XIXe siècle et que le premier établissement a ouvert ses portes en 1888, la prolifération de ces lieux qu'on appelle "cafés" est relativement récente et très urbaine. Il ne faut pas s'attendre à en trouver dans les campagnes japonaises. Une fois installé dans un café, attendez-vous à boire… du café ! Et le plus souvent avec une carte d'une grande diversité : cafés du monde entier, préparés avec grand soin parfois même torréfiés devant vous. Dans la plupart des cas, on n'y sert pas de boissons alcoolisées. On peut y boire du thé (à l'anglaise), des jus de fruits, et parfois y manger des repas légers : sandwiches, salades.

13

第十三課 dai jû san ka *[daill' djuu san.n' ka]*
だいじゅうさん か

やくそく
約束
yaku soku
[yakoussokou]

1 — 今朝 フランス 人 の**1** 友達 を デパート の 前 で**2** 一 時間 待ちました。
けさ　　　　　　じん　　　　ともだち　　　　　　　　　まえ　　いち　じかん　　ま
kesa fu ra n su jin no tomo dachi o de pâ to no mae de ichi ji kan ma chi ma shi ta
[késsa foulan.n'sou djin' no tomodatchi o dépaato no maé dé itchi djikan.n' matchimach'ta]

2 — 随分 待ちました ね。
ずいぶん　ま
zui bun ma chi ma shi ta ne
[zouiboun' matchimach'ta né]

3 — はい。
ha i
[haill']

4 — 来ましたか。
き
ki ma shi ta ka
[kimach'ta ka]

5 — いいえ、来ません でした **3**。
き
i i e, ki ma se n de shi ta
[iïyé kimassèn' dèch'ta]

63 • roku jû san

Treizième leçon
(ième dix trois leçon)

Le rendez-vous

1 – Ce matin j'ai attendu mon ami français pendant une heure devant le grand magasin *(ce-matin France être-humain [relation] ami [objet] grand-magasin [relation] devant [lieu] un heure avoir-attendu)*.
2 – Vous avez attendu longtemps *(extrêmement avoir-attendu [accord])* !
3 – Oui.
4 – Il est venu *(être-venu [question])* ?
5 – Non, il n'est pas venu *(non ne-pas-être-venu)*.

Notes

1 Après le に **ni**, c'est le の **no** ! Celui-là aussi a beaucoup de fonctions différentes. Dans notre phrase, il sert à mettre un mot ou un groupe de mots en apposition : フランス人 の 友達 **furansujin no tomodachi** *[fouran.n'sou djin' no tomodatchi]*, *un ami (qui est) français*.

2 Un rappel : l'emploi de で **de** *[dé]* pour indiquer le lieu où se passe une action (leçon 11, note 3).

3 Revoilà l'équivalent négatif de ました **mashita** *[mach'ta]* : できません **dekimasen** *[dékimassèn']*, *c'est impossible* ; できません でした **dekimasen deshita**, *cela a été impossible* (leçon 8, note 6).

13 / 第十三課

6 — どう した の でしょう。
  dô shi ta no de shô
  [doo ch'ta no déchoo]

7 — わかりません。
  wa ka ri ma se n
  [ouakalimassèn']

8 — こまりました ね。
  ko ma ri ma shi ta ne
  [komalimach'ta né]

9 — ええ、買物(かいもの) が できません でした。
  e e, kai mono ga de ki ma se n de shi ta
  [éé kaïmono ga dékimassèn' dèch'ta]

10 — 今晩(こんばん) 友達(ともだち)❹ に ❺ 電話(でんわ) を します。
  kon ban tomo dachi ni den wa o shi ma su
  [kon.n'ban.n' tomodatchi ni dèn'oua o chimass'] □

***

▶ 練習 1 — 訳 し なさい

❶ 買物(かいもの) が できました か。
kaimono ga dekimashita ka
[kaïmono ga dékimach'ta ka]

❷ アメリカ人(じん) の 友達(ともだち) が 来(き)ました。
amerikajin no tomodachi ga kimashita
[amélikadjin' no tomodatchi ga kimach'ta]

❸ デパート の 中(なか) で 待(ま)ちました。
depâto no naka de machimashita
[dépaato no naka dé matchimach'ta]

65 • roku jû go

Treizième leçon / 13

6 – Comment cela se fait-il *(comment être-fait on-peut-penser-que)* **?**
7 – Je ne sais pas *(ne-pas-savoir).*
8 – C'est ennuyeux *(être-ennuyé [accord])* **!**
9 – Eh oui, je n'ai pas pu faire mes courses *(oui achats [sujet] ne-pas-avoir-été-possible).*
10   Je lui téléphonerai ce soir *(ce-soir ami [attribution] téléphone [objet] faire).*

Notes

4 Nous avons, en français, une batterie de pronoms personnels pour ne pas répéter plusieurs fois de suite le même nom. En japonais, on ne se complique pas tant la vie... on répète, tout simplement ! Là où en français nous dirions : *je lui téléphone*, en japonais on reprend l'équivalent de "je téléphone *à mon ami*".

5 Notons au passage un autre emploi de に **ni**, ici, pour désigner la personne qui est destinataire de l'action.

***

❹ 何 時間 待ちました か。- わかりません。
なん　じ かん　ま
nan jikan machimashita ka. wakarimasen
[nan.n' djikan.n' matchimach'ta ka. ouakalimassèn']

❺ デパート に 行きません でした。
　　　　　　い
depâto ni ikimasen deshita
[dépaato ni ikimassèn' dèch'ta]

Corrigé de l'exercice 1
❶ Avez-vous pu faire vos achats ? ❷ Mon ami américain est venu. ❸ J'ai attendu dans le grand magasin. ❹ Combien d'heures avez-vous attendu ? – Je ne sais pas. ❺ Je ne suis pas allée au grand magasin.

練習 2 - 言葉 を 入れ なさい

1. J'ai attendu deux heures devant un magasin.
   mise . . . . ni . . . . . machimashita

2. Savez-vous cuisiner chinois *(faire la cuisine chinoise)* ?
   chûka ryôri . . . . ka

3. Votre ami américain est-il venu ?
   amerika . . . . tomodachi ga kimashita ka

4. Ce soir je vais en bus au cinéma.
   . . . . . . basu . . eiga . . ikimasu

5. Je n'ai pas attendu.
   machi . . . .

14

だい じゅう よん か
第 十 四 課 **dai jû yon ka** *[daill' djuu yon.n' ka]*

まとめ – Révision

1 Orthographe des hiragana et katakana

1.1 Les syllabes complexes

D'abord finissons-en avec les questions d'orthographe. Dans les leçons, nous avons rencontré des syllabes un peu compliquées, comme **kyô**, **ryô**, **kyû**, **chu**, **jû**…

En fait, ces syllabes ne relèvent pas du japonais originel, mais elles sont apparues lorsque les Japonais ont adapté les mots chinois, quand ils ont emprunté l'écriture chinoise (Introduction, Écriture et prononciation § 2).

On rencontre deux cas :
– **sh** *[ch]* + **a**, **o**, **u** et **ch** *[tch]* + **a**, **o**, **u**.

Corrigé de l'exercice 2
❶ – no mae de – jikan – ❷ – ga dekimasu – ❸ – jin no – ❹ konban – de – ni – ❺ – masen deshita

Quatorzième leçon
(ième dix quatre leçon)

Dans les kana, il existe **shi** し et **chi** ち, mais pas **sha**, **sho**, **shu**, ni **cha**, **cho**, **chu**. On utilise donc **shi** し et **chi** ち, en les faisant suivre d'un petit **ya** や, **yo** よ, ou **yu** ゅ : **sha** しゃ ; **sho** しょ ; **shu** しゅ ; **cha** ちゃ ; **cho** ちょ ; **chu** ちゅ.
Par ailleurs, si le **o** ou le **u** est long, cela donne : **sho** しょう ; **shû** しゅう ; **chô** ちょう ; **chû** ちゅう.
– les syllabes comme **kyô**, **kyû** ; **ryô**, **ryû** etc., c'est-à-dire une consonne + **y** + **o** ou **u** (**a** est plus rare).
On utilise le kana qui sert à écrire la syllabe formée par cette consonne et **i** : **ki**, **ri** き、り et on ajoute des petits **yo** ょ ou **yu** ゅ : **kyo** きょ ; **kyu** きゅ ; **ryo** りょ ; **ryu** りゅ.
Par ailleurs, si le **o** ou le **u** est long, cela donne : **kyô** きょう ; **kyû** きゅう ; **ryô** りょう ; **ryû** りゅう.
Ce phénomène existe de la même manière avec toutes les consonnes , par exemple : **hyô** ひょう ; **nyû** にゅう.

1.2 Les correspondances consonnes sourdes et consonnes sonores

Reprenons la phrase 9 de la leçon 10 : どちら が 好き です か **dochira ga suki desu ka** *[dotchila ga souki dèss' ka]*.
Regardez les deux hiragana en rouge. Le premier c'est **ga**, le deuxième c'est **ka**. Leur forme est identique か ; seuls deux petits points les distinguent et transforment **ka** en **ga**. Ces deux petits points, nous les trouvons aussi dans les hiragana ど, **do** et で **de** *[dé]*. Et si vous regardez d'autres phrases, vous trouverez ces petits points par-ci, par-là.

C'est un des moyens que les Japonais ont mis au point pour utiliser plus largement les hiragana et les katakana (Écriture et prononciation). On reprend les kana qui servent à noter une syllabe où la consonne est sourde : **ka**, **ta**, **shi**, **ho**... か、た、し、ほ en hiragana ; カ、タ、シ、ホ en katakana. En leur ajoutant deux petits points, on indique que la syllabe commence par la consonne sonore correspondante : が ガ **ga**, だ ダ **da**, じ ジ **ji**, ぼ ボ **bo** (leçon 8, phrase 6, le titre du film de Chaplin, "Les Temps modernes" : モダン・タイムズ **modan.tamuzu**).

Pour indiquer que la syllabe commence par un **p**, on utilise les kana qui servent à transcrire les syllabes commençant par **h** et on ajoute un petit rond. Les mêmes kana servent donc trois fois. C'est économique : **ha** は ハ ; **ba** ば バ ; **pa** ぱ パ / **hi** ひ ヒ ; **bi** び ビ ; **pi** ぴ ピ, etc.

2 Les particules enclitiques : で *de [dé]* et に *ni*

Nous vous proposons ici un petit tour du côté des particules enclitiques, le cœur de la syntaxe du japonais, pour récapituler les emplois que nous avons déjà trouvés pour で **de** *[dé]* et に **ni**.

2.1 で *de [dé]*

で **de** *[dé]* a deux emplois :
– indiquer le moyen (leçon 6, phrase 4) : バス で 行きます **basu de ikimasu** *[bassou dé ikimass']*, *on y va* ("au moyen de") *en bus* ;
– indiquer le lieu où se passe une action (leçon 13, phrase 1) :

デパート の 前 で 待ちました **depâto no mae de machimashita** *[dépaato no maé dé matchimach'ta]*, *J'ai attendu devant le grand magasin.* L'action c'est *attendre*, le lieu *devant le grand magasin*.

2.2 に *ni*

に **ni** compte pas moins de cinq emplois :
– le lieu où quelque chose existe (leçon 6, phrase 8),
– pour former un adverbe : 一緒 に **issho ni**, *ensemble*,
– une activité qui est le but d'un déplacement (leçon 8, phrase 3) : 映画 に 行きました **eiga ni ikimashita** *[eill'ga ni ikimach'ta]*, *nous sommes allés au cinéma*, où *cinéma* ne veut pas dire *une salle de cinéma*, mais *le cinéma* comme activité,
– la personne qui est le destinataire d'une action (leçon 13, phrase 10) : 友達 に 電話 を します **tomodachi ni denwa o shimasu** *[tomodatchi ni dèn'oua o chimass']*, *Je téléphone à mon ami*,
– pour indiquer l'heure (leçon 11).

3 L'expression そう です か *sô desu ka* *[soo dèss' ka]*

Il y a certainement une petite phrase que vous avez déjà retenue, sans même le vouloir car nous l'avons souvent utilisée, c'est : そう です か **sô desu ka** *[soo dèss' ka]*. Dans la traduction mot à mot, vous avez vu que cela signifiait : そう, *ainsi* ; です, *c'est* ; か, "[question]". En réalité, c'est devenu une expression toute faite que les Japonais emploient sans cesse pour simplement montrer à l'interlocuteur qu'ils écoutent ce qu'il dit. C'est comme notre : *Ah oui ?, Ah bon ?…*
Parfois on varie un peu :
– そう です ね **sô desu ne** *[soo dèss' né]* : cette expression est plus forte, elle sert à prendre parti, à montrer son accord (leçon 1, note 4).
– si on est avec un interlocuteur qui est un familier, on abrège : そう か、そう ね **sô ka, sô ne** *[soo ka soo né]*, mais attention, cet usage est informel et il n'est pas conseillé envers des gens qu'on connaît peu.

Pour cette expression, nous ne donnerons désormais plus qu'une traduction globale, avec la nuance correspondant à la situation.

14 /第十四課

▶ 復習 会話 – Dialogue de révision

1. 昨日 の 朝 八 時 に 起きました。
kinô no asa hachi ji ni okimashita
[kinoo no assa hatchi dji ni okimach'ta]

2. 夜 何 時 から 何 時 まで テレビ を 見ます か。
yoru nan ji kara nan ji made terebi o mimasu ka
[yolou nan.n' dji kala nan.n' dji madé télébi o mimass' ka]

3. デパート で 働いて います。
depâto de hataraite imasu
[dépaato dé hatalaïté imass']

4. アメリカ人 の 友達 も デパート で 働いて います。
amerikajin no tomodachi mo depâto de hataraite imasu
[amélikadjin' no tomodatchi mo dépaato dé hatalaïté imass']

5. バス で 来ません でした。
basu de kimasen deshita
[bassou dé kimassèn' dèch'ta]

6. 電話 が できません でした。
denwa ga dekimasen deshita
[dèn'oua ga dékimassèn' dèch'ta]

7. 押上 駅 の 前 で 二 時間 待ちました。
oshiage eki no mae de ni jikan machimashita
[ochiagué éki no maé de ni djikan.n' matchimach'ta]

8. 私 は コーヒー と お 菓子 に します。
watashi wa kôhî to o kashi ni shimasu
[ouatachi oua koohii to okachi ni chimass']

Quatorzième leçon / 14

9 お 箸 で 食べません。フォーク を 下さい。
o hashi de tabemasen. fôku o kudasai
[o hachi dé tabémassèn' fookou o koudasaill']

10 今日 の 午後 買物 に 行きましょう。
kyô no gogo kaimono ni ikimashô
[kyoo no gogo kaïmono ni ikimachoo]

Traduction

1 Hier matin je me suis levé à huit heures. **2** Le soir, de quelle heure à quelle heure regardez-vous la télé ? **3** Je travaille dans un grand magasin. **4** Mon ami américain aussi travaille dans un grand magasin. **5** Je ne suis pas venue en bus. **6** Je n'ai pas pu téléphoner *(le téléphone a été impossible)*. **7** J'ai attendu deux heures devant la gare d'Oshiage. **8** Pour moi ce sera un café et des gâteaux. **9** Je ne mange pas avec des baguettes. Donnez-moi une fourchette, s'il vous plaît. **10** Cet après-midi *(l'après-midi d'aujourd'hui)*, allons faire des courses.

Vous allez commencer le troisième ensemble de sept leçons et vous avez déjà de nombreux points de repère. Continuez ! Ne cherchez surtout pas à retenir : comprenez. Observez bien comment les phrases sont bâties, repérez chaque mot à l'aide de la traduction littérale entre parenthèses. Le principal pour l'instant est de voir comment ça fonctionne. Bien sûr, les phrases sont complètement à l'envers par rapport aux phrases françaises et c'est un peu difficile à suivre, mais le système est très logique ; vous trouvez presque toujours un mot puis une particule enclitique pour indiquer sa fonction. C'est cela qu'il vous faut bien repérer.

Quant à l'écriture, ne vous en faites pas ; continuez à lire en essayant de bien repérer les kana, quel kana correspond à quelle syllabe ; laissez vos yeux faire leur travail tout seuls et s'habituer. Si vous avez parfois des hésitations, vous pouvez vous référer aux tableaux de kana en introduction. Regardez, repérez, comprenez ; c'est ainsi que vous apprenez déjà, sans vous en rendre compte.

15

だい じゅう ご か
第 十 五 課 dai jû go ka *[daill' djuu go ka]*

しょう かい
紹介
shô kai
[shookaill']

こばやし　　　　みちこ　　　　　もう
1 – 小林　　道子　と　申します。
ko bayashi michi ko to mô shi ma su
[kobayachi mitchiko to moochimass']

とうきょう　　　　す
2　東京　に　住んで　います。
　tô kyô ni su n de i ma su
　[tookyoo ni soundé imass']

さん　ねん　まえ　　　　けっこん
3　三　年　前　に　結婚　しました。
　san n nen mae ni kek kon shi ma shi ta
　[san.n' nèn' maé ni kèk'kon.n' chimach'ta]

こども　　　　ふたり
4　子供　が　二人　います。
　ko domo ga futari i ma su
　[kodomo ga f'tali imass']

おんな　こ　　おとこ　こ
5　女　の　子　と　男　の　子　です。
　onna no ko to otoko no ko de su
　[on'na no ko to otoko no ko dèss']

じょう
6 – お嬢さん **1**　は　いくつ　です　か。
　o jô sa n wa i ku tsu de su ka
　[odjoosan.n' oua ikoutsou dèss' ka]

いま じゅう ご　さい
7 – 今　十　五　歳　です。
　ima jû go sai de su
　[ima djuu go saill' dèss']

73 • **nana jû san**

Quinzième leçon

Présentation

1 – Je m'appelle KOBAYASHI Michiko *(Kobayashi Michiko [citation] s'appeler)*.
2   J'habite à Tôkyô *(Tôkyô [lieu] habiter)*.
3   Je me suis mariée il y a trois ans *(trois an avant [temps] mariage avoir-fait)*.
4   J'ai deux enfants *(enfant [sujet] deux-personnes exister)*.
5   Une fille et un garçon *(fille et garçon c'est)*.
6 – Quel âge a votre fille *(votre-fille [annonce] combien c'est [question])* ?
7 – Elle a maintenant 15 ans *(maintenant dix cinq an c'est)*.

Note

1 お嬢さん **ojôsan** *[odjoosan.n']* : ce mot ne peut s'employer que pour parler de l'enfant de quelqu'un d'autre, jamais de son propre enfant. Il désigne un enfant de sexe féminin et peut même s'employer pour une jeune fille de 20 ans.

8 – え ?
e
[é]

9 – はい。実は 三年前に 再婚しました。
ha i. jitsu wa san nen mae ni sai kon shi ma shi ta
[haill'. djitsou oua san.n' nèn' maé ni saill'kon.n' chimach'ta]

10 – お坊ちゃん **2** は いくつ です か。
o bot cha n wa i ku tsu de su ka
[obot'tchan.n' oua ikoutsou dèss' ka]

11 – まだ 一歳 です。
ma da is sai de su
[mada iss' saill' dèss']

***

▶ 練習 1 – 訳 し なさい

❶ 女 の 子 が います。
onna no ko ga imasu
[on'na no ko ga imass']

❷ いくつ です か。
ikutsu desu ka
[ikoutsou dèss' ka]

❸ 六歳 です。
roku sai desu
[lokou saill' dèss']

Quinzième leçon / 15

8 – Hein ?
9 – Oui. En réalité, il y a trois ans, je me suis remariée *(réalité [renforcement] trois an avant [temps] remariage avoir-fait)*.
10 – Et votre petit garçon, il a quel âge *(votre-petit-garçon [annonce] combien c'est [question])* ?
11 – Il n'a encore qu'un an *(encore un an c'est)*.

Note

2 お坊ちゃん **obotchan** *[obot'tchan.n']* : comme c'est le cas dans la note précédente, ce mot ne peut désigner que l'enfant de quelqu'un d'autre. Mais on ne l'emploie que pour parler d'un petit garçon, c'est-à-dire jusque vers 13-14 ans.

***

❹ 今 どこ に 住んで いますか。
ima doko ni sunde imasu ka
[ima doko ni soundé imass' ka]

❺ 二 年 前 に この カメラ を 買いました。
ni nen mae ni kono kamera o kaimashita
[ni nèn' maé ni kono kaméla o kaïmach'ta]

Corrigé de l'exercice 1

❶ J'ai une fille. ❷ Elle a quel âge ? ❸ Six ans. ❹ Où habitez-vous maintenant ? ❺ Il y a deux ans j'ai acheté cet appareil photo.

nana jû roku • 76

練習 2 – 言葉 を 入れ なさい

❶ Quel âge a votre fils ?
obotchan wa . . . . ka

❷ Quinze ans.
jû go . . . . . .

❸ J'habite à Tôkyô.
tôkyô . . . . . . imasu

❹ J'ai deux filles.
onna no ko . . . . imasu

❺ J'ai acheté ces lunettes il y a 5 ans.
kono megane . . . . kaimashita

16

だいじゅうろっか
第十六課 **dai jû rok ka** *[daill' djuu lok' ka]*

にち よう び
日曜日
nichi yô bi
[nitchiyoobi]

きょう　　　　　にちようび
1 – 今日　は　日曜日　です。
    kyô　　**wa**　**nichi yô bi**　**de su**
[kyoo oua nitchiyoobi dèss']

　　　　　てんき
2　お　天気　が　いい　です　ね。
   o　**ten ki**　**ga**　**i i**　**de su**　**ne**
[o tèn'ki ga iï dèss' né]

Corrigé de l'exercice 2
❶ – ikutsu desu – ❷ – sai desu ❸ – ni sunde – ❹ – ga futari –
❺ – o go nen mae ni –

Nous avons pris la mauvaise habitude de tordre les noms propres japonais, en inversant les composants. Il faut dire que les Japonais eux-mêmes n'aident pas vraiment au respect de leurs noms. Le principe absolu, et toujours en vigueur au Japon, est que le nom d'une personne est fait d'un nom de famille, cité en premier, et d'un prénom, cité en second. Par exemple, le nom du dernier Japonais prix Nobel de littérature est Ôe Kenzaburô et non l'inverse. Dire Kenzaburô Ôe ce serait comme parler de Hugo Victor ou de Bonaparte Napoléon… Bizarre, bizarre !

Seizième leçon

Dimanche

1 – **Aujourd'hui, c'est dimanche** *(aujourd'hui [annonce] dimanche c'est).*
2 **Il fait beau** *([familiarité] temps [sujet] être-bien c'est [accord])* !

3   ピクニック   に   行きましょう   か。
    pi ku ni k ku   ni   i ki ma shô   ka
    [pikounik'kou ni ikimachoo ka]

4 − いい   です   ね。
    i i   de su   ne
    [iï dèss' né]

5   田中   さん **1**   と   山本   さん   を
    ta naka   sa n   to   yama moto   sa n   o
    誘いましょう。
    saso i ma shô
    [tanaka san.n' to yamamoto san.n' o sassoïmachoo]

6 − ああ   それ   は   いい   考え   です   ね。
    a a   so re   wa   i i   kanga e   de su   ne
    [aa solé oua iï kan.n'gaé dèss' né]

7 − どこ   へ **2**   行きましょう   か。
    do ko   e   i ki ma shô   ka
    [doko é ikimachoo ka]

8 − 江ノ島   は   いかが   です   か。
    e no shima   wa   i ka ga   de su   ka
    [énochima oua ikaga dèss' ka]

9   何   を   持って   行きましょう   か。
    nani   o   mo t te   i ki ma shô   ka
    [nani o mot'té ikimachoo ka]

Notes

1 Ce mot さん **san** *[san.n']* doit toujours suivre le nom de la personne dont on parle, sans distinction d'âge ou de sexe. Mais il ne s'emploie jamais pour parler de soi-même.

Seizième leçon / 16

3 Si nous faisions un pique-nique *(pique-nique [but] allons [question])* !
4 – Oh oui, d'accord *(être-bien c'est [accord])* !
5 Si nous invitions M. Tanaka et Mlle Yamamoto *(Tanaka M. et Yamamoto Mlle [objet] , invitons)* !
6 – Ah, c'est une bonne idée *(Ah cela [annonce] être-bien idée c'est [accord])* !
7 – Où allons-nous *(où [destination] allons [question])* ?
8 – Que diriez-vous d'Enoshima *(Enoshima [annonce] comment c'est [question])* ?
9 Qu'est-ce que nous emportons *(quoi [objet] tenir allons [question])* ?

2 Remarquez la graphie particulière de cette particule indiquant la direction d'un déplacement. Elle se prononce bien e *[é]* mais elle est notée par le hiragana へ qui dans tous les autres cas se prononce *[hé]* (avec un **h** aspiré, n'oubliez pas !).

hachi jû • 80

16 / 第十六課

10 — サンドウイッチ に**3** お 寿司(すし) **4** に みかん に お 菓子(かし)。
sa n do u i t chi ni o su shi ni mi ka n ni o ka shi

[san.n'do.ouitchi ni o souchi ni mikan.n ni o kachi]

11 子供(こども) の ため に ジュース も 持って 行(い)きましょう。
ko do mo no ta me ni jû su mo mo t te i ki ma shô

[kodomo no tamé ni djuussu mo mot'té ikimachoo]

12 — 田中(たなか) さん と 山本(やまもと) さん に すぐ 電話(でんわ) を かけましょう。
ta na ka sa n to ya ma mo to sa n ni su gu den wa o ka ke ma shô

[tanaka san.n' to yamamoto san.n' ni sougou dèn'oua o kakémachoo]

13 — はい。 おねがい します **5**。
ha i. o ne ga i shi ma su

[haill. onégaï chimass']

□

Le Japon est composé de quatre îles principales. La plus grande, qui donne au Japon sa forme d'arc, est Honshû. L'île la plus au nord est Hokkaidô, et celle la plus au sud est Kyûshû. La dernière, Shikoku, au sud de Honshû, en est séparée par la mer dite Setonaikai, la mer Intérieure, renommée pour ses paysages magnifiques. Enfin au sud de Kyûshû, s'étend l'archipel des îles Ryûkyu, dont la principale est Okinawa. Au-delà de ses îles principales, le Japon compte plus de 4 000 îles de plus de 100 m^2, ainsi que de nombreux petits îlots rocheux.

Seizième leçon / 16

10 – **Des sandwiches, des sushis, des mandarines, des gâteaux** *(sandwich [addition] [familiarité] sushi [addition] mandarine [addition] [familiarité] gâteau).*
11 **Nous emporterons aussi des jus de fruits pour les enfants** *(enfants [relation] à-l'intention-de jus-de-fruits aussi tenir allons).*
12 – **Je téléphone tout de suite à M. Tanaka et Mlle Yamamoto** *(Tanaka M. et Yamamoto Mlle [attribution] tout-de-suite téléphone [objet] faisons-fonctionner).*
13 – **Oui. S'il vous plaît.**

Notes

3 Ce に ni n'aura pas fini de nous surprendre. Le revoilà encore, dans un autre emploi ! Ici, il sert à relier les éléments d'une liste, sans verbe à la fin. C'est ce に ni que l'on utilise quand on passe une commande au restaurant. Comme si l'on additionnait des objets.

4 お 寿司 **o sushi** *[o souchi]* ; お 菓子 **o kashi** *[o kachi]* (phrase 10) : repérez le お **o** de familiarité.

5 おねがい します **onegai shimasu**, *s'il vous plaît* : c'est l'expression la plus habituelle pour toute demande.

Les îles japonaises ne sont pas toutes habitées et certaines, comme Enoshima, attirent de nombreux touristes. Avec pour périmètre 4 petits kilomètres, Enoshima, à proximité de Tôkyô, est un lieu idéal de promenade du dimanche. Elle est appréciée pour son charme, la fraîcheur de ses fruits de mer... et ses chats, qui vivent par dizaines en liberté sur l'île, nourris par la communauté.

第十六課

練習 1 – 訳 し なさい

❶ 今日 は お 天気 が いい です ね。
kyô wa o tenki ga ii desu ne
[kyoo oua o tèn'ki ga ïi dèss' né]

❷ サンドウイッチ を 持って 行きましょう。
sandouitchi o motte ikimashô
[san.n'do.ouitchi o mot'té ikimachoo]

❸ 山本 さん の 友達 を 誘いましょう。
yamamoto san no tomodachi o sasoimashô
[yamamoto san.n' no tomodatchi o sassoïmachoo]

***

練習 2 – 言葉 を 入れ なさい

❶ J'ai téléphoné à M. Yamada.
 yamada . . . . kakemashita

❷ Aujourd'hui c'est dimanche.
 kyô . . . . desu

❸ J'emporte des livres pour mon ami.
 tomodachi . . . . hon o . . . . . ikimasu

❹ Je téléphone tout de suite.
 . . . . denwa o . . . .

❺ Oui s'il vous plaît.
 hai . . . .

Seizième leçon / 16

❹ 小林 さん の ため に 買いました。
kobayashi san no tame ni kaimashita
[kobayachi san.n' no tamé ni kaïmach'ta]

❺ すぐ 行きましょう。
sugu ikimashô
[sougou ikimachoo]

Corrigé de l'exercice 1
❶ Il fait très beau aujourd'hui ! ❷ Emportons des sandwiches. ❸ Invitons l'ami de M. Yamamoto. ❹ Je l'ai acheté pour Mme Kobayashi. ❺ Allons-y tout de suite.

***

Corrigé de l'exercice 2
❶ – san ni denwa o – ❷ – wa nichiyôbi – ❸ – no tame ni – motte – ❹ sugu – kakemasu ❺ – onegai shimasu

17

第十七課 dai jû nana ka [daill' djuu nana ka]
だいじゅうなな か

のみ の 市
nomi no ichi
[nomi no itchi]

1 — その 箱 の 右 の 茶碗 は いくら
　　　 so no　hako　no　migi　no　cha wan　wa　i ku ra

です か。
de su　ka
[sono hako no migui no tchaouan.n' oua ikoula dèss' ka]

2 — これ　　です　か。
　　　 ko re　　de su　ka
[kolé dèss' ka]

3 — いいえ、その 左 の 茶碗 です。
　　　 i i e,　so no　hidari　no　cha wan　de su
[iiyé sono hidali no tchaouan.n' dèss']

4 — ええと… これ は 三 万 **1** 円 です。
　　　 e e to.　ko re　wa　san　man　　en　de su
[ééto… kolé oua san.n' man.n' èn' dèss']

5 — 三 万 円 です か。 高い です ね。
　　　 san　man　en　de su　ka.　taka i　de su　ne
[san.n' man.n' èn' dèss' ka. takaill' dèss' né]

6 — あ、 ごめん なさい。 三 千 円
　　　 a,　go me n　na sa i.　san　zen　en

です。
de su
[a gomèn' nassaill'. san.n zèn' èn' dèss']

85 • **hachi jû go**

Dix-septième leçon

Le marché aux puces
(puce [relation] marché)

1 – La tasse, là, à droite de cette boîte, combien vaut-elle *(cette boîte [relation] droite [relation] tasse [annonce] combien c'est [question])* ?
2 – Celle-ci ?
3 – Non, la tasse, à gauche *(non de-celle-ci gauche [relation] tasse c'est)*.
4 – Euh… C'est 30 000 yens *(ceci [annonce] trois 10.000 yen c'est)*.
5 – 30 000 yens *(trois 10.000 yen c'est [question])* ! C'est cher *(être-cher c'est [accord])* !
6 – Oh, pardon *(oh excusez-moi)* ! C'est 3 000 yens *(trois mille yen c'est)*.

Note
1 Un 万 **man** *[man.n]* est une unité à 4 zéros : 1.0000 (= 10 000), que les Japonais emploient quotidiennement, par exemple pour indiquer les prix.

17 / 第十七課

7 — ちょっと　見せて　ください。
cho t to　mi se te　ku da sa i
[tchot'to misséte koudassaill']

8 — はい、　どうぞ。
ha i,　dô zo
[haill' doozo]

9 — 古い　もの　です　か。
furu i　mo no　de su　ka
[foulouï mono dèss' ka]

10 — そう　です　よ**2**。　江戸　時代　の
sô　de su　yo.　e do　ji dai　no

もの　です。
mo no　de su
[soo dèss' yo. édo djidaill' no mono dèss']

11 — では　これ　を　下さい**3**。　はい
de wa　ko re　o　kuda sa i.　ha i
三千　円。
san　zen　en
[déoua kolé o koudassaill'. haill' san.n' zèn' en']

12 — どうも　ありがとう　ございます。
dô mo　a ri ga tô　go za i ma su
[doomo aligatoo gozaïmass']

13 — あれ。茶碗　の　裏　に
a re.　cha wan　no　ura　ni

「Made in Hong-Kong」　と　書いて　ある。
made in hong-kong　to　ka i te　a ru.

やられた**4**。
ya ra re ta
[alé. tchaouan.n' no oula ni "made in hong-kong" to kaïté alou. yalaleta]

Dix-septième leçon / 17

- **7 –** **Montrez-la-moi un peu** *(un-peu montrez)* !
- **8 –** **Oui, tenez** *(oui je-vous-en-prie)*.
- **9 –** **C'est un objet ancien** *(être-ancien objet c'est [question])* ?
- **10 –** **Oh oui** *(ainsi c'est [engagement])* ! **C'est un objet de l'époque d'Edo** *(Edo époque [relation] objet c'est)*.
- **11 –** **Alors je la prends** *(alors ceci [objet] donnez-moi)*. **Voilà 3 000 yens** *(oui trois mille yen)*.
- **12 –** **Merci beaucoup.**
- **13 –** **[Seul] Ah ! Sous la tasse, il y a écrit "Made in Hong-Kong"** *(tasse [relation] envers [lieu] Made in Hong-Kong [citation] être-écrit)*. **Je me suis fait avoir** *(avoir-été-fait)* !

Notes

2 そう です よ **sô desu yo** *[soo dèss' yo]* : observez la particule finale よ yo , qui marque bien qu'on s'engage : *oui, c'est ainsi (j'en suis tout à fait sûr !)* (leçon 14, § 3).

3 Dans les phrases 7 et 11, le même mot japonais est traduit de deux manières différentes… L'avez-vous repéré ? Il s'agit de **kudasai** *[koudassaïl']*, un verbe un peu spécial dont nous reparlerons. Phrase 11, il s'emploie avec son sens plein *donnez-moi, donnez-nous* (これ を 下さい **kore o kudasai** *[kolé o koudassaïl']*) et s'écrit comme un verbe "normal" : un kanji et des hiragana. En revanche, phrase 7, il suit un autre verbe (見せて ください **misete kudasai** *[missété koudassaïl']*) et est alors juste un élément qui permet de formuler une demande. Dans ce cas, il est écrit uniquement en hiragana.

4 Les formes verbales que vous connaissez jusqu'à présent se terminent par ます **masu**, ou ses dérivés. Ici, ある **aru** *[alou]*, est un équivalent exact de あります **arimasu** *[alimass']*. De même, la forme suivante やられた **yarareta** *[yalaléta]* est exactement équivalente à une forme qui serait やられました **yararemashita** *[yalalémach'ta]*, qui vous est plus familière ! Pourquoi ces différences ? Patience, nous en reparlerons en leçon de révision !

hachi jû hachi • 88

17 / 第十七課

▶ 練習 1 – 訳 し なさい

❶ この 魚 は 高い です ね。
kono sakana wa takai desu ne
[kono sakana oua takaill' dèss' né]

❷ ちょっと 待って ください。
chotto matte kudasai
[tchot'to mat'té koudassaill']

❸ 喫茶店 は すぐ 左 に あります。
kissaten wa sugu hidari ni arimasu
[kiss'satèn oua sougou hidali ni alimass']

***

練習 2 – 言葉 を 入れ なさい
❶ C'est combien ?
. . . .

❷ C'est 20 000 yens.
. . . . . en desu

❸ C'est à droite.
. . . . ni arimasu

Au Japon, le temps se compte par grandes périodes portant le nom des lieux qui ont été les sièges du pouvoir. Au début, il s'agit des lieux de résidence des empereurs : Asuka (moitié VIe – moitié VIIe), Nara (moitié VIIe – fin VIIIe), Heian (IXe – fin XIIe). Tous les trois se situent dans la région de Kyôto à l'ouest du pays. Ensuite, le pouvoir passa aux mains des guerriers, le siège se déplaça à l'est, dans la région de l'actuelle Tôkyô : période de Kamakura (fin XIIe – fin XIVe). Puis il revint pour deux siècles (XV et XVIe) à Kyôto, entre les mains d'une autre lignée de guerriers. Après des années troublées par des luttes internes, s'ouvrit la période d'Edo, sous la férule de la famille Tokugawa qui gardera le pouvoir du début du XVIIe à la fin du XIXe, et qui s'installera à nouveau dans une petite ville de l'est : Edo (qui va devenir Tôkyô). C'est la dernière période à porter un nom. Advint ensuite la période moderne…

Dix-septième leçon / 17

❹ 右の本を見せてください。
migi no hon o misete kudasai
[migui no hon.n' o missété koudassaill']

❺ 寿司屋はデパートの裏にあります。
sushiya wa depâto no ura ni arimasu
[souchiya oua dépaato no oula ni alimass']

Corrigé de l'exercice 1
❶ Ce poisson est bien cher ! ❷ Attendez un instant, s'il vous plaît.
❸ Le café est tout de suite à gauche. ❹ Montrez-moi le livre de droite.
❺ Le restaurant de sushis se trouve derrière le grand magasin.

***

❹ C'est à gauche.
. . . . arimasu

❺ La tasse de droite s'il vous plaît.
. . . . . . chawan . . . .

Corrigé de l'exercice 2
❶ ikura desu ka ❷ ni man – ❸ migi – ❹ hidari ni – ❺ migi no – o kudasai

N'oubliez pas : l'essentiel, pour l'instant, c'est de comprendre. Parfois, peut-être, certaines expressions vous paraissent un peu difficiles. Ne vous y arrêtez pas ! Elles seront reprises et expliquées plus tard. Tout est prévu ! Comme le dit une expression japonaise : "On ne fait pas pousser les plantes en tirant dessus"... Patience !

第十八課 dai jû hak ka [daill' djuu hak' ka]

<ruby>だいじゅうはっか</ruby>

本屋
hon ya
[hon.n' ya]

<ruby>ほんや</ruby>

1 — いらっしゃいませ **1**。
　　 i ra s sha i ma se
　　 [ilach'chaïmassé]

2 — トルストイ　の　「戦争　と　平和」
　　 to ru su to i　no　sen sô　to　hei wa

　　 は　あります　か。
　　 wa　a ri ma su　ka
　　 [toloussoutoill' no sèn'soo to heill'oua oua alimass' ka]

3 — 「戦争　と　平和」　です　か。
　　 sen sô　to　hei wa　de su　ka
　　 [sèn'soo to heill'oua dèss' ka]

4 — はい、あります。
　　 ha i,　a ri ma su
　　 [haill' alimass']

5 — しょうしょう　お　待ち　ください。
　　 shô　shô　o　ma chi　ku da sa i
　　 [choochoo o matchi koudassaill']

6 — それから　料理　の　本　を　見せて
　　 so re ka ra　ryô ri　no　hon　o　mi se te

　　 ください。
　　 ku da sa i
　　 [solékala lyooli no hon.n' o misséte koudassaill']

Dix-huitième leçon

À la librairie

1 – Bonjour *(Entrez)* !
2 – Avez-vous "Guerre et Paix" de Tolstoï *(Tolstoï [relation] guerre et paix [annonce] se-trouver [question])* ?
3 – "Guerre et Paix" *(guerre et paix c'est [question])* ?
4 – Oui, je l'ai *(oui se-trouver)*.
5 – Attendez un instant *(un-petit-peu attendez)*.
6 – Et puis, vous me montrerez un livre de cuisine *(ensuite cuisine [relation] livre [objet] montrez)*.

Note

1 いらっしゃいませ : reconnaissez-vous cette formule (leçon 12, note 2) ? C'est celle que tous les commerçants utilisent pour vous souhaiter la bienvenue dans leur boutique !

18 / 第十八課

7 − 日本 料理 です か、フランス
   にほん りょうり
   ni hon ryô ri de su ka, fu ra n su
   料理 です か、中華 料理 **2**
   りょうり　　　　　　ちゅうか りょうり
   ryô ri de su ka, chû ka ryô ri
   です か **3**。
   de su ka
   [nihon.n' lyooli dèss' ka foulan.n'sou lyooli dèss' ka tchuuka lyooli dèss' ka]

8 − 実 は 今 家内 **4** が 留守 です。
   じつ　　いま かない　　　　　 るす
   jitsu wa ima ka nai ga ru su de su
   [djitsou oua ima kanaill' ga loussou dèss']

9 自分 で 料理 を しなければ
   じぶん　　　 りょうり
   ji bun de ryô ri o shi na ke re ba
   なりません。
   na ri ma se n
   [djiboun' dé lyooli o chinakéléba nalimassèn']

10 − それでは この 本 を お すすめ
   　　　　　　　　　ほん
   so re de wa ko no hon o o su su me
   します。
   shi ma su
   [solédéoua kono hon.n' o o soussoumé chimass']

11 実 は 私 も これ で 作ります。
    じつ　　わたくし　　　　　　 つく
    jitsu wa watakushi mo ko re de tsuku ri ma su
    [djitsou oua ouatakouchi mo kolé dé tsoukoulimass']

12 簡単 に できます。
    かんたん
    kan tan ni de ki ma su
    [kan.n'tan.n' ni dékimass']

Dix-huitième leçon / 18

7 – **De cuisine japonaise, française ou chinoise** *(Japon cuisine c'est [question] France cuisine c'est [question] cuisine-chinoise c'est [question])* **?**

8 – **C'est qu'en fait ma femme est absente** *(réalité [renforcement] ma-femme [sujet] absence c'est).*

9 **Je dois faire la cuisine moi-même** *(soi-même [moyen] cuisine [objet] il-faut-faire).*

10 – **Dans ce cas, je vous conseille ce livre** *(alors ce livre [objet] [politesse] conseil faire).*

11 **En fait, moi aussi j'utilise ce livre** *(réalité [renforcement] moi aussi ceci [moyen] fabriquer).*

12 **On y arrive facilement** *(facile [adverbial] être-possible).*

Notes

2 Dans 日本 料理 **nihon ryôri** *[nihon.n' lyooli]* et フランス 料理 **furansu ryôri** *[foulan.n'sou lyooli]*, 日本 **nihon** *[nihon.n']* et フランス **furansu** *[foulan.n'sou]* sont bien les noms qui désignent respectivement le *Japon* et *la France*. En revanche, dans 中華料理 **chûkaryôri** *[tchuukalyooli]*, *cuisine chinoise*, 中華 **chûka** *[tchuuka]* ne peut pas être détaché. Pour parler de *la Chine*, on emploiera un autre mot : 中国 **chûgoku** *[tchuugokou]*.

3 En français, nous pouvons dire : *Est-ce ceci ou cela ? Est-ce comme ceci ou comme cela ?* En japonais, on devra répéter la phrase complète, en reprenant です か **desu ka** *[dèss' ka]* à chaque fois.

4 家内 **kanai** *[kanaill']*, *ma femme*. Ce terme ne peut s'employer que pour désigner l'épouse de celui qui parle. C'est le même type de phénomène que dans la leçon 15 (notes 1 et 2).

13 – それでは　これ　に　します。
so re de wa　ko re　ni　shi ma su
[solédéoua kolé ni chimass']

14 – 　毎度　ありがとう　ございます**5**。
mai do　a ri ga tô　go za i ma su
[maill'do aligatoo gozaïmass']

***

▶ 練習 1 – 訳 し なさい

❶ 家内 です。
kanai desu
[kanaill' dèss']

❷ 今 山田 さん は 留守 です。
ima yamada san wa rusu desu
[ima yamada san.n' oua loussou dèss']

❸ これ は 魚 ですか、肉 ですか。
kore wa sakana desu ka, niku desu ka
[kolé oua sakana dèss' ka nikou dèss' ka]

❹ お 菓子 を 自分 で 作ります。
o kashi o jibun de tsukurimasu
[o kachi o djiboun' dé tsoukoulimass']

Dix-huitième leçon / 18

13 – Alors je le prends *(alors ceci se-décider-pour [but] faire).*
14 – Merci beaucoup *(chaque-fois merci).*

Note

5 ありがとう ございます **arigatô gozaimasu** *[aligatoo gozaïmass']* est une formule que tout le monde peut employer pour dire *Merci*. Mais 毎度 ありがとう ございます **maido arigatô gozaimasu** *[maill'do aligatoo gozaïmass']* (litt. "pour chaque fois [que vous venez ici], merci"), est une de ces formules que seuls les commerçants emploient. Elle n'est donc pas pour vous… sauf si vous travaillez comme vendeur dans un magasin au Japon !

***

❺ 映画 の 本 を 見せて ください。
eiga no hon o misete kudasai
[eill'ga no hon.n' o missété koudassaill']

Corrigé de l'exercice 1

❶ Voici ma femme. ❷ En ce moment M. Yamada est absent. ❸ C'est du poisson ou de la viande ? ❹ Je fais moi-même mes gâteaux. ❺ Montrez-moi un livre sur le cinéma.

19/第十九課

練習 2 – 言葉 を 入れ なさい

❶ C'est un garçon ou une fille ?
otoko no ko . . . . . ., onna no ko . . . . . .

❷ Je prendrai ce livre-ci.
. . . . hon . . . .

❸ Moi aussi, ma femme est absente.
watakushi . . . . ga rusu desu

❹ Avez-vous "Guerre et Paix" ?
sensô to heiwa . . . . ka

19

だい じゅう きゅう か
第 十 九 課 **dai jû kyû ka** [daill' djuu kyuu ka]

コンサート
ko n sâ to
[kon.n'saato]

1 – この　うつくしい　　ひと
    この　うつくしい　　人　は　だれ
    ko no　u tsu ku shi i　hito　wa　da re

    です　か。
    de su　ka
    [kono outsoukouchiï h'to oua dalé dèss' ka]

2 – この　しゃしん　の　ひと　です　か。
    この　写真　の　人　です　か。
    ko no　sha shin　no　hito　de su　ka
    [kono chachin' no h'to dèss' ka]

3 – はい、　そう　です。
    ha i,　sô　de su
    [haill' soo dèss']

4 – やまぐち　　ふみこ
    山口　　文子1　です。
    yama guchi　fumi ko　de su
    [yamagoutchi foumiko dèss']

❺ C'est "Guerre et Paix" ?
   sensô to heiwa . . . . ka

Corrigé de l'exercice 2
❶ – desu ka – desu ka ❷ kono – ni shimasu ❸ – mo kanai – ❹ – wa arimasu – ❺ – desu –

Dix-neuvième leçon

Le concert

1 – Qui est cette ravissante personne *(ce être-joli être-humain [annonce] qui c'est [question])* ?
2 – La jeune femme de la photo *(cette photo [relation] être-humain c'est [question])* ?
3 – Oui, c'est ça.
4 – C'est YAMAGUCHI Fumiko *(Yamaguchi Fumiko c'est)*.

Note

1 Le seul cas où le nom d'une personne n'est pas suivi de さん **san** *[san.n']*, c'est lorsqu'il s'agit d'une célébrité. De même, en français, nous ne disons pas **Monsieur Victor Hugo*, mais *Victor Hugo* tout court ! Rappelez-vous aussi que le nom d'une personne japonaise, dans l'usage japonais, comporte toujours le nom de famille en tête.

19/第十九課

5 — 女優(じょゆう) です か。
jo yû　de su　ka
[djoyuu dèss' ka]

6 — いいえ、女優(じょゆう) で は ありません 2。
i i e,　jo yû　de wa　a ri ma se n.
歌手(かしゅ) です。
ka shu　de su
[iïyé djoyuu dé oua alimassèn'. kachu dèss']

7 — どんな 歌(うた) を 歌(うた)います か。
do n na　uta　o　uta i ma su　ka
[don'na outa o outaïmass' ka]

8 — ジャズ です。
ja zu　de su
[djazou dèss']

9 こんど の 土曜日(どようび) に サンプラザ
ko n do　no　do yô bi　ni　sa n pu ra za
で コンサート が あります。
de　ko n sâ to　ga　a ri ma su
[kon.n'do no doyoobi ni san.n'p'laza dé kon.n'saato ga alimass']

10 一緒(いっしょ) に いかが です か。
is sho　ni　i ka ga　de su　ka
[ich'cho ni ikaga dèss' ka]

11 — とても ざんねん です が、都合(つごう)
to te mo　za n ne n　de su　ga,　tsu gô
が わるい です。
ga　wa ru i　de su
[totémo zan.n nèn' dèss' ga tsougoo ga oualouï dèss']

12 — ざんねん です ね。
za n ne n　de su　ne
[zan.n' nèn' dèss' né]

99 • **kyû jû kyû**

Dix-neuvième leçon / 19

5 – C'est une actrice *(actrice c'est [question])* ?
6 – Non, ce n'est pas une actrice *(non actrice ce-n'est-pas)*. C'est une chanteuse *(chanteuse c'est)*.
7 – Qu'est-ce qu'elle chante *(de-quelle-sorte chanson [objet] chanter [question])* ?
8 – Du jazz *(jazz c'est)*.
9 Samedi prochain elle donne un concert au Sunplaza *(cette-fois-ci [relation] samedi [temps] Sunplaza [lieu] concert [sujet] exister)*.
10 Vous venez avec moi *(ensemble [adverbial] comment c'est [question])* ?
11 – C'est vraiment dommage, mais je ne peux pas *(très regrettable c'est mais circonstance [sujet] être-mauvais c'est)*.
12 – C'est dommage *(dommage c'est [accord])*.

Note

2 で は あ り ま せ ん **de wa arimasen** *[dé oua alimassen]* : c'est un peu long, mais ce n'est que l'équivalent négatif de です **desu** *[dèss']*, c'est ; で は あ り ま せ ん **de wa arimasen**, *ce n'est pas*.

19 / 第十九課

13 写真 より もっと うつくしい
    しゃしん
    sha shin yo ri mo t to u tsu ku shi i
    人 です よ。
    ひと
    hito de su yo
    [chachin' yoli mot'to outsoukouchïi h'to dèss' yo]

14 – ほんとう?
    ho n tô
    [hon.n'too]

15 約束 を やめよう**3** か な。
    やくそく
    yaku soku o ya me yô ka na
    [yakoussokou o yaméyoo kana]

16 でも それ は むり だ **4** なあ **5**。
    de mo so re wa mu ri da na a
    [démo solé oua mouli da naa]

17 – それでは また この 次 の 機会
    つぎ きかい
    so re de wa ma ta ko no tsugi no ki kai
    に お 誘い しましょう。
    さそ
    ni o saso i shi ma shô
    [solédéoua mata kono tsougui no kikaill' ni o sassoï chimachoo]

18 – ぜひ おねがい します。
    ze hi o ne ga i shi ma su
    [zéhi onégaï chimass']

***

練習 1 – 訳 しなさい

❶ ビール は いかが です か。
  bîru wa ikaga desu ka
  [biilou oua ikaga dèss' ka]

Dix-neuvième leçon / 19

13 Elle est bien plus belle que la photo *(photo plus-que beaucoup-plus être-ravissant être- humain c'est [engagement])* !
14 – Vraiment ?
15 [Seul] Si je décommandais mon rendez-vous *(rendez-vous [objet] abandonnons [question] [réflexion])* ?
16 Mais non, c'est impossible *(mais cela [annonce] déraisonnable c'est [réflexion])* !
17 – Bon, je vous inviterai à la prochaine occasion *(alors de-nouveau ce suivant [relation] occasion [temps] [politesse] invitation faire)*.
18 – Oh oui, je vous en prie *(absolument demande faire)* !

Notes

3 やめよう **yameyô** *[yaméyoo]* : jusqu'ici, les verbes que nous avons traduits par *allons, mangeons*, etc. se terminaient par ましょう **mashô** *[machoo]*. Ici, c'est une autre forme pour dire la même chose.

4 De la même manière, だ **da** est une autre forme pour です **desu**. Vous trouverez l'explication de ces formes dans la prochaine leçon de révision… un peu de patience !

5 Parmi les particules finales qui donnent une certaine nuance à ce qu'on vient de dire, vous connaissez déjà ね **ne** *[né]* (leçon 1, note 4), et よ **yo** (leçon 2, note 3). Voici maintenant な **na** (ou なあ **naa**) que l'on emploie très souvent lorsque l'on se parle à soi-même, que l'on est, en quelque sorte, en train de réfléchir tout haut. Dans la traduction littérale, nous l'indiquerons par "[réflexion]".

***

❷ 今度 の 日曜日 に どこ へ 行きます か。
kondo no nichiyôbi ni doko e ikimasu ka
[kon.n'do no nitchiyoobi ni doko é ikimass' ka]

❸ どんな 映画 が 好き です か。
えいが　　　す
donna eiga ga suki desu ka
[don'na eill'ga ga souki dèss' ka]

❹ 私 は 都合 が いい です。
わたくし　つごう
watakushi wa tsugô ga ii desu
[ouatakouchi oua tsougoo ga iï dèss']

***

練習 2 - 言葉 を 入れ なさい

❶ Aujourd'hui, c'est samedi ou dimanche ?
... wa ...... desu ka, ... desu ka

❷ C'est quelle sorte de personne ?
.... desu ka

❸ Qui est cette personne ?
kono .... wa .... desu ka

第 二 十 課 **dai ni juk ka** *[daill' ni djuk' ka]*
だい に じゅっ か

禁 煙
きん えん
kin en
[kin'èn']

1 – この 辺 に タバコ屋 が あります か。
へん　　　　　　や
ko no   hen   ni ta ba ko ya   ga a ri ma su   ka
[kono hèn' ni tabakoya ga alimass' ka]

2 – あります。
a ri ma su
[alimass']

❺ 昨日 より 暑い です ね。
kinô yori atsui desu ne
[kinoo yoli atsouï dèss' né]

Corrigé de l'exercice 1
❶ Que diriez-vous d'une bière ? ❷ Où allez-vous dimanche prochain ? ❸ Quelle sorte de films aimez-vous ? ❹ Pour moi, cela tombe tout à fait bien. ❺ Il fait plus chaud qu'hier.

***

❹ Ce n'est pas un café, c'est une librairie.
 kissaten . . . ., hon.ya . . . .

❺ Les feuilletons sont plus amusants que les informations.
 dorama wa nyûsu . . . . desu

Corrigé de l'exercice 2
❶ kyô – doyôbi – nichiyôbi – ❷ donna hito – ❸ – hito – dare – ❹ – de wa arimasen, – desu ❺ – yori omoshiroi –

Vingtième leçon 20
(ième deux dix leçon)

Interdit de fumer

1 – Y a-t-il un bureau de tabac dans les environs
 (ces environs [lieu] bureau-de-tabac [sujet] se-trouver [question]) ?
2 – Oui.

3 —
とお
遠い です か。
too i　de su　ka
[tooï dèss' ka]

4 —
いいえ、 そんな に 遠く ありません。[1]
i i e,　so n na　ni　too ku　a ri ma se n
[iïyé son'na ni tookou alimassèn']

5 —
どこ です か。
do ko　de su　ka
[doko dèss' ka]

6 —
ほんや　　　となり
本屋 の 隣 です。
hon ya　no tonari　de su
[hon.n'ya no tonali dèss']

7
　　　　　　みち
まず この 道 を [2] まっすぐ
ma zu　ko no　michi　o　　ma s su gu
い
行きます。
i ki ma su
[mazou kono mitchi o mass'sougou ikimass']

8
　　　　　　ひだり
それから 左 に まがります。
so re ka ra　hidari　ni　ma ga ri ma su
[solékala hidali ni magalimass']

9
みぎがわ　　　おお　　ほんや
右側 に 大きい 本屋 が あります。
migi gawa　ni　oo ki i　hon ya　ga　a ri ma su
[migui gaoua ni ookiï hon.n'ya ga alimass']

10
　　　となり
その 隣 です。
so no　tonari de su
[sono tonali dèss']

11 —
ありがとう ございます。
a ri ga tô　　go za i ma su.
たすかりました。
ta su ka ri ma shi ta
[aligatoo gozaïmass'. tassoukalimach'ta]

Vingtième leçon / 20

3 – Il est loin *(être-loin c'est [question])* ?
4 – Non, pas tellement *(non de-cette-façon [adverbial] ne-pas-être-loin)*.
5 – Où est-il *(où c'est [question])* ?
6 – À côté de la librairie *(librairie [relation] voisin c'est)*.
7 D'abord vous prenez cette rue, tout droit *(d'abord cette rue [objet] tout-droit aller)*.
8 Puis vous tournez à gauche *(puis gauche [lieu] tourner)*.
9 Sur la droite, il y a une grande librairie *(côté-droit [lieu] être-grand librairie [sujet] se-trouver)*.
10 C'est juste à côté *(de-celle-ci voisin c'est)*.
11 – Merci. Je suis sauvé !

Notes

1 遠い **tooi** *[tooï]* être loin ≠ 遠く ありません **tooku arimasen** *[tookou alimassèn']*, ne pas être loin : pour fabriquer la forme négative d'un adjectif, on remplace le **i** final par **ku** et on ajoute **arimasen**. Essayez avec 古い **furui** *[foulouï]*, être vieux, ancien : ne pas être ancien, c'est… 古く ありません **furuku arimasen** *[fouloukou alimassèn']*. Et voilà, bravo !

2 Cela peut vous paraître bizarre de trouver un complément d'objet après le verbe qui veut dire *aller*. En japonais, c'est comme ça ! Avec un verbe qui exprime le mouvement, l'espace que l'on parcourt est considéré comme un complément d'objet.

hyaku roku • 106

12 三日　　前　　から　　禁煙　　して
　　　mik ka　mae　ka ra　kin en　shi te

いました　　が、
i ma shi ta　　ga

[mik'ka maé kala kin'èn' chité imach'ta ga]

13　続きません　でした。
　　tsuzu ki ma se n　de shi ta

[tsouzoukimassèn' déch'ta]

14 －　つらい　です　ね。
　　　tsu ra i　de su　ne

[tsoulaill' dèss' né]

15　僕 **3**　も　禁煙　して　います　が、
　　boku　mo　kin en　shi te　i ma su　ga

[bokou mo kin'èn' chité imass' ga]

16　タバコ **4**　が　すいたい　な。
　　ta ba ko　　ga　su i ta i　na

[tabako ga souïtaill' na]

17 －　それでは　一緒　に　タバコ屋
　　　so re de wa　is sho ni　ta ba ko ya

へ　行きましょう。
e　i ki ma shô

[solédéoua ich' cho ni tabakoya é ikimachoo]

Notes

3 Le japonais, bien qu'il les emploie relativement peu, compte plusieurs pronoms signifiant *moi/je*. Nous avons vu 私 **watakushi** *[ouatakouchi]* qui est employé indifféremment par les hommes et les femmes. Ici, 僕 **boku** *[bokou]*, *moi/je*, ne peut être employé que par des hommes.

4 タバコ **tabako** vient bien du même mot que le mot français *tabac*. Mais attention, タバコ **tabako** veut dire *cigarette(s)*.

Vingtième leçon / 20

12 J'ai arrêté de fumer depuis trois jours mais *(trois-jours avant depuis arrêt-de-fumer avoir-fait mais)*,
13 je ne tiens plus *(ne-pas-s'être-poursuivi)*.
14 – C'est dur, oui *(être-pénible c'est [accord])* !
15 Moi aussi, j'ai arrêté de fumer mais *(moi aussi arrêt-de-fumer faire mais)*,
16 j'ai envie d'une cigarette *(cigarette [sujet] être-l'objet-du-désir-d'aspirer[réflexion])* !
17 – Alors, allons ensemble au bureau de tabac *(alors ensemble [adverbial] bureau-de-tabac [destination] allons)* !

***

練習 1 – 訳 し なさい

❶ 今 何 を して います か。
ima nani o shite imasu ka
[ima nani o chité imass' ka]

❷ 二十年前 から 東京 に 住んで います。
ni jû nen mae kara tôkyô ni sunde imasu
[ni djuu nèn' maé kala tookyoo ni soundé imass']

❸ 田中 さん を 待って います が、来ません。
tanaka san o matte imasu ga, kimasen
[tanaka san.n' o mat'té imass' ga kimassèn']

❹ 本屋 は 喫茶店 の 隣 に あります。
hon.ya wa kissaten no tonari ni arimasu
[hon.n'ya oua kiss'satèn' no tonali ni alimass']

❺ この トランク は そんな に 高く ありません。
kono toranku wa sonna ni takaku arimasen
[kono tolan.n'kou oua son'na ni takakou alimassèn']

Corrigé de l'exercice 1
❶ Qu'est-ce que vous faites en ce moment ? ❷ J'habite à Tôkyô depuis 20 ans. ❸ J'attends M. Tanaka, mais il ne vient pas. ❹ La librairie est à côté du café. ❺ Cette valise n'est pas tellement chère.

hyaku hachi • 108

練習 2 – 言葉 を 入れ なさい

❶ Ce n'est pas amusant.
   omoshiro . . . .

❷ Je suis en train de prendre mon petit-déjeuner.
   chôshoku o tabe . . . .

❸ C'est une grande gare.
   . . . .

❹ Je travaille dans ce magasin depuis 8 ans.
   . . . . kono mise de hataraite imasu

❺ C'est la rue de droite ou de gauche ?
   . . . . no michi desu ka, ... desu ka

21

だい に じゅう いっ か
第 二 十 一 課 **dai ni jû ik ka** [daill' ni djuu ik' ka]

まとめ – Révision

Une bonne pause fait toujours du bien ! Comme chacun sait, le plus difficile n'est pas de commencer, mais de continuer. Et pour bien continuer, il faut s'assurer d'avoir une bonne base. Cette leçon de révision (comme toutes les autres) est là dans ce but. Lisez-la attentivement. N'hésitez pas à y passer un peu de temps, à vous reporter aux pages citées et, éventuellement, à relire les notes mentionnées. C'est ainsi que vous serez sûr de bien progresser.

1 Les kanji ou "caractères chinois"

Vous devez maintenant vous y retrouver assez bien dans l'écriture syllabique, au moins pour les hiragana.
Nous allons donc commencer à nous occuper des caractères chinois, qu'en japonais on appelle des **kanji**. Si l'on décompose cela donne : 漢 **kan** = *chinois* (les Han) et 字 **ji** = *écriture*.
Nous vous avons prévenu, c'est assez complexe…

Corrigé de l'exercice 2

❶ – ku arimasen ❷ – te imasu ❸ ookii eki desu ❹ hachi nen mae kara – ❺ migi – , hidari no michi –

Vingt et unième leçon
(ième deux dix un leçon)

Là où ce n'est pas trop compliqué, c'est pour les noms. Bien sûr, à chaque nom correspond un kanji différent (le plus souvent plusieurs d'ailleurs).
Reprenons les premiers noms qui figurent dans la leçon 17 :
– *une boîte* se dit **hako**, et s'écrit 箱 ; inversement le kanji 箱 veut dire *boîte*, ce qui, en japonais, se dit **hako**.
– *la droite* se dit **migi** [migui] et s'écrit 右 ; inversement, 右 veut dire *la droite*, ce qui, en japonais, se dit **migi**.
Là, ce sont des mots simples : pour un mot, un caractère.
Prenons maintenant des noms qui figurent dans la leçon 18 ; nous y trouvons beaucoup de mots composés de plusieurs kanji, mais le principe est le même :
– *la guerre* se dit **sensô** [sèn'soo] et s'écrit 戦争, le premier caractère se prononce **sen** [sèn'], et le second **sô** [soo].
– *la paix* se dit **heiwa** et s'écrit 平和. Le premier caractère se prononce **hei** [heill'], le second **wa** [oua].
Inversement, 戦争 veut dire *la guerre* et se prononce **sensô**, 平和 veut dire *la paix* et se prononce **heiwa**.

hyaku jû • 110

Et les exemples sont légion... En voici quelques autres de la leçon 18 : **hon.ya** [hon.n'ya] 本屋 (titre) ; **ryôri** [lyooli] 料理 (phrase 6) ; **kanai** [kanaill'] 家内 (phrase 8) ; **rusu** [loussou] 留守 (phrase 8) ; **jibun** [djiboun'] 自分 (phrase 9).

Tous se construisent de la même façon et cette configuration de deux caractères pour un mot est la plus fréquente.
Cela dit, certains mots s'écrivent avec plus de deux kanji... Nous en avons déjà rencontré un qui compte trois kanji, **kissaten** [kiss'satèn'] 喫茶店. Le premier kanji 喫 veut dire *boire*, le second 茶 veut dire *thé*, le troisième 店 veut dire *magasin*. Finalement, il s'agit d'*un magasin où l'on boit du thé*... c'est-à-dire *un café*.

Attention, cependant... Regardez le dernier caractère 店. Ici, dans ce mot composé, il se prononce **ten** [tèn'].

Revenons en arrière à la leçon 6, phrase 10. Ce même caractère se prononce **mise** [missé]. Rappelez-vous ce que nous disions dans l'introduction : c'est une donnée habituelle, la plupart des caractères ont plusieurs prononciations. En général, la prononciation d'un caractère change selon qu'il est employé seul ou qu'il figure dans un mot composé. Le caractère 店 se prononce **ten** [tèn'] dans le mot composé **kissaten**, mais **mise** [missé] quand il est tout seul.

2 Les adjectifs

2.1 Forme négative

Maintenant que vous commencez à vous familiariser avec des phrases un peu plus longues, vous rencontrez également plus souvent ces mots qui sont presque comme nos adjectifs... mais pas tout à fait. Nous les traduisons toujours par *être*... (いい **ii**, *être bien* ; 大きい **ookii**, *être grand*), parce que ce sont, en fait, des sortes de verbes, pouvant avoir diverses formes. Ainsi, ils ont une forme négative (leçon 20, note 1). Vous pouvez la fabriquer facilement, en remplaçant le **i** final par く ありません **ku arimasen**. L'adjectif pour lequel il faudra bien faire attention, et qui est la seule exception, c'est いい **ii**, *être bien* : il a un doublet よい **yoi** [yoï], qui veut dire la même chose, et c'est sur ce doublet que l'on fabrique la forme négative : *ne pas être bien*, ce sera よく ありません **yoku arimasen** [yokou alimassèn'].

2.2 Place de l'adjectif

En français, l'adjectif peut venir avant ou après le nom : un objet ancien, une grande librairie, etc. En japonais, c'est simple ! L'adjectif vient toujours avant le nom :

– *un objet ancien* : 古い もの **furui mono** *[foulouï mono]* (avec **furui**, *être ancien* ; **mono**, *objet* (leçon 17, phrase 9)),
– *une grande librairie* : 大きい 本屋 **ookii hon.ya** *[ookii hon.n'ya]* (avec **ookii**, *être grand* ; **hon.ya**, *librairie*),
– *une femme ravissante* : うつくしい 人 **utsukushii hito** *[outsoukouchii h'to]* (avec **utsukushii**, *être joli* ; **hito**, *un être humain* (leçon 19, phrase 1)).

3 Les particules enclitiques : より *yori* [yoli] et は *wa* [oua]

Au cours des six leçons qui précèdent, vous avez rencontré deux nouvelles particules enclitiques : より **yori** *[yoli]* et は **wa** *[oua]*. Ce sont les deux dernières ! Revenons-y un instant…

3.1 より *yori*

より **yori** s'emploie uniquement lorsqu'on fait une comparaison et signifie donc *plus… que* (leçon 19, phrase 13) : 写真 より うつくしい **shashin yori utsukushii**, *plus belle que la photo*.

3.2 は *wa*

Depuis un certain temps, nous rencontrons souvent une particule は **wa** *[oua]*. C'est un des piliers de la phrase japonaise. Remarquez d'abord une particularité de graphie. Elle se prononce *[oua]* alors qu'elle est notée par le hiragana は qui se prononce dans tous les autres cas **ha** (avec un **h** aspiré, n'oublions pas).
Cette particule a deux emplois principaux :
– après un nom ou un pronom, en tête de phrase, elle sert à poser, à annoncer ce dont on va parler. Ce que les Japonais font avec は **wa**, c'est exactement ce que nous faisons en français lorsque nous disons des phrases comme : "Ta voiture, tu l'as achetée quand ?" au lieu de dire "Quand as-tu acheté ta voiture ?" ou bien "Ce livre,

je te le conseille" au lieu de "Je te conseille ce livre ". Des phrases de ce type, nous en produisons sans cesse, inconsciemment. Le は **wa** du japonais, reproduit exactement le même mécanisme, qui est si naturel ! La seule différence c'est qu'en français, ce mécanisme appartient plutôt au langage oral, alors qu'en japonais, c'est une des structures de base de la langue, écrite comme orale. Nous appellerons cet emploi "[annonce]".

– après un adverbe ou un groupe nom (ou pronom) + une autre particule, elle sert à renforcer le sens de cet adverbe ou de ce groupe. Nous l'appellerons "[renforcement]".

4 Les verbes : système à trois degrés

Revenons un moment sur les formes verbales employées dans la leçon 17, phrase 13 書いて ある **kaite aru**, やられた **yarareta** et dans la leçon 19, phrase 15 やめよう **yameyô**. Elles sont différentes de celles que nous avons rencontrées jusqu'alors et qui se terminaient toutes par ます **masu**, ou ません **masen**, ou ました **mashita**, ou ましょう **mashô** (leçon 7, § 1). Dès le début, nous l'avions bien dit, les verbes japonais ne changent pas en fonction des personnes. Cela, vous avez pu le constater par vous-même au fur et à mesure des leçons. En revanche, ils changent de forme en fonction de l'interlocuteur. C'est un système à trois degrés : degré plus, degré moyen, degré moins.

4.1 Le degré plus

Nous l'étudierons plus tard. Ce qu'il faut retenir pour le moment : ce degré s'emploie lorsqu'on s'entretient avec une personne à l'égard de laquelle on doit témoigner de beaucoup de respect, de déférence.

4.2 Le degré moyen

C'est le degré que nous avons employé jusqu'à maintenant, celui que l'on utilise le plus fréquemment : il s'impose dans les conversations avec quelqu'un que vous connaissez assez bien, mais avec qui vous n'êtes pas vraiment très intime ; ou une conversation avec quelqu'un que vous rencontrez pour la première fois, mais qui est, disons, "votre égal". Ce degré moyen est caractérisé par l'emploi de です **desu**, pour dire *c'est* et des formes verbales en ます **masu**, ません **masen**, ました **mashita**, ましょう **mashô**.

4.3 Le degré moins

Le degré moins (leçon 17, phrase 13 ; leçon 19, phrase 15) est celui que l'on utilise lorsque l'on s'adresse à quelqu'un de vraiment familier : membre de sa famille, vieil ami… et bien sûr, lorsque l'on se parle à soi-même. Pour ce degré moins, à la place de です **desu**, on emploie だ **da**, pour dire *c'est*. À la place de la forme en ます **masu**, on emploie la forme la plus neutre du verbe, celle qu'on trouvera dans le dictionnaire. Ici, pour あります **arimasu** que nous connaissons bien, ce sera ある **aru**. Pour le passé, la terminaison n'est pas ました **mashita**, mais seulement た **ta**. Et là où l'on employait ましょう **mashô**, on trouvera une simple forme en **ô**.

<u>Exemples :</u>
– degré moyen : やられました **yararemashita**, degré moins : やられた **yarareta**, avec exactement le même sens : *j'ai été refait, j'ai été roulé*
– degré moyen : 書いて あります **kaite arimasu**, degré moins : 書いて ある **kaite aru**, avec exactement le même sens : *il est écrit*
– degré moyen : やめましょう **yamemashô**, degré moins : やめよう **yameyô**, avec exactement le même sens : *abandonnons, cessons*

第二十一課

▶ 復習　会話

1 二年前に家内とフランスへ行きました。

ni nen mae ni kanai to furansu e ikimashita

[ni nèn' maé ni kanaill' to foulan.n'sou é ikimash'ta]

2 お坊ちゃんも一緒に行きましたか。

obotchan mo issho ni ikimashita ka

[obot'tchan.n' mo ich'cho ni ikimash'ta ka]

3 いいえ、行きませんでした。

iie, ikimasen deshita

[iïé ikimassèn' dèch'ta]

4 駅は遠くありません。近いです。

eki wa tooku arimasen. chikai desu

[éki oua tookou alimassèn'. tchikaill' dèss']

5 右の道ではありません。左の道です。

migi no michi de wa arimasen. hidari no michi desu

[migui no mitchi de oua alimassèn'. hidali no mitchi dèss']

6 この写真の人は隣の人のお嬢さんです。

kono shashin no hito wa tonari no hito no ojôsan desu

[kono chachin' no h'to oua tonali no h'to no ojoossan.n' dèss']

7 うつくしい人よりおもしろい人がいいです。

utsukushii hito yori omoshiroi hito ga ii desu

[outsoukouchiï h'to yoli omochiloill'ï h'to ga iï dèss']

Vingt et unième leçon / 21

8 土曜日 です か、日曜日 です か。
doyôbi desu ka, nichiyôbi desu ka
[doyoobi dèss' ka nitchiyoobi dèss' ka]

9 この 映画 は おもしろく ありません。
kono eiga wa omoshiroku arimasen
[kono eill'ga oua omochilokou alimassèn']

10 この 古い 本 を 一 万 円 で 買いました。
高い 本 でした。
kono furui hon o ichi man en de kaimashita. takai hon deshita
[kono foulouï hon.n' o itchi man.n' èn' dé kaïmach'ta. takaill' hon.n' dèch'ta]

Traduction

1 Il y a deux ans, je suis allé en France avec ma femme. **2** Votre petit garçon aussi est allé avec vous ? **3** Non. **4** La gare n'est pas loin. Elle est proche. **5** Ce n'est pas la route de droite. C'est celle de gauche. **6** La personne sur cette photo, c'est la fille de notre voisin. **7** Plutôt que quelqu'un de beau, il vaut mieux quelqu'un d'intéressant. **8** C'est samedi ou dimanche ? **9** Ce film n'est pas intéressant. **10** J'ai acheté ce livre ancien pour 10 000 yens. C'était un livre cher !

22

<ruby>第<rt>だい</rt></ruby> <ruby>二十二<rt>に じゅう に</rt></ruby> <ruby>課<rt>か</rt></ruby> **dai ni jû ni ka** *[daill' ni djuu ni ka]*

<ruby>郵便局<rt>ゆう びん きょく</rt></ruby>
yû bin kyoku
[yuubin'kyokou]

1 – <ruby>郵便局<rt>ゆうびんきょく</rt></ruby> は どこ に あります か。
   yû bin kyoku wa do ko ni a ri ma su ka
   [yuubin'kyokou oua doko ni alimass' ka]

2 – すぐ <ruby>後ろ<rt>うし</rt></ruby> に あります。
   su gu ushi ro ni a ri ma su
   [sougou ouchilo ni alimass']

3 – あ。 これ は、どうも ありがとう。
   a. ko re wa, dô mo a ri ga tô
   [a. kolé oua doomo aligatoo]

4   ギリシャ へ の <ruby>航空<rt>こうくう</rt></ruby> <ruby>郵便<rt>ゆうびん</rt></ruby> <ruby>葉書<rt>はがき</rt></ruby>
   gi ri sha e no kô kû yû bin ha ga ki
   の <ruby>料金<rt>りょうきん</rt></ruby> は いくら です か。
   no ryô kin wa i ku ra de su ka
   [guilicha é no kookouou yuubin' hagaki no lyookin' oua ikoula déss' ka]

5 – イギリス まで です か。
   i gi ri su ma de de su ka
   [iguilissou madé déss' ka]

6 – いいえ。 イギリス まで で は
   i i e. i gi ri su ma de de wa
   ありません **1**。
   a ri ma se n
   [iïyé. iguilissou madé de oua alimassèn']

117 • **hyaku jû shichi (nana)**

Vingt-deuxième leçon

À la poste

1 – Où se trouve la poste *(bureau-de-poste [annonce] où [lieu] se-trouver [question])* ?
2 – Juste derrière vous *(tout-de-suite derrière [lieu] se-trouver)*.
3 – Ah ! Merci beaucoup *(ceci [annonce] merci-beaucoup)*.
4   Quel est le tarif d'une carte postale par avion pour la Grèce *(Grèce [destination] [relation] par-avion courrier carte-postale [relation] tarif [annonce] combien c'est [question])* ?
5 – Pour l'Angleterre *(Angleterre jusqu'à c'est [question])* ?
6 – Non. Pas pour l'Angleterre *(Angleterre jusqu'à ce-n'est-pas)*.

Note

1   Un rappel : では ありません **de wa arimasen** *[dé oua alimassèn']*, est la négation de です **desu** *[dèss']* pour le degré moyen, donc *ce n'est pas* (leçon 19, note 2).

7 ギリシャ まで です。
gi ri sha ma de de su
[guilicha madé dèss']

8 - ああ、 ギリシャ です か。 ちょっと
a a. gi ri sha de su ka. cho t to
お 待ち ください。
o ma chi ku da sa i
[aa. guilicha dèss' ka. tchot'to o matchi koudassaill']

9 今 調べます から **2**。
ima shira be ma su ka ra
[ima chilabémass' kala]

10 はい、 ありました。 ギリシャ
ha i, a ri ma shi ta. gi ri sha
まで は、 葉書 一 枚 **3**、 百
ma de wa, ha gaki ichi mai, hyaku
十 円 です。
jû en de su
[haill' alimach'ta. guilicha madé oua hagaki itchi maill' hyakou djuu èn' dèss']

11 十 枚 で 千 百 円 に なります。
jû mai de sen hyaku en ni na ri ma su
[djuu maill' dé sèn' hyakou èn' ni nalimass']

12 - はい。 千 百 円 です。
ha i. sen hyaku en de su
[haill'. sèn hyakou èn' dèss']

13 - ありがとう ございます。
a ri ga tô go za i ma su
[aligatoo gozaïmass']

Vingt-deuxième leçon / 22

7 **Pour la Grèce** *(Grèce jusqu'à c'est)*.
8 – **Ah, pour la Grèce** *(ah Grèce c'est [question])* ! **Attendez un instant** *(un-peu [politesse] attendez)* !
9 **Je cherche** *(maintenant examiner parce-que)*.
10 **Ah, voilà** *(oui s'être-trouvé)*. **Pour la Grèce, une carte postale, c'est cent dix yens** *(Grèce jusqu'à [renforcement] carte-postale un objet-plat cent dix yen c'est)*.
11 **Pour dix, ça fait mille cent yens** *(dix objet-plat [moyen] mille cent yen [but] devenir)*.
12 – **Voilà** *(oui)*. **Mille cent yens** *(mille cent yen c'est)*.
13 – **Merci beaucoup.**

Notes

2 Normalement から s'emploie entre deux propositions pour exprimer la cause. Or, souvent la phrase s'arrête à la première proposition tout en gardant le から. Ici on attendrait quelque chose comme : *puisque je cherche, (attendez un peu)*…

3 Vous l'avez constaté, en japonais on n'indique ni le singulier ni le pluriel. Pourtant, parfois on a besoin de savoir de combien d'objets on parle. Dans ce cas, on emploie des nombres en ajoutant un mot qui précise le type de l'objet. Ici まい 枚 **mai** *[maill']* indique que l'on parle d'objets plats et minces (c'est-à-dire semblables à une feuille de papier). Pour d'autres types d'objets (un livre, un objet rond…), on emploiera d'autres mots.

第二十二課

▶ 練習 1 – 訳 し なさい

❶ いいえ。郵便局 では ありません。
iie. yûbinkyoku de wa arimasen
[iïyé. yuubin'kyokou dé oua alimassèn']

❷ 船橋 駅 の 隣 の デパート の 後ろ に 住んで います。
funabashi eki no tonari no depâto no ushiro ni sunde imasu
[founabachi éki no tonali no dépaato no ouchilo ni soun' dé imass']

❸ 葉書 を 二 十 枚 買いました。
hagaki o ni jû mai kaimashita
[hagaki o ni djuu maill' kaïmach'ta]

***

練習 2 – 言葉 を 入れ なさい

❶ Quel est le tarif d'une carte postale pour les États-Unis ?
amerika made . . hagaki . . ryôkin wa . . . .

❷ Où se trouve la librairie ?
hon.ya wa doko . . . .

❸ Donnez-moi cinq cartes postales.
hagaki . . . .

❹ Cela fait mille yens.
. . . . amerika ni . . . .

❺ C'est juste à droite.
. . . .

Vingt-deuxième leçon / 22

❹ ギリシャ 料理 は 駅 の 後ろ の タバコ屋
の 左 に あります。
girisha ryôri wa eki no ushiro no tabakoya no hidari ni arimasu
[guilicha lyooli oua éki no ouchilo no tabakoya no hidali ni alimass']

❺ ちょっと 見せて ください。
chotto misete kudasai
[tchot'to missété koudassaill']

Corrigé de l'exercice 1
❶ Non ce n'est pas la poste. ❷ J'habite derrière le grand magasin jouxtant la gare de Funabashi. ❸ J'ai acheté vingt cartes postales. ❹ Le restaurant grec se trouve à gauche du bureau de tabac derrière la gare. ❺ Montrez-le-moi un peu.

***

Corrigé de l'exercice 2
❶ – no – no – ikura desu ka ❷ – ni arimasu ka ❸ – o go mai kudasai ❹ sen en – narimasu ❺ sugu migi ni arimasu

hyaku ni jû ni • 122

23

<ruby>第<rt>だい</rt></ruby> <ruby>二十三<rt>に じゅう さん</rt></ruby> <ruby>課<rt>か</rt></ruby> **dai ni jû san ka** *[daill' ni djuu san.n' ka]*

<ruby>仕事<rt>し ごと</rt></ruby>
shi goto
[chigoto]

1 – <ruby>上<rt>うえ</rt></ruby> の <ruby>息子<rt>むすこ</rt></ruby> さん **1** は お <ruby>元気<rt>げんき</rt></ruby> です か。
ue no musu ko sa n wa o gen ki de su ka
[oué no moussouko san.n' oua o guèn'ki dèss' ka]

2 – <ruby>今年<rt>ことし</rt></ruby> <ruby>大学<rt>だいがく</rt></ruby> を <ruby>卒業<rt>そつぎょう</rt></ruby> しました。
ko toshi dai gaku o sotsu gyô shi ma shi ta
[kotochi daill'gakou o sotsougyoo chimach'ta]

3 – <ruby>東大<rt>とうだい</rt></ruby>**2** でした **3** ね。
tô dai de shi ta ne
[toodaill' dèch'ta né]

4 – はい、そう です。
ha i, sô de su
[haill' soo dèss']

5 – それ は おめでとう ございます **4**。
so re wa o me de tô go za i ma su
[solé oua omédétoo gozaïmass']

Notes

1 <ruby>息子<rt></rt></ruby> さん **musuko san** *[moussouko san.n']* ne se dira que pour *le fils de quelqu'un d'autre* (leçon 15, notes 1 et 2) ; お <ruby>元気<rt></rt></ruby> **o genki** *[o guèn'ki]* ne s'emploie que pour parler d'une autre

Vingt-troisième leçon

Le travail

1 – Comment va votre fils aîné *(dessus [relation] votre-fils [annonce] [politesse] bonne-santé c'est [question])* ?
2 – Il a terminé l'université cette année *(cette-année université [objet] diplôme avoir-fait)*.
3 – C'était bien l'Université de Tôkyô *(Université-de-Tôkyô c'était [accord])* ?
4 – Oui, c'est ça.
5 – Toutes mes félicitations *(Cela [annonce] toutes-mes-félicitations)* !

personne. Pour soi-même (ou pour qqn de sa propre famille), on dira 元気 **genki** *[guèn'ki]*. De même, phrase 6, お 勤め **o tsutome** *[o tsoutomé]* : 勤め **tsutome** *[tsoutomé]* veut dire *un emploi* et le お **o** précise que ce terme s'applique à une personne qui n'est ni soi-même ni un membre de sa famille.

2 東大 **tôdai** *[toodaill']* est l'abréviation de **tôkyô daigaku** (東京 大学) *[tookyoo daill'gakou]*. Très souvent, les Japonais fabriquent des abréviations en ne retenant qu'un caractère chinois (kanji) là où il y en a plusieurs pour former un mot.

3 でした **deshita** *[déch'ta]*, est la forme passée de です **desu** *[dèss']* et signifie donc *c'était*.

4 おめでとう ございます **omedetô gozaimasu**, *Toutes mes félicitations !*, est la formule consacrée pour présenter ses félicitations quand surgit un événement heureux ou pour souhaiter la bonne année.

hyaku ni jû yon • 124

23 / 第二十三課

6 どこ に お 勤め です か。
do ko ni o tsuto me de su ka
[doko ni o tsoutomé dèss' ka]

7 − 四月 から 自動車 関係 の 会社 に 勤めて います。
shi gatsu ka ra ji dô sha kan kei no kai sha ni tsuto me te i ma su
[chigatsou kala dijdoocha kan.n'keill' no kaill'cha ni tsoutomété imass']

8 − それ は よろしい **5** です ね。
so re wa yo ro shi i de su ne
[solé oua yolochïi dèss' né]

9 − でも 今 入院 して います。
de mo ima nyû in shi te i ma su
[démo ima nyuu.in' chité imass']

10 五月 に 交通 事故 に あいました。
go gatsu ni kô tsû ji ko ni a i ma shi ta
[gogatsou nï kootsouou djiko ni aïmach'ta]

11 − それ は お 気 の 毒 に **6**。
so re wa o ki no doku ni
[solé oua okinodokou ni]

12 その 後 いかが です か。
so no go i ka ga de su ka
[sonogo ikaga dèss' ka]

13 − おかげさま で **7**、 よく なりました。 来週 退院 します。
o ka ge sa ma de, yo ku na ri ma shi ta. rai shû tai in shi ma su
[okaguéssama dé yokou nalimach'ta. laill'chuu taill'in' chimass']

125 • hyaku ni jû go

Vingt-troisième leçon / 23

6 Où travaille-t-il *(où [lieu] [politesse] emploi c'est [question])* ?

7 – Depuis avril, il travaille dans une société d'automobiles *(avril depuis voiture lien [relation] entreprise [lieu] être-employé)*.

8 – C'est vraiment bien *(cela [annonce] être-bien c'est [accord])* !

9 – Mais en ce moment il est à l'hôpital *(mais maintenant hospitalisation faire)*.

10 En mai, il a eu un accident *(mai [temps] circulation accident [but] avoir-rencontré)*.

11 – C'est vraiment ennuyeux !

12 Depuis, comment va-t-il *(ensuite comment c'est [question])* ?

13 – Bien, merci *(grâce-à-vous [moyen] bien être-devenu)*. Il sort la semaine prochaine *(semaine-prochaine sortie-de-l'hôpital faire)*.

Notes

5 よろしい **yoroshii** *[yolochïï]* : le cadre formel du dialogue (les partenaires se manifestent une certaine politesse) ne permet pas d'employer l'adjectif いい **ii** *[ïï]*, passe-partout, que nous avons souvent rencontré. Il sera remplacé par よろしい **yoroshii**. Nous pourrions dire que いい です **ii desu** *[ïï dèss']* est le degré moyen, et よろしい です **yoroshii desu** *[yolochïï dèss']*, le degré plus.

6 お気の毒 に **okinodoku ni** signifie littéralement "c'est à plaindre".

7 おかげさま で **okagesama de** *[okaguéssama dé]* (litt. "grâce à vous") : voici la formule habituelle pour remercier quelqu'un de demander de vos nouvelles ou des nouvelles d'un de vos proches.

hyaku ni jû roku • 126

14 – <ruby>安心<rt>あんしん</rt></ruby> しました。
an shin shi ma shi ta
[an.n'chin' chimach'ta]

*Il existe au Japon des centaines d'universités publiques et privées fondées à partir de la fin du XIXᵉ siècle. On y entre sur concours, après un ou deux ans en classe préparatoire privée. Le cycle d'études dure 4 ans (il y a aussi des cycles courts de 2 ans). Certaines sont des universités prestigieuses qui forment l'élite de la société japonaise. Les deux plus grandes universités publiques sont l'Université de Tôkyô (**Tôkyô daigaku**, abrégé en **Tôdai**) et l'Université de Kyôto (**Kyôto daigaku**, abrégé en **Kyôdai**). Pour les universités privées, ce sont l'université Keiô et l'université de Waseda, toutes les deux à Tôkyô. Il est utile de préciser que toutes ces universités, publiques comme privées, demandent des frais de scolarité importants. Mettre de l'argent de côté dès la naissance des enfants pour payer les frais universitaires est le devoir de tout parent responsable.*

***

練習 1 – 訳 し なさい

❶ <ruby>昨日<rt>きのう</rt></ruby> の <ruby>朝<rt>あさ</rt></ruby> でした。
kinô no asa deshita
[kinoo no assa dech'ta]

❷ <ruby>来週<rt>らいしゅう</rt></ruby> から <ruby>禁煙<rt>きんえん</rt></ruby> します。
raishû kara kin.en shimasu
[laill'chuu kala kin'èn' chimass']

❸ <ruby>自動車<rt>じどうしゃ</rt></ruby> は <ruby>四月<rt>しがつ</rt></ruby> に <ruby>買<rt>か</rt></ruby>いました。
jidôsha wa shigatsu ni kaimashita
[djidoocha oua chigatsou ni kaïmach'ta]

❹ いつ <ruby>大学<rt>だいがく</rt></ruby> を <ruby>卒業<rt>そつぎょう</rt></ruby> しました か。
itsu daigaku o sotsugyô shimashita ka
[itsou daill'gakou o sotsougyoo chimach'ta ka]

Vingt-troisième leçon / 23

14 – Je suis rassurée *(tranquillité avoir-fait)* !

***

❺ お坊ちゃん は お 元気 ですか。
– おかげさま で、元気 です。

obotchan wa o genki desu ka. okagesama de, genki desu

[obot'tchan.n' oua o guèn'ki dèss' ka. okaguéssama dé guèn'ki dèss]

Corrigé de l'exercice 1

❶ C'était hier matin. ❷ À partir de la semaine prochaine, je ne fume plus. ❸ J'ai acheté ma voiture en avril. ❹ Quand a-t-il eu son diplôme ? ❺ Comment va votre petit garçon ? – Très bien. Merci.

練習 2 - 言葉 を 入れ なさい

❶ Où travaille votre fils aîné ?
ue no musuko . . . . . doko ni o tsutome desu ka

❷ J'habite à Tôkyô depuis cette année.
. . . . tôkyô ni sunde . . . . .

❸ C'était une société d'automobiles.
. . . . kankei no kaisha deshita

❹ J'irai en avril ou en mai.
shi . . . . . ka . . . . ni ikimasu

❺ J'attendrai jusqu'à dimanche prochain.
raishû . . . . machimasu

24

第二十四課 dai ni jû yon ka *[daill' ni djuu yon.n' ka]*

アパート
a pâ to
[apaato]

1 – やっと いい アパート が
ya t to　　i i　　a pâ to　　ga

みつかりました。
mi tsu ka ri ma shi ta
[yat'to iï apaato ga mitsoukalimach'ta]

2　とても 狭い です。
to te mo　sema i　de su
[totémo sémaill' dèss']

129 • **hyaku ni jû kyû**

Corrigé de l'exercice 2

❶ – san wa – ❷ kotoshi kara – imasu ❸ jidôsha – ❹ – gatsu – gogatsu – ❺ – no nichiyôbi made –

Sentez-vous les progrès que vous avez déjà réalisé ? Petit à petit, vous vous sentez plus à l'aise dans la lecture du japonais... C'est pour cela que nous allons commencer à vous donner à voir des phrases un peu plus longues, composées parfois de plusieurs propositions. Vous trouverez alors dans la traduction littérale, un nouveau signe : une barre oblique qui indiquera la séparation entre deux propositions. Ne relâchez pas vos efforts, vous serez bientôt étonné du niveau que vous aurez acquis ! Bon courage !

Vingt-quatrième leçon

24

L'appartement

1 – J'ai enfin trouvé un appartement bien *(enfin être-bien appartement [sujet] avoir-été-trouvé)*.
2   Il est très petit *(très être-étroit c'est)*.
3   Cependant, il est à cinq minutes de la gare, à pied *(cependant gare depuis en-marchant cinq minute c'est)*.

3 けれども 駅 から 歩いて 五分 です。
ke re do mo   eki   ka ra   aru i te   go fun   de su
[kélédomo éki kala alouïté go foun' dèss']

4 — それ は 便利 です ね。
so re   wa   ben ri   de su   ne
[solé oua bèn'li dèss' né]

5 でも うるさく ありません か。
de mo   u ru sa ku   a ri ma se n   ka
[démo ouloussakou alimassèn' ka]

6 — 電車 の 音 は 全然 聞こえません が、
den sha   no   oto   wa   zen zen   ki ko e ma se n   ga
[dèn'cha no oto oua zèn'zèn' kikoémassèn' ga]

7 隣 の 幼稚園 の 子供 が うるさい です。
tonarl   no   yô chi en   no   ko domo   ga   u ru sa i   de su
[tonali no yootchi.èn' no kodomo ga ouloussaill' dèss']

8 — 何階 です か。
nan kai   de su   ka
[na.n' kaill' dèss' ka]

9 — 四₁ 階 です。
yon   kai   de su
[yon.n' kaill' dèss']

10 — 眺め は いかが です か。
naga me   wa   i ka ga   de su   ka
[nagamé oua ikaga dèss' ka]

Vingt-quatrième leçon / 24

4 – Ça c'est pratique *(cela [annonce] pratique c'est [accord])* !
5 Mais ce n'est pas bruyant *(mais ne-pas-être-bruyant [question])* ?
6 – Je n'entends absolument pas le bruit des trains, mais *(train [relation] bruit [annonce] absolument-pas ne-pas-être-audible mais /)*
7 les enfants de la maternelle d'à côté sont bruyants *(voisin [relation] école-maternelle [relation] enfant [sujet] être-désagréable c'est)*.
8 – C'est à quel étage *(quoi étage c'est [question])* ?
9 – Au troisième *(quatre étage c'est)*.
10 – Comment est la vue *(vue [annonce] comment c'est [question])* ?
11 – Ah ça *(cela [sujet])* ! Comme il y a un immeuble de dix-neuf étages juste en face, je ne vois rien *(juste en-face*

Note

1 Non, ce n'est pas une erreur ! 四 **yon** veut bien dire *quatre*, comme dans le numéro de la leçon ! Et pourtant 四 階 **yon kai** *[yon.n' kaill']* doit être traduit par *troisième étage*. C'est simplement une question de procédé de numérotation. Les Japonais appellent 一 階 **ik kai** *[ik' kaill']* (litt. "un-étage"), ce que nous appelons *rez-de-chaussée*. 二 階 **ni kai** *[ni kaill']* (litt. "deux-étage") signifiera donc *premier étage*, etc. Il y a toujours un décalage d'une unité. Regardez aussi la phrase 11, et comptez bien !

11 – それが…ちょうど 向かいに 二十階の ビルが 立って います から、何も 見えません。
so re ga. chô do mu ka i ni ni juk kai no bi ru ga ta t te i ma su ka ra, nani mo mi e ma se n
[solé ga… tchoodo moukaï ni ni djuk' kaill' no bilou ga tat'té imass' kala nanimo miémassèn']

12 家賃 だけ が 気に 入って います。
ya chin da ke ga ki ni i t te i ma su
[yatchin' daké ga ki ni it'té imass']

13 それほど 高く ありません。
so re ho do taka ku a ri ma se n
[soléhodo takakou alimassèn']

***

練習 1 – 訳 し なさい

❶ 私の アパート は 十二 階に あります。

watakushi no apâto wa jû ni kai ni arimasu

[ouatakouchi no apaato oua djuu ni kaill' ni alimass']

❷ 電車の 音は 聞こえません が、自動車の 音は 聞こえま。

densha no oto wa kikoemasen ga jidôsha no oto wa kikoemasu

[dèn'cha no oto oua kikoémassèn' ga djidoocha no oto oua kikoémass']

Vingt-quatrième leçon / 24

[lieu] deux dix étages [relation] bâtiment [sujet] se-dresser parce-que / rien ne-pas-être-visible).

12 Seul le loyer me plaît *(loyer seulement [sujet] esprit [lieu] entrer).*

13 Ce n'est pas tellement cher *(à-ce-point ne-pas-être-cher)* !

***

❸ 眼鏡を忘れましたから、何も見えません。
megane o wasuremashita kara, nanimo miemasen
[méganè o ouassoulémach'ta kala nanimo miémassèn']

❹ デパートまでバスで七分ですから、便利です。
depâto made basu de nana fun desu kara, benri desu
[dépaato madé bassou dé nanafoun' dèss' kala bèn'li dess']

❺ うるさくありませんか。- 全然うるさくありません。
urusaku arimasen ka. zenzen urusaku arimasen
[ouloussakou alimassen' ka. zèn'zèn ouroussakou alimassèn']

Corrigé de l'exercice 1
❶ Mon logement se trouve au onzième étage. ❷ Je n'entends pas le bruit du train, mais j'entends celui des voitures. ❸ Comme j'ai oublié mes lunettes, je ne vois rien. ❹ Comme c'est à sept minutes en bus du grand magasin, c'est pratique. ❺ Ce n'est pas bruyant ? – Pas du tout.

25/第二十五課

練習 2 – 言葉 を 入れ なさい

❶ Je n'achète rien.
. . . .

❷ J'entends le bruit du jardin d'enfants.
yôchien . . . .

❸ Comme c'est loin, j'y vais en bus.
tooi desu . . . , ...

❹ Ce n'est pas tellement loin.
. . . .

25

第二十五課 dai ni jû go ka [daill' ni djuu go ka]
だい に じゅう ご か

小説
shô setsu
[choossètsou]

1 – 今　小説　を　書いて　います。
　　 ima　shô setsu　o　ka te　i ma su
　　 [ima choossètsou o kaïté imass']

2 – へえ、どんな　小説　です　か。
　　 he e,　do n na　shô setsu　de su　ka
　　 [héé don'na choossètsou dèss' ka]

3 – 推理　小説　です。
　　 sui ri　shô setsu　de su
　　 [souïli choossètsou dèss']

4 – 出版　する　つもり　です　か。
　　 shup pan　su ru　tsu mo ri　de su　ka
　　 [chup'pan.n' soulou tsoumoli dèss' ka]

5 – まだ　わかりません。
　　 ma da　wa ka ri ma se n
　　 [mada ouakalimassèn']

❺ Je vois seulement le bâtiment de droite.
   . . . . ga miemasu

Corrigé de l'exercice 2
❶ nanimo kaimasen ❷ – no oto ga kikoemasu ❸ – kara, basu de ikimasu ❹ sorehodo tooku arimasen ❺ migi no biru dake –

Vingt-cinquième leçon

Le roman

1 – En ce moment j'écris un roman *(maintenant roman [objet] écrire)*.
2 – Ah ! Quelle sorte de roman *(ah de-quelle-sorte roman c'est [question])* ?
3 – Un roman policier *(roman-policier c'est)*.
4 – Vous avez l'intention de le publier *(publication faire intention c'est question])* ?
5 – Je ne sais pas encore *(pas-encore ne-pas-savoir)*.

25 / 第二十五課

6 — どんな 話 です か。
do n na　hanashi　de su　ka
[don'na hanachi dèss' ka]

7 — 主人公 は ファッション モデル です。
shu jin kô　wa　ɸa s sho n　mo de ru　de su
[chudjin'koo oua fach'chon.n' modèlou dèss']

8 知らないで スパイ と 結婚 します。
shi ra na i de　su pa i　to　kek kon　shi ma su
[chilanaill'dé s'paill' to kèk'kon.n'chimass']

9 — おもしろそう1 です ね。
o mo shi ro sô　de su　ne
[omochilossoo dèss' né]

10 何 ページ ぐらい に なります か。
nan　pê ji　gu ra i　ni　na ri ma su　ka
[nan.n' péédji goulaill' ni nalimass' ka]

11 — 五 百 ページ ぐらい に なる と 思います。
go　hyaku　pê ji　gu ra i　ni　na ru　to　omo i ma su
[go hyakou péédji goulaill' ni nalou to omoïmass']

12 — へえ。 長い です ね。
he e.　naga i　de su　ne
[héé. nagaill' dèss' né]

13 もう どのぐらい 書きました か。
mô　do no gu ra i　ka ki ma shi ta　ka
[moo donogoulaill' kakimach'ta ka]

14 — まだ 五 ページ です。
ma da　go　pê ji　de su
[mada go péédji dèss']

137 • hyaku san jû shichi (nana)

Vingt-cinquième leçon / 25

6 – Qu'est-ce que ça raconte *(de-quelle-sorte histoire c'est [question])* ?
7 – L'héroïne est un mannequin *(héros [annonce] mode mannequin c'est)*.
8 Sans le savoir elle épouse un espion *(sans-le-savoir espion [accompagnement] mariage faire)*.
9 – Ça a l'air passionnant *(avoir-l'air-intéressant c'est [accord])* !
10 Il y aura combien de pages à peu près *(quoi page à-peu-près [but] devenir [question])* ?
11 – Je pense que ça fera à peu près cinq cents pages *(cinq cent page à-peu-près [but] devenir [citation] penser)*.
12 – Quoi ! C'est long *(être-long c'est[accord])* !
13 Combien en avez-vous déjà écrit *(déjà combien-à-peu-près avoir-écrit [question])* ?
14 – Seulement cinq *(jusqu'à-maintenant cinq page c'est)*.

Note

1 Vous connaissez déjà おもしろい **omoshiroi** *[omochiloill']*, *être intéressant*, si on remplace le い **i** de l'adjectif par そう **sô** *[soo]*, on obtient おもしろそう **omoshirosô**, qui signifie *avoir l'air intéressant*, *sembler intéressant*.

hyaku san jû hachi • 138

第二十五課

▶ 練習 1 – 訳 し なさい

❶ 駅 まで どのぐらい です か。
eki made donogurai desu ka
[éki madé donogoulaill' dèss' kà]

❷ この お菓子 は おいしそう です ね。
kono o kashi wa oishisô desu ne
[kono o kachi oua oïchissoo dèss' né]

❸ どんな 本 を 買いました か。
donna hon o kaimashita ka
[don'na hon.n' o kaïmach'ta ka]

❹ 再婚 する つもり です。
saikon suru tsumori desu
[saill'kon.n' soulou tsoumoli dèss']

***

練習 2 – 言葉 を 入れ なさい

❶ Je pense que je vais le publier.
shuppan . . . . . . omoimasu

❷ J'ai l'intention de devenir chanteur.
kashu . . . . . . tsumori desu

❸ C'est quel genre de personne ?
. . . .

❹ Je suis en train d'écrire une carte postale.
hagaki o . . . .

❺ Ces fourchettes ont l'air chères.
kono fôku wa . . . . . . desu

Vingt-cinquième leçon / 25

❺ 来週 退院 する と 思います。
らいしゅう たいいん   おも
raishû tai.in suru to omoimasu
[laill'chuu taill'in' soulou to omoïmass']

Corrigé de l'exercice 1
❶ Il y a à peu près combien jusqu'à la gare ? ❷ Ce gâteau a l'air délicieux. ❸ Vous avez acheté quel genre de livre ? ❹ J'ai l'intention de me remarier. ❺ Je pense qu'il sortira de l'hôpital la semaine prochaine.

***

Corrigé de l'exercice 2
❶ – suru to – ❷ – ni naru – ❸ donna hito desu ka ❹ – kaite imasu ❺ – takasô –

hyaku yon jû • 140

26

だい に じゅうろっ か
第二十六課 **dai ni jû rok ka** *[daill' ni djuu lok' ka]*

ちゅうごく　　　い
中国　へ　行く
chû goku　e　i ku
[tchuugokou é ikou]

1 − 来年　の　春　に　中国　へ　行く
rai nen　no　haru　ni　chû goku　e　i ku

　　つもり　でした。
　　tsu mo ri　de shi ta
　　[laill'nèn' no halou ni tchuugokou é ikou tsoumoli dèch'ta]

2 − 中国語 **1**　は　できます　か。
chû goku go　wa　de ki ma su　ka
[tchuugokougo oua dékimass' ka]

3 − 私　は　できません。
watakushi　wa　de ki ma se n
[ouatakouchi oua dékimassèn']

4 　けれども　息子 **2**　は　よく
ke re do mo　musu ko　wa　yo ku

　　できます　から、つれて　行く **3**
　　de ki ma su　ka ra,　tsu re te　i ku

　　つもり　でした。
　　tsu mo ri　de shi ta
　　[kélédomo moussouko oua yokou dékimass' kala tsouleté ikou tsoumoli dèch'ta]

5 　しかし　息子　は　都合　が　悪く
shi ka shi　musu ko　wa　tsu gô　ga　waru ku

　　なりました。
　　na ri ma shi ta
　　[chikachi moussouko oua tsougoo ga oualoukou nalimach'ta]

Vingt-sixième leçon

Voyage en Chine *(Chine [destination] aller)*

1 – J'avais l'intention d'aller en Chine au printemps prochain *(année-prochaine [relation] printemps [temps] Chine [destination] aller intention c'était)*.
2 – Vous parlez chinois *(chinois [annonce] être-possible [question])* ?
3 – Moi, non *(moi [annonce] ne-pas-être-possible)*.
4 Mais comme mon fils le parle très bien, j'avais l'intention de l'emmener *(cependant mon-fils [annonce] bien être-possible parce-que / accompagner aller intention c'était)*.
5 Or, il se trouve qu'il a un empêchement *(mais mon-fils [annonce] circonstances [sujet] mauvais être-devenu)*.

Notes

1. Le nom d'un pays suivi du mot 語 **go** sert à désigner la langue de ce pays : 中国 **chûgoku** *[tchuugokou]*, la Chine → 中国語 **chûgokugo** *[tchuugokougo]*, la langue chinoise ; 日本 **nihon** *[nihon.n']*, le Japon → 日本語 **nihongo** *[nihon.n'go]*, la langue japonaise, le japonais.

2. 息子 **musuko** *[moussouko]* (leçon 23, phrase 1) : on emploie ce terme car ce monsieur parle de son propre fils.

3. つれて 行く **tsurete iku** *[tsoulété ikou]* : notons seulement pour l'instant que lorsque deux verbes se suivent directement, le premier se met à cette forme se terminant par て **te** *[té]*.

26 /第二十六課

6 — 中国 へ 何 を し に 行きますか。
chû goku e nani o shi ni i ki ma su ka
[tchuugokou é nani o chi ni ikimass' ka]

7 — 仕事 と 観光 です。
shi goto to kan kô de su
[chigoto to kan.n'koo dèss']

8 — 私 は 中国語 が 少し できます から、お供 しましょう か。
watakushi wa chû goku go ga suko shi de ki ma su ka ra, o tomo shi ma shô ka.
[ouatakouchi oua tchuugokougo ga soukochi dékimass' kala o tomo chimachoo ka]

9 それに 来年 の 春 は 暇 です。
so re ni rai nen no haru wa hima de su
[soléni laill'nèn no halou oua hima dèss']

10 — それ は たすかります。
so re wa ta su ka ri ma su.

ぜひ おねがい します。
ze hi o ne ga i shi ma su
[solé oua tassoukalimass'. zéhi onégaï chimass']

11 今度 の 月曜日 の 晩 一緒 に 食事 を しましょう。
kon do no getsu yô bi no ban is sho ni shoku ji o shi ma shô
[kon.n'do no gètsouyoobi no ban.n' ich'cho ni chokoudji o chimachoo]

12 — はい、そう しましょう。
ha i, sô shi ma shô
[haill' soo chimachoo]

Vingt-sixième leçon / 26

6 – Qu'est-ce que vous allez faire en Chine *(Chine [destination] quoi [objet] faire [but] aller [question])* ?

7 – J'y vais pour le travail et pour le tourisme *(travail et tourisme c'est)*.

8 – Comme je connais un peu le chinois, je pourrais aller avec vous *(moi [annonce] chinois [sujet] un-peu être-possible parce-que / [politesse] compagnon faisons [question])*.

9 De plus, je suis libre au printemps prochain *(en-outre année-prochaine [relation] printemps [annonce] temps-libre c'est)*.

10 – Ah, vous me sauvez *(cela [annonce] être-sauvé)* ! Alors vous viendrez *(absolument je-vous-prie)* !

11 Lundi soir prochain, dînons ensemble *(cette-fois-ci [relation] lundi [relation] soir ensemble [adverbial] repas [objet] faisons)* !

12 – Oui, d'accord *(oui ainsi faisons)*.

練習 1 – 訳 し なさい

❶ イギリス人 の 友達 を ピクニック に 誘う つもり です。
igirisujin no tomodachi o pikunikku ni sasou tsumori desu
[iguilissoudjin' no tomodatchi o pikounik'kou ni sassoou tsoumoli dèss']

❷ 息子 さん は フランス語 が できます か。
musuko san wa furansugo ga dekimasu ka
[moussouko san.n' oua foulan.n'sougo ga dékimass' ka]

❸ 本屋 へ 何 を 買い に 行きます か。
hon.ya e nani o kai ni ikimasu ka
[hon.n'ya é nani o kaï ni ikimass' ka]

***

練習 2 – 言葉 を 入れ なさい

❶ L'année prochaine, j'achèterai une voiture.
. . . . kaimasu

❷ Je parle un peu japonais.
. . . .

❸ J'irai samedi prochain.
. . . .

❹ Le pain, je n'en mange qu'un peu.
pan . . . . dake tabemasu

❺ J'ai eu un empêchement.
tsugô ga . . . . mashita

Vingt-sixième leçon / 26

❹ 暇ですから、映画を見に行きましょう。
hima desu kara, eiga o mi ni ikimashô
[hima dèss' kala eill'ga o mi ni ikimachoo]

❺ 郵便局へ行きます。子供をつれて行きます。
yûbinkyoku e ikimasu. kodomo o tsurete ikimasu
[yuubin'kyokou é.ikimass'. kodomo o tsoulété ikimass']

Corrigé de l'exercice 1
❶ J'ai l'intention d'inviter mes amis anglais à un pique-nique.
❷ Votre fils parle-t-il français ? ❸ Qu'allez-vous acheter à la librairie ?
❹ Puisque nous sommes libres, allons au cinéma. ❺ Je vais à la poste. J'emmène les enfants.

***

Corrigé de l'exercice 2
❶ rainen jidôsha o – ❷ nihongo ga sukoshi dekimasu ❸ kondo no doyôbi ni ikimasu ❹ – wa sukoshi – ❺ – waruku nari –

27

だい に じゅうなな か
第二十七課 **dai ni jû nana ka** [daill' ni djuu nana ka]

ひ こうじょう　　　 つ
飛行場　に　着く
hi kô jô　ni　tsu ku
[hikoodjoo ni tsoukou]

まさこ
1 – もしもし。正子　です。
mo shi mo shi.　masa ko　de su
[mochimochi. massako dèss']

ひこうき　　　　　　 き
2 – 飛行機　は　決まりました　か。
hi kô ki　wa　ki ma ri ma shi ta　ka.

　　　　 つ
いつ　着きます　か。
i tsu　tsu ki ma su　ka
[hikooki oua kimalimach'ta ka. itsou tsoukimass' ka]

ジャール　　　　　　よん ひゃく ご じゅうさん　びん
3 – JAL 1 の　四　百　五　十　三　便で、
jâ ru　no yon hyaku go　jû　san bin de,

　　　　　　　　　　　　　 ごぜん しち　じ じゅうご
しあさって　の　午前　七　時　十　五
shi a sa t te　no　go zen shichi ji　jû　go

ふん　　　　　 なりた くうこう　　 つ
分　に　成田　空港　に　着きます。
fun　ni　nari ta　kû kô　ni　tsu ki ma su
[djaalou no yon'n hyaku go djuu san.n' bin' dé chiassat'té no gozèn' chitchi dji djuu go foun' ni nalita kououkoo ni tsoukimass']

ひこうじょう　　　　 むか　　　　 い
4 – 飛行場　まで　迎え　に　行きます
hi kô jô　ma de　muka e　ni　i ki ma su

から　ね。
ka ra　ne
[hikoodjoo madé moukaé ni ikimass' kala né]

Vingt-septième leçon

Arrivée à l'aéroport *(aéroport [but] arriver)*

1 – Allô ! C'est Masako *(Masako c'est)*.
2 – Tu as décidé pour ton avion *(avion [annonce] faire-l'objet-d'une-décision [question])* ? **Tu arrives quand** *(quand arriver [question])* ?
3 – J'arriverai à Narita dans trois jours, le matin à sept heures quinze par le vol Japan Air Lines 453 *(Japan-Air-Lines [relation] quatre cent cinq dix trois vol [moyen] après-après-demain [relation] matinée sept heure dix cinq minute [temps] Narita aéroport [but] arriver)*.
4 – J'irai te chercher à l'aéroport *(aéroport jusqu'à aller-à-la-rencontre [but] aller parce-que [accord])*.

Note

1 **JAL**, sigle en anglais de la compagnie de navigation aérienne **Japan Air Lines** ; le nom japonais de cette compagnie est 日本航空 **nihon kôkû** *[nihon.n' kookouou]* (litt. "Japon lignes-aériennes"), souvent abrégé en 日航 **nikkô** *[nik'koo]* (leçon 23, note 2). Mais, même au Japon, on utilise surtout la version anglaise.

27 /第二十七課

5 — <ruby>朝<rt>あさ</rt></ruby> <ruby>早<rt>はや</rt></ruby>い から、<ruby>箱崎<rt>はこざき</rt></ruby> の エアターミナル まで リムジン バス で <ruby>行<rt>い</rt></ruby>きます。そこ で <ruby>会<rt>あ</rt></ruby>いましょう。
asa haya i ka ra, hako zaki no e a tâ mi na ru ma de ri mu ji n ba su de i ki ma su. so ko de a i ma shô.
[assa hayaill' kala hakozaki no éa taaminalou madé limoujin' bassou dé ikimass'. soko dé aïmachoo]

6 — <ruby>大丈夫<rt>だいじょうぶ</rt></ruby> です**2** よ。<ruby>早<rt>はや</rt></ruby>く <ruby>会<rt>あ</rt></ruby>いたい から <ruby>飛行場<rt>ひこうじょう</rt></ruby> まで <ruby>行<rt>い</rt></ruby>きます。
dai jô bu desu yo. haya ku a i ta i ka ra hi kô jô ma de i ki ma su
[daill'joobou dèss' yo. hayakou aïtaill' kala hikoodjoo madé ikimass']

7 <ruby>必<rt>かなら</rt></ruby>ず <ruby>行<rt>い</rt></ruby>きます から、<ruby>待<rt>ま</rt></ruby>って て ください。
kanara zu i ki ma su ka ra, ma t te te ku da sa i
[kanalazou ikimass' kala mat'té té koudassaill']

8 — そう です か。<ruby>悪<rt>わる</rt></ruby>い **3** わ **4** ね。
sô de su ka. waru i wa ne
[soo dèss' ka. oualouï oua né]

9 — <ruby>荷物<rt>にもつ</rt></ruby> は たくさん あります か。
ni motsu wa ta ku sa n a ri ma su ka
[nimotsou oua takoussan.n' alimass' ka]

10 — <ruby>小<rt>ちい</rt></ruby>さい バッグ <ruby>二<rt>ふた</rt></ruby>つ だけ です。
chii sa i ba g gu futa tsu da ke de su
[tchiïssaill' bag'gou f'tatsou daké dèss']

Vingt-septième leçon / 27

5 –   Comme c'est tôt le matin, je prendrai le bus jusqu'au terminal de Hakozaki *(matin être-tôt parce-que / Hakozaki [relation] terminal jusqu'à autocar-de-luxe [moyen] aller).* **Retrouvons-nous là-bas** *(Là [lieu] rencontrons-nous).*

6 –   Non, ça va *(sans-problème c'est [engagement]).* **Comme j'ai hâte de te retrouver, j'irai à l'aéroport** *(vite vouloir-rencontrer parce-que / aéroport jusqu'à aller).*

7   J'irai sans faute, alors attends-moi *(immanquablement aller parce-que / attends).*

8 –   Bon *(ah-bon).* **Mais ça m'ennuie** *(être-mal [adoucissement] [accord]).*

9 –   Tu as beaucoup de bagages *(bagage [annonce] beaucoup se-trouver [question])* **?**

10 – Seulement deux petits sacs *(être-petit sac deux seulement c'est).*

Notes

2 L'expression 大丈夫 です **daijôbu desu** *[daill'djoobou dèss']* est exactement l'équivalent de notre *ça va, ça ira, pas de problème* ! Elle sert à affirmer qu'on ne rencontre aucun obstacle dans la réalisation d'une action. Elle s'emploie donc très souvent !

3 悪い **warui** *(oualouï)* : vous avez déjà rencontré 悪い です **warui desu** (leçon 19, phrase 11). Nous notions dans la traduction littérale que 悪い *[oualouï]*, seul, voulait dire *être-mauvais* et nous traduisions です **desu** par *c'est*. En fait, ce *c'est* n'est pas utile puisqu'il est déjà inclus dans **warui**. C'est comme si on avait un double *c'est* qui serait, pour l'adjectif, la marque du degré moyen. Comme le verbe (leçon 21, § 4), l'adjectif a trois degrés : 悪い です **warui desu** est le degré moyen, 悪い **warui** le degré moins. Le sens ne change pas. Il arrive très fréquemment que dans ce type de conversation familière, on mélange les degrés moyens et les degrés moins.

4 Après ね **ne** *[né]* et よ **yo**, voilà un autre spécimen de ces petits mots de fin de phrase : わ **wa** *[oua]*. Mais attention, celui-ci se trouve exclusivement dans la bouche des femmes, et dans une situation de familiarité. C'est une sorte d'"adoucisseur", souvent employé après un verbe ou un adjectif au degré moins.

11 – えっ。 それ だけ？ おみやげ は？
e. sore dake. omiyage wa
[é. solé daké. omiyagué oua]

12 – 心配 しないで。 いい 物 を 買って 来ました。
shinpai shinaide. ii mono o katte kimashita
[chim'paill' chinaill'dé. iï mono o kat'té kimach'ta]

13 – じゃ。 兄 と 一緒 に 税関 を 出た 所 で 待って います。
ja. ani to issho ni zeikan o deta tokoro de matte imasu
[dja. ani to ich'cho ni zeill'kan.n' o déta tokolo dé mat'té imass']

14 – それでは、 よろしく おねがい します。
soredewa, yoroshiku onegai shimasu
[solédéoua yolochikou onégaï chimass']

Vingt-septième leçon / 27

11 – Quoi ! Seulement *(cela seulement)* ! Et les cadeaux *(cadeau [annonce])* ?
12 – Ne t'en fais pas *(inquiétude ne-fais-pas)*. J'ai acheté des choses extra *(être-bien chose [objet] acheter être-venu)*.
13 – Bon. Je t'attendrai avec mon frère là où on sort de la douane *(frère-aîné [accompagnement] ensemble [adverbial] douane [objet] avoir-quitté endroit [lieu] attendre)*.
14 – Bon, alors, c'est d'accord *(alors bien je-vous-en-prie)*.

Deux grands aéroports internationaux relient le Japon au monde : celui de Narita (près de Tôkyô) et celui d'Ôsaka. Le Japon possède très peu de plaines, ce qui rend difficile la construction d'aéroports. Le premier aéroport international de Tôkyô, Haneda, fut construit dans les années 60 sur du terrain gagné sur la mer. Longtemps dévolu aux lignes internes, mais rendu aujourd'hui au trafic international, il avait été remplacé dans les années 70, par un nouvel aéroport construit dans la plaine de Narita, au nord-est de Tôkyô. L'installation de cet aéroport, et son développement (par un Narita bis) a suscité la colère des paysans locaux qui se voyaient privés de terrains agricoles, colère qui ne s'est jamais calmée. Les manifestations très violentes et les affrontements avec les forces de police se sont succédés. Les contrôles policiers pour l'accès à l'aéroport se font encore de façon systématique.

hyaku go jû ni

27 / 第二十七課

● 練習 1 – 訳 し なさい

❶ 写真 が たくさん あります。
shashin ga takusan arimasu
[chachin' ga takoussan.n' alimass']

❷ 飛行機 が 見えました か。
hikôki ga miemashita ka
[hikooki ga miémach'ta ka]

❸ この アパート は 小さい から 買いません。
kono apâto wa chiisai kara kaimasen
[kono apaato oua tchiïssaill' kala kaïmassèn']

❹ 今日 行く 会社 は ここ から 近い です。
kyô iku kaisha wa koko kara chikai desu
[kyoo ikou kaill'cha oua koko kala tchikaill' dèss']

***

練習 2 – 言葉 を 入れ なさい
❶ J'y suis allé en avion.
. . . .

❷ Je suis arrivé hier matin à six heures douze.
kinô . . . . ni tsukimashita

❸ Quand irez-vous en Chine ?
. . . .

❹ J'ai deux grosses valises.
ookii toranku ga . . . . arimasu

Vingt-septième leçon / 27

⑤ 明日 の 午前 八 時 三十 五 分 に
着く と 思います。

ashita no gozen hachi ji san jû go fun ni tsuku to omoimasu

[ach'ta no gozèn' hatchi dji san.n' djuu go foun' ni tsoukou to omoïmass']

Corrigé de l'exercice 1
❶ Il y a beaucoup de photos. **❷** Avez-vous vu les avions ? **❸** Je n'achète pas cet appartement parce qu'il est petit. **❹** La société dans laquelle je me rends aujourd'hui est près d'ici. **❺** Je pense qu'ils arriveront demain matin à huit heures trente-cinq.

***

❺ Vous avez fabriqué un bel objet.
  ii . . . . o tsukurimashita ne

Corrigé de l'exercice 2
❶ hikôki de ikimashita **❷** – no gozen roku ji jû ni fun – **❸** itsu chûgoku e ikimasu ka **❹** – futatsu – **❺** – mono –

hyaku go jû yon • 154

28

第二十八課 dai ni jû hak ka *[daill' ni djuu hak' ka]*
だい に じゅうはっ か

まとめ – Révision

Vous avancez à grands pas. Voilà pourquoi il nous faut tenir régulièrement le compte de vos acquis. Et surtout, répétons-le, prendre le temps de bien comprendre. Vous commencez à rencontrer des phrases plus longues. Il importe de bien y repérer chaque mot, à l'aide de la transcription et de la traduction littérale. Et puis, comme on dit… "c'est un coup à prendre…" Vous vous habituerez progressivement à l'ordre des mots, et d'ici peu, il vous paraîtra tout à fait naturel (si ce n'est déjà le cas !).

1 Nom et adjectifs de nationalité, nom des langues

1.1 Nom qui désigne les habitants d'un pays

Il se forme en ajoutant au nom d'un pays 人 **jin** *[djin]*, qui veut dire *être humain* :
– アメリカ **amerika** *[amélika]*, *l'Amérique* → アメリカ人 **amerikajin** *[amélikadjin']*, *un Américain*, mais aussi *une Américaine, des Américains, des Américaines*.
– イギリス **igirisu** *[iguilissou]*, *l'Angleterre* → イギリス人 **igirisujin** *[iguilissoudjin']*, *un (des, les) Anglais, une (des, les) Anglaise(s)*.
– フランス **furansu** *[foulan.n'sou]*, *la France* → フランス人 **furansujin** *[foulan.n'soudjin']*, *un (des, les) Français, une (des, les) Française(s)*.
– 中国 **chûgoku** *[tchuugokou]*, *la Chine* → 中国人 **chûgokujin** *[tchuugokoudjin']*, *un (des, les) Chinois, une (des, les) Chinoise(s)*.
– 日本 **nihon** *[nihon.n']*, *le Japon* → 日本人 **nihonjin** *[nihon.n'djin']*, *un (des, les) Japonais, une (des, les) Japonaise(s)*.

1.2 Nom qui désigne la langue d'un pays

Pour le former, il vous faut ajouter, au nom d'un pays, 語 **go** qui veut dire *langue* :

Vingt-huitième leçon 28

– フランス語 **furansugo** [foulan.n'sougo], *le français* ;
– 中国語 **chûgokugo** [tchuugokougo], *le chinois* ;
– 日本語 **nihongo** [nihon.n'go], *le japonais*.
Une seule exception, *l'anglais*, qui se dit 英語 **eigo** [eill'go].

1.3 Adjectifs de nationalité

Pour les former, il suffit de relier par le の **no** de relation le nom du pays à tout autre nom :
– 日本 の 映画 **nihon no eiga** [nihon.n' no eill'ga], *le cinéma japonais* ;
– フランス の 映画 **furansu no eiga** [foulan.n sou no eill'ga], *le cinéma français* ;
– アメリカ の 映画 **amerika no eiga** [amélika no eill'ga], *le cinéma américain*.

2 Les mots interrogatifs

Vous êtes prêt maintenant pour faire de fines enquêtes : vous avez à votre disposition presque tous les mots interrogatifs. En voici un petit récapitulatif :
– 何 **nan** ou **nani** [nan.n' - nani] : *quoi ?* (leçons 2, 5, 8…)
– だれ **dare** [dalé] : *qui ?* (leçon 19)
– いつ **itsu** [itsou] : *quand ?* (leçon 27)
– どう **dô** [doo] : *comment ? par quel moyen ?* (leçons 6, 13)
– どこ **doko** [doko] : *où ?* (leçons 1, 4, 5…)
– いかが **ikaga** [ikaga] : *comment ? de quelle façon ?* (leçons 16, 19, 24)
– いくら **ikura** [ikoula] : *combien ?* (pour une quantité globale) (leçons 17, 22)
– いくつ **ikutsu** [ikoutsou] : *combien ?* (pour dénombrer) (leçon 15)
– どのぐらい **donogurai** [donogoulaill'] : *à peu près combien ?* (leçon 25)
– どちら **dochira** [dotchila] : *lequel des deux ?* (leçon 10)

hyaku go jû roku • 156

– どんな **donna** [don'na], suivi d'un nom : *de quelle sorte ?* (leçons 19, 25).
La liste n'est pas encore tout à fait complète, nous y reviendrons donc très prochainement.

3 Ajouter une précision à un nom

Il ne suffit pas de poser des questions... Il faut pouvoir y répondre avec précision !

Comme le français, le japonais a plus d'un tour dans son sac pour préciser un nom. Mais pour cela, deux principes absolus : d'abord, toute précision apportée à un nom (adjectif, autre nom, verbe, proposition) se place toujours devant lui. Ensuite, les adjectifs et les verbes apportant de telles précisions sont toujours au degré moins.

• Préciser un nom par le biais d'un ou plusieurs autre(s) nom(s)

En français, on peut préciser un nom par un autre nom placé après lui et relié par une préposition : *une statue de marbre*, *une statue en bronze*. En japonais, dans ce cas, le nom, placé devant, est relié au nom principal par la particule de relation の **no**, parfois en véritable cascade : 隣 の 幼稚園 の 子供 **tonari no yôchien no kodomo**, *les enfants de la maternelle d'à côté*.

• Préciser un nom par un adjectif

En français, cela donne : *une belle statue*, *une statue monumentale*. En japonais, vous savez déjà ce que cela donne ! Surtout, l'adjectif sera toujours placé devant le nom. En cas de doute, retournez en leçon 21 (§ 2).

• Préciser un nom grâce à un verbe ou une proposition

– un verbe, seul, 出版 する つもり **shuppan suru tsumori**, *l'intention d'éditer* ;
– une proposition : 中国 へ 行く つもり **chûgoku e iku tsumori**, *l'intention d'aller en Chine*.
Là encore le verbe ou la proposition sera placé devant le nom.

Il est important de bien saisir cette construction, car c'est la seule possible là où le français use de toutes sortes de propositions relatives, complétives (*La statue dont je vous parlais hier. La statue à laquelle il manque deux bras*)... Nous la rencontrerons donc sans cesse... et nous en reparlerons !

4 Les degré moins des verbes et des adjectifs

Avant de passer aux leçons suivantes, revenons un moment sur la question des degrés. Nous nous y sommes arrêtés pour les verbes au sein de la leçon 21 (§ 4). En fait, cela concerne tous les mots dont la forme peut varier, c'est-à-dire non seulement les verbes, mais aussi les adjectifs (et même les noms, parfois, bien qu'ils soient invariables !). En voici quelques exemples :

Verbes	Degré moyen	Degré moins
faire	**shimasu** します	**suru** する
devenir	**narimasu** なります	**naru** なる
aller	**ikimasu** いきます	**iku** いく
avoir quitté	**demashita** でました	**deta** でた
Adjectifs		
être mal	**warui desu** わるい です	**warui** わるい

5 Quand employer quel degré ?

Vient maintenant la question principale : quand employer le degré moyen, quand employer le degré moins ? Il y a quelques principes simples...

5.1 À la fin d'une phrase ou d'une proposition

S'il s'agit d'un verbe ou d'un adjectif qui se trouve à la fin d'une phrase, le degré est commandé par la situation.

– Lorsque la conversation se tient entre des personnes qui ne se connaissent pas particulièrement (client et employé, par exemple), le degré moyen sera de rigueur (leçon 22).

– Lorsque la conversation se tient entre des personnes qui se connaissent mais veulent garder une certaine distance : au degré moyen viennent s'ajouter quelques degrés plus (leçon 23).
– Enfin, lorsque la conversation se tient entre des amis : au degré moyen viennent se mêler des formes au degré moins (leçon 27).
Bien sûr, dans des cas extrêmes on pourra trouver des conversations très très très polies entièrement au degré plus, ou des conversations très très très familières entièrement au degré moins (entre les lycéens ou les étudiants par exemple), mais les frontières ne sont pas toujours si nettes.
Les mêmes principes s'appliquent aussi aux verbes ou aux adjectifs se trouvant à la fin de certaines propositions : celles se terminant par が **ga**, *mais*, ou から **kara** *[kala]*, *parce que*.

5.2 À l'intérieur d'une phrase ou d'une proposition

Dans tous les autres cas, lorsqu'un adjectif ou un verbe se trouve à l'intérieur d'une phrase ou d'une proposition, il est au degré moins. Nous avons rencontré le cas le plus fréquent : un adjectif ou un verbe qui vient préciser un nom.
Pour les adjectifs, voyez ces exemples :

– 大きい 本屋 **ookii hon.ya** *[ookiï hon.n'ya]* (leçon 21, § 2.2) ;
– いい アパート **ii apâto** *[iï apaato]* (leçon 24, phrase 1) ;
– 小さい バッグ **chiisai baggu** *[tchiïsaill' bag'gou]* (leçon 27, phrase 10).

Pour les verbes :
– 出版 する つもり です か **shuppan suru tsumori desu ka** *[chup'pan.n' soulou tsoumoli dèss' ka]*, *Avez-vous l'intention de le publier* ? (leçon 25, phrase 4) ;
– 来年 の 春 に 中国 へ 行く つもり でした。 **rainen no haru ni chûgoku e iku tsumori deshita** *[laill'nèn' no halou ni tchuugokou e ikou tsoumoli dèch'ta]*, *J'avais l'intention d'aller en Chine au printemps prochain.* (leçon 26, phrase 1) ;
– 税関 を 出た 所 **zeikan o deta tokoro** *[zeill'kan.n' o déta tokolo]*, *à l'endroit où on sort de la douane* (leçon 27, phrase 13).
Ici, quelle que soit la situation, aucun choix possible : on a toujours recours au degré moins.

Vingt-huitième leçon / 28

Devant と 思います **to omoimasu**, *je pense que…* (litt. *"… que penser"*), on n'a pas non plus le choix. On utilise toujours un degré moins : 五百 ページ ぐらい に なる と 思います。 **go hyaku pêji gurai ni naru to omoimasu** *[go hyakou péédji goulaill' ni nalou to omoïmass']*, *Je pense que ça fera à peu près cinq cents pages* (leçon 25, phrase 11).

Au premier abord le système des degrés pourrait vous sembler bien compliqué ! Nous vous le répétons : pour l'instant vous n'avez pas besoin de tout retenir, cela viendra à son heure. Vous avez besoin de comprendre, de repérer les différences, de saisir à quoi elles correspondent. Seulement, comme nous allons désormais employer ces constructions où le degré moins est obligatoire, il est préférable que vous sachiez de quoi il s'agit et que vous puissiez être attentif dans les leçons qui viennent. De toute façon, ne vous en faites pas, nous en reparlerons ! Et souvent !
Par ailleurs, vous commencez maintenant à vous habituer à la prononciation. Nous vous l'avions bien dit, elle n'est pas difficile ! Nous vous proposons de vous détacher un peu de la prononciation figurée. Dans les six leçons suivantes, nous la conservons pour les dialogues, mais nous la supprimons dans les exercices et dans les notes. Vous verrez, cela ne vous manquera pas du tout !

hyaku roku jû • 160

28/第二十八課

▶ 復習 会話

1. いつ 大学 の 後ろ の 郵便局 へ 行きます か。
itsu daigaku no ushiro no yûbinkyoku e ikimasu ka
[itsou daill'gakou no ouchilo no yuubinkyokou é ikimass' ka]

2. 来週 の 月曜日 に 自動車 で 行く と 思います。
raishû no getsuyôbi ni jidôsha de iku to omoimasu
[laill'chuu no guétsouyoobi ni djidoocha dé ikou to omoïmass']

3. 駅 の 前 に ある 店 だけ で 買物 を します。
eki no mae ni aru mise dake de kaimono o shimasu
[éki no maé ni alou missé daké dé kaïmono o chimass']

4. あそこ の 小さい バッグ を 見せて ください。
asoko no chiisai baggu o misete kudasai
[assoko no tchiïssaill' bag'gou o missété koudasaill']

5. 明日 の 午前 中国人 の 友達 を 迎え に 行く つもり です。
ashita no gozen chûgokujin no tomodachi o mukae ni iku tsumori desu
[ach'ta no gozèn' tchuugokoudjin.n' no tomodatchi o moukaé ni ikou tsoumoli dèss']

161 • **hyaku roku jû ichi**

Vingt-huitième leçon / 28

6 どのぐらい 待ちましたか。- 三十五分 ぐらい 待ちました。
donogurai machimashita ka. san jû go fun gurai machimashita
[donogoulaill' matchimach'ta ka. san.n' djuu go foun' goulaill' matchimach'ta]

7 ビル の 十六階 に 住んで います から、道 の 音 が 全然 聞こえません。
biru no jû rokkai ni sunde imasu kara, michi no oto ga zenzen kikoemasen
[bilou no juu lok'kaill' ni soundé imass' kala mitchi no oto ga zèn'zèn' kikoémassèn']

8 この おいしい 魚 を 食べましょう。
kono oishii sakana o tabemashô
[kono oïchiï sakana o tabémachoo]

9 葉書 は 三十枚 いくら です か。
hagaki wa san jû mai ikura desu ka
[hagaki oua san.n' djuu maill' ikoula dèss' ka]

10 電車 と バス と は どちら が 高いです か。
densha to basu to wa dochira ga takai desu ka
[dèn'cha to bassou to oua dotchila ga takaill' dèss' ka]

Traduction

1 Quand irez-vous au bureau de poste derrière l'université ? **2** Je pense que j'irai lundi prochain *(de la semaine prochaine)* en voiture. **3** Je fais mes courses uniquement dans les magasins qui se trouvent devant la gare. **4** Montrez-moi ce petit sac là-bas *(de là-bas)*. **5** J'ai l'intention d'aller demain matin chercher mon ami chinois. **6** Combien de temps avez-vous attendu ? – À peu près trente-cinq minutes. **7** Comme j'habite au quinzième étage de l'immeuble, je n'entends absolument pas les bruits de la rue. **8** Mangeons ce délicieux poisson. **9** Trente cartes postales, c'est combien ? **10** Le train ou le bus, lequel est le plus cher ?

第二十九課 dai ni jû kyû ka *[daill' ni djuu kyuu ka]*
<small>だい に じゅうきゅう か</small>

誕生日
tan jô bi
[tan.n'djoobi]
<small>たんじょうび</small>

1 – 今度 の 火曜日 は、あなた の 誕生日 だ**1** から、どこか で お食事 しましょう。
kon do no ka yô bi wa, a na ta no tan jô bi da ka ra, do ko ka de o shoku ji shi ma shô.
[kon.n'do no kayoobi oua anata no tan.n'djoobi da kala dokoka dé o chokoudji chimachoo]

2 それから お芝居 か 音楽会 に 行かない **2**?
so re ka ra o shiba i ka on gak kai ni i ka na i
[solékala o chibaill' ka on.n'gak'kaill' ni ikanaill']

3 – てんぷら **3** が 食べたい な **4**。
te n pu ra ga ta be ta i na
[tèm'poula ga tabétaill' na]

Vingt-neuvième leçon

L'anniversaire

1 – Mardi prochain, c'est ton anniversaire, allons dîner quelque part *(cette-fois [relation] mardi [annonce] toi [relation] anniversaire c'est parce-que / quelque-part [lieu] [familiarité] repas faisons)*.
2 Et si on allait au théâtre ou au concert après *(ensuite [familiarité] théâtre ou-bien concert [but] ne-pas-aller)* ?
3 – Je mangerais bien des tempuras *(tempura [sujet] être-l'objet-du-désir-de-manger [réflexion])* !

Notes

1 Ce dialogue est une conversation entre une femme et son mari ; cela explique pourquoi les formes au degré moins sont majoritaires partout où le choix existe entre degré moins et degré moyen (en fin de phrase, ou bien avant が **ga** et から **kara**). Pour commencer : だ **da**, degré moins de です **desu**, *c'est*.

2 行かない **ikanai**, degré moins de 行きません **ikimasen**, *ne pas aller*. Comme le ton est très familier, on n'emploie même plus か **ka** pour indiquer que l'on pose une question, simplement l'intonation sera montante sur les dernières syllabes (comme en français). Dans ce cas seulement, selon l'usage japonais, nous terminerons la phrase par un point d'interrogation.

3 てんぷら **tenpura**, sorte de beignets très légers, de poisson ou de légumes.

4 な **na**, on emploie très souvent cette particule (notée "[réflexion]" dans la traduction littérale) lorsque l'on réfléchit à voix haute (leçon 19, note 5).

hyaku roku jû yon • 164

29 / 第二十九課

4 — じゃ　それなら　上原さん　が
ja　sorenara　uehara san　ga
教えて　くれた 5　お 店 6　に
oshi e te　ku re ta　o mise　ni
行きましょう。
i ki ma shô
[ja solénala ouéhala san.n' ga ochiété kouléta o missé ni ikimachoo]

5 — ぴあ 7　は　どこ?
pi a　wa　do ko
[piya oua doko]

6 — そこ　の　ピアノ　の　上　に　ある 8
so ko　no　pi a no　no　ue　ni　a ru
から　取って。
ka ra　to t te
[soko no piano no oué ni alou kala tot'té]

7　お　芝居　は　何　ページ　に　出て
o　shibai　wa　nan　pê ji　ni　de te
いる 9?　音楽会　は?
i ru.　on gak kai　wa
[o chibaill' oua nan.n' peedji ni dété ilou ? on.n'gak'kaill' oua]

8　音楽会　なら　今　サモロビッチ
on gak kai　na ra　ima　sa mo ro bi t chi
が　日本　に　来て　いる 10　から、
ga　ni hon　ni　ki te　i ru　ka ra,
聞き　に　行きましょう。
ki ki　ni　i ki ma shô
[on.n'gak'kaill' nala ima samolobit'tchi ga nihon.n' ni kité ilou kala kiki ni ikimachoo]

Vingt-neuvième leçon / 29

4 – **Dans ce cas, allons au restaurant que m'a indiqué Mme Uehara** *(alors dans-ce-cas Uehara Mme [sujet] enseigner avoir-fait-pour-moi [familiarité] commerce [but] allons).*
5 – **Où est le Pia** *(Pia [annonce] où)* ?
6 – **Sur le piano, là, passe-le-moi** *(là [relation] piano [relation] dessus [lieu] se-trouver parce-que / prends)* !
7 **Les théâtres sont à quelle page** *([familiarité] théâtre [annonce] quoi page [lieu] apparaître)* ? **Et les concerts** *(concert [annonce])* ?
8 **Pour les concerts, en ce moment Samorovitch est au Japon, allons l'écouter** *(concert s'il-s'agit-de maintenant Samorovitch [sujet] Japon [but] venir parce-que / écouter [but] allons)* !

Notes

5 くれた **kureta**, est le degré moins de くれました **kuremashita**, *avoir fait pour moi*.
6 店 **mise**, terme très général qui désigne tout commerce, y compris les restaurants.
7 ぴあ **pia**, magazine hebdomadaire donnant la liste de tous les spectacles de Tôkyô.
8 ある **aru**, est le degré moins de あります **arimasu**, *se trouver*.
9 出て いる **dete iru**, est le degré moins de 出て います **dete imasu**, *sortir, apparaître*.
10 来て いる **kite iru**, est le degré moins de 来て います **kite imasu**, *venir*.

29 /第二十九課

9 それとも 歌舞伎(かぶき) なら 今(いま)
   sore to mo　ka bu ki　na ra　ima
   五三郎(ごさぶろう) が 「四谷(よつや) 怪談(かいだん)」 を
   go sabu rô　ga　yotsu ya　kai dan　o
   やって いる **11** わ **12** よ。
   yatte　iru　wa　yo
   [solétomo kabouki nala ima gossabouloo ga yotsouya kaill'dan.n' o yat'té ilou oua yo]

10 あなた は サモロビッチ と
   a na ta　wa　sa mo ro bi t chi　to
   五三郎(ごさぶろう) と どっち **13** が いい の**14**。
   go sabu rô　to　do t chi　ga　i i　no
   [anata oua samolobit'tchi to gossabouloo to dot'tchi ga iï no]

11 あ、 ちょっと 待(ま)って。
   a,　cho t to　ma tte
   [a tchot'to mat'té]

12 火曜日(かようび) は サモロビッチ の
   ka yô bi　wa　sa mo ro bi t chi　no
   演奏(えんそう) は ない **15** わ。 歌舞伎(かぶき) に
   en sô　wa　na i　wa.　ka bu ki　ni
   しましょう。
   shi ma shô
   [kayoobi oua samolobit'tchi no èn'soo oua naill' oua. kabouki ni chimachoo]

13 あたし **16** が 切符(きっぷ) を 買(か)って
   a ta shi　ga　kip pu　o　ka t te
   おく **17** わ。
   o ku　wa
   [atachi ga kip'pou o kat'té okou oua]

Vingt-neuvième leçon / 29

9 **Ou alors, au kabuki, Gosaburô donne en ce moment "Fantômes à Yatsuya"** *(ou-bien kabuki si-c'est maintenant Gosaburô [sujet] Yotsuya histoires-de-fantômes [objet] faire [adoucissement] [engagement])*.
10 **Qu'est-ce que tu préfères, Samorovitch ou Gosaburô** *(toi [annonce] Samorovitch et Gosaburô et lequel-des-deux [sujet] être-bien [question])* ?
11 **Ah, attends un peu** *(ah un-peu attends)*…
12 **Mardi il n'y a pas de récital Samorovitch** *(mardi [renforcement] Samorovitch [relation] représentation [annonce] ne-pas-se-trouver [adoucissement])*. **Ce sera le kabuki** *(kabuki [but] faisons)*.
13 **J'irai chercher les billets** *(moi [sujet] billet [objet] acheter faire-à-l'avance [adoucissement])*.

Notes

11 やって いる **yatte iru**, degré moins de やって います **yatte imasu**, *être en train de faire*, est un équivalent plutôt familier de して います **shite imasu**, avec le même sens. Nous avons déjà vu ces formes en て います **te imasu** (degré moyen), て いる **te iru** (degré moins) en leçon 11 (note 4).

12 わ **wa** : vous souvenez-vous de ce petit mot de fin de phrase (leçon 27, note 4) ? Il se trouve exclusivement dans la bouche des femmes. C'est une sorte d'"adoucisseur", souvent employé après un verbe ou un adjectif au degré moins.

13 どっち **dotchi** : équivalent familier de どちら **dochira**, avec le même sens, *lequel des deux* (leçon 10, phrase 9).

14 の **no**, souvent employé, mais uniquement par les femmes, dans un registre plutôt familier, à la place de か **ka** pour terminer une question.

15 ない **nai**, est le degré moins irrégulier de ありません **arimasen**, *ne pas se trouver*.

16 あたし : la forme **atashi** pour *moi*, est spécifiquement féminine.

17 おく **oku**, degré moins de おきます **okimasu**. Quand il suit directement un autre verbe, ce verbe signifie *faire à l'avance*.

hyaku roku jû hachi • 168

14 – じゃ たのむ**18** よ。
　　　 ja　ta no mu　　　yo
　　　[dja tanomou yo]

15 – あ、これ 先週 の ぴあ よ。
　　　 a, ko re sen shû no pi a yo
　　　[a kolé sèn'chuu no piya yo]

Note

18 たのむ **tanomu**, degré moins de たのみます **tanomimasu**, *demander* ; en fait, c'est ce qui correspond, dans une conversation familière, à la formule souvent rencontrée おねがいします **onegai shimasu**.

***

練習 1 – 訳 し なさい

❶ 一緒 に 買物 に 行かない?
issho ni kaimono ni ikanai

❷ 火曜日 に テレビ で 見た 映画 は 中国 の 映画 でした。
kayôbi ni terebi de mita eiga wa chûgoku no eiga deshita

❸ 今 日本 に 来て いる フランス の 歌手 が 歌って いる 歌 を 聞きました か。
ima nihon ni kite iru furansu no kashu ga utatte iru uta o kikimashita ka

Vingt-neuvième leçon / 29

14 – Bon, d'accord *(bon demander [engagement])*.
15 – Ah, c'est le Pia de la semaine dernière *(ah ceci semaine-dernière [relation] Pia [engagement])* !

***

❹ 音楽会 は 百 七 ページ に 出て います。
ongakkai wa hyaku nana pêji ni dete imasu

❺ 先週 から やって いる 「四谷 怪談」 が ぜひ 見たい です。
senshû kara yatte iru yotsuya kaidan ga zehi mitai desu

Corrigé de l'exercice 1
❶ Tu ne viendrais pas faire des courses avec moi ? ❷ Le film que nous avons vu à la télévision mardi était un film chinois. ❸ Avez-vous entendu les chansons que chante un chanteur français qui est au Japon en ce moment ? ❹ Les concerts, c'est à la page 107. ❺ Je veux absolument voir "Fantômes à Yotsuya" qui se donne depuis la semaine dernière.

hyaku nana jû • 170

練習 2 - 言葉 を 入れ なさい

❶ Je pense que c'est mardi.

. . . .

❷ Je veux manger des pommes.
ringo .. tabe ... desu

❸ Il est sur la télé.

. . . .

*Au Japon, il existe trois grands types de théâtre traditionnel. Le **kabuki**, d'abord, un théâtre populaire à grand spectacle, aux décors et costumes colorés, et aux nombreux dispositifs scéniques. Les pièces qui y sont représentées sont des drames historiques ou bourgeois, les acteurs portent des maquillages superbes et se font connaître par leur art de prendre ce qu'on appelle les "poses" où ils font valoir leur savoir-faire. Le théâtre **nô**, ensuite, d'un tout autre ordre, met en scène la relation avec le monde tourmenté des esprits et se caractérise par le port des masques et l'extrême lenteur des gestes et des déplacements. Le **bunraku**, enfin, est un théâtre de marionnettes, maniées par un, deux parfois trois manipulateurs vêtus de noir et présents sur la scène. Son répertoire est en partie commun avec celui du kabuki. Dans les trois cas, la musique joue un rôle très important. Ce qu'on peut par ailleurs constater c'est qu'un théâtre "moderne" a beaucoup de mal à trouver son public.*

第三十課 **dai san juk ka** *[daill' san.n' djuk' ka]*

夏 休み
natsu yasu mi
[natsou yassoumi]

1 - お 久しぶり です ね。
o hisa shi bu ri de su ne
[o hissachibouli dèss' né]

❹ Qu'est-ce que tu préfères, le théâtre ou le kabuki ?
   shibai .. kabuki .. .. no

❺ Je pense qu'il n'y a pas d'informations à cette heure-ci.
   ima no jikan wa nyûsu wa ... .

Corrigé de l'exercice 2
❶ kayôbi da to omoimasu ❷ – ga – tai – ❸ terebi no ue ni arimasu
❹ – to – to dochi ga ii – ❺ – nai to omoimasu

Voilà, c'est fini ! C'était un peu dur, mais il fallait y passer. Dans les notes de cette leçon, nous avons signalé fidèlement toutes les formes en degré moins des verbes. Mais, nous ne le ferons plus... cela deviendrait monotone ! Et puis, pour les verbes, il y a un "truc" facile pour reconnaître les degrés moins : ce sont simplement toutes les formes qui ne se terminent pas par ます **masu** *;* ません **masen** *;* ました **mashita** *;* ませんでした **masendeshita** *;* ましょう **mashô** *(leçon 7, § 1). Vous serez donc tout à fait capable de les repérer désormais tout seul.*

Trentième leçon 30

Les vacances d'été *(été congés)*

1 – Cela fait un moment que je ne vous ai pas vu
   ([politesse] un-long-moment-sans-vous-voir c'est [accord]) !

hyaku nana jû ni • 172

2 きれい に **1** 小麦色 に 焼けました ね。
　ki re i　ni　ko mugi iro ni　ya ke ma shi ta　ne
　[kileill' ni komougui.ilo ni yakémach'ta né]

3 夏休み は どこ へ 行った の です **2** か。
　natsu yasu mi　wa　do ko　e　i t ta　no　de su　ka
　[natsou yassoumi oua doko é it'ta no dèss' ka]

4 － 大島 へ 行って きました。
　oo shima　e　i t te　ki ma shi ta
　[oochima é it'té kimach'ta]

5 瀬戸内海 の 西 に ある 島 です。
　se to nai kai　no　nishi　ni　a ru　shima　de su
　[sétonaill'kaill' no nichi ni alou chima dèss']

6 そこ の 名物 は みかん です。
　so ko　no　mei butsu　wa　mi ka n　de su
　[soko no meill' boutsou oua mikan.n' dèss']

7 そこ は 太陽 の 光 が 強い です。
　so ko　wa　tai yô　no hikari　ga　tsuyo i　de su
　[soko oua taill'yoo no hikali ga tsouyoï dèss']

8 ですから、一日中 泳ぐ か 昼寝 しか **3** できません。
　de su ka ra, ichi nichi jû　oyo gu　ka　hiru ne　shi ka　de ki ma se n
　[dèss'kala itchinitchidjuu oyogou ka hilouné chika dékimassèn']

Trentième leçon / 30

2 Quel magnifique bronzage, doré comme les blés *(beau [adverbial] blé couleur [adverbial] être-grillé [accord])* !

3 Où étiez-vous pour les vacances *(été vacances [annonce] où [destination] être-allé c'est-que [question])* ?

4 – Je suis allé à **Ôshima** *(Ôshima [destination] aller être-venu)*.

5 C'est une île qui se trouve à l'ouest dans la mer **Intérieure** *(mer-Intérieure [relation] ouest [lieu] se-trouver île c'est)*.

6 On y cultive surtout des mandarines *(là [relation] spécialité [annonce] mandarine c'est)*.

7 Là-bas le soleil tape fort *(là [annonce] soleil [relation] lumière [sujet] être-fort c'est)*.

8 C'est pourquoi, pendant la journée, on ne peut que se baigner ou faire la sieste *(c'est-pourquoi toute-la-journée nager ou-bien sieste si-ce-n'est-pas ne-pas-être-possible)*.

Notes

1 きれい に **kirei ni** *[kileill' ni]* (litt. "joliment") : un des emplois de に **ni** est de permettre de fabriquer des expressions qui fonctionnent comme des adverbes (leçon 14, § 2.2). Nous avons souvent rencontré cet emploi dans 一緒 に **issho ni**, *ensemble*.

2 Nous trouverons très souvent ce の です **no desu**, généralement placé en fin de phrase. Il donne une petite nuance d'explication : 行きました **ikimashita**, *je suis allé* ; 行った の です **itta no desu**, *c'est que je suis allé*. À noter : devant の です **no desu**, le degré moins est obligatoire.

3 Voici une tournure à bien saisir : しか **shika** + un verbe à la forme négative : *ne… que* (litt. "si ce n'est pas… ne… pas").

第三十課

9. まいあさ、六時半に起きました。
   mai asa, roku ji han ni o ki ma shi ta
   [maï.assa lokou dji han.n' ni okimach'ta]

10. そして 海へ 泳ぎに 行きました。
    so shi te umi e oyo gi ni i ki ma shi ta
    [sochité oumi é oyogui ni ikimach'ta]

11. その 時間は 海岸に だれも いません。
    so no ji kan wa kai gan ni da re mo i ma se n
    [sono djikan.n' oua kaill'gan.n' ni dalémo imassèn']

12. 朝日が 水平線から 出てくる 眺めは すばらしい です。
    asa hi ga sui hei sen ka ra de te ku ru naga me wa su ba ra shi i de su
    [assahi ga souïheill'sèn' kala dété koulou nagamé oua soubalachiï dèss']

13. 日中は とても 暑い です。
    nit chû wa to te mo atsu i de su
    [nit'tchuu oua totémo atsouï dèss']

14. 村の 人は 働いて いますが、私は 昼寝を して いました 4。
    mura no hito wa hatara i te i ma su ga, watakushi wa hiru ne o shi te i ma shi ta
    [moula no h'to oua hatalaïté imass' ga ouatakouchi oua hilouné o chité imach'ta]

15. 島で 食べた 魚や 貝類は とても おいしかった です 5。
    shima de ta be ta sakana ya kai rui wa to te mo o i shi ka t ta de su
    [chima dé tabéta sakana ya kaill'louï oua totémo oïchikat'ta dèss']

Trentième leçon / 30

9 Tous les matins, je me levais à six heures et demie *(chaque-matin six heure demi [temps] s'être-levé).*

10 Puis j'allais à la mer me baigner *(ensuite mer [destination] nager [but] être-allé).*

11 À cette heure-là, il n'y a personne sur la plage *(cette heure [annonce] rivage [lieu] personne ne-pas-se-trouver).*

12 Le spectacle du soleil levant sortant de l'horizon est splendide *(soleil-levant [sujet] horizon-marin à-partir-de sortir venir vue [annonce] être-magnifique c'est).*

13 En milieu de journée il fait très chaud *(milieu-de-la-journée [annonce] très être-chaud c'est).*

14 Les gens du village travaillent, mais moi je faisais la sieste *(village [relation] être-humain [annonce] travailler mais / moi [annonce] sieste [objet] avoir-fait).*

15 Les poissons et les coquillages que j'ai mangés dans cette île étaient délicieux *(île [lieu] avoir-mangé poisson et coquillage [annonce] très avoir-été-bon c'est).*

Notes

4 して いました **shite imashita**, *j'étais (tu étais, il était…) en train de faire, je faisais* : vous l'avez deviné, c'est tout simplement l'équivalent au passé de して います **shite imasu**, *je suis (tu es, il est…) en train de faire*.

5 おいしかった です **oishikatta desu** ; おいしかった **oishikatta**, est le passé de l'adjectif おいしい **oishii**, *être bon (au goût)*. Notez que おいしい **oishii** tout seul signifie *être bon* (degré moins), おいしかった **oishikatta** tout seul signifie *était bon* (degré moins). Le です **desu** qui suit indique simplement que l'adjectif est au degré moyen (leçon 27, note 3).

16 その 日 に 釣れた 魚 です
so no hi ni tsu re ta sakana de su

から、 とても 新鮮 です。
ka ra, to te mo shinsen de su

[sono hi ni tsouléta sakana dèss' kala totémo chin'sèn' dèss']

17 また 来年 の 夏 も 行く
ma ta rai nen no natsu mo i ku

つもり です。
tsu mo ri de su

[mata laill'nèn' no natsou mo ikou tsoumoli dèss']

18 – うらやましい です ね。
u ra ya ma shi i de su ne

[oulayamachiï dèss' né]

***

▶ 練習 1 – 訳 し なさい

❶ 兄 は 起きて いました が、私 は 寝て いました。
ani wa okite imashita ga, watakushi wa nete imashita

❷ フランス の 西 に ある 村 に 行った の です。
furansu no nishi ni aru mura ni itta no desu

❸ その 島 で 食べた みかん は とても おいしかった です が、ビール は とても 高かった です。
sono shima de tabeta mikan wa totemo oishikatta desu ga, bîru wa totemo takakatta desu

Trentième leçon / 30

16 **Comme ce sont des poissons pêchés le jour même, ils sont très frais** *(ce jour [temps] avoir-été-pêché poisson c'est parce-que / très frais c'est)*.
17 **J'y retournerai l'été prochain** *(encore année-prochaine [relation] été aussi aller intention c'est)*.
18 – **Comme je vous envie** *(être-jaloux c'est [accord])* !

***

❹ すぐ行きましたが、だれも いません でした。
sugu ikimashita ga, daremo imasen deshita

❺ ここ から は 海 しか 見えません。
koko kara wa umi shika miemasen

Corrigé de l'exercice 1
❶ Mon frère était levé, mais moi je dormais encore. ❷ *(C'est que)* Je suis allée dans un village de l'ouest de la France. ❸ Les mandarines que j'ai mangées dans cette île étaient délicieuses, mais la bière était très chère. ❹ J'y suis allée tout de suite, mais il n'y avait personne. ❺ D'ici on ne voit que la mer.

hyaku nana jû hachi • 178

練習 2 - 言葉 を 入れ なさい

❶ Jusqu'à huit heures du matin, il n'y a personne.
  gozen . . . . made . . . .

❷ Je pense que j'irai à onze heures et demie.
  . . . . omoimasu

❸ Mon fils ne boit que des jus de fruits.
  . . . . jûsu . . . . . nomi . . . . .

31

第三十一課 dai san jû ik ka *[daill' san.n' djuu ik' ka]*

バーゲン 1
bâ ge n
[baaguèn']

1 – 旅行 に 出る 前 に、 小さい
    ryo kô ni de ru mae ni, chii sa i
    手提 鞄 2 と タオル を 三 枚
    te sage kaban to ta o ru o san mai
    と 香水 が 買いたい です。
    to kô sui ga ka i ta i de su

[lyokoo ni délou maé ni tchiïssaill' téssaguékaban.n' to taolou o san.n' maill' to koossouï ga kaïtaill' dèss']

2 – 今 三越 デパート が バーゲン を
    ima mitsukoshi de pâ to ga bâ ge n o
    して います から、 そこ で
    shi te i ma su ka ra, so ko de
    買いましょう。
    ka i ma shô

[ima mitsoukochi dépaato ga baaguèn' o chité imass' kala soko dé kaïmachoo]

❹ Il n'y a que des livres de japonais ou de chinois.
   . . . . no hon . . . .
❺ C'est un chemin que je prends souvent à pied.
   . . . . aruku . . . .

Corrigé de l'exercice 2
❶ – hachi ji – daremo imasen ❷ jû ichi ji han ni iku to – ❸ musuko wa – shika – masen ❹ nihongo ka chûgokugo – shika arimasen ❺ yoku – michi desu

Trente et unième leçon

Les soldes

1 – Avant de partir en voyage, je veux acheter un petit sac fourre-tout, trois serviettes de toilette et du parfum *(voyage [but] partir avant [temps] / être-petit sac-fourre-tout et serviette-de-toilette [objet] trois objet-plat et parfum [sujet] être-objet-du-désir-d'acheter c'est)*.

2 – En ce moment c'est les soldes chez Mitsukoshi, allons faire nos achats là-bas *(maintenant Mitsukoshi grand-magasin [sujet] soldes [objet] faire parce-que / là [lieu] achetons)* !

Notes

1 À la place de バーゲン **bâgen** *[baaguèn']* de l'anglais ***bargain***, on utilise aussi, très souvent, le mot セール **sêru** *[séélou]*, d'un autre mot anglais ***sale***.

2 手提鞄 **tesagekaban**, *sac*, de la forme des sacs en plastique que l'on donne souvent dans les magasins. Très utilisé au Japon pour faire les courses, ce genre de sac se vend partout, qu'il soit en cuir, en toile, en plastique, en papier fort…

hyaku hachi jû • 180

31 /第三十一課

3 　散歩　　がてら　東京　　駅　から
　　さんぽ　　　　　　とうきょう　えき
　　san po　ga te ra　tô kyô　eki　ka ra
　　歩いて　行きましょう。
　　ある　　　い
　　aru i te　　i ki ma shô
　　[sam.m'po gatéla tookyoo éki kala alouïté ikimachoo]

4 - それ　は　いい　考え　　です　ね。
　　　　　　　　　　かんが
　　so re　wa　i i　kanga e　de su　ne
　　[solé oua ïï kan.n'gaé dèss' né]

5 - あ、雨　が　降って　きました
　　　　あめ　　　ふ
　　a, ame　ga　fu t te　ki ma shi ta
　　から3、地下鉄　　に　乗りましょう。
　　　　　　ちかてつ　　　　の
　　ka ra,　chi ka tetsu　ni　no ri ma shô
　　[a amé ga fout'té kimach'ta kala tchikatétsou ni nolimachoo]

6 　タオル　は　どんな　色　が　いい
　　　　　　　　　　　　　いろ
　　ta o ru　wa　do n na　iro　ga　i i
　　です　か。
　　de su　ka
　　[taolou oua don'na ilo ga ïï dèss' ka]

7 - あそこ　に　かかって　いる　赤い
　　　　　　　　　　　　　　　　あか
　　a so ko　ni　ka ka t te　i ru　aka i
　　タオル　と　青い　　タオル　を
　　　　　　　　あお
　　ta o ru　to　ao i　ta o ru　o
　　ペア　で　買いましょう。
　　　　　　か
　　pe a　de　ka i ma shô
　　[assoko ni kakat'té ilou akaï taolou to aoï taolou o péa dé kaïmachoo]

8 - それ　と　三　枚　目　に　は　その
　　　　　　　さん　まい　め
　　so re　to　san mai me　ni　wa　so no
　　横　に　ある　白い　タオル　は　いかが。
　　よこ　　　　　しろ
　　yoko　ni a ru　shiro i　ta o ru　wa　i ka ga
　　[solé to san.n' maill' mé ni oua sono yoko ni alou chiloï taolou oua ikaga]

Trente et unième leçon / 31

3 Si on y allait à pied, en se promenant à partir de la gare de Tôkyô *(promenade tout-en-faisant Tôkyô gare à-partir-de en-marchant allons)* !

4 – Ça, c'est une bonne idée *(cela [annonce] être-bien idée c'est [accord])* !

5 – Ah ! Il s'est mis à pleuvoir, prenons le métro *(ah pluie [sujet] tomber être-venu parce-que / métro [but] montons)* !

6 Vous voulez des serviettes de quelle couleur *(serviette [annonce] de-quelle-sorte couleur [sujet] être-bien c'est [question])* ?

7 – Si je prenais, assorties, cette serviette rouge et cette serviette bleue qui sont accrochées là-bas *(là-bas [lieu] être-accroché être-rouge serviette et être-bleu serviette [objet] paire [moyen] achetons)* !

8 – Après, pour la troisième serviette, que pensez-vous de cette serviette blanche qui est juste à côté *(cela [accompagnement] trois objet-plat ième [but] [renforcement] de-celles-ci côté [lieu] se-trouver être-blanc serviette [annonce] comment)* ?

Note

3 Dans beaucoup de cas, nous ne traduisons pas から **kara**, *parce que* ; les Japonais utilisent beaucoup plus から **kara** que les francophones n'utilisent *parce que*. Ces derniers se contentent souvent d'une virgule pour traduire から **kara**.

hyaku hachi jû ni • 182

9 — あ、この 傘 は 安い です ね。
a, kono kasa wa yasui desu ne
[a kono kassa oua yassouï dèss' né]

10 主人 が この 間 姉 から もらった
shujin ga kono aida ane kara moratta
傘 を 電車 に 忘れた の です よ。
kasa o densha ni wasureta no desu yo
[chudjin' ga kono aill'da ané kala molat'ta kassa o dèn'cha ni wassouléta no dèss' yo]

11 あら、この 水色 の 縁 が
ara, kono mizuiro no fuchi ga
付いた ガウン も 安い です ね。
tsuita gaun mo yasui desu ne
[ala kono mizou.ilo no foutchi ga tsouïta gaoun' mo yassouï dèss' né]

12 — (一 時間 後)
ichi jikan go
[itchi djikan.n' go]

13 — さあ 帰りましょう。
sâ kaerimashô
[saa kaélimachoo]

14 帰り に 銀行 に 寄って も いい
kaeri ni ginkô ni yotte mo ii
です か 4。
desu ka
[kaéli ni guin'koo ni yot'té mo ï dèss' ka]

15 お 金 を 全部 使って
o kane o zenbu tsukatte
しまいました ので…
shimaimashita node
[o kané o zèm'bou tsoukat'té chimaïmach'ta nodé]

Trente et unième leçon / 31

9 – Ah, ce parapluie n'est vraiment pas cher *(ah ce parapluie [annonce] être-bon-marché c'est [accord])* !
10 Il n'y a pas longtemps, mon mari a oublié dans le train le parapluie que sa sœur lui avait donné *(mon-mari [sujet] ce intervalle sœur-aînée à-partir-de avoir-reçu parapluie [objet] train [lieu] avoir-oublié c'est-que [engagement])*.
11 Oh, cette robe de chambre avec des liserés bleu pâle n'est pas chère non plus *(oh cette eau-couleur [relation] bordure [sujet] être-fixé robe-de-chambre aussi être-bon-marché c'est [accord])* !
12 (Une heure plus tard) *(un heure après)*
13 – Bon, rentrons !
14 En rentrant est-ce que je peux passer à la banque *(retour [temps] banque [but] passer même être-bien c'est [question])* ?
15 J'ai dépensé tout mon argent *([familiarité] argent [objet] entièrement utiliser avoir-fait-jusqu'au-bout parce-que)*…

Note

4 Observez ce verbe en て + も いい です か : il s'agit de la façon habituelle de demander la permission de faire quelque chose 銀行 に 寄って も いい です か **ginkô ni yotte mo ii desu ka**, *Est-ce que je peux passer à la banque* (litt. "Même si je passe à la banque, est-ce que c'est bien") ?

*Tôkyô fourmille de gares, car les transports urbains sont assurés en majorité par des trains. Toute proche du quartier de Ginza, **Tôkyô-eki**, la gare de Tôkyô, est une gare historique, une des premières construites à Tôkyô (1908). Elle est aujourd'hui un des principaux points de départ des trains grandes lignes.*

31 / 第三十一課

▶ 練習 1 – 訳 し なさい

❶ 観光 がてら 仕事 を する つもり です。
kankô gatera shigoto o suru tsumori desu

❷ 誕生日 に 兄 から 鞄 を もらいました。
tanjôbi ni ani kara kaban o moraimashita

❸ 毎朝 雨 が 降ります。
maiasa ame ga furimasu

❹ ジャズ の コンサート が 聞きたい な。
jazu no konsâto ga kikitai na

❺ 夜 寝る 前 に コーヒー は 飲みません。
yoru neru mae ni kôhî wa nomimasen

練習 2 – 言葉 を 入れ なさい

❶ Cette tasse est bon marché, je l'achète.
kono chawan wa . . . . , kaimasu

❷ Est-ce que je peux regarder la télévision ?
terebi o mite . . . .

❸ Avant de prendre le bus, passons à la poste.
. . . . . . noru . . . . . yûbinkyoku . . yorimashô

❹ De quelle couleur est la voiture que notre voisin a achetée ?
tonari no hito ga katta jidôsha wa . . . .

❺ Est-elle rouge, bleue ou blanche ?
akai desu ka, ... , ...

Trente et unième leçon / 31

Corrigé de l'exercice 1
❶ J'ai l'intention de travailler tout en faisant du tourisme. ❷ Pour mon anniversaire mon frère m'a offert un sac. ❸ Il pleut tous les matins. ❹ Je voudrais écouter un concert de jazz. ❺ Le soir avant de dormir je ne bois pas de café.

ジャズ の コンサート が 聞きたい な。

Corrigé de l'exercice 2
❶ – yasui desu kara, – ❷ – mo ii desu ka ❸ basu ni – mae ni – ni – ❹ – donna iro desu ka ❺ – aoi desu ka, shiroi desu ka

Entrer dans le grand magasin Mitsukoshi, le plus ancien du Japon, construit en 1904, c'est faire un voyage dans le temps. Rien que la décoration, d'origine, vaut le déplacement. Dans l'élégant quartier de Ginza, où il se trouve (dans la partie sud-est de la ville), se concentrent grands magasins, sièges des grandes marques et bureaux. C'est le paradis des délires d'architectes, marquant de leur personnalité les immeubles des avenues principales. Si Ginza est en semaine le domaine des cols blancs, il est envahi le dimanche par les familles.

第三十二課 dai san jû ni ka [daill' san.n' djuu ni ka]
だい さん じゅう に か

高速道路
こう そく どう ろ
kô soku dô ro
[koossokoudoolo]

1 — 伯父 が 自動車 を 貸して くれた ので、
   oji ga ji dô sha o ka shi te ku re ta no de
   [odji ga djidoocha o kachité kouléta nodé]

2   先週 の 週末、会社 の 同僚 と 関西 旅行 を する つもり で 出発 しました。
   sen shû no shû matsu, kai sha no dô ryô to kan sai ryo kô o su ru tsu mo ri de shup patsu shi ma shi ta
   [sèn' chuu no chuumatsou kaill'cha no doolyoo to kan.n'saill' lyokoo o soulou tsoumoli dé chup'patsou chimach'ta]

3 — いかが でした か。
   i ka ga de shi ta ka
   [ikaga déch'ta ka]

4 — 最初 は 国道 を 走りました が、混んで いました ので、
   sai sho wa koku dô o hashi ri ma shi ta ga, ko n de i ma shi ta no de
   [saill'cho oua kokudoo o hachilimach'ta ga kon.n'de imach'ta nodé]

Trente-deuxième leçon

L'autoroute

1 — Comme mon oncle m'avait prêté sa voiture *(mon-oncle [sujet] voiture [objet] prêter avoir-fait-pour-moi parce-que /)*,
2 je suis parti le week-end dernier avec l'intention de faire un tour dans le Kansai avec un collègue de bureau *(semaine-dernière [relation] fin-de-semaine entreprise [relation] collègue [accompagnement] Kansai voyage [objet] faire intention [moyen] départ avoir-fait)*.
3 — Ça s'est bien passé *(comment c'était [question])* ?
4 — D'abord j'ai pris la nationale, mais comme c'était bouché *(début [renforcement] route-nationale [objet] avoir-roulé mais / avoir-été-encombré parce-que /)*,

32/第三十二課

5 高速道路 で 行く こと に しました。
kô soku dô ro de i ku ko to ni shi ma shi ta
[koossokoudoolo dé ikou koto ni chimach'ta]

6 高速道路 で は スピード 制限 が 八十 キロ な ので、 はやく 進みません でした。
kô soku dô ro de wa su pî do sei gen ga hachi juk ki ro na no de, ha ya ku susu mi ma se n de shi ta
[koossokoudoolo dé oua s'piido seill'guèn' ga hachi djuk kilo na nodé hayakou soussoumimassèn' dèch'ta]

7 それに トラック が たくさん 走って いました。
so re ni to ra k ku ga ta ku sa n hashi t te i ma shi ta
[soléni tolak'kou ga takoussan.n' hachit'té imach'ta]

8 トラック を 追い越す こと は むずかしい です。
to ra k ku o o i ko su ko to wa mu zu ka shi i de su
[tolak'kou o oïkossou koto oua mouzoukachiï dèss']

9 すぐ スピード 違反 に なります。
su gu su pî do i han ni na ri ma su
[sougou s'piido ihan.n' ni narimass']

10 ですから 日本 で の 自動車 旅行 は 時間 が かかります。
de su ka ra ni hon de no ji dô sha ryo kô wa ji kan ga ka ka ri ma su
[dèss' kala nihon.n' dé no djidoocha lyokoo oua djikan.n' ga kakalimass']

Trente-deuxième leçon / 32

5 j'ai décidé de prendre l'autoroute *(autoroute [moyen] aller le-fait-de [but] avoir-fait)*.

6 Sur les autoroutes, la vitesse est limitée à 80 km/h, alors je n'avançais pas vite *(autoroute [lieu] [renforcement] vitesse limitation [sujet] huit dix kilomètre c'est parce-que / vite ne-pas-avoir-avancé)*.

7 En plus, il y avait beaucoup de camions *(de-plus camion [sujet] beaucoup avoir-roulé)*.

8 C'est difficile de doubler les camions *(camion [objet] doubler le-fait-de [annonce] être-difficile c'est)*.

9 On est tout de suite en excès de vitesse *(tout-de-suite vitesse infraction [but] devenir)*.

10 Aussi les déplacements en voiture au Japon prennent beaucoup de temps *(pour-cette-raison Japon [lieu] [relation] voiture voyage [annonce] temps [sujet] prendre)*.

Note

1 て いました **te imashita**, *j'étais (tu étais, il était...) en train de...* : vous le savez désormais (leçon 30, note 4), c'est tout simplement l'équivalent au passé de て います **te imasu**, *je suis (tu es, il est...) en train de...*

hyaku kyû jû • 190

第三十二課

11 急いでいる時は汽車か飛行機で旅行した方が速いです。
iso i de i ru toki wa ki sha ka hi kô ki de ryo kô shi ta hô ga haya i de su
[issoïdé ilou toki oua kicha ka hikooki dé lyokoo chita hoo ga hayaïll' dèss']

12 それに高速道路はいつも有料ですから高くつきます。
so re ni kô soku dô ro wa i tsu mo yû ryô de su ka ra taka ku tsu ki ma su
[soléni koossokoudooro oua itsoumo yuuryoo dèss' kala takakou tsoukimass']

13 — 関西はいかがでしたか。
kan sai wa i ka ga de shi ta ka
[kan.n'saïll' oua ikaga dèch'ta ka]

14 — それが…静岡辺りでスピード違反でパトカー2に捉まってしまいました。
so re ga. shizu oka ata ri de su pî do i han de pa to kâ ni tsuka ma t te shi ma i ma shi ta
[solé ga... chizouöka atali dé s'piido ihan.n' dé pato kaa ni tsoukamat'té chimaïmach'ta]

15 すごい罰金を払うことになりました。
su go i bak kin o hara u ko to ni na ri ma shi ta
[sougoï bak'kin' o halaou koto ni nalimach'ta]

16 それで予算が足りなくなったので、
so re de yo san ga ta ri na ku na t ta no de
[solédé yossan.n' ga talinakou nat'ta nodé]

Trente-deuxième leçon / 32

11 **Quand on est pressé, c'est plus rapide de voyager par le train ou en avion** *(se-hâter moment [renforcement] / train ou-bien avion [moyen] voyage avoir-fait côté [sujet] être-rapide c'est)*.

12 **En plus, comme les autoroutes sont toujours payantes, cela revient cher** *(de-plus autoroute [annonce] toujours payant c'est parce-que / cher atteindre)*.

13 – **Et c'était bien le Kansai** *(Kansai [annonce] comment c'était [question])* **?**

14 – **Eh bien** *(cela [sujet])*… **Aux environs de Shizuoka, j'ai été arrêté par une voiture de police pour excès de vitesse** *(Shizuoka environs [lieu] vitesse infraction [moyen] voiture-de-police [agent] être attrapé avoir-fini-par-faire)*.

15 **J'ai été condamné à payer une contravention formidable** *(être-extraordinaire contravention [objet] payer le-fait-de [but] être-devenu)* **!**

16 **Alors comme mon budget n'était plus suffisant** *(alors budget [sujet] ne-pas-suffire être-devenu parce-que /)*,

Note

2 Les mots en katakana que vous avez rencontrés jusqu'ici étaient empruntés à l'américain et transcrits dans leur intégralité. Cependant, les Japonais abrègent souvent les mots qu'ils empruntent. Après ビル **biru** (leçon 24, phrase 11), abréviation de ビルディング **birudingu** (***building***), voici パトカー **pato kâ**, abréviation de パトロルカー **patororu kâ** (***patrol car***, litt. "voiture de patrouille"). Le résultat de ces abréviations est parfois fort mystérieux… ou ambigu. Ainsi, キロ **kilo** est l'abréviation de *kilomètre* mais aussi de *kilogramme* !

17 そのまま 東京 に 戻りました。
　　 so no ma ma　tô kyô　ni modo ri ma shi ta

[sonomama tookyoo ni modolimach'ta]

*Les deux régions les plus peuplées du Japon sont le Kantô et le Kansai. Le Kantô (litt. "à l'est de la barrière") désigne la région de Tôkyô, l'actuelle capitale. Le Kansai (litt. "à l'ouest de la barrière") désigne la région de Kyôto, l'ancienne capitale et d'Ôsaka (prononcé [ossaka], et non *[ozaka] ; le **s** note toujours en japonais le son [ss]), grande métropole économique depuis l'époque d'Edo. La barrière en*

***

練習 1 - 訳 し なさい

① 姉 は いい 店 を 教えて くれました。
ane wa ii mise o oshiete kuremashita

② 汽車 で 行った 方 が 便利 です。
kisha de itta hô ga benri desu

③ 雨 が 降って いました から、地下鉄 で 行く こと に しました。
ame ga futte imashita kara, chikatetsu de iku koto ni shimashita

④ 今日 は 日曜日 な ので、銀行 は お 休み です。
kyô wa nichiyôbi na node, ginkô wa o yasumi desu

⑤ 家賃 が 高く なった の です。
yachin ga takaku natta no desu

Trente-deuxième leçon / 32

17 nous sommes revenus directement à Tôkyô *(tel-quel Tôkyô [but] être-revenu).*

question réfère à un ancien système de séparation douanière entre les régions et se situe à peu de distance du Mont Fuji, sur le trajet entre les deux villes, justement près de Shizuoka. Il existe une importante rivalité entre les deux régions, le Kansai supportant mal la domination du Kantô. Chaque région cherche à affirmer sa spécificité : pratiques dialectales, modes d'alimentation, valeurs...

***

Corrigé de l'exercice 1
❶ Ma sœur m'a indiqué un excellent restaurant. ❷ C'est plus pratique d'y aller en train. ❸ Comme il pleuvait, j'ai décidé d'y aller en métro. ❹ Comme c'est dimanche, les banques sont fermées. ❺ C'est que les loyers sont devenus chers.

練習 2 - 言葉 を 入れ なさい

❶ Comme il fait beau, j'attendrai devant la banque.
ii tenki .. node . . . . matte imasu

❷ Par la nationale, cela prend du temps !
kokudô wa . . . .

❸ J'étais en train d'écrire une carte postale.
hagaki o kai . . . .

第三十三課 dai san jû san ka *[daill' san.n' djuu san.n' ka]*

ハチ公
ha chi kô
[hatchikoo]

1 — 渋谷 駅 の 前 に ある 犬 の
shibu ya eki no mae ni a ru inu no
銅像 は 何 です か。
dô zô wa nan de su ka
[chibouya éki no maé ni alou inou no doozoo oua nan.n' dèss' ka]

2 — これ は ハチ公 と いう 犬 の
ko re wa ha chi kô to i u inu no
銅像 です。
dô zô de su
[kolé oua hatchikoo to iu inou no doozoo dèss']

❹ J'ai décidé de me lever tôt.
   hayaku okiru . . . .

❺ Il est difficile de s'arrêter de fumer.
   kin.en suru . . . . desu

Corrigé de l'exercice 2
❶ – na – ginkô no mae de – ❷ – jikan ga kakarimasu ❸ – te imashita ❹ – koto ni shimashita ❺ – koto wa muzukashii –

Trente-troisième leçon

Hachikô

1 – Qu'est-ce que c'est, cette statue de chien qui est devant la gare de Shibuya *(Shibuya gare [relation] devant [lieu] se-trouver chien [relation] statue-de-bronze [annonce] quoi c'est [question])* ?
2 – C'est la statue d'un chien qui s'appelait Hachikô *(ceci [annonce] Hachikô [citation] s'appeler chien [relation] statue-de-bronze c'est)*.

随分 昔 の こと です。

33/第三十三課

3 - なぜ 犬 の 銅像 など を 作った の です か。
na ze inu no dô zô na do o tsuku t ta no de su ka
[nazé inou no doozoo nado o tsoukout'ta no dèss' ka]

4 - これ は 話す と 長く なります が…
ko re wa hana su to naga ku na ri ma su ga
[kolé oua hanassou to nagakou nalimass' ga]

5 ハチ公 と いう 犬 は とても 感心 な 犬 でした。
ha chi kô to i u inu wa to te mo kan shin na inu de shi ta
[hatchikoo to iu inou oua totémo kan.n'chin' na inou dèch'ta]

6 随分 昔 の こと です。
zui bun mukashi no ko to de su
[zouïboun' moukachi no koto dèss']

7 上野 英三郎 さん と いう 大学 の 先生 が いました。
ue no ei sabu rô sa n to i u dai gaku no sen sei ga i ma shi ta
[ouéno eill'sabouloo san.n' to iu daill'gakou no sèn'seill' ga imach'ta]

8 ハチ公 と いう 犬 を 飼って いました。
ha chi kô to i u inu o ka t te i ma shi ta
[hatchikoo to iu inou o kat'té imach'ta]

9 毎朝 上野 さん が 大学 へ 行く 時、
mai asa ue no sa n ga dai gaku e i ku toki
[maïassa ouéno san.n' ga daill'gakou é ikou toki]

Trente-troisième leçon / 33

3 – **Et pourquoi a-t-on mis, comme ça, une statue de chien** *(pourquoi chien [relation] statue-de-bronze ce-genre-d'objet [objet] avoir-fabriqué c'est-que [question])* **?**
4 – **C'est une longue histoire** *(ceci [annonce] parler lorsque / être-long devenir mais)*...
5 Ce chien nommé Hachikô fut un chien admirable *(Hachikô [citation] dire chien [annonce] très admirable c'est chien c'était)*.
6 **Cela se passait il y a bien longtemps** *(extrêmement autrefois [relation] fait c'est)*.
7 Il y avait un professeur d'Université du nom d'UENO Eisaburô *(Ueno Eisaburô M. [citation] dire Université [relation] professeur [sujet] s'être-trouvé)*.
8 Il avait un chien nommé Hachikô *(Hachikô [citation] dire chien [objet] avoir-élevé)*.
9 **Tous les matins quand M. Ueno partait à l'université** *(chaque-matin Ueno M. [sujet] université [destination] aller moment /)*,

Note

1 感心 な 犬 **kanshin na inu** : ce な **na** est une autre forme de degré moins de です **desu**, *c'est*, qui s'emploie uniquement dans la position que nous avons appelée "à l'intérieur d'une phrase ou d'une proposition". Un rappel : dans la position à la fin d'une phrase ou de certaines propositions, on emploie l'autre forme de degré moins, だ **da** (leçon 21, § 4.3). C'est aussi ce な **na** que vous trouverez normalement lorsqu'il faut dire *c'est* devant ので **node**, *parce que*, *étant donné que* (leçon 32, phrase 4). C'est là l'usage correct, mais de plus en plus, on se contente d'employer です **desu**, comme devant が **ga** ou から **kara**.

hyaku kyû jû hachi

33 / 第三十三課

10 ハチ公　は　いつも　駅　まで　送って
   ha chi kô　wa　i tsu mo　eki　ma de　oku t te
   いきました。
   i ki ma shi ta
   [hatchikoo oua itsoumo éki madé okout'té ikimach'ta]

11 夕方　上野　さん　が　大学　から
    yû gata　ue no　sa n　ga　dai gaku　ka ra
   帰って　くる　時、
   kae t te　ku ru　toki,
   [yuugata ouéno san.n' ga daill'gakou kala kaét'té koulou toki]

12 ハチ公　は　かならず　迎え　に
    ha chi kô　wa　ka na ra zu　muka e　ni
   行きました。
   i ki ma shi ta
   [hatchikoo oua kanalazou moukaé ni ikimach'ta]

13 − かわいい　犬　です　ね。
    ka wa i i　inu　de su　ne
    [kaouaïï Inou dèss' né]

14 （続く）
    tsuzu ku
    [tsouzoukou]

Cette histoire de Hachikô est une histoire vraie. La statue existe vraiment et elle est LE lieu de rendez-vous à Shibuya. La première statue avait été sculptée par Andô Teru, et posée en 1934. Mais elle fut fondue pendant la seconde guerre mondiale et remplacée par une réplique réalisée par le fils du sculpteur, Andô Takeshi. Hachikô était un chien de race Akita (du nom d'une province du nord-est du Japon), du type chien de traîneau. Le maître de Hachikô, Ueno Eisaburô (1872-1925) était un professeur d'université spécialisé dans l'agriculture. Malgré le rôle non négligeable qu'il a joué dans l'amélioration des techniques agricoles au tournant du xxe siècle, il faut bien avouer qu'il est resté célèbre… essentiellement grâce à son chien !

Trente-troisième leçon / **33**

10 Hachikô le conduisait toujours jusqu'à la gare (*Hachikô [annonce] toujours gare jusqu'à accompagner être-allé*).
11 Et le soir quand M. Ueno rentrait de l'université (*soir Ueno M. [sujet] université à-partir-de rentrer-chez-soi venir moment /*),
12 Hachikô allait sans faute à sa rencontre (*Hachikô [annonce] sans-faute venir-à-la-rencontre [but] être allé*).
13 – Quel gentil chien (*être-mignon chien c'est [accord]*) !
14 (À suivre) (*Continuer*)

***

▶ 練習 1 – 訳 し なさい

❶ 遅く なりました から、帰りましょう。
osoku narimashita kara, kaerimashô

❷ 小林 正子 という 人 を 知って いますか。
kobayashi masako to iu hito o shitte imasu ka

❸ 毎朝 子供 を 幼稚園 に おくって いきます。
maiasa kodomo o yôchien ni okutte ikimasu

❹ タオル は 一枚 しか 買いません でした。
taoru wa ichi mai shika kaimasen deshita

❺ 夕方 会社 から 帰る 時、いつも 隣 の 本屋 さん の 犬 に 会います。
yûgata kaisha kara kaeru toki, itsumo tonari no hon.ya san no inu ni aimasu

Corrigé de l'exercice 1

❶ Comme il se fait tard, nous allons rentrer. ❷ Connaissez-vous quelqu'un du nom de KOBAYASHI Masako ? ❸ Tous les matins j'accompagne les enfants à la maternelle. ❹ Je n'ai acheté qu'une seule serviette. ❺ Le soir quand je rentre du bureau, je rencontre toujours le chien du libraire d'à côté.

ni hyaku • 200

練習 2 – 言葉 を 入れ なさい

❶ Cela se passait il y a deux cents ans.
. . . .

❷ C'est une personne admirable.
. . . .

❸ Pourquoi n'y allez-vous pas par l'autoroute ?
. . . . kôsokudôro de . . . .

❹ C'est une personne du nom de UEHARA Michiko.
uehara michiko . . . .

❺ Quand je vais en voyage, j'emporte toujours un parapluie.
. . . . , ... motte ikimasu

第三十四課 dai san jû yon ka [daill' san.n' djou yon.n' ka]

不動産屋 さん
fu dô san ya   sa n
[foudoosan.n'ya san.n']

1 – 青山 辺り に 家 を 捜して いる の です
   ao yama ata ri ni   ie   o saga shi te   i ru   no   de su
   [aoyama atali ni iyé o sagachité ilou no dèss' ga]

2   何か¹ ありません か。
   nani ka   a ri ma se n   ka
   [nanika alimassèn' ka]

3 – アパート です か、 一軒家 です か。
   a pâ to   de su ka,   ik ken ya   de su ka
   [apaato dèss' ka ik'kèn'ya dèss' ka]

Corrigé de l'exercice 2

❶ ni hyaku nen mae no koto desu ❷ kanshin na hito desu ❸ naze – ikanai no desu ka ❹ – to iu hito desu ❺ ryokô ni deru toki, itsumo kasa o –

Trente-quatrième leçon

34

Chez l'agent immobilier
(agence-immobilière M.)

1 – Je cherche une maison du côté d'Aoyama *(Aoyama environ [lieu] maison [objet] chercher c'est-que mais /)*,
2 vous n'auriez pas quelque chose *(quelque-chose ne-pas-se-trouver [question])* ?
3 – Vous cherchez un appartement ou une maison individuelle *(appartement c'est [question] maison-individuelle c'est [question])* ?

Note

1 Ajouter か **ka** à un mot interrogatif suffit pour le transformer en un mot indéfini : 何 **nan**, *quoi ?*, interrogatif ; 何か **nanika**, *quelque chose*, indéfini.

4 — 庭つきの一軒家に住みたいです。
niwa tsuki no ikken ya ni sumitai desu.
[nioua tsouki no ik'kèn'ya ni soumitaill' dèss']

5 庭は大きい方がいいです 2。
niwa wa ookii hô ga ii desu.
[nioua oua ookiï hoo ga iï dèss']

6 ダイニングとリビングは別れている方がいいです。
dainingu to ribingu wa wakarete iru hô ga ii desu.
[daill'nin'gou to libin'gou oua ouakalété ilou hoo ga iï dèss']

7 妻がお茶と生け花をしますから、
tsuma ga o cha to ikebana o shimasu kara,
[tsouma ga o tcha to ikébana o chimass' kala]

8 八畳ぐらいの和室もほしいです。
hachi jô gurai no washitsu mo hoshii desu.
[hatchi joo goulaill' no ouachitsou mo hochiï dèss']

9 車が二台 3 入るガレージも必要です。
kuruma ga ni dai hairu garêji mo hitsuyô desu.
[koulouma ga nidaill' haïlou galéédji mo hitsouyoo dèss']

10 — 台所はどうしますか。
daidokoro wa dô shimasu ka.
[daill'dokolo oua doo chimass' ka]

Trente-quatrième leçon / 34

4 – Je veux habiter dans une maison individuelle avec un jardin *(jardin adjoint [relation] maison-individuelle [lieu] vouloir-habiter c'est)*.

5 Je préfère que le jardin soit grand *(jardin [annonce] être-grand côté [sujet] être-bien c'est)*.

6 Je préfère que la salle à manger et la salle de séjour soient séparées *(salle-à-manger et salle-de-séjour [annonce] être-séparé [sujet] être-bien c'est)*.

7 Comme ma femme pratique la cérémonie du thé et l'arrangement de fleurs *(ma-femme [sujet] [familiarité] thé et arrangement-de-fleurs [objet] faire parce-que /)*,

8 je veux aussi une pièce à la manière traditionnelle, d'environ huit tatamis *(huit tatami à-peu-près [relation] pièce-à-la-japonaise aussi être-désiré c'est)*.

9 Il me faut aussi un garage pour deux voitures *(voiture [sujet] deux véhicule entrer garage aussi nécessaire c'est)*.

10 – Et pour la cuisine, qu'est-ce que vous souhaitez *(cuisine [annonce] comment faire [question])* ?

Notes

2 方 が …です …hô ga …desu : il s'agit de la manière habituelle de marquer sa préférence ou de comparer, littéralement "du côté de… c'est…". Ici, cela donne : 庭 は 大きい 方 が いい です niwa wa ookii hô ga ii desu (litt. "pour le jardin, du côté de être grand c'est bien"), *Je préfère que le jardin soit grand*.

3 二 台 ni dai : 台 dai s'ajoute au chiffre lorsque l'on dénombre des véhicules (leçon 22, note 3).

ni hyaku yon • 204

34/第三十四課

11 — お 客 が 多い ので
o kyaku ga ooi node
[o kyakou ga ooï nodé]

12 便利 に **4** 使える 台所 が
ben ri ni tsuka e ru dai dokoro ga

いい です。
i i de su
[bèn'li ni tsoukaélou daill'dokolo ga iï dèss']

13 家賃 は どのぐらい に
ya chin wa do no gu ra i ni

なります か。
na ri ma su ka
[yatchin' oua donogoulaill' ni nalimass' ka]

14 — 一ヶ月 **5** 百 万 円 です。
ik ka getsu hyaku man en de su
[ik'kagètsou hyakou man.n' èn' dèss']

15 それに 敷金 と 礼金 は 二ヶ月
so re ni shiki kin to rei kin wa ni ka getsu

分 です。
bun de su
[soléni chikikin' to leill'kin' oua nikagètsou boun' dèss']

16 だから 入居 する 時 全部
da ka ra nyû kyo su ru toki zen bu

で 五 百 万 円 に なります。
de go hyaku man en ni na ri ma su
[dakala nyuukyo soulou toki zem'bou dé go hyakou man.n'
èn' ni nalimass']

205 • ni hyaku go

Trente-quatrième leçon / 34

11 – Comme nous avons beaucoup d'invités *([politesse] invité [sujet] être-nombreux parce-que /)*,

12 cela doit être une cuisine facile à utiliser *(pratique [adverbial] pouvoir-utiliser cuisine [sujet] être-bien c'est)*.

13 Le loyer serait d'à peu près combien *(loyer [annonce] combien-à-peu-près [but] devenir [question])* ?

14 – Pour un mois c'est un million de yens *(un-mois cent 1 0000 yen c'est)*.

15 En plus, la caution et les honoraires font deux mois de loyer *(de-plus caution et honoraires [annonce] deux-mois part c'est)*.

16 Donc au moment où vous prenez possession des lieux, cela vous fait au total cinq millions de yens *(donc emménagement faire moment / total [moyen] cinq cent 1 0000 yen [but] devenir)*.

庭 は 大きい 方 が いい です。

Notes

4 便利 に **benri ni** (litt. "facilement utilisable") : vous le savez (leçon 30, note 1), un des emplois de に **ni** est de permettre de fabriquer des expressions qui fonctionnent comme des adverbes.

5 一ヶ月 **ikkagetsu**, *une durée d'un mois* : la graphie est ici un peu spéciale. Entre les deux kanji est inséré un petit ヶ (**ké** en katakana), qui se prononce ici exceptionnellement *[ka]*. 二ヶ月 **nikagetsu**, *une durée de deux mois* ; 三ヶ月 **sankagetsu**, *une durée de trois mois*, etc. Ceci est la graphie traditionnelle correcte, mais maintenant on écrit plutôt simplement 一か月 avec le hiragana か **ka**.

ni hyaku roku • 206

17 – そんな に 高い の です か。
so n na　　ni　takai　no　de su　ka
[son'na ni takaill'no dèss' ka]

18 私 に は 払う こと が
watakushi　ni　wa　hara u　ko to　ga

できません。 あきらめます。
de ki ma se n.　　a ki ra me ma su
[ouatakouchi ni oua halaou koto ga dékimassèn'. akilamémass']

***

練習 1 – 訳 し なさい

❶ 何か 見えました か。
nanika miemashita ka

❷ 早く 出発 した 方 が いい です。
hayaku shuppatsu shita hô ga ii desu

❸ 子供 が 多い ので、大きい 車 が 必要 です。
kodomo ga ooi node, ookii kuruma ga hitsuyô desu

***

練習 2 – 言葉 を 入れ なさい

❶ Au total, il y a dix voitures.
. . . . . . wa . . . . ni narimasu

❷ Cela fait sept millions de yen.
. . . . desu

❸ C'est plus simple d'y aller en métro.
. . . . kantan desu

❹ Je veux aussi des parfums français.
. . . . mo . . . .

Trente-quatrième leçon / 34

17 – C'est si cher que ça *(de-cette-façon [adverbial] être-cher c'est-que [question])* ?

18 Je ne peux pas payer *(moi [attribution] [renforcement] payer le-fait-de [sujet] ne-pas-être-possible)*. **Tant pis** *(renoncer)* !

***

❹ 今朝 家 を 出た 時、伯父 に 会いました。
kesa ie o deta toki, oji ni aimashita

❺ また どこか に 忘れました。
mata dokoka ni wasuremashita

Corrigé de l'exercice 1
❶ Avez-vous vu quelque chose ? ❷ Il vaut mieux partir de bonne heure. ❸ Comme j'ai beaucoup d'enfants, il me faut une grande voiture. ❹ Au moment où je sortais de la maison ce matin, j'ai rencontré mon oncle. ❺ Je l'ai encore oublié quelque part.

***

❺ J'ai cherché mais je n'ai rien trouvé.

. . . .
. . . .

Corrigé de l'exercice 2
❶ kuruma – zembu de jû dai – ❷ nana hyaku man en – ❸ chikatetsu de itta hô ga – ❹ furansu no kôsui – hoshii desu ❺ sagashimashita ga nanimo mitsukarimasen deshita

ni hyaku hachi • 208

La ville de Tôkyô est immense, mais ses quartiers sont bien délimités et chacun a son caractère. C'est ce qui en fait le charme. Souvent, ces quartiers se distinguent par l'âge de ceux qui les fréquentent. Certains quartiers sont plutôt étudiants, d'autres plutôt lycéens, d'autres attirent majoritairement de jeunes employés ou même des personnes âgées… Par exemple, Shibuya est le quartier privilégié des lycéens et lycéennes. Ses petites ruelles abritent de nombreux lieux de distraction, parfois un peu… chauds. Placée près d'une des

---

35

第三十五課 dai san jû go ka [daill' san.n' djuu go ka]
<small>だいさんじゅうご か</small>

まとめ – Révision

Vous avez pris le rythme maintenant, et vous les attendez presque, nos petites haltes de la septième leçon ! C'est vrai qu'elles vous sont bien nécessaires pour fixer certains points grammaticaux ! Aujourd'hui, petite visite panoramique…

1 Les particules enclitiques

À tout seigneur tout honneur ! Commençons par les particules enclitiques, l'ossature de la phrase.

1.1 に *ni*

Vous étiez prévenu (leçon 14, § 2.2) : に **ni** a tout du caméléon et ne cesse de trouver de nouveaux emplois.
Le premier de ces nouveaux emplois, vous l'avez déjà un peu expérimenté, est de permettre de constituer une expression adverbiale : きれい に **kirei ni**, *joliment* (leçon 30, phrase 2).
Le second, tout à fait nouveau : に **ni**, sert à indiquer l'agent d'une action, et correspond à *par* : パト カー に 捉まって しまいました, **patokâ ni tsukamatte shimaimashita**, *j'ai été arrêté par une voiture de police* (leçon 32, phrase 14).

1.2 は *wa*

Revenons également à la particule は **wa** (leçon 21, § 3.2). Nous avions évoqué son emploi dit de "[renforcement]", après un *multiples sorties de la gare, la statue de Hachikô dont nous vous parlions dans la leçon précédente, est difficile à voir : lieu de rendez-vous incontournable, elle est cernée par une foule dense de personnes attendant patiemment l'arrivée d'un ami ou d'un proche ! En revanche, le quartier d'Aoyama qui jouxte Shibuya est plutôt un quartier résidentiel, chic et calme, avec des boutiques de marques, de larges avenues et des habitants plutôt aisés.*

Trente-cinquième leçon

adverbe (de temps surtout). Ce même emploi se retrouve lorsque は **wa** suit une autre particule enclitique : 高速道路 で は **kôsokudôro de wa** (leçon 32, phrase 6).

2 Les adjectifs

2.1 Formes fondamentales

Un petit tour maintenant du côté des adjectifs (leçon 21, § 2). Ils ont cette bizarrerie de changer de forme comme les verbes, mais ils n'ont que peu de formes et nous les avons presque toutes vues. C'est donc le moment de récapituler :
– おいしい **oishii**, *c'est bon* (degré moins),
– おいしい です **oishii desu**, *c'est bon* (degré moyen),
– おいしかった **oishikatta**, *c'était bon* (degré moins),
– おいしかった です **oishikatta desu**, *c'était bon* (degré moyen),
– おいしくない **oishikunai** ou おいしく は ない **oishiku wa nai**, *ce n'est pas bon* (degré moins),
– おいしく ありません **oishiku arimasen** ou おいしく は ありません **oishiku wa arimasen**, *ce n'est pas bon* (degré moyen).
Il existe aussi une forme où い **i** est remplacé par く **ku**. Elle s'emploie avec certains verbes, surtout avec なる **naru**, *devenir* :
– 悪く なりました **waruku narimashita**, *être devenu mauvais* (悪い **warui**, *être mauvais*) (leçon 26, phrase 5),

ni hyaku jû • 210

– 長く なります **nagaku narimasu**, *devenir long* (長い **nagai**, *être long*) (leçon 33, phrase 4).
On trouve cette forme aussi avec つく **tsuku**, *atteindre* :
– 高く つきます **takaku tsukimasu**, *cela revient cher* (高い **takai**, *être cher*) (leçon 32, phrase 12).
Cette forme sert encore à transformer un adjectif en adverbe : はやい **hayai**, *être tôt* ou *être rapide* ; はやく **hayaku**, *tôt* ou *vite* (leçon 32, phrase 6).

2.2 L'adjectif いい *ii* , "être bien"

Attention, un seul adjectif est un peu difficile et c'est évidemment le plus employé : l'adjectif いい **ii**, *être bien*. Vous le savez (leçon 21, § 2.1), il a un doublet よい **yoi**, qui sert à construire ses autres formes, avec exactement le même sens :
いい **ii**, *c'est bien* (degré moins),
いい です **ii desu**, *c'est bien* (degré moyen).
<u>Mais</u> : よかった **yokatta**, *c'était bien* (degré moins) ; よかった です **yokatta desu**, *c'était bien* (degré moyen)
<u>Mais</u> : よくない **yokunai**, *ce n'est pas bien* (degré moins) ; よく ありません **yoku arimasen**, *ce n'est pas bien* (degré moyen).
Pour finir : よく なりました **yoku narimashita**, *être devenu bien*.

3 Les verbes : formes de degré moyen et de degré moins

Regardez déjà le chemin parcouru depuis la leçon 7 où nous récapitulions la plupart des formes d'un verbe au degré moyen.
Maintenant nous pouvons mettre en face les formes équivalentes au degré moins :
– *je mange (tu manges, il mange…)* → degré moyen : 食べます **tabemasu**, degré moins : 食べる **taberu** ;
– *je ne mange pas (tu ne manges pas, il ne mange pas…)* → degré moyen : 食べません **tabemasen**, degré moins : 食べない **tabenai** ;
– *j'ai (tu as, il a…) mangé* → degré moyen : 食べました **tabemashita**, degré moins : 食べた **tabeta** ;
– *mangeons* → degré moyen : 食べましょう **tabemashô**, degré moins : 食べよう **tabeyô**.

Et puis nous connaissons l'autre série de formes, celles qui servent à indiquer que l'on est en train de faire l'action :
– *je (tu es, il est…) suis en train de manger* → degré moyen : 食べて います **tabete imasu**, degré moins : 食べて いる **tabete iru** ;
– *je ne suis (tu n'es, il n'est…) pas en train de manger* → degré moyen : 食べて いません **tabete imasen**, degré moins : 食べて いない **tabete inai** ;
– *j'étais (tu étais, il était…) en train de manger* → degré moyen : 食べて いました **tabete imashita**, degré moins : 食べて いた **tabete ita**.
Attention, n'oubliez pas : la forme degré moins ない **nai** correspond à ありません **arimasen**, *ne pas se trouver*, *il n'y a pas* (leçon 29, note 15).

4 Quelques remarques sur certains verbes

4.1 ある/あります *aru / arimasu* et いる/います *iru / imasu*

Attention à ne pas confondre ある/あります **aru / arimasu** et いる/います **iru / imasu**. Les deux veulent dire *se trouver* et ils sont l'équivalent de notre *il y a*.
Cependant, il existe une différence d'usage entre les deux :
– ある **aru** s'emploie quand on parle d'objets inanimés,
– いる **iru** s'emploie quand on parle d'êtres animés (humains, animaux).
Vous avez déjà rencontré ある **aru** à de nombreuses reprises. Pour いる **iru**, voyez les leçons 15 (phrase 4) et 30 (phrase 11).

4.2 帰る *kaeru* et 戻る *modoru*

Encore une paire à bien observer ! 帰る **kaeru** et 戻る **modoru** se traduisent tous deux par *revenir*.
Il existe cependant une différence importante entre les deux :
– 帰る **kaeru**, signifie *rentrer chez soi*, dans sa maison, dans son pays : 大学 から 帰ります **daigaku kara kaerimasu**, *il rentre de l'université (chez lui)* (leçon 33, phrase 11).
– 戻る **modoru** veut dire *revenir sur ses pas* : 東京 に 戻りました **tôkyô ni modorimashita**, *Je suis rentré à Tôkyô (d'où j'étais parti)* (leçon 32, phrase 17).

5 から *kara*, ので *node*

Nous avons déjà beaucoup utilisé ces deux termes qui terminent une proposition, donnant pour chacun d'entre eux, la même traduction : *parce que*. Les deux, en effet, servent à exprimer la cause, et en français, nous n'avons pas trop de choix.

Pourtant, en réalité, il y a une petite différence :
– On peut dire que ので **node** serait plus objectif et pourrait signifier "les choses étant ce qu'elles sont, en voilà les conséquences". On pourrait alors le traduire par *étant donné que*, *dans la mesure où* : 今日 は 日曜日 な ので、銀行 は お 休み です。 **kyô wa nichiyôbi na node, ginkô wa o yasumi desu**, *Comme (étant donné que) c'est dimanche, les banques sont fermées* (leçon 32, ex. 1, phrase 4).
– から **kara** serait plutôt subjectif et pourrait correspondre à "voilà mon explication", "voilà la raison que moi je donne" : 早く 会いたい から、飛行場 まで 行きます。 **hayaku aitai kara, hikôjô made ikimasu**, *Comme j'ai hâte de te retrouver, j'irai à l'aéroport* (leçon 27, phrase 6).

6 Prononciation

Maintenant vous êtes habitués, et le fait d'avoir la transcription officielle et la transcription figurée risque de faire double emploi. Comme vous l'avez certainement remarqué, il y a beaucoup de passages où il n'y a en fait aucune différence entre les deux. À partir de la prochaine leçon, nous ne vous proposons donc plus que la transcription officielle. Nous ne garderons une transcription figurée que pour certains mots qui pourraient poser problème. Ne vous en faites pas, tout ira bien, vous avez déjà toutes les clés en main pour réussir cette nouvelle étape.

Mais pour que cette étape ne vous semble pas trop difficile, nous revenons ici sur quelques points importants :
– le **h** est toujours aspiré ;
– le **sh** de la transcription se prononce comme notre *[ch]* français, le **ch** de la transcription comme *[tch]* ;
– le **e** de la transcription se prononce *[é]* quand il termine une syllabe, et *[è]* quand il est suivi, dans la syllabe, d'une consonne, par exemple **n** ou **s** (ありません **arimasen** *[alimass è n']*, et です **desu** *[d è ss']*, mais 店 **mise** *[miss é]* et で **de** *[d é]*) ;

Trente-cinquième leçon / 35

– le **s** de la transcription, entre deux voyelles, se prononce toujours comme notre *[ss]* ;
– le **r** de la transcription se prononce entre notre *[r]* et notre *[l]*.
– le seul point délicat reste ce qui se transcrit **ai** ou **ei**, car, selon les cas, on prononce *[aï]*, *[eï]* ou *[aill']*, *[eill']*. Pour **ei**, dans des mots très usités et dans un contexte de langage plutôt relâché, le **i** est à peine perceptible et l'ensemble se prononce même souvent très proche de *[éé]*. Nous garderons cependant la transcription figurée *[eill']* que vous pourrez employer en toutes circonstances.
– un peu difficile aussi, le **u**, qui, soit ne se prononce pas, soit se prononce presque comme notre *[u]*, soit entre notre *[œ]* et notre *[ou]*.

復習 会話

1 六時半 に 海 へ 泳ぎ に 行きました が、朝 早かった ので、まだ だれも いません でした。
rokujihan ni umi e oyogi ni ikimashita ga, asa hayakatta node, mada daremo imasen deshita

2 海 で 泳いで いた 時、太陽 が 水平線 から 出て くる こと を 見る こと が できました。すばらしかった です よ。
umi de oyoide ita toki, taiyô ga suiheisen kara dete kuru koto o miru koto ga dekimashita. subarashikatta desu yo

3 夏 に なりました。暑く なりました。一日中 寝て います。
natsu ni narimashita. atsuku narimashita. ichinichijû nete imasu

4 出発 する 前 に、銀行 に よって いきましょう。
shuppatsu suru mae ni, ginkô ni yotte ikimashô

ni hyaku jû yon • 214

5 先週　旅行　に　行った　時、伯父　が　大きい　トランク　を　貸して　くれました。
senshû ryokô ni itta toki, oji ga ookii toranku o kashite kuremashita

6 お　金　が　ない　ので、何も　買いません。
o kane ga nai node, nanimo kaimasen

7 この　間　中国　旅行　に　出た　友達　から　とても　いい　おみやげ　を　もらいました。
kono aida chûgoku ryokô ni deta tomodachi kara totemo ii omiyage o moraimashita

8 ぜひ　歌舞伎　を　見　に　行きたい　と　思います　から、自分　で　切符　を　買って　おく　こと　に　しました。
zehi kabuki o mi ni ikitai to omoimasu kara, jibun de kippu o katte oku koto ni shimashita

第三十六課 dai san jû rok ka

苗字
myô ji

1 – 日本人　の　苗字　は　自然　の　物　を　表す　名前　が　多い　です　ね。
ni hon jin no myô ji wa shi zen no mono o arawa su na mae ga oo i de su ne

9 トラック も 自動車 (じどうしゃ) も 全然 (ぜんぜん) 進 (すす) みません。
道 (みち) が とても 混 (こ) んで いる の です。
torakku mo jidôsha mo zenzen susumimasen. michi ga totemo konde iru no desu

10 テレビ を 見 (み) て も いい です か。
terebi o mite mo ii desu ka

Traduction

1 Je suis allée nager dans la mer à six heures et demie, mais comme c'était tôt le matin, il n'y avait personne. **2** Quand je nageais, j'ai pu voir le soleil sortir de l'horizon. C'était magnifique ! **3** C'est l'été *(C'est devenu l'été)*. Il s'est mis à faire chaud. Je reste couché toute la journée. **4** Avant notre départ, passons à la banque. **5** Quand je suis parti en voyage la semaine dernière, mon oncle m'a prêté une grosse valise. **6** Comme je n'ai pas d'argent, je n'achète rien. **7** J'ai reçu de beaux cadeaux de la part de mon ami qui a fait récemment un voyage en Chine. **8** Comme je veux absolument voir le kabuki, j'ai décidé d'acheter moi-même à l'avance mon billet. **9** Les camions et les voitures n'avancent absolument pas. C'est que la route est très encombrée. **10** Est-ce que je peux regarder la télévision ?

Trente-sixième leçon

Les noms de famille

1 – Beaucoup de noms de famille japonais représentent des éléments naturels *(personne-japonaise [relation] nom-de-famille [annonce] nature [relation] chose [objet] exprimer nom [sujet] être-nombreux c'est [accord])*.

2 – そう です ね。 それに 同じ 苗字
sô　de su　ne.　so re ni　ona ji　myô ji
を 持って いる [1] 人 が たくさん
o　mo tte　i ru　hito　ga　ta ku sa n
います。
i ma su

3 電話帳 に は 同じ 苗字 が 何
den wa chô　ni　wa　ona ji　myô ji　ga　nan
ページ も 続く こと が あります。
pê ji　mo　tsuzu ku　ko to　ga　a ri ma su

4 たとえば、 山田 とか 田中
ta to e ba,　yama da　to ka　ta naka
とか 鈴木 など [2] と いう 名前 です。
to ka　suzu ki　na do　to　i u　na mae de su

5 – どうして そんな に 同じ 名前
dô shi te　so n na　ni　ona ji　na mae
の 人 が いる の です [3] か。
no　hito ga　i ru　no　de su　ka.
皆 親戚 の 人 です か。
minna shin seki no hito de su ka

6 – いいえ。 必ずしも そう いう
i i e.　kanara zu shi mo　sô　i u
わけ で は ありません。
wa ke　de　wa　a ri ma se n

Notes

1 Un rappel : La forme en て います **te imasu** indique l'idée d'une action qui est *en train de* se dérouler (leçon 35, § 3).

Trente-sixième leçon / 36

2 – Oui. De plus, il y a beaucoup de gens qui portent le même nom de famille *(de-plus identique nom-de-famille [objet] posséder être-humain [sujet] beaucoup se-trouver).*

3 Il arrive que, dans l'annuaire du téléphone, le même nom de famille se répète sur des pages et des pages *(annuaire-de-téléphone [lieu] [renforcement] identique nom-de-famille [sujet] combien-de-pages aussi continuer le-fait-de [sujet] se-trouver).*

4 Par exemple des noms comme Yamada, Tanaka ou Suzuki *(par-exemple Yamada ou-bien Tanaka ou-bien Suzuki ce-genre-de-choses [citation] dire nom c'est).*

5 – Pourquoi y a-t-il tant de gens qui ont le même nom *(pourquoi de-cette-façon [adverbial] identique nom [relation] être-humain [sujet] se-trouver c'est-que [question])* ? Ils sont tous parents *(tous parent [relation] être-humain c'est [question])* ?

6 – Non. Ce n'est pas obligatoirement pour cela *(obligatoirement ainsi dire situation ce-n'est-pas).*

2 など **nado** : ce petit mot vient après un seul nom, ou après une énumération, pour dire "tout ce qui est du même type que la (ou les) chose(s) que je viens de citer". Ici, se trouvent avant など **nado** des noms de famille qui sont parmi les plus répandus, cités à titre d'exemples. Ce qui importe, ce ne sont pas ces noms-là précisément, mais le type de nom qu'ils représentent.

3 の です **no desu**, toujours situé à la fin d'une phrase, donne à l'ensemble de la phrase une nuance explicative (leçon 30, note 2).

7. 昔 は 公家 と 武家 の 人 しか [4]
mukashi wa kuge to buke no hito shika
苗字 が ありません でした。
myôji ga arimasen deshita

8. 段々 [5] 平民 も 苗字 を 持つ
dandan heimin mo myôji o motsu
こと に なりました。
koto ni narimashita

9. 平民 は 田舎 に 住んで いる 人
heimin wa inaka ni sunde iru hito
が ほとんど でした。
ga hotondo deshita

10. どう いう 苗字 を 付けよう か と
dô iu myôji o tsukeyô ka to
思った [6] 時、自然 に 関係 が
omotta toki, shizen ni kankei ga
ある 苗字 を 作りました。
aru myôji o tsukurimashita

11. たとえば、 山 に 田 を 持って
tatoeba, yama ni ta o motte
いた 人 は 「山田」 と いう 苗字
ita hito wa 「yamada」 to iu myôji
に なりました。
ni narimashita

Notes

4 しか … ありません でした shika ... arimasen deshita, vous souvenez-vous de la structure しか shika + verbe à la forme négative : *ne... que* (litt. "si ce n'est pas... ne... pas") (leçon 30, note 3) ?

5 段々 dandan : le signe 々 indique que le kanji (caractère chinois) qui précède est répété (leçon 10, note 2).

Trente-sixième leçon / 36

7 Autrefois, seuls les nobles de la cour et les guerriers avaient des noms de famille *(autrefois [renforcement] noble-de-la-cour et guerrier [relation] être-humain si-ce-n'est-pas nom-de-famille [sujet] ne-pas-se-trouver).*

8 Petit à petit les gens du peuple aussi se sont mis à avoir des noms de famille *(progressivement gens-du-peuple aussi nom-de-famille [objet] posséder le-fait-de [but] être-devenu).*

9 La plupart des gens du peuple étaient des gens qui habitaient la campagne *(gens-du-peuple [annonce] campagne [lieu] habiter être-humain [sujet] presque-totalement c'était).*

10 Quand on s'est demandé quel nom leur donner, on a composé des noms de famille qui étaient en liaison avec la nature *(comment dire nom-de-famille [objet] attachons [question] [citation] avoir-pensé moment / nature [but] lien [sujet] se-trouver nom-de-famille [objet] avoir-fabriqué).*

11 Par exemple, quelqu'un qui possédait des rizières dans la montagne a pris le nom de Yamada *(par-exemple montagne [lieu] rizière [objet] avoir-possédé être-humain [annonce] Yamada [citation] dire nom-de-famille [but] être-devenu).*

Prononciation
8 … heill'min' …

6 Vous connaissez déjà le verbe 思う **omou**, *penser*. Ici il est au passé, degré moins : 思った **omotta**, *on a pensé*. Ce que l'on a pensé se trouve avant le verbe, relié à lui par と **to**, c'est en quelque sorte nos "deux points ouvrez les guillemets", mais placés avant le verbe. Le contenu de la pensée s'exprime en style direct. Ici ce contenu est une question ; c'est donc cette question que l'on trouve devant le と **to**, d'où le か **ka** (litt. "On a pensé : quel nom allons-nous donner ?").

ni hyaku ni jû • 220

第三十六課

12 「渡辺」 と いう 名前 は 川 を 渡る 所 に 住んで いた 人 に 付けた 名前 です。
watanabe to iu namae wa kawa o wataru tokoro ni sunde ita hito ni tsuketa namae desu

13 「山中」 と いう 名前 は 山 の 中 に 住んで いる と いう 意味 です。
yamanaka to iu namae wa yama no naka ni sunde iru to iu imi desu

14 だから 日本人 の 苗字 を 覚える こと は むずかしく ありません。
dakara nihonjin no myôji o oboeru koto wa muzukashiku arimasen

***

▶ 練習 1 - 訳 し なさい

❶ スミス と いう 名前 は アメリカ人 か イギリス人 の 名前 です。
sumisu to iu namae wa amerikajin ka igirisujin no namae desu

❷ 日本人 の 苗字 は 自然 の 物 を 表す 名前 が ほとんど です。
nihonjin no myôji wa shizen no mono o arawasu namae ga hotondo desu

❸ 女 の 人 は 皆 香水 が 好き です。
onna no hito wa minna kôsui ga suki desu

Trente-sixième leçon / 36

12 **Le nom Watanabe est un nom qu'on a donné à quelqu'un qui habitait là où l'on traverse une rivière** *(Watanabe [citation] dire nom [annonce] rivière [objet] traverser endroit [lieu] avoir-habité être-humain [but] avoir-attaché nom c'est).*

13 **Le nom Yamanaka veut dire "qui habite dans la montagne"** *(Yamanaka [citation] dire nom [annonce] montagne [relation] intérieur [lieu] habiter [citation] dire signification c'est).*

14 **C'est pourquoi les noms de famille japonais ne sont pas difficiles à retenir** *(pour-cette-raison personne-japonaise [relation] nom-de-famille [objet] se-souvenir le-fait-de [annonce] ne-pas-être-difficile).*

***

❹ 来年 から 東京 に 住む こと に なります。
rainen kara tôkyô ni sumu koto ni narimasu

❺ 渡辺 さん で は ない か と 思いました。
watanabe san de wa nai ka to omoimashita

Corrigé de l'exercice 1
❶ Smith est un nom américain ou anglais. ❷ La plupart des noms de famille japonais représentent des éléments naturels. ❸ Toutes les femmes aiment les parfums. ❹ Je dois habiter à Tôkyô à partir de l'an prochain. ❺ Je me suis demandé si ce n'était pas Mme Watanabe.

ni hyaku ni jû ni • 222

練習 2 - 言葉 を 入れ なさい

① Tous les objets qui sont ici sont anciens.
   koko ni aru mono . . . .

② Il m'arrive parfois de prendre l'autobus.
   tokidoki . . . . . . noru . . . .

③ Nous travaillons dans le même bâtiment.
   . . . .

④ Aux environs de la gare il y a beaucoup de commerces, comme des librairies, des cafés...
   . . . . . atari . . hon.ya toka kissaten . . . . ga takusan arimasu

⑤ Ne sont venues que des personnes de la famille.
   shinseki no hito . . . . . ki . . . .

37

第三十七課 dai san jû nana ka

ハチ公 (続き)
ha chi kô (tsuzu ki)

1 - ハチ公 は 秋田犬 です から、
    ha chi kô wa aki ta ken de su ka ra,
    飼い主 **1** に よく 仕えます。
    ka i nushi ni yo ku tsuka e ma su

🗨 Prononciation

1 … kainouchi … tsoukaémass'

Corrigé de l'exercice 2

❶ – wa minna furui desu ❷ – basu ni – koto ga arimasu ❸ onaji bîru de hataraite imasu ❹ eki no – ni – nado – ❺ – shika – masen deshita

*Cette manie que nous avons de renverser les noms de personnes japonais (leçon 15) entraîne souvent des malentendus. En particulier pour les noms anciens, car le deuxième élément n'était pas exactement un prénom mais un "nom personnel" qui distinguait un individu à l'intérieur d'une famille et c'était par ce nom qu'il était connu. Ainsi en est-il pour les grands maîtres de l'estampe : Hokusai, Utamaro, etc. Les noms sous lesquels nous les connaissons ne sont pas leurs noms de famille, mais leurs noms personnels. Leurs noms complets seraient : **Katsushika** (nom de la famille) **Hokusai** (nom de l'individu) ou **Kitagawa** (nom de la famille) **Utamaro** (nom de l'individu). On voit encore dans les meilleurs musées français ou dans des articles très savants des choses très étranges sur ce point ! Désormais votre œil pourra se faire critique !*

Trente-septième leçon

Hachikô (suite)

1 – Étant un chien d'Akita, Hachikô était très fidèle à son maître *(Hachikô [annonce] chien-d'Akita c'est parce-que / maître [attribution] bien servir)*.

Note

1 飼い主 **kainushi**, *maître*, mais seulement au sens où l'on parle du maître d'un animal. Le chien d'Akita, de race japonaise, fidèle et solide, ressemble un peu à un husky. Il a d'ailleurs été utilisé comme chien de traîneau dans des expéditions polaires.

37 / 第三十七課

2 でも そのうちに 上野さんは 亡くなりました。
de mo so no u chi ni ue no sa n wa na ku na ri ma shi ta

3 それでも ハチ公は 毎日 上野さんを 迎えに 行きました。
so re de mo ha chi kô wa mai nichi ue no sa n o muka e ni i ki ma shi ta

4 毎日 何時間も 待ちましたが、上野さんは 帰ってきませんでした。
mai nichi nan ji kan mo ma chi ma shi ta ga, ue no sa n wa kae t te ki ma se n de shi ta

5 何年間もの間、ハチ公は 毎日 上野さんを 迎えに 行きました。
nan nen kan mo no aida, ha chi kô wa mai nichi ue no sa n o muka e ni i ki ma shi ta

6 ある日、ハチ公も 死にました。
a ru hi, ha chi kô mo shi ni ma shi ta

7 渋谷の 人々2は ハチ公に 感心したので、駅の前に ハチ公の 銅像を 建てる ことに しました。
shibu ya no hito bito wa ha chi kô ni kan shin shi ta no de, eki no mae ni ha chi kô no dô zô o ta te ru ko to ni shi ma shi ta

Trente-septième leçon / 37

2 Mais peu après M. Ueno mourut *(mais bientôt [adverbial] Ueno M. [annonce] être-mort)*.

3 Pourtant, tous les jours, Hachikô allait à sa rencontre *(malgré-cela Hachikô [annonce] chaque-jour Ueno M. [objet] aller-à-la-rencontre [but] être-allé)*.

4 Tous les jours il attendait pendant des heures, mais M. Ueno ne revenait pas *(tous-les-jours quoi heures même avoir-attendu mais / Ueno M. [annonce] revenir ne-pas-venir)*.

5 Pendant des années, Hachikô alla tous les jours à la rencontre de M. Ueno *(quoi années même [relation] intervalle-de-temps Hachikô [annonce] tous-les-jours Ueno-M. [objet] aller-à-la-rencontre [but] être-allé)*.

6 Un jour, Hachikô aussi mourut *(un-certain jour Hachikô aussi être-mort)*.

7 Comme les gens de Shibuya étaient en admiration devant Hachikô, ils décidèrent de lui élever une statue devant la gare *(Shibuya [relation] les-gens [annonce] Hachikô [attribution] admiration avoir-fait parce-que / gare [relation] devant [lieu] Hachikô [relation] statue-de-bronze [objet] construire le-fait-de [but] avoir-fait)*.

2 … sono outchi … nakou nalimach'ta   3 … maill'nitchi … 6 alou hi …

Note

2 人々 (leçon 36, note 5) = 人 hito, plus une autre fois 人 hito. Mais le h initial du deuxième terme devient b, d'où 人々 hitobito. Ce redoublement est une façon simple d'exprimer un pluriel. Il n'existe que pour certains mots, en nombre très limité.

8   今　で　は　ハチ公　の　銅像　は　有名
    ima de wa ha chi kô no dô zô wa yû mei
    です。日本中　の　人　が　皆　その
    de su. ni hon jû no hito ga minna so no
    話　を　知って　います。
    hanashi o shi t te i ma su

9   渋谷　駅　の　前　で　人　と　会う　約束
    shibu ya eki no mae de hito to a u yaku soku
    を　する　時、人々　は　必ず　「ハチ公
    o su ru toki, hito bito wa kanara zu ha chi kô
    の　銅像　の　前　で　会いましょう」
    no dô zô no mae de a i ma shô
    と **3**　言います。
    to   i i ma su

10 – 今晩　渋谷　の　辺り　で、一杯 **4**
     kon ban shibu ya no ata ri de, ip pai
     いかが　です　か。
     i ka ga de su ka

11 – じゃ、ハチ公　の　前　で　会いましょう。
     ja, ha chi kô no mae de a i ma shô

Notes

3 Avec le verbe 言う iu, *dire*, ce qui précède と **to** reproduit les paroles elles-mêmes (leçon 36, note 6).

4 杯 **hai** (leçon 22, note 3), ce mot s'emploie pour compter les verres… pleins (一杯 **ippai**, litt. "un verre"). Ici ce n'est pas qu'on compte les verres, c'est juste une manière d'inviter à boire un coup !

Trente-septième leçon / 37

8 **Maintenant la statue de Hachikô est célèbre** *(maintenant [temps] [renforcement] Hachikô [relation] statue-de-bronze [annonce] célèbre c'est).* **Dans tout le Japon les gens connaissent cette histoire** *(tout-le-Japon [relation] être-humain [sujet] tous cette histoire [objet] connaître).*

9 **Quand ils prennent rendez-vous pour se rencontrer devant la gare de Shibuya, les gens disent toujours : "Rendez-vous devant la statue de Hachikô"** *(Shibuya gare [relation] devant [lieu] être-humain [accompagnement] rencontrer rendez-vous [objet] faire moment / êtres-humains [annonce] sans-faute Hachikô [relation] statue-de-bronze [relation] devant [lieu] rencontrons-nous [citation] dire).*

10 – **Que diriez-vous d'un verre ce soir du côté de Shibuya** *(ce-soir Shibuya [relation] environs [lieu] un-verre comment c'est [question])* **?**

11 – **Alors, rendez-vous devant Hachikô** *(alors Hachikô [relation] devant [lieu] rencontrons-nous)* **!**

8 ... yuumeill' ... nihon.n'djuu ... **9** ... a.ou ... **10** ... ip'paill' ...

ni hyaku ni jû hachi • 228

第三十七課

▶ 練習 1 – 訳 し なさい

① 三越 デパート で 働いて いた 時、渋谷 に 住んで いました。
mitsukoshi depâto de hataraite ita toki, shibuya ni sunde imashita

② 由中 さん を 迎え に 行く こと に しました。
tanaka san o mukae ni iku koto ni shimashita

③ 伯父 は 六年間 ぐらい 中国 に いました。
oji wa roku nenkan gurai chûgoku ni imashita

④ 兄 は 車 を 二台 持って います。
ani wa kuruma o ni dai motte imasu

***

練習 2 – 言葉 を 入れ なさい

① Je me lève tous les jours à huit heures et demie.
. . . .

② Connaissez-vous l'histoire de Hachikô ?
hachikô . . . .

③ La voiture de Suzuki aussi est rouge.
. . . . kuruma . . . .

④ J'ai travaillé dix ans dans cet aéroport.
kono hikôjô de . . . . hataraite imashita

⑤ Tous les camions de ma société sont bleus.
. . . . kaisha . . . . wa . . . . .
. . . .

Trente-septième leçon / 37

❺ 朝 早く 人 と 会う 時、「お はよう ございます」 と 言います。

asa hayaku hito to au toki, o hayô gozaimasu to iimasu

Corrigé de l'exercice 1

❶ Quand je travaillais au grand magasin Mitsukoshi, j'habitais à Shibuya. **❷** J'ai décidé d'aller chercher M. Tanaka. **❸** Mon oncle est resté en Chine à peu près six ans. **❹** Mon frère aîné a deux voitures. **❺** Quand on rencontre quelqu'un tôt le matin, on dit "o hayô gozaimasu".

***

Corrigé de l'exercice 2

❶ mainichi hachi ji han ni okimasu **❷** – no hanashi o shitte imasu ka **❸** suzuki san no – mo akai desu **❹** – jû nen kan – **❺** watakushi no – no torakku – minna aoi desu

Pour les Japonais, il n'y a pas d'un côté les humains et de l'autre la nature, il existe seulement le monde des vivants dont tous les êtres sont solidaires. C'est un des fondements de la pensée bouddhique. Sans aller jusqu'à considérer les animaux comme sacrés, les Japonais les considèrent simplement comme leurs égaux. Ainsi il n'est pas rare qu'un animal de compagnie, lorsqu'il meurt, ait droit à une cérémonie religieuse et que l'urne contenant ses cendres soit déposée dans la tombe familiale ; le nom de l'animal y sera inscrit au même titre que celui d'un membre de la famille : **Yamasaki Mike** *pour un chat, comme si nous écrivions* Minouminou Dupont... *ou* **Saitô Tarô** *pour un chien, c'est-à-dire quelque chose comme* Médor Durand...

ni hyaku san jû • 230

第三十八課 dai san jû hak ka
だい さんじゅうはっ か

書類
sho rui

1 – この 書類 は わからない
ko no sho rui wa wa ka ra na i
ところ が たくさん あります
to ko ro ga ta ku sa n a ri ma su
から、 説明 して ください。
ka ra, setsu mei shi te ku da sa i

2 「名前」 と 「苗字」 の 意味 は
na mae to myô ji no i mi wa
わかります が、「国籍」 と は 何 ですか。
wa ka ri ma su ga, koku seki to wa nan de su ka

3 – 「国籍」 と いう の**1** は あなた は
koku seki to i u no wa a na ta wa
どこ の 国 の 人 です か と **2**
do ko no kuni no hito de su ka to
いう こと です。
i u ko to de su

4 必ずしも 生まれた 国 で は
kanara zu shi mo u ma re ta kuni de wa
ありません。
a ri ma se n

: Notes

1 国籍 と いう の は kokuseki to iu no wa : vous connaissez le の **no** de "[relation]" qui se trouve entre deux noms. Ici の **no** se trouve entre un verbe et une particule. Il sert à remplacer soit un nom déjà énoncé,

Trente-huitième leçon

Le formulaire

1 – Dans ce formulaire, il y a beaucoup de choses que je ne comprends pas, tu peux m'expliquer *(ce formulaire [annonce] ne-pas-être-compréhensible endroit [sujet] beaucoup se-trouver parce-que / explication faites)* ?

2 Je comprends le sens de "namae" et de "myôji", mais qu'est-ce que c'est "kokuseki" *(prénom et nom-de-famille [relation] sens [annonce] être-compréhensible mais / nationalité [citation] [annonce] quoi c'est [question])* ?

3 – Avec "kokuseki", il s'agit de savoir de quel pays tu **es** *(nationalité [citation] dire [remplacement] [annonce] toi [annonce] où [relation] pays [relation] être-humain [question] [citation] dire le-fait-de c'est)*.

4 Ce n'est pas obligatoirement le pays où on est né *(obligatoirement être-né pays ce-n'est-pas)*.

Prononciation
*1 ... cholouï ... ouakalanaill' ... sètsoumeill' ... 2 ... kokousséki ...
3 ... kouni ... 4 ... oumaléta ...*

soit un nom rendu évident par le contexte. Ici, le nom attendu serait 言葉 **kotoba**, *mot* (voyez l'intitulé des exercices 2) (litt. "ce (= le mot) qui se dit "kokuseki""). Dans la traduction littérale, nous exprimerons la fonction de ce の **no** par "[remplacement]".

2 Nous l'avons vu dans les leçons précédentes, avec le verbe 言う **iu**, *dire*, ce qui précède と **to** reproduit les paroles elles-mêmes ; ici, cela donne littéralement "c'est une chose qui dit : de quel pays êtes-vous ?".

ni hyaku san jû ni • 232

5　たとえば　由美(ゆみ)さんは
　　ta toe ba　yu mi　sa n　wa

　　オーストラリア　で　生(う)まれました
　　ô su to ra ri a　de　u ma re ma shi ta

　　が　国籍(こくせき)は　「日本(にほん)」です。
　　ga　koku seki　wa　ni hon　de su

6　あなたの　国籍(こくせき)は　「スペイン」
　　a na ta　no　koku seki　wa　su pe i n

　　です。
　　de su

7 －「住所(じゅうしょ)」は　わかります。住(す)んで
　　jû sho　wa　wa ka ri ma su.　su n de

　　いる　所(ところ)です　ね。
　　i ru　tokoro　de su　ne

8　「職業(しょくぎょう)」とは　どう　いう　意味(いみ)ですか。
　　shoku gyô　to wa　dô　i u　i mi　de su ka

9 －あなたが　して　いる　仕事(しごと)
　　a na ta　ga　shi te　i ru　shi goto

　　の　こと　です。
　　no　ko to　de su

10　この　書類(しょるい)は　何(なん)の　ため　の
　　ko no　sho rui　wa　nan　no　ta me　no

　　物(もの)ですか。
　　mono　de su　ka

11　滞在(たいざい)　許可証(きょかしょう)の　ため　です　か。
　　tai zai　kyo ka shô　no　tame　de su　ka

Trente-huitième leçon / 38

5 Par exemple, Yumi est née en Australie mais sa nationalité, c'est "japonaise" *(par exemple Yumi Mlle [annonce] Australie [lieu] être-né mais / nationalité [annonce] Japon c'est)*.

6 Ta nationalité à toi, c'est "espagnole" *(toi [relation] nationalité [annonce] Espagne c'est)*.

7 – "jûsho", je comprends *(adresse [annonce] être-compréhensible)*. C'est l'endroit où on habite *(habiter endroit c'est [accord])* !

8 Qu'est-ce que veut dire "shokugyô" *(profession [citation] [annonce] comment dire sens c'est [question])* ?

9 – C'est le travail que tu fais *(toi [sujet] faire travail [relation] chose c'est)*.

10 C'est pour quoi faire ce formulaire *(ce formulaire [annonce] quoi [relation] but [relation] chose c'est [question])* ?

11 C'est pour un permis de séjour *(séjour permis [relation] but c'est [question])* ?

---

5 ... yumi ... oos'tolalia ... **6** ... speill'n' ... **7** djuucho ...
8 chokougyoo ... **11** taill'zaill' ...

12 大学 に 入学 する ため です か。
dai gaku ni nyû gaku su ru ta me de su ka

13 – いいえ。 テニス クラブ に
i i e. te ni su ku ra bu ni
はい
入る ため です。
hai ru ta me de su

***

▶ 練習 1 – 訳 し なさい

❶ 意味 が わからない 言葉 が たくさん あります。
imi ga wakaranai kotoba ga takusan arimasu

❷ 「住所」 とは 住んで いる ところ です。
jûsho to wa sunde iru tokoro desu

❸ 「書類」 とは どう いう 意味 です か。
shorui to wa dô iu imi desu ka

***

練習 2 – 言葉 を 入れ なさい

❶ Que veut dire "kippu *(ticket)*" ?
kippu . . . . dô . . . .

❷ C'est pour mon voyage de la semaine prochaine.
. . . .

❸ Je comprends "kuni *(pays)*" mais je ne comprends pas "kokuseki *(nationalité)*".
kuni . . . . kokuseki . .
. . . .

Trente-huitième leçon / 38

12 C'est pour entrer à l'université *(université [but] entrée-dans-une-école faire afin-de c'est [question])* **?**

13 – Non. C'est pour m'inscrire dans un club de tennis *(tennis club [but] entrer but c'est)*.

***

❹ 仕事 の ため です。
shigoto no tame desu

❺ この 道 は 犬 を 散歩 させる ため の 道 です。
kono michi wa inu o sanpo saseru tame no michi desu

Corrigé de l'exercice 1
❶ Il y a beaucoup de mots que je ne comprends pas. ❷ L'adresse, c'est l'endroit où on habite. ❸ Que veut dire "shorui" ? ❹ C'est pour mon travail. ❺ Ce chemin est fait pour y promener les chiens.

***

❹ Il vient de quel pays ?
. . . .

❺ Je suis né en Chine, mais je suis japonais.
watakushi wa . . . . ,
. . . .

Corrigé de l'exercice 2
❶ – to wa – iu imi desu ka ❷ raishû no ryokô no tame desu ❸ – wa wakarimasu ga – wa wakarimasen ❹ doko no kuni no hito desu ka ❺ – chûgoku de umaremashita ga, kokuseki wa nihon desu

ni hyaku san jû roku • 236

第三十九課 dai san jû kyû ka
だい さん じゅう きゅう か

両親 へ の 手紙
りょうしん　　　　てがみ
ryô shin e no te gami

1 おととい の 木曜日 は
o to to i no moku yô bi wa
　　　　　　　もくようび

お祖父さん¹ と お祖母 さん と 上野 の
o jii sa n to o baa sa n to ue no no
　じい　　　　ばあ　　　　　　うえの

動物園 へ 行って きました。
dôbutsu en e i t te ki ma shi ta
どうぶつえん　　い

2 私達 は 初めて 動物園 へ
watashi tachi wa haji me te dô butsu en e
わたしたち　　　　はじ　　　どうぶつえん

行った ので、大喜び でした。
i t ta no de, oo yoroko bi de shi ta
い　　　　　　おおよろこ

3 一 時間 以上 並びました。
ichi ji kan i jô nara bi ma shi ta
いち じ かん いじょう なら

4 「どうして こんな に 皆 並ぶ の
dô shi te ko n na ni minna nara bu no
　　　　　　　　　　　みんな　なら

です か」と お祖父さん に
de su ka to o jii sa n ni
　　　　　　じい

聞きました。
ki ki ma shi ta

Trente-neuvième leçon

Lettre aux parents
(père-et-mère [destination] [relation] lettre)

1 Avant-hier, jeudi, nous sommes allés au zoo d'Ueno avec grand-père et grand-mère *(avant-hier [relation] jeudi [renforcement] grand-père et grand-mère [accompagnement] Ueno [relation] zoo [destination] aller être-venu)*.

2 Comme c'était la première fois que nous allions au zoo, nous étions très contents *(nous [annonce] pour-la-première-fois zoo [destination] être-allé parce que / allégresse c'était)*.

3 Nous avons fait la queue plus d'une heure *(un heure plus-de avoir-fait-la-queue)*.

4 J'ai demandé à grand-père : "Pourquoi y a-t-il tant de gens à faire la queue ?" *(pourquoi de-cette-façon [adverbial] tous faire-la-queue c'est-que [question] [citation] grand-père [attribution] avoir-demandé)*

Prononciation
1 ototoï … mokouyoobi … dooboutsou.èn' … 4 … narabou …

Note
1 Ici c'est un enfant qui s'exprime : employer さん **san** après les noms désignant les membres de sa famille fait partie du langage enfantin. En revanche, vous le savez, un adulte ne doit jamais faire suivre un terme de parenté par さん **san** (leçon 26, note 2) quand il parle de sa famille. Il utilise ce terme seulement pour parler des membres de la famille d'autres personnes (leçon 15).

39 / 第三十九課

5 「春は 子供 が 生まれる 季節
　haru wa kodomo ga umareru kisetsu
　なので**2**、 皆 見 に 来る の です」
　na no de, minna mi ni kuru no desu
　と お祖父さん が 答えました。
　to o jii san ga kotaemashita

6 先ず 首 が 長い きりん を 見ました。
　mazu kubi ga nagai kirin o mimashita

7 それから しわ だらけ の 三 頭 **3**
　sorekara shiwa darake no san tô
　の 象 を 見ました。
　no zô o mimashita

8 一 頭 は 耳 が 小さい アフリカ
　it tô wa mimi ga chiisai afurika
　象 でした。
　zô deshita

9 もう 二 頭 は 耳 が 大きい
　mô ni tô wa mimi ga ookii
　インド 象 でした。
　indo zô deshita

10 愛嬌 が いい 熊 は ピーナッツ
　aikyô ga ii kuma wa pînattsu
　を むしゃむしゃ **4** 食べて
　o mushamusha tabete
　いました。
　imashita

Trente-neuvième leçon / 39

5 "Comme le printemps est la saison où naissent les petits, tout le monde vient les voir", m'a répondu grand-**père** *(printemps [annonce] enfant [sujet] naître saison c'est parce-que / tous regarder [but] venir c'est-que [citation] grand-père [sujet] / avoir-répondu).*

6 D'abord nous avons vu la girafe au long cou *(d'abord cou [sujet] être-long girafe [objet] avoir-regardé).*

7 Puis nous avons vu trois éléphants tout ridés *(ensuite ride couvert-de [relation] trois gros-animal [relation] éléphant [objet] avoir-regardé).*

8 L'un était un éléphant d'Afrique aux petites oreilles *(un gros-animal [annonce] oreille [sujet] être-petit Afrique éléphant c'était).*

9 Les deux autres étaient des éléphants des Indes, avec des grandes oreilles *(encore deux gros-animal [annonce] oreille [sujet] être-grand Inde éléphant c'était).*

10 Un ours rigolo mangeait des cacahuètes avec ardeur *(drôlerie [sujet] être-bien ours [annonce] cacahuète [objet] miam-miam avoir-mangé).*

5 … kissètsou … *6* mazou koubi … nagaill' … *10* aill'kyoo … kouma … mouchamoucha …

Notes

2 な ので **na node**, *c'est parce que* : vous connaissez déjà cette structure qui tend à disparaître au profit de **desu node,** です ので (leçon 33, note 1).

3 頭 **tô** (litt. "tête") s'emploie lorsqu'on compte des animaux… volumineux !

4 むしゃむしゃ **mushamusha**, fait partie d'un type de mots très amusants et très nombreux en japonais, mais totalement intraduisibles, qui, soit reproduisent des bruits, soit rendent l'impression produite par un geste, une lumière, etc. Ici, la façon de mâcher.

第三十九課

11. 川崎　先生　に　よく　似た　猿　が　木　の　枝　から　枝　へ　飛び移って　いました。
kawa saki sen sei ni yo ku ni ta saru ga ki no eda ka ra eda e to bi utsu tte i ma shi ta

12. 眠そう [5]　な　目　を　した　らくだ　が　ゆっくり　歩いて　いました。
nemu sô na me o shi ta ra ku da ga yu k ku ri aru i te i ma shi ta

13. ライオン　が　檻　の　中　で　吠えた　時　には、
ra i o n ga ori no naka de ho e ta toki ni wa

14. 妹　の　かおる　ちゃん [6]　が　驚いて　泣きました。
imôto no ka o ru cha n ga odoro i te na ki ma shi ta

15. きっと　こわかった　の　でしょう。
ki t to ko wa ka t ta no de shô

16. パンダ　の　檻　の　前　は　たくさん　の　人　が　並んで　いた　ので、
pa n da no ori no mae wa ta ku sa n no hito ga nara n de i ta no de

17. 見る　こと　が　できません　でした。
mi ru ko to ga de ki ma se n de shi ta

Trente-neuvième leçon / 39

11 **Un singe qui ressemblait beaucoup à mon professeur M. Kawasaki sautait de branche en branche** *(Kawasaki professeur [attribution] bien ressembler singe [sujet] arbre [relation] branche à-partir-de branche [destination] sauter-d'un-endroit-à-un-autre).*

12 **Un chameau aux yeux tout ensommeillés marchait lentement** *(qui-a-l'air-ensommeillé c'est œil [objet] avoir-fait chameau [sujet] lentement avoir-marché).*

13 **Quand le lion a rugi dans sa cage** *(lion [sujet] cage [relation] intérieur [lieu] avoir-rugi moment [temps] [renforcement] /),*

14 **ma petite sœur Kaoru, surprise, s'est mise à pleurer** *(sœur-cadette [apposition] Kaoru [sujet] être-surpris avoir-pleuré).*

15 **Sans doute a-t-elle eu peur** *(certainement avoir-été-terrifié je-crois-que-c'est).*

16 **Comme devant la cage du panda il y avait une longue queue** *(panda [relation] cage [relation] devant [annonce] beaucoup [relation] être-humain [sujet] avoir-fait-la-queue parce-que /),*

17 **nous n'avons pas pu le voir** *(regarder le-fait-de [sujet] ne-pas-avoir-été-possible).*

11 … sèn'seill' (sènssée) … salou … outsout'té … **12** némoussoo … lakouda … youk'kouli … **14** … kaolou … odoloïté …

Notes

5 眠そう **nemusô**, *qui a l'air ensommeillé* : **sô** dans ce contexte signifie, comme vous le savez, *qui a l'air*, *qui semble* (leçon 25, note 1).

6 かおる ちゃん **kaoru chan** : ちゃん **chan**, déformation de さん **san**, qu'on emploie souvent avec le nom d'un jeune enfant, surtout s'il s'agit d'une petite fille.

18	その	代(か)わり、	お祖父(じい)さん		が
	so no	ka wa ri,	o jii san		ga
	パンダ	の	絵葉書(えはがき)	を	一枚(いちまい)
	pa n da	no	e ha gaki	o	ichi mai
	ずつ	買(か)って	くれました。		
	zutsu	ka t te	ku re ma shi ta		
19	とても	楽(たの)しい	一日(いちにち)	でした。	
	to te mo	tano shi i	ichi nichi	de shi ta	

飼い主 に 似た 犬 です。

▶ 練習 1 - 訳 し なさい

❶ 先週(せんしゅう) の 木曜日(もくようび) 初(はじ)めて インド 料理(りょうり) を 食(た)べました。
senshû no mokuyôbi hajimete indo ryôri o tabemashita

❷ 東京(とうきょう) から 静岡(しずおか) まで は 百(ひゃく) 五(ご) 十(じゅっ) キロ 以上(いじょう) あります。
tôkyô kara shizuoka made wa hyaku go juk kiro ijô arimasu

❸ 「なぜ 泣(な)く の」と 妹(いもうと) に 聞(き)きました。
naze naku no to imôto ni kikimashita

Trente-neuvième leçon / 39

18 À la place, grand-père nous a acheté à chacun une carte postale du panda *(de-ceci remplacement grand-père [sujet] panda [relation] carte-postale-illustrée [objet] un objet-plat chaque acheter avoir-fait-pour-nous)*.

19 Ce fut une journée merveilleuse *(très être-agréable une-journée c'était)*.

Ueno est un quartier de la partie nord de Tôkyô. Il attire dans les bars chics de ses grands hôtels et les moins chics de ses ruelles une clientèle de jeunes salariés célibataires habitant chez leurs parents, n'ayant pas encore de charge de famille et disposant donc d'assez d'argent pour se payer du bon temps.

Le vaste parc d'Ueno compte plusieurs caractéristiques. D'abord, ses nombreux cerisiers, purement décoratifs (ils ne produisent pas de fruits), qui attirent au printemps des foules de visiteurs. Par ailleurs, il regroupe plusieurs temples et d'importants musées, comme le musée national de Tôkyô et le musée national d'Art occidental. Enfin, s'y trouve le zoo connu pour avoir accueilli le premier panda géant au Japon, panda qui fut pendant longtemps une vedette nationale. Aujourd'hui, ce parc est aussi devenu un des lieux de refuge des SDF de la capitale.

❹ 飼い主 に 似た 犬 です。
kainushi ni nita inu desu

❺ 向こう の 店 に おいしそう な お菓子 が あります。
mukô no mise ni oishisô na o kashi ga arimasu

Corrigé de l'exercice 1
❶ J'ai mangé pour la première fois de la cuisine indienne jeudi de la semaine dernière. ❷ De Tôkyô à Shizuoka, il y a plus de 150 kilomètres. ❸ J'ai demandé à ma petite sœur pourquoi elle pleurait. ❹ C'est un chien qui ressemble à son maître. ❺ Dans le magasin d'en face, il y a des gâteaux qui ont l'air délicieux.

練習 2 – 言葉 を 入れ なさい

❶ Je suis allé faire des courses avec Yumi et Kaoru.
. . . . kaimono ni ikimashita

❷ Comme c'était dimanche, la banque était fermée.
. . . . datta node, ... yasumi . . . .

❸ Mon fils m'a répondu qu'il avait vu des girafes, des éléphants et des lions.
. . . .
. . . .

第 四 十 課 dai yon juk ka
(だい よん じゅっ か)

工場 見学 (こうしょうけんがく)
kô jô ken gaku

1 – よう こそ いらっしゃいました **1**。
    yô ko so i ra s sha i ma shi ta

2 これから 私共 **2** の 工場 を ご案内 **3** しましょう。
    ko re ka ra watakushi domo no kô jô o go an nai shi ma shô
(わたくしども / こうじょう)

3 ここ で は 電気 製品 を 主 に 作って います。
    ko ko de wa den ki sei hin o omo ni tsuku t te i ma su
(でんき / せいひん / おも / つく)

💬 Prononciation
1 … ilach'chaimach'ta **2** … an'naill' … **3** … seill'hin' …

❹ Nous avons attendu devant la cage des ours.

. . . .

❺ Donnez-moi des mandarines et des pommes, deux de chaque s'il vous plaît.

. . . . futatsu . . . .

Corrigé de l'exercice 2

❶ yumi san to kaoru san to – ❷ nichiyôbi – , ginkô wa – deshita ❸ kirin to zô to raion o mimashita to musuko ga kotaemashita ❹ kuma no ori no mae de machimashita ❺ mikan to ringo o – zutsu kudasai

Quarantième leçon

La visite d'une usine *(usine visite)*

1 — Bienvenue !
2   Nous allons commencer la visite de notre usine *(dorénavant nous [relation] usine [objet] [politesse] guidage faisons)*.
3   Ici nous fabriquons principalement du matériel électrique *(ici [lieu] [renforcement] électricité produit-fabriqué [objet] principal [adverbial] fabriquer)*.

Notes

1 Formule de bienvenue, construite exactement comme l'expression française équivalente, puisque littéralement elle signifie "très bien être venu".

2 私共 **watakushidomo**, *nous*, s'emploie uniquement pour un *nous* officiel. Ici, ce *nous* représente une société.

3 ご 案内 **go annai** : 案内 **annai** seul désigne l'acte de guider quelqu'un. Y ajouter ご **go**, c'est mettre, en quelque sorte, ce nom à un degré plus. C'est aussi parfois le rôle de お **o** (leçon 34, phrase 11).

4 どうぞ、こちらへ。足元 **4** に気をつけてください。
dô zo, ko chi ra e. ashi moto ni ki o tsu ke te ku da sa i

5 ここはできあがった電気製品の倉庫です。
ko ko wa de ki a ga t ta den ki sei hin no sôko de su

6 できた年代ごとに置いてあります。
de ki ta nen dai go to ni o i te a ri ma su

7 右の建物は事務所です。
migi no tate mono wa ji mu sho de su

8 左の建物は製造工場です。
hidari no tate mono wa sei zô kô jô de su

9 — すみませんが、ちょっと質問があるのですけれども…
su mi ma se n ga, cho t to shitsu mon ga a ru no de su ke re do mo

10 — どうぞ。何ですか。
dô zo. nan de su ka

11 — 工員が全然見えませんが、どこにいるのですか。
kô in ga zen zen mi e ma se n ga, do ko ni i ru no de su ka

Quarantième leçon / **40**

4 **Par ici, je vous prie** *(je-vous-prie ce-côté [destination])* ! **Faites attention où vous marchez** *(endroit-où-on-pose-le-pied [but] esprit [objet] attachez)* !
5 **Ici ce sont les entrepôts pour les produits finis** *(ici [annonce] être-terminé électrique objet-fabriqué [relation] entrepôt c'est).*
6 **Ils sont classés par ordre chronologique de fabrication** *(être-achevé période chaque [adverbial] être-posé).*
7 **Le bâtiment de droite, ce sont les bureaux** *(droite [relation] bâtiment [annonce] bureau c'est).*
8 **Ceux de gauche, les ateliers de fabrication** *(gauche [relation] bâtiment [annonce] fabrication usine c'est).*
9 – **Excusez-moi, mais je voudrais poser une question** *(excusez-moi mais / un-peu question [sujet] se-trouver c'est-que bien-que).*
10 – **Je vous en prie** *(je-vous-en-prie).* **Que voulez-vous savoir** *(quoi c'est [question])* ?
11 – **Je ne vois pas du tout d'ouvriers, où sont-ils** *(ouvrier [sujet] pas-du-tout ne-pas-être-visible mais / où [lieu] se-trouver c'est-que [question])* ?

6 … nèn'daill' … 8 … seill'zoo … 9 … chitsoumon.n' …

Note

4 足元 **ashimoto** (litt. "la base de vos pieds"), à noter en passant : 足 **ashi**, est un terme extensible, qui désigne le *pied*, mais aussi la *jambe*, et les *pattes* des animaux. En japonais, on ne fait pas de ségrégation de vocabulaire entre les animaux et les humains.

12 — 前 は 工員 が して いた 仕事 を 今 は ロボット が 全部 して います。
mae wa kô in ga shi te i ta shi goto o ima wa ro bo t to ga zen bu shi te i ma su

13 コンピュータ が ロボット を 動かして います。
kon pyû ta ga ro bo t to o ugo ka shi te i ma su

14 — 失業者 は 出なかった [5] のですか。
shitsu gyô sha wa de na ka t ta no de su ka

15 — 工員 は 私達 が 持って いる ロボット を 作る 工場 と コンピュータ を 組み立てる 工場 で 働いて います。
kô in wa watakushitachi ga mo t te i ru ro bo t to o tsuku ru kô jô to kon pyû ta o ku mi ta te ru kô jô de hatara i te i ma su

13 kon.n'pyuuta … ougokachité … 14 chitsougyoocha … 15 … koumitatélou …

Quarantième leçon / 40

12 – Ce sont maintenant des robots qui font entièrement le travail que faisaient les ouvriers auparavant *(avant [renforcement] ouvrier [sujet] avoir-fait travail [objet] maintenant [renforcement] robot [sujet] entièrement faire)*.
13 Et des ordinateurs commandent les robots *(ordinateur [sujet] robot [objet] faire-bouger)*.
14 – N'y a-t-il pas eu de chômeurs *(chômeur [annonce] ne-pas-être-apparu c'est-que [question])* ?
15 – Les ouvriers travaillent dans une usine qui fabrique des robots et une usine qui assemble des ordinateurs, usines qui nous appartiennent *(ouvrier [annonce] nous [sujet] posséder robot [objet] fabriquer usine et ordinateur [objet] assembler usine [lieu] travailler)*.

 Note

5 出なかった **denakatta**, degré moins correspondant à 出ません でした **demasen deshita**, *ne pas être apparu (sorti)*.

第四十課

▶ 練習 1 – 訳 し なさい

❶ すみません、郵便局 は どこ に あります か。
sumimasen, yûbinkyoku wa doko ni arimasu ka

❷ この 駅 から は 主 に 西 の 方 へ 行く 汽車 が 出発 します。
kono eki kara wa omo ni nishi no hô e iku kisha ga shuppatsu shimasu

❸ 私共 は 自動車 を 組み立てる 工場 と 電話 を 作る 工場 を 持って います。
watakushidomo wa jidôsha o kumitateru kôjô to denwa o tsukuru kôjô o motte imasu

***

練習 2 – 言葉 を 入れ なさい

❶ Faites attention aux voitures.
jidôsha . . . .

❷ La société où je travaillais fabriquait du matériel électrique.
watashi ga . . . . wa . . . .

❸ Les robots font tout le travail mais il n'y a pas eu de chômeurs.
. . . . demasen . . . .

❹ Je ne comprends rien du tout.
. . . .

❺ En ce moment nous sommes en train de construire des bureaux.
. . . . tatete . . . . .

Quarantième leçon / 40

❹ 皆 入院 した ので、家 に だれも いません。
minna nyû.in shita node, ie ni daremo imasen

❺ 鞄 を 作る ロボット を 動かす コンピュータ を 作る 工場 です。
kaban o tsukuru robotto o ugokasu konpyûta o tsukuru kôjô desu

Corrigé de l'exercice 1
❶ Excusez-moi, où se trouve la poste ? ❷ De cette gare partent surtout des trains qui vont vers l'ouest. ❸ Notre société possède une usine de montage d'automobiles et une usine de fabrication de téléphones. ❹ Comme ils sont tous à l'hôpital, il n'y a personne à la maison. ❺ C'est une usine qui fabrique des ordinateurs qui commandent des robots qui fabriquent des sacs.

***

Corrigé de l'exercice 2
❶ – ni ki o tsukete kudasai ❷ – hataraite ita kaisha – denki seihin o tsukutte imashita ❸ robotto ga shigoto o zenbu shite imasu ga shitsugyôsha wa – deshita ❹ zenzen wakarimasen ❺ ima jimusho o – imasu

ni hyaku go jû ni • 252

第四十一課 dai yon jû ik ka
変わった 人
ka wa t ta hito

1 – 私 の 友達 の マノリータ に
watashi no tomo dachi no ma no lî ta ni
会った こと が あります か。
a t ta ko to ga a ri ma su ka

2 – 会った こと が ありません。
a t ta ko to ga a ri ma se n

3 – とても おもしろい
to te mo o mo shi ro i
アルゼンチン人1 です。
a ru ze n chi n jin de su

4 – 職業 は?
shoku gyô wa

5 – 作曲家 です。
sak kyoku ka de su

6 – 女 の 作曲家 です か。めずらしい
onna no sak kyoku ka de su ka. me zu ra shi i
です ね。
de su ne

7 – そう です ね。でも マノリータ
sô de su ne. de mo ma no lî ta
は 変わった 人 です。
wa ka wa t ta hito de su

Quarante et unième leçon

Quelqu'un d'original
(avoir-changé être-humain)

1 – **Avez-vous déjà rencontré mon amie Manolita** *(moi [relation] ami [relation] Manolita [but] avoir-rencontré le-fait-de [sujet] se-trouver [question])* **?**
2 – **Non** *(avoir-rencontré le-fait-de [sujet] ne-pas-se-trouver)*.
3 – **C'est une Argentine vraiment amusante** *(très être-amusant personne-argentine c'est)*.
4 – **Qu'est-ce qu'elle fait** *(profession [annonce])* **?**
5 – **Elle est compositeur** *(compositeur c'est)*.
6 – **Une femme compositeur** *(femme [apposition] compositeur c'est [question])* **? C'est rare** *(être-rare c'est [accord])* **!**
7 – **Oui. Mais Manolita est quelqu'un d'original** *(mais Manolita [annonce] avoir-changé être-humain c'est)* **!**

Prononciation
5 sak'kyokouka … 6 … mézoulachiï …

Note
1 アルゼンチン人 **aruzenchinjin** : 人 **jin** qui signifie *être humain* s'ajoute au nom d'un pays pour en désigner les habitants.

ni hyaku go jû yon • 254

41 / 第四十一課

8 今 オペラ を 作曲 して いる そう です。
ima opera o sakkyoku shite iru sô desu

9 とても いそがしい と 言って います。
totemo isogashii to itte imasu

10 他 の 約束 は 断る のに、
hoka no yakusoku wa kotowaru noni

11 マージャン に 誘うと 必ず 来ます。
mâjan ni sasou to kanarazu kimasu

12 この 間 も、アルゼンチン 料理 を
kono aida mo, aruzenchin ryôri o

ごちそう して くれる と 言った ので、
gochisô shite kureru to itta node

13 楽しみ に して いました。
tanoshimi ni shite imashita

14 三 時間 前 に 電話 が かかって きました。
sanjikan mae ni denwa ga kakatte kimashita

15 前 の 日 から 病気 だった 2 そう です。
mae no hi kara byôki datta sô desu

16 ですから お 料理 は 作れなく なった そう です。
desukara o ryôri wa tsukurenaku natta sô desu

Quarante et unième leçon / 41

8 En ce moment il paraît qu'elle écrit un opéra *(maintenant opéra [objet] composition faire il-paraît-que)*.

9 Elle dit être très occupée *(très être-occupé [citation] dire)*.

10 Bien qu'elle refuse tous les autres rendez-vous *(autre [relation] rendez-vous [annonce] refuser bien-que /)*,

11 quand on l'invite pour un mahjong, elle vient sans faute *(mahjong [but] inviter quand / sans faute venir)*.

12 L'autre jour elle avait dit qu'elle nous ferait un dîner argentin *(ce intervalle aussi Argentine cuisine [objet] régal faire faire-pour-nous [citation] avoir-dit parce-que /)*,

13 et nous nous en réjouissions *(réjouissance [but] avoir-fait)*.

14 Trois heures avant, le téléphone a sonné *(trois heure avant [temps] téléphone [sujet] fonctionner être-venu)*.

15 Il paraît qu'elle était malade depuis la veille *(avant [relation] jour à-partir-de maladie c'était il-paraît-que)*.

16 Et donc elle ne pouvait pas faire à dîner *(pour-cette-raison [familiarité] cuisine [annonce] ne-pas-pouvoir-fabriquer être-devenu il-paraît-que)*.

10 … kotooualou … **11** … sasso.ou … **16** … tsoukoulénaku …

Note

2 だった **datta**, degré moins équivalent à でした **deshita**, *c'était*.

17	でも　　食後　に　する　マージャン de mo　shoku go　ni　su ru　mâ ja n は　大丈夫　だ　と　言う　の　です。 wa　dai jô bu　da　to　i u　no de su	
18	マノリータ　は　いつも　この ma no lî ta　wa　i tsu mo　ko no 調子　です　が、 chô shi　de su　ga、	
19	とても　温かい　人　な　ので、 to te mo　atata ka i　hito　na　no de	
20	友達　が　たくさん　います。 tomo dachi　ga　ta ku sa n　i ma su	
21	今度　紹介　します。 kon do　shô kai　shi ma su	□

***

▶ 練習 1 - 訳 し なさい

❶ 二階 だて の イギリス の バス に 乗った こと が ありますか。
ni kai date no igirisu no basu ni notta koto ga arimasu ka

❷ この 建物 だけ 倉庫 です。他 の 建物 は 皆 事務所 です。
kono tatemono dake sôko desu. hoka no tatemono wa minna jimusho desu

Quarante et unième leçon / 41

17 **Mais elle disait que c'était toujours d'accord pour le mahjong après dîner** *(pourtant après-le-repas [temps] faire mahjong [annonce] sans-empêchement c'est [citation] dire c'est-que).*
18 **Avec elle c'est toujours comme ça, mais** *(Manolita [annonce] toujours ce ton c'est mais /)*
19 **comme c'est une personne très chaleureuse** *(très être-chaleureux être-humain c'est parce-que /),*
20 **elle a beaucoup d'amis** *(ami [sujet] beaucoup se-trouver).*
21 **Je vous la présenterai à la prochaine occasion** *(prochaine-fois présentation faire).*

17 … chokougo … 19 … atatakaill' … 21 … chookaill' …

***

❸ 仕事 が いそがしい のに 山 へ 行く の です か。
shigoto ga isogashii noni yama e iku no desu ka

❹ 簡単 な ので すぐ できました。
kantan na node sugu dekimashita

❺ 雨 が 降って いる そう です。
ame ga futte iru sô desu

Corrigé de l'exercice 1
❶ Êtes-vous déjà monté dans un autobus anglais à deux niveaux ?
❷ Seul ce bâtiment est un entrepôt. Tous les autres sont des bureaux.
❸ Irez-vous à la montagne bien que vous soyez si occupé ? ❹ Comme c'est facile, j'ai réussi tout de suite. ❺ Il paraît qu'il pleut.

練習 2 – 言葉 を 入れ なさい

❶ Avez-vous déjà mangé de la cuisine japonaise ?

. . . .

❷ Hier j'ai rencontré ton ami américain.
kinô anata no . . . .
aimashita

❸ Ils ont deux enfants.
. . . . . . ga . . . .

❹ Il paraît que dans cette montagne il y a des ours.
kono . . . .

❺ Comme j'adore ça, j'ai tout acheté.

. . . . , ...

42

<ruby>第四十二課</ruby> **dai yon jû ni ka**
(だいよんじゅうに か)

まとめ – Révision

1 Écriture : les kanji cas particulier

Cela fait longtemps que nous n'avons pas parlé d'écriture. Or, il y a un phénomène un peu spécial à signaler à propos des kanji. Vous avez vu déjà qu'à chaque kanji correspondent une, deux, parfois trois syllabes. Et quand il y a un mot composé, on peut dire avec précision quelle(s) syllabe(s) correspond(ent) à quel kanji.

Par exemple : 建物 **tatemono**, *bâtiment*, 建 correspond à **tate** (たて) (*construire*) et 物 à **mono** (もの) (*chose*).

Cependant, dans certains cas, on a deux kanji auxquels correspondent une ou plusieurs syllabes, sans que l'on puisse dire à quel kanji correspond quelle syllabe. L'équivalence est globale. Nous avons ce cas pour trois mots très usuels :

Corrigé de l'exercice 2

❶ nihon ryôri o tabeta koto ga arimasu ka ❷ – amerikajin no tomodachi ni – ❸ kodomo – futari imasu ❹ – yama ni kuma ga iru sô desu ❺ daisuki na node, zenbu kaimashita

Le mahjong est un jeu d'origine chinoise dont l'origine exacte reste encore un peu obscure. On sait que sa version actuelle date des années 1870. Il se joue à quatre joueurs. C'est un jeu d'appariement. Il s'agit de réaliser les plus belles combinaisons possibles. Extrêmement populaire en Chine, il s'est répandu dans toute l'Asie en subissant de nombreuses variations. Ainsi le mahjong pratiqué de nos jours au Japon est fort différent de celui d'origine. Il existe au Japon des milliers de petits clubs de toutes sortes où des gens de tous les âges se réunissent pour jouer au mahjong. Cela va du salon où l'on joue bien gentiment entre retraités, hommes ou femmes, au club où des salariés viennent se détendre, et jusqu'au tripot fréquenté surtout par des joueurs professionnels qui misent de grosses sommes d'argent, à la limite de la légalité.

Quarante-deuxième leçon

– *aujourd'hui* (leçon 11, phrase 6) 今日, c'est l'ensemble des deux kanji qui se prononce **kyô**.
– *hier* (leçon 8 phrase 1) 昨日, c'est l'ensemble des deux kanji qui se prononce **kinô** sans que l'on puisse couper.
– De même *demain* (leçon 27, ex. 1, phrase 5) 明日, c'est l'ensemble des deux kanji qui se prononce **ashita**, sans coupure possible.
Le phénomène se retrouve dans nombre de termes de parenté : 伯父 **oji**, *mon oncle* (leçon 32, phrase 1) ; お祖父さん **ojiisan**, *grand-père* et お祖母さん **obaasan**, *grand-mère* (leçon 39, phrase 1).

2 Emplois du mot こと *koto*

Il existe des mots-clés importants et incontournables dans toutes les langues. En japonais こと **koto** en est un. Son sens, difficile à définir, se rapproche de celui de *chose*, *événement*, *fait*, *élément*.

En tous cas, ce **koto** sert pour des constructions usuelles indispensables, sous la forme : un verbe + こと **koto** + une particule + un

autre verbe. Nous avons déjà vu les plus importantes. Il est temps de les récapituler :
– …こと に します（する）**koto ni shimasu (suru)** (litt. "le-fait-de [but] faire"), *décider de* (leçon 37, phrase 7).
– …こと に なります（なる）**koto ni narimasu (naru)** (litt. "le-fait-de [but] devenir"), *en arriver à ce que* (leçon 36, phrase 8).
– …こと が できます（できる）**koto ga dekimasu (dekiru)** (litt. "le-fait-de [sujet] être possible"), *pouvoir* et la négation correspondante (leçon 39, phrase 17).
– verbe au degré moins en **u** + こと が あります（ある）**koto ga arimasu (aru)** (litt. "le-fait-de [sujet] se-trouver"), *il arrive que* et la négation correspondante (leçon 36, phrase 3).
À ne pas confondre avec : verbe au degré moins terminé par **ta** + こと が あります（ある）**koto ga arimasu (aru)**, *avoir déjà eu l'occasion de* (leçon 41, phrases 1 et 2).
– Autre construction : …こと は **koto wa** + adjectif *il est… de* (leçon 36, phrase 14).
– Et enfin …と いう こと です **to iu koto desu** (leçon 38, phrase 3), ou …の こと です **no koto desu** (leçon 38, phrase 9), sont utilisés pour renforcer une explication.

3 Les mots interrogatifs – Les indéfinis

Revoilà les mots interrogatifs ; nous n'en avons pas parlé depuis la leçon 28 (§ 2). Il est donc temps de faire le point !

3.1 L'interrogatif 何 *nan* ou *nani*

C'est celui que nous rencontrons le plus souvent. Il a deux emplois :
– seul, il signifie *quoi ?*, *que ?*
– suivi d'un nom, il correspond :
→ soit à notre adjectif interrogatif *quel…, quelle…, quels…, quels… ?*
何 時（に）**nan ji (ni)**, *(à) quelle heure ?* (leçon 11, phrase 1) ;
何 階 **nan kai**, *quel étage* (leçon 24, phrase 8) ; 何 ページ （に）**nan pêji (ni)**, *à quelle page ?* (leçon 29, phrase 7).
→ soit à l'expression *combien de…* 何 時間 **nan jikan**, *combien d'heures ?* (leçon 13, ex. 1, phrase 4) ; 何 ページ **nan pêji**, *combien de pages ?* (leçon 25, phrase 10).
Dans les deux cas, on attend un nombre dans la réponse.

3.2 Deux autres mots interrogatifs

Deux mots interrogatifs sont à ajouter à votre liste :
– なぜ **naze**, *pourquoi ?, pour quelle raison ?* (leçon 33, phrase 3), auquel on répondra par から **kara** ;
– どうして **dôshite**, *pourquoi ?, comment cela se fait-il ?* (leçon 36, phrase 5 ; leçon 39, phrase 4), auquel on répondra plutôt par ので **node**.

3.3 Les mots indéfinis en -か *ka*

On forme une série de mots indéfinis en ajoutant -か **ka** à certains mots interrogatifs :
– どこか **dokoka**, *quelque part*, à partir de どこ **doko**, *où ?* (leçon 29, phrase 1)
– 何か **nanika**, *quelque chose*, à partir de 何 **nan**, *quoi ?* (leçon 34, phrase 2)
– On peut aussi former だれか **dareka**, *quelqu'un*, à partir de だれ **dare**, *qui ?* et いつか **itsuka**, *à un moment quelconque, un jour*, à partir de いつ **itsu**, *quand ?*

3.4 Les mots indéfinis en -も *mo*

Une autre série de mots ou expressions indéfinis se forme, en ajoutant -も **mo** aux mots ou expressions interrogatifs. Il faut distinguer deux cas :
– le cas général : il s'agit des expressions formées grâce à 何 **nan** ou **nani** + un nom (cf. ci-dessus) + **mo**. Le sens en est : *on ne sait combien de…* :
→ 何 ページ も **nan pêji mo**, *on ne sait combien de pages, un nombre indéfini de pages* (leçon 36, phrase 3) ;
→ 何 時間 も **nan jikan mo**, *on ne sait combien d'heures, un nombre indéfini d'heures* (leçon 37, phrase 4) ; 何 年間 も **nan nenkan mo**, *on ne sait combien d'années, un nombre indéfini d'années* (leçon 37, phrase 5) ;
– <u>deux cas particuliers</u> : 何も **nanimo** et だれも **daremo**. Ils ont la particularité de s'employer uniquement avec un verbe à la forme négative et signifient respectivement *rien* et *personne* (leçon 24, phrase 11 et leçon 30, phrase 11).

4 Les verbes

4.1 Les verbes composés d'un mot sino-japonais + する *suru*

Nous finirons notre leçon de révision par un petit tour... du côté des verbes. Vous avez vous-même constaté que chaque verbe ne présentait pas un si grand nombre de formes ! Il est tout de même important de savoir comment construire ces formes pour chaque verbe. C'est ce que nous allons commencer à voir aujourd'hui.

• Exemples

Une énorme quantité de verbes sont formés d'un nom d'origine chinoise comportant en général deux kanji, et du verbe japonais します **shimasu** (degré moyen), する **suru** (degré moins), qui veut dire *faire*. Vous en avez déjà rencontré beaucoup au degré moins du présent-futur. Par exemple :
– 卒業 する **sotsugyô suru** (litt. "diplôme faire"), *être diplômé* (leçon 23, phrase 2) ;
– 結婚 する **kekkon suru** (litt. "mariage faire"), *se marier* (leçon 25, phrase 8) ;
– 心配 する **shinpai suru** (litt. "inquiétude faire"), *s'inquiéter* (leçon 27, phrase 12) ;
– 出発 する **shuppatsu suru** (litt. "départ faire"), *partir* (leçon 32, phrase 2) ;
– 旅行 する **ryokô suru** (litt. "voyage faire"), *voyager* (leçon 32, phrase 11) ;
– 説明 する **setsumei suru** (litt. "explication faire"), *expliquer* (leçon 38, phrase 1) ;
– 入学 する **nyûgaku suru** (litt. "entrée-à-l'école faire"), *entrer dans une école/université* (leçon 38, phrase 12),
– 案内 する **annai suru** (litt. "guidage faire"), *guider* (leçon 40, phrase 2) ;
– ごちそう する **gochisô suru** (litt. "régal faire"), *régaler*, *préparer un repas* (leçon 41, phrase 12) ;
– 紹介 する **shôkai suru** (litt. "présentation faire"), *présenter* (leçon 41, phrase 21).
Cela fait une longue énumération, et il y en a comme ça des centaines. Gros avantage : tous les noms utilisés peuvent servir tels quels dans n'importe quelle phrase ; il suffit de connaître un seul verbe : する **suru**, pour pouvoir utiliser des centaines de verbes ainsi formés.

Quarante-deuxième leçon / 42

• **Le verbe** する *suru*

Or する **suru**, c'est simple : à part le degré moins する **suru**, toutes les autres formes sont construites sur une base qui est し **shi**. Donc :

– *je (tu...) fais* : する **suru** (degré moins), します **shimasu** (degré moyen) ;

– *je ne fais pas* : しない **shinai** (degré moins), しません **shimasen** (degré moyen) ;

– *j'ai fait (tu, il...)* : した **shita** (degré moins), しました **shimashita** (degré moyen) ;

– *je n'ai pas fait* : しなかった **shinakatta** (degré moins), しませんでした **shimasen deshita** (degré moyen).

Et pour la série des formes indiquant que l'on est en train de faire l'action :

– *je suis en train de faire* : して いる **shite iru** (degré moins), して います **shite imasu** (degré moyen) ;

– *je ne suis pas en train de faire* : して いない **shite inai** (degré moins), して いません **shite imasen** (degré moyen) ;

– *j'étais en train de faire* : して いた **shite ita** (degré moins), して いました **shite imashita** (degré moyen).

Ces formes vous sont déjà presque toutes familières.

Et finalement qu'est-ce qui se passe ? Il y a une base, し **shi**, et le changement de formes consiste à ajouter à cette base différents suffixes. C'est un principe à bien retenir car c'est ainsi que l'on procède pour tous les verbes, et, pour tous les verbes les suffixes sont les mêmes.

Seule petite difficulté, quelquefois pour un même verbe il y a des bases différentes selon les suffixes. Mais n'allons pas trop vite ! Nous verrons cela à la prochaine leçon de révision. Rien ne vous empêche, cependant, d'observer sous cet angle les verbes qui apparaîtront dans les prochaines leçons !

4.2 Quelques remarques sur certains verbes

• 聞く *kiku*

Le verbe 聞く **kiku** veut dire, soit *écouter* (leçon 29, phrase 8), soit *demander*, *interroger* (leçon 39, phrase 4).

• できる *dekiru*

Le verbe できる **dekiru** a également deux sens bien différents. Le premier, c'est *être possible* (leçon 30, phrase 8 ; leçon 34, phrase 18). Et le second est *se produire*, *se former* (leçon 40, phrase 6).

ni hyaku roku jû yon • 264

42 / 第四十二課

*Vous voyez, tout s'est bien passé sans la prononciation figurée !
Ce n'était pas si compliqué ! Nous allons encore faire un pas de
plus, pour simplifier. Vous avez bien remarqué que dans la très
grande majorité des cas, le u de la transcription officielle se prononce comme le son [ou] français. Nous n'indiquerons donc plus
que les cas où il se prononce différemment : comme le son [u]
français, ou lorsqu'il n'est pas prononcé.*

▶ 復習 会話

1 何年間 も 同じ 事務所 で 勤めて いました。
   nan nenkan mo onaji jimusho de tsutomete imashita

2 「どうして 失業者 が 出なかった の です か」と 先生 に 聞きました。
   dôshite shitsugyôsha ga denakatta no desu ka to sensei ni kikimashita

3 「ほとんど みんな 今 ロボット の 工場 で 働いて いる そう です」と 先生 が 答えました。
   hotondo minna ima robotto no kôjô de hataraite iru sô desu to sensei ga kotaemashita

4 中村 さん の 息子 さん が 交通 事故 に 会った ので、とても 心配 して いました が、来週 退院 する こと に なった ので、安心 しました。
   nakamura san no musuko san ga kôtsû jiko ni atta node, totemo shinpai shite imashita ga, raishû tai.in suru koto ni natta node, anshin shimashita

5 職業 に する つもり で 毎日 ピアノ の 練習 を 何 時間 も して いる そう です。
   shokugyô ni suru tsumori de mainichi piano no renshû o nan jikan mo shite iru sô desu

Quarante-deuxième leçon / 42

6 日本中 の 人々 は 感心 な 犬 の ハチ公 の 話 を 知って います。
nihonjû no hitobito wa kanshin na inu no hachikô no hanashi o shitte imasu

7 また いつか 日本 で 会いましょう。
mata itsuka nihon de aimashô

8 書類、国籍 など は むずかしい 言葉 です から、簡単 に 覚える こと が できません。
shorui, kokuseki nado wa muzukashii kotoba desu kara, kantan ni oboeru koto ga dekimasen

9 この 写真 の 人 を もう どこか で 見た こと が ある と 思います。
kono shashin no hito o mô dokoka de mita koto ga aru to omoimasu

10 すぐ 電気会社 に 電話 を かけました。でも だれも 出ません でした。
sugu denkigaisha ni denwa o kakemashita. demo daremo demasen deshita

Traduction

1 J'ai travaillé je ne sais combien d'années dans le même bureau. **2** "Pourquoi n'y a-t-il pas eu de chômeurs ?" ai-je demandé au professeur. **3** "Il paraît qu'ils travaillent presque tous dans l'usine de robots", m'a répondu le professeur. **4** Comme le fils de M. Nakamura avait eu un accident de voiture, j'étais très inquiète, mais comme il sort de l'hôpital la semaine prochaine, je suis rassurée. **5** Il paraît que dans l'intention d'en faire sa profession, il travaille *(fait des exercices)* son piano je ne sais combien d'heures tous les jours. **6** Tous les gens à travers le Japon connaissent l'histoire de cet admirable chien qu'était Hachikô. **7** Retrouvons-nous un de ces jours au Japon. **8** Des mots comme "shorui", "kokuseki", sont difficiles, aussi on ne peut pas facilement les retenir. **9** Je crois que j'ai déjà vu quelque part la personne sur cette photo. **10** J'ai tout de suite appelé la société d'électricité. Mais personne n'a répondu.

第四十三課 dai yon jû san ka
だいよんじゅうさん か

S. F.
esu efu

1 — あさって 映画を見に行きます。
　　a sa t te　ei ga o mi ni i ki ma su

2 — どんな 映画を見るのですか。
　　do n na　ei ga o mi ru no de su ka

3 — 僕は S.F. が大好きです。
　　boku wa esu efu ga dai su ki de su

4　あさって 見に 行こう [1] と
　　a sa t te mi ni i kô to
　思って いる 映画は「宇宙
　omo t te i ru ei ga wa u chû
　冒険」と いいます。
　bô ken to i i ma su

5 — 僕は もう 見ました。おもしろい
　　boku wa mô mi ma shi ta. o mo shi ro i
　ですよ。
　de su yo

6　それは 二千 五百 六年に
　　so re wa ni sen go hyaku roku nen ni
　起こる 物語です。
　o ko ru mono gatari de su

Quarante-troisième leçon

La science-fiction

1 – **Après-demain je vais au cinéma** *(après-demain cinéma [objet] regarder [but] aller).*
2 – **Quel genre de film vas-tu voir** *(de-quelle-sorte film [objet] regarder c'est-que [question])* **?**
3 – **J'adore la science-fiction** *(moi [annonce] science-fiction [sujet] être-très-aimé c'est).*
4   **Le film que je pense aller voir après-demain s'appelle "Aventure dans l'espace"** *(après-demain regarder [but] allons [citation] penser film [annonce] univers aventure [citation] dire).*
5 – **Je l'ai vu** *(moi [annonce] déjà avoir-regardé).* **C'est bien** *(être-intéressant c'est [engagement])* **!**
6   **C'est une histoire qui se passe en l'an 2506** *(cela [annonce] deux-mille cinq-cent six an [temps] se-produire récit c'est).*

Prononciation
4 … outchuu …

Note
1 行こう **ikô**, *allons*, est le degré moins correspondant à 行きましょう **ikimashô**. Le degré moins est obligatoire devant と 思って いる **to omotte iru** (leçon 28, § 5.2).

第四十三課

7 地球 の ロケット の 出発点 は 月 です。
   chikyû no roketto no shuppatsuten wa tsuki desu

8 そして 他 の 星 と 惑星 へ そこ から 飛び立つ の です。
   soshite hoka no hoshi to wakusei e soko kara tobitatsu no desu

9 でも 宇宙 の 果て から 地球 を 侵略 する 悪者 が 出て きます。
   demo uchû no hate kara chikyû o shinryaku suru warumono ga dete kimasu

10 ヒーロー は 地球 の 安全 を 守る ため に、宇宙 の 彼方 まで 冒険 に 行く の です。
   hîrô wa chikyû no anzen o mamoru tame ni, uchû no kanata made bôken ni iku no desu

11 そして 敵国 の 悪者 の 妹 に 恋 を する の です。最後 は ハッピ エンド です。
   soshite tekikoku no warumono no imôto ni koi o suru no desu. saigo wa happi endo desu

Quarante-troisième leçon / 43

7 **Le point de départ des fusées terrestres est la Lune** *(globe-terrestre [relation] fusée [relation] départ point [annonce] Lune c'est).*

8 **C'est de là qu'on décolle pour les autres étoiles et planètes** *(puis autre [relation] étoile et planète [destination] là à-partir-de s'envoler c'est-que).*

9 **Mais, de l'extrémité de l'Univers, surgit un méchant qui envahit la Terre** *(mais Univers [relation] extrêmité à-partir-de globe-terrestre [objet] invasion faire méchante-personne [sujet] apparaître venir).*

10 **Le héros, pour sauver la Terre, part à l'aventure à l'autre bout de l'Univers** *(héros [annonce] globe-terrestre [relation] sécurité [objet] défendre afin-de / Univers [relation] tout-là-bas jusque aventure [but] aller c'est-que).*

11 **Puis il tombe amoureux de la jeune sœur du méchant du pays ennemi** *(puis pays-ennemi [relation] méchante-personne [relation] sœur-cadette [but] amour [objet] faire c'est-que).* **Et tout finit bien** *(dernier [annonce] happy-end c'est).*

7 *tchikyuu …* **8** *… ouakousseill' …* **11** *… koï … saill'go*

12 — それ なら 宇宙 冒険 で は ありません ね。
so re na ra u chû bô ken de wa a ri ma se n ne

13 恋 の 冒険 です ね。
koi no bôken de su ne

14 話 の 内容 を 全部 聞いて しまった ので もう 見 に 行く 気 が しません。
hanashi no nai yô o zen bu ki i te shi ma t ta no de mô mi ni i ku ki ga shi ma se n

15 僕 に は、恋 の 冒険 なんて 興味 が ありません。
boku ni wa, koi no bô ken na n te kyô mi ga a ri ma se n

***

▶ 練習 1 – 訳 し なさい

❶ 来年 の 春 アパート を 買おう と 思って います。
rainen no haru apâto o kaô to omotte imasu

❷ このごろ は とても いそがしい です から もう 旅行 に 行く 気 が しません。
konogoro wa totemo isogashii desu kara mô ryokô ni iku ki ga shimasen

Quarante-troisième leçon / 43

12 – Dans ces conditions, ce n'est pas l'aventure dans l'espace *(si-c'est-ainsi univers aventure ce-n'est-pas [accord])*.

13 C'est l'aventure de l'amour *(amour [relation] aventure c'est [accord])* !

14 Comme j'ai entendu toute l'histoire, je n'ai plus envie d'aller le voir *(histoire [relation] contenu [objet] tout-entier entendre faire-jusqu'au-bout parce-que / désormais regarder [but] aller attitude-d'esprit [sujet] ne-pas-faire)*.

15 Moi, l'aventure de l'amour, ça ne m'intéresse pas *(moi [attribution] [renforcement] amour [relation] aventure ce-qu'on-appelle curiosité [sujet] ne-pas-se-trouver)*.

14 … naill'yoo …

***

❸ 自動車 を 作る ため に 工場 を 建てます。
jidôsha o tsukuru tame ni kôjô o tatemasu

❹ パン を 作る ため に 小麦 を 使います。
pan o tsukuru tame ni komugi o tsukaimasu

❺ それなら 先生 も S.F. に 興味 が ある でしょう。
sorenara sensei mo esu efu ni kyômi ga aru deshô

Corrigé de l'exercice 1

❶ Je pense acheter un appartement au printemps de l'année prochaine. ❷ Comme je suis très occupée ces temps-ci, je n'ai plus envie de partir en voyage. ❸ Pour fabriquer des voitures, on bâtit des usines. ❹ On utilise du blé pour faire le pain. ❺ Dans ces conditions, vous aussi, monsieur le professeur, vous vous intéressez certainement à la science-fiction.

練習 2 - 言葉 を 入れ なさい

❶ Vous aimez quelle sorte de chanson ?
. . . . . uta . . . .

❷ J'ai acheté un livre qui a l'air intéressant.
. . . . hon . . . .

❸ Il a pour titre : "Départ pour les étoiles". Il a 1 298 pages.
. . . .
. . . .

第 四 十 四 課 dai yon jû yon ka
(だい よん じゅう よん か)

ホテル
ho te ru

1 − おはよう　　　ございます。
　　 o ha yô　　　go za i ma su.

プリンス　　ホテル　　で
pu ri n su　　ho te ru　　de

ございます **1**。
go za i ma su

2 − へや　　　　　よやく
部屋　の　予約　を　おねがい
he ya　no　yo yaku　o　o ne ga i

したい　　の　　です　　けれども **2**…
shi ta i　　no　　de su　　ke re do mo

Prononciation
1 … p'linss' hotèlou … 2 … onegaï shitaill' …

Notes
1 で ございます **de gozaimasu** : degré plus, correspondant à です **desu**, *c'est*, si l'on parle de soi ou de ses proches. Pour les verbes les plus

❹ Vous intéressez-vous au tennis ?

. . . .

❺ Je l'ai déjà vu.

. . . .

Corrigé de l'exercice 2
❶ donna – ga suki desu ka ❷ omoshirosô na – o kaimashita ❸ hoshi e no shuppatsu to iimasu – sen ni hyaku kyû jû hachi pêji ga arimasu ❹ tenisu ni kyômi ga arimasu ka ❺ mô mimashita

Quarante-quatrième leçon

L'hôtel

1 – Bonjour ! Le Prince-Hôtel, j'écoute *(Prince Hôtel c'est)*.
2 – Je voudrais réserver une chambre *(chambre [relation] réservation [objet] demande vouloir-faire c'est-que bien-que)*…

usuels, le degré plus n'est pas une forme différente du verbe, mais un verbe différent. Nuance ! C'était le cas de l'adjectif いい (leçon 23, note 5).

2 けれども **keredomo**, à la fin d'une proposition, veut dire *bien que* mais on l'emploie aussi, comme ici, avec un sens tout à fait affaibli qui équivaut au *mais* français, quand nous disons "excusez-moi mais…" (leçon 40, phrase 9). C'est d'ailleurs le cas aussi de が, que nous avons souvent rencontré.

ni hyaku nana jû yon • 274

3 – お 一人 さま**3** です か。
    o   hitori sa ma de su ka

4 – いいえ、家内 と 子供 が 二人 います。
    i i e, ka nai to ko domo ga futari i ma su

5 – 大人 二人、子供 二人 全部 で 四名 さま です ね。ご 滞在 は いつ から いつ まで です か。
    otona futari, ko domo futari zen bu de yon mei sa ma de su ne. go tai zai wa i tsu ka ra i tsu ma de de su ka

6 – 来月 の 十二日 から 十五日 まで おねがい したい の です が…
    rai getsu no jû ni nichi ka ra jû go nichi ma de o ne ga i shi ta i no de su ga

7 – 来月 は 大変 混んで おります**4** ので、ちょっと 離れた 二部屋 です が、よろしい **5** でしょう か。
    rai getsu wa tai hen ko n de o ri ma su no de, cho t to hana re ta futa he ya de su ga, yo ro shi i de shô ka

8 – 同じ 階 です か。
    ona ji kai de su ka

9 – はい、そう で ございます**6**。
    ha i, sô de go za i ma su

💬 *4 … f'tali … 5 … yon.n'meill' … 6 laill'gètsou …*

Quarante-quatrième leçon / 44

3 – **Pour une personne** *([politesse] une-personne M. c'est [question])* **?**

4 – **Non, il y a [aussi] ma femme et mes deux enfants** *(non mon-épouse et enfant [sujet] deux-personnes se-trouver).*

5 – **Deux adultes et deux enfants, en tout cela fait quatre personnes** *(adulte deux-personnes enfant deux-personnes total [moyen] quatre personnes M. c'est [accord]).* **Quelles sont les dates de votre séjour** *([politesse] séjour [annonce] quand à-partir-de quand jusque c'est [question])* **?**

6 – **Je voudrais réserver pour le mois prochain, du 12 au 15** *(mois-prochain [relation] le-douze-du-mois à-partir-de le-quinze-du-mois jusque demande vouloir-faire c'est-que mais).*

7 – **Le mois prochain nous avons beaucoup de monde, est-ce que deux chambres un peu éloignées vous conviendraient** *(mois-prochain [renforcement] terriblement être-encombré parce-que / un-peu être-éloigné deux-chambres c'est mais / être-bien vous-pensez-que [question])* **?**

8 – **Sont-elles au même étage** *(même étage c'est [question])* **?**

9 – **Oui** *(oui ainsi c'est).*

Notes

3 お 一人 さま **o hitori sama**, *une seule personne* se dit 一人 **hitori**. Le お **o** et le さま **sama** sont là pour marquer la politesse (voyez aussi la phrase 5), comme une sorte de degré plus du nom.

4 おります **orimasu**, degré plus correspondant à います **imasu**, si l'on parle de soi ou de ses proches.

5 よろしい **yoroshii**, remplace l'adjectif いい **ii** car nous sommes dans un cadre formel (leçon 23, note 5).

6 そう で ございます **sô de gozaimasu** (note 1) : degré plus correspondant à そう です **sô desu**, *c'est ça, oui.*

44 /第四十四課

10 – よろしく おねがい します。
yo ro shi ku　o ne ga i　shi ma su

11 – チェック イン の 時間 は 正午
che k ku　i n　no　ji kan　wa　shô go

から で ございます。
ka ra　de　go za i ma su

12 (妻 に)
tsuma ni

13 – 部屋 の 予約 を した よ。
he ya　no　yo ya ku　o　shi ta　yo.

ちょっと 離れて いる 部屋 だ
cho t to　hana re te　i ru　he ya　da

けど**7** 同じ フロア だって **8**。
ke do　ona ji　fu ro a　da t te

14 – それじゃ、 仕方 が ない わ
so re ja,　shi kata　ga　na i　wa

ね。 まあ、いい わ。
ne.　ma a,　i i　wa　　　　　　　□

***

▶ 練習 1 – 訳 し なさい

❶ もしもし 上原 で ございます。
moshimoshi uehara de gozaimasu

❷ 小さい バッグ しか ありません が、よろしい
でしょう か。
chiisai baggu shika arimasen ga, yoroshii deshô ka

❸ 二十一日 から 三十日 まで プリンス
ホテル に います。
ni jû ichi nichi kara san jû nichi made purinsu hoteru ni imasu

277 • ni hyaku nana jû nana (shichi)

Quarante-quatrième leçon / 44

10 – Bon, je compte sur vous *(bien demande faire)*.
11 – Vous pouvez arriver à partir de midi *(enregistrement [relation] heure [annonce] midi-juste à-partir-de c'est)*.
12 (À sa femme) *(sa-femme [attribution])*
13 – J'ai fait les réservations *(chambre [relation] réservation [objet] avoir-fait [engagement])*. **Elle a dit que ce sont des chambres un peu éloignées, mais qu'elles sont tout de même au même étage** *(un-peu être-éloigné chambre c'est bien-que / même étage elle-a-dit-que)*.
14 – **On n'y peut rien** *(alors manière-de-faire [sujet] ne-pas-se-trouver [adoucissement] [accord])* ! **Bon, ça ira** *(bon être-bien [adoucissement])* !

13 … f'loa …

Notes

7 けど **kedo**, forme abrégée de けれども **keredomo**, *bien que*, dans le langage familier.

8 だって **datte** : dans le langage familier, だって sert à rapporter ce qu'a dit quelqu'un.

***

❹ 正午 に ホテル の 前 で 会いましょう。
shôgo ni hoteru no mae de aimashô

❺ 切符 を 三枚 おねがい したい の です けれども…
kippu o san mai onegai shitai no desu keredomo

Corrigé de l'exercice 1

❶ Allô, ici M. Uehara ! ❷ Nous n'avons que des petits sacs, est-ce que cela vous conviendrait ? ❸ Du 21 au 30 je serai au Prince-Hôtel. ❹ Retrouvons-nous à midi devant l'hôtel. ❺ Je voudrais trois billets s'il vous plaît…

練習 2 – 言葉 を 入れ なさい

❶ Les congés sont du 23 au 26.

. . . . kara . . . .
. . . . desu

❷ Nous sommes deux.

. . . .

❸ On n'y peut rien !

. . . . desu ne

❹ À partir du mois prochain, je ne travaille que l'après-midi.

. . . . wa . . . .
. . . .

❺ Comme nous avons réservé dans le même hôtel, partons ensemble !

. . . . ni yoyaku . . . . , ...
. . ikimashô

45

第四十五課 dai yon jû go ka

銀行
gin kô

1 – 度々 日本 に 来る から、口座
tabi tabi ni hon ni ku ru ka ra, kô za

を 開きたい の です が…
o hira ki ta i no de su ga

Corrigé de l'exercice 2

❶ yasumi wa ni jû san nichi – ni jû roku nichi made – ❷ futari desu ❸ shikata ga nai – ❹ raigetsu kara – gogo shika hatarakimasen ❺ onaji hoteru – shita node, issho ni –

Quarante-cinquième leçon

La banque

1 – Comme je viens souvent au Japon, je voudrais ouvrir un compte *(souvent Japon [lieu] venir parce-que / compte-bancaire [objet] vouloir-ouvrir c'est-que mais)*.

45 /第四十五課

2　口座 は 簡単 に 開く こと が
　　kô za　wa　kan tan　ni　hira ku　ko to　ga

　できます[1]　か。
　de ki ma su　　　ka

3 - はい。普通 口座 なら、外国人
　　ha i.　fu tsû　kô za　na ra,　gai koku jin

　でも 開く こと が できます。
　de mo　hira ku　ko to　ga　de ki ma su

4 - それでは、私 も 口座 を
　　so re de wa,　watakushi　mo　kô za　o

　開きましょう。
　hira ki ma　shô

5　後 二日 で カナダ へ 帰ります。
　　ato futsu ka　de　ka na da　e　kae ri ma su

6　帰国 の 前 に、残った 日本 円
　　ki koku　no　mae ni,　noko tta　ni hon　en

　を 預けて いく こと に します[2]。
　o　azu ke te　i ku　ko to　ni　shi ma su

7 - 普通 口座 でも 利子 が つきます
　　fu tsû　kô za　de mo　ri shi　ga　tsu ki ma su

　から、
　ka ra

8　来年 の 冬 また 日本 に 遊び[3]
　　rai nen　no　fuyu　ma ta　ni hon　ni　aso bi

　に 来る 時、
　ni　ku ru　toki

Quarante-cinquième leçon / 45

2 Est-ce qu'on peut facilement ouvrir un compte *(compte-bancaire [annonce] facile [adverbial] ouvrir le-fait-de [sujet] être-possible [question])* ?

3 – Oui. S'il s'agit d'un compte courant, même un étranger peut en ouvrir un *(habituel compte si-c'est étranger même ouvrir le-fait-de [sujet] être-possible)*.

4 – Alors je vais en ouvrir un *(alors moi aussi compte [objet] ouvrons)*.

5 Dans deux jours, je rentre au Canada *(après deux-jours [temps] Canada [destination] revenir)*.

6 Avant mon retour, je veux déposer les yens qui me restent *(retour-au-pays [relation] avant [temps] être-resté Japon yen [objet] confier aller le-fait-de [objet] faire)*.

7 – Comme il y a des intérêts même sur un compte courant *(habituel compte même intérêts [sujet] être-attaché parce-que /)*,

8 lorsque vous reviendrez en vacances au Japon l'hiver prochain *(année-prochaine [relation] hiver de-nouveau Japon [lieu] s'amuser [but] venir moment /)*,

Prononciation
3 … gaill'kokou …

Notes

1 Revoilà こと **koto** : vous souvenez-vous de ses nombreux usages (leçon 42, § 2) ? Ici, pour rappel, **koto ga dekimasu** signifie *pouvoir faire*.

2 Voici une autre structure dans laquelle apparaît こと **koto**, **koto ni shimasu**, *décider de…* Vous en souvenez-vous (leçon 42, § 2) ?

3 遊ぶ **asobu** : ce verbe est l'opposé de 働く **hataraku**, *travailler*. Il désigne tout ce qui n'est pas du travail et s'emploie souvent lorsqu'on parle de rendre visite à quelqu'un ou de se rendre dans un lieu pour autre chose que le travail.

45 / 第四十五課

9 お 金 が 増えて います。
　 o kane ga fue te i ma su

10 じゃ、明日 一時 半 に 銀行 の 前
　 ja, ashita ichi ji han ni gin kô no mae
　 で 会いましょう。
　 de a i ma shô

11 （翌日、銀行 の 前 で）
　 yoku jitsu, gin kô no mae de

12 – 予定外 の 買物 を した ので、
　 yo tei gai no kai mono o shi ta no de,
　 お 財布 が 空っぽ に なって
　 o sai fu ga kara p po ni na tte
　 しまいました [4]。
　 shi ma i ma shi ta

13 だから 口座 を 開く こと が
　 da ka ra kô za o hira ku ko to ga
　 できなく なりました。
　 de ki na ku na ri ma shi ta

14 それに 空港 まで の バス 代
　 so re ni kû kô ma de no ba su dai
　 も なく なって しまいました。
　 mo na ku na tte shi ma i ma shi ta

15 空港 で は 飛行場 使用料 も
　 kû kô de wa hi kô jô shiyôryô mo
　 払わなければ なりません。
　 hara wa na ke re ba na ri ma se n

🗨 *12 yoteill'gaill' ... saill'fou ... 14 ... bassoudaill' ...*

Quarante-cinquième leçon / 45

9 votre argent aura fructifié *([familiarité] argent [sujet] augmenter)*.
10 Bon, alors rendez-vous demain à une heure et demie devant la banque *(bon demain une-heure demi [temps] banque [relation] devant [lieu] retrouvons-nous)*.
11 (Le lendemain, devant la banque) *(lendemain banque [relation] devant [lieu])*
12 – J'ai fait des achats imprévus, et mon porte-monnaie est désespérément vide *(imprévu [relation] achat [objet] avoir-fait parce-que / [familiarité] porte-monnaie [sujet] complètement-vide [but] devenir avoir-fait-jusqu'au-bout)* !
13 Donc je ne peux plus ouvrir de compte *(donc compte [objet] ouvrir le-fait-de [sujet] ne-pas-être-possible être-devenu)*.
14 En plus, je n'ai même plus de quoi payer le bus pour aller à l'aéroport *(de-plus aéroport jusque [relation] tarif-du-ticket-de-bus aussi disparaître avoir-fait-jusqu'au-bout)* !
15 Et là-bas, il faut payer la taxe d'aéroport *(aéroport [lieu] [renforcement] aéroport taxe aussi il-faut-payer)* !

Note

4 なって しまいました **natte shimaimashita** : vous avez rencontré, souvent, la combinaison d'un verbe à la forme en て **te** avec います **imasu** (ou いる **iru**), いました **imashita** (ou いた **ita**) qui sert à indiquer que l'action est vue dans sa durée (leçon 11, note 4). Il existe d'autres combinaisons de la forme en て **te** d'un verbe qui permettent d'avoir différents points de vue sur l'action. なる **naru** veut dire *devenir* ; lui ajouter しまう **shimau** indique que le processus a été jusqu'au bout, "c'est complètement devenu".

ni hyaku hachi jû yon

16 こんな お願い で 悪い けれど **5**、
ko n na o nega i de waru i ke re do,
一万 円 貸して くれません か。
ichi man en ka shi te ku re ma se n ka

Note

5 けれど **keredo** : encore une abréviation, cette fois de けれども **keredomo**, *bien que*, dans le langage familier (voir leçon 44, note 7).

***

練習 1 - 訳 し なさい

❶ 一緒 に 行った 方 が いい です。
issho ni itta hô ga ii desu

❷ カナダ人 の 友達 から もらった お 酒 は 全部 飲んで しまいました。
kanadajin no tomodachi kara moratta o sake wa zenbu nonde shimaimashita

❸ 山口 さん の ところ へ 度々 遊び に 行きます。
yamaguchi san no tokoro e tabitabi asobi ni ikimasu

❹ そんな に 簡単 な 料理 なら 子供 でも できます。
sonna ni kantan na ryôri nara kodomo demo dekimasu

Quarante-cinquième leçon / 45

16 C'est vraiment mal de ma part, mais ne pourriez-vous pas me prêter 10 000 yens *(de-cette-sorte demande [moyen] être-mauvais bien-que / 1 0000 yen prêter ne-pas-faire-pour-moi [question])* ?

***

❺ 遠いですけれども、ぜひ行きたいと思います。
tooi desu keredomo, zehi ikitai to omoimasu

Corrigé de l'exercice 1

❶ Il vaut mieux que j'aille avec vous. ❷ J'ai entièrement bu l'alcool que m'avait donné mon ami canadien. ❸ Je vais souvent chez les Yamaguchi. ❹ Une recette aussi facile, même les enfants peuvent la réussir ! ❺ Bien que ce soit loin, je veux absolument y aller.

練習 2 – 言葉 を 入れ なさい

❶ Venez nous voir un de ces jours !
zehi . . . . . ni kite kudasai

❷ Je me décide à ouvrir un compte.
. . . .

❸ Bien que ce soit encore un enfant, il s'intéresse à l'opéra.
mada . . . .
. . . .

第四十六課 dai yon jû rok ka
(だいよんじゅうろっか)

医者 (いしゃ)
i sha

1 – あなた が 胃 が 痛い と 言って
　　a na ta　　ga　 i　ga　ita i　 to　　i t te

　 いました ので、
　 i ma shi ta　no de

2 　私 が 知って いる お 医者
　　watashi ga　shi t te　i ru　 o　 i sha

　 さま **1** に 予約 を 取りました。
　 sa ma　ni　yo yaku　o　 to ri ma shi ta

3 – ありがとう ございます。
　　a ri ga tô　　go za i ma su.

　 胃潰瘍 で は ない か と **2** 心配
　 i kai yô　　de　 wa　na i　ka　to　　shin pai

　 して います。
　 shi te　 i ma su

❹ Je veux encore y réfléchir un peu.
mô chotto shirabe . . . . . . omoimasu

❺ Quand vous reviendrez l'hiver prochain, je vous le présenterai.
mata . . . . kuru . . . . , ...
. . . .

Corrigé de l'exercice 2
❶ – asobi – ❷ kôza o hiraku koto ni shimasu ❸ – kodomo desu keredomo opera ni kyômi ga arimasu ❹ – tai to – ❺ – rainen no fuyu – toki, shôkai shimasu

Quarante-sixième leçon

Chez le médecin

1 – Puisque tu me disais avoir mal à l'estomac *(toi [sujet] estomac [sujet] être-douloureux [citation] avoir-dit parce-que /)*,

2 je t'ai pris un rendez-vous chez un médecin que je connais *(moi [sujet] connaître [politesse] médecin M. [lieu] rendez-vous [objet] avoir-pris)*.

3 – Merci beaucoup *(merci-beaucoup)*. Je m'inquiète, peut-être est-ce un ulcère *(ulcère-à-l'estomac ce-n'est-pas [question] [citation] inquiétude faire)* ?

Prononciation
1 … itaill' … 3 … chim'paill' …

Notes
1 お 医者 さま **o isha sama** : le お **o** et le さま **sama** sont là pour marquer la politesse, comme une sorte de degré plus du nom… Vous le rappelez-vous (leçon 44, note 3) ?

2 心配 する **shinpai suru**, *s'inquiéter* est considéré comme un acte de pensée. Le contenu de cette inquiétude précédera donc ce verbe et sera relié avec lui par と **to** (leçon 36, note 6).

46 / 第四十六課

4 — それは 早く お医者さんへ行った 方が いい ですね。
  sore wa hayaku o isha san e itta hô ga ii desu ne

5 このごろは 胃潰瘍 でも 早く 治療すると、問題なく 直る そうですから。
  konogoro wa ikaiyô demo hayaku chiryô suru to, mondai naku naoru sô desu kara

6 — それで 予約は いつ ですか。
  sore de yoyaku wa itsu desu ka

7 — 再来週の 水曜日の 午後 四時 [3] 十五分 前 です。
  sa rai shû no sui yô bi no gogo yo ji jû go fun mae desu

8 (病院で)
  byô in de

9 — お かけ ください。どう なさいました [4] か。
  o kake kudasai. dô nasaimashita ka

10 — 食後 一時間 ぐらい 経つと、
  shoku go ichi ji kan gurai tatsu to,

11 胃が じんと [5] 痛く なります。
  i ga jin to itaku narimasu

Quarante-sixième leçon / 46

4 – Il vaut mieux aller vite chez un médecin *(ceci [annonce] vite [politesse] médecin M. [destination] être-allé côté [sujet] être-bien c'est [accord])* !

5 Il paraît que maintenant même un ulcère à l'estomac guérit sans problème si on le soigne vite *(ces-temps-ci [renforcement] ulcère-à-l'estomac même vite soin faire lorsque / problème ne-pas-exister guérir il-paraît-que parce-que)*.

6 – Et le rendez-vous est pour quand *(et rendez-vous [annonce] quand c'est [question])* ?

7 – Mercredi en quinze, l'après-midi à quatre heures moins le quart *(semaine-après-la semaine-prochaine [relation] mercredi [relation] après-midi quatre-heures quinze-minutes avant c'est)*.

8 (À l'hôpital) *(hôpital [lieu])*

9 – Veuillez vous asseoir *(asseyez-vous)* ! Que se passe-t-il *(comment avoir-fait [question])* ?

10 – Environ une heure après chaque repas *(après-le-repas une-heure environ s'écouler lorsque /)*,

11 une profonde douleur me prend à l'estomac *(estomac [sujet] subitement-et-profondément être-douloureux devenir)*.

5 … mon.n'daill' … 7 salaill'chuu … 9 … nasaïmach'ta …

Notes

3 四時 **yo ji** : eh oui, quand il s'agit de l'heure, *quatre* se dit よ **yo** et non よん **yon** (jetez un coup d'œil au numéro de votre leçon !).

4 なさいました **nasaimashita**, *vous avez fait* : il s'agit du degré plus qui équivaut à しました **shimashita**, lorsque le sujet est "vous".

5 じんと **jin to** : voici encore un de ces mots quasiment intraduisibles (leçon 39, note 4), mais utilisés pour évoquer toutes sortes d'impressions sensorielles ; ici, la manière dont se produit une douleur. On la ressent comme venant de très loin, et apparaissant tout à coup, assez forte. Difficile, vous l'aurez compris, de traduire tout cela en un seul mot !

ni hyaku kyû jû

12	胃潰瘍 で は ない でしょう か。 i kai yô de wa na i de shô ka	
13 -	ちょっと 見て みましょう。 cho t to mi te mi ma shô. 舌 を 出して ください shita o da shi te ku da sa i	
14	その ベッド に 横 に なって so no be d do ni yoko ni na t te ください。 ku da sa i	
15	ここ を 押す と、痛い です か。 ko ko o o su to, ita i de su ka	
16 -	いいえ。 i i e	
17 -	ここ は? ko ko wa	
18 -	いいえ。 i i e	
19 -	ここ は? ko ko wa	
20 -	いいえ。 i i e	
21 -	大丈夫 です。 わかりました。 dai jô bu de su. wa ka ri ma shi ta	
22	何でも ありません。 ただ の nan de mo a ri ma se n. ta da no 食べ すぎ です。 ta be su gi de su	

Quarante-sixième leçon / 46

12 Est-ce que ce ne serait pas un ulcère *(ulcère ce-n'est-pas on-peut-penser [question])* ?

13 – Nous allons voir ça *(un-peu regarder faisons-pour-voir)*. Tirez la langue *(langue [objet] faites-sortir)* !

14 Allongez-vous sur ce lit *(ce lit [lieu] flanc [but] devenez)* !

15 Quand j'appuie ici, vous avez mal *(ici [objet] appuyer lorsque / être-douloureux c'est [question])* ?

16 – Non.

17 – Ici *(ici [annonce])* ?

18 – Non.

19 – Ici ?

20 – Non.

21 – Ce n'est pas grave *(hors-de-danger c'est)*. Je vois *(avoir-compris)*.

22 Il n'y a rien *(rien ce-n'est-pas)*. Un simple abus de nourriture *(ordinaire [relation] excès-d'alimentation c'est)*.

第四十六課

23 一週間 ぐらい 胃 を 休ませる
  is shû kan gu ra i i o yasu ma se ru

  ため に、 少し 食物 を 控えて
  ta me ni, suko shi tabe mono o hika e te

  ください。
  ku da sa i

24 – でも 今晩、 昇進 祝い に
  de mo kon ban, shô shin iwa i ni

  フランス レストラン に 行く こと **6**
  fu ra n su re su to ra n ni i ku ko to

  に なって います が…
  ni na t te i ma su ga

***

練習 1 – 訳 し なさい

❶ 事故 に 会った の では ない か と 心配 して います。
jiko ni atta no de wa nai ka to shinpai shite imasu

❷ 足 が 痛い。
ashi ga itai

❸ 三 時 二 十 五 分 前 に 工場 を 出ました。
san ji ni jû go fun mae ni kôjô o demashita

❹ お 誕生日 祝い に 芝居 を 見 に 行きましょう。
o tanjôbi iwai ni shibai o mi ni ikimashô

Quarante-sixième leçon / 46

23 Vous diminuerez un peu la nourriture pendant huit jours pour faire reposer votre estomac *(une-semaine environ estomac [objet] faire-reposer afin-de / un-peu aliments [objet] modérez)*.

24 – Mais ce soir, je dois aller dans un restaurant français pour fêter ma promotion *(mais ce-soir avancement célébration [but] restaurant-français [lieu] aller le-fait-de [but] devenir mais)*...

23 ... s'kochi ...   24 ... ïouaï ...

Note

6 こと に なって います **koto ni natte imasu** ; vous souvenez-vous de la structure こと に なる **koto ni naru** (leçon 42, § 2) ? Elle équivaut à *en arriver à ce que* (litt. "le-fait-de [but] devenir").

***

❺ 医者 の ところ へ 行く と、いつも 何か こわい です。

isha no tokoro e iku to, itsumo nanika kowai desu

Corrigé de l'exercice 1

❶ Je suis inquiète : ils ont peut-être eu un accident. ❷ J'ai mal au pied. ❸ J'ai quitté l'usine à trois heures moins vingt-cinq. ❹ Pour fêter ton anniversaire, allons au théâtre. ❺ J'ai toujours un peu peur quand je vais chez le médecin.

47/第四十七課

練習 2 – 言葉 を 入れ なさい

① Il dit qu'il a mal à l'oreille.
. . . .

② Merci.
. . . .

③ Nous arriverons à quatre heures moins le quart.
. . . . tsukimasu

④ Il vaut mieux acheter vite les billets.
kippu o hayaku katta . . . .

⑤ Il se trouve que moi aussi je vais chez le médecin cet après-midi.
watakushi . . kyô no . . . . o . . . .
. . . . iku . . . . . natte imasu

第四十七課 dai yon jû nana ka

音楽 (おんかく)
on gaku

1 （カクテル　　パーティー　　で）
   ka ku te ru   pâ   tî   de

2 – 何か　お　　飲み　　に　　なります 1
   nani ka o   no mi   ni   na ri ma su

   か。シャンペン　は　お
   ka. sha n pe n   wa   o

   好き　です　か。
   su ki de su   ka

Corrigé de l'exercice 2

❶ mimi ga itai to itte imasu ❷ arigatô gozaimasu ❸ yo ji jû go fun mae ni – ❹ – hô ga ii desu ❺ – mo – gogo – isha san no tokoro e – koto ni –

Le Japon est un pays très éclectique médicalement parlant. À côté de la médecine "occidentale" continue d'exister la médecine japonaise traditionnelle. Et la pharmacopée chinoise, avec ses petites échoppes aux vitrines pleines de bocaux aux contenus bizarres, reste très présente. Comme la médecine chinoise dont elle s'est inspirée, la médecine japonaise insiste surtout sur la prévention. Il existe donc une foule de ce que l'on appelle les "techniques de santé" : type d'alimentation, massages, acupuncture, gymnastique, techniques de relaxation, etc. Et tout est parfaitement légal. Il n'y a pas de monopole d'une médecine par rapport à une autre.

Quarante-septième leçon

La musique

1 (Lors d'un cocktail) *(cocktail [lieu])*
2 – Vous boirez quelque chose *(quelque chose [politesse] boire [but] devenir [question])* **?** Aimez-vous le champagne *(champagne [annonce] [politesse] être-aimé c'est [question])* **?**

Note

1 お飲みになります **o nomi ni narimasu** : ce verbe au degré plus se forme à partir du verbe "normal", ici 飲む **nomu**, *boire*, qui se trouve encadré par お **o** et par に なります **ni narimasu**, ces deux éléments devenant alors la marque du degré plus, lorsque le sujet est l'interlocuteur : *vous buvez*. Sorte de degré plus aussi, le お **o** devant 好き **suki** : *vous aimez*. Voici donc un autre mode de fonctionnement du degré plus, différent de celui des verbes usuels qui consiste en l'emploi d'un autre verbe (leçon 44, note 1).

第四十七課

3 加藤 さん から 音楽 が お 好き だ と うかがいました **2** が…

4 — はい。 特 に クラシック 音楽 が 好き です。

5 — 何か 楽器 を なさいます か。

6 — はい。 オーボエ を 趣味 で やって います。

7 — もう どのぐらい なさって いる **3** の です か。

8 — 五 六 年 です。 高校 **4** の 時 クラブ 活動 で 始めた の **5** が きっかけ です。

9 卒業 して から なかなか 吹く 機会 が ありません。

3 J'ai appris de M. Katô que vous aimiez la musique *(Katô-M. à-partir-de musique [sujet] [politesse] être-aimé c'est [citation] avoir-entendu mais).*

4 – Oui. Surtout la musique classique *(particulièrement [adverbial] musique-classique [sujet] être-aimé c'est).*

5 – Vous jouez d'un instrument *(quelque-chose instrument-de-musique [objet] faire [question])* ?

6 – Oui. Je joue du hautbois dans mes loisirs *(hautbois [objet] activité-de-loisir [moyen] faire).*

7 – Vous en faites depuis combien de temps *(déjà combien-à-peu-près faire c'est-que [question])* ?

8 – 5, 6 ans *(cinq six an c'est).* Au départ, j'ai commencé cela comme une activité de club quand j'étais au lycée *(lycée [relation] moment club activité [moyen] avoir-commencé le-fait-de [sujet] occasion-de-départ c'est).*

9 Depuis que j'ai fini le lycée, je n'ai que peu d'occasions de jouer *(fin-des-études faire depuis pas-tellement souffler occasion [sujet] ne-pas-se-trouver).*

Prononciation
5 … nasaïmass' … 6 … chumi … 9 … kikaill' …

Notes

2 うかがいました **ukagaimashita**, degré plus correspondant à 聞きました **kikimashita**, si le sujet est "moi", *j'ai entendu dire*.

3 なさって いる **nasatte iru** (leçon 46, note 4), *vous faites*. なさる est l'équivalent degré plus de する.

4 高校 **kôkô**, *le lycée*. En fait, le terme officiel est plus long : 高等学校 **kôtôgakkô**, littéralement "école de niveau supérieur". Les Japonais pratiquent beaucoup cette manière d'abréger les mots composés un peu longs, en ne gardant que deux caractères (leçon 23, note 2).

5 始めた の が **hajimeta no ga**. Vous connaissez déjà こと **koto**, avec le sens de *le fait de* + verbe, dans des expressions figées (leçon 42, § 2). Hormis au sein de ces expressions, où l'on emploie obligatoirement こと **koto**, pour traduire *le fait de* on utilise plutôt の **no**. Ici, littéralement, cela donne "le fait d'avoir commencé comme activité de club a été à l'origine".

10 ですから 最近 は 自分 で 吹く より、

11 もっぱら ＣＤ **6** や インターネット で 聞いて います。

12 インターネット では いろいろな **7** 音楽 の ダウンロード が できます。

13 — 僕 の 家 に 音楽 好き の 仲間 が 十二人 **8** ぐらい 日曜日 に 隔週 で 集まります。

14 よろしかったら、 いらっしゃいません **9** か。

15 — ぜひ 仲間 に 入れて ください。

16 その 方 が 一人 で 練習 する より 楽しい です。

Quarante-septième leçon / 47

10 Alors, ces temps-ci, plutôt que de jouer moi-même *(donc récemment [renforcement] soi-même [moyen] souffler plutôt-que /)*,

11 j'écoute surtout des CD ou [je vais sur] Internet *(surtout CD et Internet [moyen] écouter)*.

12 Sur Internet on peut télécharger toutes sortes de musique *(Internet [moyen] [renforcement] toutes-sortes c'est musique [relation] téléchargement [sujet] être-possible)*.

13 – Un dimanche sur deux, se réunissent chez moi une douzaine d'amis passionnés de musique *(moi [relation] maison [lieu] musique être-aimé [relation] camarade [sujet] douze personnes environ dimanche [temps] une-semaine-sur-deux [moyen] se-rassembler)*.

14 Si cela vous intéresse, pourquoi ne viendriez-vous pas *(si-c'est-bien / ne-pas-venir [question])* ?

15 – Si vous voulez bien m'accepter parmi vos amis *(absolument ami [lieu] faites-moi-entrer)*.

16 C'est plus agréable que de s'exercer tout seul *(ce côté [sujet] tout-seul exercice faire plutôt-que être-agréable c'est)* !

10 … saill'kin' … 13 … kakouchuu … 14 … ilachchaïmassèn'

Notes

6 CD, initiales de deux mots anglais. Et lorsqu'on emploie des lettres de l'alphabet romain, elles sont toujours épelées à la manière anglaise. Donc ici : **C** = shî et **D** = dî.

7 な na, vous le savez, ce な na est une autre forme de degré moins de です desu, *c'est*, qui s'emploie uniquement à l'intérieur d'une phrase ou d'une proposition (leçon 33, note 1).

8 Pour compter les personnes : *une personne*, c'est 一人 hitori (leçon 44, phrase 3), *deux personnes*, c'est 二人 futari (leçon 44, phrase 4). Mais à partir de 3, c'est simplement le chiffre + 人 nin, dans les situations courantes, ou le chiffre + 名 mei, dans les situations officielles (leçon 44, phrase 5).

9 いらっしゃいません irasshaimasen est le degré plus équivalant à 来ません kimasen, si le sujet est l'interlocuteur : *vous ne venez pas*.

第四十七課

▶ 練習 1 - 訳 し なさい

❶ このごろ は 映画 を 見 に 行く より もっぱら テレビ で 見る の です。
konogoro wa eiga o mi ni iku yori moppara terebi de miru no desu

❷ 日本 へ 両親 を つれて 行った の が きっかけ です。
nihon e ryôshin o tsurete itta no ga kikkake desu

❸ 生け花 を 趣味 で やって います。
ikebana o shumi de yatte imasu

❹ ざんねん です が、日本語 で 話す 機会 が なかなか ありません。
zannen desu ga, nihongo de hanasu kikai ga nakanaka arimasen

❺ 伯父 さん から 歌舞伎 が お 好き だ と 聞きました。
oji san kara kabuki ga o suki da to kikimashita

***

練習 2 - 言葉 を 入れ なさい

❶ Il y avait deux cents personnes au cocktail d'hier.
. . . . . kakuteru-pâtî ni hito ga . . . .

❷ Vous avez fait du français pendant combien de temps ?
. . . . nasaimashita ka

❸ Le samedi tous les quinze jours, je vais au concert.
. . . . de ongakkai . . . .

Quarante-septième leçon / 47

Corrigé de l'exercice 1
❶ Ces temps-ci, plutôt que d'aller au cinéma, c'est surtout à la télévision que je regarde les films. ❷ L'occasion en a été mon voyage au Japon avec mes parents. ❸ Dans mes loisirs je fais de l'arrangement de fleurs. ❹ C'est dommage, mais je n'ai presque pas d'occasions de parler japonais. ❺ J'ai entendu dire par votre oncle que vous aimiez le kabuki.

***

❹ J'aime écouter du jazz.
   jazu o kiku . . ga suki desu
❺ C'est plus agréable de jouer que d'écouter.
   kiku . . . . fuku . . . .

Corrigé de l'exercice 2
❶ kinô no – ni hyaku nin imashita ❷ furansugo wa donogurai – ❸ doyôbi ni kakushû – ni ikimasu ❹ – no – ❺ – yori – hô ga tanoshii desu

Comme pour tous les arts, il existe pour la musique deux domaines fondamentaux : la tradition japonaise et la tradition occidentale. Et c'est souvent la seconde qui prédomine aujourd'hui. Si l'on parle de musique classique, ce qui se passe au Japon est tout à fait identique à ce qui se passe en Europe : concerts symphoniques ou de musique de chambre, écoles de musique, universités d'études musicales, éditions musicales, production d'enregistrements. Mais les Japonais sont allés

48

第四十八課 **dai yon jû hak ka**

秋の日の…
aki no hi no

1 — もう そろそろ 夏 が 終わります ね。
mô so ro so ro natsu ga o wa ri ma su ne

2 秋 の 足音 が 聞こえる みたい
aki no ashioto ga ki ko e ru mi ta i

です ね。
de su ne

3 いわし雲1 が 浮かんで いる
i wa shi gumo ga u ka n de i ru

空 や 夕焼け を 見る と、
sora ya yû ya ke o mi ru to

4 この 世 が 空しく なります。
ko no yo ga muna shi ku na ri ma su

Prononciation

2 … mitaill' … 3 … yuuyaké …

plus loin : les facteurs d'instruments (pianos, flûtes, etc.) japonais se sont imposés dans le monde entier. Des types d'enseignement musical, parfois contestés, ont rassemblé des milliers d'élèves apprenant le violon ou autre… Et de magnifiques auditoriums accueillent des musiciens venus du monde entier chercher au Japon une sorte de consécration et surtout un vaste public prêt à payer pour les écouter.

Quarante-huitième leçon

De l'automne…
(automne [relation] jour [relation])

1 – L'été va bientôt s'en aller *(déjà doucement été [sujet] se-terminer [accord])*…
2 C'est comme si l'on entendait les bruits de pas de l'automne *(automne [relation] bruit-de-pas [sujet] être-audible on-dirait c'est [accord])*.
3 Lorsque je vois le ciel où flottent les nuages d'automne, et les couchers de soleil *(cirrocumulus [sujet] flotter ciel et crépuscule [objet] regarder lorsque /)*,
4 ce monde me semble bien vain *(ce monde [sujet] être-vain devenir)*.

Note

1 いわし雲 **iwashigumo** (litt. "sardine-nuage") : on appelle cirro-cumulus ces nappes de nuages en couches très minces. Ce type de nuage au nom peu poétique est inséparable, au Japon, de la sensation de mélancolie engendrée par l'automne.

5 　枯葉 が 落ちる の **2** を 見て いる
　　kare ha　 ga　 o chi ru　 no　　 o　 mi te　 i ru

　と　 悲しく　 なります。
　to　 kana shi ku　 na ri ma su

6 　全く 「秋 の 日 の ビオロン **3**
　　matta ku　 aki　 no　 hi　 no　 bi o ro n

　の 溜息…」 の 詩 の よう です な。
　no　 tame iki　 no　 shi　 no　 yô de su na

7 　夏 の 終わり の 日暮れ の 太陽
　　natsu no　 o wa ri　 no　 hi gu re　 no　 tai yô

　の 光 が 庭 の 柿 **4** の 木 の 葉
　no hikari ga niwa no kaki　 no ki no ha

　に 輝いて いる の を 見る と、
　ni kagaya i te　 i ru　 no　 o　 mi ru　 to

8 　もう 秋 に なって しまった の か
　　mô　 aki　 ni　 na tte　 shi ma tta　 no　 ka

　と 思います。
　to　 omo i ma su

9 　時 が あまりにも はやく 過ぎる
　　toki ga　 a ma ri ni mo　 ha ya ku　 su gi ru

　ので、 寂しい 気持 に なります。
　no de,　 sabi shi i　 ki mochi　 ni　 na ri ma su

10 　人 の 命 なんて はかない もの
　　hito　 no　 inochi　 na n te　 ha ka na i　 mo no

　です ね。
　de su　 ne

Quarante-huitième leçon / 48

5 **Lorsque je regarde tomber les feuilles mortes, je deviens triste** *(feuille-morte [sujet] tomber le-fait-de [objet] regarder lorsque / triste devenir)*.

6 **C'est exactement comme le poème : "Les sanglots longs des violons de l'automne…"** *(exactement automne [relation] jour [relation] violon [relation] soupir [relation] poème [relation] similitude c'est [réflexion])*

7 **Lorsque je regarde les rayons du soleil, au déclin d'un jour de fin d'été, briller sur les feuilles de l'arbre à kaki du jardin** *(été [relation] fin [relation] fin-du-jour [relation] soleil [relation] lumière [sujet] jardin [relation] kaki [relation] arbre [relation] feuille [lieu] briller le-fait-de [objet] regarder lorsque /)*,

8 **je vois bien que l'automne est là** *(déjà automne [but] devenir faire-jusqu'au-bout c'est-que [question] [citation] penser)*.

9 **Le temps passe trop vite, cela me rend mélancolique** *(temps [sujet] trop vite passer parce-que / être-mélancolique sentiment [but] devenir)*.

10 **La vie humaine est vraiment peu de choses** *(être-humain [relation] vie ce-qu'on-appelle être-éphémère chose c'est [accord])* !

10 … hakanaill' …

Notes

2 の **no** : vous souvenez-vous de ce petit mot qui signifie *le fait de* (leçon 47, note 5) ? Ici, respectivement en phrases 5 et 7, cela donne littéralement "lorsque je vois le fait que les feuilles mortes tombent" et "lorsque je vois le fait que les rayons de soleil… brillent…".

3 Ce mot ビオロン **bioron**, emprunté au français *violon* a été abandonné au profit d'un autre, emprunté à l'anglais : ***violin***, バイオリン **baiorin**.

4 柿 **kaki**, fruit de l'automne dont la couleur est un orange lumineux.

san byaku roku • 306

11 — あら、 あなたの ご 主人 は
　　　a ra, a na ta no go shu jin wa

　　　ロマンティック な 方 5 です ね。
　　　ro man ti k ku na kata de su ne

12 　いつも こんな 風 です か。
　　　i tsu mo ko n na fû de su ka

13 — いいえ。 酔っ払った 時 だけ
　　　i i e. yo p para t ta toki da ke

　　　です。お 酒 を 飲んで いない
　　　de su. o sake o no n de i na i

　　　時 は 現実的 な 人 です よ。
　　　toki wa gen jitsu teki na hito de su yo

14 　そう で なければ、 どう やって
　　　sô de na ke re ba, dô ya t te

　　　冷凍 食品 を 売る 商売 が
　　　rei tô shoku hin o u ru shô bai ga

　　　できます か。
　　　de ki ma su ka

(いつも こんな 風 ですか。)

Quarante-huitième leçon / 48

11 – Eh bien, votre mari est quelqu'un de romantique *(eh-bien vous [relation] [politesse] mari [annonce] romantique c'est être-humain c'est [accord])* !

12 Il est toujours comme ça *(toujours de-cette-sorte manière c'est [question])* ?

13 – Non. Seulement quand il a bu *(s'être-enivré moment seulement c'est)*. Quand il est à jeun c'est plutôt quelqu'un de réaliste *([familiarité] alcool [objet] ne-pas-boire moment [renforcement] / réaliste c'est être-humain c'est [engagement])*.

14 Sinon, comment pourrait-il faire son travail qui est de vendre des produits surgelés *(ainsi si-ce-n'est-pas comment congélation aliment [objet] vendre commerce [sujet] être-possible [question])* ?

🔊 *11 … chudjin … 14 … leill'too chokouhin' … choobaill' …*

Note

5 方 **kata**, bien que ce soit un nom, on peut considérer ce terme comme étant le degré plus correspondant au degré moyen 人 **hito**, *un être humain*, *une personne*.

***

On peut se demander ce que vient faire Verlaine dans cette histoire. En voici l'explication : le Japon est peut-être le pays du monde où l'on traduit le plus de littérature étrangère. Dès la fin du XIXe siècle et l'ouverture du pays, la machine à traduire s'est mise en route : littératures russe, allemande, anglaise, américaine… et bien sûr française. Dès la fin du XIXe siècle les Japonais pouvaient lire les œuvres de Hugo, Dumas, Jules Verne ou Rousseau en japonais. Dès 1900, les principaux poètes français du XIXe avaient été traduits : Verlaine, Rimbaud, Baudelaire… Puis les grands romanciers : Zola, Maupassant, Balzac, Stendhal, Proust… Et l'on assiste sans arrêt à la parution de nouvelles traductions. Aujourd'hui près de 200 auteurs français ont été traduits. Depuis les classiques du XVIIe siècle jusqu'aux auteurs les plus contemporains, on peut dire que pas un auteur important de l'histoire littéraire française n'a été négligé.

第四十九課

▶ 練習 1 - 訳 し なさい

1. そう で なければ、どう やって この 工場 で 働く こと が できます か。
   sô de nakereba, dô yatte kono kôjô de hataraku koto ga dekimasu ka

2. 水族館 の 中 に 入る みたい です。
   suizokukan no naka ni hairu mitai desu

3. 銀行 に 入る と、すぐ 右 に あります。
   ginkô ni hairu to, sugu migi ni arimasu

***

練習 2 - 言葉 を 入れ なさい

1. Quand je vois la lune se lever, je deviens triste.
   . . . . deru no . . . . , ...

2. Votre mari est quelqu'un de réaliste.
   go shujin . . . .

3. C'est seulement quand il a beaucoup mangé.
   takusan . . . .

49

第四十九課 dai yon jû kyû ka

まとめ – Révision

Magnifique !... Vous voilà arrivé à la fin de la première étape de votre parcours d'apprentissage, la phase dite d'imprégnation, pendant laquelle vous vous êtes laissé imprégner par la langue

❹ 一人 で 散歩 する の が 大好き です。
hitori de sanpo suru no ga daisuki desu

❺ 海 の よう です。
umi no yô desu

Corrigé de l'exercice 1
❶ Sinon, comment pourrait-il travailler dans cette usine ? ❷ On croirait entrer dans un aquarium. ❸ C'est tout de suite à droite quand on entre dans la banque. ❹ J'adore me promener tout seul. ❺ On dirait la mer.

***

❹ C'est difficile de fabriquer quelque chose de bien.
   ii mono . . . .

❺ Je regarde la pluie tomber.
   . . . . . futte iru . . . mi . . . .

Corrigé de l'exercice 2
❶ tsuki ga – o miru to, kanashiku narimasu ❷ – wa genjitsuteki na kata desu ne ❸ – tabeta toki dake desu ❹ – o tsukuru no wa muzukashii desu ❺ ame ga – no o – te imasu

Quarante-neuvième leçon

japonaise. Vous êtes prêt maintenant à entrer dès la leçon 50, dans la phase d'activation, c'est-à-dire à utiliser ce que vous avez emmagasiné, tout en continuant à acquérir de nouveaux éléments. Nul doute que vous n'ayez hâte de vous y plonger, mais auparavant il faut (enfin...) que vous compreniez à fond comment fonctionne le système verbal. Ce sera l'objet de cette leçon.

1 Les verbes

Encore une fois, les verbes. Il nous faut un peu les "démonter" pour que vous puissiez les utiliser à toutes les formes sans difficulté. Rappelez-vous ce que nous disions dans la leçon 42 à la fin du paragraphe 4.1. Le principe est simple (et pas tellement original, c'est ce qui se passe dans la plupart des langues, y compris en français !) : des suffixes, venant s'ajouter à une ou des bases. Ces suffixes, vous les connaissez presque tous.

Pour le degré moyen, vous les fréquentez depuis fort longtemps et ils doivent vous paraître absolument naturels : c'est la série ます **masu** et ses dérivés. Au cas où vous auriez un petit trou de mémoire ou un petit doute, vous pouvez vous reporter à la leçon 7 (§ 1), où déjà nous récapitulions toute la série, et à la leçon 35 (§ 3).

1.1 Suffixes au degré moins

Pour le degré moins, les suffixes vous sont peut-être moins familiers, mais vous les avez déjà presque tous revus à propos de する **suru** *faire*, dans la leçon 42 (§ 4.1) :
– 一ない **-nai**, qui sert à former la négation :
→ 行かない **ikanai**, *ne pas aller* (leçon 29, phrase 2) ;
→ わからない **wakaranai**, *ne pas être compréhensible* (leçon 38, phrase 1) ;
→ 作れない **tsukurenai**, *ne pas pouvoir fabriquer* (leçon 41, phrase 16) ;
→ 飲んで いない **nonde inai**, *ne pas être en train de boire* (leçon 48, phrase 13).
– なかった **nakatta**, qui sert à former la négation du passé :
→ 出なかった **denakatta**, *ne pas être apparu* (leçon 40, phrase 14).
– たい **tai**, qui permet de dire *je veux faire ceci ou cela* :
→ 会いたい **aitai**, *je veux rencontrer* (leçon 27, phrase 6) ;
→ 買いたい **kaitai**, *je veux acheter* (leçon 31, phrase 1) ;
→ 住みたい **sumitai**, *je veux habiter* (leçon 34, phrase 4) ;
→ 開きたい **hirakitai**, *je veux ouvrir* (leçon 45, phrase 1).

1.2 Les deux sortes de verbes

Maintenant, prenons certains des verbes que nous venons de citer, à leur forme de degré moins, forme la plus neutre, sous laquelle on les trouve dans les dictionnaires :

– *aller*, vous l'avez vu dès le début, c'est 行く **iku** (voir aussi leçon 43, phrase 14).
– *apparaître, sortir*, c'est 出る **deru** (leçon 31, phrase 1).
Cette forme, vous l'avez remarqué depuis longtemps, finit toujours par **u**. Ceci est vrai pour tous les verbes. Ainsi, l'on a :
– *boire*, 飲む **nomu** ;
– *être compréhensible*, わかる **wakaru**.

Regardons ce qui se passe au degré moyen : vous le savez depuis longtemps, le degré moyen implique l'utilisation du suffixe ます **masu** et de ses dérivés. Pour cela, reprenons donc les verbes 行く **iku**, *aller* et 出る **deru**, *apparaître, sortir*, et mettons-les au degré moyen, donc avec le suffixe ます **masu** : 出る **deru** → 出ます **demasu** ; 行く **iku** → 行きます **ikimasu**.

C'est là qu'il vous faut faire preuve de perspicacité. Regardez, le suffixe ます **masu** est bien le même dans les deux cas. Mais il y a une différence dans la façon dont on passe d'une forme à l'autre. Allez, à vous de la trouver ! Qu'est-ce qui reste ? Qu'est-ce qui part ? Qu'est-ce qui change ? Voilà, vous y êtes :

• 1ᵉʳ cas : le suffixe s'ajoute à une base unique
Pour 出る **deru**, **masu** vient remplacer carrément **ru** : 出る **de**ru, 出ます **de**masu. Regardons d'autres formes : 出ない **de**nai, *ne pas sortir* ; 出なかった **de**nakatta, *ne pas être sorti* ; 出たい **de**tai, *je veux sortir* ; 出た **de**ta, *être sorti* (leçon 27, phrase 13, degré moins avec un suffixe た **ta**, pour le passé, dont nous parlerons plus tard). Vous l'avez compris, pour ce verbe, il y a une seule base : 出 **de**, et tous les suffixes viennent s'y ajouter. Pas trop compliqué !
Une grande partie des verbes fonctionnent de cette manière et leur forme la plus neutre (celle du dictionnaire) est obligatoirement terminée par **iru** ou **eru** : **ru** s'en va et les suffixes viennent ! (Mais attention, la proposition n'est pas réversible, tous les verbes qui se terminent en **iru** ou **eru** ne fonctionnent pas de cette façon !)
– Essayons avec un autre verbe, *manger*, 食べる **taberu** : **ru** s'en va, reste **tabe**. On a ainsi : 食べます **tabe**masu, *manger* (degré moyen) ; 食べない **tabe**nai, *ne pas manger* (degré moins) ; 食べた **tabe**ta, *avoir mangé* (degré moins) ; 食べたい **tabe**tai, *je veux manger* (degré moins).
– Essayons encore avec *regarder*, 見る **miru** : **ru** s'en va, **mi** reste. On obtient donc : 見ます **mi**masu, *regarder* (degré moyen) ; 見ない **mi**nai, *ne pas regarder* (degré moins) ; 見た **mi**ta, *avoir regardé* (degré moins).

Pour ces verbes-là, c'est clair, non ? Pas de problème. C'est un peu plus compliqué pour les autres.

• **2ⁿᵈ cas : l'ajout du suffixe implique un changement de voyelle de la base**

Revenons à 行く **iku**, *aller* : 行く **iku** → 行きます **ikimasu**.
Ici, il n'y a rien qui s'en va, mais une voyelle qui change : **iku**, **ikimasu**. Le **ik** reste bien, mais entre lui et les suffixes, il y aura toujours une voyelle, qui sera différente selon le suffixe.
Prenons les formes que vous connaissez déjà bien : 行きます **ik**i**masu**, *aller* (degré moyen) ; 行きたい **ik**i**tai**, *je veux aller* (degré moins) ; mais : 行かない **ik**a**nai**, *ne pas aller*.

Ce n'est pas si terrible ! Devant la série ます **masu**, et devant たい **tai**, c'est **i**, devant ない **nai**, c'est **a**. On utilise aussi le **e** et le **o**... mais, pas tout à la fois ! Nous avons décidé depuis longtemps de prendre notre temps ! Retenez bien ces deux-là pour le moment. Et observez bien les formes verbales que vous rencontrez. Bien sûr, il y aura quelques exceptions de temps en temps, mais nous en parlerons en temps utile.

1.3 Le degré plus

Reste à parler un peu du degré plus. Il a deux particularités par rapport aux autres degrés, moyen et moins. La première, nous en avons déjà parlé (leçon 44, note 1). Pour certains verbes très usuels, comme *aller, venir, se trouver, c'est*, le degré plus n'est pas une forme du verbe, mais un verbe différent. Nous avons vu ainsi : で ございます **de gozaimasu**, *c'est* (leçon 44, phrases 1 et 9) ; des formes de なさる **nasaru**, équivalent de する **suru**, *faire* (leçon 46, phrase 9 ; leçon 47, phrase 7) ; une forme de うかがう **ukagau**, degré plus pour 聞く **kiku**, *entendre (dire)* (leçon 47, phrase 3) ; une forme de いらっしゃる **irassharu**, degré plus équivalent entre autres de 来る **kuru**, *venir* (leçon 47 encore, phrase 14).

Pour les verbes moins usuels, il y a plusieurs manières de faire le degré plus, nous en avons vu une dans la leçon 47 (phrase 2, note 1). La seconde particularité du degré plus est toute neuve, et fort étrangère aux têtes francophones. Vous le savez, les formes du degré moyen s'emploient indifféremment pour parler de *je* ou de *vous*. Voyons la leçon 3. Question : 食べます か。 **tabemasu ka**, *Est-ce que vous mangez... ?* → réponse : 食べます。 **tabemasu**, *je*

Quarante-neuvième leçon / 49

mange. La même forme 食べます **tabemasu** peut correspondre à *je mange* ou à *vous mangez*.

Ceci est impossible avec les formes de degré plus. Une forme donnée correspond soit à *je*, soit à *vous*, jamais aux deux. Ainsi, en leçon 47, un jeune homme rencontre une jeune femme dans un cocktail. Pour dire la vérité, il la drague un peu… mais très poliment, comme il sied dans ce genre de situation. Pour lui demander si elle aime quelque chose, il lui dit : …お好きですか **o suki desu ka** (phrase 2), cela ne peut vouloir dire que *aimez-vous…?* (litt. "… être aimé de vous ?"). Elle répond (phrase 4) : …好きです **suki desu**, qui est la seule réponse possible : *j'aime…* Une forme comme お飲みになります **o nomi ni narimasu** (leçon 47, phrase 2, note 1) ne peut correspondre qu'à *vous* : *vous buvez*. On la trouvera bien sûr le plus souvent dans des questions.

Pour les verbes très usuels, où le degré plus est un verbe différent, il y aura en fait à chaque fois deux verbes degré plus, spécialisés, l'un pour *je*, l'autre pour *vous*. Ainsi, なさる **nasaru**, *faire*, est spécialisé pour *vous* (leçon 46, phrase 9 ; leçon 47, phrase 5), いらっしゃる **irassharu**, *venir*, est spécialisé pour *vous* (leçon 47, phrase 14). En revanche, le で ございます **de gozaimasu** (leçon 44, phrases 1 et 9) veut bien dire *c'est*, mais est spécialisé pour *je*, c'est-à-dire : *[en ce qui me concerne] c'est*. Nous signalons toujours les degrés plus, et nous indiquerons désormais, directement dans la traduction littérale, la "spécialité" de cette forme, soit *je*, soit *vous*.

第四十九課

▶ 復習 会話

1 今晩 早く 帰りたい なあ。
konban hayaku kaeritai naa

2 帰る。帰ります。帰らない。
kaeru. kaerimasu. kaeranai

3 いろいろ な 質問 を した けれども、子供 が 答えなかった。
iroiro na shitsumon o shita keredomo, kodomo ga kotaenakkata

4 答える。答えます。答えない。答えたい。
kotaeru. kotaemasu. kotaenai. kotaetai

5 とても こまって います よ。ホテル が 皆 混んで いる ので、来月 の 予約 が できなかった の です。
totemo komatte imasu yo. hoteru ga minna konde iru node, raigetsu no yoyaku ga dekinakatta no desu

6 できる。できます。できない。
dekiru. dekimasu. dekinai

7 足 が 痛い から、病院 まで 歩かない。バス で 行く わ。
ashi ga itai kara, byô.in made arukanai. basu de iku wa

8 歩く。歩きます。歩かなかった。歩きたい。
aruku. arukimasu. arukanakatta. arukitai

9 この 本 は すすめない よ。全然 おもしろくない 本 だ よ。
kono hon wa susumenai yo. zenzen omoshirokunai hon da yo

Quarante-neuvième leçon / 49

10 すすめる。 すすめます。 すすめなかった。
susumeru. susumemasu. susumenakatta

Traduction

1 Comme je voudrais rentrer à la maison de bonne heure ce soir ! **2** Je (tu, il…ils) rentre (rentre(s)(nt)) (degré moins). Je (tu… il…ils) rentre (rentre(s)(nt)) (degré moyen). Je ne rentre pas (degré moins). **3** J'ai posé toutes sortes de questions, mais l'enfant n'a pas répondu. **4** Je réponds. Je réponds. Je ne réponds pas. Je veux répondre. **5** Je suis très ennuyé. Comme les hôtels sont tous pleins, je n'ai pas pu faire de réservation pour le mois prochain. **6** Être possible. Être possible. Ne pas être possible. **7** Comme j'ai mal aux pieds, je ne marche pas jusqu'à l'hôpital. J'y vais en bus. **8** Je marche. Je marche. Je n'ai pas marché. Je veux marcher. **9** Je ne te recommande pas ce livre. C'est vraiment un livre sans intérêt. **10** Je recommande. Je recommande. Je n'ai pas recommandé.

Voilà ce qu'il vous fallait revoir pour terminer en beauté la première phase, d'imprégnation, de votre étude et vous donner toutes les armes pour réussir au mieux la seconde, que vous pouvez attaquer sans attendre. La phase dite d'activation sera sur deux plans :
- Après avoir étudié chaque nouvelle leçon vous reprendrez une à une les leçons à partir de la première : après la leçon 50, vous réviserez la leçon 1 ; après la leçon 51, la leçon 2, etc. La leçon à revoir vous sera indiquée par le biais de la mention "Deuxième vague". Reprendre les leçons consistera pour vous à reconstituer le dialogue, sans regarder le texte japonais, à partir de la traduction française, surtout de la traduction littérale. Faites de même avec le texte français de l'exercice 1. Ainsi vous réviserez les constructions de base de la langue et le vocabulaire, et vous commencerez à prendre une attitude active vis-à-vis du japonais : non plus seulement comprendre, mais parler, faire vous-même des phrases. N'hésitez pas à passer du temps : vos progrès en dépendent.
- Vous commencerez aussi à apprendre à tracer les caractères des deux syllabaires hiragana et katakana, tranquillement, à raison de 5 caractères par leçon, à partir de la leçon 57. Il y en a certainement que vous reconnaissez déjà ! Cette fois, toutes les indications vous seront données sur l'ordre dans lequel tracer les traits, qui doit être impérativement respecté. Aux deux exercices habituels, nous ajouterons une petite dictée. C'est classique, mais efficace !

がんばって **ganbatte**, "Tenez bon, accrochez-vous, vous êtes sur la bonne voie !".

第五十課 dai go juk ka
だい ご じゅっ か

美術館
びじゅつかん
bi jutsu kan

1 – ところ で 新しい 現代 美術館 に 行った こと が あります **1** か。
   to ko ro de atara shi i gen dai bi jutsu kan ni i t ta ko to ga a ri ma su ka

2 – いいえ、 まだ です。
   i i e, ma da de su

3 – 明日 または あさって 一緒 に 見 に 行きましょう。
   ashita ma ta wa a sa t te is sho ni mi ni i ki ma shô

4 – はい、では さっそく 明日 の 午後 行きましょう。
   ha i, de wa sa s so ku ashita no gogo i ki ma shô

5 （美術館 の 中 で)
   bi jutsu kan no naka de

6 – 何 を 見て います か。
   nani o mi te i ma su ka

Prononciation

1 … bijutsu kan.n' …

Cinquantième leçon

Au musée *(musée-d'art)*

1 – À propos, avez-vous visité le nouveau musée d'art moderne *(à-propos être-nouveau contemporain musée-d'art [lieu] être-allé le-fait-de [sujet] se-trouver [question])* ?
2 – Non, pas encore.
3 – Allons-y ensemble demain ou après-demain *(demain ou-bien après-demain ensemble [adverbial] regarder [but] allons)*.
4 – D'accord, alors allons-y sans tarder, demain après-midi *(oui alors promptement demain [relation] après-midi allons)*.
5 (Dans le musée) *(musée-d'art [relation] intérieur [lieu])*
6 – Qu'est-ce que vous regardez *(quoi [objet] être-en-train-de-regarder [question])* ?

Note

1 …こと が あります **koto ga arimasu** (litt. "le-fait-de [sujet] se-trouver") est une structure qui correspond à *il arrive que* (leçon 42, § 2).

50 /第五十課

7 — この 緑色 の 絵 を 見て います。
ko no midori iro no e o mi te i ma su

8 — 何 です か、これ は。非常 に 不思議 な **2** 絵 です ね。
nan de su ka, ko re wa. hi jô ni fu shi gi na e de su ne

9 — 顔 だ **3** と 思います。
kao da to omo i ma su

10 — あ、そう です か。私 に は、猫 に 見えます。
a, sô de su ka. watashi ni wa, neko ni mi e ma su

11 これ が 足 で **4**、これ が 頭 でしょう **5**。
ko re ga ashi de, kore ga atama de shô

12 — いいえ、そう で は ありません。これ は 人 の 目 で **6**、これ は 鼻 です よ。
i i e, sô de wa a ri ma se n. ko re wa hito no me de, ko re wa hana de su yo

Notes

2 不思議 な 絵 fushigi na e : *ce* な *na*, autre forme de degré moins de です *desu*, *c'est*, s'emploie uniquement dans la position que nous avons appelée "à l'intérieur d'une phrase ou d'une proposition" (leçon 33, note 1).

3 だ da, degré moins de です desu, *c'est*, est obligatoire devant と 思います to omoimasu, *je pense que*.

319 • san byaku jû kyû

Cinquantième leçon / 50

7 – Je regarde ce tableau vert *(ce vert [relation] tableau [objet] être-en-train-de-regarder)*.

8 – Qu'est-ce que c'est ça *(quoi c'est [question] ceci [annonce])* ? C'est un tableau tout à fait étrange *(extrêmement [adverbial] étrange c'est tableau c'est [accord])* !

9 – Je pense que c'est un visage *(visage c'est [citation] penser)*.

10 – Ah bon ! Moi j'y vois plutôt un chat *(moi [attribution] [renforcement] chat [but] être-visible)*.

11 Ceci doit être une patte, et ceci doit être la tête *(ceci [sujet] patte c'est / ceci [sujet] tête ce-doit-être)*.

12 – Non ce n'est pas ça *(non ainsi ce-n'est-pas)* ! Ceci est l'œil de quelqu'un, ceci est son nez *(ceci [annonce] être-humain [relation] œil c'est / ceci [annonce] nez c'est [engagement])*.

4 Voici pour la première fois LA construction de base pour une phrase à plusieurs propositions. Supposons deux phrases : これ が 足 でしょう。 **kore ga ashi deshô**, *Ceci doit être une patte* (litt. "ceci [sujet] patte ce-doit-être") (1ʳᵉ phrase) ; これ が 頭 でしょう。 **kore ga atama deshô**, *Ceci doit être la tête* (litt. "ceci [sujet] tête ce-doit-être") (2ᵉ phrase). Impossible d'ajouter un *et* entre ces deux propositions pour les réunir en une seule phrase ; le verbe de la 1ʳᵉ proposition doit prendre une forme spéciale, signifiant "attention, ceci n'est que la fin d'une proposition, la phrase continue". C'est ce à quoi correspond ce で **de**.

5 でしょう **deshô**, vient de です **desu**, *c'est*. On l'utilise quand on ne veut pas trop affirmer, lorsque l'on n'est soi-même pas très sûr de ce que l'on dit, ou bien lorsque l'on veut être poli vis-à-vis de son interlocuteur, cette expression équivaut à *ce doit être…*, *il semble que ce soit*.

6 で **de**, terminant une proposition est invariable (note 4), et ne porte aucune marque de temps. Cette forme sert aussi de remplaçant à です **desu** (だ **da**).

13 猫 の 頭 で は ない **7** と 思います。
    neko no atama de wa na i to omo i ma su

14 – 絵 の 題 を 見ましょう。 何 と 書いて あります か。
    e no dai o mi ma shô. nan to ka i te a ri ma su ka

15 「夢 の 森 の 鳥」
    yume no mori no tori

***

練習 1 – 訳 し なさい

❶ 後ろ の 大きい 建物 は 現代 美術館 では ない よ。駅 だ よ。
ushiro no ookii tatemono wa gendai bijutsukan de wa nai yo. eki da yo

❷ 来月 までには できあがらない と 思います。
raigetsu made ni wa dekiagaranai to omoimasu

❸ この 新しい ビル は 銀行 で、その 隣 の 白い 建物 は 病院 です。
kono atarashii biru wa ginkô de, sono tonari no shiroi tatemono wa byôin desu

Cinquantième leçon / 50

13 Je ne pense pas que ce soit une tête de chat *(chat [relation] tête ce-n'est-pas [citation] penser)*.

14 – Regardons le titre du tableau *(tableau [relation] titre [objet] regardons)*. **Qu'est-ce qui est écrit** *(quoi [citation] être-écrit [question])* ?

15 "Oiseaux de la forêt du rêve" *(rêve [relation] forêt [relation] oiseau)*.

15 yumé …

Note

7 で は ない **de wa nai**, est le degré moins correspondant à で は ありません **de wa arimasen** (degré moyen), négation de です **desu**.

***

❹ この 新しい ビルは 銀行 で、その 隣 の 白い 建物 は 病院 だ と 聞きました。
kono atarashii biru wa ginkô de, sono tonari no shiroi tatemono wa byôin da to kikimashita

❺ 月曜日 に 妹 と 財布 を 買い に 行きました。
getsuyôbi ni imôto to saifu o kai ni ikimashita

Corrigé de l'exercice 1

❶ Ce grand bâtiment derrière n'est pas un musée d'art moderne. C'est une gare ! ❷ Je ne pense pas que ce sera prêt d'ici le mois prochain. ❸ Cet immeuble neuf est une banque et le bâtiment blanc d'à côté est une clinique. ❹ J'ai entendu dire que cet immeuble neuf était une banque et que le bâtiment blanc à côté était une clinique. ❺ Lundi, je suis allé avec ma petite sœur acheter un porte-monnaie.

san byaku ni jû ni • 322

51/第五十一課

練習 2 - 言葉 を 入れ なさい

❶ Avant-hier, j'ai rencontré quelqu'un d'étrange.
. . . . hito . . . .

❷ Cette machine est extrêmement bon marché.
. . . .

❸ Je ne pense pas qu'il me prêtera sa voiture neuve.
. . . . wa kashite kure . . . . .
. . . .

❹ Mon mari est chanteur, et mon fils est compositeur.
. . . . , ...
. . . . .

❺ Il paraît qu'il écrit des lettres toute la journée.
ichinichijû . . . .

51

第五十一課 dai go jû ik ka

道 を 探す
michi o saga su

1 — 遅い です ね。 急いで ください。
oso i de su ne. iso i de ku da sa i

2 　 約束 の 時間 に 間 に
yaku soku no ji kan ni ma ni
合いません よ。
a i ma se n yo

Corrigé de l'exercice 2

❶ ototoi fushigi na – ni aimashita **❷** kono kikai wa hijô ni yasui desu **❸** atarashii kuruma – nai to omoimasu **❹** shujin wa kashu de, musuko wa sakkyokuka desu **❺** – tegami o kaite iru sô desu

---

La prononciation ne doit plus vous poser beaucoup de problèmes ! Désormais, nous ne vous donnerons plus que quelques indications. Par exemple, vous l'avez déjà remarqué, ce que la transcription note ei *ou* ai *se prononce presque toujours [eill'] ou [aill'] très rarement comme deux sons séparés [é ï] ou [a ï]. À partir de la prochaine leçon, nous ne signalerons plus que ces rares cas-là.*

Deuxième vague : 1ʳᵉ leçon

Cinquante et unième leçon

Chercher son chemin
(chemin [objet] chercher)

1 – Vous êtes en retard *(être-tard c'est [accord])* ! Dépêchez-vous *(dépêchez-vous)* !
2 On ne sera jamais à temps au rendez-vous *(rendez-vous [relation] heure [but] ne-pas-arriver-à-temps [engagement])* !

Prononciation
2 … manïaïmassèn' …

第五十一課

3 — 大丈夫 でしょう。場所 は どこ です か。
   dai jô bu de shô. ba sho wa do ko de su ka

4 — ナポレオン と いう 名前 の フランス 料理 の レストラン です。
   na po re o n to i u na mae no fu ra n su ryô ri no re su to ra n de su

5 — どの 辺 に ある の です か。
   do no hen ni a ru no de su ka

6 — サントリー 美術館 の すぐ そば に ある と 聞きました。
   sa n to rî bi jutsu kan no su gu so ba ni a ru to ki ki ma shi ta

7 — あ、港区 に ある 美術館 です ね。
   a, minato ku ni a ru bi jutsu kan de su ne

8 (美術館 の 前)
   bi jutsu kan no mae

9 — ここ が サントリー 美術館 です。これ から どう 行きます か。
   ko ko ga sa n to rî bi jutsu kan de su ko re ka ra dô i ki ma su ka

10 — これ が 住所 です。
   ko re ga jû sho de su

Cinquante et unième leçon / 51

3 – **Pas de problème** *(sans-problème ce-doit-être)* **! Où est-ce** *(lieu [annonce] où c'est [question])* **?**

4 – **C'est un restaurant français qui s'appelle "Le Napoléon"** *(Napoléon [citation] dire nom [relation] France cuisine [relation] restaurant c'est)*.

5 – **Ça se trouve dans quel coin** *(quel environs [lieu] se-trouver c'est-que [question])* **?**

6 – **On m'a dit que c'était juste à côté du musée Suntory** *(Suntory musée-d'art [relation] aussitôt côté [lieu] se-trouver [citation] avoir-entendu)*.

7 – **Ah ! C'est ce musée qui se trouve dans Minato-ku** *(ah Minato arrondissement [lieu] se-trouver musée c'est [accord])* **?**

8 **(Devant le musée)** *(musée [relation] devant)*

9 – **Voilà le musée Suntory** *(ici [sujet] Suntory musée-d'art c'est)*. **Maintenant comment on y va** *(ceci à-partir-de comment aller [question])* **?**

10 – **Voilà l'adresse** *(ceci [sujet] adresse c'est)*.

7 *... minatokou ...*

11 – 住所 だけ で は わからない な。
じゅうしょ

12 – 携帯 **1** で 電話 かけて みよう **2**。
けいたい / でんわ

13 あっ、しまった。充電 が もう ありません。
じゅうでん

14 – この 辺 は とても にぎやか です ね。
へん

15 あそこ の 店 で くわしい 道 を 聞いて みましょう。
みせ / みち / き

16 (道 を 聞いて から **3**)
みち / き

17 ちょっと 遠い から 急いで タクシー を 見つけましょう。
とお / いそ / み

: Notes

1 携帯 keitai : abréviation de 携帯電話 keitai denwa, exact équivalent de *téléphone portable*.

Cinquante et unième leçon / 51

11 – Avec seulement l'adresse, on ne sait pas comment y aller *(adresse seulement [moyen] [renforcement] ne-pas-être-compréhensible [réflexion])*.

12 – Je vais appeler avec mon portable *(portable [moyen] téléphone [objet] faire-fonctionner faisons-pour-voir)*.

13 Ah nous voilà bien *(ah, avoir-fait-jusqu'au bout)* ! Je n'ai plus de batterie *(batterie [sujet] ne-plus ne-pas-se-trouver)*.

14 – Ce quartier est vraiment très animé *(ce environs [annonce] très animé c'est [accord])* !

15 Demandons notre chemin dans ce magasin là-bas *(là-bas [relation] magasin [lieu] être-détaillé chemin [objet] demander faisons-pour-voir)*.

16 (Une fois le chemin demandé) *(chemin [objet] demander depuis-que)*

17 C'est plutôt loin, essayons vite de trouver un taxi *(un-peu être-loin parce-que en-vitesse taxi [objet] trouvons)* !

15 … kououachiï …

2 かけて みよう **kakete miyô**, 聞いて みましょう **kiite mimashô** : voici une autre combinaison "verbe à la forme en て **te** + autre verbe", permettant d'avoir un point de vue différent sur l'action (leçon 45, note 4). Le 2ᵉ verbe est みます **mimasu** (みる **miru**) : seul, il veut dire *regarder* et employé comme 2ᵉ verbe, il signifie *faire pour voir, essayer* : 聞きます **kikimasu** (聞く **kiku**), *demander* → 聞いて みます **kiite mimasu**, *je vais demander pour voir, je vais essayer de demander*.

3 聞いて から **kiite kara** : encore un autre emploi de から **kara** : から **kara** après un verbe en て **te**, *après que…, une fois que…* . 聞いて から **kiite kara**, *après qu'on a demandé* ; タクシー を 降りて から **takushî o orite kara**, *une fois qu'on est descendu du taxi*.

51 /第五十一課

18 （タクシー を 降りて から）
ta ku shî　　o　　o ri te　　ka ra

19 - 最初 から タクシー に 乗る こと に すれば よかった のに 4…
sai sho　ka ra　ta ku shî　ni　no ru　ko to　ni　su re ba　yo ka t ta　no ni □

Tôkyô possède comme une double réalité. Administrativement, la ville est divisée en 23 arrondissements qui s'appellent 区 **ku**. *Mais dans la vie quotidienne, ce qui compte le plus, ce sont les quartiers. Ces derniers n'ont aucune valeur officielle mais ils délimitent des espaces de vie qui ont chacun leur personnalité. Hormis au sein des quartiers d'affaires, caractérisés par leurs tours de bureau et par*

***

▶ 練習 1 - 訳 し なさい

❶ 電話 を かけたい と 思いました が、充電 が もう なかった ので、できません でした。
denwa o kaketai to omoimashita ga, jûden ga mô nakatta node, dekimasen deshita

❷ どこ で 降りる の です か。
doko de oriru no desu ka

❸ タクシー に 乗って 行きました けれども、遅れて しまいました。
takushî ni notte ikimashita keredomo, okurete shimaimashita

Cinquante et unième leçon / 51

18 **(Une fois descendus du taxi)** *(taxi [objet] descendre depuis-que)*

19 – **On aurait mieux fait de décider de prendre un taxi dès le début** *(commencement à-partir-de taxi [but] monter le-fait-de [but] si-on-faisait était-bien bien-que)* !...

Note

4 Littéralement "quoique, si on avait fait... cela aurait été bien". Cette formule usuelle de regret, dans un langage plutôt familier, correspond à *on aurait dû*...

leur faible densité résidentielle, la vie à Tôkyô s'organise autour des gares, véritables centres des quartiers. C'est là que l'on trouve les commerces, dans de nombreuses rues qui en constituent le cœur très animé et bruyant. Autour, on trouve les zones résidentielles, petit fouillis de rues bien calmes. Le plus souvent le quartier porte le nom de la gare... à moins que ce ne soit l'inverse !

***

❹ ちょっと 待って ください。すぐ 調べて みます。
chotto matte kudasai. sugu shirabete mimasu

❺ この 有名 な 村 は にぎやか で、とても きれい です。
kono yûmei na mura wa nigiyaka de, totemo kirei desu

Corrigé de l'exercice 1

❶ Je voulais téléphoner, mais comme je n'avais plus de batterie, je n'ai pas pu. ❷ Où descendez-vous ? ❸ J'y suis allé en taxi, mais je suis pourtant arrivé en retard. ❹ Attendez un instant ! Je vais chercher tout de suite. ❺ Ce célèbre village est plein d'animation et vraiment magnifique.

san byaku san jû • 330

練習 2 – 言葉 を 入れ なさい

❶ Je vais lui parler.
hanashi . . . .

❷ Je regrette mais j'ai complètement oublié l'adresse.
sumimasen ga, ...
. . . .

❸ La voiture bleue qui se trouve à côté du vieux camion est un taxi et la voiture rouge qui se trouve derrière, est elle aussi un taxi.
. . . . aoi . . . .
. . . . , sono . . . . . . ni aru . . . .
. . . .

❹ Quand j'habitais Shizuoka, je travaillais dans une société australienne qui s'appelait Plazza.
. . . . , ...
. . . .

❺ Avec seulement dix mille yens, c'est impensable.
. . . . , muri desu

第五十二課 dai go jû ni ka

スポーツ
su pô tsu

1 – 電車 から 見える あの 巨大
den sha ka ra mi e ru a no kyo dai
な 網 は 何 です か。
na ami wa nan de su ka

2 – ああ、 あれ？ あれ は ゴルフ
a a, a re. a re wa go ru fu
練習場 です。
ren shû ô de su

Corrigé de l'exercice 2
❶ – te mimasu ❷ – jûsho o wasurete shimaimashita ❸ furui torakku no soba ni aru – jidôsha wa takushî de, – ushiro – akai jidôsha mo takushî desu ❹ shizuoka ni sunde ita toki, puraza to iu ôsutoraria no kaisha de hataraite imashita ❺ ichi man en dake de wa, –

Comme vous avancez à grands pas, vous allez désormais rencontrer des phrases de plus en plus complexes. Après le symbole / qui marquait la limite entre deux propositions, voici donc maintenant un autre symbole // qui va marquer la coupure la plus importante de la phrase quand elle comporte plus de deux propositions.

Deuxième vague : 2ᵉ leçon

Cinquante-deuxième leçon

Les sports

1 – Qu'est-ce que c'est, cet énorme filet qu'on voit du train *(train à-partir-de être-visible ce-là-bas énorme c'est filet [annonce] quoi c'est [question])* ?
2 – Ah, ça là-bas *(ah çà-là-bas)* ? C'est un terrain de golf *(çà-là-bas [annonce] golf terrain-d'entraînement c'est)*.

Prononciation
spootsou 2 ... goloufou ...

3 — あれ が、ゴルフ 練習場 です か。
　　a re　　ga,　go ru fu　ren shû jô　de su ka

4 — 日本 の サラリーマン は
　　ni hon　no　sa ra rî ma n　wa

　　ゴルフ を よく します が、
　　go ru fu　o　yo ku　shi ma su　ga

5　なかなか 町 の 中 で は、練習
　　na ka na ka　machi　no　naka　de　wa, ren shû

　　する 場所 が ありません。
　　su ru　ba sho　ga　a ri ma se n

6　それで、 広い 田舎 の 練習場
　　so re de,　hiro i　inaka　no　ren shû jô

　　に 行く 代り に、
　　ni　i ku　kawa ri　ni

7　建物 の 屋上 に 網 を 張って**1**、
　　tate mono　no　oku jô　ni　ami　o　ha t te,

　　ゴルフ 練習場 を 作りました。
　　go ru fu　ren shû jô　o　tsuku ri ma shi ta

8 — 日本 で は、 他 に どんな
　　ni hon　de　wa,　hoka　ni　do n na

　　スポーツ を します か。
　　su pô tsu　o　shi ma su　ka

9 — サッカー**2** も 最近 盛ん に
　　sa k kâ　mo　sai kin　saka n　ni

　　なりました。
　　na ri ma shi ta

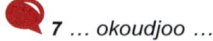 **7** ... *okoudjoo* ...

… Cinquante-deuxième leçon / 52

- **3 –** Ça, un terrain de golf *(ça-là-bas [sujet] golf terrain-d'entraînement c'est [question])* !
- **4 –** Les salariés japonais pratiquent beaucoup le golf, mais *(Japon [relation] salarié [annonce] golf [objet] souvent faire mais /)*
- **5** dans les villes, on trouve difficilement de la place pour s'entraîner *(pas-facilement ville [relation] intérieur [lieu] [renforcement] exercice faire endroit [sujet] ne-pas-se-trouver)*.
- **6** Alors, au lieu d'aller s'entraîner dans les vastes terrains installés à la campagne *(alors être-vaste campagne [relation] terrain-d'entraînement [but] aller au-lieu-de //)*,
- **7** on a tendu des filets sur des toits d'immeubles et ainsi on a installé des terrains d'entraînement *(bâtiment [relation] toit [but] filet [objet] fixer / golf terrain-d'entraînement [objet] avoir-fabriqué)*.
- **8 –** Que pratique-t-on autrement comme sports au Japon *(Japon [lieu] [renforcement] autre [adverbial] quelle-sorte sport [objet] faire [question])* ?
- **9 –** Ces derniers temps le football est devenu très à la mode *(football aussi récemment florissant [but] être-devenu)*.

Notes

1 張って **hatte** : ce て **te** a la même fonction que la forme で **de**, équivalent de です **desu**, et marque la fin d'une proposition à l'intérieur d'une phrase (leçon 50, phrase 11 et note 4). て **te** est invariable, ne porte aucune marque de temps ni de degré, n'exprime aucun lien logique particulier entre les deux propositions. Il peut s'agir d'une succession d'actions (ex.1, phrase 3), ou, comme ici, une relation moyen/but, la 1re proposition exprimant le moyen pour réaliser la 2e. Ou encore d'autres possibilités. Soyez bien attentifs aux traductions proposées.

2 サッカー **sakkâ**, de l'américain ***soccer***, autre nom du *football*.

san byaku san jû yon • 334

10 – 佐々木₃ さん ₄ は、何 の スポーツ
sa sa ki sa n   wa, nan no su pô tsu
が 好き です か。
ga su ki de su ka

11 – 野球 が 一番 好き です。
ya kyû ga ichi ban su ki desu

12 – どこ で 野球 を します か。
do ko de ya kyû o shi ma su ka

13 – 僕 が 好き な の ₅ は、テレビ
bo ku ga su ki na no wa, te re bi
で 見る こと です。
de mi ru ko to de su

Notes

3 佐々木 **sasaki** : on emploie ce petit signe 々 pour éviter de répéter deux fois de suite le même kanji (leçon 10, note 2).

4 Lorsqu'on s'adresse à quelqu'un dans un contexte formel, là où la langue française recourt au *vous*, la langue japonaise utilise le nom de l'interlocuteur ou son titre. Ici, son nom.

5 好き な の は **suki na no wa** : vous souvenez-vous de の **no** qui sert à remplacer soit un nom déjà énoncé auparavant, soit un nom que l'on trouve évident dans un contexte donné (leçon 38, note 1) ?

*Si le sumô est connu comme un sport spécifiquement japonais, c'est loin d'être un sport de masse (sauf en kilos de lutteurs…) ; il est pratiqué quasi exclusivement par des professionnels. À part les arts martiaux bien connus : **judô**, **aikidô**, **kendô** et autres **dô**, le sport-roi, celui qui se pratique dans les rues, les parcs et les cours d'école reste incontestablement le base-ball. Introduit au Japon vers 1880, il y tient la place du football chez nous, y compris à la télévision.*

Cinquante-deuxième leçon / 52

10 – Et vous, qu'est-ce que vous aimez comme sports *(Sasaki M. [annonce] quoi [relation] sport [sujet] être-aimé c'est [question])* ?

11 – Ce que je préfère c'est le base-ball *(base-ball [sujet] le-plus être-aimé c'est)*.

12 – Où le pratiquez-vous *(où [lieu] base-ball [objet] faire [question])* ?

13 – Moi, ce que j'aime, c'est le regarder à la télévision *(moi [sujet] être-aimé c'est [remplacement] [annonce] télévision [moyen] regarder le-fait-de c'est)*.

11 yakyuu …

Viennent ensuite le football et le rugby. Tous deux connus depuis les années 1900, ils sont longtemps restés secondaires. Le football a subi un développement foudroyant depuis la création de la ligue professionnelle en 1993. Quant au rugby, ce n'est que depuis les années 2000 que des efforts importants sont faits pour le promouvoir. Le golf, connu depuis 1903, reste réservé aux plus fortunés.

san byaku san jû roku

練習 1 - 訳 し なさい

① あれ は 野球場 だ と、ホテル の 人 が 答えました。
are wa yakyûjô da to, hoteru no hito ga kotaemashita

② 一番 近い 地下鉄 の 駅 は どこ に あります か。
ichiban chikai chikatetsu no eki wa doko ni arimasu ka

③ 三分 ぐらい 歩いて、左 に まがって、また 五分 ぐらい 歩いて 右 に まがって、すぐ です。
sanpun gurai aruite, hidari ni magatte, mata gofun gurai aruite migi ni magatte, sugu desu

***

練習 2 - 言葉 を 入れ なさい

① J'aime le sport. Celui que je préfère, c'est le golf.
. . . .
. . , ...

② Il a été diplômé en mars et s'est marié en avril.
sangatsu ni sotsugyô shi . . shigatsu ni kekkon
. . . .

③ Quelle est la ville la plus grande du Japon ?
. . . . . de . . . . doko desu ka

④ Si c'est du base-ball, j'y vais tout de suite.
. . . . , sugu iku yo

Cinquante-deuxième leçon / 52

❹ このごろ 一番 盛ん なのは、サッカー です。
konogoro ichiban sakan na no wa, sakkâ desu
❺ 建物 の 屋上 に 網 を 張って、ゴルフ 練習場 を 作ります。
tatemono no okujô ni ami o hatte, gorufu renshûjô o tsukurimasu

Corrigé de l'exercice 1
❶ La personne de l'hôtel m'a répondu que c'était un terrain de base-ball. ❷ Où se trouve la plus proche station de métro ? ❸ Vous marchez environ trois minutes, vous tournez à gauche, vous marchez encore cinq minutes, vous tournez à droite, et vous y êtes ! ❹ Ce qui est le plus en vogue en ce moment, c'est le football. ❺ On installe des terrains de golf en tendant des filets sur des toits d'immeubles.

***

❺ Il s'est rendu malade à trop s'inquiéter.
amari shinpai shi . . byôki . . narimashita

Corrigé de l'exercice 2
❶ supôtsu ga suki desu – ichiban suki na no wa, gorufu desu ❷ – te – shimashita ❸ nihon – ichiban ookii machi wa – ❹ yakyû nara, – ❺ – te – ni –

Deuxième vague : 3ᵉ leçon

第五十三課 dai go jû san ka
だい ご じゅう さん か

見舞 mi mai
みまい

1 — 橋本 さん の お 見舞 に
   hashi moto sa n no o mi mai ni
   行かなければ なりません。
   i ka na ke re ba na ri ma se n

2 — どこ に 入院 して います か。
   do ko ni nyû in shi te i ma su ka

3 — 日赤 [1] 病院 に 入院 して いる
   nis seki byô in ni nyû in shi te i ru
   そう です [2]。
   sô de su

4 — 何曜日 に しましょう か。
   nan yô bi ni shi ma shô ka

5 — 今日 は 水曜日 です から、
   kyô wa sui yô bi de su ka ra,
   明後日 の 金曜日 に しましょう。
   myô go nichi no kin yô bi ni shi ma shô

6 （金曜日）
   kin yô bi

Prononciation
5 ... souïyôobi ...

Cinquante-troisième leçon

La visite

1 – Il faut que nous allions voir M. Hashimoto *(Hashimoto M. [relation] [politesse] visite [but] il-faut-aller)*.
2 – Dans quel hôpital est-il *(où [lieu] entrée-à-l'hôpital faire [question])* ?
3 – On m'a dit qu'il était à l'hôpital de la Croix-Rouge *(Croix-Rouge-du-Japon hôpital [lieu] entrée-à l'hôpital faire il-paraît-que)*.
4 – Quel jour irons-nous *(quel-jour-de-la-semaine [but] faisons [question])* ?
5 – Aujourd'hui c'est mercredi, allons-y après-demain, vendredi *(aujourd'hui [annonce] mercredi c'est parce-que / après-demain [apposition] vendredi [but] faisons)*.
6 (Le vendredi)

Notes

1 日赤 **nisseki** : pour fabriquer les sigles, le français retient la première lettre de chaque mot (ONU, Unesco, PME...). En japonais, on retient le premier caractère de chaque mot. Ici, le nom entier est 日本　赤十字 **nihon sekijûji** (litt. "Japon rouge croix"), c'est-à-dire *La Croix-Rouge japonaise* (leçon 23, note 2).

2 ...そう です ...**sô desu** : à la fin de la phrase, indique que celui qui parle rapporte une information que quelqu'un d'autre lui a donnée. Il ne prend donc pas la responsabilité de cette information (leçon 41, phrase 15).

第五十三課

7　お見舞に何を持っていきましょうか。
　　o mimai ni nani o motte ikimashô ka

8 -　果物か お花が いいですね。
　　kudamono ka o hana ga ii desu ne

9 -　食べ物は 控えた 方が いいでしょう。
　　tabemono wa hikaeta hô ga ii deshô

10　腸の 手術 だった そうですから。
　　chô no shujutsu datta sô desu kara

11　この 赤い チューリップと 黄色い チューリップを 全部で 十本 3 持って いきましょう。
　　kono akai chûrippu to kiiroi chûrippu o zenbu de juppon motte ikimashô

12　(病院で)
　　byôin de

13 -　いかが ですか。
　　ikaga desu ka

14 -　おかげさまで、大分 よく なりました。
　　okagesama de, daibu yoku narimashita

Cinquante-troisième leçon / 53

7 Qu'est-ce que nous apporterons pour cette visite *([politesse] visite [but] quoi [objet] tenir allons [question])* ?

8 – Ce serait bien d'apporter des fruits ou des fleurs *(fruit ou-bien [familiarité] fleur [sujet] être-bien c'est [accord])*.

9 – Il vaudrait mieux éviter ce qui se mange *(aliment [annonce] s'abstenir côté [sujet] être-bien ce-doit-être)*.

10 Il paraît qu'il a subi une opération de l'intestin *(intestin [relation] opération-chirurgicale c'était il-paraît-que parce-que)*.

11 Prenons de ces tulipes rouges et de ces tulipes jaunes, dix au total *(ce être-rouge tulipe et être-jaune tulipe [objet] total [moyen] dix-objet-long tenir allons)*.

12 (À l'hôpital) *(hôpital [lieu])*

13 – Comment allez-vous *(comment c'est [question])* ?

14 – Très bien, merci, je vais plutôt mieux *(grâce-à-vous suffisamment bien être-devenu)*.

8 koudamono ... **10** ... *chudjutsu* ... **11** ... *tchuulip'pou* ... *djup'pon* ...

Note

3 ...本 **hon** (leçon 22, note 3) : 本 **hon** (**bon-pon**), après un chiffre, sert à préciser le type d'objet dont on parle : des objets longs et cylindriques, ici des tulipes, mais aussi les crayons, les bouteilles...

15 あと 一週間 で 家 に 帰れる そう です。
  a to　is shû kan　de　uchi　ni　kae re ru sô de su

16 – それでは お 大事 に。[4]
  so re de wa　o　dai ji ni

17 – どうも わざわざ ありがとう ございました。[5]
  dô mo　wa za wa za　a ri ga tô　go za i ma shi ta

Notes

4 お 大事 に o daiji ni, *prenez soin de vous* : cette formule s'emploie lorsqu'on quitte quelqu'un de malade. C'est une manière de dire *au revoir* en exprimant sa sympathie, en même temps que des souhaits de bonne santé, un peu comme *Bon rétablissement* !

***

練習 1　訳 し なさい

❶ ビール を 七本 下さい。
bîru o nana hon kudasai

❷ あと 四週間 で 旅行 に 出ます。
ato yonshûkan de ryokô ni demasu

❸ 金曜日 までに 払わなければ なりません。
kin.yôbi made ni harawanakereba narimasen

❹ 明日 は 休み な のに はやく 起きなければ なりません。
ashita wa yasumi na noni hayaku okinakereba narimasen

Cinquante-troisième leçon / 53

15 On m'a dit que dans une semaine je pourrai rentrer chez moi *(après une-semaine [moyen] chez-moi [lieu] pouvoir-rentrer il-paraît-que)*.

16 – Prenez bien soin de vous.

17 – Merci beaucoup de votre visite.

15 … ich'chuukan.n' …

5 Il y a beaucoup de façons de dire merci, selon la situation. Toute cette phrase sert à remercier quelqu'un qui est venu vous faire une visite. D'une façon générale, cette formule servira pour remercier quelqu'un qui s'est déplacé spécialement pour vous.

***

❺ 十年前に両親からもらった ベッドとのみの市で買った江戸 時代の茶碗を売りました。

jûnen mae ni ryôshin kara moratta beddo to nomi no ichi de katta edo jidai no chawan o urimashita

Corrigé de l'exercice 1

❶ Sept bouteilles de bière, s'il vous plaît. ❷ Dans quatre semaines je pars en voyage. ❸ Il faut payer avant vendredi. ❹ Bien que demain soit un jour de congé, je dois me lever tôt. ❺ J'ai vendu le lit que m'avaient donné mes parents il y a dix ans, et les tasses de l'époque d'Edo que j'avais achetées au marché aux puces.

san byaku yon jû yon • 344

54/第五十四課

練習 2 – 言葉 を 入れ なさい

1 Il paraît qu'il rentrera mardi ou jeudi.

. . . . ni . . . .

2 Il paraît qu'elle adore les fleurs jaunes.

. . . .

3 Je dois [y] aller mardi et jeudi.

. . . .
. . . .

4 Je voudrais ce sac vert et la boîte bleue qui est à côté, s'il vous plaît.

. . . . to . . . .
. . . . hako . . . .

5 Rendons-lui visite après-demain.

. . . . ni . . . .

第五十四課 dai go jû yon ka

海岸 で
kai gan de

1 – まず　海　の　家 1 を　借りましょう。
   ma zu　umi　no　ie　o　ka ri ma shô

2　荷物　を　ここ　に　置きましょう。
　 ni motsu　o　ko ko　ni　o ki ma shô

3 – さあ、　水着　に　着替えて、
   sa a,　mizu gi　ni　ki ga e te,

   すぐ　泳ぎ　に　行きましょう。
   su gu　oyo gi　ni　i ki ma shô

Corrigé de l'exercice 2

❶ kayôbi ka mokuyôbi – kaeru sô desu ❷ kiiroi hana ga daisuki da sô desu ❸ kayôbi mo mokuyôbi mo ikanakereba narimasen ❹ kono midori iro no baggu – sono tonari no aoi – o kudasai ❺ myôgonichi – o mimai ni ikimashô

Deuxième vague : 4ᵉ leçon

Cinquante-quatrième leçon

54

Au bord de la mer *(bord-de-mer [lieu])*

1 — D'abord nous allons louer une maison de plage *(d'abord mer [relation] maison [objet] louons)*.
2 Posons nos affaires ici *(bagages [objet] ici [lieu] posons)*.
3 — Bon, changeons-nous et allons tout de suite nous baigner *(bon maillot-de-bain [but] changer-de-vêtement / tout-de- suite nager [but] allons)* !

Note

1 海 の 家 **umi no ie** : sur certaines plages très fréquentées, on trouve ces petites structures légères à un étage. Souvent, le rez-de-chaussée est un magasin. Les baigneurs peuvent louer l'étage pour y manger et s'y reposer à l'abri du soleil.

54 / 第五十四課

4 　　哲雄 **2**　　は　　水中眼鏡　　を
　　tetsu o　　　　wa　　sui chû me gane　　o
　　持ちました　　か。
　　mo chi ma shi ta　　ka

5 　　真規　　は　　帽子　　を　　忘れないで。
　　ma ki　　wa　　bô shi　　o　　wasu re na i de

6 　　太陽　　が　　強い　　から、
　　tai yô　　ga　　tsuyo i　　ka ra

7 　　帽子　　を　　被らない　　と、
　　bô shi　　o　　kabu ra na i　　to

8 　　今晩　　頭　　が　　痛く **3**　　なります　　よ。
　　kon ban　　atama　　ga　　ita ku　　na ri ma su　　yo

9 − わあ、　　水 **4**　　は　　冷たい　　な。
　　wa a,　　mizu　　wa　　tsume ta i　　na

10 あそこ　　の　　岩　　まで　　競争　　しよう **5**。
　　a so ko　　no　　iwa　　ma de　　kyô sô　　shi yô

11 − いい　　よ。　　でも　　僕　　が　　勝つ　　よ。
　　i i　　yo.　　de mo　　boku　　ga　　ka tsu　　yo

12 − 真規　　は　　危ない　　から、　　ここ　　で
　　ma ki　　wa　　abu na i　　ka ra,　　ko ko　　de
　　おとなしく　　して　　いなさい **6**。
　　o to na shi ku　　shi te　　i na sa i

Notes

2 **tetsuo** est un prénom masculin, **maki** un prénom féminin.

3 痛く なります **itaku narimasu** (litt. "ça devient douloureux") : devant なる **naru**, *devenir*, l'adjectif prend toujours la forme en **ku** (leçon 35, § 2).

Cinquante-quatrième leçon / 54

4 **Tetsuo, tu as pris tes lunettes de bain** *(Tetsuo [annonce] lunettes-de-bain [objet] avoir-pris [question])* **?**
5 **Maki, n'oublie pas ton chapeau** *(Maki [annonce] chapeau [objet] n'oublie-pas)* **!**
6 **Comme le soleil tape** *(soleil [sujet] être-fort parce-que/),*
7 **si vous ne mettez pas vos chapeaux** *(chapeau [objet] ne-pas-mettre si /),*
8 **vous aurez mal à la tête ce soir** *(ce-soir tête [sujet] être-douloureux devenir [engagement]).*
9 – **Ouah ! L'eau est glacée** *(eau [annonce] être-très-froid [réflexion])* **!**
10 **On fait la course jusqu'au rocher là-bas** *(là-bas [relation] rocher jusqu'à compétition faisons)* **?**
11 – **D'accord** *(être-bien [engagement]).* **Mais c'est moi qui vais gagner** *(mais moi [sujet] gagner [engagement])* **!**
12 – **Maki, c'est dangereux pour toi, reste ici tranquillement** *(Maki [annonce] être-dangereux parce-que / ici [lieu] sagement fais)* **!**

Prononciation

4 … souïtchuu …

4 水 **mizu** veut dire *l'eau*, mais uniquement *l'eau froide*. Il y a un autre mot お湯 **o yu** pour désigner *l'eau chaude*.
5 しよう **shiyô**, degré moins correspondant au degré moyen しましょう **shimashô**, *faisons*.
6 おとなしく して い なさい : おとなしい **otonashii**, *être gentil* ; おとなしく する **otonashiku suru**, *agir de façon gentille, être sage* ; おとなしく して いる **otonashiku shite iru**, *être sage en ce moment* ; い なさい **i nasai**, impératif pour いる **iru** → おとなしく して い なさい **otonashiku shite i nasai**, *reste tranquille, sois sage*.

13 – あら、　アイス　クリーム　を
　　　a ra,　a i su　ku rî mu　o
　　売って　いる。
　　u t te　　i ru

14 – じゃ、　この　砂　の　上　に
　　　ja,　ko no　suna　no　ue　ni
　　座って[7]　食べましょう。
　　suwa t te　ta be ma shô

15 　（夜）
　　yoru

16 　日焼け　で　背中　が　痛くて[8]
　　hi ya ke　de　se naka　ga　ita ku te
　　たまらない。
　　ta ma ra na i

17 　明日　どう　やって　服　を　着よう　かな。
　　ashita　dô　ya t te　fuku　o　ki yô　ka na

Notes

7 Ici, la proposition この 砂 の 上 に 座って **kono suna no ue ni suwatte** (litt. "étant assis sur le sable") exprime le cadre de l'action principale : 食べましょう **tabemashô**, *mangeons* (leçon 52, note 1).

Cinquante-quatrième leçon / 54

13 – Tiens, on vend des glaces *(tiens glace [objet] vendre)* !
14 – Bon, nous allons les manger assis sur le sable ici *(bon ce-ici sable [relation] dessus [lieu] s'asseoir / mangeons)*.
15 (Le soir)
16 Mon dos me fait affreusement mal avec ces coups de soleil *(coup-de-soleil [moyen] dos [sujet] être-douloureux / être-insupportable)* !
17 Comment vais-je pouvoir m'habiller demain *(demain comment habit [objet] mettre [question] [réflexion])* ?

8 て **te** peut aussi s'ajouter à la forme en く **ku** des adjectifs, avec les mêmes valeurs que pour les verbes : 痛い **itai**, *être douloureux*. 痛くてたまらない **itakute tamaranai** "(parce que) c'est douloureux, je ne peux pas le supporter".

54/第五十四課

▶ 練習 1 – 訳 し なさい

❶ 海の家を借りて、そこに荷物を置きます。
umi no ie o karite, soko ni nimotsu o okimasu

❷ 海の家を借りて、そこに荷物を置きました。
umi no ie o karite, soko ni nimotsu o okimashita

❸ 海の家を借りて、そこに荷物を置きましょう。
umi no ie o karite, soko ni nimotsu o okimashô

***

練習 2 – 言葉 を 入れ なさい

❶ Le soleil se fait fort, mets ton chapeau.
. . . . naru kara, ... kabutte kudasai

❷ J'ai acheté ces tableaux en empruntant de l'argent à des collègues.
. . . . o kane . kari . . , ...

❸ Bien que l'eau soit glacée, je vais me baigner.
. . . . , ...

❹ Quand je suis entré dans le café, le professeur était déjà là.
kissaten . . . . , ... kite imashita

❺ Ayant mal au dos, je ne peux plus marcher.
. . . . , arukenai no desu

Cinquante-quatrième leçon / 54

❹ 危ないというと、子供は気をつけました。
abunai to iu to, kodomo wa ki o tsukemashita

❺ 海岸に着くと、すぐ水着に着替えました。
kaigan ni tsuku to, sugu mizugi ni kigaemashita

Corrigé de l'exercice 1
❶ On loue une maison de plage et on y dépose ses affaires. ❷ Nous avons loué une maison de plage et nous y avons déposé nos affaires. ❸ Louons une maison de plage et déposons-y nos affaires ! ❹ Lorsqu'on lui a dit : "c'est dangereux", l'enfant a fait attention. ❺ Dès que nous sommes arrivés à la plage, nous nous sommes changés.

***

Corrigé de l'exercice 2
❶ taiyô ga tsuyoku – , bôshi o – ❷ dôryô kara – o – te, kono e o kaimashita ❸ mizu wa tsumetai noni, oyogi ni ikimasu ❹ – ni hairu to, sensei ga mô – ❺ senaka ga itakute, –

Quand on est à Tôkyô, on oublie souvent qu'on est au bord de la mer... Elle est bien cachée par les tours, les immeubles, les installations industrielles et portuaires, et à dire vrai, elle s'éloigne de plus en plus. La ville d'origine était construite au bord d'une superbe baie aujourd'hui presque entièrement comblée. Le développement de la ville s'est fait vers l'ouest, mais a vite atteint la montagne. La solution a donc été de gagner sur la mer. On a certes gagné en terrain, mais cela a fait perdre toute sa beauté au paysage ! Cela ne freine pas les foules d'estivants qui continuent à se retrouver sur les plages près de Tôkyô, par exemple, sur la côte entre Tôkyô et Izu (presqu'île montagneuse qui offre en prime ses sources chaudes). Il ne s'agit pourtant pas des plus belles plages japonaises. Ces dernières se trouvent à Okinawa et sur les îles.

Deuxième vague : 5ᵉ leçon

第五十五課 dai go jû go ka
(だい ごじゅう ご か)

日本 へ 行く
(にほん) (い)
ni hon e i ku

1 — 今年 の 夏 の バカンス は どこ へ 行きます か。
   (ことし) (なつ) (い)
   ko toshi no natsu no ba ka n su wa do ko e i ki ma su ka

2 — 日本 へ 行きます。
   (にほん) (い)
   ni hon e i ki ma su

3 — 去年 も 行った の で は ない です か 1。
   (きょねん) (い)
   kyo nen mo i tta no de wa na i de su ka

4 — 毎年 行けて、うらやましい です ね。
   (まいとし) (い)
   mai toshi i ke te, u ra ya ma shi i de su ne

5 — ええ、そう です が、今年 は 汽車 で 行く ん 2 です。
   (ことし) (きしゃ) (い)
   e e, sô de su ga, ko toshi wa ki sha de i ku n de su

6   シベリア 経由 の 汽車 で 行く ん です。
   (けいゆ) (きしゃ) (い)
   shi be ri a kei yu no ki sha de i ku n de su

Cinquante-cinquième leçon

Partir au Japon *(Japon [destination] aller)*

1 – Où allez-vous cette année pour les vacances d'été *(cette-année [relation] été [relation] vacances [annonce] où [destination] aller [question])* ?
2 – Je vais au Japon *(Japon [destination] aller)*.
3 – N'y êtes-vous pas allé déjà l'an dernier *(année-dernière aussi être-allé le-fait-de ce-n'est-pas-que c'est [question])* ?
4 Je vous envie de pouvoir y aller chaque année *(chaque-année pouvoir-aller / être-envieux c'est [accord])* !
5 – Oui, mais cette année j'y vais en train *(oui ainsi c'est mais / cette-année [renforcement] train [moyen] aller c'est-que)*.
6 J'y vais par le Transsibérien *(Sibérie via [relation] train [moyen] aller c'est-que)*.

Notes

1 行った の で は ない です か **itta no de wa nai desu ka** : ouf ! C'est long ! … の です **… no desu** (leçon 30, note 2), en fin de phrase, donne une nuance d'explication. Le です **desu** est ici à la forme négative degré moins, で は ない **de wa nai** (leçon 50, note 7), et on y ajoute です **desu** pour en faire un degré moyen. ない **nai** se comporte comme un adjectif (leçon 27, note 3).

2 行く ん です **iku n desu** : dans la conversation courante, les Japonais avalent certaines parties de mots. Ici, le **o** de の です **no desu**. Il reste donc ん です **n desu**.

san byaku go jû yon • 354

55 / 第五十五課

7 　飛行機 の 方 が 速い です
　　hi kô ki　　no　　hô　ga　　haya i　　de su

　　が、 つまらない です。
　　ga,　tsu ma ra na i　　de su

8 　でも パリ から モスクワ まで
　　de mo　　pa ri　　ka ra　　mo su ku wa　　ma de

　　は 飛行機 で 行きます。
　　wa　　hi kô ki　　de　　i ki ma su

9 　そして モスクワ で 汽車 に
　　so shi te　　mo su ku wa　de　　ki sha　　ni

　　乗り換えて、ウラジオストック
　　no ri ka e te,　u ra ji o su to k ku

　　まで 行きます。
　　ma de　　i ki ma su

10　それから 日本 まで 船 か
　　so re ka ra　　ni hon　　ma de　　fune　　ka

　　飛行機 です。
　　hi kô ki　　de su

11 — 随分 時間 が かかる 3 でしょう 4。
　　zui bun　ji kan　ga　ka ka ru　　de shô

12 — ええ、しかし それ で 行った
　　e e,　shi ka shi　so re　de　　i tta

　　こと の 5 ある 友達 に よる と、
　　ko to　no　　a ru　tomo dachi　ni　yo ru　to

Cinquante-cinquième leçon / 55

7 Par avion c'est plus rapide, mais on s'ennuie *(avion [relation] côté [sujet] être-rapide c'est mais / être-sans-intérêt c'est)*.

8 Cependant je prends l'avion de Paris à Moscou *(cependant Paris à-partir-de Moscou jusqu'à [renforcement] avion [moyen] aller)*.

9 Puis à Moscou je change pour le train et je vais jusqu'à **Vladivostock** *(puis Moscou [lieu] train [but] changer-de-moyen-de-transport / Vladivostock jusqu'à aller)*.

10 Ensuite jusqu'au Japon, c'est le bateau ou l'avion *(ensuite Japon jusqu'à bateau ou-bien avion c'est)*.

11 – Ça doit prendre énormément de temps *(énormément temps [sujet] être-utilisé ce-doit-être)* !

12 – Oui, mais d'après un ami qui y est déjà allé de cette façon *(oui cependant ceci [moyen] être-allé le-fait-de [sujet] se-trouver ami [but] s'appuyer quand //)*,

Notes

3 時間 が かかる **jikan ga kakaru** (litt. "du temps est utilisé"), cela prend du temps, …かかる …**kakaru** étant le terme consacré pour dire *cela prend…* (10 minutes, 3 heures…).

4 でしょう **deshô** : à l'origine c'est une forme de です **desu**. です **desu**, *c'est* ; でしょう **deshô**, *ce doit être* (leçon 50, note 5). Mais ici, après un verbe au degré moins, ce mot fonctionne presque comme les particules finales qui, rappelons-le, indiquent l'attitude de celui qui dit la phrase par rapport à la phrase elle-même. Ici, le personnage sait qu'un tel voyage prend du temps, mais il ne veut rien affirmer totalement car il n'a pas lui-même l'expérience de ce voyage. Cet emploi de でしょう **deshô** est très voisin de l'expression française *j'imagine que…*

5 それ で 行った こと の ある 友達 **sore de itta koto no aru tomodachi** (leçon 42, § 2). Jusqu'à maintenant, vous n'avez rencontré cette expression こと が ある **koto ga aru** qu'en fin de phrase ou de proposition. Ici, la situation est différente, cette expression appartient à une proposition qui précise le mot 友達 **tomodachi**, *un ami qui y est déjà allé de cette façon*. En pareil cas, et en pareil cas seulement, on peut employer の **no** à la place de が **ga** pour indiquer le sujet.

san byaku go jû roku • 356

第五十五課

13　時間 の 感覚 が なくなる ので
　　ji kan no kan kaku ga na ku na ru no de
　　全然 退屈 しない そう です。
　　zen zen tai kutsu shi na i sô de su

14 －　いつ 出発 します か。
　　i tsu shup patsu shi ma su ka

15 －　まだ はっきり 決めて いません
　　ma da ha k ki ri ki me te i ma se n
　　が、七月 の 初め ごろ 6
　　ga, shichi gatsu no haji me go ro
　　に なる と 思います。
　　ni na ru to omo i ma su 　□

***

▶ 練習 1 － 訳 し なさい

❶ テレビ の ニュース に よる と、今朝 とても 不思議 な 交通 事故 が 起こった そうです。
terebi no nyûsu ni yoru to, kesa totemo fushigi na kôtsû jiko ga okotta sô desu

❷ 走って 四分 かかります。
hashitte yonpun kakarimasu

❸ 横 の 建物 が できあがる まで は、三年 かかりました。
yoko no tatemono ga dekiagaru made wa, sannen kakarimashita

Cinquante-cinquième leçon / 55

13 il paraît qu'on perd la notion du temps et que donc on ne s'ennuie pas du tout *(temps [relation] sensation [sujet] disparaître parce-que / pas-du-tout ennui ne-pas-faire il-paraît-que).*

14 – Quand partez-vous *(quand départ faire [question])* ?

15 – Je n'ai pas encore exactement décidé, mais je pense que ce sera vers le début juillet *(pas-encore clairement ne-pas-avoir-décidé mais / juillet [relation] commencement approximativement [temps] devenir [citation] penser).*

Note

6 初め ごろ hajime goro. L'addition du mot ごろ **goro** à un autre mot qui exprime une date, rend cette date approximative : 七月 の 初め に shichigatsu no hajime ni, *au début de juillet* ; 七月 の 初め ごろ に shichigatsu no hajime goro ni, *vers le début de juillet*.

***

❹ インド 象 は 耳 が 小さい です。アフリカ 象 は 耳 が 大きい です。
indo zô wa mimi ga chiisai desu. afurika zô wa mimi ga ookii desu

❺ 耳 の 小さい インド 象 と 耳 の 大きい アフリカ 象 を 見ました。
mimi no chiisai indo zô to mimi no ookii afurika zô o mimashita

Corrigé de l'exercice 1

❶ D'après les informations à la télé, il y aurait eu ce matin un étrange accident de la circulation. ❷ En courant il faut quatre minutes. ❸ Il a fallu trois ans avant que les bâtiments des côtés soient terminés. ❹ Chez l'éléphant des Indes les oreilles sont petites. Chez l'éléphant d'Afrique les oreilles sont grandes. ❺ J'ai vu des éléphants des Indes, chez qui les oreilles sont petites, et des éléphants d'Afrique, chez qui les oreilles sont grandes.

san byaku go jû hachi • 358

55 /第五十五課
練習 2 - 言葉 を 入れ なさい

❶ Nous sommes partis vers six heures.

.... ni ....

❷ Ce doit être vraiment ennuyeux d'aller jusqu'à Moscou en train.

.... wa

.... deshô

❸ Est-ce qu'on n'avait pas déjà décidé pour le début de juillet de cette année ?

.... ni kimeta

.. ..

❹ Vous allez d'abord à Shibuya en bus, là vous changez, puis vous prenez le train jusqu'à Ueno.

.... it .., ...
norikae .., ...

❺ J'ai enfin compris, en consultant le livre que m'avait indiqué ma sœur.

ane ga .... shirabe .., yatto
....

Cinquante-cinquième leçon / 55

Corrigé de l'exercice 2
❶ roku ji goro – shuppatsu shimashita ❷ mosukuwa made kisha de iku no – tsumaranai – ❸ kotoshi no shichigatsu no hajime – no de wa nai desu ka ❹ mazu basu de shibuya e – te, soko de – te, ueno made densha de ikimasu ❺ – oshiete kureta hon o – te, – wakarimashita

Deuxième vague : 6ᵉ leçon

第五十六課 dai go jû rok ka
まとめ – Révision

Alors, comment se passe cette deuxième vague ? Vous avez bien pensé, après chaque nouvelle leçon, à reprendre les premières leçons ? Bien sûr, cela vous demande un peu plus de travail, mais aussi que de satisfaction ! De cette façon, naturellement, tout ce que vous avez assimilé pendant la phase d'imprégnation va devenir du japonais "actif". Et vous pourrez vous lancer en faisant vos propres phrases.

1 Les formes en て *te* et formes en た *ta* des verbes

Exceptionnellement, nous n'aborderons qu'un seul point de grammaire dans cette leçon de révision. Il s'agit de la forme en て **te** et de la forme de passé degré moins en た **ta** des verbes.
Il s'agit du seul point vraiment difficile en ce qui concerne les formes verbales.
– た **ta** sert à construire la forme de passé au degré moins (degré moyen ました **mashita**), ça, vous le savez déjà (leçon 17, note 4 ; leçon 21, § 4).
– て **te** sert à construire une "forme en て **te**" utilisée soit pour construire des expressions verbales, par exemple celles qui servent à dire : *je suis en train de…* 食べて いる **tabete iru**, *je suis en train de manger* (leçon 11, note 4 ; leçon 35, § 3), soit, vous venez de le découvrir, pour terminer une proposition (leçon 52, note 1).

1.1 Cas des verbes à une base

Pour les verbes à une base : no problem ! On ajoute le た **ta** ou le て **te** à la base, comme dans tous les autres cas ! C'est vrai aussi pour する **suru**, *faire* (dont nous nous rappelons que la base est し **shi** (leçon 42, § 4.1).
Nous avons ainsi déjà rencontré, par exemple, pour le passé degré moins, en た **ta** :
– 食べる **taberu**, *manger* → 食べた **tabeta**, *avoir mangé* (leçon 30, phrase 15) ;

Cinquante-sixième leçon

– 忘れる **wasureru**, *oublier* → 忘れた **wasureta**, *avoir oublié* (leçon 31, phrase 10) ;
– 生まれる **umareru**, *naître* → 生まれた **umareta**, *être né* (leçon 38, phrase 4) ;
– できる **dekiru**, *être terminé* → できた **dekita**, *avoir été terminé* (leçon 40, phrase 6) ;
– 始める **hajimeru**, *commencer* → 始めた **hajimeta**, *avoir commencé* (leçon 47, phrase 8) ;
– する **suru**, *faire* → した **shita**, *avoir fait* (leçon 45, phrase 12).
Nous avons déjà rencontré, par exemple, pour la forme en て **te** :
– 見せて **misete**, de 見せる **miseru**, *montrer* (leçon 18, phrase 6) ;
– 教えて **oshiete**, de 教える **oshieru**, *enseigner* (leçon 29, phrase 4) ;
– 出て **dete**, de 出る **deru**, *sortir* (leçon 30, phrase 12) ;
– つけて **tsukete**, de つける **tsukeru**, *attacher* (leçon 40, phrase 4) ;
– 入れて **irete**, de 入れる **ireru**, *mettre* (leçon 47, phrase 15) ;
– 見て **mite**, de 見る **miru**, *regarder* (leçon 50, phrases 6 et 7) ;
– して **shite**, de する **suru**, *faire* (leçon 53, phrases 2 et 3) ;
Il nous faut ajouter 来て **kite**, de 来る **kuru**, *venir* (leçon 29, phrase 8). Ce verbe, comme する **suru**, *faire* est un peu irrégulier : il n'est ni à une base, ni à bases multiples, il a deux bases : une base き **ki**, à laquelle s'ajoutent tous les suffixes sauf un. Par exemple : 来ます **kimasu**, *je viens (tu viens, il vient…)* (degré moyen) ;
来ました **kimashita**, *je suis (tu es, il est…) venu* (degré moyen) ; 来た **kita**, *je suis venu* (degré moins). La seule bizarrerie, le suffixe ない **nai**, de la négation s'ajoute à une base こ **ko** : こない **konai**, *je ne viens pas*.

1.2 Cas des verbes à plusieurs bases

Le problème des formes de ces verbes c'est qu'elles ont subi l'usure du temps. La disparition de certains sons (le **i**, le **k**, le **g**) dans les constructions avec les suffixes て **te** et た **ta** leur a donné une allure un peu irrégulière. Pour chaque cas, nous ne vous donnons que quelques exemples, à charge pour vous d'en repérer d'autres lors de votre passage en deuxième vague, et à partir de maintenant dans les nouvelles leçons.

56 / 第五十六課

• Les verbes qui se terminent par す *su*

Ce sont les seuls qui ont résisté et qui restent réguliers :
– 捜す **sagasu**, *chercher* → 捜して **sagashite** (leçon 34, phrase 1) ;
– 動かす **ugokasu**, *faire bouger* → 動かして **ugokashite** (leçon 40, phrase 13) ;
– 貸す **kasu**, *prêter* → 貸して **kashite** (leçon 45, phrase 16) ;
– 出す **dasu**, *tendre* → 出して **dashite** (leçon 46, phrase 13).
Si on voulait avoir leur passé degré moins : *avoir prêté* → 貸した **kashita** ; *avoir cherché* → 捜した **sagashita**, etc.

• Les verbes qui se terminent par く *ku*

Le **k** est parti, reste le **i**.
<u>Forme en て **te**</u> :
– 歩く **aruku**, *marcher* → 歩いて **aruite** (leçon 39, phrase 12) ;
– 置く **oku**, *poser* → 置いて **oite** (leçon 40, phrase 6) ;
– 働く **hataraku**, *travailler* → 働いて **hataraite** (leçon 40, phrase 15) ;
– 書く **kaku**, *écrire* → 書いて **kaite** (leçon 50, phrase 14) ;
– 聞く **kiku**, *écouter, demander* → 聞いて **kiite** (leçon 51, phrases 15 et 16) ;
<u>Forme en た **ta**</u> :
付く **tsuku**, *attacher* → 付いた **tsuita**, *avoir attaché* (leçon 31, phrase 11).
Quelques exemples supplémentaires : 書いた **kaita**, *j'ai écrit* ; 聞いた **kiita**, *j'ai écouté*.

• Les verbes qui se terminent en ぐ *gu*

Le **g** part, reste le **i**, et le **t** devient **d** : 急ぐ **isogu**, *se dépêcher* → 急いで **isoide** (leçon 51, phrase 1).

• Les verbes qui se terminent en む *mu*, ぶ *bu* et ぬ *nu*

Le **i** part, là aussi le **t** devient **d**, mais la consonne qui précède ce **d** devient **n** pour tous les verbes.
<u>Forme en て **te**</u> :
– 住んで **sunde**, de 住む **sumu**, *habiter* (leçon 38, phrase 7) ;
– 並んで **narande**, de 並ぶ **narabu**, *être aligné* (leçon 39, phrase 16) ;
– 混んで **konde**, de 混む **komu**, *être encombré* (leçon 44, phrase 7) ;
– 浮かんで **ukande**, de 浮かぶ **ukabu**, *flotter* (leçon 48, phrase 3).

Cinquante-sixième leçon / 56

– 飲んで **nonde**, de 飲む **nomu**, *boire* (leçon 48, phrase 13) ;
Nous n'avons pas encore vu d'exemples pour la forme de passé, mais il suffit de remplacer で **de** par だ **da** : *allons-y ! j'ai bu*, 飲んだ **nonda** ; *j'ai fait la queue*, 並んだ **naranda**.

• **Les verbes qui se terminent par う u, つ tsu et る ru**
Le **i** part et on obtient une forme qui se termine par って **tte** ou った **tta**.
Verbes en う **u** :
– もらう **morau**, *recevoir* → もらった **moratta**, *avoir reçu* (leçon 31, phrase 10) ;
– 思う **omou**, *penser* → 思った **omotta**, *avoir pensé* (leçon 36, phrase 10) , 思って **omotte** (leçon 43, phrase 4) ;
– 買う **kau**, *acheter* → 買って **katte** (leçon 39, phrase 18) ;
– 会う **au**, *rencontrer* → 会った **atta**, *avoir rencontré* (leçon 41, phrases 1 et 2) ;
– 言う **iu**, *dire, se dire* → 言った **itta**, *avoir dit* (leçon 41, phrase 12), 言って **itte** (leçon 46, phrase 1) ;
– しまう **shimau**, *faire entièrement* → しまった **shimatta**, *je suis refait !, me voilà bien !* (leçon 51, phrase 13) ;
Verbes en つ **tsu** :
– 立つ **tatsu**, *se tenir debout* → 立って **tatte** (leçon 24, phrase 11) ;
– 待つ **matsu**, *attendre* → 待って **matte** (leçon 29, phrase 11) ;
– 持つ **motsu**, *tenir, avoir* → 待って **motte** (leçon 53, phrases 7 et 11).
Verbes en る **ru** :
– 入る **hairu**, *entrer* → 入って **haitte** (leçon 24, phrase 12) ;
– 取る **toru**, *prendre* → 取って **totte** (leçon 29, phrase 6) ;
– 寄る **yoru**, *passer par* → 寄って **yotte** (leçon 31, phrase 14),
– 作る **tsukuru**, *fabriquer* → 作った **tsukutta**, *avoir fabriqué* (leçon 33, phrase 3), 作って **tsukutte** (leçon 40, phrase 3) ;
– 送る **okuru**, *envoyer, accompagner* → 送って **okutte** (leçon 33, phrase 10) ;
– 帰る **kaeru**, *rentrer chez soi* → 帰って **kaette** (leçon 37, phrase 4) ;
– 変わる **kawaru**, *changer* → 変わった **kawatta**, *avoir changé* (leçon 41, phrase 7) ;
– 知る **shiru**, *savoir, connaître* → 知って **shitte** (leçon 46, phrase 2) ;
– やる **yaru**, *faire* → やって **yatte** (leçon 47, phrase 6) ;
– なる **naru**, *devenir* → なって **natte** (leçon 48, phrase 8) ;

san byaku roku jû yon

第五十六課

• **Une seule exception**

行く **iku**, *aller*, est un verbe très utilisé pour lequel les formes en て **te** et た **ta** sont irrégulières : 行って **itte** (leçon 39, phrase 1) et 行った **itta**, *je suis allé* (leçon 55, phrases 3 et 12).

Voilà, maintenant vous savez tout sur ces formes. Un dernier point : Comment savoir si un verbe est à une ou plusieurs bases ?

***

復習 会話

1 この 辺 は にぎやか な ところ で、面白い 店 と おいしい レストラン が たくさん ある と 思います。
kono hen wa nigiyaka na tokoro de, omoshiroi mise to oishii resutoran ga takusan aru to omoimasu

2 郵便局 への 道 が わかりません でした から、本屋 の 人 に 聞いて みました。
yûbinkyoku e no michi ga wakarimasen deshita kara, hon.ya no hito ni kiite mimashita

3 道 を 聞いて から、すぐ 郵便局 を みつけました。
michi o kiite kara, sugu yûbinkyoku o mitsukemashita

4 渋谷 で 電車 に 乗って、上野 で 乗り換えて、それから また バス に 乗って、やっと 三時 十五分 に 医者 の ところ に 着きました。
shibuya de densha ni notte, ueno de norikaete, sorekara mata basu ni notte, yatto sanji jûgofun ni isha no tokoro ni tsukimashita

Cinquante-sixième leçon / 56

Consultez le lexique. Pour chaque verbe il y est indiqué à quelle catégorie il appartient. Notons que les verbes à une base terminent tous leur forme de dictionnaire en **-iru** ou **-eru**. Mais attention il y a aussi quelques verbes à plusieurs bases qui ont cette même terminaison. Comme ils sont parmi les plus courants, vous vous y habituerez très vite, si ce n'est déjà fait !

***

5 おととい 入院 した 同僚 の お見舞い に 行かなければ なりません。
ototoi nyûin shita dôryô no omimai ni ikanakereba narimasen

6 ここ は 現代 美術館 で、あそこ は 新しい 病院 です。
koko wa gendai bijutsukan de, asoko wa atarashii byôin desu

7 太陽 の 光 が 強くて、日焼け で 背中 が 痛く なりました。
taiyô no hikari ga tsuyokute, hiyake de senaka ga itaku narimashita

8 空 に は 雲 が 一つ も 浮かんで いません。あした は いい 天気 に なる でしょう。
sora ni wa kumo ga hitotsu mo ukande imasen. ashita wa ii tenki ni naru deshô

san byaku roku jû roku • 366

9 暑く なる と、海岸 へ 行って、海 で 泳ぐ のは 一番 いい です。
atsuku naru to, kaigan e itte, umi de oyogu no wa ichiban ii desu

10 日本 で 一番 よく する スポーツ は 野球 だそう です。
nihon de ichiban yoku suru supôtsu wa yakyû da sô desu

第五十七課 dai go jû nana ka

歴史 の 道
reki shi no michi

1 — 奈良 に 「歴史 1 の 道」 と いう ところ が ある の を 知って いますか。
na ra ni reki shi no michi to i u to ko ro ga a ru no o shi t te i ma su ka

2 — いいえ、聞いた こと が ありません。
i i e, ki i ta ko to ga a ri ma se n

Traduction

1 Ce coin est très animé, j'imagine qu'il y a beaucoup de magasins intéressants et de bons restaurants. **2** Comme je ne connaissais pas le chemin pour aller à la poste, j'ai demandé aux gens de la librairie. **3** Après avoir demandé mon chemin, j'ai trouvé la poste tout de suite. **4** J'ai pris le train à Shibuya, j'ai changé à Ueno, puis j'ai encore pris un bus, et enfin à trois heures et quart je suis arrivée chez le médecin. **5** Il faut que j'aille rendre visite à mon collègue qui est entré à l'hôpital avant-hier. **6** Ici c'est le musée d'art moderne, là-bas c'est le nouvel hôpital. **7** Les rayons du soleil tapaient fort, mon dos me fait mal à cause des coups de soleil. **8** Il n'y a pas un seul nuage [à flotter] dans le ciel. Il va sûrement faire beau demain. **9** Lorsque vient la chaleur, ce qu'il y a de mieux c'est d'aller au bord de la mer et de se baigner. **10** Il paraît que le sport le plus pratiqué au Japon c'est le base-ball.

Deuxième vague : 7e leçon

Cinquante-septième leçon

Chemin de l'Histoire
(Histoire [relation] chemin)

1 – Tu sais qu'à Nara il y a un endroit qui s'appelle "le Chemin de l'Histoire" *(Nara [lieu] Histoire [relation] chemin [citation] dire endroit [sujet] se-trouver le-fait-de [objet] savoir [question])* ?

2 – Non, je n'en ai pas entendu parler *(non avoir-entendu le-fait-de [sujet] ne-pas-se-trouver)*.

Note

1 Le mot français "histoire" a plusieurs sens : d'une part l'Histoire avec un grand H et d'autre part tout genre de récit. Attention 歴史 **rekishi** n'a que le premier sens. Pour le second sens, le japonais dispose d'autres mots (leçon 25, phrase 6).

3 — それ は 奈良 の 町 の 回り
  so re wa na ra no machi no mawa ri
  を 通る 道 です。
  o too ru michi de su

4 畑 に そって、 ほとんど の
  hatake ni so t te, ho to n do no
  奈良 の 有名 な お 寺 の
  na ra no yû mei na o tera no
  そば を 通ります。
  so ba o too ri ma su

5 たとえば、 東大寺、 法隆寺、
  ta to e ba, tô dai ji, hô ryû ji,
  薬師寺、 唐招提寺 など **2** です。
  yaku shi ji, tô shô dai ji na do de su

6 小さくて **3** 静か な お 寺 の
  chii sa ku te shizu ka na o tera no
  そば も 通ります。
  so ba mo too ri ma su

7 歩いて 行く 人 も 自転車
  aru i te i ku hito mo ji ten sha
  で 行く 人 も います。
  de i ku hito mo i ma su

Notes

2 Une longue énumération peut se faire en séparant simplement chaque élément par une virgule, comme ici pour ces noms de monastères. Dans ce cas, on utilisera très souvent à la fin など **nado** (leçon 36, note 2), qui renforce la cohérence de la liste.

Cinquante-septième leçon / 57

3 – **C'est un chemin qui fait le tour de la ville de Nara** *(cela [annonce] Nara [apposition] ville [relation] pourtour [objet] parcourir chemin c'est).*

4 **Il passe le long des champs, à côté de presque tous les monastères célèbres de Nara** *(champ [lieu] longer / presque-tous [relation] Nara [relation] célèbre c'est [familiarité] monastère-bouddhique [relation] côté [objet] parcourir).*

5 **Par exemple le Tôdaiji, le Hôryûji, le Yakushiji, le Tôshôdaiji** *(par-exemple Tôdaiji Hôryûji Yakushiji Tôshôdaiji ce-genre-d'objet c'est).*

6 **Il passe aussi à côté de petits monastères pleins de tranquillité** *(être-petit tranquille c'est [familiarité] monastère [relation] côté aussi parcourir).*

7 **Il y a des gens qui font ce chemin à pied et d'autres à bicyclette** *(en-marchant aller être-humain aussi bicyclette [moyen] aller être-humain aussi se-trouver).*

Prononciation

5 *… hoolyuudji …*

3 小さくて **chiisakute** : on utilise obligatoirement cette forme en て **te** lorsque deux adjectifs (leçon 54, note 8) ou deux verbes (leçon 26, note 3) se suivent. Cette forme sert aussi, pour les verbes comme pour les adjectifs, en fin de proposition (phrase 12).

san byaku nana jû • 370

8 歩くと 全部で 十五 時間
   aru ku to zen bu de jû go ji kan
   ぐらい かかります。
   gu ra i ka ka ri ma su

9 出来れば 奈良に 泊まって、
   de ki re ba na ra ni to ma t te,
   毎日 少し ずつ 歩いて
   mai nichi suko shi zu tsu aru i te
   見る こと です ね。
   mi ru ko to de su ne

10 − あなたは その 歴史の 道
   a na ta wa so no reki shi no michi
   を 全部 歩きましたか。
   o zen bu aru ki ma shi ta ka

11 − 以前 二日 だけ 奈良へ 行った
   i zen futsu ka da ke na ra e i tta
   時、 三分4の 一 歩きました。
   toki, san bun no ichi aru ki ma shi ta

12 その あと、 足が 痛くて、
   so no a to, ashi ga ita ku te

13 一週間 近く 歩くのが
   is shû kan chika ku aru ku no ga
   つらかった です。
   tsu ra ka t ta de su

14 でも すばらしかった です。
   de mo su ba ra shi ka t ta de su.
   また 行って 見たい5 です。
   ma ta i t te mi ta i de su

Cinquante-septième leçon / 57

8 À pied cela prend environ 15 heures au total *(marcher quand / total [moyen] quinze heure environ être-utilisé).*

9 Si on peut, le mieux c'est de séjourner à Nara et de marcher un peu tous les jours *(si-on-peut // Nara [lieu] séjourner / tous-les-jours un-peu chaque marcher regarder le-fait-de c'est [accord]).*

10 – Et toi, tu as fait ce Chemin de l'Histoire en entier *(toi [annonce] ce Histoire [relation] chemin [objet] en-entier avoir-marché [question])* ?

11 – Il y a quelque temps, quand je suis allée deux jours seulement à Nara, j'en ai fait le tiers *(avant deux-jours seulement Nara [destination] être-allé moment / trois-parties [relation] un avoir-marché).*

12 Après cela, j'ai eu tellement mal aux jambes que *(après-cela jambe [sujet] être-douloureux /)*

13 pendant près d'une semaine il m'a été pénible de marcher *(une-semaine près-de marcher le-fait-de [sujet] avoir-été-pénible c'est).*

14 Mais c'était magnifique *(mais avoir-été-magnifique c'est)*. J'aimerais y retourner *(de-nouveau aller je-veux-regarder c'est).*

Notes

4 三分 **sanbun** : dans la leçon 52 (ex. 1, phrase 3), les mêmes caractères se prononçaient **sanpun** et signifiaient *trois minutes*. Alors ? C'est qu'à l'origine ce 分 veut dire *une partie*. Qu'est-ce qu'une minute sinon une partie d'une heure ? Récapitulons : *partie* se dit *fun*, alors que *minute* se dit soit **fun**, soit **pun**, selon le chiffre qui précède. 三分 の 一 **sanbun no ichi** (litt. "une de trois parties"), c'est la façon d'exprimer les fractions, ici 1/3, *un tiers*. Nous y reviendrons en leçon de révision.

5 Le suffixe たい s'ajoute à la base des verbes à une base et à la base en **i** des verbes à plusieurs bases, pour exprimer la volonté de celui qui parle : **miru**, *je regarde* → **mitai**, *je veux regarder*. Ce suffixe a les mêmes modifications que les adjectifs (leçon 35 § 2).

san byaku nana jû ni • 372

第五十七課

▶ 練習 1 – 訳 し なさい

❶ 伯父 に 先週 もらった お 酒 は、非常 に おいしかった ので、もう 四分 の 三 飲んで しまいました。
oji ni senshû moratta o sake wa, hijô ni oishikatta node, mô yonbun no san nonde shimaimashita

❷ モスクワ の 町 は 広くて、すばらしい 美術館 が たくさん あります。
mosukuwa no machi wa hirokute, subarashii bijutsukan ga takusan arimasu

❸ 青い 傘 も 黄色い 傘 も ありません でした。
aoi kasa mo kiiroi kasa mo arimasen deshita

***

練習 2 – 言葉 を 入れ なさい

❶ Je suis venu en passant par une rue très animée.
. . . . kimashita

❷ Est-ce difficile de retenir les hiragana ?
. . . . oboeru . . . .

❸ Le train passe le long des champs *(roule en longeant)*.
. . . . ikimasu

Cinquante-septième leçon / 57

❹ 青くて 黄色い 傘 が あった の では ない でしょう か。
aokute kiiroi kasa ga atta no de wa nai deshô ka

❺ 奈良 に 一週間 泊まって、歴史 の 道 を 全部 歩く こと が できました。
nara ni isshûkan tomatte, rekishi no michi o zenbu aruku koto ga dekimashita

Corrigé de l'exercice 1

❶ Le saké que m'a donné mon oncle la semaine dernière était tellement bon que j'en ai déjà bu les trois quarts. ❷ La ville de Moscou est vaste et possède beaucoup de superbes musées d'art. ❸ Il n'y avait ni parapluies bleus, ni parapluies jaunes. ❹ N'y avait-il pas un parapluie bleu et jaune ? ❺ En restant une semaine à Nara, j'ai pu parcourir tout le Chemin de l'Histoire.

***

❹ J'ai entendu dire que depuis quelque temps tu t'es mis à aimer l'Histoire et que tu achètes beaucoup de livres sur l'Histoire. Est-ce vrai ?

konogoro . . . . natte, ... katte iru . . . . . . yo. hontô ka

❺ Je suis venu. J'ai vu. J'ai vaincu (gagné).

. . . .

Corrigé de l'exercice 2

❶ totemo nigiyaka na michi o tootte – ❷ hiragana o – no wa muzukashii desu ka ❸ kisha ga hatake ni sotte hashitte – ❹ – rekishi ga suki ni –, rekishi no hon o takusan – to kiita ❺ kita – mita – katta

第五十八課

平仮名 の 練習 Exercices de hiragana
hira ga na no ren shû

À partir de cette leçon, vous allez pouvoir vous livrer aux joies de l'écriture ! Là encore nous prendrons notre temps. Au rythme de cinq hiragana ou katakana par leçon, vous les connaîtrez tous d'ici à la dernière leçon ! Comme vous avez pu le découvrir, certains mots s'écrivent toujours en hiragana, d'autres toujours en katakana, d'autres en kanji (caractères chinois). Pour ces derniers, il est possible aussi de les écrire simplement en hiragana. C'est ce que nous avons fait en notant toujours, au-dessus du kanji, sa prononciation, en hiragana. Nous nous entraînerons à l'écriture en hiragana en utilisant bien sûr les mots toujours écrits avec ce syllabaire, mais aussi des mots que l'on écrit d'habitude en kanji.

Chaque hiragana (ou katakana) étudié sera tracé en grand avec :
– des petites flèches pour indiquer dans quel sens tracer le trait,
– des numéros qui donnent l'ordre dans lequel les traits doivent être tracés.

Comment procéderez-vous ? Tout d'abord, entraînez-vous à tracer chaque signe, en regardant le livre, et en respectant impérativement ces deux indications. Ensuite, essayez de les écrire sans regarder le livre. Et enfin, quand vous vous sentez prêt, faites la dictée !

A I U E O

第五十八課 dai go jû hak ka

選挙
sen kyo

	けさ	へん		じどうしゃ		み
1 –	今朝	変	な	自動車 **1**	を	見ました。
	kesa	hen	na	ji dô sha	o	mi ma shi ta

書き取り Dictée
ka ki to ri

❶ ie *(maison)* ❷ iu *(dire)* ❸ aoi *(être bleu)* ❹ au *(rencontrer)* ❺ ue *(dessus)* ❻ iie *(non)*

Corrigé
❶ いえ ❷ いう ❸ あおい ❹ あう ❺ うえ ❻ いいえ

Nara a été la première capitale fixe du Japon et l'est restée pendant un siècle avant de céder la place à ce qui deviendra Kyôto. C'est aujourd'hui une charmante petite ville au sud de Kyôto. Le siècle pendant lequel Nara fut la capitale japonaise fut aussi celui de l'implantation du bouddhisme. Nara possède donc de magnifiques monastères fondés à cette époque, qui sont autant de trésors artistiques. La plupart sont à l'extérieur de la ville. Un monastère bouddhique se présente comme une vaste enceinte contenant un grand nombre de bâtiments, soit réservés au culte, soit jouant des rôles divers dans la vie des moines, bâtiments répartis dans des jardins ou des espaces boisés. Une des spécialités de Nara a longtemps été la production de matériel de calligraphie et on trouve encore de ces spectaculaires magasins avec leurs rangées de pinceaux et de bâtons d'encre.

Vous trouverez ici tous les éléments pour apprendre les hiragana et les katakana. Mais si vous souhaitez vous entrainer de façon plus approfondie, ASSIMIL vous propose deux cahiers d'écriture, dans la collection Cahiers d'exercices.

Deuxième vague : 8ᵉ leçon

Cinquante-huitième leçon

Les élections

1 – Ce matin j'ai vu une drôle de camionnette *(ce-matin bizarre c'est voiture [objet] avoir-regardé)*.

Note

1 Le français compte trois sortes de véhicules à quatre roues : les voitures, les camionnettes et les camions. Les Japonais, eux, ne disposent que de deux mots pour parler de ces véhicules : 自動車 **jidôsha** (ou 車 **kuruma**), *camionnette*, *voiture* et トラック **torakku**, *camion* (leçon 32, phrase 7).

2 − 何 が 変 だった の です か。
　　nani ga hen datta no desu ka

3 − ええと、車 の 回り に たくさん
　　eeto, kuruma no mawari ni takusan
　　の 旗 が ついて いました。
　　no hata ga tsuite imashita

4 　それに 車 の 上 に スピーカー
　　soreni kuruma no ue ni supîkâ
　　が ついて いて、盛ん に 何か
　　ga tsuite ite, sakan ni nanika
　　を 言って いました。
　　o itte imashita

5 − スピーカー は 何 を 言って
　　supîkâ wa nani o itte
　　いました か。
　　imashita ka

6 − 人 の 名前 を 繰り返し **2**、
　　hito no namae o kurikaeshi,
　　繰り返し、言って いました。
　　kurikaeshi, itte imashita

7 − ああ、それ は 選挙 運動 の
　　aa, sore wa senkyo undô no
　　自動車 でしょう。
　　jidôsha deshô

🗨 Prononciation

4 … spiikaa …

Cinquante-huitième leçon / 58

2 – Qu'est-ce qu'elle avait de drôle *(quoi [sujet] bizarre c'était c'est-que [question])* ?

3 – Eh bien, il y avait des tas de drapeaux accrochés tout autour *(euh voiture [relation] pourtour [lieu] beaucoup [relation] drapeau [sujet] avoir-été-fixé)*...

4 Et puis, sur le dessus était fixé un haut-parleur qui déversait des paroles *(en-plus voiture [relation] dessus [lieu] haut-parleur [sujet] être-fixé / intensif [adverbial] quelque-chose [objet] avoir-dit)*.

5 – Que disait le haut-parleur *(haut-parleur [annonce] quoi [objet] avoir-dit [question])* ?

6 – Il répétait et répétait le nom de quelqu'un *(être-humain [relation] nom [objet] répéter / répéter // avoir-dit)*.

7 – Ah ! C'était sûrement une camionnette pour la campagne électorale *(ah cela [annonce] élection mouvement [relation] voiture ce-doit-être)*.

Note

2 En leçon 52 (note 1), vous avez vu le rôle de la forme en て **te** des verbes. Le même rôle peut être joué par une forme plus simple : la base seule pour les verbes à une base, la base en **i** pour les verbes à plusieurs bases. Comme ici 繰り返し **kurikaeshi** (du verbe 繰り返す **kurikaesu**, *répéter*), que l'on utilise pour dire "ce n'est pas le verbe terminal, la phrase continue". Notez que la forme la plus utilisée est la forme en て **te**.

san byaku nana jû hachi • 378

8 　大通り を 走りながら [3]
　　　oo doo ri　　o　　hashi ri na ga ra

　　立候補者　　　の　　名前　　を　何度も
　　rik kô ho sha　　no　　na mae　　o　nan do mo

　　繰り返して　　言います。
　　ku ri kae shi te　　i i ma su

9 - 変わった　　選挙　　運動　　の
　　ka wa t ta　　sen kyo　　un dô　　no

　　仕方　　です　ね。
　　shi kata　　de su　ne

10 - 日本　　で　　は　　そう　　いう
　　 ni hon　　de　　wa　　sô　　i u

　　やりかた　　です。
　　ya ri ka ta　　de su

11 - 選挙　が　近づく[4]　と　町　は
　　 sen kyo　ga　chika zu ku　to　machi　wa

　　うるさく　　なる　　でしょう　ね。
　　u ru sa ku　　na ru　　de shô　　ne

12 - そう　です　ね。　日曜日　でも
　　 sô　de su　ne.　nichi yô bi　de mo

　　ゆっくり　　休む　　こと　　が
　　yu k ku ri　　yasu mu　　ko to　　ga

　　できません。
　　de ki ma se n

13 - 今回　は　何　の　選挙　です　か。
　　 kon kai　wa　nan　no　sen kyo　de su　ka

14 - 都知事　　選挙　　です。
　　 to chi ji　　sen kyo　　de su

Cinquante-huitième leçon / 58

8 On répète je ne sais combien de fois le nom du candidat en parcourant les grandes artères *(avenue [objet] tout-en-parcourant // candidat [relation] nom [objet] je-ne-sais-combien-de-fois répéter / dire)*.

9 – Quelle drôle de façon de faire une campagne électorale *(avoir-changé élection mouvement [relation] façon-de-faire c'est [accord])* !

10 – C'est comme ça qu'on fait au Japon *(Japon [lieu] [renforcement] ainsi dire façon-de-faire c'est)*.

11 – Quand les élections approchent, la ville doit devenir bruyante *(élection [sujet] s'approcher lorsque / ville [annonce] bruyant devenir ce-doit-être [accord])* !

12 – Oh oui *(ainsi c'est [accord])* ! Même le dimanche on ne peut plus se reposer tranquillement *(dimanche même tranquillement se-reposer le-fait-de [sujet] ne-pas-être-possible)*.

13 – Ce sont quelles élections cette fois-ci *(cette-fois-ci [annonce] quoi [relation] élection c'est [question])* ?

14 – Ce sont les élections pour la mairie de Tôkyô *(gestion-municipale-de-Tôkyô élection c'est)*.

Notes

3 走りながら **hashirinagara** : 走る **hashiru** veut dire soit *rouler*, en parlant de véhicules, soit *courir* en parlant d'une personne. Le suffixe ながら **nagara** s'ajoute à la base des verbes à une base, à la base en **i** des autres verbes. Il signifie que l'action exprimée par ce verbe se déroule en même temps que l'action exprimée par le verbe principal ; mais il faut que les deux actions soient faites par la même personne.

4 近づく **chikazuku** : à la syllabe **zu** correspond, dans l'usage actuel, le hiragana ず… mais autrefois il y avait deux hiragana pour **zu** : ず et づ. Dans les mots composés où le second terme commençait par つ **tsu**, (comme ici, **chika** + **tsuku**) celui-ci est devenu **zu** et on a conservé le hiragana en lui ajoutant les deux petits points : **zu** = づ.

san byaku hachi jû

第五十八課

練習 1 - 訳 し なさい

❶ 家 の そば まで 帰って くる と、息子 が 歌って いる の が 聞こえました。
uchi no soba made kaette kuru to, musuko ga utatte iru no ga kikoemashita

❷ 佐々木 さん は 今回 も お 寺 の 裏 に 住んで いる 親戚 の ところ に 泊まる でしょう。
sasaki san wa konkai mo o tera no ura ni sunde iru shinseki no tokoro ni tomaru deshô

❸ 料理 を しながら、時々 音楽 を 聞きます。
ryôri o shinagara, tokidoki ongaku o kikimasu

***

練習 2 - 言葉 を 入れ なさい

❶ Comme tu as grandi, Kaoru !
kaoru chan wa . . . .

❷ Je prends souvent mes repas en écoutant les informations à la télé.
yoku . . . . shokuji o shimasu

❸ C'est dangereux de marcher dans la rue en regardant le ciel.
. . . . wa . . . .

❹ De cet appartement du 18ᵉ étage, on doit voir la mer. Ce doit être une vue magnifique.
. . . . kara . . . .

Cinquante-huitième leçon / 58

❹ やりかた が わからない ので、

あきらめました。
yarikata ga wakaranai node, akiramemashita

❺ 子供 でも わかる 説明 です。
kodomo demo wakaru setsumei desu

Corrigé de l'exercice 1
❶ Lorsque j'arrivai aux abords de la maison, j'entendis mon fils chanter. ❷ Sans doute M. Sasaki va-t-il loger cette fois encore chez des parents qui habitent derrière le monastère. ❸ Quelquefois j'écoute de la musique en faisant la cuisine. ❹ Comme je ne savais pas comment faire, j'ai abandonné. ❺ C'est une explication que même un enfant comprendrait.

***

❺ Je cherche. Je cours. Il s'amuse. Nous écrivons. Est-ce que vous vous rappelez ?

. . . .
. . . .

Corrigé de l'exercice 2
❶ – ookiku narimashita ne ❷ – terebi no nyûsu o kikinagara – ❸ sora o minagara michi o aruku no – abunai desu ❹ ano jû kyû kai no apâto – umi ga mieru deshô – subarashii nagame deshô ne ❺ sagashite imasu – hashitte imasu – asonde imasu – kaite imasu – oboete imasu ka

san byaku hachi jû ni • 382

59 / 第五十九課

平仮名 の 練習 Exercices de hiragana
hira ga na no ren shû

    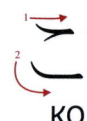

KA　　　KI　　　KU　　　KE　　　KO

59

第五十九課 **dai go jû kyû ka**
dai go jûkyû ka

故障
ko shô

1 — もしもし、電気屋 さん **1** です か。
　　 mo shi mo shi, den ki ya　san　　 de su　 ka

2 　こちら は 竹内 です が、電気
　　 ko chi ra　wa　take uchi　de su　ga,　den ki
　　洗濯機 が 故障 して いる
　　sen taku ki　ga　ko shô　shi te　i ru
　　ので、直し に 来て くれます か。
　　no de,　nao shi　ni　ki te　ku re ma su　ka

3 — はい、 かしこまりました **2**。
　　 ha i,　　ka shi ko ma ri ma shi ta

Prononciation
2 … také.outchi …

383 • san byaku hachi jû san

書き取り Dictée
ka ki to ri
❶ kaki *(nom d'un fruit)* ❷ kikai *(machine)* ❸ kikoku *(retour au pays)* ❹ kaku *(écrire)* ❺ koko *(ici)* ❻ ike *(bassin)* ❼ koke *(mousse végétal)* ❽ iku *(aller)*

Corrigé
❶ かき ❷ きかい ❸ きこく ❹ かく ❺ ここ ❻ いけ ❼ こけ ❽ いく

Deuxième vague : 9ᵉ leçon

Cinquante-neuvième leçon

Les pannes

1 – Allô, c'est bien l'électricien *(allo électricien M. c'est [question])* ?

2 Ici Mme Take.uchi, ma machine à laver est en panne, pouvez-vous venir la réparer *(ce-côté-ci [annonce] Take.uchi c'est mais // électrique machine-à-laver [sujet] panne faire parce que / réparer [but] venir faire-pour-moi [question])* ?

3 – Oui, c'est entendu.

Notes

1 Les noms des magasins sont souvent composés du nom de la marchandise vendue et du mot 屋 **ya** (toujours employé comme fin d'un mot composé), qui veut dire *boutique*. 電気 **denki**, c'est *l'électricité* ; 電気屋 **denkiya**, *une petite entreprise où l'on s'occupe de tout ce qui a rapport avec l'électricité*. Il suffit alors d'ajouter さん **san** pour désigner le commerçant lui-même (leçon 34, titre).

2 かしこまりました **kashikomarimashita** : une formule qu'on ne trouve que dans la bouche des commerçants : *Il en sera comme vous le souhaitez*, *À votre service*.

59 / 第五十九課

4 　明日 の 水曜日 の 朝
　　ashita no sui yô bi no asa

　　うかがいます 3。
　　u ka ga i ma su

5 　（次 の 日 の 朝）
　　tsugi no hi no asa

6 　はい、 洗濯機 は 直りました 4。
　　ha i, sen taku ki wa nao ri ma shi ta

7 　ねじ が 五つ 取れて いました。
　　ne ji ga itsu tsu to re te i ma shi ta

8 ‒ あ、 電気屋 さん、 ついで に
　　a, den ki ya sa n, tsu i de ni
　　掃除機 も 見て くれます か。
　　sô ji ki mo mi te ku re ma su ka

9 ‒ はい はい、 電気 掃除機 も ね。
　　ha i ha i, den ki sô ji ki mo ne

10　おかしい な。 これ も ねじ
　　o ka shi i na. ko re mo ne ji
　　が 三つ 足りません よ。
　　ga mit tsu ta ri ma se n yo

11 ‒ 冷蔵庫 も お願い できる かしら 5。
　　rei zô ko mo o nega i de ki ru ka shi ra

Notes

3 うかがう **ukagau** est un verbe qui sert de degré plus à plusieurs autres verbes, attention… avec toujours pour sujet *je* (leçon 49, § 1.3). Vous l'avez vu employé comme degré plus correspondant à 聞く **kiku**, *demander* ou *entendre* (leçon 47, phrase 3). Il sert

Cinquante-neuvième leçon / 59

4 Je viendrai demain, mercredi, le matin *(demain [apposition] mercredi [relation] matin venir)*.

5 (Le lendemain matin) *(suivant [relation] jour [relation] matin)*

6 Voilà, la machine à laver est réparée *(oui machine-à-laver [annonce]avoir-été-réparé)*.

7 Il manquait cinq vis *(vis [sujet]cinq avoir-été-enlevé)*.

8 – Ah, monsieur l'électricien, pendant que vous y êtes, pouvez-vous regarder aussi mon aspirateur *(ah électricien monsieur par-la-même-occasion [adverbial] aspirateur aussi regarder faire-pour-moi [question])* ?

9 – Bien sûr, l'aspirateur aussi *(oui oui électricité aspirateur aussi [accord])*.

10 C'est bizarre *(être-bizarre [réflexion])*, là aussi il manque trois vis *(ceci aussi vis [sujet] trois ne-pas-être-suffisant [engagement])*.

11 – Peut-être puis-je vous demander aussi pour le réfrigérateur *(réfrigérateur aussi demande être-possible peut-être)* ?

---

aussi de degré plus au verbe たずねる **tazuneru** qui veut dire *aller chez quelqu'un, rendre une visite*. Donc ici : うかがいます **ukagaimasu**, *je viens*.

4 Ne confondez pas les deux verbes 直す **naosu**, *réparer, guérir* → …を 直す *… o* **naosu**, *réparer (quelque chose)* et 直る **naoru**, *être réparé, être guéri* → 直りました **naorimashita**, *c'est réparé, c'est guéri*.

5 かしら **kashira** : expression typiquement féminine, toujours à la fin de la phrase et qui va de la question posée discrètement, *est-ce que par hasard… ?*, au véritable doute, *je me demande si…*, en passant par la simple hésitation, *peut-être…*

san byaku hachi jû roku • 386

59 / 第五十九課

12 – 奥さん、 いったい、 どう いう こと です か。 皆 ねじ が 抜けて います。
oku sa n, i t ta i, dô i u ko to de su ka. minna ne ji ga nu ke te i ma su

13 – 主人 が 四ヶ月 **6** 前 に 会社 を 退職 しました。
shu jin ga yon ka getsu mae ni kai sha o tai shoku shi ma shi ta

14 それ 以来、 退屈 して **7**、 家中 の 電気 器具 を 全部 分解 して 組み立てる の です。
so re i rai, tai kutsu shi te, ie jû no den ki ki gu o zen bu bun kai shi te ku mi ta te ru no de su

15 – 困った こと です ね。
koma t ta ko to de su ne

Notes

6 四ヶ月 **yonkagetsu**, *quatre mois* : la graphie est un peu spéciale. Entre les deux kanji est inséré un petit ヶ (**ké** en katakana), qui se prononce **ka** (leçon 34, note 5).

7 Ici, la forme en て **te** peut être interprétée comme la façon la plus simple d'exprimer une relation de cause à effet, à côté d'autres formules plus précises comme から **kara** ou ので **node** (leçon 52, note 1 ; leçon 54, note 7).

Cinquante-neuvième leçon / 59

12 – Mais enfin, madame, que se passe-t-il donc *(madame enfin comment dire un-fait c'est [question])* ? À tous, il manque des vis *(tous vis [sujet] manquer)* !

13 – Mon mari a pris sa retraite il y a quatre mois *(mon-mari [sujet] quatre-mois avant [temps] entreprise [objet] retraite avoir-fait).*

14 Depuis, comme il s'ennuie, il démonte et remonte entièrement les appareils électriques de toute la maison *(cela depuis ennui faire // toute-la-maison [relation] électricité appareil [objet] entièrement démontage faire / assembler c'est-que).*

15 – C'est bien ennuyeux *(avoir-été-ennuyé un-fait c'est [accord])* !

14 ... ïyédjuu ...

第五十九課

練習 1 - 訳 し なさい

❶ 電気屋 さん に 行きました。再来週 まで に テレビ を 直して くれる そう です。
denkiya san ni ikimashita. saraishû made ni terebi o naoshite kureru sô desu

❷ 今晩 友達 が 八人 遊び に 来る こと に なった ので、隣 の 奥さん に フォーク を 五つ 借りました。
konban tomodachi ga hachinin asobi ni kuru koto ni natta node, tonari no okusan ni fôku o itsutsu karimashita

❸ 主人 が 旅行 から めずらしい 物 を たくさん 持って 帰りました から、是非 見 に 来て ください。
shujin ga ryokô kara mezurashii mono o takusan motte kaerimashita kara, zehi mi ni kite kudasai

***

練習 2 - 言葉 を 入れ なさい

❶ Pour aller de chez moi au musée, on traverse trois grandes avenues.
. . . . iku no ni, ...
. . . .

❷ Ma sœur cadette, qui est à l'étranger depuis neuf mois, m'a envoyé une longue lettre.
. . . . mae kara . . . .
. . . . okutte

❸ J'avais l'intention d'aller chercher M. Takemoto, mais comme ma voiture est tombée en panne, j'ai été bien ennuyé.
takemoto san . . . .
. . . ., ...
. . . . . . te, ...

Cinquante-neuvième leçon / 59

❹ あさっては町中の店が休みです。
asatte wa machijû no mise ga yasumi desu

❺ 冷蔵庫はねじがたくさん抜けて、
故障しています。
reizôko wa neji ga takusan nukete, koshô shite imasu

Corrigé de l'exercice 1
❶ Je suis allée chez l'électricien. Il a dit qu'il réparerait la télévision d'ici quinze jours. ❷ Ce soir huit amis viennent dîner chez moi, aussi j'ai emprunté cinq fourchettes à ma voisine. ❸ Mon mari a rapporté de voyage de nombreux objets rares, venez à tout prix les voir ! ❹ Après-demain, les magasins de toute la ville sont fermés. ❺ Comme beaucoup de vis manquent à ce réfrigérateur, il est en panne.

***

❹ Pendant les vacances d'été, tous les jours ma grand-mère me fait des gâteaux.
   natsu yasumi ni wa, ...
   . . . .

❺ La vieille femme d'en face a dit : – Peut-être va-t-il pleuvoir ce soir !
   – . . . . , . . mukai no obaasan ga . . . .

Corrigé de l'exercice 2
❶ uchi kara bijutsukan e – oodoori o mittsu watarimasu ❷ kyûkagetsu – gaikoku ni iru imôto ga nagai tegami o – kuremashita ❸ – o mukae ni iku tsumori deshita ga, kuruma ga koshô shite shimat – , komarimashita ❹ – mainichi obaasan ga o kashi o tsukutte kuremasu ❺ yoru ame ga furu kashira, to – iimashita

san byaku kyû jû • 390

平仮名 の 練習

が ぎ ぐ げ ご
GA　GI　GU　GE　GO

第六十課 dai roku juk ka
(だい ろく じゅっ か)

新幹線
(しん かん せん)
shin kan sen

1 − 先週　　新幹線　　で　　九州　　の
　　(せんしゅう)(しんかんせん)　　(きゅうしゅう)
　　sen shû　shin kan sen　de　kyû shû　no
　　孫　の　　ところ　　まで　　行きました。
　　(まご)　　　　　　　　　　(い)
　　mago no　to ko ro　ma de　i ki ma shi ta

2 − 新幹線　　は　　初めて　　でした　か。
　　(しんかんせん)　　(はじ)
　　shin kan sen　wa　haji me te　de shi ta　ka

3 − はい、　そう　です。　とても
　　ha i,　sô　de su.　to te mo
　　　楽しかった　　です。
　　　(たの)
　　tano shi ka t ta　de su

4　六　　時間　　半　　しか 1
　(ろく)(じ かん)(はん)
　roku　ji kan　han　shi ka
　かかりません　でした。
　ka ka ri ma se n　de shi ta

書き取り

❶ gogo *(après-midi)* ❷ eiga *(cinéma)* ❸ kuge *(noble de cour)* ❹ kigu *(appareil)* ❺ ikaga *(comment ?)* ❻ gaikoku *(pays étranger)* ❼ kagi *(clé)*

Corrigé
❶ ごご ❷ えいが ❸ くげ ❹ きぐ ❺ いかが ❻ がいこく ❼ かぎ

Deuxième vague : 10ᵉ leçon

Soixantième leçon

Le Shinkansen

1 – La semaine dernière je suis allé par le Shinkansen chez mes petits-enfants de Kyûshû *(semaine-dernière Shinkansen [moyen] Kyûshû [relation] petit-enfant [relation] endroit jusqu'à être-allé)*.
2 – C'était la première fois, le Shinkansen *(Shinkansen [annonce] pour-la-première-fois c'était [question])* ?
3 – Oui *(oui ainsi c'est)*. C'était très agréable *(très avoir-été-agréable c'est)*.
4 Cela n'a pris que six heures et demie *(six heure demi si-ce-n'est-pas ne-pas-avoir-pris)*.

Prononciation
1 sèn'chuu … kyuuchuu …

Note
1 しか **shika** : vous souvenez-vous de cette structure négative : しか **shika** + un verbe à la forme négative : *ne… que* (leçon 30, note 3) ?

san byaku kyû jû ni • 392

60 / 第六十課

5 昔 と **2** 比べる と ね。
   mukashi to kura be ru to ne

6 今 の 世 の 中 は 変わりました。
   ima no yo no naka wa ka wa ri ma shi ta

7 車内 から 電話 も かけました。
   sha nai ka ra den wa mo ka ke ma shi ta

8 しかし 窓 が 開かない の は 残念 です。
   shi ka shi mado ga a ka na i no wa zan nen de su

9 – それ は 冷房 の ため **3** でしょう。
   so re wa rei bô no ta me de shô

10 – 確か に そう でしょう ね。
    tashi ka ni sô de shô ne

11 外 は とても 蒸し暑かった の です が、
   soto wa to te mo mu shi atsu ka t ta no de su ga

12 新幹線 の 中 は 冷房 の おかげ で、涼しくて 少し 寒い くらい でした。
   shin kan sen no naka wa rei bô no o ka ge de, suzu shi ku te suko shi samu i ku ra i de shi ta

Soixantième leçon / 60

5 **Quand on compare à autrefois** *(autrefois avec comparer quand [accord])* !

6 **Le monde d'aujourd'hui a bien changé** *(maintenant [relation] monde [relation] dedans [annonce] avoir-changé)* !

7 **J'ai même téléphoné du train** *(intérieur-du-véhicule à-partir-de téléphone même avoir-fait-fonctionner)*.

8 **Mais c'est dommage que les fenêtres ne s'ouvrent pas** *(cependant fenêtre [sujet] ne-pas-s'ouvrir le-fait-de [annonce] dommage c'est)*.

9 – **Ce doit être à cause de la climatisation** *(cela [annonce] climatisation [relation] cause ce-doit-être)*.

10 – **C'est certainement cela** *(sûr [adverbial] ainsi ce-doit-être [accord])*.

11 **Dehors il faisait très chaud et humide, mais** *(extérieur [annonce] très avoir-été-chaud-et-humide c'est-que mais //)*

12 **à l'intérieur du Shinkansen, grâce à la climatisation, il faisait frais, presque un peu froid** *(Shinkansen [relation] intérieur [annonce] climatisation [relation] grâce [moyen] être-frais / un-peu être-froid presque c'était)*.

Notes

2 Pour quelques verbes exprimant l'idée de relation, de comparaison, と **to** sert à introduire le complément normal, ce qui correspond à notre *avec*, ou à notre *(le même) que*.

3 ため **tame**, après un nom, a deux sens. Nous en avons déjà rencontré un : *pour, en vue de* (leçon 38, phrases 10 et 11). L'autre sens, employé ici, est *à cause de*.

san byaku kyû jû yon • 394

13 椅子 も 座り 心地 が よくて **4**、
i su mo suwa ri goko chi ga yo ku te,

横浜 から 京都 まで
yoko hama ka ra kyô to ma de

眠って しまいました。
nemu t te shi ma i ma shi ta

14 あなた も 一度 乗って
a na ta mo i chi do no t te

みたら **5** いかが です か。
mi ta ra i ka ga de su ka

15 - 私 は 毎週 仕事 で 新幹線
watakushi wa mai shû shi goto de shin kan sen

で 大阪 まで 行って います。
de oo saka ma de i t te i ma su ☐

 15 ... maill'chuu ...

Notes

4 Le seul adjectif un peu irrégulier, いい **ii**, *être bien*, voit toutes ses autres formes construites à partir d'un doublet よい **yoi**. Pour la forme en て **te**, qui s'ajoute à la forme en く **ku** de l'adjectif, on aura donc よくて **yokute**.

5 乗って みたら **notte mitara** (leçon 51, note 2) : 乗る **noru**, *monter dans un véhicule* ; 乗って みる **notte miru**, *monter pour voir, pour essayer*. C'est le suffixe たら **tara** qui donne le sens *si, lorsque*.

Soixantième leçon / 60

13 Les sièges sont confortables, de Yokohama à Kyôto, j'ai dormi *(siège aussi s'asseoir disposition [sujet] être-bien / Yokohama à-partir-de Kyôto jusqu'à dormir avoir fait-complètement)*.

14 Que diriez-vous de le prendre une fois vous aussi *(vous aussi une-fois monter si-vous-faisiez-pour-voir / comment c'est [question])* ?

15 – C'est que moi, toutes les semaines, du fait de mon travail, je vais en Shinkansen jusqu'à Ôsaka *(moi [annonce] chaque-semaine travail [moyen] Shinkansen [moyen] Ôsaka jusqu'à aller)*.

60/第六十課

練習 1 – 訳 し なさい

❶ この 田舎 の 食べ物 は 町 の 食べ物 と 比べる と、随分 新鮮 で、おいしい ですね。
kono inaka no tabemono wa machi no tabemono to kuraberu to, zuibun shinsen de, oishii desu ne

❷ 内田 さん は 事故 に 会った そう です が、きっと すごい スピード で 走って いた ため でしょう。
uchida san wa jiko ni atta sô desu ga, kitto sugoi supîdo de hashitte ita tame deshô

❸ 道 が こんな に 混んで いる の は 選挙 が ある ため でしょう。
michi ga konna ni konde iru no wa senkyo ga aru tame deshô

***

練習 2 – 言葉 を 入れ なさい

❶ La première fois que j'ai pris le Shinkansen, c'est en 1964, l'année où il a été construit.

. . . .
shinkansen ga . . . .
. . . nen . . . .

❷ La pièce était intéressante, mais comme les enfants ont dit qu'ils avaient sommeil, nous sommes vite rentrés.
shibai . . . . , ...
nemui nemui . . . . , ...
. . . .

❸ C'est que l'hiver dernier a été très froid.

. . . .

Soixantième leçon / 60

❹ お箸で食べてみたら、どうですか。
o hashi de tabete mitara, dô desu ka

❺ おとといの夜は、皆留守で、雨も降っていて、家の中は寒くて、大変さびしかったです。
ototoi no yoru wa, minna rusu de, ame mo futte ite, ie no naka wa samukute, taihen sabishikatta desu

Corrigé de l'exercice 1
❶ Quand on compare les produits d'ici, à la campagne, à ceux de la ville, ils sont tellement frais, bien meilleurs ! ❷ Il paraît que M. Uchida a eu un accident, c'est sûrement parce qu'il roulait à une vitesse folle. ❸ Si les rues sont aussi encombrées, c'est sans doute à cause des élections. ❹ Et si vous essayiez de manger avec des baguettes ? ❺ Avant-hier soir, toute la famille était sortie, il pleuvait, la maison était froide, c'était vraiment sinistre.

***

❹ Dans cette île, les étés sont frais, les hivers sont doux, c'est un endroit où il fait bon habiter.
kono shima wa, ... , ...
. . . . , sumigokochi . . . .

❺ Pour bâtir ce musée, il n'a fallu que cinq mois et demi.
. . . . no ni, ...
. . . .

Corrigé de l'exercice 2
❶ hajimete shinkansen ni notta no wa – dekita sen kyû hyaku roku jû yon – deshita ❷ – wa omoshirokatta noni, kodomo ga – to itta node, hayaku kaeru koto ni narimashita ❸ kyonen no fuyu wa totemo samukatta no desu ❹ –, natsu wa suzushikute, fuyu wa atatakakute, – ga ii desu ❺ kono bijutsukan o tateru –, gokagetsu han shika kakarimasen deshita

61 /第六十一課
平仮名 の 練習

SA   SHI   SU   SE   SO

***

書き取り
❶ **saigo** (*dernier*) ❷ **sasou** (*inviter*) ❸ **shikashi** (*cependant*) ❹ **seki** (*toux*) ❺ **isu** (*siège*) ❻ **asoko** (*là-bas*) ❼ **sekai** (*monde*) ❽ **kasu** (*prêter*)

Corrigé
❶ さいご ❷ さそう ❸ しかし ❹ せき ❺ いす ❻ あそこ ❼ せかい ❽ かす

61

第六十一課 dai roku jû ik ka
だい ろくじゅう いっ か

返事
へんじ
hen ji

1 — 手紙 を 確か に 夕べ
   てがみ   たし   ゆう
   te gami o tashi ka ni yû be
   受け取り ました。 ありがとう ございました。
   う と
   u ke to ri ma shi ta. a ri ga tô go za i ma shi ta

2   電話 で 速達 で 送って
    でんわ   そくたつ   おく
    den wa de soku tatsu de oku t te
    くれた と 言って いた ので、
            い
    ku re ta to i t te i ta no de

399 • san byaku kyû jû kyû

Longtemps le Japon s'est enorgueilli d'avoir le train le plus rapide du monde. C'était la vérité : le premier Shinkansen (litt. "nouvelle grande ligne") a été mis en service entre Tôkyô et Ôsaka à l'occasion des Jeux olympiques de Tôkyô en 1964 (le premier tronçon du TGV date de 1983). Aujourd'hui les lignes du Shinkansen permettent d'aller du nord de l'île principale Honshû jusqu'au sud de Kyûshû. Le Shinkansen circule sur des lignes qui lui sont réservées, et se caractérise par son extraordinaire ponctualité. Il faut savoir que sur une direction donnée, il part environ 120 trains par jour ! Aux heures de pointe, on compte jusqu'à 10 trains à l'heure. À côté du réseau du Shinkansen existe une multitude de petites lignes gérées par des compagnies privées, qui forment un réseau dense sur tout le Japon malgré la situation géographique difficile. Chaque ligne est une prouesse technique et révèle des paysages somptueux.

Deuxième vague : 11ᵉ leçon

Soixante et unième leçon

La réponse

1 – J'ai bien reçu ta lettre hier soir *(lettre [objet] exact [adverbial] hier-soir avoir-réceptionné)*. Je t'en remercie *(merci)*.

2 Comme tu m'avais dit au téléphone que tu me l'expédiais par exprès *(téléphone [moyen] envoi-exprès [moyen] expédier avoir-fait-pour-moi [citation] avoir-dit parce que //)*,

3. 毎日 ポストを 見に 行って、楽しみに していました。
   mainichi posuto o mi ni itte, tanoshimi ni shite imashita

4. ところが 電話を もらってから 十日後に やっと 着きました。
   tokoroga denwa o moratte kara tôka go ni yatto tsukimashita

5. おかしいと 思って 封筒を よく 見たら、
   okashii to omotte fûtô o yoku mitara,

6. 住所が 半分しか 書いて ありませんでした。
   jûsho ga hanbun shika kaite arimasen deshita

7. 東京都、北区、西ヶ原1まで は ちゃんと 書いて ありましたが、
   tôkyô to, kita ku, nishigahara made wa chanto kaite arimashita ga,

8. その後 番地が 抜けて いました。
   sono ato banchi ga nukete imashita

Soixante et unième leçon / 61

3 j'allais tous les jours regarder dans ma boîte aux lettres, et je m'en faisais une fête *(chaque-jour boîte-à-lettres [objet] regarder [but] aller / réjouissance [but] avoir-fait).*

4 **Or elle est enfin arrivée dix jours après que j'ai reçu ton coup de téléphone** *(or téléphone [objet] recevoir depuis-que / dix-jour après [temps] enfin être-arrivé).*

5 Trouvant cela bizarre, j'ai bien regardé l'enveloppe et *(être-bizarre [citation] penser // enveloppe [objet] bien si-on-regarde /)*

6 il n'y avait que la moitié de l'adresse d'écrite *(adresse [sujet] moitié si-ce-n'est-pas ne-pas-avoir-été-écrit)* !

7 **Tôkyô, Kita-ku, Nishigahara, jusque-là c'était correctement écrit, mais** *(Tôkyô Kita-ku Nishigahara jusque [renforcement] correctement avoir-été-écrit mais /)*

8 après il manquait les numéros *(ce après numéros-d'une-maison [sujet] être-manquant).*

Note

1 北区 **kita ku** (litt. "l'arrondissement du nord") et 西ヶ原 **nishi ga hara** (litt. "la plaine de l'ouest") : les noms propres de lieux sont le second cas où l'on emploie un petit ヶ **ke** pour noter **ga** (leçon 34, note 5).

9 しかも、 それでも 着いた の
shi ka mo, so re de mo tsu i ta no

です から、 私 も 有名 な
de su ka ra, watashi mo yû mei na

の です ね。
no de su ne

10 日本 の 郵便 配達 は
ni hon no yû bin hai tatsu wa

サービス **2** が いい の です ね。
sâ bi su ga i i no de su ne

11 わざわざ **3** 時間 を かけて
wa za wa za ji kan o ka ke te

捜して くれた の です から。
saga shi te ku re ta no de su ka ra

12 この 次 は、 急ぎ の 手紙 には、
ko no tsugi wa, iso gi no te gami ni wa,

速達 で 送る より も、 住所
soku tatsu de oku ru yo ri mo, jû sho

を 正確 に 書いて ください ね。 □
o sei kaku ni ka i te ku da sa i ne

Notes

2 サービス sâbisu (de l'anglais **service**), est une des notions-piliers de la relation entre commerçants ou prestataires de services et clients. Elle renvoie à tout ce qui facilite l'achat d'un produit ou l'utilisation d'un service : le cadre, l'organisation, l'attitude du commerçant ou des employés, ses conseils, les petits cadeaux…

9 Que la lettre me soit arrivée malgré cela, c'est que je suis célèbre *(mais malgré-cela être-arrivé c'est-que parce-que / moi aussi célèbre c'est c'est-que [accord])* !

10 La distribution du courrier au Japon est bien assurée *(Japon [relation] courrier distribution [annonce] service [sujet] être-bien c'est-que [accord])* !

11 Ils ont pris la peine de me chercher, en y passant du temps *(en-se-donnant-la-peine temps [objet] utiliser / chercher avoir-fait-pour-moi c'est-que parce-que).*

12 La prochaine fois, pour une lettre urgente, plutôt que de l'expédier par exprès, écris l'adresse exacte *(ce suivant [renforcement] urgence [relation] lettre [but] [renforcement] exprès [moyen] expédier plutôt-que / adresse [objet] exact [adverbial] écris [accord])* !

3 わざわざ **wazawaza** caractérise le fait que quelqu'un se soit donné une peine particulière pour vous, au-delà de ce que vous attendiez de lui ; cet usage explique l'emploi de わざわざ **wazawaza** dans des formules de politesse comme dans la leçon 53, phrase 17.

第六十一課

▶ 練習 1 - 訳 しなさい

① 大阪に着いてから あまり いそがしくて、川口さんに 会う ことも できません でした。
oosaka ni tsuite kara amari isogashikute, kawaguchi san ni au koto mo dekimasen deshita

② 手紙を 送って から 三ヶ月 経ちましたが、返事が 全然 来ません。
tegami o okutte kara sankagetsu tachimashita ga, henji ga zenzen kimasen

③ 遠くから 見た時は 広く 見えましたが、近くから 見たら、狭かった です。
tooku kara mita toki wa hiroku miemashita ga, chikaku kara mitara, semakatta desu

***

練習 2 - 言葉を 入れ なさい

① Je suis allée la voir, mais on m'a dit qu'elle était partie deux jours après être entrée à l'hôpital.

. . . ., ... futsuka . . ni kaetta . . . . .

② Hier soir, lorsque j'ai regardé vers le nord, j'ai vu décoller une drôle de machine.

. . . . tara, ... iku . . . .

③ Écrivez correctement ici votre nom, votre adresse, votre nationalité et votre profession.

. . . .

❹ リビング へ 戻って きたら、もう だれも いなかった。
ribingu e modotte kitara, mô daremo inakatta

❺ 一度 に たくさん 休む より も、少し ずつ 休み を 取る 方 が いい です。
ichido ni takusan yasumu yori mo, sukoshi zutsu yasumi o toru hô ga ii desu

Corrigé de l'exercice 1
❶ Comme j'ai été trop occupée depuis que je suis arrivée à Ôsaka, je n'ai même pas pu voir Mlle Yamaguchi. ❷ Depuis que j'ai expédié ma lettre, trois mois ont passé et pourtant aucune réponse ne vient. ❸ Quand on le regardait de loin, ça avait l'air vaste, mais vu de près, c'était tout petit. ❹ Lorsque je suis revenu dans la salle de séjour, il n'y avait plus personne. ❺ Plutôt que de se reposer beaucoup en une seule fois, il vaut mieux prendre souvent un peu de repos.

***

❹ Cette fois-ci je ne suis resté que dix jours.

. . . .

❺ Depuis que je suis né, je n'ai pas entendu une histoire aussi extraordinaire !

. . . . , konna ni . . . . ga arimasen

Corrigé de l'exercice 2
❶ o mimai ni ikimashita ga, nyûin shite kara – go – sô desu ❷ yûbe kita no hô o mi –, okashii kikai ga tobitatte – no ga miemashita ❸ namae to jûsho to kokuseki to shokugyô o koko ni seikaku ni kaite kudasai ❹ konkai tôka shika tomarimasen deshita ❺ umarete kara, – mezurashii hanashi wa kiita koto –

第六十二課
平仮名 の 練習

ざ じ ず ぜ ぞ ん
ZA JI ZU ZE ZO N

書き取り
❶ jiko *(accident)* ❷ shizuoka *(nom d'une ville)* ❸ suzuki *(nom de famille)* ❹ zenzen *(absolument + nég.)* ❺ suizokukan *(aquarium)* ❻ anzen *(sécurité)* ❼ oji *(mon oncle)*

Corrigé
❶ じこ ❷ しずおか ❸ すずき ❹ ぜんぜん ❺ すいぞくかん
❻ あんぜん ❼ おじ

第六十二課 dai roku jû ni ka

銭湯 (せんとう)
sen tô

1 – 今 (いま) 私 (わたし) が 下宿 (げしゅく) **1** して いる 所 (ところ) は お 風呂 (ふろ) も シャワー も ありません。
ima watashi ga ge shuku shi te i ru tokoro wa o fu ro mo sha wâ mo a ri ma se n

2 – 不便 (ふべん) でしょう。
fu ben de shô

*En Europe, lorsque les gens pensent à l'organisation d'une ville, ils pensent en termes de rues, c'est-à-dire de lignes. Au Japon, on pense en termes de blocs, c'est-à-dire de volumes. Chaque arrondissement y est divisé en sous-arrondissements qui portent des noms, divisés eux-mêmes en blocs qui portent un numéro. Ensuite chaque pâté de maisons de ce bloc porte un numéro, tout comme chaque maison. C'est dans cet ordre que se présente l'adresse, du plus grand au plus petit (très logique !). Par exemple : **Tôkyô-to** (litt. "Tôkyô-capitale"). C'est le nom postal de Tôkyô), **Kita-ku**, **Nishigahara** 3-27-9, **Tanaka-sama** (le nom de la personne vient en dernier). Un petit détail : il est assez facile avec un plan de trouver le pâté de maisons. Cependant, celles-ci ont souvent été numérotées dans l'ordre de leur construction : cela oblige parfois à faire le tour du pâté de maisons pour trouver le bon numéro. Il suffit de le savoir !*

Deuxième vague : 12ᵉ leçon

Soixante-deuxième leçon

Le bain public

1 – Là où je loge en ce moment, il n'y a ni bain ni douche *(maintenant moi [sujet] location faire endroit [annonce] [familiarité] bain aussi douche aussi ne-pas-se-trouver)*.

2 – Ce ne doit pas être commode *(incommode ce-doit-être)* !

Note

1 On parle de 下宿 *geshuku* dans le cas où on loue un logement chez quelqu'un (souvent une simple chambre) dans la maison même où habite le propriétaire.

3 − ええ、でも すぐ 近^{ちか}く に 銭湯^{せんとう}
　　ee, demo sugu chikaku ni sentô
　　が あります から、毎晩^{まいばん} 行^いきます。
　　ga arimasu kara, maiban ikimasu

4　その 銭湯^{せんとう} は 立派^{りっぱ} で、湯槽^{ゆぶね}
　　sono sentô wa rippa de, yubune
　　は 深^{ふか}く 2、ひろびろ と して います。
　　wa fukaku, hirobiro to shite imasu

5　六時^{ろくじ} ごろ 行^いく と 満員^{まんいん} です が、
　　rokuji goro iku to manin desu ga

6　夜^{よる} の 十時^{じゅうじ} すぎ は すいて いて、
　　yoru no jûji sugi wa suite ite

7　その 広^{ひろ}い 湯槽^{ゆぶね} に 浸^つかって
　　sono hiroi yubune ni tsukatte
　　いる と、いい 気持^{きもち} に なります。
　　iru to, ii kimochi ni narimasu

8　それに 便利^{べんり} な 設備^{せつび} が
　　soreni benri na setsubi ga
　　いろいろ あります。
　　iroiro arimasu

9　たとえば、お 風呂^{ふろ} に
　　tatoeba, o furo ni
　　入^{はい}って いる 間^{あいだ} に、
　　haitte iru aida ni

Soixante-deuxième leçon / 62

3 – **Non ! Mais juste à côté, il y a un bain public, alors j'y vais tous les soirs** *(oui cependant tout-de-suite proximité [lieu] bain-public [sujet] se-trouver parce-que / chaque-soir aller)*.

4 **Ce bain public est sensationnel, le bassin à eau chaude est profond et spacieux** *(ce bain-public [annonce] sensationnel c'est // bassin-à-eau-chaude [annonce] être-profond / spacieux faire)*.

5 **Si on y va vers six heures, c'est plein de monde, mais** *(six-heures environ aller lorsque / bondé c'est mais ///)*

6 **après dix heures du soir c'est vide et** *(soir [relation] dix-heures passé [renforcement] être-vide //)*

7 **quand on se plonge dans ce grand bassin à eau chaude, quel délice** *(ce être-vaste bassin-à-eau-chaude [but] plonger lorsque / être-bien sentiment [but] devenir)* !

8 **En plus il y a toutes sortes d'installations pratiques** *(de-plus pratique c'est installation [sujet] de-toutes-sortes se-trouver)*.

9 **Par exemple, pendant qu'on est dans le bain** *(par-exemple [familiarité] bain [lieu] entrer pendant-que /)*,

Note

2 深く、… **fukaku, …,** *est profond et…* (leçon 58, note 2) : dans le cas des adjectifs comme dans celui de verbes, le て **te** n'est pas obligatoire. La simple forme en く **ku** peut avoir le même sens : indiquer qu'on vient de citer une première qualité et qu'on va en citer une autre.

yon hyaku jû • 410

第六十二課

10　玄関(げんかん)の ところに 置(お)いてある
　　gen kan no to ko ro ni o i te a ru
　　洗濯機(せんたくき)で 洗濯(せんたく)が できます。
　　sen taku ki de sen taku ga de ki ma su

11 － でも 銭湯(せんとう)とは、男女(だんじょ) 別々(べつべつ)
　　de mo sen tô to wa, dan jo betsu betsu
　　に 入(はい)るにしても、知(し)らない
　　ni hai ru ni shi te mo, shi ra na i
　　人(ひと)の 前(まえ)で 裸(はだか)に なる
　　hito no mae de hadaka ni na ru
　　所(ところ)です。
　　tokoro de su

12　私(わたし)だったら **3**、はずかしい です ね。
　　watashi da t ta ra, ha zu ka shi i de su ne

13 － でも 私(わたし)は 全然(ぜんぜん) 平気(へいき) です。
　　de mo watashi wa zen zen hei ki de su

14　眼鏡(めがね)を 取(と)りますから、回(まわ)り
　　me gane o to ri ma su ka ra, mawa ri
　　の 人(ひと)が 気(き)に なりません。　□
　　no hito ga ki ni na ri ma se n

Si les logements modernes disposent souvent d'une salle de bains, ce n'est pas toujours le cas dans les grandes villes, où beaucoup d'habitants doivent se contenter d'un espace restreint. Le bain public reste pour beaucoup de personnes un lieu privilégié pour jouir d'un espace suffisant aux ablutions quotidiennes… Le bain public, c'est d'abord une vaste salle carrelée, entourée de douches où l'on commence par

Soixante-deuxième leçon / 62

10 on peut faire sa lessive dans la machine à laver qui est dans le vestiaire *(entrée [relation] endroit [lieu] être-posé machine-à-laver [moyen] lessive [sujet] être-possible)*.

11 – Mais dans ce bain public, bien que hommes et femmes soient séparés, on doit se mettre nu devant des gens qu'on ne connaît pas *(mais bain-public ce-qu'on-appelle [annonce] hommes-et-femmes séparé [adverbial] entrer [but] faire même-si / ne-pas-connaître être-humain [relation] devant [lieu] nu [but] devenir endroit c'est)*.

12 Si c'était moi je n'oserais pas *(moi si-c'est / être-honteux c'est [accord])* !

13 – Pourtant moi ça m'est complètement égal *(cependant moi [annonce] tout-à-fait indifférent c'est)*.

14 Comme j'enlève mes lunettes, les gens qui sont autour de moi ne me gênent pas *(lunettes [objet] prendre parce-que / pourtour [relation] être-humain [sujet] ne-pas-être-le-sujet-de-préoccupation)*.

Note

3 Le suffixe たら **tara**, qui exprime une condition préalable s'ajoute à la base unique des verbes à une base (leçon 60, phrase 14). Il s'ajoute à la base en i des verbes à plusieurs bases, provoquant les mêmes changements que dans le cas de て **te** ou de た **ta** (leçon 56). Dans le cas de です **desu**, *c'est*, ce suffixe s'ajoute au degré moins だ **da**, avec une petite variation phonétique : だったら **dattara**, *si c'était, si c'est, quand c'est*.

se laver, en utilisant l'eau en abondance sans souci des éclaboussures. Ensuite quelque chose dont la taille se situe entre une grande baignoire et une petite piscine sert uniquement à se tremper dans l'eau bien chaude (parfois très chaude...). Le même type d'installation se trouve aussi dans les 旅館 **ryokan**, *hôtels japonais traditionnels, très souvent dans des zones de sources chaudes naturelles.*

第六十二課

▶ 練習 1 – 訳 し なさい

❶ 庭つき の 一軒家 だったら、そう 簡単 に みつかりません。
niwatsuki no ikken.ya dattara, sô kantan ni mitsukarimasen

❷ 外国 へ 行ったら、いろいろ 覚える こと が できる でしょう。
gaikoku e ittara, iroiro oboeru koto ga dekiru deshô

❸ この 車 は あまり 古い から、売る こと も 使う こと も できません。
kono kuruma wa amari furui kara, uru koto mo tsukau koto mo dekimasen

❹ 蒸し暑い 時 に お 風呂 に 入る の は 気持 が いい です。

***

練習 2 – 言葉 を 入れ なさい

❶ Depuis que la guerre est finie, plus de vingt ans ont passé.
. . . . owat . . . . , ... ijô
. . . .

❷ Pendant que j'étais dans mon bain, le téléphone a sonné je ne sais combien de fois, j'étais bien ennuyé.
. . . . , ...
. . . . kakatte kite, ...

❸ Cet appartement n'a ni cuisine ni salle de bains.
. . . .
. . . .

Soixante-deuxième leçon / 62

mushiatsui toki ni o furo ni hairu no wa kimochi ga ii desu

❺ 向かいの 電気屋さんの 孫は 去年の 三月ごろから 僕と 同じ 事務所に 勤めはじめました。

mukai no denkiya san no mago wa kyonen no sangatsu goro kara boku to onaji jimusho ni tsutomehajimemashita

Corrigé de l'exercice 1

❶ Si c'est une maison individuelle avec jardin, ça ne se trouve pas si facilement. ❷ Quand on va à l'étranger on peut sûrement apprendre toutes sortes de choses. ❸ Cette voiture étant trop vieille, je ne peux ni la vendre, ni l'utiliser. ❹ Quand il fait chaud et humide, c'est agréable de prendre un bain. ❺ Le petit-fils de l'électricien d'en face a commencé à travailler dans le même bureau que moi vers le mois de mars de l'année dernière.

***

❹ Même si on veut utiliser des robots, si on n'a personne pour les faire fonctionner, on ne peut rien faire.

. . . . tsukaô to . . . ., ... ugokasu . . . ., ...

❺ Bien que je n'aie pas eu l'intention d'acheter quoi que ce soit, comme c'était bon marché, j'ai fini par acheter toutes sortes de choses.

mono o . . . . de wa nakatta

. . . ., ..., ...
. . . .

Corrigé de l'exercice 2

❶ sensô ga – te kara, mô ni jû nen – tachimashita ❷ o furo ni haitte iru aida ni, denwa ga nandomo –, komarimashita ❸ kono apâto wa daidokoro mo o furo mo arimasen ❹ robotto o – omotte mo, sore o – hito ga inai to, nanimo dekimasen ❺ – kau tsumori – noni, yasukatta node, iroiro katte shimaimashita

平仮名 の 練習

63

第六十三課 dai roku jû ni ka
（だい ろく じゅう さん か）

まとめ – **Révision**

1 Les systèmes numéraux : le système sino-japonais

1.1 Deux systèmes de numérotation

Les Japonais utilisent simultanément deux systèmes pour numéroter et compter :
– un système d'origine japonaise, qui comporte un nombre de chiffres extrêmement limité, de 1 à 10, plus quelques autres. S'il est limité, ce système est en revanche très employé dans la vie quotidienne (où, réfléchissons bien, on a rarement à compter au-delà de 10 sauf pour l'âge… et pour les sommes d'argent !).
– un système d'origine chinoise, qui lui, au contraire, permet de fabriquer facilement les nombres de 1 à 10^{36} (1 à 36 zéros) ! Et même encore au-delà. C'est évidemment ce système-là que nous employons ici pour numéroter les pages et les leçons.
Nous nous occuperons, dans cette leçon, du système d'origine chinoise ; nous verrons le système japonais plus tard.

1.2 Le système d'origine chinoise (sino-japonais)

Il est tout à fait simple dans son principe, et sans doute l'avez vous déjà compris. Il vous suffit de connaître les chiffres de 1 à 10, puis

書き取り

❶ genjitsuteki *(réaliste)* ❷ chikatetsu *(métro)* ❸ ototoi *(avant-hier)* ❹ tatsu *(se tenir debout)* ❺ chiisai *(être petit)* ❻ taizai *(séjour)* ❼ kantan *(simple)* ❽ kotoshi *(cette année)* ❾ shichi *(sept)* ❿ soshite *(et puis)*

Corrigé

❶ げんじつてき ❷ ちかてつ ❸ おととい ❹ たつ ❺ ちいさい ❻ たいざい ❼ かんたん ❽ ことし ❾ しち ❿ そして

Deuxième vague : 13ᵉ leçon

Soixante-troisième leçon

ce qui correspond à 100, 1 000, 10 000, etc. et vous pouvez compter à l'infini… ou presque !

Récapitulons ces chiffres :

一 **ichi**, *1*	六 **roku**, *6*
二 **ni**, *2*	七 **shichi** ou **nana**, *7*
三 **san**, *3*	八 **hachi**, *8*
四 **shi** ou **yon**, *4*	九 **ku** ou **kyû**, *9*
五 **go**, *5*	十 **jû**, *10*

et puis :
百 **hyaku**, *100*
千 **sen**, *1 000*
et un nombre à quatre zéros, le 万 **man**, *1 0000 (dix mille)*.
Les ordres de grandeur suivants se basent également sur quatre zéros :
億 **oku**, *1 0000 0000 (cent millions)*
兆 **chô**, *1 0000 0000 0000 (un milliard)*

• Deux principes à retenir

– Quand un chiffre vient à gauche de 十 **jû**, 百 **hyaku**, 千 **sen**, 九 **man**, 億 **oku**, 兆 **chô**, cela veut dire qu'il le multiplie :

yon hyaku jû roku • 416

→ 十 **jû**, *10*	二十 **ni jû** : 2 x 10 = 20 ; 九十 **kyû jû** : 9 x 10 = 90
→ 百 **hyaku**, *100*	四百 **yon hyaku** : 4 x 100 = 400 ; 七百 **nana hyaku** : 7 x 100 = 700
→ 千 **sen**, *1 000*	五千 **go sen** : 5 x 1 000 = 5 000 ; 六千 **roku sen** : 6 x 1 000 = 6 000
→ 一万 **ichi man**, *1.0000*	二万 **ni man** : 2 x 1.0000 = 2.0000 (*20 000*) ; 八万 **hachi man** : 8 x 1.0000 = 8.0000 (*80 000*) ; 百万 **hyaku man** : 100 x 1.0000 = 100.0000 (*1 million*)

– Quand un chiffre vient à droite de 十 **jû**, 百 **hyaku**, 千 **sen**, 万 **man**, 億 **oku**, 兆 **chô**, cela veut dire qu'il s'additionne :

→ 十 **jû**, *10*	十 三 **jû san** : 10 + 3 = 13 ; 十 八 **jû hachi** : 10 + 8 = 18
→ 百 **hyaku**, *100*	百 一 **hyaku ichi** : 100 + 1 = 101 ; 九 百 五 **kyû hyaku go** : (9 x 100) + 5 = 905
→ 千 **sen**, *1 000*	千 二 百 **sen ni hyaku** : 1 000 + 200 = 1 200 ; 千 七 百 八 十 九 **sen nana hyaku hachi jû kyû** : 1 000 + 700 + 80 + 9 = 1 789 ; 三千 san**z**en (attention à la prononciation !) : 3 000
→ 一万 **ichi man**, *1.0000*	三万 四千 四百 一 **san man yon sen yon hyaku ichi** 3.0000 + 4 000 + 400 + 1 = 34 401

• **Les chiffres à plusieurs prononciations**

Notez qu'il y a trois chiffres pour lesquels il y a deux prononciations :

四 *4*, **shi** ou **yon** ; 七 *7*, **shichi** ou **nana** ; 九 *9*, **ku** ou **kyû**.
Les prononciations d'origine chinoise : **shi**, **shichi** et **ku**, correspondent à d'autres mots, de mauvais augure (**shi** veut dire la *mort* et **ku** veut dire la *souffrance*, écrits bien sûr avec d'autres kanji, ce ne sont que des homonymes). On les a donc remplacées par **yon** et **nana** (pris dans le système japonais) et **kyû**.

Cependant on continue à employer obligatoirement **shi** pour 四, **shichi** pour 七 et **ku** pour 九 dans les noms des mois.
Nous avons déjà vu (leçons 52, 55 et 62) quelques noms de mois, ils consistent simplement en un numéro et le mot 月 **gatsu**, *mois* (litt. "mois nº 1", "mois nº 2", etc).

janvier	一月 **ichigatsu**	juillet	七月 **shichigatsu**
février	二月 **nigatsu**	août	八月 **hachigatsu**
mars	三月 **sangatsu**	septembre	九月 **kugatsu**
avril	四月 **shigatsu**	octobre	十月 **jûgatsu**
mai	五月 **gogatsu**	novembre	十一月 **jûichigatsu**
juin	六月 **rokugatsu**	décembre	十二月 **jûnigatsu**

Il y a aussi quelques obligations pour les heures : 七時 **shichiji**, *7 heures* ; 九時 **kuji**, *9 heures*. Et n'oubliez pas 四時 **yoji**, *4 heures*.

• **Quelques "incidents de frontière"**
Pour compliquer un peu l'affaire, rappelez-vous qu'on ajoute souvent aux nombres un petit mot qui sert à classer les objets par catégories, un "spécifique numéral". Récapitulons ceux que nous avons déjà rencontrés :

Spécifique numéral	Utilisé pour compter	Référence
軒 **ken**	les maisons	34, phrase 3
台 **dai**	les véhicules	34, phrase 9
杯 **hai**	les verres pleins	37, phrase 10

頭 **tô**	les gros animaux	39, phrase 7
杯 **mai**	les feuilles de papier (+ objets similaires)	39, phrase 18
名 **mei**	les personnes (officiel)	44, phrase 5
人 **nin**	les personnes (normal)	47, phrase 13
本 **hon**	les objets cylindriques	53, phrase 11

Pour certains chiffres, il y a quelques incidents de frontière,
→ soit quand on combine certains chiffres entre eux,
→ soit quand on ajoute certains spécifiques numéraux.

– Pour 一 **ichi**, *1* ; 三 **san**, *3* ; 六 **roku**, *6* ; 八 **hachi**, *8* ; 十 **jû**, *10* :
Si un **h** les suit directement,
→ Après 三 **san**, le **h** devient **b** :
三百 **sanbyaku**, *trois cents* ; 三本 **sanbon**, *trois (objets cylindriques)*
→ Après 一 **ichi**, 六 **roku**, 八 **hachi** et 十 **jû** : le **h** devient **p** et le chiffre perd sa finale, remplacée par un autre **p** : 一杯 **ippai**, *un verre* ; 六百 **roppyaku**, *six cents* ; 八百 **happyaku**, *huit cents* ; 六本 **roppon**, *six (objets cylindriques)* ; 十本 **juppon**, *dix (objets cylindriques)*.

Subit un traitement du même genre 分 **fun**, la *minute* (leçon 57, note 8) : 一分 **ippun**, *une minute* ; 三分 **sanpun**, *trois minutes* ; 四分 **yonpun**, *quatre minutes* ; 六分 **roppun**, *six minutes* ; 八分 **happun**, *huit minutes* ; 十分 **juppun** (ou **jippun**), *dix minutes*.

– Pour 一 **ichi**, 六 **roku**, 八 **hachi**, 十 **jû**
→ Si un **k** les suit directement, ils perdent leur finale, remplacée par un autre **k** : 第一課 **daiikka**, *leçon 1* ; 第六課 **dairokka**, *leçon 6* ; 第八課 **daihakka**, *leçon 8* ; 第十課 **daijukka**, *leçon 10* ou encore 一軒 **ikken**, *une maison*.
→ Devant **s**, ils perdent leur finale, remplacée par un autre **s** : 八千 **hassen**, *huit mille* ; 一歳 **issai**, *un an* (pour l'âge).

→ Si un **t** les suit directement, ils perdent leur finale remplacée par un autre **t** : 一頭 **ittô**, *un (gros animal)*.
Notez également que *trois mille*, 三千 se prononce **sanzen**… Enfin, dernière précision, pour le nombre *cent* on dit 百 **hyaku**, pour *mille* 千 **sen**, mais ensuite on dit pour 1.0000 一万 **ichiman**, pour 1.0000.0000 一億 **ichioku**, etc.

1.3 Le zéro

Notez qu'on a parfois besoin d'un zéro, notamment pour écrire des dates. Dans ce cas il est emprunté à nos chiffres arabes, l'année 1908 se dira bien **sen kyû hyaku hachi nen**, et s'écrira 一九〇八年.

1.4 Les nombres ordinaux

Juste un petit mot à propos des nombres ordinaux (vous savez, là où on ajoute …*ième*). Dans le titre de chaque leçon nous utilisons le petit mot 第 **dai** placé devant le chiffre mais il existe d'autres possibilités :
– 目 **me**, que nous avons vu à la leçon 31, phrase 8 : 三枚目 **san mai me**, *la troisième* (à propos d'une serviette de toilette) ;
– 番 **ban** ou plus souvent 番目 **ban me** : 八番 **hachi ban** ou 八番目 **hachi ban me**, *le (la) huitième* ;
– Et même parfois on en combine deux : 第三枚目 **dai san mai me**, *la troisième* (serviette), ou même les trois : 第八番目 **dai hachi ban me**, *le (la) huitième*.

2 L'écriture

Un petit rappel. Dès l'introduction nous expliquions que les Japonais utilisent simultanément deux systèmes : les kana (hiragana et katakana), et les kanji. Les kanji servent à écrire les mots "vrais", ceux qu'on trouve dans les dictionnaires : noms, verbes, adjectifs, certains adverbes. Les hiragana notent tout l'outillage grammatical, mais aussi certains adverbes ou noms dont les kanji sont trop rarement utilisés ou difficiles. De même, si les katakana servent en priorité pour la notation des mots étrangers, ils servent aussi pour des noms dont les kanji sont rarement utilisés, en particulier les noms d'animaux.

第六十三課

Presque tous les kanji, vous avez pu le voir vous-même au cours des leçons, ont plusieurs prononciations. En général, toutes ces prononciations ont le même sens. Mais parfois elles correspondent à des sens différents, surtout pour des caractères très usités.

Ainsi le caractère 月 a deux prononciations d'origine chinoise. L'une 月 **gatsu** s'emploie dans les noms des mois de l'année (§ 1).

L'autre 月 **getsu** s'emploie au sens de *un mois* comme durée = 30 ou 31 jours (leçon 59, phrase 13) et dans des expressions comme 来月 **raigetsu**, *le mois prochain* (leçon 44, phrases 6 et 7).

***

復習 会話

1. 奈良 の 一番 有名 な お 寺 は ほとんど 皆 町 の 外 に あります。
   nara no ichiban yûmei na o tera wa hotondo minna machi no soto ni arimasu

2. 歴史 の 道 を 一度 で たくさん 歩く より は 毎日 すこし ずつ 歩く 方 が いい です。
   rekishi no michi o ichido de takusan aruku yori wa mainichi sukoshi zutsu aruku hô ga ii desu

3. 下宿 は ホテル と 比べる と 静か で、非常 に 安い です。
   geshuku wa hoteru to kuraberu to shizuka de, hijô ni yasui desu

4. 冷房 が 故障 した ため、電気屋 さん に 直して もらいたい と 思って、電話 しました。
   reibô ga koshô shita tame, denkiyasan ni naoshite moraitai to omotte, denwa shimashita

Soixante-troisième leçon / 63

5 電気器具 を 皆 直す ために すごい 時間 が かかりました。

denki kigu o minna naosu tame ni sugoi jikan ga kakarimashita

6 銭湯 だったら、お 風呂 だけ では なく、いろいろ な 設備 も 置いて あって、とても 便利 です。

sentô dattara, o furo dake de wa naku, iroiro na setsubi mo oite atte, totemo benri desu

7 夜 の 十時 すぎ に 行ったら、すいて いて、気持 が いい です。

yoru no jûji sugi ni ittara, suite ite, kimochi ga ii desu

8 新幹線 が できた 一 九 六 四 年 から 日本 の 中 の 交通 が 随分 変 わりました。

shinkansen ga dekita sen kyûhyaku rokujû yon nen kara nihon no naka no kôtsû ga zuibun kawarimashita

9 自動車 を 二 台 買う つもり です か。確か に 二百 五十 万 円 以上 に なる でしょう。

jidôsha o ni dai kau tsumori desu ka. tashika ni nihyaku gojû man en ijô ni naru deshô

10 インド 旅行 して いた 時 に 見た ある 動物園 に 二十一頭 の 象 が いました。
indo ryokô shite ita toki ni mita aru dôbutsuen ni nijû it tô no zô ga imashita

64

第六十四課 dai roku jû yon ka

雑誌

zas shi

1 – あなた の 英語 **1** の 勉強 は いかが です か。
a na ta no ei go no ben kyô wa i ka ga de su ka

2 – ええ、大分 進みました。
e e, dai bu susu mi ma shi ta

3 – どこ で 習って いる の です か。
do ko de nara t te i ru no de su ka

Traduction

1 Les temples les plus célèbres de Nara sont presque tous en dehors de la ville. **2** Plutôt que de parcourir en une fois une grande partie du Chemin de l'Histoire, il vaut mieux y marcher un petit peu tous les jours. **3** Les chambres chez l'habitant, si on compare à l'hôtel, c'est calme, et beaucoup moins cher. **4** Comme la climatisation était en panne, j'ai voulu la faire réparer par l'électricien et je lui ai téléphoné. **5** Pour réparer tous les appareils électriques, cela prend un temps énorme. **6** Dans le cas du bain public, on a non seulement le bain, mais aussi toutes sortes d'installations, c'est bien pratique. **7** Si on y va le soir après dix heures, c'est vide, c'est bien agréable. **8** Depuis 1964, année où a été mis en service le Shinkansen, les communications à l'intérieur du Japon ont été radicalement transformées. **9** Tu veux acheter deux voitures ? Cela te coûtera sûrement plus de 2 500 000 yens. **10** Dans un zoo que j'ai visité lors d'un voyage en Inde, il y avait 21 éléphants.

Deuxième vague : 14ᵉ leçon

Soixante-quatrième leçon

La revue

1 – Comment va ton étude de l'anglais *(toi [relation] anglais [relation] étude [annonce] comment c'est [question])* ?

2 – Oh, j'ai fait pas mal de progrès *(oh assez avoir-avancé)*.

3 – Où étudies-tu *(où [lieu] étudier c'est-que [question])* ?

Note

1 Vous souvenez-vous que l'Angleterre fait exception à la règle de formation des noms de langues étrangères : *l'Angleterre* est bien イギリス **igirisu**, mais la *langue anglaise* se dit 英語 **eigo** ?

4 - 個人 レッスン の 先生 に ついて います。

5 やっと 少し 読める² よう に なりました。

6 - それじゃ³ もう直 シェークスピア でも 読める よう に なる でしょう。

7 - シェークスピア です か。僕 に は 全然 興味 が ありません。

8 英語 を 習って いる の は 仕事 関係 の 記事 を 読む ため です。

9 工業 関係 の 雑誌 を 読みたい の です。

10 - へえ、まじめ なん です ね。

Soixante-quatrième leçon / 64

4 – **Avec un professeur, en cours particuliers** *(individuel leçon [relation] professeur [but] s'attacher-à)*.

5 **Enfin je réussis à lire un peu** *(enfin un-peu pouvoir-lire état [but] être-devenu)*.

6 – **Alors très bientôt tu vas pouvoir lire même Shakespeare** *(alors bientôt Shakespeare même pouvoir-lire état [but] devenir ce-doit-être)* !

7 – **Shakespeare** *(Shakespeare c'est [question])* ! **Ça ne m'intéresse pas du tout** *(moi [lieu] [renforcement] pas-du-tout intérêt [sujet] ne-pas-se- trouver)*.

8 **J'apprends l'anglais pour lire des articles en relation avec mon travail** *(anglais [objet] étudier le-fait-de [annonce] travail lien [relation] article-de-journal [objet] lire afin-de c'est)*.

9 **Je veux lire les revues qui concernent l'industrie** *(industrie lien [relation] revue [objet] je-veux-lire c'est-que)*.

10 – **Hé, comme tu es sérieux** *(hé sérieux [exclamation] c'est [accord])* !

Prononciation

5 … *s'kochi* …

Notes

2 De tous les verbes (ou presque) on peut dériver un autre verbe qui voudra dire *pouvoir…* : 読む **yomu**, *lire* ; 読める **yomeru**, *pouvoir lire*. Ce verbe dérivé se termine toujours en **eru**. C'est un verbe à une seule base.

3 それじゃ **soreja** : comme dans toutes les langues, il existe en japonais des expressions familières. Il s'agit souvent de formes abrégées, comme ce それじゃ **soreja** pour それでは **soredewa** (leçon 3, phrase 11). On trouvera d'ailleurs souvent cette abréviation じゃ **ja**, là où l'on trouverait で は **de wa**. Ainsi そう で は ない **sô de wa nai**, *non (ce n'est pas ainsi)*, se dira plus souvent, familièrement, そう じゃ ない **sô ja nai**.

11 – 父 は 農業 関係 の 仕事 を
　　 chichi wa nô gyô kan kei no shi goto o
　　 ちち　　 のうぎょう かんけい　　　しごと

　　 して いる ので、 その 方面 の
　　 shi te i ru no de, so no hô men no
　　　　　　　　　　　　　　ほうめん

　　 雑誌 も 読める よう に なりたい
　　 zas shi mo yo me ru yô ni na ri ta i
　　 ざっし　　　　 よ

　　 の です。
　　 no de su

12 – 今 は 全部 わからなくて も **4**
　　 ima wa zen bu wa ka ra na ku te mo
　　 いま　　 ぜんぶ

　　 どんどん **5** 読んで みる こと
　　 do n do n yo n de mi ru ko to
　　　　　　　　　 よ

　　 です ね。
　　 de su ne

13　 あ、 何か 英語 の 雑誌
　　 a, nani ka ei go no zas shi
　　　　 なに　 えいご　　 ざっし

　　 を 手 **6** に 持って います
　　 o te ni mo tte i ma su
　　　　 て

　　 ね。 何 です か。 見せて ください。
　　 ne. nan de su ka. mi se te ku da sa i
　　　　 なん　　　　　　 み

14　 あれ。 ロック の 雑誌 だ。
　　 a re. ro k ku no zas shi da
　　　　　　　　　　　 ざっし

Notes

4 La négation d'un verbe se forme (leçon 49, § 1.1) grâce au suffixe ない **nai** qui est en fait un adjectif, et en aura donc toutes les transformations (leçon 35, § 2). わかる **wakaru**, *être compréhensible*: négation わからない **wakaranai**, *ne pas être compréhensible*.

Soixante-quatrième leçon / 64

11 – Et comme mon père travaille dans l'agriculture, je veux pouvoir lire aussi les revues sur ce sujet *(mon-père [annonce] agriculture lien [relation] travail [objet] faire parce-que / ce domaine [relation] revue aussi pouvoir-lire état [but] je-veux-devenir c'est-que)*.

12 – Pour l'instant, même si tu ne comprends pas tout, ce qu'il faut c'est lire tout ce que tu peux *(maintenant [renforcement] tout ne-pas-être-compréhensible même-si / abondamment lire essayer de le-fait-de c'est [accord])*.

13 Ah, tu as quelque chose à la main... Une revue en anglais *(ah quelque-chose anglais [relation] revue [objet] main [lieu] tenir [accord])* ! Qu'est-ce que c'est *(quoi c'est [question])* ? Montre-moi *(montre)* !

14 Ça alors ! C'est une revue de rock *(rock [relation] revue c'est)* !

La forme en て **te** de la négation sera donc (leçon 54, note 8) わからなく **wakaranaku** + て **te**. Il suffit d'y ajouter も **mo** pour obtenir le sens *même si*. Il en va de même pour les verbes.

5 どんどん **dondon** (leçon 39, note 4) : ici ce mot évoque l'idée de grande abondance, de grande ardeur.

6 手 **te**, désigne aussi bien la *main* que le *bras*, voire la *patte* (leçon 40, note 4). お 手 **o te**, c'est ce qu'on dit aux chiens pour *"donne la papatte !"*.

yon hyaku ni jû hachi • 428

第六十四課

練習 1 – 訳 し なさい

1. お坊ちゃん は もう直 歩ける ように なります ね。
   obotchan wa môjiki arukeru yô ni narimasu ne

2. その 話 は 本当 だ と は 思えません。
   sono hanashi wa hontô da to wa omoemasen

3. 来月 から イギリス の 工業 関係 の 会社 に 勤める こと に なる ので、はやく 英語 を 覚えたい です。
   raigetsu kara igirisu no kôgyô kankei no kaisha ni tsutomeru koto ni naru node, hayaku eigo o oboetai desu

***

練習 2 – 言葉 を 入れ なさい

1. Si tu t'entraînes encore un peu, tu devrais pouvoir nager.
   . . . . , ... yô ni naru deshô

2. Bien que cette soupe soit délicieuse, je ne peux pas la boire parce qu'elle est bouillante.
   . . . . , ...
   . . . .

3. Moi, même s'il fait mauvais, ça m'est égal.
   . . . . , ... , ...

Soixante-quatrième leçon / 64

❹ はやく英語ができるようになりたいと思ったら、ちゃんと勉強しなさい。
hayaku eigo ga dekiru yô ni naritai to omottara, chanto benkyô shi nasai

❺ もう直あなたに会えることができるので、楽しみにしています。
môjiki anata ni aeru koto ga dekiru node, tanoshimi ni shite imasu

Corrigé de l'exercice 1
❶ Votre petit garçon va bientôt savoir marcher. **❷** Je ne peux pas penser que cette histoire soit vraie. **❸** À partir du mois prochain je vais travailler dans une société industrielle anglaise, aussi je veux apprendre vite l'anglais. **❹** Si tu veux être vite capable de parler anglais, travaille correctement. **❺** Je me réjouis de pouvoir bientôt te revoir.

***

❹ Il y a des gens qui ne pleurent pas même s'ils sont tristes.
. . . . nakanai . . . .

❺ S'il s'agit de nourriture, on peut vendre n'importe quoi.
. . . . , nandemo . . . .

Corrigé de l'exercice 2
❶ mô sukoshi renshû shitara, oyogeru – **❷** kono sûpu wa oishii keredomo, atsui kara nomemasen **❸** watakushi wa, tenki ga warukute mo, heiki desu **❹** kanashikute mo – hito ga imasu **❺** tabemono nara, – uremasu

yon hyaku san jû • 430

平仮名 の 練習

だ （づ） で ど
DA *(ZU) DE DO

(Voir leçon 58, note 4.)

À la leçon 47, nous parlions de la musique classique, mais bien sûr tous les types et tous les styles de musique fleurissent au Japon : jazz, rock, pop, rap, blues, soul, hip-hop, folklores de toutes sortes, etc. Les stars s'y fabriquent et disparaissent à un rythme effréné. Le Japon avait sa propre tradition de chanson populaire dès les années 1920, diffusée par la radio, puis par la télévision et les CD. Une musique un peu sirupeuse, des thèmes nostalgiques : amour, regrets. Ce style reste populaire dans les couches les plus âgées de la population. La chanson française a été connue au Japon dès ces années 20. Il y existe des chanteurs spécialisés dans les récitals de chanson française.

第六十五課 dai roku jû go ka

カメラ を 選ぶ
ka me ra   o   era bu

1 – 新婚旅行 に 行く 前 に
shin kon ryo kô   ni   i ku   mae   ni
デジカメ **1** を 一つ 買いたい
de ji ka me   o   hito tsu   ka i ta i
の です。
no   de su

2 – 新宿 に 何軒も 安い お店
shin juku   ni   nan gen mo   yasu i   o mise
が あります よ。
ga   a ri ma su   yo

書き取り
① **okashii desu** *(c'est bizarre)* ② **dondon** *(abondamment)*
③ **chikazuku** *(s'approcher)* ④ **isoide** *(en hâte)* ⑤ **koko da** *(c'est ici)*
⑥ **denki** *(électricité)* ⑦ **doko** *(où ?)* ⑧ **daigaku** *(université)* ⑨ **dete kudasai** *(sortez)*

Corrigé
① おかしい です ② どんどん ③ ちかづく ④ いそいで ⑤ ここ だ
⑥ でんき ⑦ どこ ⑧ だいがく ⑨ でて ください

Deuxième vague : 15ᵉ leçon

Soixante-cinquième leçon

Choisir un appareil photo
(appareil-photo [objet] choisir)

1 – Avant de partir en voyage de noces, je voudrais acheter un appareil photo *(voyage-de-noces [but] aller avant [temps] / appareil-photo-numérique [objet] un je-veux-acheter c'est-que)*.

2 – À Shinjuku il y a beaucoup de magasins bon marché *(Shinjuku [lieu] je-ne-sais-combien-de-bâtiments être-bon-marché [familiarité] magasin [sujet] se-trouver [engagement])*.

Note
1 デジカメ **dejikame** est une abréviation : デジ **deji**, *numérique*, vient de l'anglais ***digital***.

yon hyaku san jû ni • 432

65 / 第六十五課

3 — 一緒に　来て　くれますか。
　　　is sho　ni　ki te　ku re ma su　ka

4 — いい　です　よ。　一日 **2** の　午後
　　i i　de su　yo.　tsuitachi　no　go go

　　いかが　です　か。
　　i ka ga　de su　ka

5 — はい、　結構　です。　よろしく
　　ha i,　kek kô　de su.　yo ro shi ku

　　お願い　します **3**。
　　o nega i　shi ma su

6 　（カメラ屋　で）
　　　ka me ra ya　de

7 　小型　の　簡単　な　カメラ　を
　　ko gata　no　kan tan　na　ka me ra　o

　　いくつか **4**　見せて　ください。
　　i ku tsu ka　mi se te　ku da sa i

8 — そこ　に　モデル　が　全部　出て
　　so ko　ni　mo de ru　ga　zen bu　de te

　　います　から、　どうぞ　手　に
　　i ma su　ka ra,　dô zo　te　ni

　　取って　御覧　ください **5**。
　　to t te　go ran　ku da sa i

Notes

2 一日 (leçon 63, § 2) : ces deux caractères assemblés permettent de faire deux mots différents. Prononcés 一日 **ichinichi** (leçon 39, phrase 19), ils signifient *une journée, 24 heures* ; prononcés 一日 **tsuitachi**, leur sens est le *premier jour du mois*.

Soixante-cinquième leçon / 65

3 – **Vous voulez bien m'accompagner** *(ensemble [adverbial] venir faire-pour-moi [question])* **?**

4 – **D'accord** *(être-bien c'est [engagement])*. **Cela vous va l'après-midi du premier** *(premier-jour-du-mois [relation] après-midi comment c'est [question])* **?**

5 – **Oui c'est parfait** *(oui parfait c'est)*. **Je compte sur vous** *(bien je-vous-prie)*.

6 **(Dans le magasin d'appareils photo)** *(magasin-d'appareils-photo [lieu])*

7 **Montrez-moi quelques appareils photo de petite taille et simples** *(petite-taille [relation] simple c'est appareil-photo [objet] quelques-uns montrez-moi)*.

8 – **Tous les modèles sont exposés là, je vous en prie, prenez-les et regardez-les** *(là [lieu] modèle [sujet] tout être-sorti parce-que // je-vous-en-prie main [lieu] prendre / regardez)*.

Prononciation
4 … tsouïtatchi …

3 よろしく お願い します **yoroshiku onegai shimasu** (litt. "bien je vous demande") : voici une des expressions-clés des relations humaines, pour laquelle les équivalents donnés dans la traduction ne sont que très approximatifs. Cela revient à dire "je m'adresse à vous et j'espère que tout se passera bien". Il y a deux cas d'emploi. Ou bien, comme ici, les deux interlocuteurs se connaissent, et il est bien évident pour eux que A va faire quelque chose pour B qui utilise cette formule. Ou bien, A et B se rencontrent pour la 1re fois, et cette formule mutuellement échangée est le témoignage de la bonne volonté de l'un vis-à-vis de l'autre.

4 いくつか **ikutsuka** (leçon 42, § 3.3) : 何 **nan(i)**, *quoi* ? ; 何か **nanika**, *quelque chose* ; いくつ **ikutsu**, *combien* ? ; いくつか **ikutsuka**, *un nombre indéterminé*.

5 御覧 ください **goran kudasai**, *regardez* : il s'agit ici du degré plus dont le sujet est toujours *vous* (leçon 49, § 1.3), et qui s'emploie uniquement à l'impératif. Le degré moyen équivalent serait 見て ください **mite kudasai**.

yon hyaku san jû yon • 434

9 − たくさん　あります　ね。
　　takusan　arimasu　ne.

　　値段（ねだん）も　ついて　います　よ。
　　nedan　mo　tsuite　imasu　yo

10 − あんまり **6**　ある　ので、どれ　に
　　anmari　aru　node,　dore　ni
　　したら　いい　か　わかりません。
　　shitara　ii　ka　wakarimasen

11 − 全自動（ぜんじどう）が　いい　です　か。
　　zenjidô　ga　ii　desu　ka

12　どの　メーカー　に　します　か。
　　dono　mêkâ　ni　shimasu　ka

13　予算（よさん）は　どのぐらい　です　か。
　　yosan　wa　donogurai　desu　ka

14　今（いま）は　ボディー　の　色（いろ）は
　　ima　wa　bodî　no　iro　wa
　　いろいろ　あります。
　　iroiro　arimasu

15　どんな　色（いろ）が　いい　です　か。
　　donna　iro　ga　ii　desu　ka

16 − むずかしい　なあ。旅行用（りょこうよう）です　から、
　　muzukashii　naa.　ryokôyô　desu　kara

17　小（ちい）さくて、軽（かる）くて、僕（ぼく）の　鞄（かばん）
　　chiisakute,　karukute,　boku　no　kaban
　　と　同（おな）じ　色（いろ）の　この　カメラ
　　to　onaji　iro　no　kono　kamera
　　に　しましょう。
　　ni　shimashô

Soixante-cinquième leçon / 65

9 – Il y en a beaucoup *(beaucoup se-trouver [accord])* ! Les prix sont marqués *(prix aussi être-attaché [engagement])*.

10 – Il y en a trop, je ne sais pas lequel choisir *(trop se-trouver parce-que / lequel [but] si-je-fais être-bien [question] ne-pas-savoir)* !

11 – Vous le voulez entièrement automatique *(entièrement-automatique [sujet] être-bien c'est [question])* ?

12 De quelle marque *(quel marque-du-fabricant [but] faire [question])* ?

13 Combien à peu près voulez-vous mettre *(budget [annonce] à-peu-près-combien c'est [question])* ?

14 Maintenant il existe des boîtiers de différentes couleurs *(maintenant [renforcement] châssis [relation] couleur [annonce] de-toutes-sortes se-trouver)*.

15 Quelle couleur préférez-vous *(quelle-sorte couleur [sujet] être-bien c'est [question])* ?

16 – C'est difficile *(être-difficile [réflexion])* ! Comme c'est pour voyager *(pour-le-voyage c'est parce-que //)*,

17 je vais prendre cet appareil, petit, léger, et qui est de la même couleur que mon sac *(être-petit / être-léger / moi [relation] sac que identique couleur [relation] ce appareil-photo [but] faisons)*.

10 am'mali …

Note

6 あんまり **anmari**, est le doublet expressif de あまり **amari** (leçon 48, phrase 9). C'est un système assez constant en japonais que de rendre un mot plus expressif en redoublant une consonne à l'intérieur. Ce doublet expressif devient parfois le mot normal. Ainsi le mot "normal" 皆 **minna** est le doublet du mot d'origine **mina**, qui est moins employé (leçon 59, phrase 12).

18 — いい ん [7] です か。 そんな
iin desu ka. sonna
選び方 を して…
erabikata o shite

□

Note

[7] いい ん です **ii n desu** : vous vous rappelez ? Le registre courant du japonais avale certaines parties des mots ; ici, c'est le **o** de の です **no desu** qui a été avalé (leçon 55, note 2) !

***

練習 1 – 訳 し なさい

❶ 外国 旅行 に 行って いる 間 に、父 が 病気 に なった ので、予定 より 早く 帰りました。
gaikoku ryokô ni itte iru aida ni, chichi ga byôki ni natta node, yotei yori hayaku kaerimashita

❷ 急いで いる 時 は、タクシー に 乗る より も 地下鉄 で 行った 方 が はやい です。
isoide iru toki wa, takushî ni noru yori mo chikatetsu de itta hô ga hayai desu

❸ 文子、寒い から、外 に 出る 前 に、ちゃんと 帽子 を 被り なさい。
fumiko, samui kara, soto ni deru mae ni, chanto bôshi o kaburi nasai

18 – Est-ce que c'est bien *(être-bien c'est-que [question])* ?
Une telle façon de choisir *(de-cette-sorte façon-de-choisir [objet] faire)*…

Le quartier de Shinjuku, est centré sur sa gigantesque gare qui est le point de jonction ouest des deux grandes lignes de chemin de fer formant la structure de base des moyens de communication dans Tôkyô : l'une circulaire (ligne 山手 線 **yamanote sen**)*, l'autre parcourant la ville d'est en ouest. Quartier de grands magasins le jour, de ruelles où les bars s'alignent pour la nuit, la foule y est permanente. On y trouve entre autres de nombreux magasins très bon marché de matériel audiovisuel, de montres… Les gares de Yoyogi et Harajuku dont nous reparlerons un peu plus tard se trouvent entre Shinjuku et Shibuya. Yoyogi était le quartier des installations olympiques et Harajuku présente une double face. Près de la gare, les ados : des boutiques de fringues et d'accessoires branchés. Plus loin le quartier chic où l'on trouve les boutiques des grandes marques de la mode internationale.*

***

❹ こちら を 御覧 なさい。
kochira o goran nasai

❺ 外国語 を 勉強 したい の です が、何 を したら いい か わかりません。
gaikokugo o benkyô shitai no desu ga, nani o shitara ii ka wakarimasen

Corrigé de l'exercice 1
❶ Pendant que j'étais en voyage à l'étranger, mon père est tombé malade, aussi je suis rentré plus tôt que prévu. ❷ Quand on est pressé, plutôt que de prendre un taxi, il est plus rapide de prendre *(d'aller par)* le métro. ❸ Fumiko, il fait froid, n'oublie pas de mettre ton bonnet avant de sortir *(mets sans faute ton bonnet)*. ❹ Regardez par ici ! ❺ Je voudrais apprendre une langue étrangère, mais je ne sais pas laquelle choisir.

第六十六課

練習 2 - 言葉 を 入れ なさい

1. S'il y a quelque chose qui vous plaît, je vous en prie, prenez-le.
   ...... hoshii ...... attara, ..., ...
   ....

2. Je m'en suis fait montrer quelques-uns, mais je n'ai pas pu choisir.
   .... misete moraimashita .., ...
   ....

3. Je ne sais que faire !
   dô ....

4. Je ne sais pas lequel est le plus léger.
   dochira ....

***

平仮名 の 練習

な　に　ぬ　ね　の
NA NI NU NE NO

第六十六課 dai roku jû rok ka

家 を 建てる
ie o ta te ru

1. 石井　夫妻　は　家　を　建てる
   ishi i fu sai wa ie o ta te ru
   こと　に　ついて　話しあって　います。
   ko to ni tsu i te hana shi a t te i ma su

Soixante-sixième leçon / 66

⑤ J'ai l'impression d'avoir (déjà) rencontré quelque part cette personne sur cette photo.

. . . . ni utsutte iru . . . . . . wa . . . . . .
. . atte iru yô na ki ga shimasu

Corrigé de l'exercice 2
❶ nanika – mono ga – , dôzo, totte kudasai ❷ ikutsuka – ga, erabu koto ga dekimasen deshita ❸ – shitara ii ka wakarimasen ❹ – ga ichiban karui ka wakarimasen ❺ kono shashin – hito ni – dokoka de –

***

書き取り
❶ nedan (prix) ❷ kono aida (l'autre jour) ❸ nanika (quelque chose) ❹ kuni (pays) ❺ naze (pourquoi ?) ❻ ueno (nom de lieu) ❼ zannen desu (c'est dommage) ❽ sonna ni (tellement) ❾ kono inu no kainushi (le maître de ce chien) ❿ o kane (l'argent)

Corrigé
❶ ねだん ❷ この あいだ ❸ なにか ❹ くに ❺ なぜ ❻ うえの ❼ ざんねん です ❽ そんな に ❾ この いぬ の かいぬし ❿ お かね

Deuxième vague : 16ᵉ leçon

Soixante-sixième leçon

Construire sa maison
(maison [objet] construire)

1 M. et Mme Ishii discutent de la construction de leur maison *(Ishii M.-et-Mme [annonce] maison [objet] construire le-fait-de au-sujet-de discuter)*.

2 - コンクリートで建てましょう。
3 その方が地震が来ても、安全でしょう。
4 - でもおれは純日本風の家の方がいいな。
5 四季を楽しめるからなあ。
6 おれ1ももう直じき定年になるから、
7 庭で盆栽でもやろうかな2。
8 - コンクリートの家でも盆栽はできますよ。
9 - 庭を広くするか、建物を広くするかによるな。

Soixante-sixième leçon / 66

2 – **Construisons-la en béton** *(béton [moyen] construisons)* !
3 **Ainsi ce sera plus sûr, même s'il y a des tremblements de terre** *(ce côté [sujet] tremblement-de-terre [sujet] venir même-si / en-sécurité ce-doit-être).*
4 – **Pourtant, moi, je préférerais une maison purement à la japonaise** *(pourtant moi [annonce] pur Japon façon [relation] maison [relation] côté [sujet] être-bien [réflexion]).*
5 **Car on peut y goûter les plaisirs des quatre saisons** *(quatre-saisons [objet] pouvoir-savourer parce-que [réflexion]).*
6 **Et moi, comme j'arrive très bientôt à l'âge de la retraite** *(moi aussi bientôt limite-d'âge [but] devenir parce-que /),*
7 **je pense à cultiver des bonsaïs dans le jardin** *(jardin [lieu] bonsaï même faisons [question] [réflexion]).*
8 – **Même dans une maison en béton, tu peux cultiver des bonsaïs** *(béton [relation] maison même bonsaï [annonce] être-possible [engagement])* !
9 – **Tout dépend de ce qu'on fait le plus grand : le jardin ou le bâtiment** *(jardin [objet] vaste faire [question] bâtiment [objet] vaste faire [question] [but] s'appuyer [réflexion]).*

Prononciation

7 … *bon'n'ssaill'* …

Notes

1 Après 私 **watakushi** ou **watashi** après あたし **atashi**, après 僕 **boku**, voici encore une autre façon de dire *je*, *moi* : おれ **ore**. Son usage est totalement réservé aux hommes, et dans une situation de grande familiarité ; quand on parle à sa propre épouse, comme ici, ou à des amis. On peut dire que c'est un degré moins de 私 **watashi** (**watakushi**).

2 Le fait que か **ka** "[question]" soit suivi de な **na** "[réflexion]" montre que, c'est à soi-même qu'on pose la question.

yon hyaku yon jû ni • 442

10 — 部屋数 は いくつ に しましょう か。
　　　へや　すう　　　　　　　　　　　　　

11 まず、応接間、それ に 食堂 も 大きく 取りましょう。

12 私達 の 寝室 と 博之 と 江利子さん [3] の 部屋 を 考えて、

13 お風呂場 は 日本式 に して、台所 は モダン に しましょう。

14 孫達 に も 部屋 を 一つ ずつ 準備 しましょう。

15 — おれ の 庭 は どう なる ん だ [4]。

16 — あら。もう 場所 が ない わ。

🗣 *10 héya suu …*

Soixante-sixième leçon / 66

10 – Et combien faisons-nous de pièces *(pièce nombre [annonce] combien [but] faisons [question])* ?

11 D'abord prévoyons un grand salon et aussi une grande salle à manger *(d'abord salon en-outre salle-à-manger aussi grand prenons)*.

12 Pensons à une chambre pour nous, une chambre pour Hiroyuki et Eriko *(nous [relation] chambre-à-coucher et Hiroyuki et Eriko [relation] pièce [objet] penser //)*,

13 la salle de bains faisons-la à la japonaise, et la cuisine, moderne *([familiarité] salle-de-bain [annonce] Japon manière [but] faire / cuisine [annonce] moderne [but] faisons)*.

14 Prévoyons aussi une chambre pour chacun de nos petits-enfants *(petits-enfants [attribution] aussi pièce [objet] un chacun préparation faisons)* !

15 – Et mon jardin, qu'est-ce qu'il devient *(moi [relation] jardin [annonce] comment devenir c'est-que)* ?

16 – Ah mon Dieu *([surprise])* ! Il n'y a plus de place *(déjà place [sujet] ne-pas-se-trouver [adoucissement])*.

Notes

3 Hiroyuki et Eriko sont, respectivement, le fils de la maison et sa femme. Pour parler de leur fils, les parents emploient le prénom seul, mais la belle-fille aura droit à さん **san**.

4 どう なる ん だ **dô naru n da** : だ **da** est le degré moins de です **desu** et ん **n** l'abréviation du の **no** de の です **no desu**. ん だ **n da** est, en quelque sorte, le degré moins de の です **no desu**. Degré moins, normal ici, car il s'agit d'une conversation entre époux. N'oublions pas qu'une conversation est rarement entièrement au degré plus ou au degré moins (leçon 28, § 5.1).

yon hyaku yon jû yon • 444

第六十六課

▶ 練習 1 - 訳 し なさい

❶ 京都 に 三日 泊まって も、お 寺 を 皆 観光 する こと は できません。

kyôto ni mikka tomatte mo, o tera o mina kankô suru koto wa dekimasen

❷ 月曜日 に 出発 する か、金曜日 に 出発 する か に よって、予定 が 変わります。

getsuyôbi ni shuppatsu suru ka, kin.yôbi ni shuppatsu suru ka ni yotte, yotei ga kawarimasu

❸ 娘 と 話しあって も、無理 で は ない か と 思いました。

musume to hanashiatte mo, muri de wa nai ka to omoimashita

***

練習 2 - 言葉 を 入れ なさい

❶ C'est une chanson que j'ai [déjà] entendue quelque part.

. . . .

❷ Je ne sais pas quelle façon de choisir adopter.

. . . .
. . . .

❸ J'ai séjourné à Ôsaka de 1956 à 1967.

. . . .
. . . .
. . . .

Soixante-sixième leçon / 66

❹ その 問題 に ついて よく 調べました けれども、詳しい 説明 は 載って いません でした。
sono mondai ni tsuite yoku shirabemashita keredomo,
kuwashii setsumei wa notte imasen deshita

❺ 大学 の 建物 は あんまり 古く なった ので、新しい の を 建てる こと に しました。
daigaku no tatemono wa anmari furuku natta node, atarashii
no o tateru koto ni shimashita

Corrigé de l'exercice 1
❶ Même si on reste trois jours à Kyôto, il est impossible de visiter tous les monastères. ❷ Mes projets changeront selon que je pars lundi ou vendredi. ❸ Je me suis demandée si ce n'était pas vain de discuter avec ma fille. ❹ J'ai fait de nombreuses recherches à propos de cette question, mais je n'ai pas pu trouver d'explication détaillée *(une explication détaillée ne figurait pas)*. ❺ Comme les bâtiments de l'université se dégradaient, il a été décidé d'en construire de nouveaux.

***

❹ J'ai lu cet article plusieurs fois et pourtant il y a *(il reste)* encore beaucoup de passages *(endroits)* que je ne comprends pas.
ano . . . . ,
mada . . . .
. . . .

❺ Quel âge a votre fille aînée ?
ue no . . . .

Corrigé de l'exercice 2
❶ dokoka de kiita koto no aru uta desu ❷ donna erabikata o shitara ii ka wakarimasen ❸ sen kyû hyaku go jû roku nen kara sen kyû hyaku roku jû nana nen made oosaka ni taizai shite imashita ❹ – kiji o nandomo yomimashita keredomo, – wakaranai tokoro ga takusan nokotte imasu ❺ – musume san wa o ikutsu desu ka

yon hyaku yon jû roku • 446

第六十七課

平仮名 の 練習

*N'oubliez pas que le **h** est toujours aspiré. Rappelez-vous aussi deux petites irrégularités, dont nous avions parlé très tôt (leçon 16, note 2) : la particule "[annonce]" ou "[renforcement]" se prononce bien **wa [oua]** mais s'écrit は (hiragana **ha**). La particule "[destination]" se prononce bien **e [é]** mais s'écrit へ (hiragana **he**). Une autre irrégularité ne concerne pas cette série, mais autant voir toutes les bizarreries d'un seul coup : la particule "[objet]" se prononce bien **o**, mais s'écrit : を (ancien *wo). Ce sont des traces du passé.*

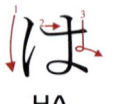   

HA　　　HI　　　FU　　　HE　　　HO

あら、もう 場所 が ない わ。

第六十七課 dai roku jû nana ka

富士山
fu ji san

1 — 富士山　　　って　　　本当　　　に　　　ある
　　fu ji san　　t te　　　hon tô　　ni　　a ru
　　の　　　です　　　か。
　　no　　　de su　　　ka

書き取り

❶ hatake e iku hito ga ita *(il y avait quelqu'un qui se rendait aux champs)* ❷ nihongo no hatsuon wa kantan desu *(la prononciation du japonais est facile)* ❸ fushigi na hanashi o kiita *(j'ai entendu une histoire étrange)* ❹ henji *(réponse)* ❺ hotondo *(presque tous/tout)* ❻ fune *(bateau)* ❼ heiki desu *(ça m'est égal)*

Corrigé

❶ はたけ へ いく ひと が いた ❷ にほんご の はつおん は かんたん です ❸ ふしぎ な はなし を きいた ❹ へんじ ❺ ほとんど ❻ ふね ❼ へいき です

La maison individuelle moderne, qui est largement majoritaire, conserve les caractères de la maison traditionnelle. Elle est toujours bâtie sur une ossature générale en bois, remplie et recouverte de divers types de matériaux, qu'il s'agisse des murs extérieurs ou des cloisons internes. Les maisons d'autrefois comportaient peu de meubles. La literie (futon et couvertures) disparaissait pendant la journée dans de vastes placards conçus à cet effet. Comme on vivait à ras du sol, le mobilier consistait en quelques tables de diverses tailles. Le mode de vie japonais a changé. Les Japonais possèdent désormais des tables hautes, des chaises, des fauteuils, des canapés et dorment de plus en plus dans des lits. Sans compter tous les appareils que la technologie moderne nous rend indispensables : télé, ordinateurs, home-cinéma... tout cela empilé dans un espace restreint.

Deuxième vague : 17ᵉ leçon

Soixante-septième leçon

Le Mont Fuji

1 – Existe-il vraiment, le Mont Fuji *(Mont-Fuji ce-qu'on-appelle vrai [adverbial] se-trouver c'est-que [question])* **?**

2 － ええ、もちろん です。なぜ です か。

3 － 写真 や 絵 で は くさる ほど¹ 見ました が、

4 　実物 は 見た こと が ありません。

5 　飛行機 で 東京 へ 来る 時、見える こと も ある そう です が、

6 　私 は 一遍 も 見た こと が ありません。

7 　去年 の 夏、伊豆 半島 まで 出掛けました。

8 　そして 山 の 上 で この 方向 に 富士山 が ある と 聞きました が、

Soixante-septième leçon / 67

2 – **Mais... bien sûr** *(mais bien-sûr c'est)* **! Pourquoi** *(pourquoi c'est [question])* **?**

3 – **En photo ou sur des tableaux, je l'ai vu à en être dégoûté, mais** *(photo ou-bien tableau [moyen] [renforcement] pourrir au-point-de avoir-regardé mais /)*

4 **je ne l'ai jamais vu en vrai** *(objet-réel [annonce] avoir-regardé le-fait-de [sujet] ne-pas-se-trouver).*

5 **Il paraît qu'on le voit quelquefois quand on vient à Tôkyô en avion mais** *(avion [moyen] Tôkyô [destination] venir moment / être-visible le-fait-de aussi se-trouver il-paraît-que mais //),*

6 **moi je ne l'ai pas vu une seule fois** *(moi [annonce] une-fois même avoir-regardé le-fait-de [sujet] ne-pas-se-trouver).*

7 **L'été dernier j'ai fait une sortie jusqu'à la presqu'île d'Izu** *(année-dernière [relation] Izu presqu'île jusqu'à être-sorti-de-chez-soi).*

8 **En haut d'une montagne, on m'a dit : "Dans cette direction, il y a le Mont Fuji" mais** *(et montagne [relation] dessus [lieu] ce direction [lieu] Mont-Fuji [sujet] se-trouver [citation] avoir-entendu mais /)*

] Note

1 くさる ほど **kusaru hodo** : cette locution, un peu nauséabonde, est pourtant très expressive. Elle suggère qu'il y a une trop grande abondance d'une chose, qu'on ne peut pas tout utiliser et que ce qu'on n'utilise pas va se détériorer. Trop, c'est trop !

9. 雲 しか 見えません でした。
   kumo shika miemasen deshita

10. 知人 の 家族 の 方 **2** の お葬式 で 富士 霊園 **3** へ も 行きました が…
    chijin no kazoku no kata no osōshiki de fuji reien e mo ikimashita ga

11. ─ あ、文学者 の 墓 が ある こと で 有名 な 墓地 です よ ね。
    a, bungakusha no haka ga aru koto de yūmei na bochi desu yo ne

12. ─ 名前 が 富士 霊園 です から、
    namae ga fuji reien desu kara

13. 今度 こそ は 富士山 を 見る こと が できる か と 思いました が、
    kondo koso wa fujisan o miru koto ga dekiru ka to omoimashita ga

14. やっぱり だめ でした。
    yappari dame deshita

15. ─ あなた が 日本 に 来る の は 夏 でしょう。
    anata ga nihon ni kuru no wa natsu deshō

16. だから 見る こと が できない の です。
    dakara miru koto ga dekinai no desu

Soixante-septième leçon / 67

9 je n'ai vu que des nuages *(nuage si-ce-n'est-pas ne-pas-être-visible)*.

10 Je suis même allée, pour les funérailles d'un membre de la famille d'un ami, au Parc-cimetière du Mont **Fuji** mais *(connaissance [relation] famille [relation] être-humain [relation] [familiarité] funérailles [moyen] Fuji parc-cimetière [destination] aussi être-allé mais)*...

11 – Ah oui, c'est ce cimetière qui est connu pour contenir les tombes des écrivains *(ah écrivain [relation] tombe [sujet] se-trouver le-fait-de [moyen] célèbre c'est cimetière c'est [engagement] [accord])* !

12 – J'ai pensé que, comme il s'appelait Parc-cimetière du **Fuji** *(nom [sujet] Fuji parc-cimetière c'est parce-que /)*,

13 cette fois-ci enfin, je pourrais voir le Fuji mais *(cette-fois justement [renforcement] Mont-Fuji [objet] regarder le-fait-de [sujet] être-possible [question] [citation] avoir-pensé mais //)*,

14 c'était encore raté *(comme-prévu impossible c'était)* !

15 – C'est toujours l'été que tu viens au Japon *(toi [sujet] Japon [but] venir le-fait-de [annonce] été ce-doit-être)*.

16 C'est pour cela que tu ne peux pas le voir *(c'est-pourquoi regarder le-fait-de [sujet] ne-pas-être-possible c'est-que)*.

Notes

2 Bien que 方 **kata** soit un nom, on peut le considérer comme le degré plus, correspondant au degré moyen 人 **hito**, *un être humain*, *une personne* (leçon 48, note 5).

3 霊園 **reien** (litt. "parc-cimetière") : la visite, souvent annuelle, au tombeau familial est l'occasion d'une sortie en famille. Les parcs-cimetières sont bien des cimetières, mais aussi de vrais parcs où on peut se promener, avec des boutiques, des abris ou des sous-bois où l'on peut s'intaller pour pique-niquer, des prairies pour jouer en famille au base-ball ou au football.

17	この ko no	次(つぎ) tsugi	は wa	十一月(じゅういちがつ) jû ichi gatsu	ごろ go ro

いらっしゃい **4**。
i ras sha i

18 そう すれば、 どこ から でも
sô su re ba, do ko ka ra de mo

よく 見(み)えます よ。
yo ku mi e ma su yo

19 – でも 十一月(じゅういちがつ) に は 休(やす)み
de mo jû ichi gatsu ni wa yasu mi

を 取(と)る こと が できません。
o to ru ko to ga de ki ma se n

20 だから 私(わたし) は 一生(いっしょう) 富士山(ふじさん)
da ka ra watashi wa is shô fu ji san

を 見(み)る こと が できない でしょう。
o mi ru ko to ga de ki na i de shô

Note

4 いらっしゃい *irasshai* : voyez cette combinaison paradoxale. Le verbe いらっしゃる *irassharu* est bien un verbe du degré plus (leçon 49, § 1.3), mais la forme いらっしゃい *irasshai* est une forme de degré moins de l'impératif. Si bien que les deux, en quelque sorte, s'annulent pour donner une expression plutôt familière. C'est aussi par cette formule que les marchands, en plein air, ou dans les boutiques, "rabattent" la clientèle.

Soixante-septième leçon / 67

17   La prochaine fois, viens vers novembre *(ce prochain [renforcement] novembre vers viens).*

18   Ainsi tu pourras le voir de n'importe où *(ainsi si-tu-fais / de-n'importe-où bien être-visible [engagement]).*

19 – Mais je ne peux pas prendre de vacances en novembre *(mais novembre [temps] [renforcement] vacances [objet] prendre le-fait-de [sujet] ne-pas-être-possible)* !

20   Alors, de ma vie, je ne pourrai pas voir le Mont Fuji *(c'est-pourquoi moi [annonce] toute-la-vie Mont-Fuji [objet] regarder le-fait-de [sujet] ne-pas-être-possible ce-doit-être)* !

*Au bord de la fosse du Pacifique, le Japon est une suite d'îles volcaniques. C'est donc un terrain instable avec de fréquents tremblements de terre et diverses manifestations de l'activité volcanique. Ces menaces sont le quotidien des Japonais. Une centaine de volcans sont recensés, dont 35 sont entrés en éruption depuis 1950. C'est dire que le volcanisme reste vivace. La région du Mont Fuji est une région touristique importante. Le volcan lui-même attire pèlerins et grimpeurs. Les vastes lacs qui s'étendent à ses pieds, sont des lieux de villégiature pour les habitants des grandes villes voisines. À noter que le nom japonais du Fuji : **fujisan**, a donné lieu à un grand malentendu. Le **san** qui suit le nom **fuji** n'est pas celui qui suit le nom des personnes, mais simplement la prononciation chinoise du caractère* 山…富士山 **fuji-san** = Mont Fuji.

yon hyaku go jû yon • 454

第六十七課

練習 1 - 訳 し なさい

① 今 から、皆 はやく 平仮名 を 書ける よう に 練習 しましょう。
ima kara, minna hayaku hiragana o kakeru yô ni renshû shimashô

② 毎晩 七時 ごろ 家 に 帰って、八時 ごろ に 家族 と 一緒 に 食事 を します。
maiban shichi ji goro ie ni kaette, hachi ji goro ni kazoku to isshô ni shokuji o shimasu

③ 娘 は、スポーツ が 好き で、毎朝 一 時間 ぐらい 走ります。
musume wa, supôtsu ga suki de, maiasa ichi jikan gurai hashirimasu

***

練習 2 - 言葉 を 入れ なさい

① Et toi, à ton avis, quelle sorte de siège conviendrait pour le living ?
. . . . . , ... to omoimasu ka

② On ne peut plus vendre du thé aussi vieux. Baissons son prix !
. . . . o cha . . . urenai deshô.
. . . . shimashô

③ Lorsqu'arrive le printemps, les jours rallongent.
. . . . ni . . . . . ., ... narimasu

Soixante-septième leçon / 67

❹ この 工場 で 作る 製品 を 組み立てる ために どんな 機械 を 使いますか。
kono kôjô de tsukuru seihin o kumitateru tame ni donna kikai o tsukaimasu ka

❺ 店 から もらった 写真 を よく 見て、服 を 選びましょう。
mise kara moratta shashin o yoku mite, fuku o erabimashô

Corrigé de l'exercice 1
❶ À partir de maintenant, nous allons nous entraîner de façon à pouvoir rapidement écrire les hiragana. ❷ Tous les soirs je rentre chez moi vers sept heures, et je dîne vers huit heures en famille. ❸ Ma fille aime le sport, tous les matins elle court environ une heure. ❹ Quelle sorte de machine utilise-t-on pour assembler les objets que produit cette usine ? ❺ Choisissons nos vêtements en regardant bien les photos que nous avons reçues du magasin.

***

❹ Tous les matins, je pars de chez moi vers neuf heures.
. . . .

❺ Tous les soirs avant de m'endormir, je lis environ une heure.
. . . . , ... hon o yomimasu

Corrigé de l'exercice 2
❶ anata wa, ribingu ni donna isu ga ii – ❷ konna ni furui – wa mô – nedan o yasuku – ❸ haru – naru to, hi ga nagaku – ❹ maiasa ku ji goro ni dekakemasu ❺ maiban neru mae ni, ichi jikan gurai –

yon hyaku go jû roku • 456

平仮名 の 練習

BA　BI　BU　BE　BO

書き取り

❶ bonsai *(arbre nain)* ❷ ichiban abunai desu *(c'est le plus dangereux)* ❸ tabitabi *(souvent)* ❹ konban *(ce soir)* ❺ sabishii *(être triste)* ❻ zenbu *(entièrement)* ❼ fuben *(incommode)* ❽ boku *(moi, pour un homme)* ❾ tatoeba *(par exemple)* ❿ hanbun *(moitié)* ⓫ betsubetsu *(séparément)* ⓬ banchi *(numéros d'une maison)* ⓭ jibun *(soi-même)* ⓮ hitobito *(les gens)*.

第六十八課 dai roku jû hak ka

皇室 kô shitsu

1 – 山手線 の 代々木 駅 と 原宿 駅 の 間 に ある 駅 に は 止まる こと が ありません ね。
yama no te sen no yo yo gi eki to hara juku eki no aida ni a ru eki ni wa to ma ru ko to ga a ri ma se n ne

2 – あれ は 特別 な 駅 です。
a re wa toku betsu na eki de su

3 – いつ 通って も だれも いません。
i tsu too t te mo da re mo i ma se n

Corrigé

❶ ぼんさい ❷ いちばん あぶない です ❸ たびたび ❹ こんばん
❺ さびしい ❻ ぜんぶ ❼ ふべん ❽ ぼく ❾ たとえば ❿ はんぶん
⓫ べつべつ ⓬ ばんち ⓭ じぶん ⓮ ひとびと

Deuxième vague : 18ᵉ leçon

68
Soixante-huitième leçon

La famille impériale

1 – On ne s'arrête jamais à cette gare qui se trouve entre Yoyogi et Harajuku sur la ligne de Yamanote *(Yamanote ligne [relation] Yoyogi gare et Harajuku gare [relation] intervalle [lieu] se-trouver gare [lieu] [renforcement] s'arrêter le-fait-de [sujet] ne-pas-se-trouver [accord]).*

2 – C'est une gare spéciale *(ce-là-bas [annonce] spécial c'est gare c'est).*

3 – On a beau y passer, il n'y a jamais personne *(quand passer même si / personne ne-pas-se-trouver).*

4 　今 でも 使って いる の です か。
　　ima de mo tsuka t te i ru no de su ka

5 -　もちろん です。でも 特別
　　mo chi ro n　　de su. de mo　toku betsu

　　な 場合 だけ です。
　　na ba ai da ke de su

6 　あれ は 天皇 陛下 が お 使い
　　a re wa ten nô hei ka ga o tsuka i

　　に なる 1 駅 な の です。
　　ni na ru　　eki na no de su

7 -　天皇 陛下 が 汽車 に お 乗り
　　ten nô hei ka ga ki sha ni o no ri

　　に なる こと が ある の です か。
　　ni na ru ko to ga a ru no de su ka

8 -　そう です よ。よく お 乗り
　　sô de su yo. yo ku o no ri

　　に なります。
　　ni na ri ma su

9 　天皇 陛下 の お 住まい 2 で
　　ten nô hei ka no o su ma i　　de

　　ある 3 皇居 は あの 駅 の
　　a ru　　kô kyo wa a no eki no

　　近く の 千代田 区 に あります。
　　chika ku no chi yo da ku ni a ri ma su

Prononciation

5 … bäaï … 6 … tsoukaï … 9 … o soumaï …

Soixante-huitième leçon / 68

4 Est-elle toujours en service *(maintenant même servir c'est-que [question])* ?

5 – Bien sûr *(bien-sûr c'est)*. Mais seulement dans des cas particuliers *(cependant spécial c'est cas seulement c'est)*.

6 C'est la gare qu'utilise Sa Majesté l'Empereur *(cela [annonce] Empereur Majesté [sujet] [politesse] utiliser [but] devenir gare c'est c'est-que)*.

7 – Il arrive à Sa Majesté l'Empereur de prendre le train *(Empereur Majesté [sujet] train [but] [politesse] monter [but] devenir le-fait-de [sujet] se-trouver c'est-que [question])* ?

8 – Mais oui *(ainsi c'est [engagement])*. Souvent *(souvent [politesse] monter [but] devenir)*.

9 Le Palais impérial, qui est la résidence de l'Empereur, se trouve dans Chiyoda-ku, à proximité de cette gare *(Empereur Majesté [relation] [politesse] habitation c'est Palais-impérial [annonce] ce gare [relation] proximité [relation] Chiyoda arrondissement [lieu] se trouver)*.

Notes

1 Pour parler de l'Empereur, on emploie ici le degré plus : pour ce *il* prestigieux, les mêmes formes que pour *vous* (leçon 49, § 1.3). Pour les verbes qui, au degré plus, ne sont pas remplacés par un verbe différent (comme 来る **kuru** par いらっしゃる **irassharu**, pour *vous venez*), on utilise une forme complexe bâtie autour de la base unique pour les verbes à une seule base, de la base en **i** pour les autres. Avant cette base : un お **o**, "[politesse]", après cette base : に **ni** + le verbe なる **naru**, *devenir* à sa forme en ます **masu**. Ainsi, à partir de 使う **tsukau**, *utiliser* : お 使い に なります **o tsukai ni narimasu**, *(Sa Majesté) utilise*. Voyez aussi les phrases 7, 8 et 13.

2 お 住まい **o sumai** : degré plus pour 家 **ie**, *maison*, *résidence*.

3 天皇 陛下 の お 住まい で ある 皇居 は **tennô heika no o sumai de aru kôkyo wa**, *le Palais impérial qui est la résidence de Sa Majesté l'Empereur* : です **desu** est le seul verbe vraiment irrégulier. Vous connaissez son degré moins だ **da** en fin de phrase. Mais だ **da** ne peut pas être employé devant un nom, on fait donc appel à un doublet : で ある **de aru**.

yon hyaku roku jû • 460

10 でも それ は 特別 列車
de mo so re wa toku betsu res sha
で、 普通 の 人 は 乗る
de, fu tsû no hito wa no ru
こと が できません。
ko to ga de ki ma se n

11 天皇 陛下 も 皇后 陛下
ten nô hei ka mo kô gô hei ka
も 夏 は よく 那須 まで
mo natsu wa yo ku na su ma de
いらっしゃいます 4。
i ra s sha i ma su

12 — 両 陛下 に 国民 が お 目
ryô hei ka ni koku min ga o me
に かかれる 5 時 が あります か。
ni ka ka re ru toki ga a ri ma su ka

13 — お 正月 と 陛下 の お
o shô gatsu to hei ka no o
誕生日 に は お 姿 を お
tan jô bi ni wa o sugata o o
見せ に なります ので、
mi se ni na ri ma su no de

14 国民 は 皇居 に ご あいさつ
koku min wa kô kyo ni go a i sa tsu
に 行く こと が できます。
ni i ku ko to ga de ki ma su

15 宮中 参賀 と いいます。
kyû chû san ga to i i ma su

Soixante-huitième leçon / 68

10 Mais c'est un train spécial, où les gens ordinaires ne peuvent pas monter *(cependant cela [annonce] spécial train c'est / ordinaire [relation] être-humain [annonce] monter le-fait-de [sujet] ne-pas-être-possible)*.

11 En été, l'Empereur et l'Impératrice se rendent souvent à Nasu *(Empereur Majesté aussi Impératrice Majesté aussi été [renforcement] souvent Nasu jusqu'à aller)*.

12 – Y a-t-il des moments où le peuple peut rencontrer leurs Majestés *(deux Majestés [but] peuple [sujet] [politesse] œil [but] pouvoir-fixer moment [sujet] se-trouver [question])* ?

13 – Pour le Jour de l'an et pour l'anniversaire de l'Empereur, leurs Majestés se montrent en public *([familiarité] Jour-de-l'an et Majesté [relation] [politesse] anniversaire [temps] [renforcement] [politesse] aspect [objet] [politesse] montrer [but] devenir parce-que /)*,

14 alors le peuple peut se rendre au Palais impérial pour les saluer *(peuple [annonce] Palais-impérial [but] [politesse] salut [but] aller le-fait-de [sujet] être-possible)*.

15 Cela s'appelle "l'hommage public à l'Empereur" *(Cour-impériale hommage [citation] dire)*.

15 kyuutchuussan.n'ga …

Notes

4 いらっしゃいます irasshaimasu. Nous avons vu ce verbe servir de degré plus à 来る kuru, *venir* (leçon 67, phrase 17), avec pour sujet *vous* ou *il* respecté. Il sert aussi de degré plus à 行く iku, *aller*, toujours avec un sujet *vous* ou *il* respecté…

5 Rappelez-vous ce que vous avez appris à la leçon 49 (§ 1.3) : les degrés plus sont spécialisés, les uns pour *vous* (et pour *il* respecté), les autres pour *je* et un *il* qui doit le respect. Ici, il s'agit du peuple vis-à-vis de l'Empereur. お 目 に かかります o me ni kakarimasu : degré plus, équivalant à 会う au, *rencontrer*, avec, comme sujet, *je* ou un *il* qui doit le respect.

16 こうきょ 皇居 は 東京 の 真中 に あって、
   kô kyo   wa tô kyô no man naka ni a t te

17 えど 江戸 時代 の 将軍 の お城 でした。
   e do ji dai no shô gun no o shiro de shi ta

18 その 回り は ひろびろ と した 公園 に なって いて、
   so no mawa ri wa hi ro bi ro to shi ta kô en ni na t te i te

19 日曜日 の 朝 など、そこ に ジョギング を し に 来る 人 が たくさん います。
   nichi yô bi no asa na do, so ko ni jo gi n gu o shi ni ku ru hito ga ta ku sa n i ma su

*Le Palais impérial est bâti sur l'emplacement de l'ancien château fort des **shôgun** (litt. "chef des armées") **Tokugawa** qui exercèrent le pouvoir pendant toute la période d'Edo, jusqu'à la restauration du pouvoir impérial en 1868. Il se présente comme un vaste parc entouré d'un mur fortifié, lui-même entouré d'un large fossé rempli d'eau franchi par quelques ponts. De l'extérieur on ne voit pas grand chose. Les bâtiments bas où réside la famille impériale n'occupent*

Soixante-huitième leçon / 68

16 Le Palais impérial se trouve en plein cœur de Tôkyô *(Palais-impérial [annonce] Tôkyô [relation] plein-milieu [lieu] se-trouver /)*,

17 c'était la forteresse du Shôgoun à l'époque d'Edo *(Edo époque [relation] shôgoun [relation] [politesse] forteresse c'était)*.

18 Tout autour c'est un très vaste parc *(son pourtour [annonce] spacieux avoir-fait parc-public [but] devenir /)*,

19 et il y a beaucoup de gens qui viennent y faire du jogging le dimanche matin *(dimanche [relation] matin ce-genre-de-choses là [but] jogging [objet] faire [but] venir être-humain [sujet] beaucoup se-trouver)*.

qu'une place limitée au milieu d'un espace boisé et de jardins. On peut juste admirer quelques portes monumentales et quelques pavillons d'angle sur les fortifications. À part dans une petite partie des jardins, l'accès est bien sûr interdit, sauf, sur un trajet bien délimité, au Premier de l'an et à quelques rares occasions. Ce palais est situé dans l'arrondissement de Chiyoda, quartier des sièges des grandes sociétés.

第六十八課

▶ 練習 1 – 訳 し なさい

① 子供 の 前 で そんな 話 を して は だめ です よ。
kodomo no mae de sonna hanashi o shite wa dame desu yo

② 向かい の 本屋 の 前 で 待って いる 人 は だれ でしょう か。
mukai no hon.ya no mae de matte iru hito wa dare deshô ka

③ 東京 エア ターミナル で ある 箱崎 と いう 所 は、町 の 真中 に あります。
tôkyô ea tâminaru de aru hakozaki to iu tokoro wa, machi no mannaka ni arimasu

***

練習 2 – 言葉 を 入れ なさい

① La poste se trouve entre l'électricien et le bureau de tabac.
. . . . to . . . .
. . . .

② Faisons à la manière française !
. . . . yarimashô ne

③ Le Palais impérial est l'endroit où réside Sa Majesté l'Empereur.
. . . . natte iru
. . . .

④ L'été, même si on va sur le Fuji, on ne voit que des nuages.
. . . . , ... no tokoro . . . . , ...
. . . .

Soixante-huitième leçon / 68

❹ 奈良 の 一番 有名 な お 寺 で ある
東大寺 は 駅 の すぐ 近く に あります。
nara no ichiban yûmei na o tera de aru tôdaiji wa eki no sugu chikaku ni arimasu

❺ 私 は 朝 早く 起きて も 平気 です。
watashi wa asa hayaku okite mo heiki desu

Corrigé de l'exercice 1
❶ Ce n'est pas bien de raconter de pareilles histoires devant des enfants ! ❷ Qui peut bien être cette personne qui attend devant la librairie d'en face ? ❸ Hakozaki, qui est le terminal aérien de Tôkyô, se trouve au centre de la ville. ❹ Le Tôdaiji, qui est le monastère le plus célèbre de Nara, se trouve juste à proximité de la gare. ❺ Moi, ça m'est égal de me lever de bonne heure le matin.

***

❺ Pourquoi le train ne s'arrête-t-il pas à la gare qui se trouve entre Yoyogi et Harajuku ?
. . . .
. . . . no desu ka

Corrigé de l'exercice 2
❶ yûbinkyoku wa denkiya – tabakoya no aida ni arimasu ❷ furansu shiki de – ❸ kôkyo wa tennô heika ga o sumi ni – tokoro desu ❹ natsu wa, fujisan – e itte mo, kumo shika miemasen ❺ densha wa naze yoyogi to harajuku no aida ni aru eki ni tomaranai –

yon hyaku roku jû roku • 466

第六十九課

平仮名 の 練習

*La série des syllabes commençant par **p** est la seule à employer le petit rond. Ces syllabes s'emploient très rarement, et le plus souvent le **p** est redoublé. C'est donc le moment où jamais de s'occuper aussi de ces consonnes redoublées. Les consonnes qui peuvent être redoublées dans le mots japonais sont : **k – s (sh) - t (ch-ts)** et **p**. Dans tous les cas, c'est le même mini-hiragana っ **tsu** qui est utilisé :* いっかい **ikkai**, rez-de-chaussée ; ざっし **zasshi**, revue ; きって **kitte**, timbre ; いっぷん **ippun**, une minute.

ぱ	ぴ	ぷ	ぺ	ぽ
PA	PI	PU	PE	PO

第六十九課 dai roku jû kyû ka
(だい ろく じゅう きゅう か)

お 見合い 1
o mi a i ichi

1 — 甥 の 勝明 は 日本 経済
  oi no katsu aki wa ni hon kei zai
  新聞 の 記者 を して います が、
  shin bun no ki sha o shi te i ma su ga

2 だれか 1   いい   人 が ない
   da re ka   i i   hito ga na i

   でしょう か ね。
   de shô ka ne

Prononciation
o mi.aill' **1** oï ...

書き取り

❶ **sanpo ni itta** *(je suis allé en promenade)* ❷ **zasshi** *(revue)* ❸ **kippu o katte uchi nwi kaetta** *(j'ai acheté les tickets et je suis rentré chez moi)* ❹ **shinpai shita** *(j'étais inquiet)* ❺ **ongakkai** *(concert)* ❻ **kekkon** *(mariage)* ❼ **sassoku** *(immédiatement)* ❽ **hassai** *(huit ans)* ❾ **sanpun** *(trois minutes)* ❿ **o sake o juppai nonda** *(il a bu dix verres de saké)*

Corrigé

❶ さんぽ に いった ❷ ざっし ❸ きっぷ を かって うち に かえった ❹ しんぱい した ❺ おんがっかい ❻ けっこん ❼ さっそく ❽ はっさい ❾ さんぷん ❿ お さけ を じゅっぱい のんだ

Deuxième vague : 19ᵉ leçon

Soixante-neuvième leçon

Le mariage arrangé 1
([familiarité]mariage-arrangé)

1 – Mon neveu Katsuaki travaille comme journaliste au Nihon keizai shinbun *(mon-neveu [apposition] Katsuaki [annonce] Japon économie journal [relation] journaliste [objet] faire mais /)*,

2 vous ne connaîtriez pas quelqu'un de bien, par hasard *(quelqu'un être-bien être-humain [sujet] ne-pas-se-trouver ce-doit-être [question] [accord])* ?

Note

1 だれか **dareka**, (leçon 42, § 3) : だれ *dare*, *qui ?* ; だれか **dareka**, *quelqu'un*.

3 — 甥御さん₂ は お いくつ です か。
   oi go sa n   wa o i ku tsu de su ka

4 — 今年 二十八 歳 で、
   ko toshi ni jû has sai de

5   来年 の 秋 ブラジル に 転勤
   rai nen no aki bu ra ji ru ni ten kin
   する こと に なりました が、
   su ru ko to ni na ri ma shi ta ga

6   その 前 に 結婚 させたい
   so no mae ni kek kon sa se ta i
   のです。
   no de su

7 — どんな 方 が いい の です か。
   do n na kata ga i i no de su ka

8 — そう です ね ₃。 やっぱり 大学
   sô de su ne. ya p pa ri dai gaku
   は 卒業 して いて、
   wa sotsu gyô shi te i te

9   でも 働いた こと が なくて、
   de mo hatara i ta ko to ga na ku te,

10 向こう で は 接待 が 多い
    mu kô de wa set tai ga oo i
    です から
    de su ka ra

11 お 料理 が 上手 で、社交性
    o ryô ri ga jô zu de, sha kô sei
    が ある 人 が 理想 です ね。
    ga a ru hito ga ri sô de su ne

Soixante-neuvième leçon / 69

3 – Quel âge a votre neveu *(votre-neveu [annonce] [politesse] combien c'est [question])* ?

4 – Il aura 28 ans cette année *(cette-année vingt-huit année-d'âge c'est //)*,

5 il va être muté au Brésil à l'automne de l'année prochaine mais *(an-prochain [relation] automne Brésil [lieu] changement-de-poste faire le-fait-de [but] être-devenu mais /)*,

6 je voudrais le marier avant *(ce avant [temps] mariage je-veux-faire-faire c'est-que)*.

7 – Vous souhaitez quel genre de personne *(de-quelle-sorte être-humain [sujet] être-bien c'est-que [question])* ?

8 – Eh bien, euh *(eh bien)*... Tout bien réfléchi, l'idéal ce serait une jeune fille diplômée de l'Université *(tout-compte-fait Université [annonce] diplôme faire //)*

9 mais qui n'ait pas encore travaillé *(cependant avoir-travaillé le-fait-de [sujet] ne-pas-se-trouver //)*,

10 et comme là-bas elle devra beaucoup recevoir *(l'autre-côté [lieu] [renforcement] réception [sujet] être-nombreux c'est parce-que /)*,

11 qu'elle soit bonne cuisinière et à l'aise dans les relations humaines *(([familiarité] cuisine [sujet] habile c'est // sociabilité [sujet] se-trouver être-humain [sujet] idéal c'est [accord])*.

10 ... ooï ...

Notes

2 À noter : 甥 **oi**, *mon neveu* ≠ 甥御さん **oigosan**, *votre neveu* (leçon 26, note 2).

3 そう です ね **sô desu ne** (litt. "c'est ainsi"). En fait, on emploie souvent cette formule pour se donner un petit délai de réflexion avant de répondre à une question importante.

69 / 第六十九課

12 — なかなか むずかしい 条件 です ね。
na ka na ka mu zu ka shi i　jô ken　de su　ne

13　あ、 ちょっと 待って ください。
a,　cho t to　ma t te　ku da sa i

14　そう 言えば、 一週間 ほど 前
sô　i e ba,　is shû kan　ho do　mae
に 家内 が 友人 の 国会
ni　ka nai　ga　yû jin　no　kok kai
議員 の お嬢さん の 写真
gi in　no　o jô sa n　no　sha shin
を 見せて くれました。
o　mi se te　ku re ma shi ta

15 — あ、 それ は いい 話 です ね。
a,　so re　wa　i i　hanashi de su　ne

16 — 今晩 さっそく 家内 と
kon ban　sa s so ku　ka nai　to
話して みます。
hana shi te　mi ma su

17　後ほど 連絡 いたします **4**。
nochi ho do　ren raku　i ta shi ma su

18　(続く **5**)
tsuzu ku

Notes

4 いたします **itashimasu** : degré plus de する **suru**, *faire*, avec pour sujet obligatoire : *je*.

5 続く **tsuzuku** (つづく) (leçon 58, note 4) : voici un autre cas où la syllabe **zu** est notée par づ lorsqu'on écrit ce verbe en hiragana.

12 – Ce sont des conditions plutôt difficiles *(extrêmement être-difficile condition c'est [accord])* !
13 Mais… attendez un peu *(ah un-peu attendez)*…
14 Si c'est cela, il y a une semaine, ma femme m'a montré la photo de la fille d'un de nos amis qui est député *(ainsi si-on-dit / une-semaine à-peu-près avant [temps] ma-femme [sujet] ami [apposition] Assemblée-nationale membre-d'une-assemblée [relation] fille [relation] photo [objet] montrer avoir-fait-pour-moi)*.
15 – Ah, que voilà un propos agréable *(ah cela [annonce] être-bien histoire c'est [accord])* !
16 – Je vais en parler à ma femme tout de suite, ce soir [en rentrant] *(ce-soir tout-de-suite ma-femme avec parler faire-pour-voir)*.
17 Ensuite je prendrai contact avec vous *(ensuite prise-de-contact je-fais)*.
18 **(À suivre)** *(Continuer)*

Les deux journaux de presse quotidienne les plus lus dans le monde sont deux quotidiens japonais : le **Yomi.uri shinbun** 読売新聞 *(litt. "journal vendu pour la lecture") fondé en 1874 et l'***Asahi shinbun** 朝日新聞 *(litt. "Journal du soleil levant") fondé en 1879. Au début du XXᵉ siècle, le premier atteint les 14 millions d'exemplaires, le second les 12 millions ! Deux autres titres ont aussi un public important : le* **Mainichi shinbun** 毎日新聞 *(litt. "Journal quotidien") fondé en 1872 et le* **Nihon Keizai shinbun** 日本経済新聞 *(litt. "Journal quotidien économique du Japon"), fondé en 1876. Les dates de fondation de ces journaux sont significatives de la façon dont le Japon, après son ouverture à la fin du XIXᵉ siècle, entend être considéré à l'égal des grandes puissances occidentales.*

第六十九課

練習 1 – 訳 し なさい

1. 夕べ 妹 さん の お 見合い に ついて 家内 と 遅く まで 話しました。
   yûbe imôto san no o miai ni tsuite kanai to osoku made hanashimashita

2. 井上 さん が 外国 から 帰って きた と 聞きました が、すぐ あいさつ に 行った 方 が いい でしょう ね。
   inoue san ga gaikoku kara kaette kita to kikimashita ga, sugu aisatsu ni itta hô ga ii deshô ne

3. 最近、フランス の 新聞 でも 日本 の 経済 に ついて の 記事 が よく 出ます。
   saikin, furansu no shinbun demo nihon no keizai ni tsuite no kiji ga yoku demasu

***

練習 2 – 言葉 を 入れ なさい

1. Au Japon, ce n'est pas bien de manger en marchant dans la rue.
   . . . . , ...
   koto wa . . . . koto desu

2. Moi, comme je ne suis pas du tout intéressée par l'économie, je ne lis pas les quotidiens.
   . . . ., ... kyômi ga
   . . . . . . , ...

3. Ce siège m'a coûté 43 600 yens.
   . . . .
   kakarimashita

❹ 田辺さんは、だれかいい人がいるかしらと聞きました。
tanabe san wa, dareka ii hito ga iru kashira to kikimashita

❺ 来年の予算は九億円になるそうです。
rainen no yosan wa kyû oku en ni naru sô desu

Corrigé de l'exercice 1

❶ Hier soir j'ai parlé jusque tard *(dans la nuit)*, avec ma femme, du projet de mariage pour votre jeune sœur. ❷ J'ai entendu dire que M.Inoue était rentré de l'étranger, il vaut mieux aller tout de suite le saluer. ❸ Depuis quelque temps, même dans les journaux français, il y a souvent des articles sur l'économie japonaise. ❹ Mme Tanabe m'a demandé si je connaissais par hasard quelqu'un de bien. ❺ On dit que le budget de l'année prochaine atteindra les neuf cents millions de yens.

***

❹ Est-ce que votre neveu n'a pas eu 21 ans la semaine dernière ?
. . . .
. . . .

❺ Cet homme ne parle pas tellement avec ses collègues.
ano . . . . amari . . . .

Corrigé de l'exercice 2

❶ nihon de wa, michi o arukinagara taberu – yokunai – ❷ watashi wa, keizai ni zenzen – nakute, shinbun o yomimasen ❸ kono isu wa yon man san zen rop pyaku en – ❹ oigosan wa senshû ni jû is sai ni natta no de wa nai deshô ka ❺ – hito wa dôryô to – hanashimasen

平仮名 の 練習

Les voyelles longues
Nous avons longuement attiré votre attention sur le fait qu'il existe des voyelles dites "longues" en japonais, et nous vous avons donné quelques indications pour leur graphie (leçon 2, note 4). Dans les mots d'origine japonaise, plutôt qu'une voyelle longue, c'est une voyelle redoublée... Et donc on la note simplement en doublant en effet la voyelle. Il n'y a pas de u *longs dans les mots japonais d'origine ; seulement des* a, *des* i, *des* e, *des* o *longs (ou doubles !). Pour* a, i, e, *c'est uniquement dans les termes de parenté :* おばあさん **obaasan** *(leçon 39, phrase 1), grand-mère (et par extension, toute femme très âgée) ;* おじいさん **ojiisan** *(leçon 39, phrase 1), grand-père (ou tout homme très âgé) ;* おねえさん **oneesan**, *sœur aînée. Le seul cas "sérieux" est celui de* o. *Il y a un nombre limité de mots d'origine japonaise avec* o *redoublé et nous les avons presque tous déjà vus :* おおきい **ookii**, *être grand (leçon 66, phrase 11) ;* おおい **ooi**, *être nombreux (leçon 69, phrase 10) ;* とおる **tooru**, *passer (leçon 68, phrase 3). Dans les mots d'origine chinoise, en revanche, on trouve de vraies voyelles longues, mais seulement* u *et* o *longs. On indique alors l'allongement, pour* o *comme pour* u, *en utilisant le hiragana* う *(et, dans la transcription, un accent circonflexe ou un trait sur la voyelle). De cela vous avez vu des dizaines et dizaines d'exemples : avec* û, ふつう **futsû**, *ordinaire ; avec* ô, ほんとう に **hontô ni**, *vraiment.*

70

だい なな じゅっ か
第 七 十 課 **dai nana juk ka**

まとめ – **Révision**

1 Le système numéral japonais

Si le système de numérotation emprunté au chinois est tout à fait complet, comme vous avez pu le constater dans la leçon 63, le système japonais est lui très limité.
Seuls existent les chiffres de 1 à 10. Nous en avons déjà utilisé plusieurs :

475 • **yon hyaku nana jû go**

書き取り

❶ sô desu ne *(oui c'est ainsi)* ❷ kekkô desu *(c'est parfait)* ❸ kinô *(hier)* ❹ futsû *(ordinaire)* ❺ kôgô *(l'Impératrice)* ❻ hôkô *(direction)* ❼ kôkûbin *(courrier par avion)* ❽ dôbutsu *(animal)* ❾ fûtô *(enveloppe)* ❿ tennô *(l'Empereur)* ⓫ dôzô *(statue de bronze)* ⓬ bôken *(aventure)* ⓭ kôtsû *(transports)* ⓮ kôtôgakkô *(lycée)*

Corrigé

❶ そう です ね ❷ けっこう です ❸ きのう ❹ ふつう ❺ こうごう ❻ ほうこう ❼ こうくうびん ❽ どうぶつ ❾ ふうとう ❿ てんのう ⓫ どうぞう ⓬ ぼうけん ⓭ こうつう ⓮ こうとうがっこう

Deuxième vague : 20ᵉ leçon

Soixante-dixième leçon

– *un*, 一つ **hitotsu** (leçon 65, phrase 1 ; leçon 66, phrase 14)
– *deux*, 二つ **futatsu** (leçon 39, ex. 2, phrase 5)
– *trois*, 三つ **mittsu** (leçon 59, phrase 10)
– *quatre*, 四つ **yottsu**
– *cinq*, 五つ **itsutsu** (leçon 59, phrase 7)
– *six*, 六つ **muttsu**
– *sept*, 七つ **nanatsu**
– *huit*, 八つ **yattsu**
– *neuf*, 九つ **kokonotsu**
– *dix*, 十 **tô**

Ces chiffres s'emploient lorsqu'on veut préciser combien il y a d'objets (évidemment toujours moins de dix…) et qu'on ne précise pas quel genre d'objet. Si on précise le genre d'objet, on retombe dans le système des "spécifiques numéraux" (leçon 63) et on est alors obligé d'employer la numérotation chinoise.

1.1 Parler des personnes

Attention, pour dire *une personne*, on utilise 一人 **hitori** (leçon 47, note 8), avec l'expression très courante 一人 で **hitori de** (litt. "tout seul") (leçon 47, phrase 16). Pour *deux (personnes)*, on emploie 二人 **futari** (leçon 44, phrases 4 et 5). À partir de *trois (personnes)*, on retombe dans le système chinois, avec 人 **nin** comme "spécifique numéral" : *trois (personnes)*, 三人 **san nin** ; *quatre (personnes)*, 四人 **yo nin** ; *cinq (personnes)*, 五人 **go nin**, etc. (leçon 59, ex. 1, phrase 2). À noter : la prononciation de 四 **yon** *quatre* devant 人 **nin**. Il devient よ **yo**. Cela ne vous rappelle rien (leçon 46, note 3) ? Profitons en pour signaler un troisième cas : *quatre années* 四年 se prononce aussi **yo.nen**.

1.2 Donner la date et parler d'une durée

On utilise aussi ce système pour composer des mots qui désignent à la fois la date (le 5 de tel mois, le 10 de tel mois), et la durée (cinq jours, dix jours…), ceci bien sûr jusqu'à dix seulement, mais avec quelques bizarreries.
– Pour 1, il y a deux mots (leçon 65, note 2) :
一日 **tsuitachi** : *le premier du mois* (leçon 65, phrase 4)
一日 **ichinichi** : *une journée* (leçon 39, phrase 19)
– Ensuite il y a un seul mot pour les deux usages :
二日 **futsuka**, *le 2 du mois* ou *2 jours* (leçon 57, phrase 11)
三日 **mikka**, *le 3 du mois* ou *3 jours* (leçon 20, phrase 12)
四日 **yokka**, *le 4 du mois* ou *4 jours*
五日 **itsuka**, *le 5 du mois* ou *5 jours*
六日 **muika**, *le 6 du mois* ou *6 jours*
七日 **nanoka**, *le 7 du mois* ou *7 jours*
八日 **yôka**, *le 8 du mois* ou *8 jours*
九日 **kokonoka**, *le 9 du mois* ou *9 jours*
十日 **tôka**, *le 10 du mois* ou *10 jours* (leçon 61, phrase 4)
– Après ? Eh bien, oui, vous êtes habitués… on retombe dans le système chinois : 十一日 **jû ichi nichi**, *le 11 du mois* ou *11 jours* ; 十二日 **jû ni nichi** : *le 12 du mois* (ou *12 jours*) (leçon 44, phrase 6) ; 十五日 **jû go nichi**, *le 15 du mois* (ou *15 jours*) etc… !

Attention aux exceptions : *le 14* et *le 24* (ou *14 jours*, *24 jours*) se disent : 十四日 **jû yok ka** et 二十四日 **ni jû yok ka**, en mélangeant les deux systèmes... Et *le 20* (ou *20 jours*) se dit 二十日 **hatsuka** purement japonais. Le système japonais s'utilise d'ailleurs dans un autre cas pour dire 20 : pour exprimer l'âge. Le plus bel âge a droit à un traitement de faveur : *20 ans* se dit 二十 **hatachi**, du pur japonais ! Pour tous les autres âges, on reprend le système chinois, avec le spécifique numéral 歳 **sai** (litt. "année d'âge") (leçon 69, phrase 4).

2 Les formes de です *desu*

Depuis le début, nous utilisons un élément dont nous traduisons les formes par *c'est*, *c'était*, *ce n'est pas*...
La première forme que vous connaissez, c'est です **desu**. Il est largement temps de revoir l'ensemble des formes que peut prendre cet élément.

2.1 Degré moyen

です **desu** est un degré moyen, *c'est*. Les autres degrés moyens sont les suivants :
– la négation : で は ありません **de wa arimasen**, *ce n'est pas* (leçon 50, phrase 12) ;
– le passé : でした **deshita**, *c'était* (leçon 68, phrase 17).

2.2 Degré moins

La série parallèle des degrés moins est la suivante :
– だ **da** (leçon 64, phrase 14), *c'est* ;
– la négation : で は ない **de wa nai** (leçon 55, phrase 3), *ce n'est pas* ;
– le passé : だった **datta** (leçon 58, phase 2), *c'était*.

2.3 Degré plus

Pour le degré plus, il existe deux verbes, un pour *je* ("en ce qui ME concerne c'est"), un pour *vous* ("en ce qui VOUS concerne c'est"). Celui que vous connaissez pour l'instant est で ございます **de**

gozaimasu, *c'est* (en ce qui ME concerne) (leçon 49, § 1.3). C'est un verbe très utile car c'est la forme la plus usuelle pour dire son propre nom lorsqu'on se présente à quelqu'un ou pour se présenter au téléphone (leçon 44, ex. 1, phrase 1).

Vous avez aussi rencontré : でしょう **deshô**, *ce doit être* (leçon 64, phrase 6 ; leçon 66, phrase 3 ; leçon 67, phrases 15 et 20 ; leçon 69, phrase 2). Puis で **de**, *c'est*, mais qui indique que la phrase n'est pas terminée (leçon 68, phrase 10 ; leçon 69, phrases 4 et 11). Et enfin で ある **de aru**, *qui est* (leçon 68, phrase 9), だったら **dattara**, *si c'est* (leçon 62, phrase 12).

Nous vous avons également parlé d'une autre forme な **na** (leçon 33, note 1). Nous en reparlerons plus tard.

3 Le degré plus : JE et VOUS

Un petit retour sur les degrés plus. Commencez par relire ce qui en est dit dans les leçons 21 (§ 4), 28 (§ 5) et 49 (§ 1.3). L'important est de ne pas confondre les degrés plus qu'on emploie pour dire *je* (ou les gens de ma famille, ou un *il* qui doit le respect), et les degrés plus qu'on ne peut employer que pour dire *vous* (ou *il* quand il s'agit de quelqu'un à qui on doit le respect).

Si nous récapitulons ceux que nous avons déjà fréquentés :

– pour dire JE :

→ 申します **môshimasu**, *dire*, *s'appeler* (leçon 15, phrase 1) équivaut au verbe 言う **iu**. C'est le terme qu'on emploie pour dire son nom : アンリ ジュボン と 申します **anri jupon to môshimasu**, *je m'appelle Henri Dupont*.

→ で ございます **de gozaimasu**, *c'est* (en ce qui ME concerne) (§ précédent).

→ おります **orimasu**, équivalent de いる **iru**, *se trouver* (leçon 44, phrase 7, note 4).

→ うかがいます **ukagaimasu**, correspond soit au verbe 聞く **kiku** au sens de *entendre dire* (leçon 47, phrase 3), soit au verbe たずねる **tazuneru**, *se rendre chez quelqu'un* (leçon 59, phrase 4).

→ お 目 に かかります **o me ni kakarimasu**, équivalent de 会う au sens de *rencontrer* (leçon 68, phrase 12).

→ いたします **itashimasu**, équivalent de する **suru**, *faire* (leçon 69, phrase 17).

Soixante-dixième leçon / 70

– pour dire VOUS :
→ いらっしゃいます **irasshaimasu**, équivalent de 来る **kuru**, *venir* (leçon 67, phrase 17), ou bien de 行く **iku**, *aller* (leçon 68, phrase 11), ou encore de いる **iru**, *se trouver*. Par exemple, au téléphone, si l'on veut demander *Est-ce que M. Kawaguchi est là ?* on dira : 川口さん は いらっしゃいます か。 **kawaguchi san wa irasshaimasu ka**, (litt. "M.-Kawaguchi [annonce] IL-se-trouve-là [question]").
→ なさいます **nasaimasu**, équivalent de する **suru**, *faire* (leçon 47, phrases 5 et 7).
→ 御覧 ください **goran kudasai**, équivalent de 見て ください **mite kudasai**, *regardez* (leçon 65, phrase 8).

4 Les verbes dérivés

De presque tous les verbes, on peut dériver un autre verbe qui voudra dire alors *pouvoir*. Reportez-vous à la leçon 64 : 読む **yomu** (phrase 8), 読みたい **yomitai** (phrase 9) et 読んで **yonde** (phrase 12) relèvent de 読む **yomu**, *lire*. Dans les phrases 5, 6 et 11, il s'agit du verbe dérivé 読める **yomeru**, *pouvoir lire*. Pour les verbes à plusieurs bases on remplace la finale **u** par **eru**, le verbe ainsi obtenu étant, lui, un verbe à une seule base.

Vous aviez déjà, sans le savoir, rencontré de tels verbes : 使える **tsukaeru**, *pouvoir utiliser* (leçon 34, phrase 12), dérivé de 使う **tsukau**, *utiliser* ; 作れる **tsukureru**, *pouvoir fabriquer* (leçon 41, phrase 16), dérivé de 作る **tsukuru**, *fabriquer* ; 帰れる **kaereru**, *pouvoir rentrer chez soi* (leçon 53, phrase 15), dérivé de 帰る **kaeru**, *rentrer chez soi* ; 行ける **ikeru**, *pouvoir aller* (leçon 55, phrase 4), dérivé de 行く **iku**, *aller* ; 楽しめる **tanoshimeru**, *pouvoir savourer* (leçon 66, phrase 5), dérivé de 楽しむ **tanoshimu**, *savourer*.

De する **suru**, on ne peut pas dériver un tel verbe. L'équivalent de *pouvoir faire* sera できる **dekiru**, *être possible*.

第七十課

▶ 復習 会話

1. いつ イギリス へ 出発 する か を 決める ため に、四日 か 八日 に また 連絡 します。
   itsu igirisu e shuppatsu suru ka o kimeru tame ni, yokka ka yôka ni mata renraku shimasu

2. あなた と 同じ 飛行機 に 乗れる ように 予約 する よ。
   anata to onaji hikôki ni noreru yô ni yoyaku suru yo

3. スペイン語 を はやく 習いたい です が、どう いう 風 に 勉強 したら いい でしょう か。
   supeingo o hayaku naraitai desu ga, dô iu fû ni benkyô shitara ii deshô ka

4. いろいろ な 練習 を して も、やっぱり だめ です。
   iroiro na renshû o shite mo, yappari dame desu

5. 私 は 子供 が 九 人 いる ので、部屋 が 六つ しか ない 家 に 住めない の です。
   watashi wa kodomo ga kyûnin iru node, heya ga muttsu shika nai ie ni sumenai no desu

6. お 金 が なくて も、電車 で 近い 田舎 に いったら、簡単 に 四季 を 楽しむ こと が できる の で は ない です か。
   o kane ga nakute mo, densha de chikai inaka ni ittara, kantan ni shiki o tanoshimu koto ga dekiru no de wa nai desu ka

7. カメラ屋 と 本屋 と の 間 に ある 店 は おいしくて、値段 の 安い 店 です から、お 勧め します。
   kameraya to hon.ya to no aida ni aru mise wa oishikute, nedan no yasui mise desu kara, o susume shimasu

Soixante-dixième leçon / 70

8 国会議員 で ある 主人 は 大変 いそがしくて、子供 と 映画 を 見 に 行く 暇 が なくて、残念 です。
kokkaigi.in de aru shujin wa taihen isogashikute, kodomo to eiga o mi ni iku hima ga nakute, zannen desu

9 最近 読んだ 経済 関係 の 雑誌 の 記事 に よる と 中国 の 工業 は 今 とても 盛ん に なって いる そう です。
saikin yonda keizai kankei no zasshi no kiji ni yoru to chûgoku no kôgyô wa ima totemo sakan ni natte iru sô desu

10 富士山 は 日本 の 一番 高い 山 で、三千 七百 七十 六 メートル あります。
fujisan wa nihon no ichiban takai yama de, sanzen nanahyaku nanajû roku mêtoru arimasu

Traduction

1 Je reprendrai contact avec toi le 4 ou le 8, pour décider de notre date de départ pour l'Angleterre. **2** Je vais faire ma réservation de façon à être dans le même avion que toi. **3** Je voudrais apprendre rapidement l'espagnol, comment dois-je travailler ? **4** J'ai beau faire beaucoup d'exercices, je n'y arrive pas. **5** Comme j'ai neuf enfants, je ne peux pas habiter dans une maison qui n'a que six pièces. **6** Même si on n'a pas d'argent, si on va simplement en train à la campagne toute proche, est-ce qu'on ne peut pas jouir simplement des quatre saisons ? **7** Le petit restaurant qui se trouve entre le magasin de photos et la librairie est très bon, et il n'est pas cher du tout, je vous le conseille. **8** Mon mari, qui est député, est très occupé, il n'a pas le temps d'emmener les enfants au cinéma, c'est dommage. **9** D'après un article d'une revue d'économie que j'ai lu récemment, il paraît que l'industrie chinoise est devenue très prospère. **10** Le Mont Fuji est le point culminant du Japon, il fait 3 776 mètres.

Deuxième vague : 21e leçon

第七十一課 dai nana jû ik ka
だいなな じゅういっ か

お見合い 2
o miai ni

1 — とても 感じ の **1** いい 方 **2** ね。
to te mo kan ji   no   i i   kata   ne

2 きれい で、はきはき して いて、
ki re i de, ha ki ha ki shi te i te,
社交的 な ところ が いい わ ね。
sha kô teki na to ko ro ga i i wa ne

3 — 趣味 も 合い そう **3** じゃ ない?
shu mi mo a i   sô   ja   na i

4 勝明 と **4** 同じ よう に
katsu aki to   ona ji   yô   ni
スポーツ や 旅行、 音楽 が
su pô tsu ya ryo kô, on gaku ga
好き だ と 言って いた し、
su ki da to i t te i ta shi

Notes

1 Rappelez-vous, dans une proposition qui précise un mot (et dans ce cas seulement), on peut employer の **no** à la place de が **ga** pour indiquer le sujet (leçon 55, note 5).

2 Dans un style très familier, comme dans ce dialogue où la scène se passe entre père, mère et enfant, non seulement dominent les formes au degré moins, mais aussi certains éléments disparaissent, comme ici です **desu** (ou だ **da**) qu'on attendrait entre 方 **kata** et ね **ne** (voir aussi phrase 9). En revanche, on emploie 方 **kata** (degré plus de 人 **hito**, *une personne*) pour parler de la jeune fille qui a été présentée à la famille.

Soixante et onzième leçon

Le mariage arrangé 2
([familiarité] mariage-arrangé)

1 – Cette personne m'a fait très bonne impression *(très impression [sujet] être-bien être humain [accord])*.
2 Elle est belle, elle est vive, et j'aime son côté sociable *(beau c'est / vif faire / sociable c'est endroit [sujet] être-bien [adoucissement] [accord])*.
3 – Ne semble-t-il pas aussi que leurs goûts devraient s'accorder *(goût aussi s'accorder je-prévois-que ce-n'est-pas)* ?
4 – Elle a dit que, comme Katsuaki, elle aimait le sport, les voyages, la musique *(Katsuaki [comparaison] identique façon [adverbial] sport et voyage musique [sujet] aimé c'est [citation] avoir-dit et /)* ;

Prononciation
3 … aï soo …

3 合い そう です **ai sô desu** (で は ない **de wa nai**). Vous connaissez déjà そう です **sô desu** qui suit directement un verbe (leçon 53, note 2) : 入院 して いる そう です **nyû.in shite iru sô desu**. Devant そう **sô**, on trouvait la forme en **u** ou l'équivalent négatif. Dans ce cas そう です **sô desu** signifiait *il paraît que, j'ai entendu dire que* (phrase 5). Ici, dans 合い そう です **ai sô desu**, devant そう **sô**, on trouve la base en **i** des verbes à plusieurs bases (ou la base unique pour les autres verbes) et ça change tout ! L'expression, très subtile, signifie alors : "d'après ce que je constate, je prévois que…", 趣味 も 合い そう です **shumi mo ai sô desu** (litt. "d'après ce que j'ai vu, je prévois que leurs goûts vont s'accorder"), *il me semble que leurs goûts devraient s'accorder*.
4 と 同じ **to onaji** : pour les verbes et les adjectifs exprimant l'idée de relation, de comparaison, と **to** sert à introduire le complément normal (leçon 60, note 2).

5 それ に 語学 も よく できる そう だ し、
so re ni go gaku mo yo ku de ki ru sô da shi

6 ブラジル へ 行っても きっと ポルトガル語 を はやく 覚える でしょう。
bu ra ji ru e i tte mo ki tto po ru to ga ru go o ha ya ku obo e ru de shô

7 – 向こう の お父さん も お母さん も 感じ が いい 方達 だ し、
mu kô no o tô san mo o kaa san mo kan ji ga i i kata tachi da shi

8 彼女 も お父さん が 五六年 前 に アメリカ に 二年 いた 時、一緒 に 外国 生活 を した から、
kano jo mo o tô san ga go roku nen mae ni a me ri ka ni ni nen i ta toki, is sho ni gai koku sei katsu o shi ta ka ra

9 ブラジル でも 大丈夫 よ。
bu ra ji ru de mo dai jô bu yo

Notes

5 五六年 go roku nen, *cinq ou six ans*. Ne disons-nous pas, souvent, en français aussi cinq-six ans, en faisant se succéder directement les deux chiffres ?

Soixante et onzième leçon / 71

5 en plus, il paraît qu'elle est douée pour les langues
   (en-plus étude-des-langues aussi bien être-possible il-paraît-que et /) ;
6 c'est sûr qu'en allant au Brésil, elle apprendra
   vite le portugais *(Brésil [destination] même-si-on-va
   certainement portugais [objet] rapidement apprendre
   ce-doit-être).*
7 – Son père et sa mère aussi sont des personnes qui
   font bonne impression *(en-face [relation] son-père aussi
   sa-mère aussi impression [sujet] être-bien êtres-humains
   c'est et //)* ;
8 elle-même, lorsque son père, il y a cinq ou six ans,
   a séjourné deux ans en Amérique, elle a vécu avec
   lui, à l'étranger *(elle-même aussi son-père [sujet] cinq six
   année avant [temps] Amérique [lieu] deux année s'être-
   trouvé moment / ensemble [adverbial] pays-étranger
   manière-de-vivre [objet] avoir-fait parce-que //),*
9 donc elle n'aura aucun problème au Brésil *(Brésil
   même sans-problème [engagement]).*

6 Au passage, notez que, comme on le faisait avec les noms de pays suivis de 語 **go** (leçon 28, §1.2), on peut aussi construire à partir de 外国 **gaikoku**, *l'étranger* le mot 外国語 **gaikokugo**, *les langues étrangères.*

10 − 背 も お兄さん より ちょっと
se mo o nii san yo ri cho t to

小さくて、 お 似合い よ。
chii sa ku te, o ni ai yo

11 − 勝明さん どう 思います か。
katsu aki sa n dô omo i ma su ka

12 − うん うん。 悪くない けれど、
u n u n. waru ku na i ke re do,

少し 気 に なる 事 が ある。
suko shi ki ni na ru koto ga a ru

13 − あら、 なあに 7。
a ra, na a ni

14 − お 見合い の 写真 で は
o mi ai no sha shin de wa

振り袖 を 着て いた から
fu ri sode o ki te i ta ka ra

わからなかった 8 けれど、
wa ka ra na ka t ta ke re do

15 足 が 太い の が 気
ashi ga futo i no ga ki

に なる なあ。
ni na ru na a

16 − 他 が 皆 いい の だ から、
hoka ga mina i i no da ka ra,

その ぐらい は 我慢 し なさい。
so no gu ra i wa ga man shi na sa i □

Soixante et onzième leçon / 71

10 – La taille aussi, elle est juste un peu plus petite que Katsuaki, ils vont bien ensemble *(taille aussi mon-frère-aîné plus-que un-peu être-petit / [familiarité] bon-accord [engagement])* !

11 – Et toi, Katsuaki, qu'en penses-tu *(Katsuaki comment penser [question])* ?

12 – Oui… Elle n'est pas mal, mais il y a quelque chose qui me gêne *(ne-pas-être-mauvais bien-que / un-peu gêner chose [sujet] se-trouver)*.

13 – Ah ? Quoi donc ?

14 – Sur la photo de présentation, comme elle portait un kimono je ne l'ai pas vu, mais *([familiarité] mariage-arrangé [relation] photo [lieu] [renforcement] kimono-de-cérémonie [objet] avoir-porté parce-que / ne-pas-avoir-été compréhensible bien que //)*

15 ce qui me gêne, ce sont ses jambes fortes *(jambe [sujet] être-épais le-fait-de [sujet] être-un-sujet-de-préoccupation [réflexion])*.

16 – Comme tout le reste est parfait, pour ça, tu es prié d'en prendre ton parti *(autre [sujet] tout être-bien c'est-que parce-que / ce degré [annonce] patience fais)*.

10 … oniïsan.n' … onïaï …

Notes

7 なあに **naani** : remarquez l'allongement expressif de la première syllabe de 何 **nani**, *quoi* ?

8 わからなかった **wakaranakatta** : le suffixe de négation ない **nai** est un adjectif. Vous vous rappelez que la forme passée se construit en mettant **katta** à la place du **i** terminal (leçon 35, §2) : わからない **wakaranai**, *n'est pas compréhensible* ; わからなかった **wakaranakatta**, *n'était pas compréhensible*.

yon hyaku hachi jû hachi • 488

第七十一課

▶ 練習 1 – 訳 し なさい

❶ 僕は、大きく なったら、お父さん と 同じ よう に、お 医者 さん に なりたい。
boku wa, ookiku nattara, otôsan to onaji yô ni, o isha san ni naritai

❷ オーストラリア に 九年 か 十年 滞在 した こと も ある し、大学で オーストラリア の 経済 の こと を 勉強 した こと も ある し、また そこ の 新聞社 で 働いた こと も あります。
ôsutoraria ni kyûnen ka jûnen taizai shita koto mo aru shi, daigaku de ôsutoraria no keizai no koto o benkyô shita koto mo aru shi, mata soko no shinbunsha de hataraita koto mo arimasu

***

練習 2 – 言葉 を 入れ なさい

❶ Il paraît que le portugais est plus difficile que l'espagnol.
. . . .
. . . .

❷ Il a dit qu'il viendrait après-après-demain sans faute.
. . . .

❸ Je n'ai rien fait de toute la journée !
. . . . jû . . . . yo

❹ Je n'ai pas écrit une seule page depuis le premier janvier.
. . . . mo
. . . . no desu

Soixante et onzième leçon / 71

❸ 子供 が、転んで、泣き そう でした。
kodomo ga, koronde, naki sô deshita

❹ 新しい ベッド を 買った 日 から、よく 眠れる そう です。
atarashii beddo o katta hi kara, yoku nemureru sô desu

❺ 時間 が なかった ので、鈴村 さん に 会えなかった の です。
jikan ga nakatta node, suzumura san ni aenakatta no desu

Corrigé de l'exercice 1
❶ Moi, quand je serai grand, je veux être docteur comme mon père. ❷ Il a séjourné neuf-dix ans en Australie, à l'université il a étudié l'économie de ce pays, et en plus il a travaillé dans un journal de là-bas. ❸ Un enfant était tombé, il semblait sur le point de pleurer. ❹ Il paraît que, depuis le jour où il a acheté un nouveau lit, il dort *(peut dormir)* bien. ❺ Comme je n'avais pas le temps, je n'ai pas pu rencontrer Suzumura.

***

❺ Il dit qu'il ne peut plus tenir !
. . . . dekinai . . . .

Corrigé de l'exercice 2
❶ porutogarugo wa supeingo yori muzukashii sô desu ❷ shiasatte tashika ni kuru to iimashita ❸ ichinichi – nanimo shinakatta – ❹ o shôgatsu kara ichi pêji – kakanakatta – ❺ mô gaman – to itte imasu

yon hyaku kyû jû • 490

平仮名 の 練習

 MA  MI  MU  ME  MO

Longtemps le Japon a été le pays du monde où la proportion des gens mariés était la plus forte : plus de 99 % de la population au-dessus de 20 ans. Une grande partie de ces mariages étaient des mariages "arrangés". Des intermédiaires presque professionnels mettaient en rapport des familles pouvant honorablement s'allier. Le changement rapide de la condition des femmes à la fin du xxe siècle, surtout en ce qui concerne l'exercice d'une profession (ce qui n'allait pas de soi précédemment), a fait chuter considérablement ce taux. Aujourd'hui près de 50 % des Japonais de moins de 30 ans sont célibataires. Faire carrière, pour une femme, semble encore difficile à concilier avec le mariage. Le système des mariages "arrangés" reste ainsi d'actualité. Le processus commence par des échanges de photos et se poursuit par une entrevue, en présence des parents.

第七十二課 dai nana jû ni ka

スキー
su kî

1 — ウィークエンド は 楽しかった?
u î ku en do wa tano shi ka t ta

2 — ひどい 目 に 会った。もう 二度 と
hi do i me ni a t ta. mô ni do to

あいつ 1 と は スキー に 行かない。
a i tsu to wa su kî ni i ka na i

🗨 Prononciation

2 … aïtsou …

書き取り

❶ **tabemono** (nourriture) ❷ **hajime** (début) ❸ **migi** (droite) ❹ **mazu** (d'abord) ❺ **nomu** (boire) ❻ **totemo** (très) ❼ **imôto** (sœur cadette) ❽ **mihon** (échantillon) ❾ **o medetô gozaimasu** (mes félicitations) ❿ **mago** (petits-enfants) ⓫ **heimin** (les gens ordinaires) ⓬ **semai** (être étroit) ⓭ **munashii** (être vain) ⓮ **hômen** (direction) ⓯ **musume** (ma fille)

Corrigé

❶ たべもの ❷ はじめ ❸ みぎ ❹ まず ❺ のむ ❻ とても ❼ いもうと ❽ みほん ❾ お めでとう ございます ❿ まご ⓫ へいみん ⓬ せまい ⓭ むなしい ⓮ ほうめん ⓯ むすめ

Deuxième vague : 22ᵉ leçon

Soixante-douzième leçon

Au ski

1 – C'était bien, ton week-end (week-end [annonce] avoir-été-agréable) ?
2 – Ça a été affreux (situation-affreuse [but] avoir-rencontré) ! Je ne retournerai jamais au ski avec cet abruti (encore deux-fois [adverbial] celui-là avec [renforcement] ski [but] ne-pas-aller) !

Note

1 あいつ **aitsu** : terme employé pour désigner une tierce personne, mais dans des cas bien particuliers. Attention à ne pas l'employer à tort et à travers car il a un sens affectif (presque toujours péjoratif). Ici le locuteur l'emploie parce qu'il est en colère contre "ce type"…

3 — あら、　　　どう　　　した　　　の **2**。
     a ra,　　　dô　　　shi ta　　　no

4 — いつも　　スキー　　が　　上手（じょうず）　だ　と
     i tsu mo　su kî　　ga　　jô zu　　da　to
    自慢（じまん）　して　　いる　　谷沢（たにざわ）　君（くん）**3**
     ji man　　shi te　　i ru　　tani zawa　　kun
    を　　知（し）って　いる　　だろう **4**。
     o　　shi t te　　i ru　　da rô

5　リフト　で　　山（やま）の　　上（うえ）　まで
    ri fu to　de　　yama　no　　ue　　ma de
   行（い）って、　きれい　　な　　雪景色（ゆきげしき）　を
    i t te,　　　ki re i　na　　yuki ge shiki　　o
   見（み）た　ところ　まで　は
    mi ta　　to ko ro　ma de　wa
   よかった　の　　だ　けれど、
    yo ka t ta　no　　da　ke re do

6　皆（みんな）が　降（お）りた　のに、　あいつ
    minna　ga　　o ri ta　　no ni,　a i tsu
   だけ　　降（お）りて　こない **5**　ん　だ。
    da ke　　o ri te　　ko na i　　　n　da

7　二十分（にじゅっぷん）　近（ちか）く　ふもと　で
    ni jup pun　　chika ku　　fu mo to　de
   待（ま）った　けれど、
    ma t ta　　ke re do,

Notes

2 Encore un の **no** différent, à ne pas confondre avec tous les autres ! Vous l'avez déjà rencontré mais rarement : il est employé par les femmes uniquement, pour terminer une question (leçon 29, note 14).

Soixante-douzième leçon / 72

3 – Ah bon ! Que s'est-il passé *(ah-bon comment avoir-fait [question])* ?

4 – Tu connais sûrement Tanizawa, qui se flatte toujours d'être fort en ski *(toujours ski [sujet] habile c'est [citation] vantardise faire Tanizawa [objet] connaître ce-doit-être)* !

5 Ça s'est bien passé jusqu'au moment où, après être montés jusqu'au sommet de la montagne par le télésiège, nous avons contemplé le magnifique paysage enneigé, mais ensuite *(télésiège [moyen] montagne [relation] dessus jusqu'à aller / beau c'est paysage-de-neige [objet] avoir-regardé moment jusqu'à [annonce] avoir-été-bien c'est-que bien-que //)*,

6 alors que nous étions tous descendus, lui seul n'arrivait pas *(tous [sujet] être-descendu bien-que / celui-ci seulement descendre ne-pas-venir c'est-que)*.

7 Nous avons attendu près de vingt minutes au pied de la montagne mais *(vingt-minutes près-de pied-de-la-montagne [lieu] avoir-attendu bien-que //)*,

3 谷沢 君 **tanizawa kun** : lorsqu'on parle à/de quelqu'un, on fait toujours suivre son nom d'un petit quelque chose. Nous connaissons さん **san**, la formule la plus neutre, sorte de "degré moyen" que nous traduisons le plus souvent par *M., Mme* ou *Mlle* et ちゃん **chan** (leçon 39, phrase 14), terme familier pour un jeune enfant. Voici 君 **kun**, pour le nom d'un camarade, d'un petit garçon. Comme c'est une marque de familiarité, la traduction décomposée ne donne aucun équivalent ; en français, on emploierait à la même fin le nom tout seul !

4 だろう **darô** : degré moins de でしょう **deshô** (leçon 55, note 4). Non seulement だろう caractérise un ton familier, mais aussi, souvent, une conversation masculine.

5 こない **konai**, degré moins négatif équivalent du degré moyen 来ません **kimasen**, *ne pas venir*. Forme irrégulière, donc, du verbe 来る **kuru**, *venir*. Ce verbe, comme する **suru** (leçon 42, § 4.1) a une seule base き **ki**, pour recevoir tous les autres suffixes. Seule exception, il a une base こ **ko** pour recevoir le suffixe de la négation ない **nai**.

yon hyaku kyû jû yon • 494

8　来ない　から　心配　して、わざわざ　また　上　まで　見に　行ったら、
ko nai kara shinpai shite, wazawaza mata ue made mi ni ittara,

9　こわくて　降りられない **6**　と　べそ　を　かいて　いた。
kowakute orirarenai to beso o kaite ita.

10 — それで　どう　した　の。
sorede dô shita no.

11 — だから　子供　に　スキー　を　教えて　やる　よう　に、あいつ　の　前　を　ゆっくり　と　道　を　作って　やり　ながら　降りて　いった　ん　だ。
dakara kodomo ni sukî o oshiete yaru yô ni, aitsu no mae o yukkuri to michi o tsukutte yari nagara orite itta n da.

12　でも　上手　に　カーブ　を　曲がれない **7**　から、スピード　が　出て、すぐ　転ぶ。
demo jôzu ni kâbu o magarenai kara, supîdo ga dete, sugu korobu.

Soixante-douzième leçon / 72

8 comme il n'arrivait pas, je me suis inquiété, et lorsqu'après je suis retourné jusqu'en haut pour voir [ce qui se passait] *(ne-pas-venir parce-que / angoisse faire // exprès de-nouveau dessus jusqu'à voir [but] lorsque-je-suis-allé /)*,

9 il pleurnichait [en disant] qu'il ne pouvait pas descendre parce qu'il avait peur *(être-effrayé ne-pas-pouvoir-descendre [citation] pleurnicher)*.

10 – Alors, qu'est-ce que tu as fait *(alors comment avoir-fait [question])* ?

11 – Alors, je suis descendu lentement devant lui en lui traçant son chemin, comme on apprend à skier à un enfant *(alors enfant [attribution] ski [objet] enseigner faire-pour-quelqu'un ainsi-que / celui-ci [relation] devant [objet] lentement chemin [objet] fabriquer faire-pour-quelqu'un tout-en descendre aller c'est-que)*.

12 Mais comme il ne pouvait pas bien tourner, il prenait de la vitesse et tombait immédiatement *(mais habile [adverbial] virage [objet] ne-pas-pouvoir-tourner parce-que // vitesse [sujet] sortir / tout-de-suite tomber)*.

Notes

6 降りられない **orirarenai**, *ne pas pouvoir descendre* est la négation de 降りられる **orirareru**, *pouvoir descendre* (leçon 70, § 4). Pour dériver le verbe qui veut dire *pouvoir*, dans le cas des verbes à une seule base, on met **areru** à la place du **u** final : 降りる **oriru**, *descendre* → 降りられる **orirareru**, *pouvoir descendre*. Le verbe ainsi obtenu est un verbe à une seule base. Sa forme négative degré moins sera : radical 降りられ **orirare** + ない **nai** = 降りられない **orirarenai**. Sa forme du passé degré moins (phrase 13) sera 降りられ **orirare** + た **ta** = 降りられた **orirareta**.

7 曲がれない **magarenai**, de 曲がれる **magareru**, *pouvoir tourner*, est dérivé de 曲がる **magaru**, *tourner*, verbe à plusieurs bases (leçon 70, § 4).

13 その上　一人で　起き上がれない [8]
　　sonoue　hitori de　okiagarenai
　　から、その　たびに　起こして
　　kara, sono　tanbi ni　okoshite
　　やり、半日　かかって、やっと
　　yari, hannichi　kakatte,　yatto
　　一つ　の　山　から　降りられた。
　　hitotsu　no　yama　kara　orirareta

14 その　後は　くたびれて　山小屋
　　sono　ato wa　kutabirete　yamagoya
　　から　雪　が　降って　いる　の　を
　　kara　yuki　ga　futte　iru　no　o
　　見て　いた　だけ　なんだ。
　　mite　ita　dake　nan　da

15 - あら　あら、せっかく　の
　　ara　ara,　sekkaku　no
　　ウィークエンド　が　だいなし
　　uîkuendo　ga　dainashi
　　だった　わ　ね。
　　datta　wa　ne

: Note

[8] 起き上がれない okiagarenai, *pouvoir se relever* est dérivé de 起き上がる okiagaru, *se relever*, verbe à plusieurs bases (leçon 64, note 2).

Soixante-douzième leçon / 72

13 En plus, comme il ne pouvait pas se relever tout seul, je le relevais à chaque fois, cela nous a pris une demi-journée pour pouvoir descendre une seule **pente** *(en-outre tout-seul [moyen] ne-pas-pouvoir-se-relever parce-que / à-chaque-fois [adverbial] relever faire-pour-quelqu'un // demi-journée utiliser / enfin un [relation] montagne à-partir-de avoir-pu-descendre).*

14 Après cela, épuisé, je n'ai pu que regarder la neige tomber, depuis le **chalet** *(ce ensuite [renforcement] être-épuisé / chalet à-partir-de neige [sujet] tomber le-fait-de [objet] avoir-regardé seulement c'est c'est-que).*

15 – Eh bien, dis donc *(eh-bien-dis-donc)* ! Voilà un précieux week-end bien **gâché** *(occasion-précieuse [relation] week-end [sujet] gâché c'était [adoucissement] [accord])* !

72/第七十二課

練習 1 - 訳 し なさい

① 来週 できません か と 友達 に 聞きました が、どうしても だめ だ と 答えました ので、とても こまりました。
raishû dekimasen ka to tomodachi ni kikimashita ga, dôshitemo dame da to kotaemashita node, totemo komarimashita

② 空港 へ 行く バス は こんで いて、乗れなかった。
kûkô e iku basu wa konde ite, norenakatta

③ この 機械 の 使い方 わからない？ おれ が 教えて やる よ。
kono kikai no tsukaikata wakaranai. ore ga oshiete yaru yo

④ 山道 は カーブ が 多くて、その 上 雪 が 降って いて、車 が ホテル の 前 に

***

練習 2 - 言葉 を 入れ なさい

① (Au degré moins) Je peux lire. Je peux marcher. Je peux prendre. Je peux nager. Je ne peux pas m'asseoir. Je ne peux pas [l']utiliser. Je ne pouvais pas me reposer.
. . . .
. . . .

② (Au degré moins) Je peux m'en souvenir. Je ne peux pas oublier. Je ne peux pas dormir. Je peux sortir.
. . . .
. . . .

③ Ces caractères chinois sont [trop] petits, je ne peux pas les lire.
. . . . kanji . . . . , ...

Soixante-douzième leçon / 72

止まった 時 は、もう 夜中 でした。皆 くたびれて、何も 食べないで、寝て しまいました。

yamamichi wa kâbu ga ookute, sono ue yuki ga futte ite, kuruma ga hoteru no mae ni tomatta toki wa, mô yonaka deshita. minna kutabirete, nanimo tabenaide, nete shimaimashita

❺ お祖父さん は、これ を 聞いて、子供 の よう に 泣きました。

ojiisan wa, kore o kiite, kodomo no yô ni nakimashita

Corrigé de l'exercice 1
❶ J'ai demandé à mon ami s'il ne pouvait pas la semaine prochaine, mais comme il m'a répondu que c'était absolument impossible, j'ai été très ennuyée. ❷ Le bus qui va à l'aéroport était bondé, je n'ai pas pu monter. ❸ Tu ne connais pas le mode d'emploi de cette machine ? Je vais te l'apprendre ! ❹ La route de montagne était sinueuse *(les virages étaient nombreux)*, et en plus il neigeait ; quand la voiture s'est arrêtée devant l'hôtel, il était déjà tard dans la nuit. Tous, épuisés, nous nous sommes couchés sans rien manger. ❺ Grand-père, en entendant cela, pleura comme un enfant.

***

❹ Le chalet était petit mais le paysage enneigé était magnifique.
. . . . sema . . . . ,
. . . .

❺ Bien que je me sois reposé une semaine, je suis encore très fatigué.
. . . . , ...
. . . . .

Corrigé de l'exercice 2
❶ yomeru – arukureu – toreru – oyogeru – suwarenai – tsukaenai – yasumenakatta ❷ oboerareru – wasurerarenai – nerarenai – derareru ❸ kono – wa chiisakute, yomemasen ❹ yamagoya wa – katta desu ga, yukigeshiki wa utsukushikatta desu ❺ isshûkan yasunda noni, mada kutabirete imasu

go hyaku • 500

73 / 第七十三課

平仮名 の 練習

YA　　　　YU　　　　YO　　　　WA

第七十三課 dai nana jû san ka
(だい なな じゅう さん か)

静かな晩
shizu ka　na　ban

1 — ただいま **1**。
ta da i ma

2 — あっ、お父さん **2**。お 帰り なさい。
a t,　o tô sa n.　　o　kae ri　na sa i

3 　今日 は 早かった の **3** ね。
　　kyô　wa　haya ka t ta　　no　　ne

Notes

1 Cet échange de formules marque le retour à la maison : l'enfant qui revient de l'école ou le mari qui rentre du travail annonce son retour : ただいま **tadaima** (litt. "juste maintenant (je rentre)") ; celui (ou ceux) qui est (ou sont) à la maison répond(ent) : お 帰り なさい **o kaeri nasai** (litt. "rentre (à la maison)"), souvent abrégé en お 帰り **o kaeri**.

501 • go hyaku ichi

Soixante-treizième leçon / 73

書き取り

❶ yomu *(lire)* ❷ yûbe *(hier soir)* ❸ hiyake *(coup de soleil)* ❹ watakushi *(moi)* ❺ oyogu *(nager)* ❻ heiwa *(paix)* ❼ omiyage *(cadeau)* ❽ yûmei *(célèbre)* ❾ nigiyaka *(animé)* ❿ yûbin *(courrier)* ⓫ wakusei *(planète)* ⓬ getsuyôbi *(lundi)* ⓭ denwa *(téléphone)* ⓮ yubune *(baignoire)* ⓯ heya *(pièce, chambre)*

Corrigé

❶ よむ ❷ ゆうべ ❸ ひやけ ❹ わたくし ❺ およぐ ❻ へいわ ❼ おみやげ ❽ ゆうめい ❾ にぎやか ❿ ゆうびん ⓫ わくせい ⓬ げつようび ⓭ でんわ ⓮ ゆぶね ⓯ へや

Deuxième vague : 23ᵉ leçon

Soixante-treizième leçon

Une soirée tranquille

(tranquille c'est soirée)

1 – Bonsoir *(juste-maintenant)* !
2 – Ah ! Papa *(ah papa)* ! Bonsoir *([familiarité] reviens)* !
3 Tu rentres de bonne heure aujourd'hui *(aujourd'hui [renforcement] avoir-été-tôt c'est-que [accord])* !

Prononciation

1 tadaïma

2 お父さん **otôsan**, veut bien dire *papa*. Normalement il se trouve donc dans la bouche d'un enfant. Mais (et la même chose existe en français) ce mot peut être aussi employé par une épouse d'âge moyen pour s'adresser au père de ses enfants. Elle emprunte le terme des enfants.

3 今日 は 早かった の ね **kyô wa hayakatta no ne**. Ce の **no**, dans cette conversation familière entre mari et femme, est tout ce qu'il reste de の です **no desu** (leçon 30, note 2 ; leçon 55, note 2) !

go hyaku ni • 502

73 / 第七十三課

4 夕食(ゆうしょく) の 支度(したく) が まだ できて
yû shoku no shi taku ga ma da de ki te
ない から、お 風呂(ふろ) に でも 入(はい)って、
na i ka ra, o fu ro ni de mo hai t te,
疲(つか)れ を 落(お)として いて ください。
tsuka re o o to shi te i te ku da sa i

5 — うん。
u n

6 — あなた、 食事(しょくじ) が できました [4]
a na ta, shoku ji ga de ki ma shi ta
よ。 いつでも 食(た)べられます [5] よ。
yo. i tsu de mo ta be ra re ma su yo.
お かん 一(ひと)つ つけましょう か。
o ka n hito tsu tsu ke ma shô ka

7 — うん、 いい な。 お 前(まえ) [6] も
u n, i i na. o mae mo
一杯(いっぱい) どう だ?
ip pai dô da

8 — あたし は お 茶(ちゃ) の 方(ほう) が いい
a ta shi wa o cha no hô ga i i
から、 お 湯(ゆ) を 沸(わ)かして きます。
ka ra, o yu o wa ka shi te ki ma su

9 — ああ、 今晩(こんばん) は 久(ひさ)し振(ぶ)り に
a a, kon ban wa hisa shi bu ri ni
早(はや)く 寝(ね)られる [7] な。
haya ku ne ra re ru na

Soixante-treizième leçon / 73

4 Je n'ai pas encore fini de préparer le dîner, prends un bain, repose-toi *(dîner [relation] préparatifs [sujet] pas-encore ne-pas-être-fini parce-que // [familiarité] bain [but] même entrer / fatigue [objet] fais-tomber).*

5 – D'accord.

6 – **C'est prêt** *(toi repas [sujet] être-prêt [engagement])* ! **On peut dîner quand tu veux** *(n'importe-quand pouvoir-manger [engagement]).* **Tu prendras bien un peu de saké** *([familiarité] saké-chaud un mettons [question]).*

7 – **Oui, je veux bien** *(d'accord être-bien [réflexion]).* **Toi aussi tu en prends un verre** *(toi aussi un-verre comment c'est)* ?

8 – **Moi je préfère du thé, je vais mettre de l'eau à chauffer** *(moi [annonce] [familiarité] thé [relation] côté [sujet] être-bien parce-que / [familiarité] eau-chaude [objet] faire-bouillir venir).*

9 – **Aah… Ce soir on va pouvoir se coucher de bonne heure, ce qui ne nous est pas arrivé depuis longtemps** *(aah ce-soir [renforcement] après-bien-longtemps [adverbial] tôt pouvoir-se-coucher [réflexion])* !

4 yuuchokou … haït'té …

Notes

4 できる **dekiru** veut dire *être possible*. C'est en tout cas le sens que vous rencontrez le plus souvent. Rappelez-vous qu'il a un autre sens : *être terminé* (leçon 40, phrase 6).

5 食べられます **taberaremasu**, *pouvoir manger*, verbe dérivé de 食べる **taberu**, *manger* (leçon 72, note 6).

6 お前 **omae**, *toi, tu* : on peut dire que c'est un degré moins de あなた **anata**. Son usage est masculin et extrêmement familier (leçon 66, note 1).

7 寝られる **nerareru**, *pouvoir dormir* : verbe dérivé de 寝る **neru**, *dormir*, à une seule base (leçon 72, note 6).

73/第七十三課

10 — そう です よ。 たま に は
sô de su yo. ta ma ni wa

<ruby>睡眠</ruby>(すいみん) を <ruby>十分</ruby>(じゅうぶん) <ruby>取って</ruby>(と)
sui min o jû bun to t te

いただかない と <ruby>体</ruby>(からだ) が
i ta da ka na i to karada ga

もちません よ。
mo chi ma se n yo

11 （<ruby>玄関</ruby>(げんかん) から <ruby>隣</ruby>(となり) の <ruby>人</ruby>(ひと) が）
gen kan ka ra tonari no hito ga

12 — こんばん は。 <ruby>自動車</ruby>(じどうしゃ) が あった
ko n ban wa. ji dô sha ga a t ta

ので、 いらっしゃる **8** と <ruby>思って</ruby>(おも)…
no de, i ra s sha ru to omo t te

13 — ああ、 せっかく <ruby>今晩</ruby>(こんばん) は <ruby>早く</ruby>(はや)
a a, se k ka ku kon ban wa haya ku

<ruby>寝られる</ruby>(ね)(ね) と <ruby>思って</ruby>(おも) いた のに…
ne ra re ru to omo t te i ta no ni

14 — あいつ が <ruby>先月</ruby>(せんげつ) <ruby>行った</ruby>(い)
a i tsu ga sen getsu i t ta

ヨーロッパ <ruby>旅行</ruby>(りょこう) の <ruby>話</ruby>(はなし)
yô ro p pa ryo kô no hanashi

を <ruby>始める</ruby>(はじ) と、
o haji me ru to

15 <ruby>夜中</ruby>(よなか) の <ruby>一時</ruby>(いちじ) まで かかって
yo naka no ichi ji ma de ka ka t te

しまう から なあ。
shi ma u ka ra na a

505 • go hyaku go

Soixante-treizième leçon / 73

10 – Oui. Il faut que tu dormes suffisamment de temps en temps, sinon tu ne tiendras pas très longtemps *(ainsi c'est [engagement]) (de-temps-en-temps [adverbial] [renforcement] sommeil [objet] suffisant prendre ne-pas-recevoir lorsque / corps [sujet] ne-pas-supporter [engagement])*.

11 (De l'entrée, un voisin…) *(entrée à-partir-de voisinage [relation] être-humain [sujet])*

12 – Bonsoir ! Comme j'ai vu votre voiture, j'ai pensé que vous étiez là *(voiture [sujet] s'être-trouvé parce-que / se-trouver [citation] penser)*.

13 – Ah ! Moi qui pensais pouvoir me coucher de bonne heure ce soir *(ah précieuse-occasion ce-soir [renforcement] tôt pouvoir-se-coucher [citation] avoir-pensé bien-que)* !

14 – Quand ce type commence à raconter le voyage en Europe qu'il a fait le mois dernier *(ce-type [sujet] mois-dernier être-allé Europe voyage [relation] récit [objet] commencer lorsque /)*,

15 on en a pour jusqu'à une heure du matin *(nuit [relation] une-heure jusqu'à être-utilisé faire-jusqu'au-bout parce-que [réflexion])*…

10 … djuuboun' …

Note

8 いらっしゃる **irassharu**. Nous l'avons déjà vu plusieurs fois, ce verbe qui est un degré plus. Mais… originalité supplémentaire, il sert de degré plus à trois verbes : à 来る **kuru**, *venir* et à 行く **iku**, vous l'avez vu et ici à いる **iru**, *se trouver*, *être là*.

go hyaku roku • 506

16 前 から お しゃべり だった
mae kara o shaberi datta

のに、あの 旅行 に 行って
noni, ano ryokô ni itte

から **9** ますます お しゃべり に
kara masumasu o shaberi ni

なって 帰って きた から なあ。
natte kaette kita kara naa.

17 – さあ、ようこそ いらっしゃいました。
saa, yôkoso irasshaimashita.

ちょうど お 噂 を して いた
chôdo o uwasa o shite ita

ところ です… どうぞ、どうぞ…
tokoro desu. dôzo, dôzo

Note

9 Attention à ne pas confondre les formes en う ou た + から kara, *parce que*... et les formes en て te + から **kara**, *une fois que, depuis que, après que* (leçon 51, note 3) : 行って から **itte kara**, *depuis qu'il est allé*.

***

練習 1 – 訳 し なさい

❶ 今 の 生活 は 昔 と 比べる と、随分 便利 に なりました ね。
ima no seikatsu wa mukashi to kuraberu to, zuibun benri ni narimashita ne

❷ 条件 が 決まって から、簡単 に なりました。
jôken ga kimatte kara, kantan ni narimashita

Soixante-treizième leçon / 73

16 Il était déjà bavard avant, mais il a fait ce voyage, et est revenu encore pire (*avant à-partir-de [familiarité] bavardage c'était bien-que // ce voyage [but] aller depuis-que de-plus-en-plus [familiarité] bavardage [but] devenir / être-revenu parce-que [réflexion]*) !

17 – Bienvenue ! Nous parlions justement de vous (*justement [politesse] propos-au-sujet-de-quelqu'un [objet] avoir-fait moment c'est*)... **Entrez, je vous en prie** (*je-vous-en-prie je-vous-en-prie*)...

***

❸ この 大通り を 渡って から、五百メートル ぐらい まっすぐ 歩く と、病院 に 着きます。十分 で 十分 だ。
kono oodoori o watatte kara, gohyaku mêtoru gurai massugu aruku to, byôin ni tsukimasu. juppun de jûbun da

❹ 駅 に 入る と ちょうど 汽車 が 出発 した ところ でした。
eki ni hairu to chôdo kisha ga shuppatsu shita tokoro deshita

❺ この 魚 は 新鮮 です。今 釣った ところ です。
kono sakana wa shinsen desu. ima tsutta tokoro desu

Corrigé de l'exercice 1
❶ Quand on compare à autrefois, la vie actuelle est bien plus facile.
❷ Depuis que les conditions ont été fixées, c'est devenu plus facile.
❸ Si on marche tout droit pendant environ 500 mètres après avoir traversé cette avenue, on arrive à l'hôpital. Dix minutes vous suffiront.
❹ Quand je suis entré dans la gare, le train venait juste de partir.
❺ Ce poisson est tout frais. Il vient d'être pêché à l'instant.

73/第七十三課

練習 2 - 言葉 を 入れ なさい

❶ Asseyez-vous sur cette chaise ! Regardez là-bas ! Prenez cette revue ! Tirez la langue ! Levez-vous !

. . . .
. . . .
. . . .
. . . .

❷ Asseyons-nous ici ! Regardons là-bas ! Prenons ces revues ! Tirons la langue ! Levons-nous !

. . . .
. . . .
. . . .

❸ Bien qu'il soit tôt, il y a beaucoup de gens à se promener dans le jardin public.

. . . ., kôen o sanpo . . . .
. . . .

❹ On ne l'emploie que dans des cas particuliers.

. . . . na . . . .

❺ Depuis que je suis rentré d'Europe, j'ai commencé à étudier l'anglais.

. . . .,
. . . .

***

平仮名 の 練習

RA

RI

RU

RE

RO

Soixante-treizième leçon / 73

Corrigé de l'exercice 2

❶ kono isu ni suwatte kudasai – asoko o mite kudasai – kono zasshi o totte kudasai – shita o dashite kudasai – tatte kudasai ❷ koko ni suwarimashô – asoko o mimashô – kono zasshi o torimashô – shita o dashimashô – tachimashô ❸ hayai noni – shite iru hito ga takusan imasu ❹ tokubetsu – baai ni shika tsukaimasen ❺ yôroppa kara kaette kara, eigo no benkyô o hajimemashita

***

書き取り

❶ **wasureru** *(oublier)* ❷ **reizôko** *(réfrigérateur)* ❸ **karappo** *(complètement vide)* ❹ **tsumori** *(intention)* ❺ **odoroku** *(s'étonner)* ❻ **oboeru** *(se rappeler)* ❼ **owari** *(fin)* ❽ **kanarazu** *(sans faute)* ❾ **monogatari** *(récit)* ❿ **nukeru** *(manquer)* ⓫ **mochiron** *(bien sûr)* ⓬ **tenpura** *(tempura* (sorte de friture)*)* ⓭ **mamoru** *(garder)* ⓮ **reibô** *(air conditionné)* ⓯ **yoroshii** *(être bien,* degré plus*)*

Corrigé

❶ わすれる ❷ れいぞうこ ❸ からっぽ ❹ つもり ❺ おどろく ❻ おぼえる ❼ おわり ❽ かならず ❾ ものがたり ❿ ぬける ⓫ もちろん ⓬ てんぷら ⓭ まもる ⓮ れいぼう ⓯ よろしい

Deuxième vague : 24ᵉ leçon

第七十四課 dai nana jû yon ka
だい なな じゅうよん か

思い出
omo i de

1 (十二月、 三十一日、 七時、
    jû ni gatsu, san jû ichi nichi, shichi ji,

   ミネさん は、 シャンペン を
   mi ne sa n wa, sha n pe n o

   持って、 嬉しそう 1 に 藤村
   mo t te, ure shi sô ni fuji mura

   さん の ドア の ベル を
   sa n no do a no be ru o

   鳴らします。)
   na ra shi ma su

2 — 来て くれて、 ありがとう。
    ki te ku re te, a ri ga tô

3 シャンペン を すぐ 冷蔵庫
   sha n pe n o su gu rei zô ko

   に 入れて 冷やして おきます 2。
   ni i re te hi ya shi te o ki ma su

4 まだ 何も レヴェイヨン の
   ma da nani mo re ve i yo n no

   準備 を して いない ん です よ。
   jun bi o shi te i na i n de su yo

511 • go hyaku jû ichi

Soixante-quatorzième leçon

Souvenirs

1 (Le 31 décembre, à sept heures, M. Minet portant une bouteille de champagne, l'air réjoui, sonne à la porte de Melle Fujimura.) *(décembre le-trente-et-un sept-heures M.-Minet [annonce] champagne [objet] porter / l'air-réjoui [adverbial] Melle-Fujimura [relation] porte [relation] sonnette [objet] faire-retentir)*
2 – Merci d'être venu *(venir faire-pour-moi merci)* !
3 Je mets tout de suite le champagne au frais au frigo *(champagne [objet] tout-de-suite réfrigérateur [lieu] mettre-dans / faire-rafraîchir faire-à-l'avance)*.
4 Je n'ai encore rien préparé pour le réveillon *(pas-encore rien réveillon [relation] préparatifs [objet] ne-pas-avoir-fait c'est-que [engagement])* !

Notes

1 うれしそう **ureshisô** : そう **sô** s'ajoute au radical d'un adjectif : うれしい **ureshii**, *être content* → うれし **ureshi** + そう **sô**, *avoir l'air content*. Ici l'expression devient un adverbe par l'intermédiaire de に **ni** : うれしそう に **ureshisô ni**, *en ayant l'air content*.
2 冷やして おきましょう **hiyashite okimashô** : la forme en て **te** sert à construire des ensembles verbaux élargis, avec un autre verbe (toujours écrit en hiragana) qui perd alors son sens "normal" et précise la façon dont se passe l'action exprimée par le 1ᵉʳ verbe : て + おく **te + oku** indique que l'on s'y prend à l'avance (leçon 29, phrase 13 et note 17).

第七十四課

5 悪いんだけど、手伝ってくれませんか。

6 — もちろんいいですよ。
何から始めましょうか。

7 — 私は料理を作りはじめます [3] から、ミネさんはお皿を並べてくれませんか。

8 （ちょうど準備が整ったとき、他の客がやってきた [4]。）

9 — いらっしゃい。どうぞ、入ってください。

10 あ、望美さん、その服すてきだわ。

11 えっ、北野さんは？来ない [5] の。

Soixante-quatorzième leçon / 74

5 C'est vraiment mal de ma part... mais pourriez-vous m'aider *(être-mal c'est-que bien-que / aider faire-pour-moi [question])* **?**

6 – Mais bien sûr *(bien-sûr être-bien c'est [engagement])* **! Par où commençons-nous** *(quoi à-partir-de commençons-nous [question])* **?**

7 – Je vais commencer la cuisine, et donc pourriez-vous mettre la table *(moi [annonce] cuisine [objet] commencer-à-fabriquer parce-que / M.-Minet [familiarité] assiette [objet] aligner ne-pas-faire-pour-moi [question])* **?**

8 (Juste quand tout est prêt, les autres invités arrivent *(tout-juste préparatifs [sujet] être-accompli quand / autre [relation] invité [sujet] être-arrivé).*)

9 – Bienvenue *(venez)* **! Je vous en prie, entrez !**

10 Ah, Nozomi, quelle belle robe *(a Nozomi ce vêtement adorable c'est [adoucissement])* **!**

11 Eh... M. Kitano *(eh M.-Kitano [annnonce])* **? Il ne vient pas** *(ne-pas-venir [question])* **?**

Notes

3 Il existe des verbes composés, dans lesquels simplement deux verbes sont attachés l'un à la suite de l'autre. Le 1ᵉʳ est alors la base unique pour les verbes à une seule base, la base en **i** pour les verbes à plusieurs bases. On trouve souvent comme 2ᵉ verbe はじめる **hajimeru** qui veut dire *commencer* : 作る **tsukuru**, *fabriquer* → 作りはじめる **tsukurihajimeru**, *commencer à fabriquer*. Et dans ce cas, le verbe terminal est souvent écrit en hiragana.

4 やって きた : nous connaissons le verbe やる au sens de *faire*. Il rentre ici dans la composition d'une expression (やって くる) qui signifie *arriver*.

5 来ない **konai**, forme irrégulière du verbe 来る **kuru**, *venir*, est le degré moins négatif équivalent du degré moyen 来ません **kimasen**, *ne pas venir*. Rappelez-vous : ce verbe possède une seule base き **ki**, pour recevoir tous les suffixes à l'exception de celui de la négation ない **nai** qui se fixe sur une base こ **ko** (leçon 72, note 5).

go hyaku jū yon • 514

12 – ちょっと 遅れる けど, 原田さん
     cho t to oku re ru ke do, hara da sa n
     と 二人 で 来ます よ。
     to futari de ki ma su yo

13 毎年 お 正月 に なる と、
    mai toshi, o shô gatsu ni na ru to,
    僕 は 子供 の 時 の
    boku wa ko domo no toki no
    お 正月 を 思い出す よ
    o shô gatsu o omo i da su yo

14 僕 は 父 と 家中 6 の
    boku wa chichi to ie jû no
    大掃除 を して、
    oo sô ji o shi te

15 母 と 妹 は 一日中 お
    haha to imôto wa ichi nichi jû o
    節料理 を 作って いた よ。
    sechi ryô ri o tsuku t te i ta yo

16 一月 一日 の 朝 から
    ichi gatsu tsuitachi no asa ka ra
    親戚 に 年始 あいさつ 回り
    shin seki ni nen shi a i sa tsu mawa ri
    を する の は 僕 に
    o su ru no wa boku ni
    一番 つまらなかった が、
    ichi ban tsu ma ra na ka t ta ga

Soixante-quatorzième leçon / 74

12 – Il sera un peu en retard, mais ils viennent tous les deux, lui et Melle Harada *(un-peu être-en-retard bien-que / Melle-Harada et deux-personnes [moyen] venir [engagement])*.

13 Tous les ans, quand arrive le Jour de l'an, je me souviens des Premiers de l'an de mon enfance *(tous-les-ans [familiarité] Jour-de-l'an [but] devenir lorsque / moi [annonce] enfant [relation] temps [relation] [familiarité] Jour-de-l'an [objet] se-souvenir [engagement])*.

14 Mon père et moi, nous faisions le grand ménage dans toute la maison *(moi [annonce] mon-père [accompagnement] toute-la-maison [relation] grand-ménage [objet] faire /)*,

15 ma mère et ma jeune sœur passaient toute la journée à préparer la cuisine du Nouvel An *(ma-mère [accompagnement] ma-petite-sœur [annonce] toute-la-journée [familiarité] cuisine-du-Jour-de-l'an avoir-fabriqué [engagement])*.

16 Ce que je n'aimais pas du tout c'était la tournée de visites à la famille dès le matin du Premier *(janvier premier-jour-du-mois [relation] matin à-partir-de parenté [but] début-de-l'année salutation tournée [objet] faire le-fait-de [annonce] moi [attribution] le-plus avoir-été-détestable mais //)*,

Note

6 Remarquez les deux expressions 家中 **iejû** et 一日中 **ichinichijû** : 中 **jû** s'ajoute à un mot présentant soit un espace, soit un temps, et exprime l'idée de totalité : 家中 **iejû**, *toute la maison* ; 一日中 **ichinichijû**, *toute la journée*. Vous connaissez déjà l'expression 日本中 **nihonjû**, *tout le Japon* (leçon 37, phrase 8).

17 お 年玉 が もらえる から 嬉しかった。

18 昔 の お 正月 は よかった なあ。

19 － 佐藤さん は いつも 子供 の ころ の 話 ばっかり です ね。

20 － じゃ、今年 一年 ご 苦労 様 でした。みんな で カンパイ しましょう。

サンドウィッチ を たくさん 作って おきました。

Soixante-quatorzième leçon / 74

17 mais j'étais content de recevoir partout des étrennes *([familiarité] étrennes [sujet] pouvoir-être-reçu parce-que / avoir-été-content)*.

18 Comme c'était bien, le Nouvel An d'autrefois *(autrefois [relation] [familiarité] Jour-de-l'an [annonce] avoir-été-bien [réflexion])* !

19 – Vous, Satô vous aimez tellement raconter les histoires de votre enfance hein *(Monsieur-Satô [annonce] toujours enfant [relation] époque [relation] récit seulement c'est [accord])* !

20 – Allez ! Merci à tous pour l'année passée *(bon cette-année-passée une-année [politesse] efforts [politesse] c'était)*. Trinquons tous ensemble *(tous [moyen] kanpai faisons)* !

Note

7 ご 苦労 様 **go kurô sama** (litt. "(je vous remercie de) votre peine") : cette formule de remerciement s'adresse à quelqu'un qui a pris de son énergie et de son temps pour faire quelque chose pour vous. Il s'agit de la formule rituelle pour, à la fin de l'année, se remercier mutuellement de tout ce que chacun a pu faire pour les autres (même si on n'a rien fait, d'ailleurs…).

Les Japonais aiment les fêtes. Ils adoptent les nôtres, comme Noël, mais on peut dire qu'il s'agit surtout d'une opération commerciale. La vraie grande fête, c'est le Nouvel An. Les fêtes du Nouvel An sont d'ailleurs l'un des rares vrais moments de vacances. Pendant trois à cinq jours tout est fermé : écoles, bureaux, banques et beaucoup de magasins. Chaque maison se pare d'une décoration spéciale faite de bambou et de pin, symboles de longévité. Les fêtes commencent dans la nuit du 31 au 1ᵉʳ par une visite à un sanctuaire. À minuit résonnent les 108 coups de cloche des monastères (les 108 douleurs selon le bouddhisme). Si la tradition est respectée, la maîtresse de maison devant être prête à recevoir les visiteurs, prépare avant le premier janvier des aliments particuliers destinés à être consommés pendant ces jours de fête. C'est ce qu'on appelle お節料理 **osechiryôri**.

練習 1 – 訳 し なさい

❶ 目が 痛くて 読めません から、この 記事を 読んで くれません か。
me ga itakute yomemasen kara, kono kiji o yonde kuremasen ka

❷ トランク を いろいろ 見せて くれました が、軽い の が なかった ので、何も 買いません でした。
toranku o iroiro misete kuremashita ga, karui no ga nakatta node, nanimo kaimasen deshita

❸ お茶 を 飲みましょう。お湯 を 沸かして おきました。
ocha o nomimashô. oyu o wakashite okimashita

* * *

練習 2 – 言葉 を 入れ なさい

❶ Il portait un vieux vêtement bizarre.
. . . . ita

❷ J'ai sonné mais personne n'est venu.
. . . . no desu

❸ Je les ai tous examinés lentement mais vraiment, aucun ne convient.
. . . . , hontô ni
. . . .

❹ Nous sommes allés tous les deux admirer le soleil levant.
. . . .

Soixante-quatorzième leçon / 74

❹ 先月 出た 新しい S.F. 映画 を 一緒 に 見 に 行って みません か。
sengetsu deta atarashii esu efu eiga o issho ni mi ni itte mimasen ka

❺ サンドウィッチ を たくさん 作って おきました。すぐ 食事 が できます よ。
sandouitchi o takusan tsukutte okimashita. sugu shokuji ga dekimasu yo

Corrigé de l'exercice 1
❶ Je ne peux pas lire car j'ai mal aux yeux, aussi ne pourriez-vous pas me lire cet article ? ❷ On m'a montré toutes sortes de valises, mais comme il n'y en avait pas de légères, je n'ai rien acheté. ❸ Si nous prenions du thé ! L'eau est déjà chaude. ❹ Ne viendriez-vous pas avec moi voir ce nouveau film de science-fiction qui est sorti le mois dernier ? ❺ J'ai déjà préparé une quantité de sandwiches ! Nous pouvons manger tout de suite !

***

❺ Je n'ai certainement rien mis dans cette boîte.
. . . .
. . . .

Corrigé de l'exercice 2
❶ furukute okashii fuku o kite – ❷ beru o narashimashita ga daremo konakatta – ❸ minna yukkuri shirabemashita ga, – doremo aimasen ❹ futari de hi no de o nagame ni ikimashita ❺ tashika ni kono hako ni nanimo iremasen deshita

go hyaku ni jû • 520

75 / 第七十五課
平仮名 の 練習

Pour finir en beauté nos exercices de hiragana, il nous reste à voir certaines syllabes un peu spéciales, qui ne font pas partie du japonais d'origine, mais sont ce qui reste des syllabes (beaucoup plus variées) des mots chinois après leur adaptation par les gosiers japonais du premier millénaire ! Nous avions dès le début attiré votre attention sur leur graphie (leçon 5, notes 3 et 4 ; leçon 6, note 1 ; leçon 9, notes 1 et 2). La première série est composée des syllabes qu'on obtient à partir du tableau suivant :

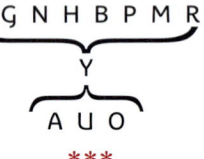

***

書き取り

❶ sakkyoku *(composition musicale)* ❷ hyaku *(cent)* ❸ kyonen *(l'an dernier)* ❹ kyaku *(invité)* ❺ sanbyaku *(trois cents)* ❻ kyodai *(immense)* ❼ yûbinkyoku *(bureau de poste)* ❽ ryokô *(voyage)* ❾ roppyaku *(six cents)* ❿ shinryaku *(invasion)*

第七十五課 dai nana jû go ka
<small>だい なな じゅう ご か</small>

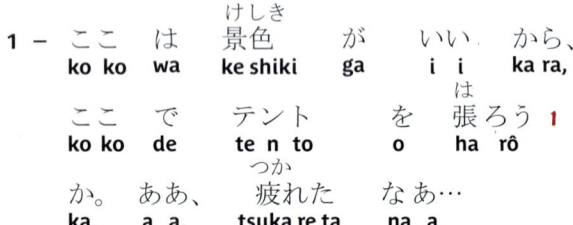

キャンプ
kya n pu

1 — ここ は 景色 が いい から、
ko ko wa ke shiki ga i i ka ra,
    (は)

ここ で テント を 張ろう 1
ko ko de te n to o ha rô

か。 ああ、 疲れた なあ…
ka. a a, tsuka re ta na a

C'est-à-dire **kya**, **kyu**, **kyo**, **gya**, **gyu**, **gyo**, **nya**, **nyu**, **nyo**, etc. Certaines de ces syllabes sont très souvent employées (comme *kyo*) et d'autres pratiquement jamais. Pour toutes, le principe est le même. Il n'existe pas de hiragana pour écrire une consonne toute seule, **k** par exemple. On ne peut écrire avec les hiragana que **ka**, **ki**, **ku**, **ke** et **ko**. On va donc utiliser d'une part le hiragana correspondant à la consonne + **i** : **ki**, **gi**, **ni**, **hi**, etc. et d'autre part les hiragana **ya**, **yu** et **yo**. Mais… pour éviter les confusions, dans le cas de ces syllabes on écrit plus petit les **ya**, **yu** et **yo**. Exemples : きやく **kiyaku** *(les trois hiragana sont de la même taille)* [kiyakou], statuts, règlement ; きゃく **kyaku** *(le ya est plus petit)* [kyakou], un invité. Les syllabes les plus utilisées sont : きゃ **kya**, きょ **kyo**, ひゃ **hya**, びゃ **bya**, ぴゃ **pya**, りゃ **rya**, りょ **ryo**.

***

Corrigé

❶ さっきょく ❷ ひゃく ❸ きょねん ❹ きゃく ❺ さんびゃく ❻ きょだい ❼ ゆうびんきょく ❽ りょこう ❾ ろっぴゃく ❿ しんりゃく

Deuxième vague : 25ᵉ leçon

Soixante-quinzième leçon

Camping

1 – Ici le paysage est magnifique, si nous y montions notre tente *(ici [annonce] paysage [sujet] être-bien parce-que / ici [lieu] tente [objet] fixons [question])* ? Ah, je suis fatigué *(ah être-fatigué [réflexion])*…

Note

1 La conversation entre ces deux amis est en majorité au degré moins. On y trouve ainsi le degré moins qui correspond au degré moyen en ましょう **mashô** (leçon 35, § 3) : il suffit, pour les verbes à plusieurs bases, de remplacer le **u** final par **ô** : 張る **haru**, *fixer* → 張ろう **harô**, *fixons*. Pour les verbes à une seule base, il suffit d'ajouter よう **yô** à la base (leçon 19, phrase 15 : やめる **yameru**, *cesser* → やめよう **yameyô**, *cessons*).

2 空気 が 澄んで いて、気持 が いい な。

3 君[2] が テント を 張って いる 間 に、僕 は 晩飯[3] の 準備 を しよう[4]。

4 この 場所 で テント を 張る と 頭 が 北枕 に なる よ。

5 — それじゃ だめ な の かい[5]。

6 — 日本 で は 死人 を 北枕 に 寝かせる。

7 つまり、北 の 方 へ 頭 を 向ける。

Soixante-quinzième leçon / 75

2 **L'air est pur, je me sens bien** *(air [sujet] être-transparent / sentiment [sujet] être-bien [réflexion])* !

3 **Pendant que tu montes la tente, moi je vais préparer le dîner** *(toi [sujet] tente [objet] fixer pendant-que [temps] / moi [annonce] dîner [relation] préparatifs [objet] faisons).*

4 **Si on monte la tente à cet endroit, on aura la tête tournée vers le nord** *(ce endroit [lieu] tente [objet] fixer si / tête [sujet] nord oreiller [but] devenir [engagement]).*

5 – **Et alors, ce n'est pas bien** *(et-alors interdit c'est c'est-que [question])* ?

6 – **Au Japon, on place les morts orientés vers le nord** *(Japon [lieu] [renforcement] mort [objet] nord oreiller [but] coucher).*

7 **C'est-à-dire qu'on leur tourne la tête en direction du nord** *(c'est-à-dire nord [relation] direction [destination] tête [objet] tourner).*

Notes

2 君 **kimi** : nous augmentons notre collection de termes servant à dire *toi* ou *moi*. Ici, c'est *toi*, exclusivement masculin et degré moins. Très usité entre copains. 僕 **boku** (leçon 20, note 3).

3 晩飯 **banmeshi** : même pour les repas, il y a des degrés ! Ici c'est un degré moins, aligné sur le reste de la conversation. Le degré moyen serait 晩御飯 **bangohan** ou 夕御飯 **yûgohan**.

4 しよう **shiyô**, degré moins, correspondant au degré moyen しましょう **shimashô**, *faisons*. À la base unique し **shi**, s'ajoute よう **yô** (note 1).

5 の **no** : tout ce qu'il reste ici de の です **no desu** (voir aussi phrase 14). Quant à かい **kai**... c'est une autre façon de dire か **ka**, et d'indiquer qu'une phrase est une question. Là encore attention, ce かい **kai** est exclusivement masculin.

go hyaku ni jû yon • 524

8   だから 日本人 は 北の 方向に
    da ka ra ni hon jin wa kita no hô kô ni
    頭を 向ける ことを 嫌うんだ。
    atama o mu ke ru ko to o kira u n da

9 - 頭が 南の 方に 来る
    atama ga minami no hô ni ku ru
    ように すれば いい のだろう。
    yô ni su re ba i i no da rô

10 でも そうすると、ここは
    de mo sô su ru to, ko ko wa
    斜面 だから、足の方
    sha men da ka ra, ashi no hô
    が 高く **6** なる よ。
    ga taka ku na ru yo

11 料理の 方は どう だい **7**。
    ryô ri no hô wa dô da i.
    うまく 行ってる **8**?
    u ma ku i t te ru

12 - 実は お しょうゆを 忘れた
    jitsu wa o shô yu o wasu re ta
    から、 味が よくない
    ka ra, aji ga yo ku na i
    かもしれない **9**。
    ka mo shi re na i

13 それに マッチ が 見当らない んだ。
    so re ni ma t chi ga mi ata ra na i n da

Soixante-quinzième leçon / 75

8 C'est pour cela que les Japonais n'aiment pas avoir la tête tournée vers le nord *(c'est-pourquoi personne-japonaise [annonce] nord [relation] direction [but] tête [objet] tourner le-fait-de [objet] détester c'est-que).*

9 – Si on faisait en sorte que la tête soit vers le sud, ça devrait aller, non *(tête [sujet] sud [relation] côté [but] venir façon [but] si-on-faisait / être-bien ce-doit-être-que)* ?

10 Mais dans ce cas, comme ici c'est en pente, nos pieds seront plus hauts *(mais ainsi faire si // ici [annonce] pente c'est parce-que / pieds [relation] côté [sujet] être-haut devenir [engagement])* !

11 Et la cuisine, comment ça va *(cuisine [relation] côté [annonce] comment c'est)* ? Ça se passe bien *(de-façon-réussie aller)* ?

12 – En fait, comme nous avons oublié le shôyu, ça ne devrait pas être tellement fameux *(en-réalité [renforcement] [familiarité] shôyu [objet] avoir-oublié parce-que / goût [sujet] ne-pas-être-bien peut-être).*

13 En plus je ne trouve pas les allumettes *(en-plus allumettes [sujet] ne-pas-être-trouvable c'est-que).*

Notes

6 高い **takai**, que nous avons toujours vu jusqu'à maintenant au sens de *être cher*, signifie à l'origine *être haut*.

7 だい **dai** : formule degré moins, exclusivement masculine pour です か **desu ka**.

8 Comme nous sommes dans une conversation très familière, on avale certaines syllabes. Ce que nous connaissons sous la forme …て います **... te imasu**, devient d'abord, au degré moins …て いる **... te iru**, et puis on avale le **i** et cela donne …て る **... te ru**.

9 かもしれない **kamoshirenai** a la même valeur que かしら **kashira** (leçon 59, note 5). Si かしら **kashira** est plutôt féminin, かもしれない **kamoshirenai** est neutre. Il peut être employé dans tous les cas.

14 – え、おしょうゆもマッチもないのか。

15 ここまで来る途中に民宿が一つあっただろう。

16 今夜はそこへ行った方がいいかもしれないね。

17 – うん。そうしよう。

***

▶ 練習 1 – 訳 し なさい

❶ 今年 の 夏 江の島 へ キャンプ に 行こう と 思います。
kotoshi no natsu enoshima e kyanpu ni ikô to omoimasu

❷ 先月 から 全然 疲れ が とれない ので、ジョギング を やめよう と 思います。
sengetsu kara zenzen tsukare ga torenai node, jogingu o yameyô to omoimasu

❸ ガレージ は 車 が 三台 入れられる よう に しました。
garêji wa kuruma ga san dai irerareru yô ni shimashita

Soixante-quinzième leçon / 75

14 – Quoi ? On n'a ni allumettes ni shôyu *(eh [familiarité] shôyu aussi allumettes aussi ne-pas-se-trouver c'est-que [question])* ?

15 En venant ici, il me semble qu'il y avait une maison qui louait des chambres *(ici jusqu'à venir en-chemin [lieu] chambre-chez-l'habitant [sujet] un s'être-trouvé ce-doit-être)*.

16 Nous ferions peut-être mieux d'y aller pour cette nuit *(cette-nuit [renforcement] là [destination] être-allé côté [sujet] être-bien je-crois-bien-que [accord])*.

17 – Bon, d'accord *(ainsi faisons)* !

❹ 今夜 寝る 前 に 明日 の 準備 を した 方 が 安全 です。
kon.ya neru mae ni ashita no junbi o shita hô ga anzen desu

❺ あの 有名 な 女優 に 聞いて みたい です が、断られる かもしれない。
ano yûmei na joyû ni kiite mitai desu ga, kotowarareru kamoshirenai

Corrigé de l'exercice 1
❶ Cet été je pense que je vais aller camper à Enoshima. ❷ Comme depuis le mois dernier je n'arrive pas à me débarrasser de ma fatigue, je crois que je vais arrêter le jogging. ❸ Pour le garage, je l'ai fait en sorte qu'on puisse y mettre trois voitures. ❹ Il serait plus sûr de faire les préparatifs pour demain avant de se coucher ce soir. ❺ J'aimerais demander à cette célèbre actrice, mais il y a des chances qu'elle refuse.

go hyaku ni jû hachi • 528

75/第七十五課

練習 2 – 言葉 を 入れ なさい

❶ (À un familier) Allons ! Marchons ! Reposons-nous ! Levons-nous ! Réfléchissons ! Commençons ! Regardons !
. . . .
. . . .

❷ Il ne faut pas se décourager et abandonner en chemin.
. . . . akirame . . . .

❸ HASHIMOTO Akio, qui est un journaliste célèbre, vient de publier un livre très intéressant sur le sommeil des animaux.
. . . . shinbun kisha . . . . . hashimoto akio
. . , dôbutsu . . . . jitsu ni
. . . . desu

❹ Ce travail doit être fatigant.
. . . . sô desu

❺ Il fait plus chaud dans les pays méridionaux.
. . . .

***

平仮名 の 練習

Continuons avec nos syllabes spéciales. Cette fois-ci nous avons une petite batterie de syllabes correspondant au tableau suivant :

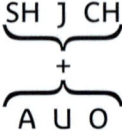

C'est-à-dire : sha, shu, sho, ja, ju, jo, cha, chu, cho. Le principe sera le même : on utilise le hiragana où la consonne est associée à i : shi し, ji じ, chi ち et on la fera suivre de や ya, ゆ yu ou よ yo, là encore, écrits plus petit. Ne pas confondre しよく *(trois hiragana de même taille)* ***[chiyokou]****, intérêt personnel et* しょく *(le* よ **yo** *est plus petit)* ***[chokou]****, emploi, travail. Ces syllabes s'écrivent :* しゃ **sha**, しゅ **shu**, しょ **sho**, じゃ **ja**, じゅ **ju**, じょ **jo**, ちゃ **cha**, ちゅ **chu**, ちょ **cho**.

Soixante-quinzième leçon / 75

Corrigé de l'exercice 2

❶ ikô – arukô – yasumô – okiyô – kangaeyô – hajimeyô – miyô ❷ tochû de – te yameru no wa dame desu ❸ yûmei na – de aru – wa, – no suimin ni tsuite – omoshiroi hon o shuppan shita tokoro – ❹ kono shigoto wa tsukare – ❺ minami no kuni no hô ga atatakai desu

***

書き取り

❶ joyû *(actrice)* ❷ jimusho *(bureau)* ❸ chotto *(un peu)* ❹ shuppatsu *(départ)* ❺ ressha *(train)* ❻ basho *(lieu)* ❼ chawan *(tasse)* ❽ bijutsukan *(musée d'art)* ❾ oshaberi *(bavardage)* ❿ hisho *(le fait de fuir la chaleur)* ⓫ danjo *(hommes et femmes)* ⓬ shujutsu *(opération chirurgicale)* ⓭ obotchan *(votre petit garçon)* ⓮ rikkôhosha *(candidat aux élections)*

Corrigé

❶ じょゆう ❷ じむしょ ❸ ちょっと ❹ しゅっぱつ ❺ れっしゃ ❻ ばしょ ❼ ちゃわん ❽ びじゅつかん ❾ おしゃべり ❿ ひしょ ⓫ だんじょ ⓬ しゅじゅつ ⓭ おぼっちゃん ⓮ りっこうほしゃ

***

*Vivre sans **shôyu** est inimaginable. Cette sauce faite de soja fermenté, d'une céréale et de sel est l'accompagnement obligatoire de la cuisine japonaise. Le haricot de soja, sous diverses formes est d'ailleurs un des éléments essentiels de l'alimentation japonaise. Avec lui on fabrique les **tôfu** faits à partir d'un "lait" obtenu par sa macération dans l'eau, mais aussi le **miso** (bien prononcer [misso]) en laissant fermenter la pâte de haricots. Tôfu comme miso entrent dans la confection de nombreuses recettes de cuisine familiale traditionnelle. Sans compter les délicieux **eda mame**, haricots de soja en branche, qu'on déguste l'été en accompagnement de bière glacée. Si le riz reste la base de l'alimentation japonaise, le haricot de soja est lui aussi absolument indispensable.*

Deuxième vague : 26ᵉ leçon

第七十六課 dai nana jû rok ka
だい なな じゅうろっ か

お金があれば
o kane ga a re ba

1 — ああ、 お 金 が あれば **1**、
   a a   o kane ga a re ba

2 こんな 隙間 だらけ の
   ko n na suki ma da ra ke no
   寒い 家 に 住まないで、
   samu i ie ni su ma na i de

3 コンクリート建て で、 ソーラー
   ko n ku rî to da te de, sô râ
   パネル の **2** 付いた 家 に
   pa ne ru no   tsu i ta ie ni
   住みたい なあ。
   su mi ta i na a

4 もし お 金 が あれば、
   mo shi o kane ga a re ba

5 山中湖 の そば に 別荘
   yama naka ko no so ba ni bes sô
   を 一軒 建てて
   o ik ken ta te te

531 • go hyaku san jû ichi

Soixante-seizième leçon

Si j'avais de l'argent…
([familiarité] argent [sujet] si-se-trouvait)

1 – Ah *(ah)*, si j'avais de l'argent *([familiarité] argent [sujet] si-se-trouvait ///)*,
2 je n'habiterais pas dans cette maison pleine de fissures et glacée *(de-cette-façon fente plein-de [relation] être-froid maison [lieu] ne-pas-habiter //)*,
3 j'habiterais dans une maison en béton chauffée à l'énergie solaire *(construit-en-béton c'est / solaire panneau [sujet] être-attaché maison [lieu] je-veux-habiter [réflexion])*.
4 Si j'avais de l'argent *(si [familiarité] argent [sujet] si-se-trouvait /)*,
5 je construirais une villa au bord du Lac Yamanaka *(lac-Yamanaka [relation] proximité [lieu] villa [objet] une-maison construire //)*,

Notes

1 あれば **areba**, voici la seule forme, très facile à construire, pour exprimer une hypothèse : *si j'avais*. Le système est le même pour tous les verbes : à la place du **u** final, on met **eba**. ある **aru**, *se trouver* → あれば **areba**, *si… se trouvait, si j'avais* ; 行く **iku**, *aller* → 行けば **ikeba**, *si j'allais* (phrase 6) ; する **suru**, *faire*, すれば **sureba**, *si je, tu (on) faisais (faisait)* (leçon 75, phrase 9). Parfois en tête de la proposition on peut ajouter もし **moshi**, *si* (phrase 4), mais ce n'est pas nécessaire.

2 ソーラー パネル の 付いた 家 **sôrâ paneru no tsuita uchi** : ici の **no**, au sein d'une proposition qui vient préciser le nom qu'elle précède, s'emploie à la place de が **ga** pour indiquer le sujet (leçon 55, note 5).

6 夏 の 二ヶ月 避暑 に 行けば、
   natsu no ni ka getsu hi sho ni i ke ba,
   いい 原稿 が 書ける **3** だろう な。
   i i gen kô ga ka ke ru da rô na

7 - ああ。 あたし は お 金 が
   a a. a ta shi wa o kane ga
   あれば、 ミンク の コート と
   a re ba, mi n ku no kô to to
   鰐 の ハンドバッグ と 大き
   wani no ha n do ba g gu to oo ki
   な ダイヤモンド の 指輪
   na da i ya mo n do no yubi wa
   が ほしい わ。
   ga ho shi i wa

8 - お 金 が あれば 皆 買って
   o kane ga a re ba minna ka t te
   やる よ。
   ya ru yo

9 おれ は 光琳 の 絵 が
   o re wa kô rin no e ga
   一枚 ほしい な。
   ichi mai ho shi i na

10 それに、 世界 一周 も
   so re ni, se kai is shû mo
   したくない **4** か。
   shi ta ku na i ka

Soixante-seizième leçon / 76

6 et si j'y allais, pendant deux mois en été, fuyant la chaleur, j'écrirais sûrement d'excellents textes *(été [relation] deux-mois fuite-de-la-chaleur [but] si-j'allais / être-bien manuscrit [sujet] pouvoir-écrire ce-doit-être [réflexion])*.

7 – Ah, moi si j'avais de l'argent, je voudrais un manteau de vison, un sac à main en crocodile et une bague avec un gros diamant *(moi [annonce] [familiarité] argent [sujet] si-se-trouvait / vison [relation] manteau et crocodile [relation] sac-à-main et grand c'est diamant [relation] bague [sujet] être-l'objet-de-mon-désir [adoucissement])* !

8 – Si j'avais de l'argent, je t'achèterais tout ça *([familiarité] argent [sujet] si-se-trouvait / tous acheter faire-pour-toi [engagement])* !

9 Et moi, je voudrais bien un tableau de Kôrin *(moi [annonce] Kôrin [relation] tableau [sujet] un-objet-plat être-l'objet-de-mon-désir [réflexion])* !

10 Et tu ne voudrais pas faire le tour du monde *(en-plus monde un-tour aussi ne-pas-vouloir-faire [question])* ?

Prononciation
10 … sekaill' ichchuu …

Notes

3 書ける kakeru : 書く kaku, *écrire* → 書ける kak**eru**, *pouvoir écrire*. Vous souvenez-vous du suffixe **eru** qui ajoute la notion de *pouvoir* à un verbe (leçon 70, § 4) ? Notez bien que l'expression complète est 原稿 が 書ける genkô **ga** kakeru.

4 したくない shitakunai : tout part du verbe する suru, *faire*. À sa base unique し shi, s'ajoute d'abord le suffixe たい tai qui exprime la volonté : したい shitai, *je veux faire*. Ce suffixe たい tai est lui-même un adjectif (leçon 57, note 5) qui pourra être mis à la forme négative : したい shitai, *je veux faire* ; したくない shitakunai, *je ne veux pas faire*.

11 世界中 の 首都 を すべて 見物 しよう よ。
se kai jû no shu to o su be te ken butsu shi yô yo.

12 – 全世界 の 首都 に 行く つもり？ 数年 は かかる わ よ。
zen se kai no shu to ni i ku tsu mo ri. sû nen wa ka ka ru wa yo

13 – 世界 一周 は 大変 だ から やっぱり やめよう。
se kai is shû wa tai hen da ka ra ya p pa ri ya me yô.

14 それ より タヒチ に 行って きれい な 娘さん達 [5] と 海岸 で 踊ったり 泳いだり [6] したい な。
so re yo ri ta hi chi ni i t te ki re i na musume sa n tachi to kai gan de odo t ta ri oyo i da ri shi ta i na

15 – そんな 夢 を 見る 時間 が あったら、 書けない と 言って いる 原稿 を 書き なさい。
so n na yume o mi ru ji kan ga a t ta ra, ka ke na i to i t te i ru gen kô o ka ki na sa i

---

Notes

5 娘さん達 **musumesantachi**. Puisqu'il n'y a pas de singulier ni de pluriel en japonais, 娘さん **musumesan** pourrait vouloir dire aussi bien *une fille* que *des filles*. Pour les mots désignant des

Soixante-seizième leçon / 76

11 Visitons toutes les capitales du monde *(à-travers-le-monde [relation] ville-capitale-d'un-pays [objet] tous visite-touristique faisons [engagement])* !

12 – Tu as l'intention d'aller dans les capitales du monde entier *(monde-entier [relation] capitale [but] aller intention)* ! **Ça prendra des années** *(plusieurs-années [renforcement] être-utilisé [adoucissement] [engagement])* !

13 – Le tour du monde c'est trop compliqué, tout compte fait, abandonnons *(monde un-tour [annonce] terrible c'est parce-que / en-conclusion abandonnons)* !

14 Je préférerais aller à Tahiti et danser ou nager au bord de la mer avec de belles filles *(cela plutôt-que Tahiti [but] aller / beau c'est filles avec bord-de-mer [lieu] et-danser et-nager je-veux-faire [réflexion])* !

15 – Si tu as le temps de faire de pareils rêves, mets-toi plutôt à ce texte que tu dis ne pas pouvoir écrire *(un-tel rêve [objet] regarder temps [sujet] si-se-trouve / ne-pas-pouvoir-écrire [citation] dire manuscrit [objet] écris)* !

12 … suunèn … 14 … oyoïdali …

humains, on peut préciser qu'il s'agit d'un pluriel, en ajoutant 達 **tachi**. Ceci fonctionne pour les noms : 人 **hito**, *une personne (qqn)* ou *des gens*, mais 人達 **hitotachi**, *des (les) gens* (ex. 1, phrase 1) ; pour les pronoms 私 **watakushi**, *moi* ; 私達 **watakushitachi**, *nous* ; et même pour les noms propres : 山村さん **yamamurasan**, *M.* ou *Mme Yamamura* ; 山村さん達 **yamamurasantachi**, *les Yamamura*, *la famille Yamamura*, ou bien *Yamamura et les autres (ses amis)*, etc.

6 踊ったり 泳いだり したい **odottari oyoidari shitai** : たり **tari**, suffixe que vous rencontrez pour la première fois, compte deux caractéristiques. La 1ʳᵉ est que, lorsqu'on le rencontre, le plus souvent, on compte au moins deux verbes en たり **tari** et toute l'expression se termine par le verbe する **suru** : verbe + たり **tari**, verbe + たり **tari** + する **suru**. La 2ᵉ est que たり **tari** s'attache aux verbes dans les mêmes conditions que て **te** ou た **ta** (leçon 56, § 1). Il sert lorsqu'on veut présenter un ensemble d'actions possibles dans un même cadre.

go hyaku san jû roku • 536

16 お 金 が あれば、 借金 を 返す こと が 先決 でしょう。
o kane ga a re ba, shak kin o kae su ko to ga sen ketsu de shô □

***

Les estampes japonaises sont bien connues chez nous et ont influencé nos grands peintres de la fin du XIXᵉ siècle. Mais la peinture a donné beaucoup d'autres chefs-d'œuvre au Japon depuis le début de son histoire. Les premières manifestations en sont des fresques dans des tombes, vers le Vᵉ siècle. Ensuite, la période de Heian voit se développer un superbe style décoratif, sur les cloisons des résidences aristocratiques, ou sur les rouleaux, qui sont les livres de l'époque. Ogata Kôrin

***

▶ 練習 1 – 訳 し なさい

❶ 子供達 は 入ったり 出たり して、うるさい です。
kodomotachi wa haittari detari shite, urusai desu

❷ 五月 の 一日、テレビ を 見たり、雑誌 を 読んだり、隣 の 公園 を 歩いたり しました。
gogatsu no tsuitachi, terebi o mitari, zasshi o yondari, tonari no kôen o aruitari shimashita

❸ ヨーロッパ の 首都 に 泊まったり、有名 な 建物 の 写真 を とったり して、すばらしい 旅行 を しました。
yôroppa no shuto ni tomattari, yûmei na tatemono no shashin o tottari shite, subarashii ryokô o shimashita

16 Si nous avions de l'argent, le plus urgent ce serait de rembourser nos dettes *([familiarité] argent [sujet] si-se-trouvait / dette [objet] rendre le-fait-de [sujet] urgence ce-doit-être).*

***

(1658-1716) (souvent connu simplement comme "Kôrin"(leçon 36)), peintre au talent immense, a marqué la période d'Edo. Les paravents qu'il a peints comptent parmi les grands chefs-d'œuvre de la peinture japonaise. À partir de la fin du XIXe, deux grands styles s'opposent : 日本画 **nihonga**, *peinture issue de la tradition japonaise, et* 洋画 **yôga**, *la peinture dans le style occidental.*

***

❹ 東京 に 住めば、毎晩 銭湯 に 行ける な。
tôkyô ni sumeba, maiban sentô ni ikeru na

❺ 原稿 が 終わったら、二週間 の 休み を 取る つもり です。
genkô ga owattara, nishûkan no yasumi o toru tsumori desu

Corrigé de l'exercice 1
❶ Les enfants [ne cessent d']entrer et sortir, c'est agaçant ! ❷ Le 1er mai, j'ai regardé la télévision, j'ai lu des revues et j'ai marché dans le jardin public d'à côté. ❸ Nous avons séjourné dans les capitales européennes, pris des photos des monuments célèbres, nous avons fait un merveilleux voyage ! ❹ Si j'habitais à Tôkyô, je pourrais aller tous les soirs au bain public. ❺ J'ai l'intention de prendre quinze jours de vacances quand mon manuscrit sera terminé.

第七十六課

練習 2 - 言葉 を 入れ なさい

❶ Si je savais [parler] le tahitien, je pourrais parler avec la femme du médecin d'à côté.

. . . . ga . . . . , ...
. . . . deshô

❷ Le soir, je ne regarde pas la télévision, j'écoute tranquillement de la musique ou bien j'écris des lettres.

. . . . , ...
. . . . shimasu

❸ Il dit qu'il ne veut absolument pas aller à l'étranger.
zenzen . . . . to itte imasu

***

平仮名 の 練習

C'est le bouquet final : les syllabes étudiées dans les leçons 74 et 75 peuvent comporter un o long ou un u long (marqué par l'accent circonflexe). Dans les deux cas, il suffit d'appliquer ce qui a été vu à la leçon 69 : ajouter le hiragana う u écrit de la même taille que les autres. Pour ce dernier exercice de hiragana, vous avez droit à une maxi-dictée ! À vos crayons !

書き取り

❶ kyô *(aujourd'hui)* ❷ shôgun *(shogoun)* ❸ chôdo *(justement)* ❹ nyûkyo *(entrée dans une nouvelle maison)* ❺ chikyû *(le globe terrestre)* ❻ shokugyô *(profession)* ❼ shûmatsu *(fin de semaine)* ❽ denwachô *(annuaire de téléphone)* ❾ jôzu *(habile)* ❿ benkyô *(étude)* ⓫ ryôheika *(Leurs deux Majestés)* ⓬ myôji *(nom de famille)* ⓭ shitsugyôsha *(chômeur)* ⓮ shôbai *(commerce)* ⓯ jûsho *(adresse postale)* ⓰ byôki *(maladie)* ⓱ raishû *(la semaine prochaine)* ⓲ hikôjô *(aéroport)* ⓳ jûbun *(suffisant)* ⓴ shiyôryô *(frais d'utilisation)* ㉑ chûkaryôri *(cuisine chinoise)* ㉒ kyûchûsanga *(visite publique à l'Empereur)*

Soixante-seizième leçon / 76

❹ Je veux rembourser mes dettes avant le mois prochain.

. . . . to omotte imasu

❺ J'aimerais bien avoir une villa avec une salle de bains à la manière japonaise !

. . . . . fû . . . . aru . . . .

Corrigé de l'exercice 2

❶ tahichigo – dekireba, tonari no isha no okusan to hanaseru – ❷ yoru wa terebi o minaide, yukkuri to ongaku o kiitari tegami o kaitari – ❸ – gaikoku e ikitakunai – ❹ raigetsu made ni shakkin o kaeshitai – ❺ nihon – no o furo no – bessô ga hoshii naa

Corrigé

❶ きょう ❷ しょうぐん ❸ ちょうど ❹ にゅうきょ ❺ ちきゅう ❻ しょくぎょう ❼ しゅうまつ ❽ でんわちょう ❾ じょうず ❿ べんきょう ⓫ りょうへいか ⓬ みょうじ ⓭ しつぎょうしゃ ⓮ しょうばい ⓯ じゅうしょ ⓰ びょうき ⓱ らいしゅう ⓲ ひこうじょう ⓳ じゅうぶん ⓴ しようりょう ㉑ ちゅうかりょうり ㉒ きゅうちゅうさんが

Deuxième vague : 27e leçon

go hyaku yon jû • 540

第七十七課 dai nana jû nana ka
だい なな じゅう なな か

まとめ – Révision

1 Les adjectifs dits "invariables"

Vous connaissez bien maintenant les adjectifs, ces mots en い **i** qui sont variables, et vous jonglez avec leurs formes : négative et passée (leçon 21, § 2 et leçon 35, § 2). Ils n'ont plus de secret pour vous. Tous ces mots, nous les traduisons dans la traduction décomposée par *être* + adjectif (par exemple 広い **hiroi**, *être vaste*) pour bien montrer qu'à eux seuls ils représentent cet ensemble.

Mais... Sans doute avez-vous aussi remarqué qu'il y a bon nombre d'autres mots pour lesquels la traduction littérale donne simplement un adjectif français. Ce n'est pas la peine de remonter bien loin. Prenons... tenez... 他の客 **hoka no kyaku**, *les autres invités* (litt. "autre [relation] invité") (leçon 74, phrase 8) ou encore : きれいな娘 **kirei na musume**, *de belles filles* (litt. "beau c'est fille") (leçon 76, phrase 14).

C'est qu'en effet, à côté de la série des adjectifs variables en い **i**, du vieux fonds japonais, il existe une autre série d'adjectifs, qui sont, eux, invariables. Cette deuxième série est beaucoup plus fournie, en fait, car elle contient des mots d'origine japonaise, mais surtout beaucoup de mots d'origine chinoise, et même des mots d'origine américaine ! Et puis leur sens est bien celui d'un adjectif : 他 **hoka**, *autre* ; すてき **suteki**, *ravissant*, *adorable* ; 有名 **yûmei**, *célèbre* ; 静か **shizuka**, *paisible*, *tranquille*. Pourtant parce qu'ils sont invariables, ils sont utilisés dans la phrase presque comme des noms, avec quelques points qui leur sont propres.

1.1 En fin de phrase ou de proposition

Pour pouvoir dire *c'est* + adjectif, on devra obligatoirement les faire suivre de です **desu** (ou de だ **da**, ou de でした **deshita** ou de

だった **datta** pour *c'était*…, etc.). Nous en avons vu un grand nombre d'exemples. Regardez leçon 72, phrase 4 : 上手 だ **jozû da**, *il est fort* (*habile*) ou leçon 76, phrase 13 : 大変 だ **taihen da**, *c'est terrible*. La plupart de ces mots ne sont d'ailleurs employés couramment que dans cette position finale (ainsi 大丈夫 **daijôbu** *sans problème*, leçon 46, phrase 21 ; leçon 71, phrase 9 (là exceptionnellement sans です **desu**, dans une conversation en famille).

1.2 Dans une phrase à plusieurs propositions

Ces mots peuvent bien sûr se trouver dans une phrase à plusieurs propositions. Dans ce cas, ils seront suivis, comme les noms, de で **de** (venant de です **desu**) qui signifie que la phrase continue 立派 で **rippa de** (leçon 62, phrase 4) ; 上手 で **jôzu de** (leçon 69, phrase 11) ; きれい で **kirei de** (leçon 71, phrase 2).

1.3 Emploi comme adverbes

Un certain nombre d'entre eux (dont le sens le permet, et là c'est une question de bon sens !) peuvent devenir des adverbes. Dans ce cas, ils sont simplement suivis de la particule に **ni** "[adverbial]" :
– 簡単 **kantan** veut dire *simple*, *facile* ; 簡単 です **kantan desu**, *c'est simple*, *c'est facile* ; 簡単 に **kantan ni**, *simplement*, *facilement* (leçon 45, phrase 2) ;
– 確か **tashika**, *certain*, *sûr* ; 確か です **tashika desu**, *c'est certain* ; 確か に **tashika ni**, *certainement* (leçon 60, phrase 10) ;
– 本当 **hontô**, *véritable*, *vrai* ; 本当 です **hontô desu**, *c'est vrai* ; 本当 に **hontô ni**, *vraiment* (leçon 67, phrase 1) ;

1.4 Emploi devant un nom

Nous avons gardé pour la fin le point le plus délicat : que se passe-t-il lorsqu'un de ces mots est employé devant un nom ? Certains, d'ailleurs, le sont rarement. Ceux qui le sont souvent se répartissent en deux groupes. Les uns sont reliés à ce nom par la particule の **no**, comme s'ils étaient eux-mêmes un nom, comme par exemple :

次 **tsugi**, *suivant* (次 の 日 **tsugi no hi**, *le jour suivant* (leçon 59, phrase 5)) ; 普通 **futsû**, *ordinaire* (普通 の 人 **futsû no hito**, *les gens ordinaires* (leçon 68, phrase 10)) ; 他 **hoka**, *autre* (他 の 客 **hoka no kyaku**, *les autres invités* (leçon 74, phrase 8)).

Les autres font preuve de plus d'originalité et sont reliés à ce nom par une particule な **na** (ça y est, enfin la solution !... Nous l'avions déjà esquissée leçon 33, note 1) et nous en avons employé beaucoup : 社交的 な ところ **shakôteki na tokoro**, *[son] côté sociable* (leçon 71, phrase 2) ; きれい な 雪景色 **kirei na yukigeshiki**, *le magnifique paysage enneigé* (leçon 72, phrase 5) ; きれい な 娘 **kirei na musume**, *de belles filles* (leçon 76, phrase 14).

Le seul problème est donc de savoir quels mots appartiennent au camp des の **no**, et quels mots appartiennent au camp des な **na**. Seul l'usage peut vous l'apprendre. Un petit truc, tout de même : beaucoup de ces mots se terminent par un suffixe 的 **teki**, et ceux-là sont sans exception dans le camp des な **na**.

1.5 Quelques cas particuliers

– Le mot 同じ **onaji**, qui veut dire *identique*, *même*, n'appartient ni au camp des の **no** ni au camp des な **na**, il fait son camp tout seul : il se place directement devant le nom (leçon 65, phrase 17).

– Il y a deux transfuges, qui normalement appartiennent à la série des adjectifs en い **i**. Ce sont 大きい **ookii**, *être grand* et 小さい **chiisai**, *être petit*. Quand ils sont devant un nom, ils peuvent fonctionner soit comme les adjectifs en い **i**, soit changer de forme et entrer dans le camp des な **na** (大き な ダイヤモンド **ooki na daiyamondo** (leçon 76, phrase 7)).

– Encore un qui se singularise : いろいろ **iroiro** (litt. "de toutes les couleurs"). Il peut être suivi soit de の **no** soit de な **na**. Ce mot veut dire à la fois *nombreux* et *variés*. Suivi de の **no** il insiste sur le nombre (*beaucoup de*) ; suivi de な **na**, il insiste sur la variété (*toutes sortes de*). Quand il sert d'adverbe, il n'a même pas besoin de に **ni**. Il peut se placer tel quel devant le verbe (leçon 62, phrase 8).

2 Autre emploi de な *na*

Et enfin, ce な **na** sert dans un autre cas. Quand une phrase se termine par です **desu** (ou だ **da**) et qu'on y ajoute **no desu**, *c'est que*, il est impossible de garder le premier です **desu** (ou だ

da). Il faut impérativement les remplacer par な **na** : わたし は 有名 です **watashi wa yûmei desu**, mais : わたし は 有名 な の です **watashi wa yûmei na no desu** (leçon 61, phrase 9) ; だめ です **dame desu**, mais だめ な の かい **dame na no kai** (leçon 75, phrase 5). Ce qui cause ce passage de です **desu** (だ **da**) à な **na**, c'est la présence de の **no**. C'est pour cela qu'on retrouvera encore ce な **na** devant ので **node** que nous traduisons en général par *parce que* (et qui est, en fait, à l'origine : の **no** (leçon 47, note 5) + で **de** (leçon 50, note 4), littéralement "étant donné le fait que"). Mais de plus en plus, par contamination avec le cas de から **kara**, qui a un sens très voisin et qui lui, peut suivre です **desu**, on emploie aussi です **desu** devant ので **node**. En revanche, devant のに **noni**, *bien que* (leçon 51, phrase 19) on emploiera toujours な **na**. Et encore devant の **no** de "[remplacement]" (leçon 38, note 1), par exemple leçon 52, phrase 13 : 僕 が 好き な の は **boku ga suki na no wa**, *ce que j'aime*. Et voilà éclairci le mystère de な **na**…!

3 Les verbes

3.1 La forme négative degré moins de certains verbes à plusieurs bases

Depuis longtemps, vous savez comment on fabrique la forme négative degré moins des verbes. Pour les verbes à une seule base, on ajoute ない **nai** à cette base. Pour les verbes à plusieurs bases on ajoute ない **nai** à la base en **a** (leçon 49, § 1.1). Mais il y a quelques verbes à plusieurs bases, qui, pour des raisons d'évolution phonétique, nous posent aujourd'hui un petit problème. Ce sont les verbes qui se terminent par une voyelle seule : **u**, comme 言う **iu**, *dire* ; 思う **omou**, *penser* ; 買う **kau**, *acheter* ; 習う **narau**, *étudier* ; 使う **tsukau**, *utiliser* ; 払う **harau**, *payer*… Leur base en **i**, à laquelle s'ajoutent la plupart des autres suffixes, ne pose pas de problème : 思います **omoimasu**, 使います **tsukaimasu**, 買います **kaimasu**, etc. Autrefois, ces verbes devaient être quelque chose comme *kawu, *iwu, *omowu. Comme tous les autres verbes, ils finissaient par une syllabe : consonne + voyelle = **w** + **u**. Or, le **w** a disparu… sauf à la base en **a** où il reste encore aujourd'hui. Les formes négatives degré moins seront donc : 言わない **iwanai**, *je ne dis pas* ; 思わない **omowanai**, *je ne pense* *pas* ; 買わない **kawanai**, *je n'achète pas* ; 習わない **narawanai**, *je n'apprends pas* ; 使わない **tsukawanai**, *je n'emploie pas* ; 払わない **harawanai**, *je ne paie pas*.

3.2 Expression de l'obligation : "il faut"...

D'ailleurs à propos de ce 払わない **harawanai**, reportons-nous à la leçon 45, phrase 15, où nous avions une longue expression : 払わなければ なりません **harawanakereba narimasen**, que nous avions laconiquement traduite par *il faut payer*. Cette expression comporte deux parties : 払わなければ **harawanakereba**, et なりません **narimasen**. Ce なりません **narimasen** ne doit pas poser de problème : c'est le verbe なる **naru** à son degré moyen négatif *cela ne devient pas, cela ne se passe pas*. Mais 払わなければ **harawanakereba** ? N'oubliez pas que le suffixe ない **nai** est, pour sa forme, un adjectif (leçon 71, note 8). L'adjectif en **i** peut, comme le verbe avoir une forme exprimant l'hypothèse (leçon 76, note 1), il suffit de remplacer le **i** par **kereba**. 払わない **harawanai**, je ne paie pas ; 払わなければ **harawanakereba**, *si je ne paie pas*. Toute l'expression veut dire, littéralement "si je ne paye pas, cela ne se passera pas bien", en d'autres termes, *il faut que je paie*. Cette expression est la façon normale d'exprimer l'obligation.

***

復習 会話

1 お金 も 時間 も あれば、外国 旅行 に 出られる し、すてき な 服 も いろいろ 買える し、毎晩 有名 な レストラン で 食事 が できる の です。けれども それ は 夢 に 見る だけ です。

o kane mo jikan mo areba, gaikoku ryokô ni derareru shi, suteki na fuku mo iro.iro kaeru shi, maiban yûmei na resutoran de shokuji ga dekiru no desu. keredomo sore wa yume ni miru dake desu

3.3 Quelques formes irrégulières

Voyons enfin quelques formes irrégulières (oh… à peine !) de certains verbes. De tous les verbes, il est possible de dériver un autre verbe dont le sens est *pouvoir*… (sauf de ある **aru**). Nous l'avons vu leçon 70, § 4 et leçon 72, note 6. Il y a deux verbes… toujours les mêmes, する **suru**, *faire* et 来る **kuru**, *venir* pour lesquels cette dérivation se fera de façon irrégulière. *Pouvoir faire* se dira *être possible*, できる **dekiru** ; *pouvoir venir*, 来られる **korareru**.

***

2 書き始めた 原稿 が 書き終わったら、やっと 家内 と 子供 と 四人 で タヒチ へ 行ける かもしれない。
kakihajimeta genkô ga kakiowattara, yatto kanai to kodomo to yonin de tahichi e ikeru kamoshirenai

3 ロック の コンサート を 聞き に 行きました が、音 が 強くて、頭 が 痛く なる ほど でした。
rokku no konsâto o kiki ni ikimashita ga, oto ga tsuyokute, atama ga itaku naru hodo deshita

4 今朝 の 九時 から お 医者 を 待って いる のに、まだ 来ない から、本当 に 気 に なります。
kesa no kuji kara o isha o matte iru noni, mada konai kara, hontô ni ki ni narimasu

5 「そんな に 遠ければ、もっと 早く 出かけなければ ならない の では ない か」 と 小山さん が 驚きました。
sonna ni tookereba, motto hayaku dekakenakereba naranai no de wa nai ka to koyamasan ga odorokimashita

77/第七十七課

6 「そう しない と、間違いなく 遅れる よ」と 野原くん が 答えました。
sô shinai to, machigainaku okureru yo to noharakun ga kotaemashita

7 あの 機械 の 使い方 は 難しそう だ ね。すぐ 忘れそう だ な。
ano kikai no tsukaikata wa muzukashisô da ne. sugu wasuresô da na

8 君、先生 が 手伝う の を 待たないで、自分 で やった 方 が いい だろう よ。
kimi, sensei ga tetsudau no o matanaide, jibun de yatta hô ga ii darô yo

9 きれい な 景色 を 眺める と、いい 気持 に なります。
kirei na keshiki o nagameru to, ii kimochi ni narimasu

***

Vous avez dépassé aujourd'hui les deux tiers de la méthode, pendant lesquels nous vous avons guidé pas à pas. Nous allons attaquer maintenant le dernier parcours pendant lequel notre objectif sera de vous mener à l'autonomie. Cela va se traduire par des modifications progressives dans la présentation des leçons.
Étape 1 : côté hiragana, vous êtes maintenant imbattable ! Aussi, nous ne donnerons plus la transcription dans les notes lorsque nous reprendrons des éléments du dialogue écrits en hiragana. Pour les exercices, nous dissocierons le texte japonais et la transcription. Cela vous fera un bon exercice de lecture. Surtout continuez à écrire en hiragana, en utilisant comme dictées les dialogues et les exercices des premières leçons, comme une sorte de 3ᵉ vague. Vous avez le droit de tout écrire en hiragana (comme un petit enfant japonais), sauf les mots étrangers qui devront être en katanaka. Mais pour l'instant vous pourrez laisser des blancs !

Soixante-dix-septième leçon / 77

10 私 は キャンプ が つまらない と 思って、
出発 の 前 に 民宿 に 予約 して おきました。

watashi wa kyanpu ga tsumaranai to omotte, shuppatsu no mae ni minshuku ni yoyaku shite okimashita

Traduction
1 Si j'avais du temps et de l'argent, je partirais en voyage à l'étranger, je m'achèterais plein d'habits élégants, je pourrais dîner tous les soirs dans de bons restaurants. Mais tout cela, ce ne sont que des rêves. **2** Lorsque j'aurai fini le manuscrit que j'ai commencé à écrire, nous pourrions peut-être enfin aller à Tahiti tous les quatre, ma femme, mes enfants et moi. **3** Je suis allé écouter un concert de rock, mais le son était si fort que j'en ai presque eu mal à la tête. **4** J'attends le médecin depuis 9 heures ce matin, mais il ne vient pas. Cela m'ennuie vraiment. **5** "Si c'est aussi loin, ne devrions-nous pas partir plus tôt ?" s'est étonnée Mme Koyama. **6** "Sinon, nous serons certainement en retard" a répondu Nohara. **7** Le mode d'emploi de cette machine a l'air bien compliqué. C'est du genre à être tout de suite oublié. **8** Et toi, il vaudrait mieux que tu le fasses tout seul, sans attendre que le professeur t'aide. **9** Quand on contemple un beau paysage, on se sent bien. **10** Moi comme je trouve le camping sans intérêt, j'ai réservé une chambre d'hôtes avant notre départ.

***

Et puis, maintenant les structures des phrases n'ont plus vraiment de secret pour vous, aussi nous allons abandonner définitivement la traduction littérale. Voilà un grand changement ! Mais aussi un grand pas ! N'oubliez pas que si vous avez parfois du mal à vous repérer, tous les mots utilisés dans les leçons se trouvent dans le lexique. Et vous avez aussi l'index grammatical. N'hésitez pas à vous y reporter. Ne vous préoccupez pas des kanji : continuez à les regarder, les reconnaître. Pour les apprendre, quand vous l'aurez décidé, nous vous proposons un volume spécial : "Le Japonais kanji". Pour l'instant concentrez- vous sur les kana.
N'oubliez surtout pas de poursuivre régulièrement la "deuxième vague" : réécoutez les dialogues, relisez-les, reconstruisez-les et prenez ainsi une attitude active face au japonais.

Deuxième vague : 28e leçon

第七十八課 dai nana jû hak ka
だい なな じゅう はっ か

お正月の挨拶
o shô gatsu no ai satsu

1 — 新年 あけまして **1** おめでとう
   shin nen a ke ma shi te o me de tô
   ございます **2**。
   go za i ma su

2 — あけまして おめでとう ございます。
   a ke ma shi te o me de tô go za i ma su

3 昨年中 は 色々 と お
   saku nen chû wa iro iro to o
   世話 **3** に なり **4**、 ありがとう
   se wa ni na ri, a ri ga tô
   ございました。
   go za i ma shi ta

4 本年 も よろしく お願い
   hon nen mo yo ro shi ku o nega i
   いたします **5**。
   i ta shi ma su

5 — いや、 こちら こそ、 すっかり
   i ya, ko chi ra ko so, su k ka ri
   お 世話 に なりました。
   o se wa ni na ri ma shi ta

6 今年 も どうぞ よろしく。
   ko toshi mo dô zo yo ro shi ku

Prononciation
3 sakounèn'tchuu …

Soixante-dix-huitième leçon

Visite de Nouvel An

1 – Tous mes vœux pour la nouvelle année !
2 – Bonne année !
3   Je vous remercie de tout ce que vous avez fait pour moi ([politesse] service [but] être-devenu) l'an passé.
4   Et je vous remercie à l'avance de tout ce que vous ferez cette année.
5 – Non, non, c'est moi qui vous remercie vraiment pour l'année passée.
6   Et je vous remercie d'avance pour cette année.

Notes

1 Dans les formules de politesse, on rencontre souvent des formes verbales figées, comme ici あけまして. Il s'agit du verbe あける, *s'ouvrir* à la forme en ます : あけます. Or, comme vous le savez depuis longtemps, le suffixe ます peut lui-même recevoir d'autres suffixes. Ici, c'est て, avec toujours la même fonction : indiquer que la phrase n'est pas terminée (leçon 52, note 1). Ces formes verbales en まして sont rares dans la conversation, mais fréquentes dans les formules de politesse et dans un registre de langue très poli où elles sont le degré plus de la forme en て.

2 おめでとう ございます : revoici la formule consacrée pour présenter ses félicitations à quelqu'un à l'occasion d'un événement heureux (leçon 23, note 4).

3 Ces formules ne doivent pas vous tromper. Elles seront dites même si votre interlocuteur n'a rien fait de spécial pour vous et n'en a pas l'intention. Et vous-même les direz à des personnes que vous connaissez à peine. Il s'agit plutôt d'une déclaration de bienveillance mutuelle (leçon 65, note 3).

4 なり : n'oubliez pas que la base en **i** des verbes à plusieurs bases peut avoir la même fonction qu'une forme en **te** : indiquer qu'on est à la fin d'une proposition, mais que la phrase continue (leçon 58, note 2).

5 いたします, degré plus de する, *faire*, avec pour sujet obligatoire : *je* (leçon 69, note 6).

go hyaku go jû • 550

7 あ、智恵子ちゃんは着物が似合って、かわいいね。

8 − 正君もちゃんとお辞儀して…おじさん[6]は今年外国へいらっしゃるのよ。

9 − 政府の留学生として、ドイツへ科学の研究に二年ほど行きます。

10 向こうでは学生生活をすることになると思います。

11 − ドイツですか。私はオーストリアのウィーンに音楽の勉強に一年ほど行ったことがあります。

Soixante-dix-huitième leçon / 78

7 Oh, Chieko, comme le kimono te va bien, comme tu es mignonne !

8 – Tadashi, toi aussi, viens saluer *([familiarité] courbette fais)*... Tonton va partir cette année à l'étranger.

9 – Je pars deux ans en Allemagne pour la recherche scientifique, comme boursier du gouvernement.

10 Là-bas je pense mener une vie d'étudiant !

11 – En Allemagne ? Moi je suis allée un an à Vienne en Autriche pour étudier la musique.

9 ... Iyuugakouseii'... kèn'kyuu ...

Note

6 Les termes de parenté forment un système un peu compliqué. おじさん veut dire normalement *mon oncle*, dans la bouche d'un enfant. Mais il peut servir, pour un enfant, à parler de tout homme qui a à peu près l'âge de son père : un proche ami de ses parents, par exemple. D'où la proposition de traduction par *tonton*, qui sert parfois de la même façon en français.

78/第七十八課

12 ドイツ と オーストリア は 似ているんでしょうね。
doitsu to ôsutoria wa nite iru n de shô ne.

なつかしいわ。
natsukashii wa

13 思い出すわ。あの頃のオーストリアでの生活。
omoidasu wa. ano koro no ôsutoria de no seikatsu.

14 あちらにいらしたら、時々手紙を下さいね。
achira ni irashitara, tokidoki tegami o kudasai ne.

15 - なるべく書くようにしますが、最初はいそがしいから、そんなに書けないと思います。
narubeku kaku yô ni shimasu ga, saisho wa isogashii kara, sonna ni kakenai to omoimasu

16 - 出発の日には兄とお見送りに行きますね。
shuppatsu no hi ni wa ani to o miokuri ni ikimasu ne

Soixante-dix-huitième leçon / 78

12 L'Allemagne et l'Autriche doivent se ressembler ! Quel bon souvenir !
13 Je m'en souviens… de ma vie en Autriche à cette époque !
14 Une fois là-bas, écris-nous de temps en temps !
15 – Je ferai mon possible pour écrire, mais au début, comme je serai occupé, je ne pense pas tellement pouvoir le faire !
16 – Le jour de ton départ j'irai t'accompagner avec mon frère.

Note

7 いらしたら forme figée, dérivée de いらっしゃる. Rappelez-vous いらっしゃる sert de degré plus au verbe : いる, *se trouver* ; いらしたら, *quand vous vous trouverez, quand vous serez* (leçon 73, note 8).

Le Jour de l'an est une des rares occasions de l'année où l'on porte éventuellement le kimono. Le mot 着物 **kimono**, *qui signifie simplement "vêtement", désigne en réalité un vêtement de cérémonie. Il peut coûter très cher. Mettre le kimono est une opération plutôt compliquée et requiert souvent une aide extérieure. À part quelques personnes qui le portent pour des raisons professionnelles, les Japonaises en ont presque complètement abandonné l'usage. On le voit encore lors de la cérémonie annuelle du jour des vingt ans (*成人式 **seijin shiki**) *ou sur les photos pour un mariage arrangé (c'est alors un kimono spécial à longues manches pendantes* 振り袖 **furisode***). Les petites filles peuvent le porter aussi le jour de la fête des filles, le 3 mars. Mais dans les rues, une Japonaise en kimono, c'est quasiment aussi rare que le Yéti dans l'Himalaya !*

第七十八課

▶ 練習 1 – 訳 し なさい

1. アウン さん です か。 – はい、アウン です。
2. ウオン さん で いらっしゃいます か。
   – はい、ウオン で ございます。
3. なるべく 今日(きょう) まで に この 仕事(しごと) が 終(お)わる よう に しました けれども、病気(びょうき) に なった ので、できません でした。
4. 私(わたし) は 記者(きしゃ) と して、よく 国会議員(こっかいぎいん) と 話(はな)す こと が あります。
5. 明日(あした) まで に 読(よ)まなければ ならない 新聞(しんぶん) が たくさん 残(のこ)って います から、とても こまります。

***

練習 2 – 言葉 を 入れ なさい

1. Si j'avais le temps, je voudrais faire le tour du monde.
   . . . . , ...
   . . . .
2. Le temps seulement ne suffit pas. L'argent aussi est nécessaire.
   . . . . de wa muri . . . . . o . . . . . .
   . . . .
3. Il n'achète que des produits venant d'Allemagne.
   . . . . nai
4. Je dois rembourser mes dettes avant le mois prochain.
   . . . .
   . . . .

Soixante-dix-huitième leçon / 78

Corrigé de l'exercice 1

❶ Êtes-vous M. Aoun ? – Oui. ❷ Êtes-vous M. Huon ? – Oui. ❸ J'ai vraiment fait en sorte que ce travail soit terminé pour aujourd'hui, mais comme je suis tombée malade, je n'ai pas pu. ❹ Il m'arrive souvent, en tant que journaliste, de parler avec des députés. ❺ Je suis bien ennuyée car il me reste encore beaucoup de journaux à lire avant demain.

Transcription

❶ aun san desu ka. hai, aun desu ❷ uon san de irasshaimasu ka. hai, uon de gozaimasu ❸ narubeku kyô made ni kono shigoto ga owaru yô ni shimashita keredomo, byôki ni natta node, dekimasen deshita ❹ watashi wa kisha to shite, yoku kokkaigi.in to hanasu koto ga arimasu ❺ ashita made ni yomanakereba naranai shinbun ga takusan nokotte imasu kara, totemo komarimasu

***

❺ Je ferai en sorte de venir ce soir.

. . . .

Corrigé de l'exercice 2

❶ jikan ga areba, sekai isshû o shitai to omoimasu ❷ jikan dake – desu – kane mo hitsuyô desu ❸ doitsu kara kuru mono shika kawa – ❹ raigetsu made ni shakkin o kaesanakereba narimasen ❺ konban kuru yô ni shimasu

go hyaku go jû roku • 556

79 /第七十九課

片仮名 の 練習
kata ka na no ren shû
Exercice de katakana

Les katakana sont cet autre ensemble de signes représentant chacun une syllabe, parallèlement aux hiragana. Bien qu'historiquement les deux soient nés au même moment (vers la fin du premier millénaire), dans l'usage moderne les Japonais ont cantonné les katakana à un emploi tout à fait particulier et limité : ils sont <u>la marque de tout ce qui est étranger</u>, dans deux cas :

- la notation des noms propres étrangers : pays, villes, fleuves, noms de personnes…

- la notation des noms communs empruntés aux langues étrangères (en particulier l'américain).
Vous avez déjà d'ailleurs largement pratiqué, au moins par l'œil, ces deux cas.

Quelques petites remarques pour bien s'y mettre :
1) Pour les noms propres étrangers, la transcription est faite à partir de la prononciation du mot tel qu'il existe dans le pays. C'est vrai pour les villes, les montagnes… et les personnes : ナポレオン **naporeon**, *Napoléon (leçon 51, phrase 4) ;* パリ **pari**, *Paris (leçon 55, phrase 8) ;* モスクワ **mosukuwa**, *Moscou (leçon 55, phrase 8) ;* ウィーン **uîn**, *Vienne (leçon 78, phrase 11). En revanche, pour les noms de pays, c'est souvent l'anglais qui a fourni le terme de départ.*

第七十九課 dai nana jû kyû ka

新宿　駅
shin juku　eki

1 – ごめん　なさい。
go me n　na sa i

Pour sélectionner les exemples les plus clairs : スペイン **supein** *(de **Spain**)*, Espagne *(leçon 38, phrase 6)* ; ブラジル **burajiru** *(de **Brazil**)*, Brésil *(leçon 69, phrase 5)* ; オーストリア **ôsutoria** *(de **Austria**)*, Autriche *(leçon 78, phrase 11).*

2) Les Japonais ne pouvant pas transcrire des suites de consonnes, les noms subiront souvent des modifications qui nous les rendent quelque peu lointains ! Essayez Brest *ou* Strasbourg *(*ブレスト **buresuto** *;* ストラスブール **sutorasubûru***). Pour les noms communs, avec ce traitement, certains deviennent un peu longs, les Japonais les abrègent en ne conservant que les deux premières syllabes. Ainsi* ビル **biru** *(leçon 24, phrase 11), bâtiment est ce qui nous reste de* ビルディング **birudingu**, ***building*** *;* スト **suto**, *(faire) la grève est aussi tout ce qui reste de* ストライキ **sutoraiki**, ***strike***. *Ainsi apparaissent des mots qui ne sont plus de l'anglais (un Anglais n'y retrouverait pas ses petits !), mais qui deviennent… du japonais ! Et retrouverons-nous notre* PC *dans* パソコン **pasokon**, *dans les deux cas abréviations de **personal computer**, ordinateur personnel ?*

Le problème pour ce vocabulaire adopté massivement des États-Unis, c'est qu'il est difficile d'apprécier pour chaque mot son espérance de vie : certains mots passent, d'autres s'incrustent. Il y a des modes… Un certain snobisme personnel aussi, soit à en employer beaucoup, soit à éviter soigneusement d'y recourir.

Deuxième vague : 29e leçon

Soixante-dix-neuvième leçon

La gare de Shinjuku

1 – Toutes mes excuses !

2 − 遅かった です ね。 約束 より
    osokatta desu ne. yakusoku yori
    三十分 **1** 遅れて います よ。
    sanjuppun okurete imasu yo

3 − すみません。 新宿 駅 で
    sumimasen. shinjuku eki de
    ひどい 目 に あった の です。
    hidoi me ni atta no desu

4 − どう した ん です か。
    dô shita n desu ka

5 − もう 新宿 駅 は こりごり です。
    mô shinjuku eki wa korigori desu.
    あれ は 駅 じゃ なくて **2**、迷路 です。
    are wa eki ja nakute, meiro desu

6   ホーム から 地下 の 通路 まで
    hômu kara chika no tsûro made
    降りた 後、 どっち へ 行ったら
    orita ato, dotchi e ittara
    いい の か わからなく
    ii no ka wakaranaku
    なって しまいました。
    natte shimaimashita

7   右 の 方 に も 左 の
    migi no hô ni mo hidari no
    方 に も 同じ よう に 人
    hô ni mo onaji yô ni hito
    が 大勢 **3** 歩いて 行く ので、
    ga oozei aruite iku node,
    まず 左 へ 行って みました。
    mazu hidari e itte mimashita

Soixante-dix-neuvième leçon / 79

2 – Tu arrives bien tard ! Tu es en retard d'une demi-heure sur notre rendez-vous !
3 – Désolé. Ça a été affreux *(situation-affreuse [but] avoir-rencontré)* dans la gare de Shinjuku !
4 – Que s'est-il passé ?
5 – J'en ai assez de cette gare de Shinjuku ! Ce n'est pas une gare, c'est un labyrinthe !
6 Je ne savais plus de quel côté aller après être descendu du quai dans le passage souterrain.
7 Comme le flot des gens *(être-humain [sujet] beaucoup-de-personnes)* se répartissait de façon égale à droite et à gauche, je suis allé d'abord à gauche.

Prononciation

2 … san.n'djup'poun' … 6 … tsououlo …

Notes

1 三十分 **sanjuppun**, *trente minutes* : c'est la seule manière de dire *une demi-heure* ! Au-delà d'une heure, on pourra dire 一時半 **ichijihan**, *une heure et demie*. En revanche, la notion de "quart d'heure" n'existe pas en japonais. On citera simplement le nombre de minutes : 15, 45 (leçon 57, note 4).

2 なくて forme en て du suffixe négatif ない, qui est du point de vue de la forme, un adjectif, ne l'oubliez pas.

3 大勢 **oozei** signifie *beaucoup*, mais ne peut s'employer qu'à propos de personnes. Dans les autres cas on emploie たくさん.

8 改札口で切符を渡した後、
kaisatsuguchi de kippu o watashita ato,
エスカレーターが見えたので、
esukarêtâ ga mieta no de,
上が出口かと思いました。
ue ga deguchi ka to omoimashita

9 ところが、それはデパート
tokoro ga, sore wa depâto
へ入る入口でした。
e hairu iriguchi deshita

10 やっとのおもいで、新宿駅の
yatto no omoide, shinjuku eki no
地下の通路へ戻って4、また
chika no tsûro e modotte, mata
切符を買って、右へ行きました。
kippu o katte, migi e ikimashita

11 今度はやっと外へ出ること
kondo wa yatto soto e deru koto
ができましたが、東口じゃ
ga dekimashita ga, higashiguchi ja
なくて西口だったので、
nakute nishiguchi datta no de

12 どこがどこだかわからなくて、
doko ga doko da ka wakaranakute,
タクシーでここまで来ました。
takushî de koko made kimashita

Soixante-dix-neuvième leçon / 79

8 Après avoir passé mon ticket au guichet, j'ai vu un escalier roulant et j'ai donc pensé qu'en haut c'était la sortie.

9 Mais c'était une entrée pour accéder à un grand magasin.

10 En désespoir de cause, je suis revenu au passage souterrain de la gare, j'ai racheté un ticket et je suis allé à droite.

11 Cette fois-là, enfin j'ai pu sortir dehors. Cependant, comme ce n'était pas la sortie est mais la sortie ouest,

12 je ne savais plus où j'étais *(où [sujet] où c'est [question])*, et donc, je suis venu jusqu'ici en taxi.

Note

4 戻る **modoru**, vous souvenez-vous de la signification de ce verbe ? Oui, c'est bien ça, *revenir sur ses pas* (leçon 35, § 4.2) !

13 — そうですか。新宿駅は簡単ですよ。

14 乗り換る場合には電車と同じ色の表示板がありますし **5**、

15 「出口」、「入口」もちゃんと書いてあります **6** から、

16 気をつけて見れば、すぐわかるはずです。

17 — そうですか。でも私みたいに色盲の人はどうしたらいいんです?

Soixante-dix-neuvième leçon / 79

13 – Ah bon ! C'est pourtant simple, la gare de Shinjuku !
14 Lorsque tu dois prendre un changement, il y a des indications de la même couleur que les trains,
15 en plus, c'est écrit régulièrement "sortie", "entrée",
16 alors si on fait attention, on doit comprendre tout de suite !
17 – Ah bon ! Mais comment faire, pour les daltoniens comme moi ?

Notes

5 し : ce petit mot sert à relier deux propositions, lorsqu'on cite différents faits qui s'accumulent pour justifier ou expliquer la même chose (leçon 71, phrases 4, 5 et 7).

6 書いて あります **kaite arimasu**. Pour un très petit nombre de verbes d'action, la combinaison : forme en て + ある (あります), sert à exprimer un passif mais dans un cas très particulier : l'action est envisagée sous l'angle de son résultat et on ne peut pas dire qui a fait cette action. C'est "on". On trouve souvent cette expression avec le verbe 書く **kaku**, *écrire* ; 書いて ある, *est écrit* (leçon 61, phrase 6) et aussi avec le verbe 置く **oku**, *poser* ; 置いて ある (leçon 62, phrase 10), *est posé, est rangé* (par *on*).

Les gares sont un élément central de la vie quotidienne. À Tôkyô et à Kyôto-Ôsaka, le métro, souterrain, n'est pas le principal moyen de transport. Vu l'étendue de ces villes, seul le train, en surface, constitue un moyen de transport efficace. Aussi, la gare, lieu de passage obligé, joue-t-elle un rôle privilégié. C'est le vrai centre du quartier. Elle atteint souvent des dimensions monstrueuses, incluant grands magasins, galeries marchandes, hôtels, bureaux, voire salles de spectacle, banques, restaurants sur plusieurs étages (y compris des étages souterrains). La gare de Shinjuku (environ 4 millions de passagers par jour...) est sans doute typique et relève vraiment du labyrinthe. Pour ne pas être en reste, Kyôto s'est dotée au début des années 2000 d'une immense gare à l'architecture ultra-moderne.

go hyaku roku jû yon

第七十九課

練習 1 – 訳 し なさい

1. 時計 が 止まって いて、何時 か わからなくて、遅く なって しまいました。着いた 時 は もう 七時 十五分 前 でした。
2. やっと 政府 は 科学 研究 の ため の 予算 を 決めました。
3. キエさん は いらっしゃいます か。- はい、います。
4. 家 に 帰った 後 で、すごい 雨 が 降りはじめました。
5. 家族 と 離れた 後、大変 な 生活 に なりました。

***

練習 2 – 言葉 を 入れ なさい

1. Ici, ce n'est pas un labyrinthe, c'est une gare.
 . . . . , ...
2. Le train part exactement à quatre heures moins vingt.
 . . . . demasu
3. Une telle couleur ne convient pas du tout.
 . . . . na
4. Si c'est cher, je n'achète pas.
 . . . . wa yo

Corrigé de l'exercice 1

❶ Ma montre s'étant arrêtée, je ne savais pas quelle heure il était et je suis arrivée en retard. Quand je suis arrivée, il était déjà sept heures moins le quart. ❷ Le gouvernement a enfin fixé le budget de la recherche scientifique. ❸ M. Quillet est-il là ? – Oui. ❹ Après que je suis rentré chez moi, il s'est mis à tomber une terrible averse. ❺ Après avoir quitté sa famille, il a mené une existence fort difficile.

Transcription

❶ tokei ga tomatte ite, nanji ka wakaranakute, osoku natte shimaimashita. tsuita toki wa mô shichiji jûgofun mae deshita ❷ yatto seifu wa kagaku kenkyû no tame no yosan o kimemashita ❸ kiesan wa irasshaimasu ka. hai, imasu ❹ ie ni kaetta ato de, sugoi ame ga furihajimemashita ❺ kazoku to hanareta ato, taihen na seikatsu ni narimashita

***

❺ J'ai étudié jusqu'à neuf heures et quart, puis je suis allé faire un tour à Shinjuku.

. . . . ,
. . . . asobi . . . .

Corrigé de l'exercice 2

❶ koko wa meiro de wa nakute, eki desu ❷ densha wa chôdo yo ji ni jup pun mae ni – ❸ konna iro wa zenzen awanai – ❹ takakereba kawanai – ❺ ku ji jû go fun made benkyô shite, shinjuku e – ni ikimashita

80 / 第八十課

<ruby>片仮名<rt>かたかな</rt></ruby> の <ruby>練習<rt>れんしゅう</rt></ruby>
kata ka na no ren shû
Exercice de katakana

N'oubliez pas de bien respecter l'ordre des traits et la direction des tracés.

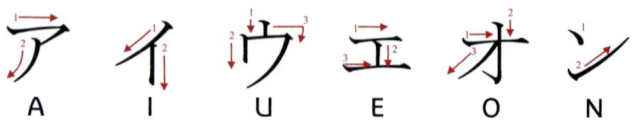

80

<ruby>第八十課<rt>だいはちじゅっか</rt></ruby> **dai hachi jûk ka**

▶ <ruby>学生<rt>がくせい</rt></ruby> の <ruby>部屋<rt>へや</rt></ruby>
gaku sei no   he ya

1 — <ruby>今週<rt>こんしゅう</rt></ruby> の <ruby>金曜日<rt>きんようび</rt></ruby> に
    kon shû no   kin yô bi   ni
    おふくろ **1** が <ruby>田舎<rt>いなか</rt></ruby> から <ruby>出<rt>で</rt></ruby>て
    o fu ku ro   ga   inaka   ka ra   de te
    くる ので、<ruby>少<rt>すこ</rt></ruby>し <ruby>部屋<rt>へや</rt></ruby> を
    ku ru   no de,   suko shi   he ya   o
    <ruby>片付<rt>かたづ</rt></ruby>けなければ いけない **2** ん だ。
    kata zu ke na ke re ba   i ke na i   n   da

Notes

1 おふくろ : bien que la traduction littérale de ce terme, "sac", puisse le laisser supposer, ce n'est pas un terme grossier mais un mot très familier, populaire, qui sent un peu sa campagne, et qu'emploient certains hommes pour dire *ma mère*.

567 • go hyaku roku jû shichi (nana)

書き取り

Dans les parenthèses, après la traduction, figure le mot d'origine, le plus souvent anglais.

❶ ea *(air/**air**)* ❷ ai *(œil/**eye**)* ❸ ia *(année/**year**)* ❹ uea *(porter un vêtement/**wear**)* ❺ on *(marche (sur un appareil))* ❻ in *(auberge/**inn**)*

Corrigé
❶ エア ❷ アイ ❸ イア ❹ ウエア ❺ オン ❻ イン

Deuxième vague : 30ᵉ leçon

Quatre-vingtième leçon 80

Une chambre d'étudiant

1 – Comme ma mère vient de province ce vendredi, il faut que je range un peu ma chambre.

2 Nous avons déjà vu (leçon 77, § 3.2) une expression exprimant l'obligation. En voici une autre : 片付けなければ いけません (いけない) katazukenakereba ikemasen (ikenai). La 1ʳᵉ partie signifie *si je ne range pas*. La 2ᵉ partie est いけません, venant de いける, mot dérivé de いく. いける, *pouvoir aller*. Ainsi, いけません signifie *ça ne peut pas aller* (litt. "si je ne range pas, ça ne peut pas aller") et on le traduit par *il faut que je range, je dois ranger*. Notez que l'expression dont la seconde partie est ならない（なりません）sert pour une obligation découlant de circonstances extérieures. En revanche, quand la seconde partie est いけない（いけません）, l'obligation provient d'un sentiment intérieur. La nuance entre les deux est plutôt morale.

go hyaku roku jû hachi

2 - どう やって この 部屋 を
   dô yatte kono heya o
   片付ける つもり 3 ?
   katazukeru tsumori

3 蒲団 は いつ から 畳んで
   futon wa itsu kara tatande
   ない 4 の 5 。
   nai no

4 机 の 上 に たくさん の 物
   tsukue no ue ni takusan no mono
   が 乗って いる ん じゃ ない 。
   ga notte iru n ja nai

5 蒲団 と 机 で 部屋 が 一杯 6
   futon to tsukue de heya ga ippai
   で、 畳 なんか 7 見えない じゃ ない 。
   de, tatami nanka mienai ja nai

6 この 中 で どう やって
   kono naka de dô yatte
   勉強 して る の 。
   benkyô shite ru no

7 ワイシャツ の 上 に 野菜 が
   waishatsu no ue ni yasai ga
   置いて あって、下着 の 横 に
   oite atte, shitagi no yoko ni
   砂糖 が 置いて あって…
   satô ga oite atte

Quatre-vingtième leçon / 80

2 – Comment as-tu l'intention de ranger cette chambre ?
3 Depuis quand ton futon est-il resté sans être plié ?
4 N'y a-t-il pas un monceau de choses sur la table ?
5 Rien qu'avec le futon et la table, la chambre est pleine, on ne voit même pas le sol !
6 Comment peux-tu travailler là-dedans !
7 Il y a des légumes posés sur tes chemises, et du sucre à côté de tes sous-vêtements !

Notes

3 Dans ce dialogue au ton très familier, beaucoup d'éléments disparaissent. Ici, à la fin de la phrase on attendrait です か. Le です disparaît purement et simplement. Et l'interrogation n'est marquée que par une intonation montante (voir aussi les phrases 4, 5 et 11).

4 畳んで ない **tatande nai** ; ない pour いない, mais le い est avalé.

5 Cela fait longtemps que nous n'avions plus rencontré ce の qui sert à indiquer l'interrogation, à la place de か et exactement dans les mêmes conditions (voir aussi les phrases 6 et 9).

6 一杯 **ippai** : nous avons déjà rencontré cette expression avec le sens de *un verre plein* (leçon 37, phrase 10). De ce sens dérive le sens plus général de *plein*.

7 なんか, a le même sens que など, qui vient soit après un nom seul, soit après une énumération, pour dire *tout ce qui est du même type que la (ou les) chose(s) que je viens de citer* (leçon 36, note 2).

8 きたない ナイフ や フォーク や 箸 が 机 の 下 に おっこちて いる **8** わ よ。

9 時計 が せっけん の 上 に 置いて ある わ。この せっけん 随分 ひからびて いる けど、使う こと ある の。

10 – そりゃ **9** たま に は ある さ **10**。僕 は 大学 と アルバイト で 夜 帰って くる と、くたくた で、部屋 なんか 片付ける 余裕 なんて ない よ。

11 – あなた この 前 片付けた の は いつ な の。

Quatre-vingtième leçon / 80

8 Il y a des couteaux, des fourchettes et des baguettes sales qui sont tombés sous la table !

9 Sur le savon est posée une montre. Ce savon est complètement sec, tu t'en sers ?

10 – Ça m'arrive ! C'est qu'entre l'université et mon job, quand je rentre le soir, je suis exténué, et je n'ai pas le temps de ranger.

11 – Quand as-tu rangé pour la dernière fois ?

Prononciation

10 … yoyuu …

Notes

8 おっこちて いる : la langue japonaise aime les sons qui créent une image (leçon 39, note 4). Ainsi, soit elle crée des mots seulement à cet usage, soit elle transforme les mots existants pour les rendre plus expressifs. Ici on a une de ces manipulations. La forme normale serait おちて いる de おちる, *tomber*.

9 そりゃ contraction de それ は, *cela*.

10 さ encore un de ces petits mots de fin de phrase. Celui-ci est employé par les hommes, avec un sens très voisin de celui de わ pour les femmes. Nous lui donnerons donc le même équivalent : "[adoucissement]".

12 — この 前 おふくろ が 上京
した 時 だ から、六ヶ月 前 だ よ。

13 — それ に して も、ちょっと ひどい じゃ ない。お母さん びっくり しちゃう **11** わ よ。

14 — 片付け 手伝って くれない か。たのむ よ。

***

▶ 練習 1 – 訳 し なさい

❶ 「アルバイト」と いう 日本語 の 言葉 は ドイツ語 から 来た 言葉 です。だから 片仮名 で 書きます。

❷ 日本 では、一番 普通 な の は、ベッド より 蒲団 で 寝る こと です。

Quatre-vingtième leçon / 80

12 – C'est la dernière fois que ma mère est venue à Tôkyô *(montée-à-la-capitale avoir-fait)*, donc cela fait six mois.
13 – Tout de même, tu y vas un peu fort, non ? Ta mère va être drôlement surprise !
14 – Tu ne m'aiderais pas à ranger ? S'il te plaît...

Note

11 しちゃう est ce qui reste, en langage familier, de la contraction de して et de しまう. しまう ajouté à un verbe à la forme en て indique que l'action exprimée par ce verbe est faite jusqu'au bout, *complètement* : ici, *ta mère sera completement surprise*.

***

❸ 子供達は、あの人が毎日遠い田舎から町まで歩いて来るのを知って、感心に思いました。
❹ 昨日冷蔵庫に入れたシャンペンがなくなったのを見て、不思議に思いました。
❺ 約束があるから必ずちょうど五時に出掛けなければならないが、その前にちょっと部屋を片付けなければいけないんだ。

go hyaku nana jû yon • 574

80 /第八十課

Corrigé de l'exercice 1

❶ Le mot japonais "arubaito" est un mot venu de l'allemand. C'est pourquoi on l'écrit en katakana. ❷ Le plus habituel au Japon, c'est de dormir sur un futon plutôt que sur un lit. ❸ Lorsque les enfants apprirent que cet homme venait tous les jours à pied de sa lointaine campagne jusqu'à la ville, ils furent remplis d'admiration. ❹ Quand j'ai vu que le champagne que j'avais mis hier dans le réfrigérateur avait disparu, j'ai trouvé cela bizarre. ❺ Comme j'ai un rendez-vous, il faut absolument que je quitte la maison à cinq heures pile, mais avant, je dois ranger un peu ma chambre.

***

練習 2 - 言葉 を 入れ なさい

❶ J'ai posé ma montre sur la table.

. . . . . wa . . . .

❷ L'ami de ma sœur (cadette) a mis sa valise sous la table de l'entrée.

. . . .
. . . .

❸ Il a sorti de son sac un gros portefeuille.

. . . .
. . . .

***

片仮名 の 練習

Nous utiliserons dès maintenant des voyelles longues, car leur système est fort simple en katakana : on fait suivre d'un tiret la syllabe dont la voyelle doit être longue (en général la syllabe accentuée dans la langue d'origine). Ce tiret sera dans le sens de l'écriture : horizontal si on écrit horizontalement, vertical si on écrit verticalement. Exemple : **kî** *(clef/**key**)* キー *ou* キ ｜

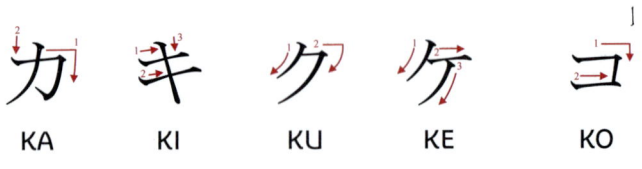

KA   KI   KU   KE   KO

Quatre-vingtième leçon / 80

Transcription

❶ arubaito to iu nihongo no kotoba wa doitsugo kara kita kotoba desu. dakara katakana de kakimasu ❷ nihon de wa, ichiban futsû na no wa, beddo yori futon de neru koto desu ❸ kodomotachi wa, ano hito ga mainichi tooi inaka kara machi made aruite kuru no o shitte, kanshin ni omoimashita ❹ kinô reizôko ni ireta shanpen ga nakunatta no o mite, fushigi ni omoimashita ❺ yakusoku ga aru kara kanarazu chôdo goji ni dekakenakereba naranai ga, sono mae ni chotto heya o katazukenakereba ikenai n da

***

❹ Il faut que je rencontre cette semaine mon père que je n'ai pas vu depuis trois mois.

. . . . atte inai . . . .
. . . .

❺ Comme je ne m'en sers que rarement, mon savon est complètement desséché.

. . . . node, ...
. . . .

Corrigé de l'exercice 2

❶ tokei – tsukue no ue ni okimashita ❷ imôto no tomodachi wa toranku o genkan no tsukue no shita ni iremashita ❸ baggu no naka kara ookii saifu o dashimashita ❹ san ka getsu mae kara – chichi ni konshû awanakereba ikemasen ❺ tama ni shika tsukawanai – , sekken ga hikarabite shimaimashita

***

書き取り

❶ inki *(encre/**ink**)* ❷ kôku *(coca-cola/**coke**)* ❸ kea *(attention/**care**)* ❹ ôkê *(d'accord/**O.K.**)* ❺ kôn *(maïs/**corn**)* ❻ kêki *(gâteau/**cake**)* ❼ eakon *(air conditionné/**air-con(ditionning)**)* ❽ koin *(pièce de monnaie/**coin**)*

Corrigé

❶ インキ ❷ コーク ❸ ケア ❹ オーケー ❺ コーン ❻ ケーキ ❼ エアコン ❽ コイン

Deuxième vague : 31ᵉ leçon

第八十一課 dai hachi jû ik ka
(だい はち じゅう いっ か)

風邪 (かぜ)
kaze

1 — 元気 (げんき) が なさそう **1** です ね。
   gen ki   ga   na sa sô   de su ne

2 — ええ、 風邪 (かぜ) を ひきました。
   e e,   kaze   o   hi ki ma shi ta

3 — 熱 (ねつ) も ある よう **2** です ね。
   netsu   mo a ru yô   de su ne

4 — ええ、 今朝 (けさ) 三十九 (さんじゅうきゅう) 度
   e e,   kesa   san jû kyû   do
   以上 (いじょう) ありました。
   i jô   a ri ma shi ta

5 — 薬 (くすり) を 飲 (の) む **3** か 医者 (いしゃ) に
   kusuri   o   no mu   ka i sha   ni
   見 (み) せた 方 (ほう) が いい です よ。
   mi se ta   hô   ga i i   de su yo

6 — 医者 (いしゃ) も 薬 (くすり) も 嫌 (きら) い です。
   i sha   mo kusuri   mo kira i   de su

7 — じゃあ、 どう やって 直 (なお) す の
   ja a,   dô   ya t te   nao su   no
   です か。
   de su ka

Quatre-vingt-unième leçon

Un rhume

1 – Vous n'avez pas l'air bien !
2 – Oui, j'ai attrapé un rhume.
3 – Il me semble que vous avez aussi de la fièvre.
4 – Oui, ce matin j'avais plus de 39°C.
5 – Il vaudrait mieux prendre un médicament ou voir un médecin.
6 – Je déteste et les médecins et les médicaments.
7 – Alors comment vous soignez-vous ?

Notes

1 なさ そう です : そう です signifie *d'après ce que je vois, de façon globale et rapide, il me semble que…* (leçon 71, note 3). Ici, employé après un adjectif : ない, *ne pas se trouver*, forme négative degré moins du verbe ある (leçon 35, fin du § 3), il doit suivre le radical de l'adjectif (ce qui reste quand on enlève le い). Ex. : *… semble intéressant* se dira おもしろそう です (leçon 25, phrase 9). Mais pour ない on n'utilise jamais un radical éventuel qui serait *な… On le rallonge : なさ. Donc : なさそう, *d'après ce que je vois, il me semble qu'il n'y a pas…*

2 ある よう です : le japonais considère qu'on ne peut affirmer quelque chose qu'à propos de soi-même. D'où toute une batterie de moyens pour affirmer quelque chose au sujet de son interlocuteur, avec un certain nombre de gradations. Le そう です de la note 1 sert à exprimer une première réaction. よう です, quant à lui, sert à présenter ce que l'on déduit logiquement d'une observation plus détaillée : よう です, *après observation de certains indices, je déduis que…* L'affirmation est donc plus forte.

3 飲む **nomu** : ce verbe que nous traduisons souvent par *boire* a en fait un sens plus large. Il s'emploie pour tout ce qu'on avale sans mâcher. Nous, nous "mangeons" de la soupe. Mais les Japonais diront dans ce cas 飲む. Idem pour les pilules et autres cachets qu'on avale (… quand on peut !) directement.

第八十一課

8 — 私 は 病気 に なる と、
watashi wa byôki ni naru to,
一切 化学 薬品 や
issai kagaku yakuhin ya
抗生物質 を 使わないで (4)、
kôsei busshitsu o tsukawanai de

9　鍼 や 指圧 や 漢方薬
hari ya shiatsu ya kanpôyaku
で 直します。
de naoshimasu

10　風邪 の 時 は 何も しないで
kaze no toki wa nani mo shinai de
暖かく して、寝て いる だけ です。
atatakaku shite, nete iru dake desu

11 — それ で 直る の です か。
sore de naoru no desu ka

12 — はい、直ります。しかし 薬 を
hai, naorimasu. shikashi kusuri o
飲む より は 時間 が かかります。
nomu yori wa jikan ga kakarimasu

13 — 僕 は せっかち な ので、
boku wa sekkachi na node,
病気 が 自然 に 直る
byôki ga shizen ni naoru
まで 待って いられません (5)。
made matte iraremasen

Quatre-vingt-unième leçon / 81

8 – Quand je suis malade je n'ai absolument jamais recours à des médicaments chimiques ni aux antibiotiques,

9 je me soigne par l'acupuncture, l'acupressure ou la pharmacopée chinoise.

10 Quand c'est un rhume, je ne fais rien, je me couche au chaud et c'est tout !

11 – Et vous guérissez comme ça ?

12 – Oui, je guéris. Mais cela prend plus de temps qu'avec des médicaments.

13 – Moi je suis trop pressé, je suis incapable de rester à attendre que la maladie guérisse naturellement !

Notes

4 使わないで **tsukawanaide** : quand un verbe à la forme en て est employé pour terminer une proposition et qu'il est à la forme négative, il y a deux possibilités : ou le verbe + ない à la forme en て (leçon 64, note 4) dont la valeur est celle que vous connaissez bien, ou le verbe + ないで comme ici. Il ne s'agit plus alors d'indiquer qu'il y a plusieurs propositions dans la phrase, mais cela signifie très précisément : *j'évite de faire telle chose, je fais plutôt telle autre*.

5 待って いられません **matte iraremasen** (leçon 72, note 6) vient de 待って いる **matte iru**, *être en train d'attendre, rester à attendre*. Mais ici, dans *je ne peux pas rester à attendre*, c'est l'auxiliaire いる (à une seule base) qui fournit le verbe dérivé : いられる(いられます), négatif : いられない(いられません).

14 医者の ところ へ 行って
i sha no to ko ro e i t te
薬を もらって、はやく 直した
kusuri o mo ra t te, ha ya ku nao shi ta
方が いい と 思います。
hô ga i i to omo i ma su

***

▶ 練習 1 – 訳 し なさい

❶ 今 の 条件 は むずかしく なった けれど、あきらめないで、勉強 して います。

❷ 変 な 噂 に 耳 を 貸さないで、自分 で 調べた 方 が いい です よ。

❸ 体 の ため に 最近 は バス に 乗らないで、会社 まで 歩いて 行って います。

❹ ゲガンさん か と 思いました が、近づいて みたら、別 の 人 でした。

❺ おととい、空港 で、君 の 同僚 の 竹村 さん に 会った が、このごろ いそがしそう だ ね。

Quatre-vingt-unième leçon / 81

14 Je pense qu'il vaut mieux se soigner vite, en allant chez le médecin et en se faisant prescrire des médicaments.

***

Corrigé de l'exercice 1
❶ Les conditions actuelles ont beau être devenues difficiles, il étudie sans se décourager. ❷ Il vaut mieux se renseigner par soi-même au lieu de prêter l'oreille aux ragots *(aux on-dit bizarres)*. ❸ Pour ma santé *(mon corps)*, maintenant je ne prends plus le bus et je vais à pied à mon bureau. ❹ J'ai cru que c'était M. Guégan, mais quand je me suis approchée, c'était quelqu'un d'autre. ❺ Avant-hier, à l'aéroport, j'ai rencontré ton collègue Takemura, il a l'air occupé ces temps-ci.

Transcription
❶ ima no jôken wa muzukashiku natta keredo, akiramenaide, benkyô shite imasu ❷ hen na uwasa ni mimi o kasanaide, jibun de shirabeta hô ga ii desu yo ❸ karada no tame ni saikin wa basu ni noranaide, kaisha made aruite itte imasu ❹ gegansan ka to omoimashita ga, chikazuite mitara, betsu no hito deshita ❺ ototoi, kûkô de, kimi no dôryô no takemura san ni atta ga, konogoro isogashisô da ne

練習 2 - 言葉 を 入れ なさい

❶ On dirait bien que vous avez attrapé un rhume.

. . . .

❷ Quand il a compris que sa mère ne viendrait pas, il a pris un air tout triste.

. . . . ,
. . . . na kao o shimashita

❸ Je n'aime pas regarder le tennis à la télé.
atashi . . . .
. . . .

***

片仮名 の 練習

ガ	ギ	グ	ゲ	ゴ
GA	GI	GU	GE	GO

第八十二課 dai hachi jû ni ka

ペット
pe t to

1 - 先週　　学校　　の　　生徒　　に　　見せる
sen shû　gak kô　　no　　sei to　　ni　　mi se ru

ため、日本　　文化　　に　　ついて　　の
ta me, ni hon　bun ka　　ni　　tsu i te　　no

ビデオ　を　　何本か 1　　見ました。
bi de o　　o　　nan bon ka　　mi ma shi ta

❹ Après que Tadashi soit rentré [chez lui], je me suis aperçue qu'il était parti en oubliant ses revues.

. . . . , ... no ni ki ga tsukimashita

❺ Si c'est léger, je pourrai le porter.

. . . .

Corrigé de l'exercice 2
❶ kaze o hiita yô desu ne ❷ okaasan ga konai no ga wakatta toki, kanashisô – ❸ – wa terebi de tenisu o miru no ga kirai desu ❹ tadashi kun ga kaetta ato, zasshi o wasurete itta – ❺ karukereba motemasu

***

書き取り
❶ gaun *(robe de chambre/**gown**)* ❷ gongu *(**gong**)* ❸ gô *(allons-y/**go**)*
❹ gan *(fusil/**gun**)* ❺ kingu *(roi/**king**)*

Corrigé
❶ ガウン ❷ ゴング ❸ ゴー ❹ ガン ❺ キング

Deuxième vague : 32ᵉ leçon

Quatre-vingt-deuxième leçon

Les animaux de compagnie

1 – La semaine dernière, j'ai visionné un certain nombre de vidéos sur la civilisation japonaise, pour les montrer aux élèves de mon école.

Note

1 本 **hon** : ce terme s'utilise ici pour compter des films (en référence à la pellicule d'autrefois !). 何本 **nanbon**, *combien de films ?* ; 何本か **nanbonka** (leçon 65, note 4), *un certain nombre de films*. C'est le même spécifique numéral qui servira pour les pattes de chien (phrase 10).

2. そこ は 日曜日 に なる と、デパート の 近辺 の 大通り が 全部 自動車 通行 禁止 に なり、
so ko wa nichi yô bi ni na ru to, de pâ to no kin pen no oo doo ri ga zen bu ji dô sha tsu kô kin shi ni na ri

3. 歩行者 天国 に なります。
ho kô sha ten goku ni na ri ma su

4. そして 大通り の 真中 に テーブル や 椅子 を 並べたり、
so shi te oo doo ri no man naka ni tê bu ru ya i su o nara be ta ri

5. 子供 の ため の ブランコ や シーソー など も 出したり します。
ko domo no ta me no bu ra n ko ya shî sô na do mo da shi ta ri shi ma su

6. そこ まで は 特 に 変わった こと は なかった の です が、
so ko ma de wa toku ni ka wa tta ko to wa na ka tta no de su ga

7. その 後 面白い 2 物 を 見ました。
so no ato omo shiro i mono o mi ma shi ta

Quatre-vingt-deuxième leçon / 82

2 D'après ces vidéos, le dimanche, les avenues aux alentours des grands magasins sont entièrement fermées à la circulation
3 et deviennent un paradis pour piétons.
4 De plus on installe des tables et des chaises au beau milieu des avenues,
5 on sort des balançoires et des bascules pour les enfants.
6 Jusque-là, il n'y avait rien de particulièrement bizarre mais
7 ensuite, j'ai vu quelque chose d'amusant.

Note

2 面白い **omoshiroi** est un adjectif très difficile à traduire : *intéressant, amusant, drôle*… En fait, il sert à qualifier tout ce qui peut piquer l'intérêt, quel que soit le degré : de l'amusement à la profonde attention.

8. 日曜日に家族づれで散歩している人達の中に犬を連れている人がいました。
nichi yô bi ni ka zoku zu re de san po shi te i ru hito tachi no naka ni inu o tsu re te i ru hito ga i ma shi ta

9. その犬がどんな恰好していたと思いますか。
so no inu ga do n na kak kô shi te i ta to omo i ma su ka

10. 四本の足に赤い靴をはかされていたのです。
yon hon no ashi ni aka i kutsu o ha ka sa re te i ta no de su

11. ずっと前に浅草でペット用の靴や服や帽子を売っている店を見たことがありますが、
zu t to mae ni asa kusa de pe t to yô no kutsu ya fuku ya bô shi o u t te i ru mise o mi ta ko to ga a ri ma su ga

12. まさかあんな物を買う人がいると思いませんでした。
ma sa ka a n na mono o ka u hito ga i ru to omo i ma se n de shi ta

Quatre-vingt-deuxième leçon / 82

8 Parmi les gens qui se promenaient en famille le dimanche, il y avait quelqu'un avec un chien *(chien [objet] accompagner)*.
9 Quelle allure pensez-vous qu'avait ce chien ?
10 On l'avait chaussé de petites chaussures rouges aux quatre pattes.
11 Il y a déjà longtemps, j'avais vu à Asakusa une boutique qui vendait des chaussures, des vêtements, des chapeaux pour les animaux mais
12 je ne pensais vraiment pas qu'il y ait des gens pour acheter de pareilles choses !

Note

3 はかされて いた, de はかされる lui-même dérivé de はかす. D'un verbe on peut dériver un autre verbe qui aura le sens de *faire (faire)* : はく, *enfiler soi-même* (des chaussures, un pantalon…), et はかす, *faire enfiler* (des chaussures…) à quelqu'un. À partir de ce verbe à plusieurs bases はかす, on dérive はかされる en mettant **areru** à la place du **u** final, et le verbe devient passif : はかす, *faire enfiler* → はかされる, *être chaussé* (litt. "être fait mettre des chaussures"). Attention, ce passif s'emploie pour tous les verbes, transitifs ou non.

13 - このごろ は 動物 気違い が 多い の で は ない です か。

14 - 家 の 近所 に 犬 猫 美容院 が あります。

15 そこ で は 偽 の 宝石 の ついた 首輪 など を 売って います。

16 - ああ、そう です か。この 間 お 会い した 4 時、

17 お 宅 5 の 猫ちゃん は、すてき な 宝石 の ついた 首輪 を して いました けれど、

18 そこ で 買った ん です ね。

Quatre-vingt-deuxième leçon / 82

13 – Est-ce qu'il n'y a pas en ce moment beaucoup de gens fous d'animaux ?
14 – Près de chez moi, il y a un institut de beauté pour chiens et chats.
15 On y vend des colliers incrustés de fausses pierres précieuses.
16 – Ah oui ! Quand nous nous sommes rencontrées, il n'y a pas longtemps,
17 votre petit chat portait un ravissant collier incrusté de pierres précieuses…
18 c'est là que vous l'avez acheté !…

Notes

4 お 会い した **o ai shita**, degré plus (pour je), correspondant au degré moyen 会いました **aimashita**, *avoir rencontré*.
5 お宅 **otaku** bien que ce soit un nom, on peut parler de degré plus équivalent de 家 **ie**, *chez moi* ; お宅 **otaku**, *chez vous*.

Le quartier d'Asakusa est situé au nord-ouest de Tôkyô, non loin d'Ueno (leçon 39). Devant son magnifique sanctuaire s'étend tout un espace couvert de galeries marchandes avec d'innombrables petites boutiques d'objets traditionnels d'artisanat et de produits alimentaires typiques. C'est un quartier qui garde une certaine atmosphère à l'ancienne : les provinciaux aiment à s'y rendre. C'est aussi le coin des théâtres, des music-halls. Jusqu'au milieu du XXe siècle c'était ce qu'on appelle pudiquement un "quartier de plaisir"… le quartier en a gardé des traces. C'est dans ce quartier qu'a été construit en 2012 le Tôkyô Sky Tree (leçon 6). Pourquoi dans ce quartier ? Peut-être en souvenir de la tour panoramique de 12 étages, 65 m. de haut, le Ryô.unkaku (gratte-ciel), édifié là en 1890. Symbole de l'entrée du Japon dans la modernité, premier bâtiment de Tôkyô à dépasser les deux étages, cette tour possédait aussi le premier ascenseur électrique. Elle a été détruite lors du grand tremblement de terre de Tôkyô en 1923. 65 m., 332 m., 634 m.… jusqu'où iront les Japonais ?

Deuxième vague : 33e leçon

練習 1 – 訳 し なさい

1. 兄 は お 見合い の 写真 を 送りましたが、断られて、あきらめました。
2. 一九〇〇 年 以前 に 建てられた 家 は、この 町 に 今 でも たくさん 残って います。
3. ヨーロッパ の 国 の 文化 に ついて 本を 読んだり、ビデオ を 見たり して、段々 いろいろ 覚えて いきます。
4. 晩御飯 の 支度 を して いる 間 に、子供 は 外 で 遊んだり、道 を 通る 人 を 見たり して います。

***

練習 2 – 言葉 を 入れ なさい

1. Où habitez-vous *(Où se trouve votre maison)* ?

2. J'habite *(Ma maison se trouve)* sur l'arrière de la banque qui se trouve sur le côté est de l'avenue.
. . . . gawa . . . . .
. . . .

3. N'est ce pas une drôle d'idée que de faire mettre des bottes à un chien !
. . . . okashii ja nai desu ka

❺ ビデオ を 二十本 一日中 見て いました
ので、大変 疲れました。

Corrigé de l'exercice 1
❶ Mon frère *(aîné)* avait envoyé sa photo pour un mariage arrangé, mais comme il a essuyé un refus *(il a été refusé)*, il est désespéré. ❷ Il reste encore actuellement dans notre ville beaucoup de maisons construites avant 1900. ❸ Je lis des livres et je regarde des vidéos sur les cultures des pays européens, et ainsi, petit à petit j'apprends des tas de choses. ❹ Pendant que je prépare le dîner, dehors les enfants s'amusent ou regardent les gens qui passent dans la rue. ❺ J'ai visionné vingt vidéos en une journée, je suis terriblement fatigué !

Transcription
❶ ani wa o miai no shashin o okurimashita ga, kotowararete, akiramemashita ❷ sen kyû hyaku nen izen ni taterareta ie wa, kono machi ni ima demo takusan nokotte imasu ❸ yôroppa no kuni no bunka ni tsuite hon o yondari, bideo o mitari shite, dandan iroiro oboete ikimasu ❹ bangohan no shitaku o shite iru aida ni, kodomo wa soto de asondari, michi o tooru hito o mitari shite imasu ❺ bideo o nijuppon ichinichijû mite imashita node, taihen tsukaremashita

***

❹ C'est un roman qui a été écrit dans des conditions particulières.
. . . . no moto de . . . .
. . . .

❺ Moi je déteste écouter de la musique en travaillant mon japonais.
. . . .
. . . .

Corrigé de l'exercice 2
❶ otaku wa doko ni arimasu ka ❷ uchi wa oodoori no higashi – ni aru ginkô no ura ni arimasu ❸ inu ni kutsu o hakasu no wa – ❹ tokubetsu na jôken – kakareta shôsetsu desu ❺ watashi wa nihongo no benkyô o shinagara ongaku o kiku no ga kirai desu

第八十三課

片仮名 の 練習

サ	シ	ス	セ	ツ
SA	SHI	SU	SE	SO

第八十三課 dai hachi jû san ka
だい はち じゅう さん か

文学 (ぶんがく)
bun gaku

1 — この頃 の 若い 人達 は あまり
ko no goro no waka i hito tachi wa a ma ri
本 を 読まなく なりました ね。
hon o yo ma na ku na ri ma shi ta ne

2 　　私達 が 若かった 頃 に は、
watashi tachi ga waka ka t ta koro ni wa,
一生懸命 源氏 物語 や **¹**
is shô ken mei gen ji mono gatari ya
枕 草子 **²** など 古典 文学
makura no sô shi na do ko ten bun gaku
を よく 読んだ もの でした **³** が、
o yo ku yo n da mo no de shi ta ga

3 　孫 など は 漫画 しか
mago na do wa man ga shi ka
読みません。
yo mi ma se n

書き取り

① aisu (glace/**ice**) ② sain (signature/**sign**) ③ sakusesu (succès/**success**)
④ ôsâ (auteur/**author**) ⑤ saiensu (science) ⑥ uisukî (whisky)
⑦ konsaisu (de petit format/**concise**) ⑧ kôsu (programme/**course**)

Corrigé

① アイス ② サイン ③ サクセス ④ オーサー ⑤ サイエンス
⑥ ウイスキー ⑦ コンサイス ⑧ コース

Quatre-vingt-troisième leçon

La littérature

1 – Les jeunes de maintenant ne lisent plus beaucoup !
2   Quand nous étions jeunes, nous avons bien souvent lu, avec passion, la littérature classique : le Roman de Genji ou les Notes de chevet, mais
3   nos petits-enfants ne lisent que des bandes dessinées.

Notes

1 Il y a deux façons de dire *et* entre deux noms. D'abord と, lorsque l'énumération est complète, que l'on cite tous les objets concernés (leçon 66, phrase 12) ; puis や quand on ne cite pas tout, seulement quelques objets représentatifs. Cela explique que l'on traduise ce や tantôt par *et*, tantôt par *ou*.

2 枕 草子 se lit bien **makura no sôshi**, bien que le の ne soit pas écrit. Ceci arrive souvent dans les noms propres (leçon 68, phrase 1 : 山 手 lu **yama no te**, bien qu'il n'y ait pas の).

3 L'emploi de もの でした (です) implique que ce qui précède est présenté comme une habitude du locuteur, un acte qu'il accomplit ou accomplissait fréquemment.

go hyaku kyû jû yon

4 − 読みたい　本を　全部　買うことは　できなかったので、
5 　図書館へ　通って　よく　読んだ　ものでした。
6 　二十に　なった　頃には　平安　時代の　主な　作品は　ほぼ　全部　読んで　いました。
7 　特に　清少納言の　枕の草子　などは　暗記する　ほど　何度も　読みました。
8 − あなたは　清少納言とか　紫式部　などの　女流作家が　好きな　ようですね。

Quatre-vingt-troisième leçon / 83

4 – Comme je ne pouvais pas acheter tous les livres que je voulais lire,
5 je fréquentais assidûment la bibliothèque et j'y lisais beaucoup.
6 À vingt ans *(vingt-ans [but] être-devenu moment [temps] [renforcement])*, j'avais lu presque toutes les œuvres importantes de l'époque de Heian.
7 Et surtout les Notes de chevet de Sei Shônagon, je l'ai lu tant de fois que je le savais presque par cœur.
8 – On dirait que vous aimez les écrivains femmes, comme Sei Shônagon, Murasaki Shikibu…

Prononciation

8 … djolyuu …

Note

4 図書館 **toshokan**, *bibliothèque*, mais uniquement au sens de lieu où sont stockés des ouvrages destinés à être consultés par le public.

go hyaku kyû jû roku • 596

9 — いいえ、別にそういうわけではないですが、
　　 iie, betsu ni sô iu wake de wa nai desu ga,

10　どちらかというと、平安時代の朝廷文学が好きなので、
　　 dochira ka to iu to, heian jidai no chôtei bungaku ga suki na no de,

11　自然と女の作家の作品を読むことになりました。
　　 shizen to onna no sakka no sakuhin o yomu koto ni narimashita

12　この間、孫に「日本の代表的な古典だから源氏物語でも読みなさい」と言ったら、
　　 kono aida, mago ni "nihon no daihyôteki na koten da kara genji monogatari de mo yomi nasai" to ittara,

13　「もう漫画で読んだ」と答えられました [5]。
　　 "mô manga de yonda" to kotaeraremashita

Quatre-vingt-troisième leçon

9 – **Non, pas spécialement** *(spécial [adverbial] ainsi dire raison ce-n'est-pas)*, **mais,**
10 **à dire vrai** *(de-quel-côté [question] [citation] dire si)*, **comme j'aime la littérature de cour de l'époque de Heian,**
11 **j'en suis venue naturellement à lire les œuvres des écrivains femmes.**
12 **Récemment j'ai dit à ma petite-fille : "Dans la mesure où c'est une œuvre classique représentative du Japon, tu devrais lire le Genji monogatari",**
13 **je me suis vue répondre : "Je l'ai déjà lu en mangas".**

Note

5 Pour les verbes à une seule base, on peut aussi dériver un verbe passif (leçon 82, note 3), exactement de la même façon que pour les verbes à plusieurs bases. De 答える **kotaer**ᵘ, *répondre*, on dérive 答えられる **kotaer** areruᵘ, en remplaçant le ᵘfinal par areruᵘ. Le passif dont il est question ici est à prendre au sens littéral du terme : une action, un événement, un fait, que l'on subit.

14 あっ、もう 四時 (よじ) ですね。遅く (おそ) まで お邪魔 (じゃま) しました。
a t, mô　yo ji　de su　ne.　oso ku ma de　o　ja ma　shi ma shi ta.

15 — まだ いい で は ない です か。
ma da　i i　de　wa　na i　de su　ka

16 — ええ。主人 (しゅじん) が 帰って (かえって) くる まで に 晩御飯 (ばんごはん) の 買物 (かいもの) と 支度 (したく) を しなければ いけません **6**。
e e.　shu jin　ga　kae t te　ku ru　ma de　ni　ban go han　no　kai mono　to　shi taku　o　shi na ke re ba　i ke ma se n.

ごちそう さま でした **7**。
go chi sô　sa ma　de shi ta

17 — どう いたしまして。また、いつ でも 遊び (あそび) に 来て (きて) ください。
dô　i ta shi ma shi te.　ma ta,　i tsu de mo　aso bi　ni　ki te　ku da sa i

18 — 失礼 (しつれい) します。ごめん ください ませ **8**。
shitsu rei　shi ma su.　go me n ku da sa i ma se

Notes

6 なければ いけません : vous souvenez-vous de cette manière d'exprimer une obligation découlant de circonstances extérieures (leçon 80, note 2) ?

Quatre-vingt-troisième leçon / 83

14 Ah, il est déjà quatre heures ! Excusez-moi de vous avoir dérangée si longtemps !
15 – Restez encore un peu *(encore être-bien ce-n'est-pas-que c'est [question])* !
16 – Non. Avant que mon mari ne rentre, je dois faire les courses et préparer le dîner. Merci pour le déjeuner.
17 – De rien, vraiment ! Revenez me voir un de ces jours !
18 – Je vous laisse. Excusez-moi !

7 ごちそう さま でした : il s'agit de la formule de remerciement à utiliser lorsque quelqu'un vous a offert à boire ou à manger.
8 Voici une autre forme figée de ます : ませ (leçon 78, note 1). Il s'agit d'une sorte d'impératif, ごめん くださいませ, *excusez-moi*, que l'on utilise souvent pour se quitter ou terminer une conversation téléphonique (plutôt féminin).

La période de Heian (début IXe - fin XIIe) fut un âge d'or, en particulier pour la littérature. Les plus grands chefs-d'œuvre littéraires ont été produits à cette époque, peu de temps après le syllabaire hiragana, dérivé à partir des caractères chinois, qui permettait aux Japonais d'écrire plus facilement dans leur langue. Ces chefs-d'œuvre sont le fait de femmes de l'entourage de l'Empereur. Dans ses 53 chapitres, le **Genji monogatari** *retrace le destin personnel d'un personnage, sa vie amoureuse, et sa carrière politique. Il décrit la vie de la cour, les coutumes, les modes de pensée. Le* **Makura no sôshi** *est lui, une suite de textes mêlant réflexions poétiques et notes journalières sur la vie à la cour. C'est aussi l'âge d'or de la poésie. Le* 和歌 **waka** *(dit aussi* 短歌 **tanka***), qui s'impose depuis plusieurs siècles comme LA forme poétique nous fait partager les émotions esthétiques ou amoureuses de l'aristocratie.*

第八十三課

練習 1 – 訳 し なさい

1. 七時 ごろ に 大変 な 交通 事故 が あって、高速道路 は 通れなく なりました。
2. 暑くて、暑くて、死ぬ ほど 暑かった です。
3. 図書館 が どこ に ある か と 聞かれました が、わからなくて、答えられません でした。
4. 最近 足 が 痛く なって、歩けなく なって しまいました。
5. 先週 読んだ 農業 の 雑誌 に よる と、今 日本 で は いろいろ な 新しい 野菜 を 作れる よう に なって います。

***

練習 2 – 言葉 を 入れ なさい

1. Quel âge a votre jeune sœur ?
   . . . .
2. Juste vingt ans cette année.
   . . . .
3. Il y a des gens qui croient qu'avec un ordinateur on peut tout faire.
   . . . . o . . . . . . te . . . . te iru . . . .
4. Quand j'étais jeune, je comptais devenir écrivain.
   . . . . omotte imashita

Quatre-vingt-troisième leçon / 83

Corrigé de l'exercice 1

❶ Vers sept heures, il y a eu un terrible accident de la circulation, et on ne pouvait plus emprunter l'autoroute. ❷ Il faisait chaud, chaud à mourir ! ❸ Je me suis vu demander où il y avait une bibliothèque, mais comme je ne savais pas, je n'ai pas pu répondre. ❹ Depuis quelque temps mes jambes me font mal, je ne peux plus du tout marcher. ❺ D'après *(si on se fonde sur)* une revue d'agriculture que j'ai lue la semaine dernière, on est arrivé actuellement, au Japon, à pouvoir cultiver toutes sortes de nouveaux légumes.

Transcription

❶ shichiji goro ni taihen na kôtsû jiko ga atte, kôsokudôro wa toorenaku narimashita ❷ atsukute, atsukute, shinu hodo atsukatta desu ❸ toshokan ga doko ni aru ka to kikaremashita ga, wakaranakute, kotaeraremasen deshita ❹ saikin ashi ga itaku natte, arukenaku natte shimaimashita ❺ senshû yonda nôgyô no zasshi ni yoru to, ima nihon de wa iroiro na atarashii yasai o tsukureru yô ni natte imasu

***

❺ Demain s'il fait beau, nous devrions nous lever *(levons-nous)* tôt et faire *(faisons)* une promenade au jardin public.
. . . . ga . . . . , ... , ...
. . . .

Corrigé de l'exercice 2

❶ imôto san wa o ikutsu desu ka ❷ kotoshi chôdo hatachi desu ❸ konpyûtâ – tsukat – nandemo dekiru to omot – hito ga imasu ❹ wakai toki sakka ni narô to – ❺ ashita tenki – yokereba, hayaku okite, kôen o sanpo shimashô

roppyaku ni •602

片仮名 の 練習

第八十四課 dai hachi jû yon ka

まとめ – Révision

1 Les termes de parenté

Nous avons d'abord une promesse à tenir : la famille (leçon 78, note 6). Quels termes employer pour parler aux autres :
– des membres de ma propre famille ?
– des membres de leur famille ?
Vous allez le voir, la réponse est un peu compliquée, mais logique.

1.1 Parler des membres de MA famille

Examinons ce premier cas. Tout dépend alors de l'âge que l'on a ; si l'on est enfant ou adulte. Pour fixer la limite entre les deux, disons que l'on cesse d'être un enfant (en ce qui concerne le problème qui nous occupe !…) lorsque l'on quitte la maison de ses parents, que l'on gagne sa vie, que l'on se marie.

Donc premièrement : le cas d'un enfant (leçon 39, note 1). L'enfant parle de sa *petite sœur* ou de son *petit frère*. Il dit simplement leur nom avec ちゃん : かおるちゃん, ou il compose une expression 妹 の かおるちゃん **imôto no kaoruchan** (litt. "sœur-cadette [apposition] Kaoru") (leçon 39, phrase 14). Pour parler de sa grande sœur, il dira お姉さん **oneesan**, *ma grande sœur* ; de son grand frère, お兄さん **oniisan**, *mon grand frère* (leçon 71, phrase 10).

書き取り

❶ sezon *(saison)* ❷ jînzu *(jeans)* ❸ zôn *(zone)* ❹ kôzu *(cause)*
❺ kuizu *(jeu télévisé/**quizz**)* ❻ saizu *(taille/**size**)*

Corrigé
❶ セゾン ❷ ジーンズ ❸ ゾーン ❹ コーズ ❺ クイズ ❻ サイズ

Deuxième vague : 34ᵉ leçon

Quatre-vingt-quatrième leçon

Maintenant pour parler de sa *mère*, il dira お母さん **okaasan**, de son *père* : お父さん **otoosan** (leçon 71, ex. 1, phrase 1). Pour parler de sa *tante*, il dira 伯母さん **obasan**, de son *oncle*, 伯父さん **ojisan**. Enfin pour parler de sa *grand-mère* il dira お祖母さん **obaasan** (leçon 39, phrase 1), de son *grand-père*, お祖父さん **ojiisan** (leçon 39, phrase 1).

Dans le cas d'un petit enfant, il appelle, par extension お姉さん **oneesan**, *toute jeune fille de l'âge de sa grande sœur*, お兄さん **oniisan**, *tout jeune homme de l'âge de son grand frère* ; 伯母さん **obasan**, *toute femme* / 伯父さん **ojisan**, *tout homme de l'âge de ses parents* ; お祖母さん **obaasan**, *toute femme* / お祖父さん **ojiisan**, *tout homme de l'âge de ses grands-parents*.

Maintenant, les adultes ! Ils suppriment さん de tous ces mots. Ils n'emploient jamais さん pour parler d'eux-mêmes, ni des gens de leur propre famille (leçon 26, note 2) : *ma sœur cadette* se dit alors 妹 **imôto** (leçon 80, ex. 2, phrase 2) ; *mon frère cadet* se dit 弟 **otôto** ; *ma sœur aînée*, 姉 **ane** (leçon 55, ex. 2, phrase 5) ; *mon frère aîné*, 兄 **ani** (leçon 82, ex. 1, phrase 1) ; *ma mère*, 母 **haha** ; *mon père*, 父 **chichi** (leçon 64, phrase 11). Je peux parler des deux d'un seul coup : *mes parents*, 両親 **ryôshin** (leçon 53, ex. 1, phrase 5). Pour finir, ils disent *ma tante*, 伯母 **oba** ; *mon oncle*, 伯父 **oji** (leçon 32, phrase 1) ; *ma grand-mère*, 祖母 **sobo** ; *mon grand-père*, 祖父 **sofu**.

Dans le cas où on est marié, en tant que femme on dit *mon mari*, 主人 **shujin** (leçon 83, phrase 16). En tant qu'homme, on parle de sa femme en disant 家内 **kanai**, *ma femme* (leçon 44, phrase 4 ou 妻 **tsuma** (leçon 34, phrase 7), qui a un petit air plus officiel, *mon épouse*.

Homme ou femme, on parle de ses enfants de la manière suivante : *ma fille*, 娘 **musume** (avec le même type d'extension que ci-dessus : 娘 **musume**, *toute jeune fille qui aurait l'âge de ma fille* (leçon 76, phrase 14) ; *mon fils*, 息子 **musuko** (leçon 26, phrase 4) ; *mon neveu*, 甥 **oi** (leçon 69, phrase 1) ; *ma nièce*, 姪 **mei** ; et plus tard, *mes petits-enfants*, 孫 **mago** (leçon 83, phrases 3 et 12).

Vous voilà paré pour raconter toutes vos histoires de famille !

1.2 Parler des membres de la famille de QUELQU'UN D'AUTRE

Examinons maintenant le second cas. Conséquence immédiate et évidente : vous devez rétablir さん partout (vous retrouverez ainsi la plupart des mots des enfants pour le premier cas !), de la sœur cadette au grand-père : 妹さん **imôtosan**, *votre/ta sœur cadette* (leçon 83, ex. 2, phrase 1) ; 弟さん **otôtosan**, *votre/ton frère cadet* ; お姉さん **oneesan**, *votre/ta sœur aînée* ; お兄さん **oniisan**, *votre/ton frère aîné* ; お母さん **okaasan**, *votre/ta mère* (leçon 80, phrase 13) ; お父さん **otôsan**, *votre/ton père* ; 伯母さん **obasan**, *votre/ta tante* ; 伯父さん **ojisan**, *votre/ton oncle* ; 甥御さん **oigosan**, *votre/ton neveu* (leçon 69, phrase 3) ; お祖母さん **obaasan**, *votre/ta grand-mère* ; お祖父さん **ojiisan**, *votre/ton grand-père*.
Si vous vous adressez à quelqu'un qui est marié, vous dites *votre femme*, 奥さん **okusan** ; *votre mari*, 御主人 **goshujin** (leçon 48, phrase 11) ; *votre fille*, 娘さん **musumesan** (leçon 66, ex. 2, phrase 5), ou très poli : お嬢さん **ojôsan** (leçon 15, phrase 6) ; *votre fils*, 息子さん **musukosan** (leçon 23, phrase 1) ou s'il est encore petit お坊ちゃん **obotchan** (leçon 15, phrase 10).

Vous voilà désormais équipé pour vous intéresser aux histoires de familles !

1.3 Quelques remarques

– お祖母さん **obaasan** ou お祖父さん **ojiisan** désigneront aussi, bien souvent, *n'importe quelle personne âgée*, avec qui aucun des

participants de la conversation n'a de lien de parenté, mais avec qui on veut créer une relation de familiarité (leçon 59, ex. 2, phrase 5).
– Le terme 奥さん **okusan**, est devenu général au sens de *madame* (leçon 59, phrase 12).
– Puisque nous y sommes, allons jusqu'au bout ! Il arrive aussi que l'on parle de la sœur ou de l'oncle... d'une tierce personne. Ou cette tierce personne est quelqu'un que vous connaissez, qui appartient à vos relations : en général on emploie alors la série avec さん (leçon 71, phrase 7). Ou bien c'est dans un récit, à propos de gens que vous ne connaissez pas, avec lesquels vous n'avez aucune relation ; on emploie alors la série sans さん (leçon 43, phrase 11).

2 Les verbes dérivés

Nous avons récemment vu surgir brutalement les verbes dits "dérivés". Il serait temps de faire le point sur les deux séries rencontrées.

2.1 Potentiel
Il s'agit des formes qui permettent d'exprimer *pouvoir (faire quelque chose)*.
Mode de dérivation :
– pour les verbes à plusieurs bases, $_{eru}$ remplace $_u$ (leçon 70, § 4) : 読む **yom**$_u$, *lire* → 読める **yom**$_{eru}$ *'pouvoir lire*.
– Pour les verbes à une seule base, $_{areru}$ remplace $_u$ (leçon 72, note 6) : 降りる **orir**$_u$, *descendre* → 降りられる **orir**$_{areru}$ *'pouvoir descendre*.

2.2 Passif
Mode de dérivation : pour tous les verbes, $_{areru}$ remplace $_u$ (leçon 82, note 3) : はかす **hakas**$_u$ (verbe à plusieurs bases), *faire mettre par les pieds* → はかされる **hakas**$_{areru}$, *être fait mettre par les pieds* ; 答える **kotaer**$_u$, *répondre* (verbe à une seule base) → 答えられる **kotaer**$_{areru}$, *s'être fait répondre*.
Les verbes dérivés ainsi obtenus sont tous des verbes à une seule base.

2.3 Différences entre les deux sortes de verbes
Mais vous avez déjà vu le problème... pour les verbes à plusieurs bases, on a bien deux verbes dérivés différents : 使う

tsukau, *utiliser* ; 使える **tsukaeru**, *pouvoir utiliser* ; 使われる **tsukawareru**, *être utilisé* (profitons-en pour noter que ces verbes dont la dernière syllabe est un **u** tout seul devront se voir rajouter un **w** avant **areru**, voyez la leçon 77, § 3.1 pour un phénomène similaire). Pour les verbes à une seule base, on n'a en fait qu'une seule forme dérivée : 忘れる **wasureru**, *oublier* ; 忘れられる **wasurerareru**, *pouvoir oublier* ou bien *être oublié* ou encore *pouvoir être oublié*. C'est le contexte qui permettra de savoir lequel est le bon, et il est rare de se tromper...

Pour les deux verbes irréguliers :

– する, *faire* : *pouvoir faire* n'existe pas, on emploiera à la place できる, *être possible*. Mais le passif *être fait* se dira される **sareru**.
– 来る, *venir* **kuru**, n'aura qu'une seule forme dérivée pour le potentiel et le passif, comme les verbes à une seule base : 来られる **korareru**, *pouvoir venir* ou *subir la venue de quelqu'un*.

3 Les verbes : les formules de demande

Restons dans les verbes. Juste pour vous rappeler qu'il existe trois façons de demander directement à quelqu'un de faire quelque chose, et que vous les connaissez déjà toutes :

– La base des verbes à une seule base, ou la base en **i** des verbes à plusieurs bases + なさい. Forme de degré moins, familière. Correspondrait à l'impératif deuxième personne du singulier (leçon 76, phrase 15). Si nous l'employons dans l'intitulé des exercices 2 de chaque leçon, c'est qu'étant degré moins, il correspond au cas où en français on aurait le choix entre deux formules : l'impératif *mettez*, ou l'infinitif *mettre*.

– Forme en て des verbes + ください. C'est la formule la plus passe-partout, un degré moyen (leçon 83, phrase 17).

– Et puis on a un degré plus, sous la forme : お + base des verbes à une seule base, ou base en **i** des verbes à plusieurs bases + なさい ou ください (leçon 46, phrase 9).

Leur emploi dépend de la relation existant entre les interlocuteurs. ce ne sera donc pas forcément symétrique.

Quatre-vingt-quatrième leçon / 84

Ainsi, dans la leçon 18 : le commerçant s'adresse au client avec une formule degré plus : お待ちください **o machi kudasai**, *attendez, veuillez attendre* (phrase 5), mais le client, lui, n'emploie qu'une formule de degré moyen : 見せてください **misete kudasai**, *montrez-moi* (phrase 6).

Dans la langue familière, en famille par exemple, il arrive très souvent aussi qu'on fabrique un degré moins en abrégeant la formule degré moyen, c'est-à-dire en supprimant le ください. Il ne reste alors que la forme en て, alors exceptionnellement située à la fin de la phrase (leçon 78, phrase 8).

***

復習 会話

1 東京 か 大阪 の よう な 大きい 町 に 住んで いたら、一番 はやく 覚えなければ ならない 漢字 は「入口」と「出口」です。

2 簡単 な 字 です から、簡単 に 覚えられる でしょう。

3 北、南、東、西、四つ の 方向 の 名前 も 覚えれば、便利 です。

4 「アルバイト」と いう 言葉 は、最初 の 二つ の 音 を 言わないで、「バイト」 と も 言えます。

第八十四課

5 ここに 下宿 して いる 学生 は？ 今 留守 です。ちょうど 三分 前 に 出かけた ところ です。

6 日本 文学 に ついて 研究 する この 外国人 の 学生 は 主 な 代表的 な 作品 を もう 読んだ よう です。

7 平安 時代 の 一番 よく 知られて いる 作家 は ほぼ 皆 女流 作家 です。

8 薬 で 風邪 を 直す の は、自然 に 直る の を 待つ より は はやい です。

9 今年 の 政府 の 予算 は 九 十 万 兆 円 以上 に なる はず です。

10 あなた が あんな ひどい 漫画 を 読む の が 好き だ と 思わなかった わ。

Comment s'est passé le changement depuis la leçon 78 ? Certainement très bien! Nous allons donc passer à une deuxième étape. Comme nous l'avions fait pour les exercices, nous allons séparer les dialogues et leur transcription. Vous êtes habitué maintenant ! Et puis surtout : pourquoi continuer à écrire en transcription les réponses aux exercices 2, puisque vous êtes capables de les écrire en hiragana ? À partir de la prochaine leçon, les points dans les

Traduction

Quatre-vingt-quatrième leçon / 84

1 Si on habite des grandes villes comme Tôkyô ou Ôsaka, les kanji qu'il faut retenir le plus vite ce sont ceux qui veulent dire "entrée" et "sortie". **2** Comme ce sont des caractères simples, on peut les retenir facilement. **3** Il est utile de se rappeler aussi le nom des quatre points cardinaux : nord, sud, est, ouest. **4** Le mot "arubaito" se dit souvent aussi "baito", sans prononcer les deux premières syllabes. **5** L'étudiant qui est mon locataire ? En ce moment il est absent. Il vient de sortir, il y a juste trois minutes. **6** Il semble que cet étudiant étranger qui fait des recherches sur la littérature japonaise en ait déjà lu toutes les œuvres représentatives. **7** Les écrivains les plus célèbres de l'époque de Heian sont presque tous des écrivains femmes. **8** Guérir un rhume avec des médicaments, ça va plus vite que d'attendre qu'il guérisse naturellement. **9** Il est à prévoir que le budget du gouvernement pour cette année atteigne 90 trillions de yens. **10** Je ne pensais pas que tu aimais lire d'aussi horribles mangas.

Transcription

1 tôkyô ka oosaka no yô na ookii machi ni sunde itara, ichiban hayaku oboenakereba naranai kanji wa iriguchi to deguchi desu **2** kantan na ji desu kara kantan ni oboerareru deshô **3** kita, minami, higashi, nishi, yottsu no hôkô no namae mo oboereba, benri desu **4** arubaito to iu kotoba wa, saisho no futatsu no oto o iwanaide, baito to mo iemasu **5** koko ni geshuku shite iru gakusei wa. ima rusu desu. chôdo sanpun mae ni dekaketa tokoro desu **6** nihon bungaku ni tsuite kenkyû suru kono gaikokujin no gakusei wa omo na daihyôteki na sakkuhin o mô yonda yô desu **7** heian jidai no ichiban yoku shirarete iru sakka wa hobo minna joryû sakka desu **8** kusuri de kaze o naosu no wa, shizen ni naoru no o matsu yori wa hayai desu **9** kotoshi no seifu no yosan wa kyû jû man chô en ijô ni naru hazu desu **10** anata ga anna hidoi manga o yomu no ga suki da to omowanakatta wa

réponses vont correspondre non plus à des lettres de l'alphabet mais à des hiragana (ou katakana qui vous sont connus). Vous serez peut être un peu surpris au début, mais vous allez vite vous y faire. Faites confiance à vos acquis. Bon courage !

Deuxième vague : 35ᵉ leçon

第八十五課
だい はちじゅうご か

金閣寺
きんかくじ

1 — 表紙 に 金閣寺 の 写真
　　ひょうし　　きんかくじ　　　しゃしん
は どう でしょう か。

2 — いい です ね。池 と 金色
　　　　　　　　　　いけ　　きんいろ
の お 寺 の 写真 を
　　　てら　　しゃしん
見る と、いつも 心 が
み　　　　　　　こころ
静まります ね。
しず

3　京都 の お 寺 の 中 で
　　きょうと　　　てら　　なか
一番 きれい だ と 思います。
いちばん　　　　　　　おも

4　今 の 建物 は 一 三
　　いま　たてもの　　せん　さんびゃく
九 七 **1** 年 に 建てられた **2**
きゅうじゅう なな　ねん　　た
もの で は なく **3**、

Notes

1 La manière d'écrire une date répond aux mêmes principes que chez nous : c'est la position du chiffre qui décide s'il appartient aux unités, aux dizaines, aux centaines ou aux milliers. Comme en français, on dit *mille* et non *un mille*, donc le premier chiffre ici (bien qu'il s'agisse d'un 1) se dira **sen** (leçon 63, § 1).

Quatre-vingt-cinquième leçon

Le Kinkakuji

1 – Que diriez-vous, pour la couverture, d'une photo du Kinkakuji ?
2 – Bonne idée ! À la vue de la photo de la pièce d'eau et du monastère, tout doré, le cœur s'apaise toujours.
3   Pour moi c'est le plus beau de tous les monastères de Kyôto.
4   Le bâtiment actuel n'est pas celui qui a été édifié en 1397,

Transcription

Kinkajuji

1 – hyôshi ni kinkakuji no shashin wa dô deshô ka
2 – ii desu ne. ike to kin.iro no o tera no shashin o miru to, itsumo kokoro ga shizumarimasu ne
3   kyôto no o tera no naka de ichiban kirei da to omoimasu
4   ima no tatemono wa sen sanbyaku kyûjû nana nen ni taterareta mono de wa naku

2 建てられた **taterareta** est le passif dérivé de 建てる **tateru**. Et plus loin phrase 5, (後元 **fukugen**) された est le passif dérivé de する (leçon 84, § 2.2 et 2.3).

3 で は なく : vous savez que です devient で lorsqu'il termine une proposition qui n'est pas la dernière (leçon 52, note 1), puis vous avez vu la forme dite en て (des verbes et adjectifs, leçon 56, § 1). Pour les adjectifs ce て s'ajoute à la base en く (leçon 35, § 2.1) : で は ない où ない est un adjectif, devrait devenir alors で は なくて. Mais dans ce même cas (leçon 58, note 2 ; leçon 62, note 2), on peut aussi employer une forme encore plus simple. C'est ce qui se passe ici.

roppyaku jû ni • 612

第八十五課

5 一九五五年に復元された ものです。

6 完璧な美しさを求めていたある お坊さん[4]が、金閣寺のあまりの美しさに耐えられなく[5]なって、火をつけたのです。

7 – 今の建物はコンクリート建て[6]だ そうですね。

8 – 火事が起こっても燃えないようにコンクリートで建て直したと よく言われています[7]が、これは嘘です。

9 今度も木造で建てられました。

Notes

[4] ある お坊さん : nous connaissons bien le verbe ある, *se trouver*. Ici c'est un emploi spécial, figé. Tout seul devant un nom ce ある devient une sorte d'adjectif qui veut dire *un certain*, et correspondrait bien à notre formule *il y a... qui...* : *Il y a un moine qui, ne pouvant supporter ..., y mit le feu* (ある 日 **aru hi**, *un (certain) jour* (leçon 37, phrase 6)).

[5] 耐えられる **taerareru**, *pouvoir supporter*, dérive de 耐える **taeru**, *supporter* (leçon 84, § 2.1).

Quatre-vingt-cinquième leçon

5 c'est celui qui a été reconstruit en 1955.
6 Un certain moine, à la recherche de la beauté parfaite, ne pouvant supporter cette trop grande beauté du Kinkakuji, y a mis le feu.
7 – Il paraît que le bâtiment actuel est en béton.
8 – On raconte souvent qu'on l'a reconstruit en béton afin qu'il ne brûle pas même s'il éclatait un incendie, mais c'est faux.
9 Cette fois-ci aussi il a été construit en bois.

5 sen kyûhyaku gojû go nen ni fukugen sareta mono desu
6 kanpeki na utsukushisa o motomete ita aru obôsan ga, kinkakuji no amari no utsukushisa ni taerarenaku natte, hi o tsuketa no desu
7 – ima no tatemono wa konkurîto date da sô desu ne
8 – kaji ga okottemo moenai yô ni konkurîto de tatenaoshita to yoku iwarete imasu ga, kore wa uso desu
9 kondo mo mokuzô de tateraremashita

6 コンクリート 建て konkurîto date : oui, ce caractère est bien le verbe 建てる tateru. Lorsque, comme ici, deux mots se rapprochent tant qu'ils finissent par n'en faire plus qu'un, la première consonne du deuxième se sonorise : t devient d. Voyez aussi la phrase 13 (楽しむ ところ tanoshimu d okoro) et la phrase 16 (印象 深い inshô b ukai = 印象 inshô, *impression* + 深い fukai, *être profond*).

7 言われて います iwarete imasu, de 言われる iwareru passif dérivé de 言う iu, *dire* (leçon 84, § 2.2).

第八十五課

10. 同じ ように 完璧な 美を 求めて いた 作家 の 三島 由紀夫 が この 話 を 小説 に 書きました。題 は「金閣寺」です。

11. - 写真 では 建物 と 池 の 風景 だけ で 静か な 雰囲気 を 味わう こと が できます が、

12. 実際 に 行く と、観光客 が 大勢 いて、

13. 金閣寺 の 美しさ を 楽しむ どころ では ありません。

14. - 私 が 行った 時 は、冬 で、雪 が 降って いて、朝 早かった ので、

15. まだ だれも いなく、静か でした から、

16. 印象 深かった です。

17. だから その お寺 に 火 を つけた お坊さん の 気持 が わかる ような 気 が します。□

Quatre-vingt-cinquième leçon / 85

10 L'écrivain MISHIMA Yukio, qui recherchait lui aussi le Beau suprême, a fait de cette histoire un roman, sous le titre "Le Pavillon d'or",

11 – En photo, rien qu'avec cette vue du pavillon et de la pièce d'eau, on peut goûter une atmosphère de sérénité, mais

12 quand on y va pour de vrai, c'est plein de touristes *(touriste [sujet] beaucoup-de-personnes se-trouver)*,

13 et il n'est vraiment pas question de jouir de la beauté du Kinkakuji.

14 – Lorsque j'y suis allé, c'était l'hiver, il neigeait, c'était tôt le matin,

15 aussi il n'y avait encore personne et c'était tranquille,

16 j'en ai ressenti une profonde émotion *(émotion avoir-été-profonde c'est)*.

17 C'est pourquoi j'ai l'impression de comprendre les sentiments du moine qui a mis le feu à ce monastère.

---

10 onaji yô ni kanpeki na bi o motomete ita sakka no mishima yukio ga kono hanashi o shôsetsu ni kakimashita. dai wa kinkakuji desu

11 – shashin de wa tatemono to ike no fûkei dake de shizuka na fun.iki o ajiwau koto ga dekimasu ga

12 jissai ni iku to, kankôkyaku ga oozei ite

13 kinkakuji no utsukushisa o tanoshimu dokoro de wa arimasen

14 – watashi ga itta toki wa, fuyu de, yuki ga futte ite, asa hayakatta node

15 mada daremo inaku, shizuka deshita kara

16 inshô bukakatta desu

17 dakara sono o tera ni hi o tsuketa obôsan no kimochi ga wakaru yô na ki ga shimasu

第八十五課

▶ 練習 1 – 訳 し なさい

① 平安時代は七九四年から一一八五年まで で、江戸時代は一六〇三年から一八六七年までです。

② 大雨が降っても水が家の中に入らないように、昔から色々の設備が整えられています。

③ 表紙にするつもりで、先月金閣寺に写真をとりに行きましたが、観光客が多くて、一枚もとれなかったので、がっかりして帰ってきました。

④ この村に新しい学校が開かれた時から、子供達の生活はすっかりよくなりました。

❺ それ まで は、毎朝 この 村 から 四 キロ 離れて いる 隣 の 村 の 学校 まで 歩いて 行かなければ ならなかった の です。

Corrigé de l'exercice 1
❶ L'époque de Heian va de 794 à 1185, l'époque d'Edo va de 1603 à 1867. ❷ Depuis longtemps, toutes sortes d'installations ont été aménagées, pour que, même si tombent de fortes pluies, l'eau n'entre pas dans les maisons. ❸ Le mois dernier, je suis allée prendre des photos au Kinkakuji avec l'intention d'en faire la couverture, mais comme, à cause du nombre de touristes, je n'ai pas pu prendre une seule photo, j'[en] suis revenu déçue. ❹ Depuis qu'une nouvelle école a été ouverte dans notre village, la vie des enfants a été grandement facilitée. ❺ Avant, ils devaient aller à pied tous les matins à l'école du village voisin, distant de quatre kilomètres du nôtre.

Transcription
❶ heian jidai wa nanahyaku kyûjû yo nen kara sen hyaku hachijû go nen made de, edo jidai wa sen roppyaku san nen kara sen happyaku rokujû nana nen made desu ❷ ooame ga futte mo mizu ga ie no naka ni hairanai yô ni, mukashi kara iro.iro no setsubi ga totonoerarete imasu ❸ hyôshi ni suru tsumori de, sengetsu kinkakuji ni shashin o tori ni ikimashita ga, kankôkyaku ga ookute, ichimai mo torenakatta node, gakkari shite kaette kimashita ❹ kono mura ni atarashii gakkô ga hirakareta toki kara, kodomotachi no seikatsu wa sukkari yoku narimashita ❺ sore made wa, maiasa kono mura kara yon kiro hanarete iru tonari no mura no gakkô made aruite ikanakereba naranakatta no desu

85/第八十五課

練習 2 – 言葉 を 入れ なさい

En cas de nécessité (et seulement dans ce cas !), voyez la transcription des réponses dans les annexes.

❶ On dit *(Il est dit)* que, même de nos jours, il éclate souvent des incendies à Tôkyô. Est-ce vrai ?

.. でも . . . . 、

. . . . . . 。

❷ Ma grand-mère est née le 31 décembre 1899.

. . . . ねん、じゅうにがつ

. . . . 。

静か な 雰囲気 を 味わう こと が できます。

***

片仮名 の 練習

*Dans les mots écrits en katakana, il y a très souvent des consonnes redoublées. Peuvent l'être : **k**, **g**, **s** (**sh**), **j**, **z**, **t**, (**ch**, **ts**), **d**, **f**, **b**, **p**. Comme dans le cas des hiragana (leçon 68), c'est le signe **tsu**, écrit plus petit,* ッ*, qui est utilisé :* クッキング *(cooking/cuisine)* **kukkingu** ; ゴシック *(gothic/gothique)* **goshikku**.

タ	チ	ツ	テ	ト
TA	CHI	TSU	TE	TO

Quatre-vingt-cinquième leçon / 85

❸ Il y a un écrivain qui *(un certain écrivain)* a tiré *(fait)* un roman de cette histoire du moine mettant le feu au monastère.

. . . .
. . . . 。

❹ Je suis allé à Ueno avec l'intention de visiter le Musée d'art, mais il y avait beaucoup de touristes à faire la queue ; comme je n'avais pas le temps d'attendre, je n'ai pas pu entrer.

. . . . けんがく する . . . . 、. . . . .
. 、. . . . . ならんで いて、ぼく も . . . . .
. . . . 、. . . . . 。

Corrigé de l'exercice 2

❶ いま ー とうきょう で よく かじ が おこる と いわれて います が、それ は ほんとう です か ❷ そぼ は せん はっぴゃく きゅうじゅう きゅう ー さんじゅう いちにち に うまれました ❸ ある さっか が お てら に ひ を つけた おぼうさん の はなし を しょうせつ に しました ❹ びじゅつかん を ー つもり で、うえの に いきました が、かんこうきゃく が おおぜい ー まって いる じかん が なかった ので、はいれません でした

***

書き取り

❶ chikin *(poulet/**chicken**)* ❷ kukkî *(biscuit/**cookie**)* ❸ kâten *(rideau/**curtain**)* ❹ tekisuto *(texte/**text**)* ❺ tsuisuto *(**twist**)* ❻ shikku *(**chic**)* ❼ takkusu *(impôt/**tax**)* ❽ chiketto *(ticket/**ticket**)* ❾ tsuâ *(voyage-organisé/**tour**)* ❿ takushî *(taxi)*

Corrigé

❶ チキン ❷ クッキー ❸ カーテン ❹ テキスト ❺ ツイスト ❻ シック ❼ タックス ❽ チケット ❾ ツアー ❿ タクシー

roppyaku ni jû • 620

La visite de Kyôto est une étape incontournable de tout voyage au Japon. Si l'agglomération en elle-même ne présente qu'un intérêt limité, Kyôto est la ville-trésor du Japon. Capitale à partir de la période de Heian, elle regorge de monastères bouddhiques, de sanctuaires shintô et d'anciennes résidences impériales plus magnifiques les uns que les autres. L'ancien Palais impérial y tient la vedette, avec ses jardins centenaires et ses bâtiments aux riches décorations.

86

だいはちじゅうろっか
第八十六課

じょう きょう いち
上京 1

1 ーごめん ください。**1**

2 ーはい、どなた **2** ですか。

3 ー ご 無沙汰（ぶさた） して おります**3**。

4 秋田（あきた） の 吉本（よしもと） です。

Notes

1 Dans les maisons traditionnelles, il n'y avait pas de sonnette, et cela arrive encore bien souvent. D'où cette formule pour s'annoncer et appeler, de l'entrée, ceux qui sont à l'intérieur de la maison. Ici d'ailleurs, la visiteuse n'entre pas, d'où la formule employée en phrase 8.

2 どなた : vous pratiquez depuis longtemps だれ, *qui* ? どなた a le même sens, mais au degré plus. Comme on ne sait pas qui est le visiteur, il vaut mieux prendre ses précautions. Avec le degré plus, on est couvert pour toutes les situations !

Le Kinkakuji, "Pavillon d'or", en est un des joyaux architecturaux : comme posé sur une pièce d'eau dans laquelle il se reflète, complètement recouvert de feuilles d'or, il est proche de la perfection. Dans d'autres lieux c'est la statuaire bouddhique qui impressionne, comme les mille statues du Sanjûsangendô ou, entre autres merveilles, les prouesses techniques telles l'enchevêtrement des poutres du soubassement du Kiyomizudera.

Deuxième vague : 36ᵉ leçon

Quatre-vingt-sixième leçon

Visite à la capitale 1

1 – S'il vous plaît !
2 – Oui, qui est-ce ?
3 – Il y a longtemps que nous ne vous avons pas donné signe de vie (*[politesse] absence-de-nouvelles je-fais*).
4   Je suis Mme Yoshimoto, d'Akita.

Transcription

jôkyô ichi

1 – gomen kudasai
2 – hai, donata desu ka
3 – go busata shite orimasu
4   akita no yoshimoto desu

---

3 して おります : tout ce dialogue entre deux femmes est très poli. On y trouvera donc de nombreux degrés plus : おります, degré plus correspondant à います (en parlant de soi ou de ses proches (leçon 44, note 4)); 吉本 **yoshimoto** pour dire son propre nom, jamais さん, qui s'utilise uniquement pour dire le nom des autres.

5 — まあ。お久し振りですね。どうぞ、お上がりください [4]。

6 — ありがとう ございます。

7　けれども お 玄関 で 失礼 いたします。

8 — そんな に 御 遠慮 を なさらないで [5] どうぞ お 上がり ください。

9　ちょうど 上 の 娘 も 嫁先 から 帰って おります し [6]、ゆっくり なさって いて ください。

10　東京 に 何か 御 用事 [7] で いらした の です か。

11 — ええ、息子 の 嫁 の 両親 に 会わなければ ならない [8] ので、

Notes

[4] お 上がり ください **o agari kudasai** (litt. "montez"), *entrez* : le premier niveau de la maison japonaise étant surélevé par rapport au sol, il faut monter quelques marches pour entrer dans les pièces d'habitation. Une seule pièce se trouve au niveau du sol : 玄関 **genkan**, *l'entrée* (phrase 7), de dimension variable selon les maisons, où l'on se déchausse, car on n'entre jamais en chaussures dans un intérieur japonais.

Quatre-vingt-sixième leçon / 86

5 – Oh ! Comme cela fait longtemps ! Entrez, je vous prie !
6 – Merci.
7 Mais je viens seulement vous saluer *([politesse] entrée [lieu] impolitesse je-fais)*.
8 – Ne vous gênez pas ainsi, entrez, je vous en prie !
9 Justement ma fille aînée est de passage, venant de chez sa belle-famille, prenez vos aises…
10 Qu'êtes-vous venue faire à Tôkyô ?
11 – Eh bien, comme nous devions aller voir les parents de ma belle-fille,

5 – **maa. ohisashiburi desu ne. dôzo, o agari kudasai**
6 – **arigatô gozaimasu**
7 **keredomo o genkan de shitsurei itashimasu**
8 – **sonna ni go enryo o nasaranaide, dôzo o agari kudasai**
9 **chôdo ue no musume mo totsugisaki kara kaette orimasu shi, yukkuri nasatte ite kudasai**
10 **tôkyô ni nanika go yôji de irashita no desu ka**
11 – **ee, musuko no yome no ryôshin ni awanakereba naranai node**

5 なさらないで : なさる degré plus de する, dont le sujet obligatoire est *vous* (leçon 70, § 3) : ないで termine une proposition et donne le sens de *j'évite de…* (leçon 81, note 4).

6 し (leçon 79, note 5) : il y a souvent plusieurs propositions suivies de し. Ici il est seul, car la proposition qui le précède vient s'ajouter à cet autre élément de la situation, non exprimé, qu'est la venue même de la visiteuse : *"[puisque vous êtes là] et que ma fille se trouve là aussi, alors passons un bon moment"*.

7 Une façon de construire le degré plus pour les mots d'origine chinoise est de les faire précéder de 御 **go**. Comparez : 御 用事 **go yôji** (phrase 10), *vos occupations* et 用事 **yôji** (phrase 14), *mes occupations* ; 御 一緒 に **go issho ni** (phrase 13), *ensemble (vous avec nous)*, par rapport à notre usuel 一緒 に **issho ni**.

8 会わなければ ならない **awanakereba naranai** : la formule pour exprimer l'obligation (leçon 77, § 3.2). Et n'oubliez pas, la base en **a** des verbes se terminant par une voyelle seule est non pas **a** mais **wa** (leçon 77, § 3.1).

12 一泊(いっぱく)　二日(ふつか) **9**　で　参(まい)りました **10**。

13 － よろしかったら **11** お　食事(しょくじ)　でも　御(ご)　一緒(いっしょ)　に　いかが　です　か。

14 － ありがとう　ございます。でも　まだ用事(ようじ)が　残(のこ)って　います　ので、こちら **12** で　失礼(しつれい)　いたします。

15 － さよう　で　ございます **13**　か。せっかく　お　越(こ)し　くださった **14**　のに…

16 － こちら　こそ　突然(とつぜん)　お　訪(たず)ね　して、申(もう)し訳(わけ)　ございません **15**。 □

---

12 ippaku futsuka de mairimashita
13 – yoroshikattara o shokuji demo go issho ni ikaga desu ka
14 – arigatô gozaimasu. demo mada yôji ga nokotte imasu node, kochira de shitsurei itashimasu
15 – sayô de gozaimasu ka. sekkaku o koshi kudasatta noni
16 – kochira koso totsuzen o tazune shite, môshiwake gozaimasen

Notes

9 二日 futsuka, *le 2 du mois* ou *2 jours* (leçon 70, § 1.2).

10 参ります mairimasu, degré plus correspondant à 行く iku, *aller* ou 来る kuru, *venir*, pour moi-même ou les gens de ma famille.

Quatre-vingt-sixième leçon / 86

12 nous sommes venus juste deux jours (*une-nuit-hors-de-chez-soi deux-journées*).
13 – Si vous voulez, restez donc déjeuner avec nous !
14 – Je vous remercie, mais il me reste encore beaucoup à faire. Je vais donc vous quitter.
15 – Vraiment ? Vous avez été si aimable de venir jusqu'ici (*occasion-précieuse [politesse] passer avoir-fait-pour-moi bien-que*).
16 – Excusez-moi d'être venue ainsi sans prévenir (*soudainement [politesse] visite faire bonne-excuse ne-pas-se-trouver*).

11 よろしい : on utilise cet adjectif dans ce dialogue très formel au lieu de いい. いい です est le degré moyen, et よろしい です, le degré plus (leçon 23, note 5).

12 こちら (litt. "du côté où je me tiens"), employé comme degré plus pour se désigner soi-même.

13 さよう で ございます degré plus équivalent à そう です, *c'est ainsi*.

14 くださった de くださる degré plus correspondant à くれる, *faire pour moi*. C'est de ce verbe que vient le ください qui est devenu la formule la plus banale de demande.

15 ございます équivalent degré plus de いる/います, *se trouver* (êtres vivants) ou ある/あります, *se trouver* (objets inanimés), pour des objets ou des êtres que je présente ou qui me concernent. Ne pas confondre avec で ございます, équivalent degré plus de です, *c'est* (leçon 70, § 3).

roppyaku ni jû roku • 626

練習 1 - 訳 し なさい

❶ 御主人は科学関係の雑誌社で働いていらっしゃると聞きました。
❷ そうです。主人は秋から「科学」という雑誌の仕事をしています。
❸ 今週の日曜日に両親が訪ねてきますから、ゴルフはできないのです。ごめんなさい。
❹ 御両親は前にお目にかかった時からどうなさっていますか。お元気でいらっしゃいますか。
❺ ええ。おかげさまで、とても元気です。

Corrigé de l'exercice 1

❶ J'ai entendu dire que votre mari travaillait dans une revue scientifique. ❷ Oui. Depuis l'automne mon mari travaille dans une revue qui s'appelle "Les Sciences". ❸ Dimanche prochain, mes parents viennent me voir, je ne pourrai donc pas [aller au] golf. Excusez-moi ! ❹ Que deviennent vos parents depuis la dernière fois que je les ai vus ? Ils vont bien ? ❺ Oui, merci, ils vont très bien.

Transcription

❶ go shujin wa kagaku kankei no zasshisha de hataraite irassharu to kikimashita ❷ sô desu. shujin wa aki kara kagaku to iu zasshi no shigoto o shite imasu ❸ konshû no nichiyôbi ni ryôshin ga tazunete kimasu kara, gorofu wa dekinai no desu. gomen nasai ❹ go ryôshin wa mae ni o me ni kakatta toki kara dô nasatte imasu ka. o genki de irasshaimasu ka ❺ ee. o kagesama de, totemo genki desu

Quatre-vingt-sixième leçon / 86

練習 2 – 言葉 を 入れ なさい

❶ Quand y allez-vous ? – J'y vais sûrement dans quinze jours.

. . . . 。 – . . . . 。

❷ La personne assise près de votre mari, qui est-ce ? C'est votre neveu ? – Oui, c'est mon neveu.

. . . . すわって いる . . . . 。 おいごさん で いらっしゃいます か。– . . . . . 。

❸ Je suis très ennuyé car je ne peux pas retenir le nom des gens.

ひと . . . . 、. . . . . . . 。

❹ Je suis parti en voiture avec l'intention d'aller voir ma tante d'Akita, mais en route ma voiture est tombée en panne, je n'ai pas pu aller jusqu'à Akita, et j'ai dû revenir en train.

. . . . . . たずねる . . . . . . で いきました
. 、. . . . . 、. . . . . なって、
. . . . もどる こと に なりました。

❺ Matsumoto ! Téléphone ! C'est ta sœur *(aînée)* ! – Ah ! Ma sœur ! Merci. Allô !

. . . . ! . . . . ! . . . . . . ! – あ! . . ! どうも ! . . . . 。

Corrigé de l'exercice 2

❶ いつ いらっしゃいます か – きっと さらいしゅう まいります ❷ ご しゅじん の そば に – かた は どなた です か – はい おい です ❸ – の なまえ を おぼえられない から、とても こまります ❹ あきた の おば を – つもり で くるま – が、とちゅう で くるま が こしょう して、あきた まで いけなく – きしゃ で – ❺ まつもとさん – でんわ よ – おねえさん よ – あね – もしもし

第八十七課
片仮名 の 練習

ダ　　　デ　　　ド
DA　　DE　　DO

Ouf ! C'était difficile ! Mais vous vous en êtes bien sorti ! Le principal, c'est de jouer le jeu, et de faire directement l'exercice en hiragana, sans passer par la transcription, afin d'oublier complètement celle-ci. En cas de doute, vous trouverez la transcription des réponses dans les annexes. Mais, promettez de ne vous y reporter qu'en toute dernière extrémité !

第八十七課
(だい はち じゅっ なな か)

上京　2
(じょう きょうに)

1 – あ。　吉本 **1** じゃ　ないか。　東京　なんか　で　何　して　いる　ん　だ。

2 – 実　は　息子　の　嫁　の　両親　に　会う　ため　に　一泊　二日　で　東京　に　来て　いる　ん　だ。

Note

1 Dans la version homme, nous voilà en plein degré moins ! Même le nom propre de l'autre personne n'est plus suivi de さん. Notez les abréviations, じゃ pour で　は (leçon 64, note 3) et んだ pour の　です (leçon 66, note 4). Surtout, on se permet de

書き取り

❶ doa *(porte/**door**)* ❷ sandê *(dimanche/**sunday**)* ❸ daun *(bas/**down**)* ❹ doitsu *(Allemagne/**deutsch**)* ❺ daietto *(régime/**diet**)* ❻ ado *(annonce/**ad**(vertisement))* ❼ dêto *(rendez-vous/**date**)* ❽ ôdâ *(ordre/**order**)* ❾ desuku *(bureau/**desk**)* ❿ indo *(Inde)*

Corrigé
❶ ドア ❷ サンデー ❸ ダウン ❹ ドイツ ❺ ダイエット ❻ アド ❼ デート ❽ オーダー ❾ デスク ❿ インド

Deuxième vague : 37ᵉ leçon

Quatre-vingt-septième leçon

Visite à la capitale 2

1 – Tiens ! Mais c'est Yoshimoto ! Qu'est-ce que tu fabriques à Tôkyô ?
2 – En fait nous sommes venus à Tôkyô juste deux jours pour voir les parents de ma belle-fille.

Transcription

jôkyô ni

1 – **a. yoshimoto ja nai ka. tôkyô nanka de nani shite iru n da**
2 – **jitsu wa musuko no yome no ryôshin ni au tame ni ippaku futsuka de tôkyô ni kite iru n da**

sauter les particules quand la fonction du nom est évidente : ceci concerne が "[sujet]" ; を "[objet]" ; は "[annonce]". Regardez la fin de la phrase : 何 して いる **nani shite iru**, puisque 何 **nan** est le complément d'objet, on attendrait la particule を pour le relier à して いる, le verbe de la phrase. Or, pas de を à l'horizon.

roppyaku san jû • 630

87 / 第八十七課

3 　家内 が 君 の 家 まで
あいさつ に 行った はず だ。

4 — ああ、そう かい。ところ で 僕達 [2]
も 一緒 に 一杯 やろう [3] か。

5 　きたない けれど うまい [4] 酒
を 飲ませる [5] 所 を 知って
いる ん だ。

6 — ああ、そう いう 所 が 一番
気楽 で いい ねえ。

7 — 仕事 は どう だい [6]。うまく
行って いる かい。

8 — 今 の ところ [7] 何とか やって
いる と いう 状態 だ。

Notes

[2] 僕達 bokutachi, rappelez-vous la note 5 de la leçon 76 : 僕 boku, *moi* ; 僕達 bokutachi, *nous*.

[3] やろう : rappelez-vous, pour les verbes à plusieurs bases, le degré moins de ましょう se fait en remplaçant le u final par ô (leçon 75, note 1).

[4] うまい est un adjectif très difficile à traduire et à comprendre, car son champ d'application est très large. Il sert à reconnaître la succulence de ce qu'on boit ou mange, à apprécier les qualités dont fait preuve

Quatre-vingt-septième leçon / 87

3   Ma femme a dû aller chez toi [pour] dire bonjour.
4 – Ah bon ! À propos, si nous allions prendre un verre ensemble ?
5   Je connais un petit coin, plutôt crasseux, mais où on vous sert un saké fantastique !
6 – Ah, c'est le genre d'endroit où on est le mieux *(le-plus agréable)*, alors d'accord !
7 – Et le travail, comment ça va ? Ça marche bien ?
8 – En ce moment, on essaie de faire aller…

3   kanai ga kimi no uchi made aisatsu ni itta hazu da
4 – aa, sô kai. tokoro de bokutachi mo issho ni ippai yarô ka
5   kitanai keredo umai sake o nomaseru tokoro o shitte iru n da
6 – aa, sô iu tokoro ga ichiban kiraku de ii nee
7 – shigoto wa dô dai. umaku itte iru kai
8 – ima no tokoro nantoka yatte iru to iu jôtai da

une personne dans une activité qui demande de l'adresse physique ou intellectuelle, et même à qualifier une trop grande adresse, à la limite de l'honnêteté.

5   Inévitable ! Il y en avait deux (leçon 84, § 2.1 et 2.2), en voilà trois. Pour chaque verbe il existe trois dérivés. Voici le 3ᵉ : de 飲む nomu, *boire*, on va dériver cette fois 飲ませる nomaseru, *faire boire*. Dans le cas des verbes à plusieurs bases, on remplace le u terminal par aseru. Le verbe dérivé obtenu est un verbe à une seule base. Évidemment する, *faire*, se distinguera par une forme spéciale : させる, *faire faire*.

6   だい : formule degré moins, exclusivement masculine pour です か (leçon 75, note 7).

7   Depuis longtemps, nous utilisons ce mot ところ. Pour résumer, nous pourrions dire que ところ désigne un point, soit dans l'espace (*lieu, endroit*), soit dans le temps (*instant, moment*).

roppyaku san jû ni • 632

9 - おれ **8** の とこ **9** も 同(おな)じ よう な もの だ。

10 ところで 君(きみ) の 息子(むすこ) は 東京(とうきょう) の 人(ひと) と 結婚(けっこん) した ん だ そう だ ね。

11 お 金持(かねもち) の お嬢(じょう)さん と 聞(き)いた が、どう だい。

12 - うん。なかなか うるさい 嫁(よめ) で、御覧(ごらん) の 通(とお)り 東京(とうきょう) まで 両親(りょうしん) の 御(ご) 機嫌(きげん) **10** を うかがい **11** に 来(き)て いる と いう わけ だ。

13 - 酒(さけ) でも 飲(の)んで、今晩(こんばん) は そんな 事(こと) は 皆(みんな) 忘(わす)れよう **12**。

14 - そう だ、そう だ。 □

Notes

8 おれ, vous souvenez-vous de cette manière de dire *moi, je*, exclusivement masculine et réservée à des situations de grande familiarité (leçon 66, note 1) ?

9 とこ est l'abréviation de ところ (note 7).

10 御機嫌 go kigen (leçon 86, note 7) : cette soudaine politesse s'explique par le fait que le sujet de conversation est la famille de la bru de cet homme.

Quatre-vingt-septième leçon / 87

9 – De mon côté c'est pareil !
10 Dis, à propos, il paraît que ton fils a épousé quelqu'un de Tôkyô !
11 J'ai entendu dire que c'était une fille de riches, alors ?
12 – Hum, elle a son caractère ; comme tu vois, me voilà venu jusqu'à Tôkyô pour aller prendre des nouvelles de ses parents !
13 – Allons boire, et ce soir oublions tout ça !
14 – D'accord, d'accord !

---

9 – ore no toko mo onaji yô na mono da
10 tokoro de kimi no musuko wa tôkyô no hito to kekkon shita n da sô da ne
11 o kanemochi no ojôsan to kiita ga, dô dai
12 – un. nakanaka urusai yome de, goran no toori tôkyô made ryôshin no go kigen o ukagai ni kite iru to iu wake da
13 – sake demo nonde, konban wa sonna koto wa minna wasureyô
14 – sô da, sô da

---

11 うかがう **ukagau**, sert ici de degré plus à たずねる **tazuneru**, *rendre visite*, avec pour sujet *je* (leçon 59, note 3).

12 忘れよう **wasureyô** : rappelez-vous, pour les verbes à une seule base le degré moins de ましょう se fait en ajoutant **yô** à la base (leçon 75, note 1).

第八十七課

▶ 練習 1 – 訳 し なさい

1. おれ達 は 競争 に 勝つ ために 毎晩 一生懸命 遅くまで 練習 して いる んだ。ところが 朝 早く 事務所 へ 行かなければ ならない から、このごろ 少し しか 眠れなく なって しまった。- 何 の 競争 ですか。- マージャン の 競争 です。
2. もう 何も できない と いう 状態 です。
3. この 絵 は だれ が 書いた のだ、奥さん か。- はい 家内 です。- 上手 だ。
4. 橋本 さん？ 科学史 の 先生 だ よ。君 なら 知って いる はず だ。

Quatre-vingt-septième leçon / 87

❺ 私(わたくし) が いそがしかった ので、わざわざ あそこ まで 行(い)かせて しまって、悪(わる)い わ ね。

Corrigé de l'exercice 1
❶ Pour gagner le concours, nous nous entraînons intensément tous les soirs très tard. Mais comme le matin il faut aller de bonne heure au bureau, en ce moment nous ne pouvons pas beaucoup dormir ! – C'est un concours de quoi ? – Un concours de mahjong. ❷ C'est une situation désespérée *(dans laquelle il n'y a plus rien à faire)*. ❸ Qui a peint ce tableau ? Ta femme ? – Oui c'est ma femme. – Elle est douée ! ❹ M. Hashimoto ? C'est un professeur d'histoire des sciences. Quelqu'un comme toi devrait le connaître ! ❺ C'est mal de ma part de vous faire aller exprès jusque là-bas parce que je suis occupé.

Transcription
❶ oretachi wa kyôsô ni katsu tame ni maiban isshôkenmei osoku made renshû shite iru n da. tokoroga asa hayaku jimusho e ikanakereba naranai kara, konogoro sukoshi shika nemurenaku natte shimatta. nan no kyôsô desu ka. mâjan no kyôsô desu ❷ mô nanimo dekinai to iu jôtai desu ❸ kono e wa dare ga kaita no da, okusan ka. hai, kanai desu. jôzu da ❹ hashimoto san. kagakushi no sensei da yo. kimi nara shitte iru hazu da ❺ watakushi ga isogashikatta node, wazawaza asoko made ikasete shimatte, warui wa ne

87 / 第八十七課

練習 2 – 言葉 を 入れ なさい

Dans ces phrases, certains mots devront être traduits par des équivalents en katakana. Nous vous les signalons en les soulignant. Attention, le tiret d'allongement vaut pour un signe ; il ne faut pas le confondre avec le séparateur de mots à trouver.

❶ Comme vous le voyez, notre usine est actuellement dans une situation assez périlleuse.

・・・・・・・・、・・・・・・・・・・・・・・・・・・。

❷ Comme je vous l'ai dit précédemment, la situation de notre société s'est considérablement améliorée depuis l'an dernier.

・・・・・・・・・、・・・・・・・・・・・・・・・・
・・・・・・・・・・・・。

❸ Pour faire de son petit garçon un musicien, l'électricien d'à côté lui fait écouter tous les soirs de la musique <u>classique</u> pendant une heure. Pauvre garçon !

・・・・・・・・・ は、・・・・・・・ おんがっか ・
・・・・・、・・・・・・・・・・・・・・・ いま
す。おぼっちゃん が かわいそう です ね。

***

片仮名 の 練習

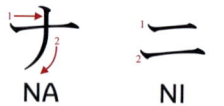
NA　　NI　　NU

NE

NO

Si le thé vert (qui utilise des feuilles de thé non torréfiées) apparaît comme la boisson nationale, il est largement concurrencé par les boissons alcoolisées. On boit beaucoup au Japon. La boisson traditionnelle, le 酒 **sake** *(à base de riz, environ 16°), a toujours ses fans, et par périodes retrouve de la vigueur. Cependant, la reine des boissons alcoolisées reste la bière. La première brasserie a été ouverte en 1870 : le Japon produit d'excellentes bières, légères, douces, parfaitement*

Quatre-vingt-septième leçon / 87

❹ Il paraît qu'un ami de mon frère paie dix millions de yens d'impôts. Il est riche ! Je l'envie ! Moi aussi je voudrais bien payer beaucoup d'impôts !

. . . . . ちじん . . . .
. . . 。 . . . . 。 . . . . . . 。 . . . .
. . . . 。

Corrigé de l'exercice 2
❶ ごらん の とおり、ぼくたち の こうじょう は いま あぶない じょうたい です ❷ まえ に いった よう に、わたしたち の かいしゃ の じょうたい は きょねん から ひじょう に よく なりました ❸ となり の でんきや さん - おぼっちゃん が - に なる よう に、まいばん いちじかん クラシック おんがく を きかせて - ❹ あに の ある - は いっせん まん えん の ぜいきん を はらう そう です - お かねもち です ね - うらやましい - ぼく も ぜいきん を たくさん はらいたい なあ

***

書き取り
❶ nûn (midi/**noon**) ❷ nôto (cahier/**note**) ❸ neon (néon) ❹ kanada (Canada) ❺ tenisu (tennis) ❻ anaunsâ (présentateur/**announcer**) ❼ konekutâ (rallonge électrique/**connecter**) ❽ dainingu (salle à manger/**dining**) ❾ sunô (neige/**snow**) ❿ nugâ (nougat) ⓫ nau (actuel/**now**)

Corrigé
❶ ヌーン ❷ ノート ❸ ネオン ❹ カナダ ❺ テニス ❻ アナウンサー ❼ コネクター ❽ ダイニング ❾ スノー ❿ ヌガー ⓫ ナウ

adaptées au climat chaud et humide du long été japonais. Le Japon produit aussi d'excellents whiskys grâce aux cultures de céréales d'Hokkaidô. Le vin n'est pas absent de la carte des boissons, mais le Japon le produit en faible quantité et préfère importer des vins du monde entier : d'Europe, des États-Unis, d'Amérique latine…

Deuxième vague : 38e leçon

第八十八課 (だい はちじゅうはっ か)

貨幣 (かへい) 1

1 — 日本 の お 金 の 変化 に ついて 研究 する の は 面白い です よ。

2 　時々 変わる の **1** は お 札 に 印刷 される **2** 人物 です。

3 — 変わらない の は お 札 の 紙 が 丈夫 だ と いう こと です ね。

4 　破れた お 札 は 見た こと が ありません。

Notes

1 Nous n'avons pas rencontré souvent ce の dit de "[remplacement]". Il est mis à la place d'un autre mot ou d'un ensemble de mots. Par exemple, dans les phrases 2 et 3, il remplace un mot qui signifie *l'état, la situation* ; dans les phrases 14 et 20, il remplace un mot qui a été

Quatre-vingt-huitième leçon

La monnaie 1

1 – C'est très intéressant d'étudier les changements de la monnaie japonaise.
2   Ce qui change de temps en temps, ce sont les personnages imprimés sur les billets.
3 – Ce qui ne change pas, c'est la solidité du papier des billets !
4   Je n'ai jamais vu de billets déchirés !

Transcription

kahei ichi

1 – nihon no o kane no henka ni tsuite kenkyû suru no wa omoshiroi desu yo
2   tokidoki kawaru no wa o satsu ni insatsu sareru jinbutsu desu
3   kawaranai no wa o satsu no kami ga jôbu da to iu koto desu ne
4   yabureta o satsu wa mita koto ga arimasen

---

employé avant : 人 **hito**, *une personne* ; 人物 **jinbutsu**, *un personnage* ou 文学者 **bungakusha**, *un écrivain*. Ce の ressemble donc beaucoup à nos *ce que, ce qui, celui dont, celle qui, celui que*…

2 される verbe dérivé de する, *faire*, avec le sens de passif *être fait* (leçon 84, § 2.2).

5 — 昔 は 政治家 ばっかり 描かれて **3** いました。

6 　特 に、長く 描かれた 人物 は 聖徳 太子 で あった **4**。

7 　七 世紀 の 人 で、

8 　日本 で 最初 の 憲法 を 作った 人 です。

9 　それから、明治 維新 で 活躍 した 人物 に 変わりました。

10 　その 内 今 も 残って いる の は、福沢 諭吉 だけ です。

11 　明治 時代 の 有名 な 思想家 で あり **5**、

12 　維新 の 前 に 欧米 **6** 旅行 を した こと が あって、

Notes

3 描かれる egakareru, verbe dérivé de 描く egaku, *décrire*, avec le sens de passif de *être décrit* (leçon 84, § 2.2).

4 Il ne vous a pas échappé que ce presque monologue était dit sur un ton plutôt soutenu, plutôt proche de l'écrit. Celui qui parle se livre un peu à un étalage de connaissances ! Cela a des conséquences. Un des mots qu'on utilise le plus souvent en japonais est です, *c'est*, ainsi que

Quatre-vingt-huitième leçon / 88

5 – Autrefois on représentait surtout des hommes politiques.
6 En particulier, pendant longtemps, c'était le Prince Shôtoku.
7 C'était un homme politique du VIIe siècle,
8 et c'est lui qui a créé la première Constitution du Japon.
9 Puis on a changé pour des personnalités qui ont été actives dans la Restauration de Meiji.
10 Le seul d'entre eux qui a été conservé, c'est FUKUZAWA Yukichi.
11 Célèbre penseur de l'ère Meiji,
12 il a voyagé en Europe et aux États-Unis avant la Restauration

5 – mukashi wa seijika bakkari egakarete imashita
6 toku ni, nagaku egakareta jinbutsu wa shôtoku taishi de atta
7 nana seiki no hito de
8 nihon de saisho no kenpô o tsukutta hito desu
9 sorekara, meiji ishin de katsuyaku shita jinbutsu ni kawarimashita
10 sono uchi ima mo nokotte iru no wa, fukuzawa yukichi dake desu
11 meiji jidai no yûmei na shisôka de ari,
12 ishin no mae ni ôbei ryokô o shita koto ga atte,

certaines de ses autres formes (でした du passé, et で pour terminer une proposition). Ce です possède un doublet : で ある. Dans un langage de type plutôt écrit, で ある peut remplacer です aussi en fin de phrase ou de proposition. D'où les formes で あった (équivalent de でした) ou で あって (équivalent de で). Regardez aussi le titre du roman (phrase 22).

5 で あり : il s'agit d'un équivalent de で あって et donc de で (note 4 ; leçon 58, note 2).

6 欧米 **ôbei** désigne de façon précise *l'Europe et les États-Unis*. 西洋 **seiyô** désigne de façon globale *l'Occident* (vu du Japon…).

roppyaku yon jû ni • 642

13 日本に西洋を紹介した人です。

14 長く残ったのは新渡戸稲造という人です。

15 明治、大正、昭和時代の教育家であり、

16 農業の研究を色々した人です。

17 後に、国際連盟で活発に活動し、

18 戦前に日米友好のために働いた。

19 政治家だけではなく、文学者も選ばれた。

20 まず選ばれたのは夏目漱石であった。

21 日本近代文学の一番有名な作家と言われます。

Quatre-vingt-huitième leçon / 88

13 et c'est lui qui a présenté l'Occident au Japon.
14 Un autre, qui est resté longtemps, c'est NITOBE Inazô.
15 C'était un pédagogue des ères Meiji, Taishô et Shôwa,
16 qui a fait de nombreuses recherches dans le domaine de l'agriculture.
17 Ensuite, il a été très actif au sein de la Société des Nations et
18 avant la guerre, il a travaillé à l'amitié nippo-américaine.
19 Il n'y a pas que des hommes politiques qui ont été choisis, mais aussi des écrivains.
20 Le premier a été NATSUME Sôseki.
21 On peut dire que c'est le plus célèbre écrivain japonais moderne.

13 nihon ni seiyô o shôkai shita hito desu
14 nagaku nokotta no wa nitobe inazô to iu hito desu
15 meiji, taishô, shôwa jidai no kyô-ikuka de ari,
16 nôgyô no kenkyû o iroiro shita hito desu
17 nochi ni, kokusairenmei de kappatsu ni katsudô shi,
18 senzen ni nichibei yûkô no tame ni hataraita
19 seijika dake de wa naku, bungakusha mo erabareta
20 mazu erabareta no wa natsume sôseki de atta
21 nihon kindai bungaku no ichiban yûmei na sakka to iwaremasu

22 特に 知られて いる 作品 は 「吾輩 [7] は 猫 で ある」 と いう 小説 で、一 九〇 五 年 に 書かれた 作品 です。

23 猫 が 主人公 で、猫 の 目 で 見た 人間 の 社会 が 描かれて います。

24 とても 面白い です から、まだ 読んで いない の でしたら [8]、ぜひ お 読み に なる [9] よう お 勧め します。

25 （続く）

Notes

- **7** 吾輩 wagahai, terme ancien pour dire *je*, est encore employé parfois, dans des discours officiels par exemple.
- **8** でしたら est notre です favori + le suffixe たら qui veut dire *si, lorsque, quand*, pour exprimer une condition préalable.
- **9** お 読み に なる, pour construire le degré plus d'un verbe, on recourt à お + la base en **i** des verbes à plusieurs bases, ou à la base des verbes à une seule base + に なる (leçon 68, note 1).

Quatre-vingt-huitième leçon / 88

22 Son œuvre la plus connue est le roman "Je suis un chat", écrit en 1905.
23 Le héros est un chat, et y est décrite la société humaine vue à travers les yeux de ce chat.
24 C'est un livre passionnant, au cas où vous ne l'auriez pas encore lu, je vous conseille vivement de le lire.
25 (À suivre)

22 toku ni shirarete iru sakuhin wa wa ga hai wa neko de aru to iu shôsetsu de, sen kyûhyaku go nen ni kakareta sakuhin desu
23 neko ga shujinkô de, neko no me de mita ningen no shakai ga egakarete imasu
24 totemo omoshiroi desu kara, mada yonde inai no deshitara, zehi o yomi ni naru yô o susume shimasu
25 (tsuzuku)

Le calendrier dit "occidental" a été adopté au Japon en 1873. Auparavant le temps se comptait en ères. Périodes de temps limitées, auxquelles on donnait un nom. Les gouvernants pouvaient clore une ère et en ouvrir une autre à la suite d'événements fastes ou néfastes. Ce système existe toujours. Depuis 1868, il a été décidé de changer d'ère quand l'empereur meurt. Les ères les plus récentes sont **Meiji**, *de 1848 à 1912,* **Taishô**, *de 1912 à 1926,* **Shôwa** 昭和, *de 1926 à 1989 et* **Heisei** 平成, *à partir de 1989. Une nouvelle ère ne commence pas au 1ᵉʳ janvier, mais à la date de la mort de l'empereur. La même année peut donc appartenir à deux ères différentes. Attention : la première année d'une ère est dite, par exemple,* **Heisei 1**. *Donc l'an 2000, qui vient 11 ans après la première année de* **Heisei** *sera* **Heisei 12** *(douzième année de l'ère* **Heisei***) et non pas 11… Allez-y, faites le calcul !*

第八十八課

練習 1 - 訳 し なさい

1. 初めて 人 が 月 の 上 を 歩いた 年 は、一九六九年 で、昭和 四十四 年 でした。
2. 一九一八年 は、大正 七年、第一次 世界 大戦 が 終わった 年 です。
3. 日本 で 最初 の 新聞 が 出た のは 一八七〇年(明治 三年)です。英語 で 書かれて いて、「横浜 毎日」と いう 新聞 でした。
4. 十九 世紀 と 比べる と、人間 社会 は 考えられない ほど 変わった。

***

練習 2 - 言葉 を 入れ なさい

Si vous avez besoin d'un peu d'aide, voyez les annexes.

1. C'est dangereux ! Fais attention ! – Mais non, la branche est solide, pas de problème !

   ・・・・・。・・・・・・。—いや・・・・・・・・・、・・・・。

2. Des voitures anciennes que je collectionnais autrefois, il ne m'en reste que trois. Comme je n'ai pas de place, j'ai vendu toutes les autres.

   ・・・あつめて ・・・・・・・・・・・・・・・。
   ・・・・・・・・、・・・・・・・・・。

Quatre-vingt-huitième leçon / 88

❺ 一番 大きく 変わった の は 確か に 科学 で ある。

Corrigé de l'exercice 1
❶ L'année où pour la première fois l'homme a marché sur la Lune est l'année 1969, c'était l'année 44 de Shôwa. ❷ 1918, Taishô 7, est l'année où s'est terminée la première guerre mondiale. ❸ Le premier journal quotidien paru au Japon l'a été en 1870 (Meiji 3). Il était écrit en anglais et s'appelait *Le Quotidien de Yokohama*. ❹ Quand on compare avec le XIXᵉ siècle, la société humaine a changé à un degré inimaginable. ❺ Ce qui a le plus changé, c'est de toute évidence les sciences.

Transcription
❶ hajimete hito ga tsuki no ue o aruita toshi wa, sen kyûhyaku rokujû kyû nen de, shôwa yonjû yo nen deshita ❷ sen kyûhaku jû hachi nen wa, taishô shichi nen, daiichiji sekai taisen ga owatta toshi desu ❸ nihon de saisho no shinbun ga deta no wa sen happyaku shichijû nen (meiji san nen) desu, eigo de kakarete ite, yokohama mainichi to iu shinbun deshita ❹ jû kyû seiki to kuraberu to, ningen shakai wa kangaerarenai hodo kawatta ❺ ichiban ookiku kawatta no wa tashika ni kagaku de aru

***

❸ Ce vieux réfrigérateur va bientôt lâcher *(tomber en panne)*, aussi je vous conseille d'en acheter un neuf.

. . . . こしょう し そう です
. . 、 . . . . 。

❹ FUKUZAWA Yuchiki, célèbre penseur de l'ère Meiji, a voyagé en Europe, avant la Restauration, il a rencontré le premier professeur de japonais en France.

. . . . しそうか . . . . 、 . . .
. . . . 、 ヨーロッパ を . . . . . . 、 フランス .
. . . . 。

roppyaku yon jû hachi • 648

Corrigé de l'exercice 2

❶ あぶない よ - き を つけて - えだ が じょうぶ だから、だいじょうぶ だ ❷ むかし - いた ふるい くるま は さんだい しか のこって いません - ばしょ が ない から、ほか の は みんな うって しまいました ❸ この ふるい れいぞうこ は もう すぐ - から、あたらしい の を かう よう おすすめ します ❹ めいじ じだい の ゆうめい な - で ある ふくざわ ゆきち は、めいじ いしん の まえ に、- りょこう して - で さいしょ の にほんご の せんせい に あいました

書き取り

❶ naifu *(couteau/**knife**)* ❷ tahichi *(Tahiti)* ❸ heddo *(tête/**head**)* ❹ hâfu *(moitié/**half**)* ❺ hotto *(chaud/**hot**)* ❻ kôhî *(café/**coffee**)* ❼ sofuto *(doux/**soft**)* ❽ haikingu *(randonnée/**hiking**)* ❾ hea *(cheveux/**hair**)* ❿ esu-efu *(science-fiction/**S.F.**)*

第八十九課
だい はち じゅう きゅう か

貨幣 2
か へい に

1 - もう 一人 の 作家 は 女流 作家 の 樋口 一葉 です。

片仮名 の 練習

HA　HI　FU　HE　HO

Corrigé
❶ ナイフ ❷ タヒチ ❸ ヘッド ❹ ハーフ ❺ ホット ❻ コーヒー
❼ ソフト ❽ ハイキング ❾ ヘア ❿ エス エフ

Deuxième vague : 39ᵉ leçon

Quatre-vingt-neuvième leçon

La monnaie 2

1 – Un autre écrivain est la femme écrivain HIGUCHI Ichiyô.

Transcription

kahei ni

1 – mô hitori no sakka wa joryû sakka no higuchi ichiyô desu

2 明治　時代　の　作家　で、
二十四　歳　で　亡くなりました **1**。

3 とても　若くして　亡くなった　のに
日本人　が　だれでも **2**
知って　いる　「たけ　くらべ」
と　いう　作品　を　書きました。

4 国語 **3**　の　教科書　に　作品
の　一部　が　載って　いる　ので、

5 日本　の　子供達　は　みんな
読んだ　こと　が　あります。

6 「たけ　くらべ」　は　二人　の
子供　の　話　です。

7 二人　の　身分　が　違います　が、
お　互い　に　友情　を　感じて
いました。

Notes

1 亡くなる, en japonais aussi, il y a des mots qu'on n'aime pas trop prononcer. On en cherche alors un équivalent plus doux : **nakunaru** fait à partir de ない **nai**, *ne pas se trouver*, *ne pas exister* signifie donc littéralement "devenir non-existant", c'est-à-dire *disparaître*. C'est d'ailleurs dans ce sens qu'il est employé à la phrase 23. Il est employé ici comme synonyme de *mourir*. Notez la différence des kanji dans les deux cas.

Quatre-vingt-neuvième leçon / 89

2 C'est un écrivain de l'époque de Meiji, morte à l'âge de 24 ans.
3 Bien qu'elle soit morte si jeune, elle a écrit une œuvre intitulée "Qui est le plus grand ?" que tout le monde au Japon *(Japonais [sujet] n'importe-qui)* connaît.
4 Comme des extraits en sont cités dans les livres de classe de japonais,
5 tous les enfants japonais ont eu l'occasion de les lire.
6 "Qui est le plus grand ?" est l'histoire de deux enfants.
7 Bien que leur statut social soit différent, ils éprouvent mutuellement un sentiment d'amitié.

2 **meiji jidai no sakka de, nijûyon sai de nakunarimashita**
3 **totemo wakakute nakunatta noni nihonjin ga daredemo shitte iru take kurabe to iu sakuhin o kakimashita**
4 **kokugo no kyôkasho ni sakuhin no ichibu ga notte iru node**
5 **nihon no kodomotachi wa minna yonda koto ga arimasu**
6 **take kurabe wa futari no kodomo no hanashi desu**
7 **futari no mibun ga chigaimasu ga, o tagai ni yûjô o kanjite imashita**

---

2 だれでも encore une dérivation à partir des mots interrogatifs (leçon 42, § 3). En ajoutant でも, on obtient le sens de *n'importe* : だれ, *qui ?* → だれでも, *n'importe qui, tout le monde* ; いつ, *quand ?* → いつでも, *n'importe quand* ; どこ, *où* → どこでも, *n'importe où, partout* ; なん, *quoi ?* → なんでも, *n'importe quoi* (ce dernier mot, employé avec un verbe à la forme négative, signifie *rien* (leçon 46, phrase 22)).

3 国語 **kokugo** : longtemps les Japonais ont désigné leur langue par ce terme qui signifie littéralement "la langue de notre pays". Le mot 日本語 **nihongo** pour désigner couramment la même chose est d'usage relativement récent, sans doute de la fin du XIXe siècle. L'usage d'employer le premier terme est resté cependant pour l'école, pour les livres ou les cours portant sur la langue nationale.

roppyaku go jû ni • 652

89 / 第八十九課

8 しかし 大人(おとな) に なって それぞれ の 生(い)きる 道(みち) は はっきり と 分(わ)かれました。

9 日本人(にほんじん) に とって 古(ふる)き 良(よ)き **4** 時代(じだい) で ある 明治(めいじ) 時代(じだい) の 終(お)わり が 舞台(ぶたい) です。

10 感受性(かんじゅせい) が あって、素朴(そぼく) な 文体(ぶんたい) の この 作品(さくひん) は 今(いま) でも 日本人(にほんじん) に 読(よ)み継(つ)がれて います **5**。

11 また、2000 **6** 年(ねん) (平成(へいせい) 十二(じゅうに) 年(ねん)) に は 初(はじ)めて 人物(じんぶつ) で は なく、大切(たいせつ) な 行事(ぎょうじ) を 記念(きねん) する お 札(さつ) が できました。

Notes

4 C'est très souvent que dans des expressions toutes faites on retrouve des traces du japonais ancien. Aujourd'hui on dirait : 古い よい **furui yoi** (litt. "ce qui est vieux est bien"). Cette expression sert à exprimer la nostalgie.

5 読み継がれて います **yomitsugarete imasu** : quel long verbe, non ? Revenons à sa forme la plus neutre, **yomitsugareru**, passif dérivé de **yomitsugu**, qui est lui-même un verbe composé de

Quatre-vingt-neuvième leçon / 89

8 Mais une fois devenus adultes, les chemins de leurs vies vont nettement se séparer.
9 L'arrière-plan du roman est l'époque de Meiji dont les Japonais sont nostalgiques *(Japonais pour être-vieux être-bien époque)*.
10 Cette œuvre, pleine de sensibilité et au style sobre, continue à être lue par les Japonais.
11 En 2000 (Heisei 12), pour la première fois est apparu un billet sur lequel figurait non pas un personnage mais la commémoration d'un événement important.

8 shikashi otona ni natte sorezore no ikiru michi wa hakkiri to wakaremashita
9 nihonjin ni totte furuki yoki jidai de aru meiji jidai no owari ga butai desu
10 kanjusei ga atte, soboku na buntai no kono sakuhin wa ima demo nihonjin ni yomitsugarete imasu
11 mata, nisen nen (heisei jû ni nen) ni wa hajimete jinbutsu de wa naku, taisetsu na gyôji o ki.nen suru o satsu ga dekimashita

deux autres verbes **yomu**, *lire* et **tsugu**, *perpétuer* – l'ensemble signifiant *lire encore aujourd'hui, continuer à lire*. La langue japonaise contient énormément de ces formations de deux verbes accolés où le 1er est toujours à la base unique pour les verbes à une seule base, à la base en **i** pour les autres (leçon 74, phrase 7).

6 Très souvent dans les textes écrits, pour les dates on utilise les chiffres arabes et non pas le système sino-japonais. Évidemment on le lit comme si c'était écrit selon ledit système !

12. 1974年(昭和四十九年)に 日本も 参加した G5 という 主要国 首脳 会議 が 設立 されました。
13. その 後、少しずつ 他 の 国 が 参加 する ように なって、1997年 (平成 九 年) には G8 に なりました。
14. 毎年 サミット が 開かれます。
15. 過去 に 三 回 東京 で 開催 されました。
16. 2000年 には 初めて 地方 で 行う こと に なりました。
17. どこ の 地方 を 選ぶ か 難しい 問題 で あった。
18. 長い 話し合い の 結果、歴史的 な 理由 で 沖縄 が 選ばれました。

Quatre-vingt-neuvième leçon / 89

12 En 1974 (Shôwa 49) a été créé le Sommet des Grandes puissances appelé G5 auquel le Japon participait.
13 Plus tard, d'autres pays s'étant peu à peu ajoutés, en 1997 (Heisei 9) a été créé le G8.
14 Ce sommet se tient chaque année.
15 Dans le passé, il s'est tenu trois fois à Tôkyô.
16 En 2000, pour la première fois il a été décidé de l'organiser en province.
17 Mais quelle province choisir ? Cela a été un rude dilemme.
18 Résultat de longues discussions, c'est Okinawa qui a été choisi, pour des raisons historiques.

12 sen kyûhyaku nanajû yo nen (shôwa yonjû ku nen) ni nihon mo sanka shita jî faibu to iu shuyôkoku shunô kaigi ga setsuritsu saremashita
13 sono go, sukoshizutsu hoka no kuni ga sanka suru yô ni natte, sen kyûhyaku kyûjû nen (heisei ku nen) ni wa jî eito ni narimashita
14 maitoshi samitto ga hirakaremasu
15 kako ni san kai tôkyô de kaisai saremashita
16 nisen nen ni wa hajimete chihô de okonau koto ni narimashita
17 doko no chihô o erabu ka muzukashii mondai de atta
18 nagai hanashiai no kekka, rekishiteki na riyû de okinawa ga erabaremashita

Note

7 Les caractères romains, lettres et chiffres, sont épelés à la manière anglaise (leçon 47, note 6) : *G* = **jî**, *5* = **faibu**, et plus loin *8* = **eito**.

19 その 沖縄(おきなわ) サミット を 記念(きねん) して、お 札(さつ) を 作(つく)った の です。

20 ほとんど の お 札(さつ) に は 男性(だんせい) が 描(えが)かれて いる が、女性(じょせい) が 描(えが)かれて いない わけ で は ない。

21 例(たと)えば、先(さき) に 述(の)べた よう に、女流(じょりゅう) 作家(さっか) の 樋口(ひぐち) 一葉(いちよう) が います。

22 – いずれ に せよ [8]、段々(だんだん) クレジット カード や 電子(でんし) マネー を 使(つか)う こと が 増(ふ)えて います から、

23 将来(しょうらい) は 貨幣(かへい) が 無(な)くなる かもしれません。

24 ちょっと 残念(ざんねん) です ね。 □

Note

8 いずれ に せよ : expression toute faite ! いずれ est l'ancienne version de どれ, *lequel ?* せよ est l'ancienne version de しよう (degré moins), *faisons*. Et nous retrouvons tout simplement une structure que nous connaissons : に する, *se décider pour* (litt. "pour lequel se décider ?").

Quatre-vingt-neuvième leçon / 89

19 En souvenir de ce Sommet d'Okinawa, on a créé un billet.
20 Sur la plupart des billets, ce sont des hommes qui sont représentés, mais les femmes ne sont pas tout à fait absentes.
21 Par exemple, comme nous l'avons dit précédemment, il y a cette femme écrivain HIGUCHI Ichiyô.
22 – De toute façon, comme de plus en plus on utilise les cartes de crédit et le porte-monnaie électronique,
23 dans l'avenir il n'y aura peut-être même plus de monnaie !
24 Ce serait dommage !

---

19 sono okinawa samitto o ki.nen shite, o satsu o tsukutta no desu
20 hotondo no o satsu ni wa dansei ga egakarete iru ga, josei ga egakarete inai wake de wa nai
21 tatoeba, saki ni nobeta yô ni, joryû sakka no higuchi ichiyô ga imasu
22 – izure ni seyo, dandan kurejitto kâdo ya denshi manê o tsukau koto ga fuete imasu kara
23 shôrai wa kahei ga nakunaru kamoshiremasen.
24 chotto zannen desu ne

Comme vous avez pu le constater à la lecture des notes, l'ère dite de Meiji (1868-1912), a été une époque de grand bouleversement au Japon. Après une longue période de fermeture (période d'Edo), le Japon s'est ouvert à grande vitesse, et s'est mis à apprendre, avec la boulimie des nations modernes, dans tous les domaines : sciences et techniques, arts militaires, droit, médecine, arts, littérature, sports, médias. Pendant cette ère, un nouveau Japon est né, qui a revendiqué sa place parmi les grandes puissances.

第八十九課

▶ 練習 1 - 訳 し なさい

❶ 昔 の 学校 では、女性 と 男性 が 別々 でした。

❷ 特別 な 問題 です が、その 先生 の 説明 は とても 上手 で、だれでも よく わかる わけ です。

❸ この 十日間 に 来た 手紙 を また 一つ 一つ 調べました けれども、吉野さん からの 手紙 は 見つかりません でした。

❹ 国際平和 を 守る こと は、国際連合 の 仕事 です。

❺ その 小説 の 主人公 で ある 二人 の 子供 は、身分 が 違った のに、お互い に 友情 を 感じて いました。

Quatre-vingt-neuvième leçon / 89

Corrigé de l'exercice 1
❶ Dans les écoles de jadis, les filles et les garçons étaient séparés. ❷ C'est une question particulière, mais les explications de ce professeur sont tout à fait excellentes, si bien que tout le monde comprend sans problème. ❸ J'ai réexaminé une par une toutes les lettres qui sont arrivées pendant ces dix derniers jours, mais je n'ai pas trouvé celle de Mme Yoshino. ❹ Sauvegarder la paix internationale est la tâche de l'ONU. ❺ Les deux enfants qui sont les héros de ce roman, bien qu'ils aient été de statut social différent, éprouvaient de l'amitié l'un pour l'autre.

Transcription
❶ mukashi no gakkô de wa, josei to dansei ga betsubetsu deshita ❷ tokubetsu na mondai desu ga, sono sensei no setsumei wa totemo jôzu de, daredemo yoku wakaru wake desu ❸ kono tookakan ni kita tegami o mata hitotsu hitotsu shirabemashita keredomo, yoshinosan kara no tegami wa mitsukarimasen deshita ❹ kokusai heiwa o mamoru koto wa kokusairengô no shigoto desu ❺ sono shôsetsu no shujinkô de aru futari no kodomo wa, mibun ga chigatta noni, o tagai ni yûjô o kanjite imashita

昔 の 学校 で は 女性 と 男性 が 別々 でした。

Deuxième vague : 40ᵉ leçon

89/第八十九課

練習 2 - 言葉 を 入れ なさい

1. S'il s'agit de quelque chose de si banal, on peut l'acheter dans n'importe quel magasin.
   そんな ふつう ....、... みせ ....。

2. Il paraît que ce médecin est quelqu'un d'extraordinaire et qu'il peut guérir n'importe quelle maladie.
   あの ...... りっぱ ....、... びょうき .. ..。

3. J'ai lu le mois dernier un livre qui traitait de l'histoire des sciences.
   ....。

4. C'était un livre traduit de l'<u>itali</u>en.
   .... もの ..。

5. Quel événement à commémorer imprimer sur les billets ? C'est un rude dilemme.
   .. きねんぎょうじ ....
   ..。

***

片仮名 の 練習

Quatre-vingt-neuvième leçon / 89

Corrigé de l'exercice 2

❶ - の もの なら、どんな - でも かえます よ ❷ - お いしゃ さん は - な かた で、どんな - でも なおせる そう です ❸ せんげつ かがく の れきし に ついて かかれた ほん を よみました ❹ イタリアご から やく された - です ❺ どの - を お さつ に いんさつ する か むずかしい もんだい です

***

書き取り

❶ beddo *(lit/**bed**)* ❷ bûtsu *(bottes/**boots**)* ❸ hando baggu *(sac à main/**handbag**)* ❹ bâgen *(soldes/**bargain**)* ❺ bideo *(vidéo)* ❻ bakansu *(vacances)* ❼ sâbisu *(service)* ❽ ôboe *(hautbois/**oboe**)* ❾ kâbu *(virage/**curve**)* ❿ bônasu *(prime/**bonus**)* ⓫ bebî *(bébé/**baby**)* ⓬ bôto *(petit bateau/**boat**)*

Corrigé

❶ ベッド ❷ ブーツ ❸ ハンド バッグ ❹ バーゲン ❺ ビデオ ❻ バカンス ❼ サービス ❽ オーボエ ❾ カーブ ❿ ボーナス ⓫ ベビー ⓬ ボート

第九十課
だいきゅうじゅっか

花見
はなみ

1 — 皇居 の そば に ある 桜 の 木 は 満開 に なりました ね。

2 — きっと 上野 公園 の 桜 の 二日 三日 **1** の 内 に 満開 に なる でしょう。

3 — そう です ね。桜 の 花 は 散る の が 速い です から ね。

4 「三日 見ぬ **2** 間 の 桜 かな」 と 言う 諺 が ある くらい です から ね。

5 — 去年 も 一昨年 も 出張 して いた ので、

Notes

1 二日 三日 **futsuka mikka**, *2 jours* ou *3 jours* ; mais rappelez-vous, les mêmes expressions peuvent signifier *le 2* et *le 3* (du mois) (leçon 70 § 1.2).

Quatre-vingt-dixième leçon

Le jour des cerisiers

1 – Les cerisiers près du Palais impérial sont en pleine floraison.
2 – Ceux du parc d'Ueno seront certainement en pleine floraison aussi d'ici deux ou trois jours.
3 – Oui. Les cerisiers perdent si vite leurs fleurs !
4   C'est comme le dit le proverbe : "On n'a même pas trois jours pour contempler les cerisiers" *(trois-jours ne-pas-regarder intervalle-de-temps [relation] cerisier [question] [réflexion])*.
5 – L'an dernier et l'année d'avant j'étais en voyage d'affaires

Transcription

hanami

1 – kôkyo no soba ni aru sakura no ki wa mankai ni narimashita ne
2 – kitto ueno kôen no sakura mo futsuka mikka no uchi ni mankai ni naru deshô
3 – sô desu ne. sakura no hana wa chiru no ga hayai desu kara ne
4   mikka minu ma no sakura ka na to iu kotowaza ga aru kurai desu kara ne
5 – kyonen mo ototoshi mo shutchô shite ita node

2 見ぬ minu, c'est bien le verbe 見る miru que vous connaissez. Mais c'est une forme ancienne de sa négation (pour le cas où cette forme se trouve devant un nom) que l'on rencontre encore dans des formules toutes faites ou comme ici dans un proverbe. Dans la langue actuelle on dirait 見ない minai.

6 桜の 花を ゆっくり と 見る 暇が ありません でした が、

7 今年は ぜひ 行きたい と 思って います。

8 − そう です ね。「善は 急げ [3]」 と 言います から、明日の 午後に でも いかが です か。

9 − 桜の 花を 見て いる と、子供の 頃の こと を 思い出します。

10 − お国[4] は どちら でした っけ[5] ね。

11 − 信州 です。毎年 四月に なると、

12 私の 祖父[6] は 庭に ある 大きな 桜の 木の 下に 茣蓙を 敷き、

Notes

[3] 急げ isoge : le verbe 急ぐ isogu est un verbe à plusieurs bases. Vous connaissez, pour ces verbes, la base en **u**, la base en **a** qui sert pour la forme négative degré moins (急がない **isoganai**), et la base en **i** qui sert... beaucoup par exemple (急ぎます **isogimasu**). Voici une base en **e** qui sert pour une forme d'impératif brutale. Cette forme ne sert que pour un degré ultra-moins ou dans des formules du style *Garde à vous !*, 気を付け **ki o tsuke** ou *Repos !*, 休め **yasume**, ou comme ici dans des proverbes. Pour les formes usuelles d'ordre ou de demande reportez-vous à la leçon 84, § 3.

Quatre-vingt-dixième leçon / 90

6 aussi je n'ai pas eu le temps d'admirer à loisir les fleurs des cerisiers, mais
7 cette année je veux absolument y aller.
8 – Oui, bien sûr ! "Le Bien n'attend pas" dit-on, alors si on y allait demain après-midi !
9 – Quand je regarde les fleurs de cerisier, cela me rappelle mon enfance.
10 – D'où êtes-vous déjà ([politesse] pays [annonce] quel-côté c'était [question-de-rappel] [accord]) ?
11 – De Shinshû. Chaque année, lorsqu'arrivait avril,
12 mon grand-père étalait une natte sous un grand cerisier qui se trouvait dans le jardin,

---

6 sakura no hana o yukkuri to miru hima ga arimasen deshita ga
7 kotoshi wa zehi ikitai to omotte imasu
8 – sô desu ne. zen wa isoge to iimasu kara, ashita no gogo ni demo ikaga desu ka
9 – sakura no hana o mite iru to, kodomo no koro no koto o omoidashimasu
10 – o kuni wa dochira deshita kke ne
11 – shinshû desu. maitoshi shigatsu ni naru to
12 watashi no sofu wa niwa ni aru ooki na sakura no ki no shita ni goza o shiki

---

4 国 **kuni**, *pays*, au sens de *nation*, mais aussi de *pays natal*, *province natale*.

5 Cette terminaison っけ à la place de か pour une question veut dire : "vous me l'avez déjà dit, je l'ai su, mais je l'ai oublié, je vous le redemande". D'où d'ailleurs l'emploi du passé. Et d'où la traduction littérale "[question de rappel]".

6 祖父 **sofu**, 祖母 **soba** (leçon 84, § 1.1), renforcé ici par 私 の **watashi no**, ce qui est assez courant.

roppyaku roku jû roku • 666

13 午後中、そこに座ってお酒を飲みながら花を見ていました。

14 時々墨などを持ってこさせ 7、短歌 8 なども詠んでいました。

15 私は姉と一緒によく祖父の茣蓙の上でままごとをしたものでした 9。

16 そうすると、必ず祖母がお団子 10 を作って持ってきてくれました。

17 私達は花見のお団子が一番楽しみだったのです。

13 gogojû, soko ni suwatte o sake o nominagara hana o mite imashita
14 tokidoki sumi nado o motte kosase, tanka nado mo yonde imashita
15 watashi wa ane to issho ni yoku sofu no goza no ue de mamagoto o shita mono deshita
16 sô suru to, kanarazu sobo ga o dango o tsukutte motte kite kuremashita
17 watashitachi wa hanami no o dango ga ichiban tanoshimi datta no desu

Quatre-vingt-dixième leçon / 90

13 et là, assis, tout l'après-midi, il regardait les fleurs, en dégustant du saké.

14 Parfois il se faisait apporter de quoi écrire et il composait des poèmes.

15 Souvent ma sœur aînée et moi, nous jouions à la dînette sur la natte de mon grand-père.

16 Et alors, toujours, ma grand-mère nous apportait des boulettes de riz qu'elle avait faites *([familiarité] boulettes-de-riz [objet] fabriquer apporter venir faire-pour-moi)*.

17 Pour nous, ce qui était notre plus grande joie, c'était ces boulettes de riz du jour des cerisiers.

Notes

7 持って こさせる **motte kosaseru**. Partons du début : 持つ **motsu**, *porter* ; 持って くる **motte kuru**, la présence de くる indique que le mouvement "porter" se fait vers celui qui parle, ou vers celui qui est le sujet de la phrase (quand ce n'est pas celui qui parle), le tout équivaudrait donc bien à *apporter*. De くる, de façon irrégulière, on dérive : こさせる, *faire venir* (leçon 87, note 5). Ainsi : 持って くる **motte kuru**, *apporter* → 持って こさせる **motte kosaseru**, *se faire apporter*.

8 短歌 **tanka** est une de ces formes poétiques très brèves dont les Japonais ont le secret : 5 vers, au nombre de syllabes toujours impair, 5-7-5-7-7.

9 もの でした : cette expression implique que ce qui précède est une habitude du locuteur, un acte qu'il accomplit ou accomplissait fréquemment (leçon 83, phrase 2).

10 団子 **dango** : petites boulettes faites à base de farine de céréales, surtout de riz, cuites d'abord à la vapeur, et ensuite accommodées de diverses façons, le plus souvent sucrées. Autrefois elles servaient souvent de friandises et accompagnaient les fêtes. On les trouve désormais toute l'année dans tous les supermarchés.

roppyaku roku jû hachi • 668

18 祖父 は これ を 見て、笑いながら 「花 より 団子、花 より 団子 11」 と 言って いました。　□

18 sofu wa kore o mite, warainagara hana yori dango, hana yori dango to itte imashita

***

▶ 練習 1 – 訳 し なさい

❶ 故障 は まだ 直って ない？ 電気屋さん は 午前中 に 来る はず だった のに…

❷ 花見 と いう の は、皆 集まって 桜 の 花 を 見る こと で あり、日本 に ずっと 昔 から ある こと です。

❸ たばこ を たくさん 吸って も、仕事 は あまり 進まない から、やめた 方 が いい よ。

❹ どうして 笑然 そんな に 悲しく なった の。 – 波 の 音 が 私 の 子供 時代 の こと を 思い出させる から です。

❺ お 待たせ いたしました。

Quatre-vingt-dixième leçon / 90

18 Voyant cela, mon grand-père disait en riant : "Les gâteaux de riz plutôt que les fleurs, les gâteaux de riz plutôt que les fleurs".

Note

11 花 より 団子 **hana yori dango** : proverbe pour se moquer de l'attitude de ceux qui, lors de ces contemplations traditionnelles des fleurs (ou de la lune) s'intéressent plus aux agapes qui accompagnent, qu'à la beauté du spectacle, et donc, de façon plus générale, s'applique à ceux qui sont plus sensibles aux plaisirs "concrets" qu'à la beauté des fleurs ou aux réussites de l'art.

***

Corrigé de l'exercice 1

❶ La panne n'est pas encore réparée ? L'électricien devait pourtant venir ce matin ! ❷ Ce qu'on appelle "hanami" consiste à se rassembler tous ensemble pour regarder les fleurs de cerisiers, cela existe depuis bien longtemps au Japon. ❸ On a beau fumer tant et tant, le travail n'en avance pas plus, il vaut donc mieux cesser. ❹ Pourquoi es-tu devenu tout à coup si triste ? – C'est que le bruit des vagues me rappelle mon enfance. ❺ Excusez-moi de vous avoir fait attendre.

Transcription

❶ koshô wa mada naotte nai. denkiyasan wa gozenchû ni kuru hazu datta noni ❷ hanami to iu no wa, minna atsumatte sakura no hana o miru koto de ari, nihon ni zutto mukashi kara aru koto desu ❸ tabako o takusan sutte mo, shigoto wa amari susumanai kara, yameta hô ga ii yo ❹ dôshite totsuzen sonna ni kanashiku natta no. nami no oto ga watashi no kodomo jidai no koto o omoidasaseru kara desu ❺ o matase itashimashita

90/第九十課

練習 2 – 言葉 を 入れ なさい

❶ Tout en regardant les fleurs, on boit du saké, on chante, on compose des poèmes, on raconte des histoires.

・・・・・・・・・・、・・・・・・・・、・・・・・・・、・・・
・・・・・、・・・・・・・・・て います。

❷ Ceux qui fleurissent les premiers, ce sont les cerisiers qui sont près du Palais impérial.

・・・・・まんかい・・・は、・・・・・・・・
・・・。

❸ Je vais chaque semaine deux ou trois fois à la bibliothèque emprunter des livres. Comme la bibliothèque est près de chez moi, c'est très commode.

・・・・・・・・・・・・・・・・・・。・・・
・・・・・、・・・・・・。

❹ Cet été est chaud ! Même le soir venu, il n'y a pas la moindre fraîcheur !

・・・・・・・。・・・・・・・、すこし
も・・・・・・・・。

***

片仮名 の 練習

PA　　　PI　　　PU　　　PE　　　PO

故障 は まだ 直って ない?

Quatre-vingt-dixième leçon / 90

❺ Pendant un voyage touristique, rechercher les bons restaurants plutôt que d'aller dans les musées, on peut appeler cela : "hana yori dango".

・・・・ ・・・ を ・・、・・・・・ ・・ ・・・ ・・・・
レストラン を もとめる ・・ は 「・・・・・・・」 ・
・・・・。

Corrigé de l'exercice 2
❶ はな を みながら、お さけ を のんだり、うた を うたったり、たんか を よんだり、はなし を したり し - ❷ いちばん はやく - に なる の - こうきょ の そば に ある さくら です ❸ まいしゅう に さん かい としょかん へ いって ほん を かります - としょかん は うち から ちかい ので、とても べんり です ❹ ことし の なつ は あつい です ね - よる に なっても - すずしく ならない の です ❺ かんこう りょこう を して、びじゅつかん へ いく より おいしい - こと - はな より だんご - と いえます

***

書き取り
❶ pea *(paire/**pair**)* ❷ piano *(piano)* ❸ supein *(Espagne/**Spain**)* ❹ sûpu *(soupe/**soup**)* ❺ supôtsu *(sport/**sports**)* ❻ apâto *(appartement/**apart(ment)**)* ❼ supîdo *(vitesse/**speed**)* ❽ pêji *(page/**page**)* ❾ pikunikku *(pique-nique/**picnic**)* ❿ posuto *(boîte à lettres/**post**)* ⓫ depâto *(grand magasin/**depart(ment) store)***

Corrigé
❶ ペア ❷ ピアノ ❸ スペイン ❹ スープ ❺ スポーツ ❻ アパート ❼ スピード ❽ ページ ❾ ピクニック ❿ ポスト ⓫ デパート

Les Japonais aiment la fête. Les fêtes traditionnelles occupent une grande place dans la vie de la société japonaise. La floraison des cerisiers au printemps est un événement national. Les chaînes de télé informent chaque jour sur l'avancée du front des cerisiers. Se réunir pour le **hanami** *entre collègues de bureau, en famille, en groupes divers est un moment de réjouissances quasi obligé. Dans les lieux célèbres des grandes villes, il faut retenir dès l'aurore son emplacement sous les*

91

だい きゅうじゅう いっか
第 九 十 一 課

まとめ – Révision

Vous voilà presque au bout du parcours que nous vous proposons, et le fonctionnement de la langue japonaise n'a presque plus de secrets pour vous. Voici quelques récapitulations utiles.

1 Les verbes

1.1 Variation des verbes spéciaux de degrés plus

Maintenant que nous avons assez souvent pratiqué les verbes spéciaux pour les degrés plus (leçon 70, § 3), nous reparlerons d'eux aujourd'hui, mais uniquement sur le plan de la forme. Tous ceux que nous avons employés sont des verbes à plusieurs bases. Pour les verbes à plusieurs bases, le suffixe ます s'ajoute à la base en **i**. Cependant, peut-être avez-vous remarqué que certains verbes degré plus présentent une particularité. Nous diviserons l'ensemble en trois catégories, en procédant par élimination :

– les verbes qui ne finissent pas par **ru**, sont tout à fait réguliers : もうす/もうします, *je m'appelle, je dis* ; いただく/いただきます, *je reçois* ; いたす/いたします, *je fais* ; うかがう/うかがいます, *j'entends dire, je rends visite*.

– les verbes qui finissent par **ru**, mais où la voyelle devant **ru** n'est pas **a**. Ceux-là aussi sont tout à fait réguliers : おる/おります, *je me trouve* ; まいる/まいります, *je vais, je viens*.

– les verbes qui finissent par **ru** mais où la voyelle précédant **ru** est **a**. C'est là qu'il y a une petite irrégularité. Prenons tout de suite *cerisiers ! Tout au long de l'année, dans les grands et les petits sanctuaires ont lieu les* **matsuri**. *Fêtes d'origine* **shintô** *(religion originelle de type animiste), elles donnent lieu à des processions en costumes traditionnels et sont accompagnées de sortes de kermesses, de danses et de feux d'artifices.* **Shinshû** *est le nom d'une ancienne province, aujourd'hui département de Nagano, au cœur des Alpes japonaises.*

Deuxième vague : 41ᵉ leçon

Quatre-vingt-onzième leçon

un exemple : なさる, *vous faites*. On attendrait une base en **i** plus ます. Or, dans le choc entre la base et le suffixe, le **r** disparaît, et on obtient donc : なさいます (leçon 47, phrase 5).
Autres verbes : くださる, *vous me donnez*, devient くださいます ; いらっしゃる, *vous vous trouvez, vous allez, vous venez* → いらっしゃいます ; ござる, *se trouve, il y a* (en ce qui me concerne) (leçon 86, phrase 16) → ございます ; で ござる, *c'est* (en ce qui me concerne) → で ございます (leçon 44, phrase 1).
À ne jamais oublier : ici, pour simplifier, nous disons *je* ou *vous* mais ce *je* inclut tous les membres de sa propre famille, c'est-à-dire qu'en degré plus, pour parler de sa famille, on emploie le même verbe que pour parler de soi. Quant au *vous*, il s'étend à tout *il* envers qui vous emploieriez ces verbes en disant *vous*… si ce *il* était en face de vous, par exemple lorsque vous parlez des membres de la famille de votre interlocuteur. Cela vaut aussi pour l'entreprise.

À noter : quand on ajoute le suffixe た ou le suffixe たら au verbe いらっしゃる, on obtient いらした (leçon 86, phrase 10) et いらしたら, sans doute pour éliminer l'accumulation de **a**. Le japonais n'aime guère aligner trois fois de suite la même voyelle.

1.2 Verbes à la forme en て + auxiliaire

Puisque nous sommes dans les verbes, récapitulons un point tout à fait capital pour s'exprimer en japonais : en ajoutant un auxiliaire à un verbe à la forme en て on peut moduler le sens de ce verbe et même le changer assez fortement. Ces auxiliaires sont, en fait, eux-mêmes des verbes, qui, par ailleurs, ont leur propre existence tout à fait indépendante. Sont ainsi employés comme auxiliaires : みる, *regarder* ; おく, *poser* ; しまう, *terminer* ; くれる/くださる, *donner* ; もらう/いただく, *recevoir* ; やる/あげる, *faire* (pour くれる et もらう, il existe des degrés plus : くださる et いただく, voyez le § précédent). Notons que lorsque ces verbes sont employés comme auxiliaires, ils sont toujours écrits en hiragana, et non en kanji.

• Premier cas : c'est la manière dont est faite l'action, qui est en cause

– …て みる. La présence de みる indique qu'on n'a pas encore commencé l'action, qu'on va s'y mettre pour voir, pour essayer (leçon 51, phrase 12 et note 2).

– …て おく (leçon 74, note 2), indique qu'on prend la précaution de faire à l'avance quelque chose qui est une condition indispensable pour qu'une seconde action soit possible.

– …て しまう. Avec しまう on insiste sur le fait que l'action est accomplie complètement, jusqu'au bout (leçon 31, phrase 15).

• Second cas : on exprime "qui fait quoi pour qui"

Ce que nous exprimons, nous, par des pronoms personnels sera exprimé en japonais à l'aide d'un de ces auxiliaires : 送って くれました, **okutte kuremashita**, *vous m'avez envoyé*. Mais 送って あげました, **okutte agemashita** (de あげる **ageru**), *je vous ai envoyé*.

Résumons :

– …て くれる : quelqu'un fait quelque chose pour moi. C'est donc l'autre le sujet (leçon 80, phrase 14). Le degré plus est …て くださる.

– …て もらう : moi qui parle, je fais agir quelqu'un pour qu'il fasse quelque chose pour moi. C'est moi le sujet (leçon 65, exercice 2, phrase 2). Le degré plus est …て いただく.

– …て やる : cette fois, c'est moi, celui qui parle, qui fais quelque chose pour vous (ce n'est que justice !...) (leçon 76, phrase 8). Ce やる est un degré moins et plutôt masculin. Le degré moyen, et plutôt féminin, est un autre auxiliaire あげる, qui, comme verbe indépendant veut dire *lever, faire monter*.

2 Emplois de la particule の

Il existe en japonais des mots tout petits par leur forme mais très grands par leur importance. Celui qui bat tous les records, c'est の. *N…O… NO !* Pas de phrase japonaise sans lui : il a tant d'usages différents, tous essentiels, qu'il faut faire bien attention de ne pas en oublier. Alors dressons-en la liste, dans l'ordre où ils apparaissent au fil des leçons :

– entre deux noms :

の = "[relation]", c'est le plus fréquent, celui que vous connaissez depuis le plus longtemps, dès la leçon 4, et nous l'utilisons quotidiennement.

の = "[apposition]", ce n'est qu'une extension du premier, mais à ne pas négliger (leçon 13, note 1).

– à la fin d'une phrase :

の = "[question]" : il équivaut à か dans le langage des femmes et des enfants (leçon 29, note 14).

– entre un verbe et une particule enclitique :

の = "[remplacement]" : là il annonce un mot déjà cité ou un groupe de mots qui vient juste après (leçon 38, note 1 ; leçon 88, note 1).

の = *le fait de* (leçon 47, note 5) : précédé d'un verbe, c'est ce qui correspond, en gros, à notre infinitif. Après le の "[relation]", c'est celui que nous utilisons le plus souvent.

– entre un nom et un verbe, qui est lui-même placé devant un nom :

の = "[sujet]". Un cas tout à fait spécial, mais courant (leçon 55, note 5).

Lors de la phase d'activation de la "deuxième vague", soyez spécialement attentif à tous ces emplois de の, tous sont des éléments essentiels de la phrase japonaise.

3 Emploi du mot よう

On pourrait en dire presque autant des emplois d'un autre mot aussi petit : よう (attention, celui avec le **o** long), mais que vous fréquentez depuis moins longtemps. Raison de plus pour le regarder avec attention. Là aussi, une petite classification vous aidera à y voir plus clair.

3.1 Emploi figé

Nous mettons à part un emploi figé : la formule よう です (leçon 81, note 2) qui vient à la fin d'une phrase ou d'une proposition et signifie "d'après mes observations je crois pouvoir déduire que…" (leçon 81, phrase 3 ; leçon 83, phrase 8).

3.2 よう avec le sens de "comme", "tel que", "de la même façon que"

Tout d'abord quelques formules :
– nom + の よう です, *c'est comme* (leçon 48, phrase 6) ; verbe + よう な 気 が します **yô na ki ga shimasu**, littéralement "cela me fait une impression comme", "j'ai l'impression de", "je crois éprouver une impression telle que…" (leçon 85, phrase 17).
– nom + の よう に, *comme* (leçon 72, ex. 1, phrase 5), souvent élargi par 同じ, *même* (nom + 同じ よう に) (leçon 71, phrase 4) ; 同じ よう な + nom, *identique* (leçon 87, phrase 9) ; et un adverbe : 同じ よう に, *de façon identique* (leçon 79, phrase 7).
Puis :
– よう に en fin de proposition *comme*, *de la même façon que* (leçon 72, phrase 11).

3.3 よう avec le sens de : "afin de", "de façon à"

Pour commencer :
Deux formules figées :
– …よう に する, *faire que*, *faire en sorte que* (leçon 78, phrase 15).
– …よう に なる, *les choses évoluent de telle façon que*, *il devient possible de…* (leçon 83, ex. 1, phrase 5).

Mais aussi :
– よう ou よう に avec des verbes qui veulent dire *souhaiter*, *demander de*, *conseiller* (leçon 88, phrase 24).
– よう に à la fin d'une proposition : *afin de*, *de telle façon que* (leçon 87, ex. 2, phrase 3).

Qui l'eût cru, tant d'emplois pour un si petit mot ?

復習会話

1 一番大切なのは勝つことではなく、参加することだとオリンピックを設立したフランス人のピエール ド クーベルタンが言っていました。
2 あの話はもうどこかで聞いたことがあるという感じがします。どこだったっけ。
3 皆よく知っているように、日本では春になると、どこの地方でも桜の花を見る、つまり花見という行事が行われます。
4 昔の学校では生徒に漢字を覚えさせるために、何回もそれを書かせるというやり方でした。
5 学生に日本の憲法を勉強させるために図書館によく通うように勧めましたが、無理でした。

第九十一課

6 社会学 と は 何 でしょう か。人間 社会 の 変化 を 研究 する 科学 だ と 言えます。

7 スポーツ の 雑誌 に 面白い 記事 が 載って いない わけ で は ない と 思います。

8 その 作家 は まだ 若い のに、文体 の 素朴 な 作品 を 書いて、大勢 の 人 に 読まれる よう に なって いる わけ です。

9 その 銀行 なら、口座 を 簡単 に 開いて もらえます。

10 今晩 何も 食べ物 が ない の。藤本くん が 食事 の 買物 を して おく はず だった のに…

Nous embarquons pour notre dernière étape ! Jusqu'à maintenant, tous les textes japonais que nous vous avons présentés étaient écrits avec des blancs entre les mots. C'est une présentation qu'on peut qualifier de "pédagogique". C'est ce qu'on fait au Japon pour les enfants... et les étrangers. Nos dernières leçons seront de VRAIS TEXTES JAPONAIS : pas de blanc, tout à la suite. Pour ne pas vous abandonner complètement, nous conserverons les blancs entre les mots dans la transcription, mais essayez d'abord de comprendre le texte en repérant vous-même les mots, vous en êtes tout à fait capable. Ne vous reportez à la transcription que pour vérifier.

Quatre-vingt-onzième leçon / 91

Traduction

1 L'important n'est pas de vaincre, mais de participer. C'est ce que disait le Français Pierre de Coubertin, fondateur des Jeux olympiques. **2** J'ai l'impression d'avoir déjà entendu cette histoire quelque part. Mais où était-ce donc ? **3** Comme vous le savez tous, au Japon, quand arrive le printemps, dans toutes les régions, on se livre à une fête traditionnelle qui consiste à admirer les fleurs de cerisiers, ce qu'on appelle "hanami". **4** Dans les écoles d'autrefois, pour faire apprendre les kanji aux élèves, la méthode était de les leur faire écrire un nombre infini de fois. **5** Pour faire travailler mes étudiants sur la constitution japonaise, je leur ai conseillé de fréquenter assidûment la bibliothèque, mais c'est sans résultat. **6** Qu'est-ce que la sociologie ? On peut dire que c'est la science qui étudie les évolutions des sociétés humaines. **7** Je pense qu'il peut y avoir des articles intéressants dans les revues de sport (la situation n'est pas qu'il n'y a pas). **8** Bien que cet écrivain soit encore jeune, il écrit des œuvres au style sobre et il est désormais lu par un grand nombre de lecteurs (la situation en arrive à ce qu'il soit lu). **9** S'il s'agit de cette banque, on peut facilement s'y faire ouvrir un compte. **10** Il n'y a rien à manger ce soir ! Fujimoto avait pourtant bien dit qu'il ferait les courses pour le dîner…

Transcription

1 ichiban taisetsu na no wa katsu koto de wa naku, sanka suru koto da to orinpiku o setsuritsu shita furansujin no piêru do kûberutan ga itte imashita **2** ano hanashi wa mô dokoka de kiita koto ga aru to iu kanji ga shimasu. doko datta kke **3** minna yoku shitte iru yô ni, nihon de wa haru ni naru to, doko no chihô de mo sakura no hana o miru, tsumari hanami to iu gyôji ga okonawaremasu **4** mukashi no gakkô de wa seito ni kanji o oboesaseru tame ni, nankai mo sore o kakaseru to iu yarikata deshita **5** gakusei ni nihon no kenpô no benkyô o suru tame ni toshokan ni yoku kayou yô ni susumemashita ga, muri deshita **6** shakaigaku to wa nan deshô ka. ningen shakai no henka o kenkyû suru kagaku da to iemasu **7** supôtsu no zasshi ni omoshiroi kiji ga notte inai wake de wa nai to omoimasu **8** sono sakka wa mada wakai noni, buntai no soboku na sakuhin o kaite, oozei no hito ni yomareru yô ni natte iru wake desu **9** sono ginkô nara, kôza o kantan ni hiraite moraemasu **10** konban nanimo tabemono ga nai no. fujimotokun ga shokuji no kaimono o shite oku hazu datta noni

Deuxième vague : 42ᵉ leçon

第九十二課
<small>だいきゅうじゅうにか</small>

学校
<small>がっこう</small>

1 – 息子の和生はぜひ国立大学に入れたいな。
2 – そうですね。その方が就職も楽だし **1**、
3 学費も私立よりずっと安いですから。
4 – そのためには高校から東京にやらなく

 ちゃ **2** ね。
5 姉さんの所で預かってもらえば **3** いいよ。

Transcription

gakkô

1 – musuko no kazuo wa zehi kokuritsu daigaku ni iretai na
2 – sô desu ne. sono hô ga shûshoku mo raku da shi
3 gakuhi mo shiritsu yori zutto yasui desu kara
4 – sono tame ni wa kôkô kara tôkyô ni yaranakucha ne
5 neesan no tokoro de azukatte moraeba ii yo

Quatre-vingt-douzième leçon

L'école

1 – Je veux absolument faire entrer notre fils Kazuo dans une université d'État.
2 – Bien sûr ! Avec une université d'État, les débouchés sont assurés et
3   les frais de scolarité sont bien moins élevés que dans une université privée.
4 – Pour cela, à partir du lycée, il faudra l'envoyer à Tôkyô.
5   On pourrait demander à ta sœur aînée de le prendre *(sœur-aînée [relation] endroit [moyen] prendre-en-charge si-on-pouvait-obtenir être-bien [engagement])*.

Notes

1 し, vous souvenez-vous ? Ce petit mot relie deux propositions, lorsqu'on cite différents faits qui s'accumulent et peuvent servir à justifier ou à expliquer la même chose (leçon 79, note 5).

2 やらなくちゃ : normalement pour dire *il faut faire*, on devrait utiliser la formule やらなくては (variante やらなければ) ならない (leçon 77, § 3.2). Dans le langage familier, cette formule… fort longue il faut le reconnaître, est radicalement abrégée ! On ne garde que la première partie やらなく て は et les deux dernières syllabes て は se transforment en ちゃ.

3 預かって もらえば **azukatte moraeba** : もらう (verbe à plusieurs bases) s'ajoutant à la forme en て indique que, moi qui parle, je fais faire quelque chose à quelqu'un d'autre pour moi (leçon 91, § 1.2). Ici nous avons en fait もらえる, dérivé de もらう (leçon 84, § 2.1) et qui veut donc dire *pouvoir faire faire quelque chose à quelqu'un pour moi*. Tant de choses en un si petit verbe !

6 – 中学校の一年生から英語をしっかりと身に付けさせましょう **4**。

7 お隣の大学生は英語が達者だと聞きましたから、

8 個人教授をしてくれるように頼みましょう。

9 これからの社会は国際的になっていく **5** から、

10 なんといっても、語学がものをいいますからね。

11 – でも中学校に入るまでに

12 国語と算数がよほどできなければだめだ **6** な。

13 – そうすると、小学校もよほどいい所を選ばなければなりません。

Notes

4 Avouez, vous l'attendiez ! Après les verbes à plusieurs bases (leçon 87, note 5), les verbes à une seule base aussi ont leur dérivé pour dire *faire*... Ici, de 付ける **tsukeru**, *fixer*, on dérive 付けさせる **tsukesaseru**, *faire fixer*. On remplace **ru** par **saseru**. Pour compléter la panoplie, il nous faut *faire faire* : de する, on dérive irrégulièrement させる (leçon 69, phrase 6).

5 なって いく : le verbe いく, *aller*, peut aussi servir d'auxiliaire, avec la forme en て d'un autre verbe. L'ensemble signifie que l'action exprimée va se développer vers l'avenir.

6 できなければ だめ だ : manière plus forte d'exprimer *il faut que* (leçon 77, § 3.2), la première moitié reste, la seconde utilise le mot だめ qui relève du type de mots dont nous parlions dans la leçon 77 (§ 1). Il veut dire soit *impossible*, avec deux sens : *qu'on ne peut pas faire*, ou *qu'on ne doit pas faire* ; soit *raté, manqué, inutile*.

Quatre-vingt-douzième leçon / 92

6 – À partir de sa première année de collège, faisons-lui assimiler solidement *(corps [but] faisons-fixer)* l'anglais !
7 J'ai entendu dire que l'étudiant d'à côté était fort en anglais,
8 demandons-lui de lui donner des leçons particulières !
9 La société future va s'internationaliser, aussi,
10 quoi qu'on dise, l'étude des langues jouera un rôle décisif *(chose [objet] dire)*.
11 – Pourtant, avant d'entrer au collège,
12 il faut absolument qu'il maîtrise vraiment le japonais et les mathématiques.
13 – Dans ce cas, il nous faut choisir aussi pour l'école primaire une école vraiment bonne.

6 – chûgakkô no ichinensei kara eigo o shikkari to mi ni tsukesasemashô
7 o tonari no daigakusei wa eigo ga tassha da to kikimashita kara
8 kojin kyôju o shite kureru yô ni tanonimashô
9 kore kara no shakai wa kokusaiteki ni natte iku kara
10 nan to itte mo, gogaku ga mono o iimasu kara ne
11 – demo chûgakkô ni hairu made ni
12 kokugo to sansû ga yohodo dekinakereba dame da na
13 – sô suru to, shôgakkô mo yohodo ii tokoro o erabanakereba narimasen

14 場合によっては、小学校だけでも私立にしてもいいわね。

15 - そうなると幼稚園も問題だな。

16 ところで「善は急げ」と言うから、

17 さっそく東京の姉さんに電話したらどうだ。

18 - あなた達はちょっとせっかち過ぎるのじゃない?

19 和生は生まれてまだ九日でしょう。

20 そんな先のことはもっと後でいいのじゃない。□

***

練習 1 - 訳し なさい

❶ この 小さな 桜の 木 が 大きく なって その 下 に 座れる ように なる までには、何十年も 待たなければ だめ です。

❷ 会社 に 見本 を 送って もらいました。

❸ 算数 の 問題 が できなくて、お兄さん に 手伝って もらいました が、お兄さん は 算数 が あまり できない ので、無理 でした。

Quatre-vingt-douzième leçon / 92

14 En cas de besoin, nous pourrions, seulement pour l'école primaire, prendre une école privée.
15 – Dans ce cas le jardin d'enfants aussi, c'est un problème !
16 Alors, puisqu'on dit "le Bien n'attend pas",
17 que penses-tu d'appeler tout de suite ta sœur à Tôkyô ?
18 – Tous les deux, là, vous ne croyez pas que vous êtes un peu trop pressés ?
19 Il n'y a que neuf jours que Kazuo est né !
20 Tout cela est encore tellement loin, ça peut attendre un peu, non ?

14 – ba.ai ni yotte wa, shôgakkô dake demo shiritsu ni shite mo ii wa ne
15 – sô naru to yôchi.en mo mondai da na
16 tokorode, zen wa isoge to iu kara
17 sassoku tôkyô no neesan ni denwa shitara dô da
18 – anatatachi wa chotto sekkachi sugiru no ja nai
19 kazuo wa umarete mada kokonoka deshô
20 sonna saki no koto wa motto ato de ii no ja nai

***

❹ 小学校 は 国立 か 私立 か どちら が いい か わかりません。

❺ 新しい 家 を 建てる ために、父 に お 金 を 貸して くれる よう に 頼みましょう。

Corrigé de l'exercice 1

❶ Avant que ce petit cerisier ne devienne grand et qu'on puisse s'asseoir dessous, il faut attendre des dizaines d'années. ❷ Je me suis fait envoyer des échantillons par l'entreprise. ❸ Comme je ne savais pas faire mon problème de maths, j'ai demandé à mon frère de m'aider, mais comme il n'est pas fort en maths, c'était inutile. ❹ Pour l'école primaire, je ne sais ce qui est le mieux : publique ou privée ? ❺ Demandons à mon père de nous prêter de l'argent pour construire notre nouvelle maison.

***

練習 2 - 言葉 を 入れ なさい

❶ Il faudrait faire apprendre vite l'<u>allem</u>and à notre fils. Car j'ai le projet d'habiter en <u>Allemagne</u> à partir de l'année prochaine.

.............おぼえ.........でしょう .。
.............から です。

❷ Faire manger de la viande à un enfant qui n'aime pas ça, quel problème !

...................たいへん です。

❸ Votre petite Michika est en quelle classe maintenant ? – Elle est en sixième année à l'école primaire, à partir d'avril, elle entre en première année de collège.

.... なんねんせい ...。
– ....、
....。(..... がくねん ....
......)

❹ J'ai fait faire cette table par un ami.
.. テーブル . ゆうじん ....。

❺ Un ami m'a fabriqué cette table.
.. テーブル ....。

Quatre-vingt-douzième leçon / 92

Transcription

❶ kono chiisa na sakura no ki ga ookiku natte sono shita ni suwareru yô ni naru made ni wa, nan jû nen mo matanakereba dame desu ❷ kaisha ni mihon o okutte moraimashita ❸ sansû no mondai ga dekinakute, oniisan ni tetsudatte moraimashita ga, oniisan wa sansû ga amari dekinai node, muri deshita ❹ shôgakkô wa kokuritsu ka shiritsu ka dochira ga ii ka wakarimasen ❺ atarashii ie o tateru tame ni, chichi ni o kane o kashite kureru yô ni tanomimashô

***

Corrigé de l'exercice 2

❶ むすこ に ドイツご を はやく - させた ほう が いい - ね - らいねん から ドイツ に すむ よてい だ - ❷ にく が きらい な こども に にく を たべさせる の は - ❸ みちかちゃん は いま - ですか - しょうがっこう ろくねんせい です が、しがつ から ちゅうがっこう いちねんせい に なります (にほん では - は しがつ から はじまります) ❹ この - は - に つくって もらいました ❺ この - は ゆうじん が つくって くれました

姉さん の 所 で 預かって もらえば いい よ。

平仮名 の 練習

 MA　 MI　 MU　 ME　 MO

*Le système scolaire japonais compte trois étapes : six ans d'école primaire, trois ans de collège et trois ans de lycée. On compte les années dans l'ordre croissant : un élève est d'abord en première année de primaire, puis en deuxième année, etc. Il en est de même pour les autres étapes. Il existe beaucoup d'écoles privées dont les frais de scolarité sont élevés. Dans tous les cas les élèves portent des uniformes. La rentrée scolaire est en avril. Il n'existe pas de système comme le bac chez nous ; ce qui compte, c'est le concours d'entrée à l'université. L'élève doit travailler assidûment. Beaucoup d'enfants se rendent après l'école dans des écoles parallèles, les 塾 **juku**, privées (et chères) pour renforcer leur chance d'être admis dans une bonne université.*

第九十三課
だい きゅうじゅう さん か

遠足
えん そく

1 ―明日の遠足、うれしいな。
　　あした えんそく

2 　お母さん、お弁当に何を作ってくれるの**1**。
　　かあ　　　　べんとう なに つく

Note

1 C'est un petit garçon qui parle. Jusque vers 10-11 ans, les garçons parlent encore comme leur mère, avec les particularités du langage féminin, dont le の pour terminer une question (leçon 91, § 2). Ce sera un changement important vers 12 ans que de commencer à parler comme un homme.

書き取り

❶ minku *(vison/**mink**)* ❷ mêkâ *(marque d'un fabricant/**maker**)* ❸ modan *(moderne/**modern**)* ❹ mine *(Minet, nom propre)* ❺ damu *(barrage/**dam**)* ❻ masukomi *(communication de masse/**mass-comm(unication)**)* ❼ mûbî *(cinéma/**movie**)* ❽ memo *(agenda/**memo**)* ❾ modanizumu *(modernisme)* ❿ maiku *(microphone/**mic(ro)**)* ⓫ mainasu *(moins/**minus**)*

Corrigé

❶ ミンク ❷ メーカー ❸ モダン ❹ ミネ ❺ ダム ❻ マスコミ ❼ ムービー ❽ メモ ❾ モダニズム ❿ マイク ⓫ マイナス

Deuxième vague : 43ᵉ leçon

Quatre-vingt-treizième leçon

L'excursion

1 – Je suis content d'aller en excursion demain.
2 Maman, qu'est-ce que tu me prépares comme déjeuner à emporter ?

Transcription

ensoku

1 – ashita no ensoku, ureshii na
2 okaasan, o bentô ni nani o tsukutte kureru no

3 — 今晩のおかずは鶏 **2**と野菜のお煮染だったから、それを少し取っておいてあげました **3**よ。

4　それに努 **4**が大好きな茹卵二つ。

5 — 天気予報だと、午前中は曇りだけど、午後は晴れるそうだ **5**から、よかったな。

6 — 先生が明日はたくさん歩くとおっしゃっていました **6**から、

7　お結びは五つ入れますよ。

8 — お結び五つ？ そんなに食べられないよ。

9　リュックサックも重くなるから嫌だよ。

10 — でもお腹がすいていたら、歩けませんよ。

Notes

2　Nous avions vu **tori** au sens de *oiseau* (leçon 50, phrase 15). Dans un contexte culinaire, son sens se restreint à *poulet* et on emploie un kanji différent.

3　取って　おいて　あげました, **totte oite agemashita** : voici une succession de ces verbes auxiliaires dont nous vous parlions dans la leçon 91, § 1.2. Le verbe principal est 取る **toru**, *prendre*, à la forme en て. Si on y ajoute おく, cela signifie qu'on a fait à l'avance cette action de prendre : 取って　おく **totte oku**, *prendre à l'avance*, c'est-à-dire *mettre de côté*. Joindre à l'ensemble あげる indique que moi qui parle, je fais cette action pour vous (ou toi) qui m'écoutez (m'écoutes) : 取って　おいて　あげる, *je mets de côté pour toi (vous)*.

Quatre-vingt-treizième leçon / 93

3 – Comme le dîner de ce soir c'est du ragoût de poulet et de légumes, je t'en ai mis un peu de côté.
4 Et en plus deux œufs durs, tu les aimes tant.
5 – D'après la météo, il paraît que ce sera nuageux le matin, mais que l'après-midi il fera beau, tant mieux !
6 – Comme ton professeur a dit que demain vous marcherez beaucoup,
7 je te mets cinq boulettes de riz.
8 – Cinq boulettes de riz ! Je ne mangerai pas tout ça !
9 Et mon sac à dos sera trop lourd. Je ne veux pas.
10 – Mais si tu as faim, tu ne pourras pas marcher.

3 – konban no okazu wa tori to yasai no onishime datta kara, sore o sukoshi totte oite agemashita yo
4 sore ni tsutomu ga daisuki na yudetamago futatsu
5 tenki yohô da to, gozenchû wa kumori da kedo, gogo wa hareru sô da kara, yokatta na
6 sensei ga ashita wa takusan aruku to osshatte imashita kara
7 o musubi o itsutsu iremasu yo
8 – o musubi itsutsu. sonna ni taberarenai yo
9 ryukkusakku mo omoku naru kara iya da yo
10 – demo onaka ga suite itara, arukemasen yo

Prononciation

4 … yudétamago … 9 lyuk'kussak'ku …

4 努 tsutomu : la relation familière entre une mère et son petit garçon, est un des rares cas où il est possible d'utiliser le prénom seul pour s'adresser à l'interlocuteur.

5 そう だ, degré moins pour そう です, indique que celui qui parle rapporte des propos entendus, dont il ne prend pas la responsabilité (leçon 53, note 2).

6 おっしゃる, verbe degré plus : *vous dites* ou *il* (respecté, ici, le professeur) *dit*. Cette forme correspond donc au verbe 言う iu, *dire* : ce terme est à ajouter à notre liste de la leçon 70, § 3, à la rubrique "vous" (pour la forme en ます, voyez aussi leçon 91, § 1.1).

11 – デザートとお八つには何を準備してくれたの。

12 – りんごとお煎餅 **7** よ。

13 – それだけ？ 甘いものは何もないの。チョコレートとクッキーがほしいなあ。

14 – あら、だって、努がさっき言ったでしょう… リュックサックが重くなるって **8**。

15 さあ… あまり遅くならないうちに、寝なさい **9**。

16 – うん… お母さん、お休みなさい **10**。 □

11 … *jum'bi* … *12* … *o sèm'béé* …

Notes

7 お 煎餅 **o senbei**, prononcé en général *[o sèm'béé]*, biscuit à base de farine de blé ou de riz et de sucre, recouvert d'une sorte de vernis salé ou d'algues séchées.

8 …って version familière de …と 言って …**to itte**, *tu* (*il* familier) *as* (*a*) *dit que*…

9 寝 なさい **ne nasai**, impératif familier (leçon 84, § 3).

10 お 休み なさい **o yasumi nasai** (leçon 84, § 3) : ici, il s'agit d'une formule toute faite qui sert à souhaiter bonne nuit, entre personnes qui logent sous le même toit, au moment d'aller se coucher, littéralement "reposez-vous".

Quatre-vingt-treizième leçon / 93

11 – Qu'est-ce que tu m'as préparé comme dessert et pour le goûter ?
12 – Des pommes et des sèmbé.
13 – C'est tout ? Aucune sucrerie ? Je veux du chocolat et des biscuits.
14 – Mais ne viens-tu pas de dire… que ton sac serait trop lourd ?
15   Bon… maintenant, avant qu'il ne se fasse trop tard, va te coucher !
16 – Bien… Bonne nuit, maman.

11 – dezâto to oyatsu ni wa nani o junbi shite kureta no
12 – ringo to o senbei yo
13 – sore dake. amai mono wa nanimo nai no. chokorêto to kukkî ga hoshii naa
14 – ara, datte, tsutomu ga sakki itta deshô. ryukkusakku ga omoku naru tte
15   saa. amari osoku naranai uchi ni, ne nasai
16 – un. okaasan, o yasumi nasai

*Le **bentô**, institution traditionnelle s'il en fut ! C'est le repas de midi qu'emportait l'employé au bureau ou l'enfant à l'école. Repas complet : riz, légumes, poisson ou viande, algues… joliment présentés dans une boîte à compartiments. La préparation (longue…) des bentô pour la famille obligeait la mère de famille à se lever tôt ! Le bentô fait à la maison est de nos jours souvent remplacé par un bentô acheté dans une des myriades de petites échoppes qui entourent les quartiers de bureaux ou par un repas pris au restaurant de l'école ou de l'entreprise. Ce qui semble indestructible, c'est le **eki bentô**, le bentô de la gare, qui, vendu dans les gares ou dans les trains, composé avec des spécialités du coin, est l'élément indispensable de tout voyage en train. On se demande parfois si les Japonais ne prennent pas le train seulement pour déguster des bentô…*

第九十三課

練習 1 – 訳 し なさい

1. どうぞ、熱い うち に 食べて ください（めしあがって ください）。
2. お母さん、勝明君 が ね、先生 に「お腹 が 痛い」と 言ったら ね、「チョコレート を 食べすぎた ん でしょう」と 先生 は おっしゃいました。
3. お名前 は 何 と おっしゃいます か。
4. 冬 の 一番 寒い 時 に、ヒーター が 故障 して しまって とても 困りました。電気屋 さん に 電話 を かけたら、「今 すぐ 直し に うかがいます よ」と 言いました。
5. 電気屋さん は すぐ 直し に 来て くれました が、すぐ に 直せない 故障 だった ので、その 夜 家 の 中 は 寝られない ほど 寒かった です。

Quatre-vingt-treizième leçon / 93

Corrigé de l'exercice 1

❶ Je vous en prie, mangez pendant que c'est chaud. ❷ Maman, tu sais, Katsuaki, eh bien, il a dit au maître : "J'ai mal au ventre", eh bien, le maître lui a dit : "Tu as dû manger trop de chocolat." ❸ Quel est votre nom, s'il vous plaît ? ❹ Au plus froid de l'hiver, l'appareil de chauffage est tombé en panne, nous avons été très ennuyés. Nous avons téléphoné à l'électricien et il a dit : "Je viens tout de suite vous le réparer." ❺ L'électricien est venu tout de suite nous (le) dépanner, mais comme c'était une panne impossible à réparer sur-le-champ, cette nuit-là, il a fait si froid dans la maison qu'on n'arrivait pas à dormir.

Transcription

❶ dôzo, atsui uchi ni tabete kudasai (meshiagatte kudasai) ❷ okaasan, katsuakikun ga ne, sensei ni onaka ga itai to ittara ne, chokorêto o tabesugita n deshô to sensei wa osshaimashita ❸ o namae wa nan to osshaimasu ka ❹ fuyu no ichiban samui toki ni, hîtâ ga koshô shite shimatte totemo komarimashita. denkiyasan ni denwa o kaketara, ima sugu naoshi ni ukagaimasu yo to iimashita ❺ denkiya san wa sugu naoshi ni kite kuremashita ga, sugu ni naosenai koshô datta node, sono yo ie no naka wa nemurarenai hodo samukatta desu

roppyaku kyû jû roku • 696

練習 2 - 言葉 を 入れ なさい

❶ Attendez un instant, je viens tout de suite vous aider.

・・・・・、・・・・・・・。

❷ Lorsque le maître a dit : "Mardi prochain nous irons en excursion", j'étais tellement content que j'ai sauté [de joie].

・・・・・・・・・・・・・・・・・・・・・、・・・・て ・・・・て、おどりあがる ・・・・・。

❸ Ne vous faites pas de soucis. J'ai tout payé pour vous à l'avance.

・・・・しないで・・・・・。・・・・・・・・・・・・・・・・。

❹ Mon oncle est vraiment quelqu'un de merveilleux. Il avait payé pour nous à l'avance tout les frais de l'<u>hôtel</u>.

・・・・・・・・・・・・・。・・・・かんじょう も ・・・・・・・・・。

❺ Sortons nous promener tant qu'il ne fait pas froid.

・・・・・・・・・・・・・・。

***

平仮名 の 練習

RA

リ
RI

RU

レ
RE

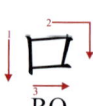
RO

Quatre-vingt-treizième leçon / 93

Corrigé de l'exercice 2
❶ ちょっと まって、いま すぐ てつだって あげます よ
❷ らいしゅう の かようび は えんそく だ と せんせい がおっしゃった とき、うれしく-うれしく-ほどでした ❸ しんぱい-ください-わたくし がぜんぶ はらって おいて あげました ❹ おじ は ほんとう に いい ひと です - ホテル の - ぜんぶ はらって おいて くれました ❺ さむく ならない うち に さんぽ に でましょう よ

***

書き取り
❶ kiro *(kilomètre ou kilogramme/**kilo**)* ❷ resutoran *(restaurant)* ❸ rôn *(prêt/**loan**)* ❹ sararîman *(employé de bureau/**salary man**)* ❺ kamera *(appareil-photo/**camera**)* ❻ igirisu *(Grande-Bretagne/**english**)* ❼ dorama *(série télévisé/**drama**)* ❽ garêji *(garage individuel/**garage**)* ❾ gorufu *(golf)* ❿ terebi *(télévision/**televi(sion)**)* ⓫ furoa *(étage/**floor**)* ⓬ aruzenchin *(Argentine)* ⓭ ribingu *(salle de séjour/**living**)* ⓮ ea tâminaru *(terminal/**air terminal**)*

Corrigé
❶ キロ ❷ レストラン ❸ ローン ❹ サラリーマン ❺ カメラ ❻ イギリス ❼ ドラマ ❽ ガレージ ❾ ゴルフ ❿ テレビ ⓫ フロア ⓬ アルゼンチン ⓭ リビング ⓮ エア ターミナル

Deuxième vague : 44ᵉ leçon

第九十四課
だい きゅうじゅうよん か

日常会話
にちじょうかいわ

1 ― 遅れてしまって申し訳ありません。
    おく   もう わけ

2   タクシーに乗ったのですが、
           の

3   迎賓館 **1** の前を通った時、すごい人込みで、
    げいひんかん   まえ とお とき   ひとご

4   車が全然通れませんでした。
     くるま ぜんぜんとお

5   車のそばにいた警察官に「どなた **2** がいらしたのですか」と **3** 聞いてみたら、
    くるま   けいさつかん   き

6   「総理大臣がオランダの女王を御案内しているところです」と言われました **4**。
     そうりだいじん   じょおう ごあんない
                                          い

Notes

1 迎賓館 **geihinkan** : résidence réservée à l'accueil des hôtes officiels étrangers du Gouvernement.

2 どなた a le même sens que だれ, *qui?*, mais au degré plus. Comme on ne sait pas de qui il s'agit, il vaut mieux prendre ses précautions. Le degré plus permet de ne pas commettre d'impair (leçon 86, note 2).

3 Toute citation, directe ou indirecte, est suivie par と, auquel nous donnons l'équivalent "[citation]". Lorsqu'on écrit, seule la citation directe bénéficie des crochets 「 」, qui sont les guillemets japonais. La seule

Quatre-vingt-quatorzième leçon

Conversation banale

1 – Veuillez m'excuser d'être si en retard.
2 Je suis venue en taxi, mais
3 quand nous sommes passés devant le Geihinkan,
4 c'était la foule, les voitures étaient totalement immobilisées *(totalement ne-pas-avoir-pu-passer)*.
5 Au policier qui se trouvait près de notre taxi, j'ai demandé : "Quelle personnalité est là ?",
6 et il m'a dit : "C'est le Premier ministre qui reçoit la Reine des Pays-Bas".

Transcription

nichijô kaiwa

1 – **okurete shimatte môshiwake arimasen**
2 **takushî ni notta no desu ga**
3 **geihinkan no mae o tootta toki, sugoi hitogomi de**
4 **kuruma ga zenzen tooremasen deshita**
5 **kuruma no soba ni ita keisatsukan ni donata ga irashita no desu ka to kiite mitara**
6 **sôridaijin ga oranda no joô o go annai shite iru tokoro desu to iwaremashita**

contrainte de forme est pour la citation indirecte : si elle se termine par un verbe ou un adjectif, ce dernier est toujours à une forme degré moins.

4 言われました **iwaremashita** passif dérivé de 言う **iu** (leçon 84, § 2.2). Il est à noter que "passif" doit être pris dans un sens très large : il peut indiquer que l'action est vue du côté du sujet qui la subit. Il correspond dans ce cas à nos formules françaises : *je me suis vu répondre, il s'est vu attribuer…*

7 迎賓館を出て、国会議事堂の方へ向かうところなのだそうです。

8 ところで今月の父兄会にいらっしゃいますか。

9 − 出席するつもりです。

10 今度の国語の先生をどうお思いになりますか **5**。

11 − 娘の話によると、明るい感じの方だそうですが、とてもきびしい点をお付けになるみたい **6** です。

12 − 内の **7** 娘は新しい理科の先生のことをよく話します。

13 やさしくて、その上、美男子なので、娘はすっかり先生のファンになってしまいました。

Prononciation

9 chus'séki …

Notes

5 お思いになります **o omoi ni narimasu** : rappelez-vous, chaque fois que l'on parle d'un haut personnage, il est normal d'employer le degré plus. On emploiera pour ce *il* prestigieux, les mêmes formes que pour *vous* (leçon 68, note 1).

6 みたい : encore une manière de moduler une affirmation. D'un usage plutôt féminin, assez proche du sens de ようです

Quatre-vingt-quatorzième leçon / 94

7 Il paraît que c'était juste le moment où ils sortaient du Geihinkan pour se rendre à la Diète.
8 À propos, vous irez à la réunion de parents de ce mois-ci ?
9 – Oui, j'ai l'intention d'y participer.
10 Que pensez-vous du professeur de japonais de cette année *(cette-fois-ci)* ?
11 – D'après ma fille, il paraît que c'est quelqu'un de très sympathique *(être-lumineux impression [relation] être-humain c'est),* mais il semble qu'il mette des notes très sévères.
12 – Ma fille ne fait que parler du nouveau professeur de sciences.
13 Elle est devenue fan de ce professeur parce qu'il est gentil, et, en plus, bel homme.

---

7 geihinkan o dete, kokkaigijidô no hô e mukau tokoro na no da sô desu
8 tokoro de kongetsu no fukeikai ni irasshaimasu ka
9 – shusseki suru tsumori desu
10 kondo no kokugo no sensei o dô o omoi ni narimasu ka
11 musume no hanashi ni yoru to, akarui kanji no kata da sô desu ga, totemo kibishii ten o o tsuke ni naru mitai desu
12 – uchi no musume wa atarashii rika no sensei no koto o yoku hanashimasu
13 yasashikute, sono ue, bidanshi na node, musume wa sukkari sensei no fan ni natte shimaimashita

---

(leçon 91, § 3). Je présente quelque chose que je pense pouvoir déduire de mes observations. Formule figée, à ne pas confondre avec la forme en たい du verbe 見る **miru**, *regarder* : 見たい **mitai**, *je veux regarder*.

7 内 の 娘 **uchi no musume** : 娘 **musume** seul signifie déjà *ma (notre) fille* (leçon 84, § 1). Mais très souvent, on emploie ce renforcement 内 の **uchi no**, *de chez moi*, *de chez nous*. Comme nous dirions : *notre fille à nous*.

nana hyaku ni • 702

14 今年になってから、今まできらいだった理科が急に好きになって、

15 　　将来は理科系の仕事がしたいと言っています。

16 去年までは、国語の先生がよかったので、新聞記者になると言っていました。

17 　この調子だと、来年は何か他のものになりたがる **8**でしょう。　　　　　　　　　　　　　　□

🗨 *14* … kyuu ni …

Note

8 なりたがる: à partir de なる, *devenir*, est construite la forme なりたい, *je veux devenir* (leçon 57, note 5). La forme en たい (souvent suivie de と 思って います **to omotte imasu** *je pense que*) signifie *je*

***

▶ 練習 1 – 訳 し なさい

❶ 一度 瀬戸内海 で 泳いで みたい と 思って います。

❷ 一度 瀬戸内海 で 泳いで みたい と 言って います。

❸ あんな 狭くて きたない アパート に 住みたくない です よ。

Quatre-vingt-quatorzième leçon / 94

14 Depuis cette année, elle qui jusqu'à maintenant détestait les sciences s'est mise tout à coup à les adorer,
15 et plus tard elle veut travailler dans ce domaine.
16 Jusqu'à l'année dernière, comme c'était le professeur de japonais qui lui plaisait, elle disait qu'elle deviendrait journaliste.
17 Si c'est comme ça *(ce manière-d'être c'est si)*, l'année prochaine, elle va sans doute vouloir encore autre chose !

14 kotoshi ni natte kara, ima made kirai datta rika ga kyû ni suki ni natte
15 shôrai wa rika kei no shigoto ga shitai to itte imasu
16 kyonen made wa, kokugo no sensei ga yokatta node, shinbun kisha ni naru to itte imashita
17 kono chôshi da to, rainen wa nanika hoka no mono ni naritagaru deshô

veux + verbe. Pour pouvoir dire *il (elle) veut* + verbe : ou bien la personne a exprimé sa volonté et on emploie たい suivi de と 言っています **to itte imasu**, *il (elle) dit qu'il (elle) veut…* (したい と 言っています **shitai to itte imasu**, *elle dit qu'elle veut faire…*, phrase 15) ou bien c'est une supposition de ma part et j'emploie たがる/たがります (qui est un verbe) à la place de たい.

***

❹ その 噂 を 聞いて 以来、あの 人 に 会いたくて、会いたくて、たまらない ほど でした。
❺ このごろ、夜 に なる と、町 は あぶない ので、人々 は 外 に 出掛けなく なりました。

Corrigé de l'exercice 1

❶ Je voudrais me baigner une fois dans la mer Intérieure. ❷ Il *(dit qu'il)* voudrait se baigner une fois dans la mer Intérieure. ❸ Je ne veux pas habiter un appartement aussi petit et aussi sale. ❹ Après avoir entendu ainsi parler de lui, mon envie de le rencontrer était si forte qu'elle était presque insupportable. ❺ Ces temps-ci, lorsque vient la nuit, la ville est si dangereuse que les gens ne sortent plus.

***

練習 2 - 言葉 を 入れ なさい

❶ Je demande. J'ai demandé. Je veux demander. Je bois. J'ai bu. Je veux boire. Je nage. J'ai nagé. Je veux nager. Je dis. J'ai dit. Je veux dire. Je rencontre. J'ai rencontré. Je veux rencontrer. Je gagne. J'ai gagné. Je veux gagner. Je fabrique. J'ai fabriqué. Je veux fabriquer. Je vais. Je suis allé. Je veux aller. Je donne. J'ai donné. Je veux donner.

・・。 ・・・。 ・・・・。 ・・・。 ・・・。
・・・・。 ・・・。 ・・・・。 ・・・・。 ・・。
・・・・。 ・・・。 ・・・・・。 ・・・・。 ・・・。
・・・・。 ・・・。 ・・・・。 ・・・。 ・・・・。
・・・・。

❷ Quand avez-vous rencontré le Premier ministre ?

・・・・・・お・・・・・・。

❸ Le nouveau professeur de sciences, que nous avons rencontré pour la première fois lors de la réunion de parents, m'a l'air bien sévère.

・・・・・・・・・・・・・・・すごく・・・・・・・。

❹ Je suis ennuyé car ma montre avance d'une demi-heure par jour.

ぼく の ・・・・・・・ も ・・・・ しまう ・・、・・・・・・・・。

❺ Je voudrais que vous me la répariez aussi vite que possible, pour quand le pourriez-vous ?

できるだけ ・・・・・・・・・・・・・、・・・・・。

Quatre-vingt-quatorzième leçon / 94

Transcription

❶ ichido setonaikai de oyoide mitai to omotte imasu ❷ ichido setonaikai de oyoide mitai to itte imasu ❸ anna semakute kitanai apâto ni sumitakunai desu yo ❹ sono uwasa o kiite irai, ano hito ni aitakute, aitakute, tamaranai hodo deshita ❺ konogoro, yoru ni naru to, machi wa abunai node, hitobito wa soto ni dekakenaku narimashita

***

Corrigé de l'exercice 2

❶ きく － きいた － ききたい － のむ － のんだ － のみたい － およぐ － およいだ － およぎたい － いう － いった － いいたい － あう － あった － あいたい － かつ － かった － かちたい － つくる － つくった － つくりたい － いく － いった － いきたい － わたす － わたした － わたしたい ❷ いつ そうりだいじん に あい に なりました か ❸ ふけいかい の とき はじめて あった あたらしい りか の せんせい は きびしい みたい です ね ❹ ー とけい は いちにち に さんじゅっぷん － すすんで － ので、とても こまって います ❺ ー はやく なおして もらいたい の です が、いつ まで に できる でしょう か

第九十五課

平仮名 の 練習

YA YU YO WA

*Il existe aussi un signe ヲ o (**wo**), mais qui n'est jamais employé quand les katakana servent à transcrire les mots étrangers. Il sert seulement dans des cas très spéciaux.*

***

L'Empereur n'a plus aujourd'hui aucun rôle politique. Il est, selon la Constitution, le symbole de l'État. Depuis 1946, le Japon est une démocratie parlementaire. Le pouvoir législatif est exercé par une assemblée nationale, dite la Diète, 国会 **kokkai**, *composée de deux chambres :* la Chambre des représentants, 衆議院 **shûgi.in**, *élue au suffrage*

第九十五課
(だいきゅうじゅうごか)

友情
(ゆうじょう)

1 － いつこの間貸したお金を返すつもり？
   (あいだか　　かね　かえ)

2 － ええと… いくらだったかな。

Transcription

yûjô

1 － itsu kono aida kashita o kane o kaesu tsumori
2 － ee to. ikura datta ka na

書き取り

❶ yangu (*jeune/**young***) ❷ yôguruto (*yaourt/**yoghurt***) ❸ mosukuwa (*Moscou*) ❹ yoga (*yoga*) ❺ yûmoa (*humour/**humour***) ❻ daiyamondo (*diamant/**diamond***) ❼ mai waifu (*ma femme/**my wife***) ❽ wâku (*travail/**work***) ❾ yûro (*euro*) ❿ taiya (*pneu/**tyre***)

Corrigé

❶ ヤング ❷ ヨーグルト ❸ モスクワ ❹ ヨガ ❺ ユーモア ❻ ダイヤモンド ❼ マイ ワイフ ❽ ワーク ❾ ユーロ ❿ タイヤ

***

universel, et la Chambre des conseillers, 参議院 **sangi.in**. *Le gouvernement est dirigé par un Premier ministre toujours choisi dans le parti majoritaire à la chambre des représentants et nommé par l'Empereur. Le mot* Diète *désigne aussi le bâtiment où siègent les deux chambres (en japonais* 国会議事堂 **kokkai gijidô**).

Deuxième vague : 45ᵉ leçon

Quatre-vingt-quinzième leçon

L'amitié

1 – Quand as-tu l'intention de me rendre l'argent que je t'ai prêté
2 – Euh… ça faisait combien déjà ?

Note

1 Dans cette conversation entre deux copains, il y a beaucoup d'ellipses… Voilà pourquoi la question se termine ici brutalement sur un nom, là où on attendrait です か.

3 − 先週のお昼代 **2**、五〇〇円と飲み代 三〇〇〇円、それから昨日の地下鉄の切符代 四八〇円。

4 ちょっと待って **3**、今携帯の電卓で計算します。

5 五〇〇円足す三〇〇〇円足す四八〇円だから、全部で 三九八〇円になります。

6 − 最近の生活は便利になったね。

7 例えば、何か知りたいことがあったら、すぐインターネットで調べることができるよ。

8 車の新しいモデルを見付けたり、

9 野球やサッカーの試合の結果を見たり、

10 すてきなアイドルの写真を捜したり **4**…

Notes

2 Ce petit mot 代 **dai** suivant un autre mot désignant un objet de consommation, désigne le *montant* de la note… 電気代 **denki dai**, *la note d'électricité* ; バス代 **basu dai**, *le prix du bus*.

3 En japonais aussi quand on veut être plus familier, on abrège. Au lieu de 待って ください **matte kudasai**, 待って **matte** seul suffit pour exprimer la demande (voir aussi phrase 21).

3 – Le déjeuner de la semaine dernière, 500 yens, les sorties 3000 yens, et puis les tickets de métro d'hier 480 yens.
4   Attends, je fais le total sur la calculatrice de mon portable.
5   500 yens plus 3000 yens plus 480 yens, ça fait au total 3980 yens.
6 – La vie est vraiment simplifiée *(pratique [but] être-devenu)* de nos jours !
7   Par exemple, s'il y a quelque chose qu'on veut savoir, on peut regarder tout de suite sur Internet.
8   Trouver les nouveaux modèles de voitures,
9   regarder les résultats des matches de baseball ou de foot,
10 chercher les photos de ses stars préférées...

---

3 – **senshû no o hiru dai, gohyaku en to nomi dai sanzen en, sorekara kinô no chikatetsu no kippu dai yonhyaku hachijû en**
4   **chotto matte, ima keitai no dentaku de keisan shimasu**
5   **gohyaku en tasu sanzen en tasu yonhyaku hachijû en da kara, zenbu de sanzen kyûhyaku hachijû en ni narimasu**
6 – **saikin no seikatsu wa benri ni natta ne**
7   **tatoeba, nanika shiritai koto ga attara, sugu intânetto de shiraberu koto ga dekiru yo**
8   **kuruma no atarashii moderu o mitsuketari**
9   **yakyû ya sakkâ no shiai no kekka o mitari**
10 **suteki na aidoru no shashin o sagashitari**

---

4   La formule complète est normalement verbe en たり + verbe en たり + ... + する. Ce dernier mot est ici supprimé, par familiarité (leçon 76, note 6).

11 それにインターネットで買物をすることもできる。

12 僕はいつもアニメやビデオゲームを買っている **5**。

13 － ちょっと待って、何を言っているんだい。

14 情報科学はもっと人類にとって重要な役割を果たしていると思う。

15 例えば、環境問題がこれから益々深刻になっていくだろう。

16 もしかしたら人類は地球に住めなくなる **6** かもしれない。

17 情報処理の発達のおかげで、人類が月に移動するための全ての計算ができるようになる。

18 － 君 **7** はそんなことを考えているのかい。

Notes

- **5** Un petit rappel : la forme en て います qui sert à exprimer ce que l'on est en train de faire sur le moment s'étend aussi à l'expression d'une habitude. Ce n'est qu'une extension du sens de base.

- **6** 住めなく なる sumenaku naru. De 住む sumu, *habiter* se dérive 住める sumeru, *pouvoir habiter* (leçon 84, § 2.1), dont la forme négative est 住めない sumenai, *ne pas pouvoir habiter* ; ない se modifiant comme

Quatre-vingt-quinzième leçon / 95

11 En plus on peut faire ses courses sur Internet.
12 C'est comme ça que moi j'achète toujours les films d'animation ou les jeux vidéos.
13 – Attends un peu... qu'est-ce que tu racontes ?
14 Je crois que l'informatique joue un rôle plus important que ça pour l'espèce humaine !
15 Par exemple, les problèmes liés à l'environnement deviennent de plus en plus graves.
16 Il se peut que l'espèce humaine ne puisse plus habiter la Terre.
17 Grâce à l'informatique on arrivera à faire tous les calculs nécessaires au transfert de l'humanité sur la Lune.
18 – C'est à ça que tu penses ?

11 soreni intânetto de kaimono suru koto mo dekiru
12 boku wa itsumo anime ya bideogêmu o katte iru
13 – chotto matte, nani o itte iru n dai
14 jôhôkagaku wa motto jinrui ni totte jûyô na yakuwari o hatashite iru to omou
15 tatoeba, kankyô mondai ga korekara masumasu shinkoku ni natte iku darô
16 moshikashitara jinrui wa chikyû ni sumenaku naru kamoshirenai
17 jôhôshori no hattatsu no o kage de, jinrui ga tsuki ni idô suru tame no subete no keisan ga dekiru yô ni naru
18 – kimi wa sonna koto o kangaete iru no kai

un adjectif prend la forme en く devant なる (litt. "devient ne pouvant plus habiter").

7 君 **kimi**, vous souvenez-vous de ce *toi*, exclusivement masculin et degré moins (leçon 75, note 2) ?

第九十五課

19 そんなに悲観的(ひかんてき)になるな **8** よ。

20 月(つき)もいいけど、来月(らいげつ)の沖縄旅行(おきなわりょこう)の情報(じょうほう)をインターネットで調(しら)べるのがまだ先(さき)だよ。

21 ‒ それもそうだけど、その前(まえ)にお金(かね)返(かえ)して。 □

Note

8 なる な : cette formule est trop brutale pour que vous puissiez l'utiliser. Ce serait une sorte de degré moins-moins ! Elle est tout de même bonne à connaître. Ce な qui suit directement la forme de base d'un verbe, exprime l'interdiction et son usage est exclusivement masculin. La formule de degré moyen serait construite sur le suffixe ない de négation : ‒ないで. Ce serait ici ならないで ください, *ne deviens pas, ne sois pas*.

***

練習 1 ‒ 訳(やく) し なさい

❶ 八(はち) に 七(なな) を 足(た)せば、十五(じゅうご) に なります。

❷ 六百(ろっぴゃく) 八十(はちじゅう) 五(ご) から 六百(ろっぴゃく) 七十(ななじゅう) 八(はち) を 引(ひ)く と、七(なな) 残(のこ)ります。

❸ 四十(よんじゅう) 四(よん) に 十(じゅう) を 掛(か)ける と、四百(よんひゃく) 四十(よんじゅう) に なります。(四十(よんじゅう) 四(よん) 掛(か)ける 十(じゅう) は 四百(よんひゃく) 四十(よんじゅう) です。)

19 Ne sois pas si pessimiste !
20 La Lune c'est bien, mais le plus urgent c'est de chercher sur Internet les renseignements pour notre voyage à Okinawa le mois prochain.
21 – Oui d'accord, mais avant tu me rends mon argent !

19 sonna ni hikanteki ni naru na yo
20 tsuki mo ii kedo, raigetsu no okinawa ryokô no jôhô o intânetto de shiraberu no ga mada saki da yo
21 – sore mo sô da kedo, sono mae ni o kane o kaeshite

***

❹ 七百 四十七 を 三 で 割る と、二百 四十九 に なります。(七百 四十七 割る 三 は 二百 四十 九 です。)

❺ 今 の 世 の 中 では 情報処理 が 重要 な 役割 を 果たして いる と いう こと です。

Corrigé de l'exercice 1

❶ Si on additionne 8 et 7, on obtient 15. ❷ Quand on soustrait 678 de 685, il reste 7. ❸ Quand on multiplie 44 par 10, on obtient 440 *(44 multiplié par 10 égale 440)*. ❹ Quand on divise 747 par 3, on obtient 249 *(747 divisé par 3 égale 249)*. ❺ Le fait est que, dans notre monde actuel, l'informatique joue un rôle essentiel.

***

練習 2 – 言葉 を 入れ なさい

Rappelez-vous que les mots soulignés se notent en japonais par des katakana.

❶ Je vais vous expliquer ce qu'est l'informatique.

・・・・・・・・・・・・・・・・・・・・・・・・・・・。

❷ Un ami japonais m'a expliqué le système des ères japonaises, mais comme je ne suis pas doué en maths, je n'ai rien compris du tout.

・・・・・・・・・ ねんごう に ついて ・・・・・
・・・・・・・・・・・・・・ ちっとも できない ひと で
す ・・、・・・・・。

❸ On m'a dit qu'on projetait de construire un nouveau lycée en juin de l'année prochaine.

・・・・・・・・・・・・・・・・・・・・・・・・・・
・・・・・・。

❹ S'il y a quelque chose que vous ne comprenez pas, dites-le moi sans vous gêner.

・・・・・・・・・・、えんりょ なく・・・・・
・・・・。

❺ D'après les <u>nouvelles</u> de ce matin, il paraîtrait que le Premier ministre <u>anglais</u> a l'intention de se rendre en Chine au mois de septembre.

・・・・・・・・・・・ の しゅしょう ・・・・・
・・・・・・・ と ・・・・・・。

Quatre-vingt-quinzième leçon / 95

Transcription

❶ hachi ni nana o taseba, jû go ni narimasu ❷ roppyaku hachijû go kara roppyaku nanajû hachi o hiku to, nana nokorimasu ❸ yonjû yon ni jû o kakeru to, yonhyaku yonjû ni narimasu. (yonjû yon kakeru jû wa yonhyaku yonjû desu) ❹ nanahyaku yonjû nana o san de waru to, nihyaku yonjû kyû ni narimasu. (nanahyaku yonjû nana waru san wa nihyaku yonjû kyû desu) ❺ ima no yo no naka de wa jôhôshori ga jûyô na yakuwari o hatashite iru to iu koto desu

***

Corrigé de l'exercice 2

❶ じょうほうかがく は なん だ か を せつめい して あげましょう ❷ にほんじん の ともだち が − せつめい して くれました が、わたし は さんすう が − から、ぜんぜん わかりません でした ❸ らいねん の ろくがつ に あたらしい こうこう を たてる よてい が ある と いわれました ❹ なにか わからない こと が あったら − わたし に いって ください ❺ けさ の ニュース に よる と イギリス − は くがつ に ちゅうごく に いく つもり だ − いう こと です

***

平仮名 の 練習

Dans beaucoup de mots en katakana, on trouve une consomme redoublée. Ce sont bien sûr les mêmes consonnes que dans le cas des hiragana : **k** - **s** (**sh**) - **t** (**ch-ts**) *et* **p**, *plus certaines autres qu'on ne trouve jamais redoublées dans les mots japonais, mais qui sont nécessaires pour les mots étrangers :* **g** - **j** - **d** - **b**.

En tout cas, pas de panique : le système de transcription sera le même que pour les hiragana (leçon 68) : le petit ッ. *Exemples :* **kukkî** *(biscuit/cookie)* クッキー*;* **beddo** *(lit/bed) :* ベッド.

書き取り

❶ ressun (leçon/**lesson**) ❷ middonaito (minuit/**midnight**) ❸ yôroppa (Europe) ❹ matchi (allumette/**match**) ❺ guddo (bon/**good**) ❻ kurashikku (classique/**classic**) ❼ appuraito piano (*piano droit*/**upright piano**) ❽ karejji (institut universitaire/college) ❾ intânetto (Internet/**Internet**) ❿ doresshingu (assaisonnement/**dressing**) ⓫ torakku (camion/**truck**) ⓬ baggu (sac/**bag**) ⓭ rojji (petite maison/**lodge**) ⓮ sunobbu (**snob**) ⓯ sandouitchi (*sandwich*)

96

第九十六課
(だい きゅう じゅう ろっ か)

ピアノを買う
(か)

1 — 娘がピアノを習いたいと言うので、習わせよう **1** と思っています。
(むすめ / なら / い / なら / おも)

2 どなたかいい先生を御存知だったら **2**、紹介してくださいません **3** か。
(せんせい / ごぞんじ / しょうかい)

Notes

1 習わせよう **narawaseyô**, 習わせる **narawaseru** (leçon 77, § 3.1 ; leçon 87, note 5) : 習う **narau**, *étudier*, *apprendre* → 習わせる **narawaseru**, *faire étudier*, *faire apprendre*. Ici aussi, pour les verbes à plusieurs bases, dont la syllabe finale est un **u** seul, pour dériver le verbe signifiant *faire* + verbe, on ajoute, non pas **aseru**, mais **waseru**. Ce dérivé est un verbe à plusieurs bases 習わせよう (leçon 75, note 1). Cette forme en **ô** ou **yô** suivi de と 思います **to omoimasu** sert à exprimer un projet que l'on fait. L'ensemble correspond bien à notre *je pense* + verbe, *je voudrais bien* + verbe.

Corrigé

❶ レッスン ❷ ミッドナイト ❸ ヨーロッパ ❹ マッチ ❺ グッド ❻ クラシック ❼ アップライトピアノ ❽ カレッジ ❾ インターネット ❿ ドレッシング ⓫ トラック ⓬ バッグ ⓭ ロッジ ⓮ スノッブ ⓯ サンドウィッチ

Deuxième vague : 46ᵉ leçon

Quatre-vingt-seizième leçon

L'achat d'un piano

1 – Ma fille dit vouloir apprendre le piano, je pense lui faire donner des cours *(faire-apprendre)*.
2 Si vous connaissez un bon professeur, ne pourriez-vous pas me le présenter ?

Transcription

piano o kau

1 – **musume ga piano o naraitai to iu node, narawaseyô to omotte imasu**
2 **donataka ii sensei o go zonji dattara, shôkai shite kudasaimasen ka**

2 御 存知 です **go zonji desu**, degré plus, équivalent de 知る **shiru**, *savoir*, avec le sens *vous* (il respecté) *savez* (sait), *connaissez* (connaît) (litt. "[politesse] connaissance c'est").

3 紹介 して くださいません か **shôkai shite kudasaimasen ka**. くださる degré plus de くれる. Employé comme auxiliaire, ce terme signifie "quelqu'un fait quelque chose pour moi" (leçon 91, § 1.2). N'oubliez pas la variation particulière de certains verbes degrés plus (leçon 91, § 1.1).

nana hyaku jû hachi • 718

3 レッスンを始める前に、ピアノを買おうと思いますが、

4 あなたはピアノにくわしいから一緒に見ていただけます *4*か。

5 （店で）

6 こんなにピアノの種類があるとは知りませんでした。

7 ーグランドピアノですか。アップライトピアノですか。

8 ーこれから始めるのだからアップライトピアノにしましょう。

9 ーどのメーカーになさいますか。
外国製または国産？

10 色は、黒いの *5*も白いのも茶色のもございます。

Notes

4 見て いただけます か mite itadakemasu ka (leçon 91, § 1.1 et 1.2) ; いただく est le degré plus équivalent à もらう *je reçois, je me fais donner.* 一緒に 見て もらいます issho ni mite moraimasu ou いただきます, *je vous demande de me rendre le service d'aller voir avec moi.* Vous voyez ici いただけます dérivé de いただく avec le sens de *pouvoir recevoir* (leçon 84, § 2.1) : 一緒に 見て いただけます か, *Est-ce que je peux vous*

Quatre-vingt-seizième leçon / 96

3 Avant de commencer les leçons, je voudrais acheter un piano,
4 vous qui vous y connaissez *(vous [annonce] piano [attribution] être-détaillé)*, **vous pourriez m'accompagner** *(ensemble [adverbial] regarder je-peux-recevoir-de-vous [question])* ?
5 (Au magasin)
6 Je ne pensais pas qu'il y en avait tant de sortes.
7 – Voulez-vous un piano à queue ou un piano droit ?
8 – Comme elle débute, je préfère un piano droit.
9 – Quelle marque désirez-vous ? Fabrication étrangère ou japonaise ?
10 Pour la couleur, il y en a des noirs, des blancs et des marron.

3 ressun o hajimeru mae ni, piano o kaô to omoimasu ga
4 anata wa piano ni kuwashii kara issho ni mite itadakemasu ka
5 mise de
6 konna ni piano no shurui ga aru to wa shirimasen deshita
7 – gurando piano desu ka. appuraito piano desu ka
8 – kore kara hajimeru no da kara appuraito piano ni shimashô
9 – dono mêkâ ni itashimasu ka. gaikokusei mata wa kokusan
10 iro wa, kuroi no mo shiroi no mo chai.ro no mo gozaimasu

demander de me rendre le service d'aller voir avec moi ? Que de nuances dans une si courte formule, non ?!

5 黒い のも 白い の も **kuroi no mo shiroi no mo** (leçon 91, § 2) : notez bien (c'est très important) que ce の remplace un nom déjà connu (ici ピアノ). Si nous voulions employer ce mot ピアノ, nous devrions supprimer le の : 黒い ピアノ も 白い ピアノ も **kuroi piano mo shiroi piano mo**. Ce type de の ne peut se trouver qu'après un verbe ou un adjectif.

nana hyaku ni jû • 720

11 どれになさいますか。

12 – ピアノは外観ではなく、音で決めるものよ。

13 弾いてみないとわからないわよ。

14 こちらの **6** は深みがある音ね。あちらのは私の好きな音ではないわ。そちらのはどうかしら **7**。

15 – どれにしたらいいのかわからないわ。

16 決められないから、今日はやめておきます。

17 じゃあ、今日はカタログだけいただいて帰ります。□

Notes

6 こちら の は…。あちら の は…。そちら の は…。 Attention, ça devient subtil ! Apparemment, cela ressemble à ce qui se passe dans la phrase 10. Il s'agit toujours de piano mais regardez bien : si l'on réintègre le mot ピアノ dans chacune de ces expressions, on n'en supprimera rien. On intercalera, à chaque fois, ピアノ entre の et は : こちら の ピアノ は…。 あちら の ピアノ は…。 そちら の ピアノ は…。 の est donc bien un の "[relation]" entre deux noms, simplement, on omet le second nom, supposé déjà connu, donc évident.

7 かしら **kashira** : vous rappelez-vous de l'expression typiquement féminine, toujours à la fin de la phrase et qui va de la question posée discrètement : *est-ce que par hasard… ?* au véritable doute : *je me demande si…*, en passant par la simple hésitation *peut-être…* (leçon 59, note 5) ?

Quatre-vingt-seizième leçon / 96

11 Lequel préférez-vous ?
12 – Un piano ne se choisit pas d'après l'extérieur, mais d'après le son.
13 Il faut les essayer pour juger *(jouer-d'un-instrument ne-pas-faire-pour-voir si/ne-pas-être-compréhensible)*.
14 Celui-ci a de la profondeur de son. Celui là-bas a un son qui ne me plaît pas. Et celui-là ?
15 – Je ne sais pas lequel prendre.
16 Je n'arrive pas à me décider, je ne l'achèterai pas *(abandonner faire-à-l'avance)* aujourd'hui.
17 Aujourd'hui je prendrai seulement le catalogue.

11 dore ni nasaimasu ka
12 – piano wa gaikan de wa naku, oto de kimeru mono yo
13 hiite minai to wakaranai wa yo
14 kochira no wa fukami ga aru oto ne. achira no wa watashi no suki na oto de wa nai wa. sochira no wa dô kashira
15 – dore ni shitara ii no ka wakaranai wa
16 kimerarenai kara, kyô wa yamete okimasu
17 jaa, kyô wa katarogu dake itadaite kaerimasu

練習 1 – 訳し なさい

1. CDを何枚も聞かせてもらいましたが、やっぱりいいのがなかったので、一枚も買わないで店を出てしまいました。もしいいのが見つかったら知らせてくださいね。

2. 捕まえたスパイから新しいロケットのことを聞き出そうとしましたが、一言も言いませんでした。

3. どれを売ってしまったんですか。私達の子供の時から両親の家の食堂のドアと窓との間にあったものですか。それとも最近スペイン旅行から持って帰ったものですか。

4. カタログを見て買うより、実物を手に取ってみて買う方が安全だと、カメラ屋を開いている弟はいつも言っています。

Quatre-vingt-seizième leçon / 96

❺ 科学 の 雑誌 が あります か。はい、色々 ございます。どうぞ 御覧 ください。

Corrigé de l'exercice 1
❶ Je me suis fait passer je ne sais combien de CD, mais il n'y en avait vraiment pas un de bon, et je suis sorti du magasin sans rien acheter. Si vous en trouvez un bon, avertissez-moi ! ❷ Ils s'efforcèrent de faire parler sur les nouvelles fusées l'espion capturé, mais il n'a pas dit un seul mot. ❸ Lequel as-tu vendu ? Celui qui était depuis notre enfance entre la porte et la fenêtre de la salle à manger chez nos parents ? Ou bien celui que tu avais rapporté récemment de ton voyage en Espagne ? ❹ Mon jeune frère, qui tient un magasin d'appareils photo, dit toujours qu'il est plus sûr d'acheter après avoir manipulé l'objet que d'acheter sur catalogue. ❺ Avez vous des revues scientifiques ? – Oui, nous en avons beaucoup. Regardez, je vous en prie.

Transcription
❶ shîdî o nan mai mo kikasete moraimashita ga, yappari ii no ga nakatta node, ichi mai mo kawanaide mise o dete shimaimashita. moshi ii no ga mitsukattara shirasete kudasai ne ❷ tsukamaeta supai kara atarashii roketto no koto o kikidasô to shimashita ga, hitokoto mo iimasen deshita ❸ dore o utte shimatta n desu ka. watashitachi no kodomo no toki kara ryôshin no ie no shokudô no doa to mado to no aida ni atta mono desu ka. soretomo saikin supein ryokô kara motte kaetta mono desu ka ❹ katarogu o mite kau yori, jitsubutsu o te ni totte mite kau hô ga anzen da to, kameraya o hiraite iru otôto wa itsumo itte imasu ❺ kagaku no zasshi ga arimasu ka. hai, iroiro gozaimasu. dôzo goran kudasai

第九十六課

練習 2 - 言葉 を 入れ なさい

❶ Je pleure. Je fais pleurer. Je viens. Je fais venir. J'écris. Je fais écrire. Je ris. Je fais rire. J'achète. Je fais acheter. Je sors *(quelque chose)*. Je fais sortir. Je bois. Je fais boire. Je réfléchis. Je fais réfléchir.

・・・。・・・・・・。・・・・・。・・・・・・・・。

・・・・・・。・・・・・・・・。・・・・。・・・・・・。

・・・・・・。・・・・・・・。

❷ Les noirs, je les ai tous vendus, il ne reste que des bruns.

・・・・・うりきって しまいました。・・・・・・・・・・・・・。

❸ Vous connaissez cet écrivain qui s'appelle <u>Villiers de l'Isle Adam</u>…

・・・・・・・・・・・・・・・・・・・・・。

❹ Oui. Sur la demande d'un éditeur japonais *(ayant été sollicité par un éditeur japonais)*, je pense que je vais traduire ses œuvres en japonais.

はい。・・・・・・・・・・・たの・・・、・・・・・・・・・・・・おもって います。

***

平仮名 の 練習

*Les katakana devront aussi transcrire des syllabes du type de celles que nous avons étudiées pour les hiragana dans les leçons 74 et 75, c'est-à-dire, d'une part : une consonne (**k**, **g**, **n**, **h**, **b**, **p**, **m**, **r**) + **y** + **a**, **u**, **o**, et d'autre part : **sh**, **j**, **ch** + **a**, **u**, **o**. Le procédé, là encore, sera le même. On ajoutera après le katakana où cette consonne est associée à **i**, un petit* ヤ*, un petit* ュ *ou un petit* ョ*. Relisez les explications données au sein des leçons citées. Attention cependant, si le **u** ou le **o** de cette syllabe est long, l'allongement sera noté par un tiret, puisqu'il s'agit de katakana.*

Quatre-vingt-seizième leçon / 96

❺ Si je commence le mois prochain, on peut penser que j'aurai fini vers la fin de l'année prochaine.

・・・・・・・・・・・・・、・・・・・・・・・・
・・・・・・・。

Corrigé de l'exercice 2
❶ なく - なかせる - くる - こさせる - かく - かかせる - わらう - わらわせる - かう - かわせる - だす - ださせる - のむ - のませる - かんがえる - かんがえさせる ❷ くろい のは - ちゃいろ の しか のこって いません ❸ ビリエ ド リラダン と いう さっか を ご ぞんじ でしょう ❹ - にほん の しゅっぱんしゃ から - まれて、その さくひん を にほんご に やくそう と - ❺ らいげつ から はじめたら、らいねん の おわり ごろ まで に は できあがる と おもわれます

***

書き取り
❶ kyanpu (camping/**camp**) ❷ nyûsu (informations/**news**) ❸ ryukkusakku (sac à dos/**rucksack**) ❹ konpyûtâ (ordinateur/**computer**) ❺ channeru (chaîne de télévision/**channel**) ❻ jazu (jazz) ❼ jogingu (jogging) ❽ waishatsu (chemise d'homme/**whi(te) shirt**) ❾ shoppingu sentâ (centre commercial/**shopping-center**) ❿ shanpen (champagne) ⓫ chokorêto (chocolat/**chocolate**) ⓬ chûrippu (tulipe/**tulip**)

Corrigé
❶ キャンプ ❷ ニュース ❸ リュックサック ❹ コンピューター ❺ チャンネル ❻ ジャズ ❼ ジョギング ❽ ワイシャツ ❾ ショッピング センター ❿ シャンペン ⓫ チョコレート ⓬ チューリップ

Deuxième vague : 47e leçon

第九十七課
だい きゅうじゅう なな か

職業
しょくぎょう

1 −　小学校の一年生の時、母とショッピングセンターへ買物に行って、迷子になりました。

2 　その時 あまりにもこわくてどうなるかと思っていたら、

3 　親切なお巡りさんが交番へ連れていってくれて、それから家まで送ってくれました。

4 　そのことがあまりにもうれしかった [1]ので将来はお巡りさんになりたいと思いました。

5 −それからどうしたの。

6 −四年生だったころ、トラックの運転手になりたかったので、

Prononciation

6 … oun' tèn' chu …

Note

[1] そのことがうれしかった : les adjectifs qui expriment les sentiments ont un comportement un peu bizarre. La personne qui parle est bien celle qui ressent la joie, la douleur ou la tristesse. Mais c'est l'objet qui lui cause ces sentiments, qui est le sujet grammatical de l'adjectif.

Quatre-vingt-dix-septième leçon

Les métiers

1 — Quand j'étais en première année d'école primaire, un jour où j'étais allé faire des courses avec ma mère dans un centre commercial, je me suis perdu *(enfant-perdu [but] être-devenu)*.
2 J'étais alors complètement terrifié, me demandant ce que j'allais devenir ;
3 un agent de police très gentil m'a emmené au poste, puis m'a reconduit à la maison.
4 J'étais tellement content que je me suis promis de devenir plus tard agent de police.
5 — Et alors ?
6 — Une fois en quatrième année, je voulais devenir chauffeur de camion,

Transcription

shokugyô

1 — shôgakkô no ichinen sei no toki, haha to shoppingu sentâ e kaimono ni itte, maigo ni narimashita.
2 sono toki amarinimo kowakute dô naru ka to omotte itara
3 shinsetsu na omawarisan ga kôban e tsurete itte kurete, sorekara uchi made okutte kuremashita
4 sono koto ga amarinimo ureshikatta node shôrai wa omawarisan ni naritai to omoimashita
5 — sorekara dô shita no
6 — yo.nensei datta koro, torakku no untenshu ni naritakatta node

第九十七課

7 　毎日のように、学校が終わると、近所の工場へ行って、トラックが出たり入ったりするのを見ていました。

8 － その次は何になりたくなった **2**の。

9 　北海道の伯父さんは広い農場を持っています。

10 　六年生の夏休みを伯父さんのところで過ごしました。

11 　トラクターを運転したり、牛の世話をしたりしていました。

12 　いつも自然の中で暮らしている伯父さんを見て、将来はお百姓さんになりたいと思いました。

13 － それからどうしたの。

14 － 中学生の時、修学旅行で東京まで来て、

15 　オリンピックのために建てたスタジアムなどを見、

---

14 … tchuugakou lyokoo...

Quatre-vingt-septième leçon / 97

7 tous les jours, à la sortie de l'école *(école [sujet] se-terminer quand)*, j'allais à l'usine d'à côté et je regardais les camions entrer et sortir.
8 – Ensuite qu'avez-vous voulu devenir ?
9 – Mon oncle de Hokkaidô possède une grande ferme.
10 J'ai passé chez lui mes vacances d'été de la sixième année.
11 J'ai conduit les tracteurs, soigné les vaches.
12 À voir mon oncle vivre ainsi toujours au milieu de la nature, j'ai pensé que dans l'avenir, je serais agriculteur.
13 – Et alors ?
14 – Quand j'étais au collège, nous sommes allés en voyage scolaire à Tôkyô,
15 et quand j'ai vu le stade qu'on avait construit pour les Jeux olympiques,

7 mainichi no yô ni, gakkô ga owaru to, kinjo no kôba e itte, torakku ga detari haittari suru no o mite imashita
8 – sono tsugi wa nani ni naritaku natta no
9 – hokkaidô no ojisan wa hiroi nôjô o motte imasu
10 rokunensei no natsu yasumi o ojisan no tokoro de sugoshimashita
11 torakutâ o unten shitari, ushi no sewa o shitari shite imashita
12 itsumo shizen no naka de kurashite iru ojisan o mite, shôrai wa o hyakushô san ni naritai to omoimashita
13 – sorekara dô shita no
14 – chûgakusei no toki, shûgakuryokô de tôkyô made kite
15 orinpikku no tame ni tateta sutajiamu nado o mi

Note
2 なりたく なった。なりたく forme en く de l'adjectif なりたい, qui est lui-même le verbe なる + le suffixe たい, *vouloir devenir* (litt. "j'en suis arrivé à vouloir devenir"). Rappelez-vous que devant なる les adjectifs prennent leur forme en く.

16 建築家とは夢を形に表わすことのできる職業だと思いました。

17 — それからどうなったのですか。

18 — 高校を卒業するころは、

19 外国旅行がしたかった **3**ので商社マンか通訳になろうか**4**と思いましたが、

20 遂に、俳優になりました。

21 そうすれば、一回でも子供の時から夢に見ていたこれらの職業にみんなつくことができるからです。□

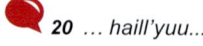

20 … haill'yuu…

Notes

3 したかった, de する, *faire*. À la base unique し, on ajoute le suffixe たい: したい, *je veux faire*, ou plus exactement *(quelque chose) est l'objet de mon désir de faire*. Ce suffixe たい, comme vous venez de le voir (note 3), est un adjectif (comme ない, leçon 64, note 4). Sa forme passée sera donc したかった (leçon 35, § 2.1).

4 なろう か と 思いました (leçon 96, note 1) : ici la présence de か (qui garde toujours sa valeur de "[question]"), indique qu'on hésite encore à se décider pour tel projet : littéralement "je me suis demandé : est-ce que je vais devenir…".

16 j'ai pensé qu'architecte était un métier qui vous permettait de donner forme à vos rêves.
17 – Eh bien, qu'en a-t-il été ?
18 – Quand je suis sorti de l'école,
19 comme je voulais voyager à l'étranger, j'ai pensé devenir homme d'affaires ou interprète, mais
20 finalement je suis devenu acteur.
21 C'est parce qu'ainsi il me sera possible d'exercer au moins une fois toutes les professions dont j'ai rêvé depuis mon enfance.

16 kenchikuka to wa yume o katachi ni arawasu koto no dekiru shokugyô da to omoimashita
17 – sorekara dô natta no desu ka
18 – kôkô o sotsugyô suru koro wa
19 gaikoku ryokô ga shitakatta node shôshaman ka tsûyaku ni narô ka to omoimashita ga
20 tsui ni, haiyû ni narimashita
21 sô sureba, ikkai demo kodomo no toki kara yume ni mite ita korera no shokugyô ni minna tsuku koto ga dekiru kara desu

練習 1 - 訳 し なさい

① 日本 の 学年 は 四月 から 始まり、夏休み は フランス より 短い です。

② 昨日 は 休み でした から、子供達 と 芝居 を 見 に 行きました が、子供達 は その 芝居 に 出て くる 熊 が こわくて、泣いて しまいました。

③ だけど、こわくて も、一生懸命 見て いました。

④ 熊 なら、私 は こわくない よ。

⑤ 僕 が 熊 なら、人 に 捕まえられない よう に、高い 山 に 住む よ。

***

練習 2 - 言葉 を 入れ なさい

① Si nous pouvions rencontrer FUKUZAWA Yukichi, nous pourrions nous faire raconter beaucoup de choses passionnantes sur l'époque de Meiji.

・・・・・・・・・・、・・・・・・・・・・・・・・
はなし . きかせて ・・・・・・。

② Quand vous rencontrerez Fujii, demandez-lui l'adresse du médecin qu'il m'avait présenté la dernière fois.

・・・・・・・・・、この まえ・・・・・・・・・・・
・・・・・・・・・。

Quatre-vingt-septième leçon / 97

Corrigé de l'exercice 1

❶ Au Japon l'année scolaire commence en avril, les vacances d'été sont plus courtes qu'en France. ❷ Hier c'était jour de congé, aussi je suis allée au théâtre avec les enfants, mais comme ils avaient peur de l'ours qui paraissait dans la pièce, ils se sont mis à pleurer. ❸ Cependant, ils avaient beau avoir peur, ils regardaient de toutes leurs forces. ❹ Un ours ? Moi, je n'en aurai pas peur... ❺ Si j'étais un ours, j'habiterais dans une haute montagne, pour ne pas me faire capturer par les hommes.

Transcription

❶ nihon no gakunen wa shigatsu kara hajimari, natsu yasumi wa furansu yori mijikai desu ❷ kinô wa yasumi deshita kara, kodomotachi to shibai o mi ni ikimashita ga, kodomotachi wa sono shibai ni dete kuru kuma ga kowakute, naite shimaimashita ❸ dakedo, kowakute mo, isshokenmei mite imashita ❹ kuma nara, watashi wa kowakunai yo ❺ boku ga kuma nara, hito ni tsukamaerarenai yô ni, takai yama ni sumu yo

***

❸ Lorsque vous avez commencé à étudier le japonais, vous n'aviez pas imaginé que vous l'apprendriez si vite.

. . . . しはじめた . . 、こんな に . . .
. . . . 。

❹ Moi, si je deviens un jour architecte, je ferai en sorte de ne pas construire des immeubles aussi affreux.

. . . . 、あんな . . . .
. . . . 。

❺ Avec la méthode <u>Assimil</u>, on peut apprendre dans la joie, rapidement, aussi je vous la recommande vivement.

. . . . . 、たのしく、. . . . . 、. . . . .
. . . . 。

第九十七課

Corrigé de l'exercice 2

❶ ふくざわ ゆきち に あえれば、めいじ じだい の いろいろ な おもしろい － を － くれる でしょう
❷ ふじいさん に あったら － しょうかい して もらった いしゃ の じゅうしょ を きいて ください ❸ にほんご

***

平仮名 の 練習

Il y a des syllabes qu'emploient certaines langues et qui n'existent pas du tout en japonais. Il est donc impossible de les transcrire en calquant l'usage des katakana sur celui des hiragana, ce que nous avons fait jusqu'à maintenant. Il y aura donc quelques inventions propres aux katakana. Examinons chaque cas.

1) sh + voyelle : shi, aucun problème シ ; sha, shu, sho, nous avons le procédé : シャ、シュ、ショ. Mais she ? Il n'existe pas de katakana ye. Alors on adapte : on garde le principe d'un deuxième kana plus petit et on utilise le e : エ. she : シェ.

2) t ou d + voyelle. Pour ta(da), te(de), to(do), facile... il existe des kana : タ（ダ）、テ（デ）、ト（ド）. Quant à tu et du, ils sont approximativement rendus par ツ et ズ. Mais ti et di ? On s'en sort là encore avec le système des deux kana, dont le second sera écrit plus petit ti : ティ, di : ディ (parfois on utilise simplement チ et ジ).

3) w + voyelle. Là, on est vraiment limité : on n'a que wa ワ. Pour les autres : wi, we, wo..., toujours le même principe. Pour le w on prend le kana ウ (u) et on lui ajoute un petit イ, un petit エ ou un petit オ : wi ウィ, we ウェ, wo ウォ, wu sera noté, très approximativement, ブ (bu).

4) En étendant le principe, et après tout, pourquoi se priver... on pourra même noter :
– une série de syllabes f + voyelle, en partant du katakana fu フ, et en lui adjoignant toujours, les petites voyelles : fa ファ, fi フィ, fe フェ, fo フォ.
– une série de v + voyelle (sauf vu qui est noté ブ), on utilise le katakana ウ auquel on ajoute deux petits points : ヴ = v, et... bien sûr, les petites voyelles : va ヴァ, vi ヴィ, ve ヴェ, vo ヴォ. (Sur ce dernier point l'usage est plutôt flottant et souvent on utilise pour ces syllabes la série de b : va バ, vi ビ, ve ベ, vo ボ).

Avant d'attaquer la dictée, n'oubliez pas : la voyelle longue s'indique toujours par un tiret. Pensez aussi aux consonnes redoublées...

を べんきょう - とき - はやく おぼえられる と は おもわなかった です ね ❹ わたくし が けんちくか に なれば - ひどい たてもの は たてない よう に します ❺ アシミル で - はやく、 おぼえられます から、ぜひ お すすめ します

***

書き取り
❶ wîn *(Vienne/**Wien**)* ❷ chekku in *(enregistrement/**check-in**)* ❸ fasshon *(mode/**fashion**)* ❹ bodî *(boîtier d'un appareil photo/**body**)* ❺ reveiyon *(réveillon)* ❻ fôku *(fourchette/**fork**)* ❼ tisshu pêpâ *(mouchoir en papier/**tissue paper**)* ❽ shêkusupia *(Shakespeare)* ❾ kakuteru pâtî *(cocktail/**cocktail-party**)* ❿ romantikku *(romantique)* ⓫ yû.fô *(O(bjet) V(olant) N(on) I(dentifié)/**U(nidentified) F(lying) O(bject)**)*

Corrigé
❶ ウイーン ❷ チェック イン ❸ ファッション ❹ ボディー ❺ レヴェイヨン ❻ フォーク ❼ ティッシュ ペーパー ❽ シェークスピア ❾ カクテル パーティー ❿ ロマンティック ⓫ ユーフォー

Comme vous l'avez constaté, les transcriptions de mots étrangers sont un des grands charmes de la langue japonaise actuelle. Il faut parfois une bonne dose d'imagination pour trouver le mot qui se cache derrière ces suites (souvent abrégées) de katakana. Mais avouez-le… il y a peu de langues qui vous offrent ainsi un perpétuel sentiment d'aventure et de découverte !
グッドバイ、レディズ アンド ジェントルメン

Deuxième vague : 48ᵉ leçon

第九十八課
だい きゅう じゅう はっ か

まとめ – Révision

Tout s'est bien passé ! Oui, nous en étions sûr ! Vous voilà prêt désormais à voler de vos propres ailes. Il y a encore du chemin mais vous avez, grâce à Assimil, un équipement de base qui vous permet d'envisager l'avenir avec sérénité !
Quelques derniers points à revoir avant de vous lâcher.
Pour commencer, attardons-nous un peu sur le titre japonais de nos rendez-vous de révision. まとめ **matome** *est un très beau mot qui désigne justement cette démarche de prendre le temps de s'arrêter un moment pour faire le point et qui peut prendre diverses formes : résumé, conclusion, mise en ordre des idées. Nous espérons que c'est ce qui s'est passé au fur et à mesure de ces leçons de révision et que pour vous tout est en ordre pour aller plus loin.*

1 Le préfixe お

Beaucoup de mots ou d'expressions de la vie la plus quotidienne se trouvent précédés d'un お, que nous avons traduit selon les cas par "[familiarité]" ou par "[politesse]" ou pas traduit du tout, dans le cas de formules figées. Jusqu'à la leçon 90, vous avez remarqué que parfois nous laissions une espace entre ce お et le mot, que parfois non. En fait, cela n'a guère d'importance sur le plan de la graphie, puisque de toute façon le japonais "normal" s'écrit sans espace entre les mots, comme vous avez pu le constater (sans trop de douleur, nous l'espérons…) depuis la leçon 92. Mais nous essayons de distinguer :
– les cas où le お est tellement intégré à la formule ou au mot qu'il en devient quasiment inséparable,
– les cas où le mot qui est précédé par お garde encore une certaine indépendance et peut être employé dans d'autres cas sans ce お.
Pour prendre des exemples dans les leçons les plus récentes :
– cas n° 1 : おめでとう ございます **omedetô gozaimasu** (leçon 78, phrase 1), お願いします **onegai shimasu** (いたし

Quatre-vingt-dix-huitième leçon

ます) (leçon 78, phrase 4) ; お宅 **otaku** (leçon 82, phrase 17) ; お久し振り **ohisashiburi** (leçon 86, phrase 5). Ces expressions ne sont pas pensables sans le お.
– cas nº 2 : お寺 **o tera** (leçon 85, phrases 2, 3, 17) ; お金 **o kane** (leçon 88, phrase 1) ; お札 **o satsu** (leçon 88, phrases 2, 3, 4) ; お国 **o kuni** (leçon 90, phrase 10), お団子 **o dango** (leçon 90, phrases 16 et 17) ; et les expressions verbales où お permet de former un degré plus : お読みになる **o yomi ni naru** ; お勧めします **o susume shimasu** (leçon 88, phrase 24).

2 Les adverbes

Comme en français, en japonais l'adverbe compte diverses formations. Tout de même, pour vous consoler, remarquez que la plus grande partie des adverbes consiste simplement en un mot. Prenons par exemple, au hasard (!), la leçon 92. On y trouve : ぜひ, *à tout prix* (phrase 1) ; ずっと, *remarquablement* (phrase 3) ; よほど, *bien* (phrases 12 et 13) ; さっく, *immédiatement* (phrase 17) ; ちょっと, *un peu* (phrase 18) ; まだ, *pas encore* (phrase 19) ; もっと, *plus* (phrase 20).

Dans quelques cas, l'adverbe sera formé d'un mot (souvent un adjectif) suivi de に, pour lequel nous avons donné dans ce cas-là l'équivalent "[adverbial]" : 一緒に **issho ni**, *ensemble* (leçon 96, phrase 4) ; たまに, *rarement* (leçon 80, phrase 10) ; 特に **toku ni**, *particulièrement* (leçon 88, phrases 6 et 22) ; 別に **betsu ni** + forme négative, *(pas) particulièrement* (leçon 83, phrase 9) ; 非常に **hijô ni**, *extrêmement* (leçon 50, phrase 8).

D'autres adverbes, dont la particularité est de se terminer par la syllabe **ri**, ont un double fonctionnement. Ou bien le mot est employé tout seul (はっきり, *clairement* (leçon 55, phrase 15) ; ゆっくり, *tranquillement, lentement* (leçon 86, phrase 9)), ou bien il est suivi de と (le même ゆっくり : ゆっくりと (leçon 90, phrase 6) ; しっかりと, *fermement* (leçon 92, phrase 6)), le sens restant le même.

3 Les verbes

3.1 Couples de verbes transitifs – intransitifs

Dans la leçon 59 à la note 4, il était question d'un couple de verbes : 直る/直す **naoru/naosu**, le premier étant intransitif c'est-à-dire que l'acte décrit ne concerne que le sujet, l'autre étant transitif, c'est-à-dire que l'acte décrit porte sur un objet ou sur une autre personne : 直る **naoru**, *se réparer, recouvrer la santé* ; 直す **naosu**, *réparer quelque chose, guérir un malade*. La seule différence dans la forme étant l'alternance R/S.

Il existe d'autres paires identiques :
– 戻る **modoru** intransitif, *revenir sur ses pas* (leçon 32, phrase 17) ; 戻す **modosu** transitif, *replacer, remettre un objet à sa place* ;
– 渡る **wataru**, *traverser* (leçon 36, phrase 12) ; 渡す **watasu**, *faire passer, faire traverser, tendre, donner quelque chose* (leçon 79, phrase 8) ;
– 残る **nokoru** intransitif, *rester* (leçon 45, phrase 6) ; 残す **nokosu** transitif, *laisser quelque chose, mettre de côté* ;
– 通る **tooru**, *passer par un endroit* (leçon 57, phrases 3) ; と通す **toosu**, *faire passer, laisser passer quelque chose* ;
Avec un changement de voyelle en plus, on a aussi les couples :
– 起きる **okiru**, *se lever le matin* (leçon 11, phrases 1, 2 et 6) ; 起こす **okosu**, *relever, redresser quelque chose ou quelqu'un* (leçon 72, phrase 13) ;
– 落ちる **ochiru**, *tomber* (leçon 48, phrase 5) ; 落とす **otosu**, *faire tomber quelque chose* (leçon 73, phrase 4).

Mais on rencontre en nombre beaucoup plus grand des couples de verbes où la différence de sens est bien la même (l'acte ne concerne que le sujet, ou bien l'acte porte sur un autre objet ou une autre personne), mais où la différence de forme est la présence soit de **a** soit de **e** avant la dernière syllabe **ru**, le verbe intransitif se termine en **aru** et est donc un verbe à plusieurs bases. Le verbe transitif se termine en **eru** et est un verbe à une seule base.
– 見付かる **mitsukaru**, *être trouvé* (leçon 24, phrase 1) ; 見付ける **mitsukeru**, *trouver* (leçon 51, phrase 17) ;
– 決まる **kimaru**, *se décider, faire l'objet d'une décision* (leçon 27, phrase 2) ; 決める **kimeru**, *décider quelque chose* (leçon 55, phrase 15) ;

Quatre-vingt-huitième leçon / 98

– 始まる **hajimaru**, *(quelque chose) commence*, *débute* ; 始める **hajimeru**, *commencer quelque chose* (leçon 47, phrase 8) ;
– 集まる **atsumaru**, *se rassembler* (leçon 47, phrase 13) ; 集める **atsumeru**, *rassembler* ;
– 終わる **owaru**, *se terminer* (leçon 48, phrase 1) ; 終える **oeru**, *terminer quelque chose* ;
– 変わる **kawaru**, *changer*, *se transformer* (leçon 41, phrase 7) ; 変える **kaeru**, *modifier*, *changer quelque chose*,
(à noter pour ces deux derniers couples la résurgence du **w** devant le **a** (leçon 77, § 3.1)).

ATTENTION, il ne faut pas inverser : vous ne pouvez pas, pour autant, fabriquer vous-même un verbe en **eru** à partir de tous les verbes en **aru** et réciproquement. Seule la langue se réserve ce droit !

3.2 Liste complémentaire de formes de degrés plus

Récapitulons les formes de degré plus que nous avons rencontrées depuis la dernière leçon de révision où nous faisions la même opération (leçon 70, § 3 ; pour les formes, voyez aussi leçon 91, § 1.1 ; et la leçon 49, § 1.3 pour refaire un tour complet de la question).

Comme toujours, nous séparons les degrés plus servant à dire *vous* (ou *il* respecté) et ceux servant à dire *je* (ou *il* de ma famille).
– pour dire *vous* : おっしゃる/おっしゃいます, *dire*, *s'appeler*, équivalant au verbe 言う **iu** (leçon 93, phrase 6) ; 御 存知 です **go zonji desu**, *savoir*, *connaître*, équivalant au verbe 知る **shiru** (leçon 96, phrase 2).
– pour dire *je* : ございます, *se trouver*, *il y a*, équivalant au verbe ある, pour des objets que *je* possède (leçon 96, phrase 10) ; いただく, *recevoir*, équivalant au verbe もらう (leçon 96, phrase 17).

En ajoutant ces quatre derniers à ceux que nous avons déjà vus, nous avons fait le tour des degrés plus les plus usités. Il reste à les employer à bon escient ! Nul doute que vous y réussirez tout à fait bien, avec un bon sens de l'observation et un bon entraînement !

4 Le système des démonstratifs

Sachez pour commencer que les démonstratifs s'organisent en japonais autour de trois racines : こ, そ et あ, à partir desquelles sont fabriqués soit des pronoms, soit des adjectifs, soit des adverbes démonstratifs. Les dérivés de ces trois radicaux こ, そ et あ sont très importants. Ils sont sans cesse employés, et ce sont les termes qui, par excellence, permettent d'exprimer le lien entre vous-même et la réalité qui vous entoure. Ils sont, de ce fait, assez difficiles à manier. Mais, là encore, avec un bon esprit d'observation et du bon sens, vous arriverez à les utiliser parfaitement bien. Quand vous reprendrez les leçons à partir de 50, dans la phrase d'activation, portez une attention spéciale à ces mots démonstratifs.

4.1 Les démonstratifs dérivés de la racine こ

Commençons tout de suite par こ. Tous les termes dérivés de cette racine désignent la réalité immédiate, toute proche de MOI qui parle, ou centrée sur MOI : objets, personnes, lieux, temps.

• Pronoms

ここ (leçon 46, phrases 17 et 19) *ici*, c'est-à-dire "le lieu où *je* me trouve, l'endroit que *je* touche ou que *je* montre du doigt pour vous le présenter" : こちら *de ce côté-ci* c'est-à-dire "la direction que *je* montre du doigt pour vous l'indiquer" (leçon 40, phrase 4) ; これ *ceci* c'est-à-dire "l'objet que *je* tiens, qui est près de moi, la chose qui occupe *mon* esprit et que je vous présente" (leçon 33, phrases 2 et 4).

• Adjectifs

この + nom *ce, cette, ces* + nom. Il s'agit d'un objet que *je* tiens ou qui est près de *moi* (leçon 31, phrases 9 et 11) ; le moment que *je* vis (leçon 19, phrase 17) ; le lieu où *je* me trouve (leçon 48, phrase 4) ; quelque chose qui occupe *mon* esprit. こんな sera spécialisé au sens de *de cette sorte, de cette manière*, mais "de la manière que *je* vous montre, que *je* vous explique, qui occupe *mon* esprit" (leçon 48, phrase 12).

これら, se trouve dans une formule これら の + nom, où il sert en quelque sorte de pluriel à この lorsqu'il y a risque d'ambiguïté.

Ainsi dans la leçon 97, phrase 21, si on disait この 職業 **kono shokugyô**, on pourrait comprendre qu'il s'agit de la dernière profession dont on a parlé : *cette profession*. Or ici, il s'agit de reprendre l'ensemble de toutes les professions citées *ces professions dont j'ai parlé*.

• **Adverbes**
Ces pronoms et ces adjectifs servent à construire de nombreuses expressions adverbiales concernant le temps ou la manière. Pour le temps : これから, littéralement "à partir de ceci", où これ désigne le moment que *je* vis, donc : *à partir de maintenant* (leçon 40, phrase 2) ; この あいだ, littéralement "cet intervalle dans lequel *je* me trouve", donc : *il y a peu de temps*, *l'autre jour* (leçon 41, phrase 12) ; このごろ, *ce moment*, *ces temps-ci* (leçon 46 ; phrase 5). Pour la manière : こんな に, *ainsi*, "comme *je* le constate" (leçon 39, phrase 4).

• **Règle générale**
La règle est donc la suivante : pour tout composé de こ, la référence c'est MOI qui parle, maintenant et ici.

4.2 Les démonstratifs dérivés de la racine そ

Pour そ, au contraire, les composés servent à exprimer une réalité qui nous touche en commun, VOUS et MOI qui sommes en train de parler ensemble ; le plus souvent ces composés renvoient à quelque chose qui vient d'être dit par vous ou par moi (sous la forme d'un mot, ou d'une phrase, ou de plusieurs phrases), et que nous connaissons donc tous les deux (cas 1). Plus rarement, ils servent à désigner une réalité présente (objet, lieu), considérée alors comme proche de NOUS ensemble (cas 2).

• **Cas 1 : renvoi à quelque chose qui vient d'être dit**
Regardons tout de suite les exemples pour les cas les plus fréquents, c'est-à-dire ceux où les composés de そ renvoient à quelque chose qui vient d'être dit.

Pronoms :
そこ *là*, le lieu dont nous venons de parler (leçon 6, phrase 6) : そこ reprend le lieu cité dans la phrase 4, "la gare de Funabashi".

Un autre pronom fonctionne exactement de la même façon : それ qui signifie *cela*, "ce dont nous venons de parler"; (leçon 4, phrase 7 ; leçon 16, phrase 6 où それ reprend ce qui est dit depuis la phrase 3).

Adjectif :
その + nom, *ce, cette, ceux*…, "qui se rapporte à ce dont nous avons parlé" : par exemple, その (leçon 20, phrase 10) renvoie à 大きい 本屋 **ookii hon.ya** de la phrase précédente ; その (leçon 30, phrase 11) renvoie à 六時 半 **rokuji han** de la phrase précédente.

Adverbes :
Dans cette série, nous rencontrons un adverbe, très très souvent employé : そう, *ainsi*, "comme nous venons de nous le dire". C'est le そう de そう です, *c'est ainsi*, "c'est comme nous venons de l'échanger" (leçon 2, phrase 6 ; leçon 5, phrase 10, etc.).
En outre, la nécessité, dans la conversation, de rappeler ce qui vient d'être dit, explique que les composés de そ entrent dans de nombreuses expressions adverbiales. Par ordre de fréquence :
– それでは, *ceci* (dont nous avons parlé) *étant* (leçon 3, phrase 11, etc.) ;
– それから, *ensuite*, "à partir du moment dont nous avons parlé", *puis* (leçon 6, phrase 7, etc.) ;
– それに, *en plus* (de ce dont nous venons de parler) (leçon 26, phrase 9, etc.) ;
– それなら, *si c'est ainsi*, "si c'est comme nous venons de le dire" (leçon 11, phrase 9, etc.) ;
– そんな に, *tellement*, "de la manière que nous pensons, de la manière que nous venons d'expliquer" (leçon 20, phrase 4, etc.) ;
– それでも, *pourtant*, "malgré ce que nous venons de dire" (leçon 11, phrase 7, etc.) ;
– それで, *alors*, "dans les conditions dont nous venons de parler" (leçon 32, phrase 16, etc.) ;
– それとも, *ou bien*, "outre ce que nous venons de dire" (leçon 29, phrase 9) ;
– それほど, *à ce point*, "au degré dont nous venons de parler" (leçon 24, phrase 13) ;
– その後, *depuis*, "après le moment dont nous venons de parler" (leçon 23, phrase 12) ;

– そのまま, *tel quel*, "dans l'état dont nous venons de parler" (leçon 32, phrase 17).

• Cas 2 : renvoi à une réalité présente
Pour le cas où les composés de そ désignent une réalité présente considérée comme près de NOUS ensemble, il n'y a que peu d'exemples ; et il est vrai que ce sont des emplois beaucoup moins fréquents : そこ (leçon 29, phrase 6) ; その (leçon 17, phrases 1 et 3 ; leçon 46, phrase 14).

Comme dans le cas de こ, soyez très attentif lors de la phase d'activation à partir de la leçon 50. Quelques nouveautés : そちら, *par là*, "cette direction que nous voyons tous les deux" (leçon 96, phrase 14) ; そんな + nom : *un tel*, *une telle* "qui est comme nous venons de le dire" (leçon 76, phrase 15 ; leçon 87, phrase 13 ; leçon 92, phrase 20).

4.3 Les démonstratifs dérivés de la racine あ

Ils sont d'un emploi beaucoup plus rare. Pour ce dernier radical あ, il n'y a qu'un composé au sein des 50 premières leçons. Il s'agit d'un pronom qui exprime le lieu : あそこ (leçon 1, phrase 5 ; leçon 12, phrase 3 ; leçon 31, phrase 7), qui désigne un lieu éloigné de moi qui suis en train de parler : *tout là-bas*. Mais nous nous rattrapons dans les leçons suivantes.

Ces composés expriment une réalité éloignée de MOI qui parle. Cet éloignement étant, soit physique, dans les faits (あそこ, *tout là-bas*) (cas 1), soit volontaire, c'est-à-dire que c'est MOI qui veux créer mentalement la distance avec ce dont je parle (cas 2).

• Cas 1 : éloignement physique
Reprenons le premier cas, de l'éloignement naturel : on compte deux pronoms あちら, *de ce côté là-bas*, *dans cette direction là-bas*, *loin de moi* (leçon 78, phrase 14 ; leçon 96, phrase 14) ; あれ, *celui-là là-bas*, *ça là-bas* (leçon 52, phrases 2 et 3) ; un adjectif あの, *ce* (*cette*, *ces*) *là-bas* (leçon 52, phrase 1)
Dans toutes les phrases citées, le dérivé de あ sert bien à désigner un endroit ou un objet physiquement éloigné de moi qui parle.

• **Cas 2 : éloignement mental**
Regardons maintenant les autres exemples : cette fois-ci, la distance n'est pas physique. C'est MOI qui, volontairement, exprime une distance entre cet objet (ou cette personne) et MOI, à cause d'un sentiment que je ressens à son égard. Il y a deux possibilités :
– ce sentiment est négatif : colère, mépris, lassitude, regret, nostalgie... C'est le plus fréquent : l'adjectif あの, *ce*, *cette*, *ces*. Dans la phrase 16 de la leçon 73 : あの 旅行 **ano ryokô**, il s'agit du voyage dont ce voisin ne cesse de rebattre les oreilles du personnage. Le pronom あれ dans la leçon 79, phrase 5 : *ça*, le personnage est furieux contre cette gare qui ressemble à un labyrinthe. Attention ! Le pronom あいつ (leçon 72, phrases 2, 6 et 11) ne correspond toujours qu'à ce premier cas.
– ce sentiment est positif (admiration, respect...), comme à la leçon 89 (ex. 2, phrase 2) : あの お 医者 さん **ano o isha san**, *ce médecin* (admirable)...

復習 会話

1 夜 七時 に 家 に 帰った 時、ちょうど 食事 の 準備 が できた ところ でした。

2 この 野菜 は 何 です か。変わった 味 です ね。薬 を 飲んで いる みたい です。

3 今 の 人 は 計算 が 全然 できなく なりました。どんな 簡単 な 計算 でも 電卓 で する から です。

4 医学 の 発達 の おかげ で、人類 の 状態 は 益々 よく なって いく と 思います。

Quatre-vingt-huitième leçon / 98

5 理科 か 算数 か また 経済 か 政治 か 来年 大学 に 入学 する 息子 に 何を 習わせたら いい か 問題 です。

6 もしもし… あ、ごめん ね、いま 出掛ける ところ だ から、長い 話 を する 時間 が ない わ。

7 どの バッグ に しよう か。安い の は すてき で 軽い です。高い の は 丈夫 で もっと 長く 持つ はず です。

8 ピアノ なら、国産 の は 外国産 の より 音 が いい です。

9 子供 に 薬 を 飲ませる ために、薬 を 甘い もの に 入れて 飲ませます。

10 毎日 空 が 曇って いる し、急 に 寒く なった し、午後 の 五時 から 家 の 中 が 暗く なる し、やっぱり 今 は もう 冬 です。

Traduction

1 Quand je suis rentré à la maison à 7 heures du soir, le repas était tout juste prêt (les préparatifs du dîner venaient juste d'être terminés). **2** Qu'est-ce que c'est que ce légume ? Quel goût bizarre ! On a l'impression d'avaler un médicament ! **3** Les gens d'aujourd'hui ne savent plus du tout compter. C'est que même le calcul le plus simple, ils le font sur leur calculatrice. **4** Je crois que, grâce aux progrès de la médecine, la situation de l'espèce humaine va aller en s'améliorant. **5** Les sciences ou les maths ? L'économie ou la politique ? Que faire étudier à mon fils qui va rentrer à l'université l'année prochaine ? C'est un problème. **6** Allô… Ah, excuse-moi, j'allais juste sortir, je ne peux pas te parler longtemps. **7** Quel sac je vais choisir ? Celui qui est bon marché est chic et léger, celui qui est cher est solide et me durera sûrement plus longtemps. **8** À propos des pianos, le son est meilleur avec ceux qui sont faits chez nous qu'[avec] ceux qui sont faits à l'étranger. **9** Pour faire prendre un médicament à un enfant, je le lui donne dans quelque chose de sucré. **10** Tous les soirs le ciel est gris, il fait tout à coup froid, l'intérieur de la maison est sombre dès 5 heures du soir, pas de doute, c'est l'hiver.

***

Entre la première leçon, et la dernière, que de chemin parcouru ! Vous voilà tout autre ! Non seulement la langue, mais aussi la culture japonaise font désormais partie de votre bagage et de votre univers. Mais l'aventure n'est pas terminée : il vous reste à terminer la *deuxième vague**, en portant une attention particulière aux points que nous vous avons signalés dans les leçons de révision. Et puis, n'oubliez pas, le japonais est une langue vivante ! N'hésitez pas à aller à la rencontre des Japonais et à parler avec eux. Vous pouvez aussi vous procurer des livres, des journaux et/ou des mangas. Pour cela, nous vous proposons de*

Quatre-vingt-huitième leçon / 98

Transcription

1 yoru shichiji ni ie ni kaetta toki, chôdo shokuji no junbi ga dekita tokoro deshita **2** kono yasai wa nan desu ka. kawatta aji desu ne. kusuri o nonde iru mitai desu **3** ima no hito wa keisan ga zenzen dekinaku narimashita. donna kantan na keisan demo dentaku de suru kara desu **4** igaku no hattatsu no okage de, jinrui no jôtai wa masumasu yoku natte iku to omoimasu **5** rika ka sansû ka mata keizai ka seiji ka rainen daigaku ni nyûgaku suru musuko ni nani o narawasetara ii ka mondai desu **6** moshi moshi. a, gomen ne, ima dekakeru tokoro da kara, nagai hanashi o suru jikan ga nai wa **7** dono baggu ni shiyô ka. yasui no wa suteki de karui desu. takai no wa jôbu de motto nagaku motsu hazu desu **8** piano nara, kokusan no wa gaikokusan no yori oto ga ii desu **9** kodomo ni kusuri o nomaseru tame ni, kusuri o amai mono ni irete nomasemasu **10** mainichi sora ga kumotte iru shi, kyû ni samuku natta shi, gogo no goji kara ie no naka wa kuraku naru shi, yappari ima wa mô fuyu desu

***

compléter votre connaissance de l'écriture japonaise : les hiragana et les katakana ne doivent plus avoir de secrets pour vous mais les caractères chinois (漢字, kanji) ne vous ont pas encore livré les clés de leur mystère. Parce qu'il s'agit là d'un point un peu délicat, nous avons préféré, vous le savez, lui consacrer un ouvrage entier. Si vous êtes curieux d'en savoir plus à ce sujet, jetez-vous sur le volume "Le Japonais kanji" ! がんばって ね, *Bon courage et bonne continuation !*

Deuxième vague : 49ᵉ leçon

Index grammatical

Les références renvoient soit aux notes des leçons (ex : 9, 5 = leçon 9, note 5) ; soit aux paragraphes des leçons de révision (98 § 1 = leçon 98, paragraphe 1). Sont notées en gras les références des passages où le sujet est traité en détail.

LES MOTS INVARIABLES

Les noms
  Données générales Introduction
  Préfixe **o** お de familiarité 9,5 ; 16,4 ; **98,1**
  Préfixe **o** お de politesse 23,1 ; 40,3 ; 44,3 ; 46,1 ; 47,1 ; **98,1**
  Préfixe **go** 御 40,3 ; 86,7
  Degré plus du nom 40,3 ; 46,1 ; 48,5 ; 68,2 ; 75,3 ; 82,5
  Pluriel en **-tachi** -達 76,5 ; 87,2

Les adjectifs (invariables) **77,1**

Les adverbes **98,2**

Les mots démonstratifs **98,4**
  ~ Dérivés de **ko** こ **98,4.1**
  ~ Dérivés de **so** そ **98,4.2**
  ~ Dérivés de **a** あ **98,4.3**

Les mots interrogatifs 10,3 ; **28,2** ; **42,3.2** ; 86,2 ; 94,2
  nan 何 8,3 ; **42,3.1**

Les mots indéfinis
  Mots en **-ka** -か 34,1 ; **42,3.3** ; 65,4 ; 69,1
  Mots en **-mo** -も **42,3.4**
  Mots en **-demo** -でも 89,2

Les particules enclitiques
  Données générales Introduction ; **7,5** ; 87,1
  de で Introduction ; **7,5** ; 11,3 ; **14,2.1**
  e へ **7,5** ; 16,2

ga が **7,5**
kara から **7,5**
made まで **7,5**
ni に **7,5**; 8,1; 8,2; 11,1; 12,4; 13,5; **14,2.2**; 16,3; 30,1; **35,1.1**
no の **91,2**
    entre deux noms : 13,1 ; **28,3** ; 96,6
    devant particule enclitique : 38,1 ; 47,5 ; 48,2 ; 52,5 ; 88,1 ; 96,5
    sujet : 55,5 ; 76,2
o を Introduction ; **7,5**
to と (comparaison) 60,2 ; 71,4
to と (entre deux noms) 83,1
wa は **21,3.2** ; **35,1.2**
ya や 83,1
yori より **21,3.1**

Les particules finales
  na/naa な/なあ 19,5 ; 29,4 ; 66,2
  ne ね 1,4
  sa さ 80,10
  wa わ 27,4 ; 29,12
  yo よ 2,3

Les systèmes numéraux
  Le système sino-japonais **63,1**
  Les spécifiques numéraux
    dai 台 34,3 ; **63,1.2**
    hai 杯 37,4 ; **63,1.2**
    hon 本 53,3 ; **63,1.2** ; 82,1
    mai 枚 22,3 ; **63,1.2**
    tô 頭 39,3 ; **63,1.2**
  Le système japonais **70,1**

Quelques mots-outils
  koto こと **42,2** ; 45,1 ; 45,2 ; 46,6 ; 50,1
  yô よう 81,2 ; **91,3**
  no desu の です 30,2 ; 55,1 ; 55,2 ; 65,7 ; 66,4 ; 73,3 ; 75,5
  sô desu そう です après verbe degré moins 53,2
  sô desu そう です après base en **i** ou base unique 71,3

LES MOTS VARIABLES

Les verbes

Les deux sortes de verbes 49,1.2
Formes du degré moyen **7,1** ; 8,6
Formes du degré moins 17,4 ; 19,3 ; 29,2 ; 29,5 ; 29,8 ; 29,10 ; 29,11 ; 29,17 ; 29,18 ; 40,5 ; 43,1 ; 54,5 ; 75,1 ; **77,3.1**
Formes en **-te** –て et **-ta** –た **56,1**

Les trois degrés du verbe 21,4
Degré moins **21,4.3** ; **28,4** ; 30,2 ; **35,3**
Degré moyen **21,4.2** ; **35,3**
Degré plus 47,1 ; **49,1.3** ; **70,3** ; **91,1.1**
  JE (*IL* qui doit le respect)
 de gozaimasu で ございます 44,1 ; **70,3**
 gozaimasu ございます 86,15 ; **98,3.2**
 itadakimasu いただきます 96,4
 itashimasu いたします 69,4 ; 78,5
 mairimasu 参ります 86,10
 môshimasu 申します **70,3**
 o me ni kakarimasu お 目 に かかります 68,5 ; **70,3**
 orimasu おります 44,4 ; **70,3** ; 86,3
 ukagaimasu うかがいます 47,2 ; 59,3 ; **70,3** ; 87,11
  VOUS (*IL* respecté) 47,1 ; 68,1
 irasshaimasu いらっしゃいます 47,9 ; 67,4 ; 68,4 ; **70,3** ; 73,8 ; 78,7
 goran kudasaimasu ご 覧 くださいます 65,5 ; **70,3**
 kudasaimasu くださいます 86,14 ; 96,3
 go zonji desu ご 存知 です 96,2 ; **98,3.2**
 nasaimasu なさいます 46,4 ; 47,3 ; **70,3**
 osshaimasu おっしゃいます 93,6 ; **98,3.2**

Verbes à la forme en -te –て **+ auxiliaire**
-te iru –て いる 30,4 ; 32,1 ; 75,8 ; 95,5
-te aru –て ある 79,6
-te miru –て みる 51,2 ; 60,5 ; **91,1.2**
-te oku –て おく 29,17 ; 74,2 ; **91,1.2** ; 93,3
-te shimau –て しまう 45,4 ; 80,11 ; **91,1.2**
-te kureru/kudasaru –て くれる/くださる **91,1.2** ; 96,3

-te morau/itadaku -て もらう/いただく **91,1.2** ; 92,3 ; 96,4
-te yaru/ageru -て やる/あげる **91,1.2** ; 93,3
-te iku -て いく 92,5
-te kuru -て くる 90,7

Verbes irréguliers
aru ある 29,15
iku 行く **56,1.2**
kuru 来る 72,5 ; **77,3.3** ; **84,2.3** ; 90,7
suru する **42,4.1** ; **70,4** ; 75,4 ; **77,3.3** ; **84,2.3** ; 88,2

Verbes dérivés
Factitif 82,3 ; 87,5 ; 92,4 ; 96,1
Passif 82,3 ; 83,5 ; **84,2.2** ; **84,2.3** ; 85,2 ; 85,7 ; 88,2 ; 88,3 ; **94,4**
Potentiel 64,2 ; **70,4** ; 72,6 ; 72,7 ; 72,8 ; 73,5 ; 73,7 ; 76,3 ; **77,3.3** ; 81,5 ; 85,5 ; **84,2.1** ; **84,2.3**

Verbes composés 74,3 ; 89,5

Expression de l'obligation **77,3.2** ; 80,2 ; 86,8 ; 92,2 ; 92,6

Expression de la demande 17,3 ; **84,3** ; 90,3 ; 93,9 ; 95,3 ; 95,8

Quelques suffixes
-nagara -ながら 58,3
-nai -ない **49,1.1** ; 64,4 ; 71,8 ; 72,5 ; 79,2 ; 81,1
-naide -ないで 81,4 ; 86,5
-tai -たい **49,1.1** ; 57,5 ; 76,4 ; 97,2 ; 97,3
-tagaru -たがる 94,8

<u>Les adjectifs (variables)</u> 20,1 ; **21,2** ; 27,3 ; 30,5 ; **35,2.1**
  Emploi de la forme en **-ku** -く **35,2.1** ; 54,3
  Adjectif + **sô** そう 25,1 ; 39,5 ; 74,1 ; 81,1
  Adjectif irrégulier
  ~ **ii** いい **21,2.1** ; **35,2.2** ; 60,4
  ~ Degré plus **yoroshii** よろしい 23,5

<u>L'élément</u> **desu** です 19,2 ; 19,4 ; 23,3 ; 41,2 ; 50,7 ; 62,3 ; 68,3 ; **70,2** ; 88,4 ; 88,8

~ Degré plus   44,1 ; 44,6
deshô /darô でしょう / だろう 50,5 ; 55,4 ; 72,4
na な 33,1 ; 39,2 ; 47,7 ; 50,2 ; **77,1.4** ; **77,2**

LA STRUCTURATION DE LA PHRASE

<u>L'ordre des mots</u> Introduction

<u>L'interrogation</u>
   ~ par **ka** か 2,1 ; 18,3 ; 29,2
   ~ par **kai** かい 75,5
   ~ par **dai** だい 75,7
   ~ par **no** の 29,14 ; 72,2 ; 80,5 ; 93,1
   ~ par l'intonation 80,3

<u>La citation</u> **28,5.2** ; 36,6 ; 37,3 ; 38,2 ; 43,1 ; 46,2 ; 50,3

<u>La précision apportée à un nom</u> **28,3** ; 68,3

<u>La relation entre des propositions</u>
   relation non-caractérisée
   verbe en **-te** -て 52,1 ; 59,7
   adjectif en **-ku** -く ou **-kute** -くて 54,8 ; 57,3 ; 62,2 ; 85,3
   de で 50,4 ; 50,6
   simple base d'un verbe 58,2 ; 78,4 ; 88,5

   relation précisée
   ~ **-ba** ば 76,1
   ~ **kara** から 22,2 ; 31,3 ; **35,5** ; 73,9
   ~ **keredomo** けれども/けれど/けど 44,2 ; 44,7 ; 45,5
   ~ **node** ので 33,1 ; **35,5** ; 39,2
   ~ **shi** し 79,5 ; 86,6
   ~ **tame** ため 60,3
   ~ **-tara** -たら 60,5 ; 62,3 ; 78,7 ; 88,8
   ~ **-tari...tari...suru** -たり たり する 76,6 ; 95,4
   ~ **-te kara** -て から 51,3 ; 73,9
   ~ **-temo** -ても 31,4

Transcription des réponses aux exercices 2

Leçon 85

❶ ima demo tôkyô de yoku kaji ga okoru to iwarete imasu ga, sore wa hontô desu ka ❷ sobo wa sen happyaku kyûjû kyû nen, jûni-gatsu sanjû ichi nichi ni umaremashita ❸ aru sakka ga o tera ni hi o tsuketa obôsan no hanashi o shôsetsu ni shimashita ❹ bijutsukan o kengaku suru tsumori de, ueno ni ikimashita ga, kankôkyaku ga oozei narande ite, boku mo matte iru jikan ga nakatta node, hairemasen deshita.

Leçon 86

❶ itsu irasshaimasu ka. kitto saraishû mairimasu ❷ go shujin no soba ni suwatte iru kata wa donata desu ka. oigosan de irasshaimasu ka. hai oi desu ❸ hito no namae o oboerarenai kara, totemo komarimasu ❹ akita no oba o tazuneru tsumori de kuruma de ikimashita ga, tochû de kuruma ga koshô shite, akita made ikenaku natte, kisha de modoru koto ni narimashita ❺ matsumoto san. denwa yo. onee-san yo. a. ane. dômo. moshi moshi

Leçon 87

❶ goran no toori, bokutachi no kôjô wa ima abunai jôtai desu ❷ mae ni itta yô ni, watashitachi no kaisha no jôtai wa kyonen kara hijô ni yoku narimashita ❸ tonari no denkiyasan wa, obotchan ga ongakka ni naru yô ni, maiban ichijikan kurashikku ongaku o kikasete imasu. obotchan ga kawaisô desu ne ❹ ani no aru chijin wa issen man en no zeikin o harau sô desu. o kanemochi desu ne. urayamashii. boku mo zeikin o takusan haraitai naa

Leçon 88

❶ abunai yo. ki o tsukete. iya eda ga jôbu da kara, daijôbu da ❷ mukashi atsumete ita furui kuruma wa sandai shika nokotte imasen. basho ga nai kara, hoka no wa minna utte shimaimashita ❸ kono furui reizôko wa mô sugu koshô shi sô desu kara, atarashii no o kau yô o susume shimasu ❹ meiji jidai no yûmei na shisôka de aru fukuzawa yukichi wa, meiji ishin no mae ni, yôroppa o ryokô shite, furansu de saisho no nihongo no sensei ni aimashita

Leçon 89

❶ sonna futsû no mono nara, donna mise demo kaemasu yo ❷ ano o isha san wa rippa na kata de, donna byôki demo naoseru sô desu ❸ sengetsu kagaku no rekishi ni tsuite kakareta hon o yomimashita ❹ itariago kara yaku sareta mono desu ❺ dono ki.nengyôji o o satsu ni insatsu suru ka muzukashii mondai desu

Leçon 90

❶ hana o minagara, o sake o nondari, uta o utattari, tanka o yondari, hanashi o shitari shite imasu ❷ ichiban hayaku mankai ni naru no wa, kôkyo no soba ni aru sakura desu ❸ maishû ni san kai toshokan e itte hon o karimasu. toshokan wa uchi kara chikai node, totemo benri desu ❹ kotoshi no natsu wa atsui desu ne. yoru ni nattemo, sukoshi mo suzushiku naranai no desu ❺ kankô ryokô o shite, bijutsukan e iku yori oishii resutoran o motomeru koto wa hana yori dango to iemasu

Leçon 92

❶ musuko ni doitsugo o hayaku oboesaseta hô ga ii deshô ne. rainen kara doitsu ni sumu yotei da kara desu ❷ niku ga kirai na kodomo ni niku o tabesaseru no wa taihen desu ❸ michika chan wa ima nannensei desu ka. shogakkô rokunensei desu ga, shigatsu kara chûgakkô ichinensei ni narimasu (nihon de wa gakunen wa shigatsu kara hajimarimasu) ❹ kono têburu wa yûjin ni tsukutte moraimashita ❺ kono têburu wa yûjin ga tsukutte kuremashita

Leçon 93

❶ chotto matte, ima sugu tetsudatte agemasu yo ❷ raishû no kayôbi wa ensoku da to sensei ga osshatta toki, ureshikute, ureshikute, odoriagaru hodo deshita ❸ shinpai shinaide kudasai. watakushi ga zenbu haratte oite agemashita ❹ oji wa hontô ni ii hito desu. hoteru no kanjô mo zenbu haratte oite kuremashita ❺ samuku naranai uchi ni sanpo ni demashô yo

Leçon 94
❶ kiku. kiita. kikitai. nomu. nonda. nomitai. oyogu. oyoida. oyogitai. iu. itta. iitai. au. atta. aitai. katsu. katta. kachitai. tsukuru. tsukutta. tsukuritai. iku. itta. ikitai. watasu. watashita. watashitai ❷ itsu sôridaijin ni o ai ni narimashita ka ❸ fukeikai no toki hajimete atta atarashii rika no sensei wa sugoku kibishii mitai desu ne ❹ boku no tokei wa ichinichi ni sanjuppun mo susunde shimau node, totemo komatte imasu. ❺ dekirudake hayaku naoshite moraitai no desu ga, itsu made ni dekiru deshô ka

Leçon 95
❶ jôhôkagaku wa nan da ka o setsumei shite agemashô ❷ nihonjin no tomodachi ga nengô ni tsuite setsumei shite kuremashita ga, watashi wa sansû ga chittomo dekinai hito desu kara, zenzen wakarimasen deshita ❸ rainen no rokugatsu ni atarashii kôkô o tateru yotei ga aru to iwaremashita ❹ nanika wakaranai koto ga attara, enryo naku watashi ni itte kudasai ❺ kesa no nyûsu ni yoru to igirisu no shushô wa kugatsu ni chûgoku ni iku tsumori da to iu koto desu

Leçon 96
❶ naku. nakaseru. kuru. kosaseru. kaku. kakaseru. warau. warawaseru. kau. kawaseru. dasu. dasaseru. nomu. nomaseru. kangaeru. kangaesaseru ❷ kuroi no wa urikitte shimaimashita. chairo no shika nokotte imasen ❸ birie do riradan to iu sakka o go zonji deshô. ❹ hai. nihon no shuppansha kara tanomarete, sono sakuhin o nihongo ni yakusô to omotte imasu ❺ raigetsu kara hajimetara, rainen no owari goro made ni wa dekiagaru to omowaremasu

Leçon 97
❶ fukuzawa yukichi ni aereba, meiji jidai no iroiro na omoshiroi hanashi o kikasete kureru deshô ❷ fujiisan ni attara, kono mae shôkai shite moratta isha no jûsho o kiite kudasai ❸ nihongo o benkyô shihajimeta toki, konna ni hayaku oboerareru to wa omowanakatta desu ne ❹ watakushi ga kenchikuka ni nareba, anna hidoi tatemono wa tatenai yô ni shimasu ❺ ashimiru de tanoshiku, hayaku, oboeraremasu kara, zehi o susume shimasu

Liste des expressions usuelles

1 Salutations

konban wa こんばん は。 (73) *Bonsoir ! (quand on rencontre quelqu'un le soir)*
konnichi wa こんにち は。 (12) *Bonjour ! (en journée)*
o hayô gozaimasu お はよう ございます。 (3) *Bonjour ! (le matin de bonne heure)*
o kaeri nasai お 帰り なさい。 (73) *Bonsoir ! (à quelqu'un de la famille qui rentre à la maison)*
sayônara さようなら。 *Au revoir !*
tadaima ただいま。 (73) *Bonsoir ! (adressé à la famille quand on rentre chez soi)*

2 Échanges formels

dô itashimashite どう いたしまして。 (83) *De rien ! (après un remerciement)*
dôzo どうぞ。 (9) *Je vous (en) prie. (pour inviter quelqu'un à une action)*
gomen kudasai ごめん ください。 (86) *S'il vous plaît ! (pour appeler quelqu'un)*
kanpai カンパイ (74) *Kanpai (à votre santé)*
kudasai ください (…を)。 (9) *S'il vous plaît, donnez-moi …*
omedetô gozaimasu おめでとう ございます。 (23) *Toutes mes félicitations !*
onegai shimasu おねがい します。 (16) *S'il vous plaît. (pour demander à quelqu'un de faire quelque chose)*
o yasumi nasai お 休み なさい。 (93) *Bonne nuit !*
shinnen akemashite omedetô gozaimasu 新年 あけまして おめでとう ございます。 (78) *Tous mes vœux pour la nouvelle année !*
sumimasen すみません。 (40) *Excusez moi... (pour attirer l'attention de quelqu'un)*
yô koso irasshaimashita よう こそ いらっしゃいました。 (40) *Bienvenue !*

3 Remercier

arigatô ありがとう。 (9) *Merci !*
dômo arigatô gozaimasu どうも ありがとう ございます。 (17) *Merci beaucoup !*
gochisô sama deshita ごちそう さま でした。 (83) *Merci pour le (repas, déjeuner, dîner, goûter...) !*
go kurô sama deshita ご 苦労 様 でした。 (74) *Merci de votre peine et de vos efforts ! (à quelqu'un qui a fait quelque chose pour vous)*
maido arigatô gozaimasu 毎度 ありがとう ございました。 (18) *Merci beaucoup ! (litt : pour chaque fois) (dit par un commerçant à son client)*
okagesama de おかげさま で。 (23) *Bien, merci ! (litt : grâce à vous) (quand on vous demande de vos nouvelles)*
o sewa ni narimashita お 世話 に なりました。 (78) *Merci (de tout ce que vous avez fait pour moi) !*

4 Exprimer le regret

gomen kudasaimase ごめん くださいませ。 (83) *Excusez moi ! (femmes) (pour prendre congé de quelqu'un)*
gomen nasai ごめん なさい。 (17) *Pardon ! / Excusez-moi !*
môshiwake gozaimasen 申し訳 ございません／ありません。 (86) *Excusez-moi / Toutes mes excuses !*
o jama shimashita お 邪魔 しました。 (83) *Excusez-moi de vous avoir dérangé.*

5 Donner son avis

kashikomarimashita かしこまりました。 (59) *C'est entendu. (de la part d'un artisan, d'un commerçant)*
okinodoku ni お気の毒 に。 (23) *C'est vraiment ennuyeux !*
yoroshiku onegai shimasu よろしく おねがい します。 (27) *C'est d'accord / Je vous en prie. (litt : je demande votre bienveillance)*

6 Prendre des nouvelles

go busata shite orimasu ご 無沙汰 して おります。 (86) *Il y a longtemps que je ne vous ai pas donné signe de vie.*
o genki de お 元気 で。 *Prenez soin de vous.*
o hisashiburi desu ne お 久しぶり です。 (30) *Cela fait un moment que je ne vous ai pas vu.*
sore de wa o daiji ni お 大事 に。 (53) *Prenez bien soin de vous.*

Lexiques

La catégorie à laquelle appartient un verbe est signalée de la façon suivante :
Les verbes directement suivis du chiffre 1 sont des verbes à une seule base. Tous les autres verbes sont des verbes à plusieurs bases (ou irréguliers).
Pour les termes de parenté, se référer à la leçon 84.

Lexique transcription - japonais - français

A

abunai	あぶない（危ない）	être dangereux 54
afurika	アフリカ	Afrique 39
agaru	あがる（上がる）	monter 86
ageru	あげる1	faire pour qqun 93
aida	あいだ（間）	intervalle 31
aida ni	あいだ に（間 に）	pendant que 62
aidoru	アイドル	idole (star) 95
aikyô	あいきょう（愛嬌）	drôlerie 39
aisatsu	あいさつ（挨拶）	salutation 68
aisu kurîmu	アイス クリーム	glace (à manger) 54
aitsu	あいつ	celui-là (il/lui péjoratif) 72
aji	あじ（味）	goût 75
ajiwau	あじわう（味わう）	goûter *(verbe)* 85
akai	あかい（赤い）	être rouge 31
akarui	あかるい（明るい）	être lumineux 94
aki	あき（秋）	automne 48
akirameru	あきらめる1	renoncer (être découragé) 34
aku	あく（開く）	s'ouvrir 60
amai	あまい（甘い）	être sucré 93
amarinimo	あまりにも	trop 48
ame	あめ（雨）	pluie 31
amerika	アメリカ	Amérique 8
ami	あみ（網）	filet 52
anata	あなた	toi / tu 29
anime	アニメ	film d'animation 95
anki	あんき（暗記）	par cœur 83

nana hyaku roku jû • 760

anmari/amari	あんまり／あまり	trop 65
annai	あんない（案内）	guidage 40
anshin	あんしん（安心）	tranquillité 23
anzen	あんぜん（安全）	sécurité 43
aoi	あおい（青い）	être bleu/vert 31
apâto	アパート	appartement 24
appuraito piano	アップライト ピアノ	piano droit 96
arawasu	あらわす（表す）	exprimer 36
aru	ある	se trouver *(inanimés)* 4 ; exister *(inanimés)* 19 ; un certain *(+ nom)* 37
arubaito	アルバイト	job 80
aruku	あるく（歩く）	marcher 6
aruzenchin	アルゼンチン	Argentine 41
asa	あさ（朝）	matin 11
asahi	あさひ（朝日）	soleil levant 30
asatte	あさって	après-demain 43
ashi	あし（足）	patte 50 ; jambe 57 ; pied 75
ashimoto	あしもと（足元）	endroit (où on pose le pied) 40
ashioto	あしおと（足音）	bruit de pas 48
ashita	あした（明日）	demain 2
asobu	あそぶ（遊ぶ）	s'amuser 45
asoko	あそこ	là-bas 1
atama	あたま（頭）	tête 50
atarashii	あたらしい（新しい）	être nouveau 50
atari	あたり（辺り）	environs (alentours) 32
atashi	あたし	moi / je (femmes) 29
atatakai	あたたかい（温かい）	être chaleureux 41 ; être agréablement chaud 81
ato	あと（後）	après 45
atsui	あつい（暑い）	être chaud 1
atsumaru	あつまる（集まる）	se rassembler 47
atsumeru	あつめる（集める1）	collectionner (rassembler) 88
au	あう（会う）	rencontrer 23 ; s'accorder 71
azukaru	あずかる（預かる）	recevoir en dépôt 92
azukeru	あずける（預ける1）	confier 45

B

bâ	バー	bar 11
baai	ばあい（場合）	cas 68
bâgen	バーゲン	soldes 31
baggu	バッグ	sac 27
bakansu	バカンス	vacances 55
bakkari/bakari	ばっかり／ばかり	seulement 74

bakkin	ばっきん（罰金）	contravention 32
ban	ばん（晩）	soir 26
banchi	ばんち（番地）	numéros d'une maison 61
bangohan	ばんごはん（晩御飯）	dîner (nom) 83
banmeshi	ばんめし（晩飯）	dîner (degré moins) 75
basho	ばしょ（場所）	lieu (endroit) 51
basu	バス	bus 6
beddo	ベッド	lit 46
benkyô	べんきょう（勉強）	étude 64
benri	べんり（便利）	pratique 24
bentô	べんとう（弁当）	repas (qu'on emporte) 93
beru	ベル	sonnette 74
beso o kaku	べそ を かく	pleurnicher 72
bessô	べっそう（別荘）	villa 76
betsu	べつ（別）	spécial 83
betsubetsu	べつべつ（別｜々）	être séparé 62
bi	び（美）	le Beau 85
bidanshi	びだんし（美男子）	bel homme 94
bideo	ビデオ	vidéo 82
bideo gêmu	ビデオ ゲーム	jeu vidéo 95
bijutsukan	びじゅつかん（美術館）	musée d'art 50
bikkuri suru	びっくり する	surpris (être ~) 80
bin	びん（便）	numéro de vol 27
bioron	ビオロン	violon (ancien) 48
biru	ビル	bâtiment 24
bîru	ビール	bière 3
biyôin	びよういん（美容院）	institut de beauté 82
bochi	ぼち（墓地）	cimetière 67
bodî	ボディー	châssis 65
bôken	ぼうけん（冒険）	aventure 43
boku	ぼく（僕）	moi / je (hommes) 20
bonsai	ぼんさい（盆栽）	bonsai (arbre nain) 66
bôshi	ぼうし（帽子）	chapeau 54
buke	ぶけ（武者）	guerrier 36
bun	ぶん（分）	part 34
bungaku	ぶんがく（文学）	littérature 83
bungakusha	ぶんがくしゃ（文学者）	écrivain 67
bunka	ぶんか（文化）	civilisation 82
bunkai	ぶんかい（分解）	démontage 59
buntai	ぶんたい（文体）	style (littéraire) 89
burajiru	ブラジル	Brésil 69
buranko	ブランコ	balançoire 82
butai	ぶたい（舞台）	scène 89
byôin	びょういん（病院）	hôpital 46
byôki	びょうき（病気）	maladie 41

C

cha	ちゃ（茶）	thé 34
cha.iro	ちゃいろ（茶色）	marron (couleur) 96
chanto	ちゃんと	correctement 61
chawan	ちゃわん（茶碗）	tasse 17
chekku in	チェック イン	enregistrement 44
chichi	ちち（父）	mon/son/votre père 64
chigau	ちがう（違う）	être différent 89
chihô	ちほう（地方）	province 89
chiisai	ちいさい（小さい）	être petit 27
chijin	ちじん（知人）	connaissance (personne) 67
chika	ちか（地下）	souterrain 79
chikai	ちかい（近い）	être proche 6
chikaku	ちかく（近く）	proximité 62
chikatetsu	ちかてつ（地下鉄）	métro 31
chikazuku	ちかづく（近づく）	s'approcher 58
chikyû	ちきゅう（地球）	globe terrestre 43
chiru	ちる（散る）	se faner 90
chiryô	ちりょう（治療）	soins 46
chô	ちょう（腸）	intestin 53
chôdo	ちょうど	juste 24
chokorêto	チョコレート	chocolat 93
chôshi	ちょうし（調子）	ton 41
chôshoku	ちょうしょく（朝食）	petit-déjeuner *(nom)* 3
chôtei	ちょうてい（朝廷）	cour impériale 83
chotto	ちょっと	un peu 17
chûgakkô	ちゅうがっこう（中学校）	collège 92
chûgakusei	ちゅうがくせい（中学生）	collégien 97
chûgoku	ちゅうごく（中国）	Chine 26
chûgokugo	ちゅうごくご（中国語）	chinois (langue) 26
chûkaryori	ちゅうかりょうり（中華料理）	cuisine chinoise 9
chûrippu	チューリップ	tulipe 53

D

dai	だい（台）	pour compter les véhicules 34 ; tarif 45 ; titre (d'une œuvre) 50
daibu	だいぶ（大分）	suffisamment 53
daidokoro	だいどころ（台所）	cuisine (pièce) 34
daietto	ダイエット	régime (alimentaire) 12
daigaku	だいがく（大学）	université 23
daigakusei	だいがくせい（大学生）	étudiant 92
daihyôteki	だいひょうてき（代表的）	représentatif 83

daijôbu	だいじょうぶ（大丈夫）	sans problème 27
dainashi	だいなし	gâché 72
dainingu	ダイニング	salle à manger 34
daisuki	だいすき（大好き）	être très aimé/adoré 9
daiyamondo	ダイヤモンド	diamant 76
dakara	だから	de ce fait 34
dake	だけ	seulement 4
dame	だめ	impossible 67 ; interdit 75
dandan	だんだん（段々）	progressivement 36
dango	だんご（団子）	boulettes de riz 90
danjo	だんじょ（男女）	hommes et femmes 62
dansei	だんせい（男性）	homme (= de sexe masculin) 89
darake	だらけ	couvert de 39
dare	だれ	qui ? 19
dareka	だれか	quelqu'un 69
daremo	だれも	personne (nul) 30
dasu	だす（出す）	faire sortir 46
date	だて（建て）	construit en 76
daunrôdo	ダウンロード	téléchargement 47
deguchi	でぐち（出口）	sortie 79
deji kame	デジ カメ	appareil photo numérique 65
dekakeru	でかける（出掛ける1）	sortir (de chez soi) 67
dekiagaru	できあがる	être terminé 40
dekiru	できる1	être possible 13 ; être achevé 40
demo	でも	mais (en tête de phrase) 5 ; même *(+ nom)* 58
denki	でんき（電気）	électricité 40
denkiya	でんきや（電気屋）	électricien 59
densha	でんしゃ（電車）	train 6
denshi manê	でんし マネー（電子 マネー）	porte-monnaie électronique 89
dentaku	でんたく（電卓）	calculatrice 95
denwa	でんわ（電話）	téléphone 13
denwachô	でんわちょう（電話帳）	annuaire téléphonique 36
depâto	デパート	grand magasin 5
deru	でる（出る1）	quitter 27 ; apparaître 29
desukara	ですから	de ce fait 30
dewa	では	alors 17
dezâto	デザート	dessert 93
do	ど（度）	degré (°C) 81
dô	どう	comment ? 6
doa	ドア	porte *(nom fém.)* 74

dôbutsu	どうぶつ（動物）	animal 82
dôbutsuen	どうぶつえん（動物園）	zoo 39
dochira	どちら	lequel des deux ? 10
doitsu	ドイツ	Allemagne 78
doko	どこ	où ? 1
dokoka	どこか	quelque part 29
donata	どなた	qui ? *(degré plus)* 86
donataka	どなたか	quelqu'un *(degré plus)* 96
dondon	どんどん	abondamment 64
donna	どんな	de quelle sorte ? 19
dono	どの	quel ? 51
donogurai	どのぐらい	combien environ ? 25
dorama	ドラマ	série (télévisée) 10
dore	どれ	lequel ? 65
dôryô	どうりょう（同僚）	collègue 32
dôshite	どうして	pourquoi ? 36
dotchi	どっち	lequel des deux ? 29
dô yatte	どう　やって	comment ? 54
doyôbi	どようび（土曜日）	samedi 19
dôzô	どうぞう（銅像）	statue de bronze 33

E

e	え（絵）	tableau 50
ea tâminaru	エア　ターミナル	terminal (d'aéroport) 27
eda	えだ（枝）	branche (d'arbre) 39
ee	ええ	oui *(familier)* 12
eeto	ええと	euh... 58
egaku	えがく（描く）	dessiner 88
ehagaki	えはがき（絵葉書）	carte postale illustrée 39
eiga	えいが（映画）	cinéma 8
eigo	えいご（英語）	anglais (langue) 64
eki	えき（駅）	gare 6
en	えん（円）	yen 17
enryo	えんりょ（遠慮）	gêne (retenue) 86
ensô	えんそう（演奏）	représentation (d'un spectacle) 29
ensoku	えんそく（遠足）	excursion 93
erabikata	えらびかた（選び方）	façon de choisir 65
erabu	えらぶ（選ぶ）	choisir 65
esu efu	エス　エフ（S.F）	science-fiction 43
esukarêtâ	エスカレーター	escalier roulant 79
osoi	おそい（遅い）	être tard 11

F

fan	ファン	fan 94
fasshon moderu	ファッションモデル	mannequin 25
fôku	フォーク	fourchette 9
fû	ふう (風)	manière 48
fuben	ふべん (不便)	incommode 62
fuchi	ふち (縁)	bord 31
fudôsan.ya	ふどうさんや (不動産屋)	agence immobilière 34
fueru	ふえる (増える1)	augmenter 45
fukai	ふかい (深い)	être profond 62
fukami	ふかみ (深み)	profondeur 96
fûkei	ふうけい (風景)	panorama (vue) 85
fukeikai	ふけいかい (父兄会)	réunion de parents 94
fuku¹	ふく (吹く)	souffler 47
fuku²	ふく (服)	vêtement 4
fukugen	ふくげん (復元)	restauration (d'un bâtiment) 85
fumoto	ふもと	pied de la montagne 72
fun/pun	ふん/ぷん (分)	minute 24
fune	ふね (船)	bateau 55
fun.iki	ふんいき (雰囲気)	atmosphère 85
furansu	フランス	France 18
furansujin	フランス人	Français 13
furisode	ふりそで (振り袖)	kimono de cérémonie 71
furo	ふろ (風呂)	bain 62
furoa	フロア	étage 44
furoba	ふろば (風呂場)	salle de bains 66
furu	ふる (降る)	tomber (pluie, neige) 31
furui	ふるい (古い)	être ancien 17
fusai	ふさい (夫妻)	Monsieur et Madame 66
fushigi	ふしぎ (不思議)	étrange 50
fûtô	ふうとう (封筒)	enveloppe 61
futoi	ふとい (太い)	être épais 71
futon	ふとん (布団)	futon 80
futsû	ふつう (普通)	habituel 45
fuyu	ふゆ (冬)	hiver 45

G

ga	が	mais (entre deux propositions) 19
gaikan	がいかん (外観)	apparence extérieure 96
gaikoku	がいこく (外国)	pays étranger 71

gaikokujin	がいこくじん（外国人）	étranger (personne) 45
gaikokusei	がいこくせい（外国製）	produit de l'étranger 96
gakkari suru	がっかり する	être déçu 85
gakki	がっき（楽器）	instrument de musique 47
gakkô	がっこう（学校）	école 82
gakuhi	がくひ（学費）	frais de scolarité 92
gakusei	がくせい（学生）	étudiant 78
gaman	がまん（我慢）	patience 71
garêji	ガレージ	garage 34
gatera	がてら	tout en faisant 31
gaun	ガウン	robe de chambre 31
gendai	げんだい（現代）	contemporain 50
genjitsuteki	げんじつてき（現実的）	réaliste 48
genkan	げんかん（玄関）	entrée (d'une maison) 62
genki	げんき（元気）	bonne santé 23
genkô	げんこう（原稿）	manuscrit 76
geshuku	げしゅく（下宿）	logement chez l'habitant 62
getsuyôbi	げつようび（月曜日）	lundi 26
giin	ぎいん（議員）	membre d'une assemblée 69
ginkô	ぎんこう（銀行）	banque 31
girisha	ギリシャ	Grèce 22
go	ご（後）	après 31
gochisô	ごちそう	régal 41
gogaku	ごがく（語学）	étude des langues 71
gogatsu	ごがつ（五月）	mai 23
gogo	ごご（午後）	après-midi 11
gokochi	ごこち（心地）	disposition (d'esprit) 60
goran kudasaru	ごらん　くださる（御覧　くださる）	regarder *(degré plus/vous)* 65
goro	ごろ	approximativement (après mot de temps) 55
gorufu	ゴルフ	golf 52
goza	ござ（茣蓙）	natte de paille 90
gozaru	ござる	se trouver *(degré plus/je)* 86
gozen	ごぜん（午前）	matinée 27
go zonji desu	ご　ぞんじ（存知）です	connaître *(degré plus/vous)* 96
gurai/kurai	くらい／ぐらい	à peu près 25
gurando piano	グランド　ピアノ	piano à queue 96
gyôji	ぎょうじ（行事）	événement 89

H
ha	は（葉）	feuille (d'arbre) 48
hadaka	はだか（裸）	nu (adjectif) 62

hagaki	はがき（葉書）	carte postale 22
hai	はい	oui 4 ; pour compter les verres pleins 37
hairu	はいる（入る）	entrer 5
haitatsu	はいたつ（配達）	distribution 61
haiyû	はいゆう（俳優）	acteur 97
hajime	はじめ（初め）	commencement 55
hajimeru	はじめる（始める1)	commencer (qq chose) 47
hajimete	はじめて（初めて）	pour la première fois 39
haka	はか（墓）	tombe 67
hakanai	はかない	être éphémère 48
hakasu	はかす	chausser (qqun) 82
hakihaki	はきはき	vif 71
hakkiri	はっきり	clairement 55
hako	はこ（箱）	boîte 17
haku/paku	はく／ぱく（泊）	nuitée 86
han	はん（半）	demi 30
hana¹	はな（花）	fleur 53
hana²	はな（鼻）	nez 50
hanami	はなみ（花見）	contemplation des fleurs (de cerisier) 90
hanareru	はなれる（離れる1)	être éloigné 44
hanashi	はなし（話）	histoire 25
hanashiai	はなしあい（話し合い）	discussion 89
hanashiau	はなしあう（話しあう）	discuter 66
hanasu	はなす（話す）	parler 33
hanbun	はんぶん（半分）	moitié 61
hando baggu	ハンド バッグ	sac à main 76
hannichi	はんにち（半日）	demi-journée 72
hantô	はんとう（半島）	presqu'île 67
happî endo	ハッピー エンド	happy-end 43
harau	はらう（払う）	payer 32
hareru	はれる（晴れる1)	faire beau temps 93
hari	はり（鍼）	aiguille (pour l'acuponcture) 81
haru	はる（春）	printemps 26 ; fixer 52
hashi	はし（箸）	baguettes 9
hashiru	はしる（走る）	rouler (véhicule) 32
hata	はた（旗）	drapeau 58
hatake	はたけ（畑）	champ 57
hataraku	はたらく（働く）	travailler 11
hatasu	はたす（果たす）	jouer (un rôle) 95
hate	はて（果て）	extrémité 43

nana hyaku roku jû hachi • 768

hattatsu	はったつ（発達）	développement 95
hayai¹	はやい（早い）	être tôt 27
hayai²	はやい（速い）	être rapide 32
hayaku	はやく（早く）	vite 1
hazu	はず（筈）	probabilité 79
hazukashii	はずかしい（恥ずかしい）	être honteux 62
heika	へいか（陛下）	sa Majesté 68
heiki	へいき（平気）	indifférent 62
heimin	へいみん（平民）	gens du peuple 36
heiwa	へいわ（平和）	paix 18
hen¹	へん（変）	bizarre 58
hen²	へん（辺）	environs (alentours) 20
henji	へんじ（返事）	réponse 61
henka	へんか（変化）	variation (changement) 88
heya	へや（部屋）	chambre 44
hi¹	ひ（日）	jour 30
hi²	ひ（火）	feu 85
hidari	ひだり（左）	gauche (opp. à droite) 17
hidoi	ひどい	être horrible 80
hidoi me	ひどい め（ひどい 目）	situation affreuse 72
higashi	ひがし（東）	est (point cardinal) 79
higure	ひぐれ（日暮れ）	fin du jour 48
hijô ni	ひじょう に（非常 に）	extrêmement 50
hikaeru	ひかえる（控える1）	modérer 46
hikanteki	ひかんてき（悲観的）	pessimiste 95
hikarabiru	ひからびる1	être desséché 80
hikari	ひかり（光）	lumière 30
hikôjô	ひこうじょう（飛行場）	aéroport 27
hikôki	ひこうき（飛行機）	avion 27
hiku¹	ひく（引く）	tirer 81
hiku²	ひく（弾く）	jouer (du piano) 96
hima	ひま（暇）	temps libre 26
hiraku	ひらく（開く）	ouvrir 45
hîrô	ヒーロー	héros (film, roman) 43
hirobiro to	ひろびろ と	spacieux 62
hiroi	ひろい（広い）	être vaste 52
hiru	ひる（昼）	jour (opp. à nuit) 95
hirune	ひるね（昼寝）	sieste 30
hisashiburi ni	ひさしぶり に（久し振り に）	après bien longtemps 73
hisho	ひしょ（避暑）	fuite de la chaleur 76

hito	ひと（人）	être-humain 19
hitobito	ひとびと（人々）	les gens 37
hitogomi	ひとごみ（人込み）	foule 94
hitori de	ひとり　で（一人　で）	tout seul 47
hitsuyô	ひつよう（必要）	indispensable 34
hiyake	ひやけ（日焼け）	coup de soleil 54
hiyasu	ひやす（冷やす）	faire rafraîchir 74
hô	ほう（方）	côté 32 ; direction 75
hobo	ほぼ	presque 83
hodo	ほど	au point de 67 ; à peu près 69
hoeru	ほえる（吠える1）	rugir 39
hoka	ほか（他）	autre 41
hôkô	ほうこう（方向）	direction 67
hokôsha	ほこうしゃ（歩行者）	piéton 82
hômen	ほうめん（方面）	domaine 64
hômu	ホーム	quai (gare, métro) 79
hon	ほん（本）	livre 4 ; pour compter les objets ronds et longs 53
honnen	ほんねん（本年）	année (en cours) 78
hontô	ほんとう（本当）	vrai 12
hon.ya	ほんや（本屋）	librairie 18
hôseki	ほうせき（宝石）	pierre précieuse 82
hoshi	ほし（星）	étoile 43
hoshii	ほしい（欲しい）	être désiré 34
hoteru	ホテル	hôtel 44
hotondo	ほとんど	presque totalement 36
hyakushô	ひゃくしょう（百姓）	paysan 97
hyôjiban	ひょうじばん（表示板）	panneau indicateur 79
hyôshi	ひょうし（表紙）	couverture (d'un livre, d'une revue) 85

I

i	い（胃）	estomac 46
ichi	いち（市）	marché (nom) 17
ichiban	いちばん（一番）	le plus 52
ichibu	いちぶ（一部）	morceau 89
ichigatsu	いちがつ（一月）	janvier 74
ichinichi	いちにち（一日）	toute une journée 39
idô	いどう（移動）	migration 95
ie	いえ（家）	maison 34
igirisu	イギリス	Angleterre 22
ihan	いはん（違反）	infraction 32

ii	いい	être bien 2
iie	いいえ	non 9
ijô	いじょう (以上)	plus de 39
ikaga	いかが	comment ? 16
ikaiyô	いかいよう (胃潰瘍)	ulcère à l'estomac 46
ike	いけ (池)	pièce d'eau 85
ikebana	いけばな (生け花)	arrangement de fleurs 34
ikiru	いきる (生きる1)	vivre 89
ikken.ya	いっけんや (一軒家)	maison individuelle 34
iku	いく (行く)	aller 1
ikura	いくら	combien ? (prix) 17
ikutsu	いくつ	combien ? (dénombrable) 15
ima	いま (今)	maintenant 12
imi	いみ (意味)	signification 36
imôto	いもうと (妹)	ma sœur cadette 39
inaka	いなか (田舎)	campagne 36
indo	インド	Inde 39
inochi	いのち (命)	vie 48
insatsu	いんさつ (印刷)	impression (papier) 88
inshô	いんしょう (印象)	émotion 85
intânetto	インターネット	internet 47
inu	いぬ (犬)	chien 33
ippai	いっぱい (一杯)	un verre 73 ; plein 80
ippen	いっぺん (一遍)	une seule fois 67
irai	いらい (以来)	depuis 59
irassharu	いらっしゃる	venir *(degré plus/vous)* 47 ; aller *(degré plus/vous)* 68 ; se trouver *(degré plus/vous)* 73
ireru	いれる (入れる1)	faire entrer 47
iriguchi	いりぐち (入口)	entrée (de magasin) 79
iro	いろ (色)	couleur 30
iro.iro	いろいろ (色々)	de toutes sortes 47
iru	いる1	exister *(animés)* 15 ; se trouver *(animés)* 40
isha	いしゃ (医者)	médecin 46
ishin	いしん (維新)	restauration (politique) 88
isogashii	いそがしい	être occupé 41
isogu	いそぐ (急ぐ)	se hâter 32
issai	いっさい (一切)	absolument pas 81
isshô	いっしょう (一生)	toute une vie 67
issho ni	いっしょ に (一緒 に)	ensemble 5
isshôkenmei	いっしょうけんめい (一生懸命)	avec passion 83
isshû	いっしゅう (一周)	tour (parcours) 76
isu	いす (椅子)	siège 60

itadaku	いただく	recevoir (degré plus/je) 73
itai	いたい（痛い）	être douloureux 46
itasu	いたす	faire (degré plus/je) 69
itsu	いつ	quand ? 12
itsudemo	いつでも	n'importe quand 73
itsumo	いつも	toujours 32
ittai	いったい	enfin 59
iu	いう（言う）	s'appeler 33 ; dire 37
iwa	いわ（岩）	rocher 54
iwai	いわい（祝い）	célébration 46
iwashigumo	いわしぐも（いわし雲）	cirrocumulus 48
iya	いや（嫌）	détestable 93
izen	いぜん（以前）	avant 57
izure ni seyo	いずれ に せよ	de toute façon 89

J

jaru	ジャル（JAL）	Japan Air Lines (JAL) 27
jazu	ジャズ	jazz 19
ji	じ（時）	heure (sur l'horloge) 11
jibun	じぶん（自分）	soi-même 18
jidai	じだい（時代）	époque 17
jidôsha	じどうしゃ（自動車）	voiture 23
jigi	じぎ（辞儀）	courbette 78
jikan	じかん（時間）	heure *(durée)* 13 ; temps *(durée)* 55
jiko	じこ（事故）	accident 23
jiman	じまん（自慢）	vantardise 72
jimusho	じむしょ（事務所）	bureau (pièce) 40
jinbutsu	じんぶつ（人物）	personnage 88
jinrui	じんるい（人類）	espèce humaine 95
jin to	じん と	subitement et profondément (douleur) 46
jishin	じしん（地震）	tremblement de terre 66
jissai	じっさい（実際）	réel 85
jitensha	じてんしゃ（自転車）	bicyclette 57
jitsu	じつ（実）	réalité 15
jitsubutsu	じつぶつ（実物）	objet réel 67
jô	じょう（畳）	pour compter les tatamis 34
jôbu	じょうぶ（丈夫）	solide 88
jogingu	ジョギング	jogging 68
jôhô	じょうほう（情報）	information 95

jôhôkagaku	じょうほうかがく（情報科学）	informatique 95
jôken	じょうけん（条件）	condition 69
jôkyô	じょうきょう（上京）	montée *(nom)* à la capitale 80
joô	じょおう（女王）	reine 94
joryû	じょりゅう（女流）	féminin 83
josei	じょせい（女性）	femme (= de sexe féminin) 89
jôtai	じょうたい（状態）	situation 87
joyû	じょゆう（女優）	actrice 19
jôzu	じょうず（上手）	habile 69
jûbun	じゅうぶん（十分）	suffisant 73
jûden	じゅうでん（充電）	batterie 51
jûichigatsu	じゅういちがつ（十一月）	novembre 67
jun	じゅん（純）	pur 66
junbi	じゅんび（準備）	préparation 66
jûnigatsu	じゅうにがつ（十二月）	décembre 74
jûsho	じゅうしょ（住所）	adresse 38
jûsu	ジュース	jus de fruits 16

K

kaban	かばん（鞄）	sac 65
kâbu	カーブ	virage 72
kabuki	かぶき（歌舞伎）	kabuki (théâtre traditionnel) 29
kaburu	かぶる（被る）	mettre (sur la tête) 54
kaeri	かえり（帰り）	retour 31
kaeru	かえる（帰る）	rentrer chez soi 31
kaesu	かえす（返す）	rendre 76
kagaku[1]	かがく（化学）	chimie 81
kagaku[2]	かがく（科学）	science 78
kagayaku	かがやく（輝く）	briller 48
kahei	かへい（貨幣）	monnaie (billets/pièces) 88
kai[1]	かい（回）	fois (précédé d'un nombre) 89
kai[2]	かい（階）	étage (précédé d'un nombre) 24
kaidan	かいだん（怪談）	histoires de fantômes 29
kaigan	かいがん（海岸）	rivage 30
kaigi	かいぎ（会議）	assemblée 89
kaimono	かいもの（買物）	courses (achats) 5
kainushi	かいぬし（飼い主）	maître (d'un animal) 37
kairui	かいるい（貝類）	coquillages 30

kaisai	かいさい（開催）	organisation (d'un événement) 89
kaisatsuguchi	かいさつぐち（改札口）	guichet 79
kaisha	かいしゃ（会社）	société (commerciale) 23
kaiwa	かいわ（会話）	conversation 94
kaji	かじ（火事）	incendie 85
kakaru	かかる	être accroché 31 ; prendre (temps) 32 ; fonctionner 41
kakeru	かける1	faire fonctionner 16 ; s'asseoir 46
kaki	かき（柿）	kaki (fruit) 48
kakkô	かっこう（恰好）	allure (aspect) 82
kako	かこ（過去）	passé (opp. à avenir) 89
kaku	かく（書く）	écrire 17
kakushû	かくしゅう（隔週）	une semaine sur deux 47
kakuteru pâtî	カクテルパーティー	cocktail (réception) 47
kamera	カメラ	appareil photo 4
kameraya	カメラや（カメラ屋）	magasin d'appareils photo 65
kami	かみ（紙）	papier 88
kamoshirenai	かもしれない	peut-être 75
kan	かん	saké chaud 73
kanada	カナダ	Canada 45
kanai	かない（家内）	ma femme (opp. à mari) 18
kanarazu	かならず（必ず）	immanquablement 27
kanarazushimo	かならずしも（必ずしも）	pas obligatoirement 36
kanashii	かなしい（悲しい）	être triste 48
kanata	かなた（彼方）	tout là-bas 43
kane	かね（金）	argent (monnaie) 31
kanemochi	かねもち（金持）	riche 87
kangae	かんがえ（考え）	idée 16
kangaeru	かんがえる（考える1）	penser 66
kanji	かんじ（感じ）	impression (sentiment) 71
kanjiru	かんじる（感じる1）	ressentir 89
kanjusei	かんじゅせい（感受性）	sensibilité 89
kankaku	かんかく（感覚）	sensation 55
kankei	かんけい（関係）	lien 23
kankô	かんこう（観光）	tourisme 26
kankôkyaku	かんこうきゃく（観光客）	touriste 85

kankyô	かんきょう（環境）	environnement (écologique) 95
kanojo	かのじょ（彼女）	elle 71
kanpeki	かんぺき（完璧）	parfait 85
kanpôyaku	かんぽうやく（漢方薬）	pharmacopée chinoise 81
kanshin	かんしん（感心）	admirable 33 ; admiration 37
kantan	かんたん（簡単）	facile 18
kao	かお（顔）	visage 50
kappatsu	かっぱつ（活発）	actif 88
karada	からだ（体）	corps 73
karappo	からっぽ	complètement vide *(familier)* 45
kareha	かれは（枯葉）	feuille morte 48
kariru	かりる（借りる1）	louer (une maison) 54
karui	かるい（軽い）	être léger 65
kasa	かさ（傘）	parapluie 31
kashira	かしら	peut-être 59
kashu	かしゅ（歌手）	chanteur 19
kasu	かす（貸す）	prêter 32
kata	かた（方）	être-humain *(degré plus)* 48
katachi	かたち（形）	forme 97
katarogu	カタログ	catalogue 96
katazukeru	かたづける（片付ける1）	ranger 80
katsu	かつ（勝つ）	gagner (être vainqueur) 54
katsudō	かつどう（活動）	activité 47
katsuyaku	かつやく（活躍）	action 88
kau	かう（買う）	acheter 5
kau	かう（飼う）	élever (un animal) 33
kawa	かわ（川）	rivière 36
kawaii	かわいい	être mignon 33
kawari	かわり（代り）	remplacement 39
kawaru	かわる（変わる）	changer 41
kayôbi	かようび（火曜日）	mardi 29
kayou	かよう（通う）	fréquenter régulièrement 83
kaze	かぜ（風邪）	rhume 81
kazoku	かぞく（家族）	famille 67
kedo	けど	bien que *(familier)* 44
kei	けい（係）	en rapport avec 94
keisan	けいさん（計算）	calcul (mathématique) 95
keisatsukan	けいさつかん（警察官）	police (agent de ~) 94
keitai (denwa)	けいたい（でんわ）（携帯(電話)）	portable (téléphone) 51

keiyu	けいゆ（経由）	via *(+ nom de lieu)* 55
keizai	けいざい（経済）	économie (science) 69
kekka	けっか（結果）	résultat 89
kekkô	けっこう	parfait 4
kekkon	けっこん（結婚）	mariage 15
kenbutsu	けんぶつ（見物）	visite touristique 76
kenchikuka	けんちくか（建築家）	architecte 97
kengaku	けんがく（見学）	visite (d'étude) 40
kenkyû	けんきゅう（研究）	recherche (scientifique) 78
kenpô	けんぽう（憲法）	constitution (texte de loi) 88
keredo	けれど	bien que *(familier)* 45
keredomo	けれども	cependant 24 ; bien que 44
kesa	けさ（今朝）	ce matin 13
keshiki	けしき（景色）	paysage 75
ki¹	き（木）	arbre 39
ki²	き（気）	esprit 24
kibishii	きびしい（厳しい）	être sévère 94
kichigai	きちがい（気違い）	fou (passionné) 82
kigaeru	きがえる（着替える1）	changer de vêtement 54
ki ga suru	き が する（気 が する）	avoir envie de 43
ki ga tsuku	き が つく（気 が つく）	s'apercevoir que 81
kigen	きげん（機嫌）	demander des nouvelles de 87
kigu	きぐ（器具）	appareil 59
kiiroi	きいろい（黄色い）	être jaune 53
kiji	きじ（記事）	article de journal 64
kikai	きかい（機会）	occasion 19
kikkake	きっかけ	occasion de départ 47
kikoeru	きこえる（聞こえる1）	être audible 24
kikoku	きこく（帰国）	retour au pays 45
kiku	きく（聞く）	écouter 29 ; demander 39
kimaru	きまる（決まる）	être décidé 27
kimeru	きめる（決める1）	décider 55
kimi	きみ（君）	toi / tu *(degré moins, hommes)* 75
kimochi	きもち（気持）	sentiment 48
kimono	きもの（着物）	kimono 78
kindai	きんだい（近代）	moderne 88
ki.nen	きねん（記念）	commémoration 89
kin.en	きんえん（禁煙）	interdiction de fumer 20

ki ni iru	きに いる (気に入る)	plaire 24
ki ni naru	きに なる (気になる)	gêner 62
kin.iro	きんいろ (金色)	doré 85
kinjo	きんじょ (近所)	proximité 82
kinô	きのう (昨日)	hier 8
kinpen	きんぺん (近辺)	environs (alentours) 82
kinshi	きんし (禁止)	interdiction 82
kin.yôbi	きんようび (金曜日)	vendredi 53
ki o tsukeru	きを つける (気をつける1)	faire attention 40
kippu	きっぷ (切符)	billet (ticket) 29
kirai	きらい (嫌い)	détester 81
kiraku	きらく (気楽)	agréable 87
kirau	きらう (嫌う)	détester 75
kirei	きれい	magnifique 30
kirin	きりん	girafe 39
kiro	きろ (キロ)	kilomètre 32
kiru	きる (着る1)	mettre (un vêtement) 54
kisetsu	きせつ (季節)	saison 39
kisha[1]	きしゃ (汽車)	train de grandes lignes 32
kisha[2]	きしゃ (記者)	journaliste 69
kissaten	きっさてん (喫茶店)	café (établissement) 12
kita	きた (北)	nord 75
kitanai	きたない	être sale 80
kitto	きっと	certainement 39
kôba	こうば (工場)	usine 97
kôban	こうばん (交番)	poste de police 97
kochira	こちら	ce côté 40
kodomo	こども (子供)	enfant 15
kôen	こうえん (公園)	parc public 68
kogata	こがた (小型)	petite taille 65
kôgô	こうごう (皇后)	impératrice 68
kôgyô	こうぎょう (工業)	industrie 64
kôhi	コーヒー	café (boisson) 3
koi	こい (恋)	amour 43
kôin	こういん (工員)	ouvrier 40
kojin	こじん (個人)	individuel 64
kôjô	こうじょう (工場)	usine 40
kokkai	こっかい (国会)	assemblée nationale (Diète) 69
kokkaigijidô	こっかいぎじどう (国会議事堂)	Diète (bâtiment) 94
koko	ここ	ici 5
kôkô	こうこう (高校)	lycée 47

kokoro	こころ（心）	cœur (esprit) 85
kôkû	こうくう（航空）	par avion (courrier) 22
kokudô	こくどう（国道）	route nationale 32
kokugo	こくご（国語）	langue nationale 89
kokumin	こくみん（国民）	peuple 68
kokuritsu	こくりつ（国立）	d'État 92
kokusairengô	こくさいれんごう（国際連合）	Organisation des Nations unies (ONU) 89
kokusairenmei	こくさいれんめい（国際連盟）	Société des Nations (SDN) 88
kokusaiteki	こくさいてき（国際的）	international 92
kokusan	こくさん（国産）	produit du pays 96
kokuseki	こくせき（国籍）	nationalité 38
kokushunô	こくしゅのう（国首脳）	puissance (pays) 89
kôkyo	こうきょ（皇居）	palais impérial 68
komaru	こまる（困る）	être ennuyé 13
komu	こむ（混む）	être encombré 32
komugi	こむぎ（小麦）	blé 30
konban	こんばん（今晩）	ce soir 9
kondo	こんど（今度）	fois (prochaine) 19
kongetsu	こんげつ（今月）	ce mois-ci 94
konkai	こんかい（今回）	cette fois-ci 58
konkurîto	コンクリート	béton 66
konna ni	こんな に	de cette façon 39
konogoro	このごろ	ces temps-ci 46
konpyûtâ	コンピューター	ordinateur 40
konsâto	コンサート	concert 19
konshû	こんしゅう（今週）	cette semaine-ci 80
kon.ya	こんや（今夜）	cette nuit 75
korekara	これから	dorénavant 40
korigori desu	こりごり です	être dégoûté 79
koro	ころ（頃）	époque (moment) 74
korobu	ころぶ（転ぶ）	tomber 72
kôseibusshitsu	こうせいぶっしつ（抗生物質）	antibiotique 81
kôshitsu	こうしつ（皇室）	famille impériale 68
koshô	こしょう（故障）	panne 59
koso	こそ	justement 67
kôsokudôro	こうそくどうろ（高速道路）	autoroute 32
kosu	こす（越す）	passer 86
kôsui	こうすい（香水）	parfum 31
kotaeru	こたえる（答える1）	répondre 39
koten	こてん（古典）	texte classique (littérature) 83

koto	こと	fait (événement) 33
kôto	コート	manteau 76
kotoba	ことば（言葉）	mot 91
kotoshi	ことし（今年）	cette année 23
kotowaru	ことわる（断る）	refuser 41
kotowaza	ことわざ（諺）	proverbe 90
kôtsû	こうつう（交通）	circulation (transports) 23
kowai	こわい	être terrifié 39
kôza	こうざ（口座）	compte bancaire 45
ku	く（区）	arrondissement 51
kubi	くび（首）	cou 39
kubiwa	くびわ（首輪）	collier 82
kudamono	くだもの（果物）	fruit 53
kudasaru	くださる	faire pour moi *(degré plus)* 86
kuge	こげ（公家）	noble de la cour 36
kûki	くうき（空気）	air (qu'on respire) 75
kukkî	クッキー	biscuit 93
kûkô	くうこう（空港）	aéroport 27
kuma	くま（熊）	ours 39
kumitateru	くみたてる（組み立てる1）	assembler (des pièces) 40
kumo	くも（雲）	nuage 67
kumori	くもり（曇り）	ciel couvert (nuageux) 93
kuni	くに（国）	pays 38
kuraberu	くらべる（比べる1）	comparer 60
kurabu	クラブ	club (de sport) 38
kurashikku	クラシック	classique 47
kurasu	くらす（暮らす）	passer sa vie 97
kurejitto kâdo	クレジット　カード	carte de crédit 89
kureru	くれる1	faire pour moi 29
kurikaesu	くりかえす（繰り返す）	répéter 58
kuroi	くろい（黒い）	être noir 96
kuru	くる（来る）	venir 8
kuruma	くるま（車）	voiture 34
kusaru	くさる	pourrir 67
kusuri	くすり（薬）	médicament 81
kutabireru	くたびれる1	être épuisé 72
kutakuta	くたくた	exténué 80
kutsu	くつ（靴）	chaussure 82
kutsushita	くつした（靴下）	chaussette 5
kuwashii	くわしい（詳しい）	être détaillé 51
kyaku	きゃく（客）	invité (nom) 34
kyanpu	キャンプ	camping 75
kyô	きょう（今日）	aujourd'hui 11

kyodai	きょだい（巨大）	énorme 52
kyôikuka	きょういくか（教育家）	pédagogue 88
kyôju	きょうじゅ（教授）	professeur 92
kyôkasho	きょうかしょ（教科書）	manuel scolaire 89
kyokashô	きょかしょう（許可証）	permis 38
kyômi	きょうみ（興味）	curiosité 43
kyonen	きょねん（去年）	année dernière 55
kyôsô	きょうそう（競争）	compétition 54
kyû	きゅう（急）	soudain 94
kyûchûsanga	きゅうちゅうさんが（宮中参賀）	hommage public à l'Empereur 68

M

mada	まだ	pas encore 2 ; encore 15
mado	まど（窓）	fenêtre 60
mae	まえ（前）	devant 13 ; avant 15
magaru	まがる（曲がる）	tourner 20
mago	まご（孫）	petits-enfants 60
mai	まい（枚）	pour compter les objets plats 22
maiasa	まいあさ（毎朝）	chaque matin 30
maiban	まいばん（毎晩）	chaque soir 62
maigo	まいご（迷子）	enfant perdu 97
mainichi	まいにち（毎日）	chaque jour 37
mairu	まいる（参る）	venir *(degré plus/je)* 86
maishû	まいしゅう（毎週）	chaque semaine 60
maitoshi	まいとし（毎年）	chaque année 55
mâjan	マージャン	mahjong (jeu d'origine chinoise) 41
majime	まじめ	sérieux 64
makura	まくら（枕）	oreiller 75
mamagoto	ままごと	dînette (jeu) 90
mamoru	まもる（守る）	défendre 43
manga	まんが（漫画）	manga 83
maniau	まにあう（間に合う）	arriver à temps 51
man.in	まんいん（満員）	bondé 62
mankai	まんかい（満開）	pleine floraison 90
mannaka	まんなか（真中）	plein milieu 68
masaka	まさか	vraiment 82
massugu	まっすぐ	tout droit 20
masumasu	ますます（益々）	de plus en plus 73
mata	また	de nouveau 9

mata wa	また は	ou bien 50
matchi	マッチ	allumettes 75
matsu	まつ（待つ）	attendre 13
mattaku	まったく（全く）	exactement 48
mawari	まわり（回り）	pourtour 57
mazu	まず（先ず）	d'abord 6
me	め（目）	œil 39
megane	めがね（眼鏡）	lunettes 8
mei	めい（名）	pour compter les personnes (officiel) 44
meibutsu	めいぶつ（名物）	spécialité 30
meiro	めいろ（迷路）	labyrinthe 79
mêkâ	メーカー	marque (du fabriquant) 65
mezurashii	めずらしい	être rare 41
mi	み（身）	corps 92
miataru	みあたる（見当たる）	être trouvable 75
mibun	みぶん（身分）	statut social 89
michi	みち（道）	rue 20
midori.iro	みどりいろ（緑色）	vert 50
mieru	みえる（見える1）	être visible 8
migi	みぎ（右）	droite (opp. à gauche) 17
migigawa	みぎがわ（右側）	côté droit 20
mihon	みほん（見本）	échantillon 92
mijikai	みじかい（短い）	être court 97
mikan	みかん	mandarine 16
mimai	みまい（見舞）	visite (à un malade) 53
mimi	みみ（耳）	oreille 39
minami	みなみ（南）	sud 75
minku	ミンク	vison 76
minna	みんな	tous 36
minshuku	みんしゅく（民宿）	chambre chez l'habitant 75
miokuru	みおくる（見送る）	accompagner (pour un départ) 78
miru	みる（見る1）	regarder 2
mise	みせ（店）	magasin 6
miseru	みせる（見せる1）	montrer 17
mitai	みたい	on dirait que 48
mitsukaru	みつかる（見つかる）	être trouvé 24
mitsukeru	みつける（見つける1）	trouver 51
mizu	みず（水）	eau froide 31
mizugi	みずぎ（水着）	maillot de bain 54
mô	もう	déjà 25
mochiron	もちろん（勿論）	bien sûr 67
modan	モダン	moderne 66
moderu	モデル	modèle 65

modoru	もどる（戻る）	revenir (sur ses pas) 32
moeru	もえる（燃える1）	brûler 85
môjiki	もうじき（もう直き）	bientôt 64
mokuyôbi	もくようび（木曜日）	jeudi 39
mokuzô	もくぞう（木造）	bois (de construction) 85
mondai	もんだい（問題）	problème 46
mono	もの（物）	objet 17
monogatari	ものがたり（物語）	récit 43
moppara	もっぱら	surtout 47
morau	もらう	recevoir 31
mori	もり（森）	forêt 50
moshi	もし	si 76
moshikashitara	もしかしたら	peut-être 95
moshimoshi	もしもし	allô 27
môsu	もうす（申す）	s'appeler *(degré plus/je)* 15
mosukuwa	モスクワ	Moscou 55
motomeru	もとめる（求める1）	rechercher 85
motsu	もつ（持つ）	posséder 4 ; tenir 16
motto	もっと	beaucoup plus 19
mukaeru	むかえる（迎える1）	aller à la rencontre 27
mukai	むかい（向かい）	en face 24
mukashi	むかし（昔）	autrefois 33
mukau	むかう（向かう）	se diriger vers 94
mukeru	むける（向ける1）	tourner (vers) 75
mukô	むこう（向こう）	l'autre côté 69
munashii	むなしい（空しい）	être vain 48
mura	むら（村）	village 30
muri	むり（無理）	déraisonnable 19
mushamusha	むしゃむしゃ	miam miam 39
mushiatsui	むしあつい（蒸暑い）	être chaud et humide (temps) 60
musubi	むすび（結び）	boulettes de riz 93
musuko	むすこ（息子）	mon fils 26
musukosan	むすこさん（息子さん）	votre fils 23
musume	むすめ（娘）	jeune fille 76
muzukashii	むずかしい	être difficile 32
myôgonichi	みょうごにち（明後日）	après-demain 53
myôji	みょうじ（苗字）	nom de famille 36

N

nado	など	ce genre d'objets 33
nagai	ながい（長い）	être long 25
nagame	ながめ（眺め）	vue 24

naifu	ナイフ	couteau 80
naiyô	ないよう（内容）	contenu 43
naka	なか（中）	intérieur 4
nakama	なかま（仲間）	camarade 47
nakanaka	なかなか	pas tellement 47
naku	なく（泣く）	pleurer 39
nakunaru[1]	なくなる（亡くなる）	mourir 37
nakunaru[2]	なくなる（無くなる）	disparaître 45
namae	なまえ（名前）	nom 36
nami	なみ（波）	vagues 90
nan/nani	なん／なに（何）	quoi ? 2
nandomo	なんども（何度も）	je ne sais combien de fois 58
nanika	なにか（何か）	quelque chose 34
nanimo	なにも（何も）	rien 24
nanka	なんか	cette sorte de choses 80
nante	なんて	ce qu'on appelle 43
nan.yôbi	なんようび（何曜日）	quel jour de la semaine 53
naoru	なおる（直る）	guérir (d'une maladie) 46; être réparé 59
naosu	なおす（直す）	réparer 59 ; soigner 81
nara	なら	s'il s'agit de 29
naraberu	ならべる（並べる1）	aligner 74
narabu	ならぶ（並ぶ）	faire la queue 39
narasu	ならす（鳴らす）	faire sonner 74
narau	ならう（習う）	étudier 64
naru	なる	devenir 22
narubeku	なるべく	autant que possible 78
nasaru	なさる	faire *(degré plus/vous)* 46
natsu	なつ（夏）	été (saison) 30
natsukashii	なつかしい	être nostalgique 78
naze	なぜ	pourquoi ? 33
nedan	ねだん（値段）	prix 65
negai	ねがい（願い）	demande 45
neji	ねじ	vis 59
nekaseru	ねかせる（寝かせる1）	coucher 75
neko	ねこ（猫）	chat 50
nemui	ねむい（眠い）	être ensommeillé 39
nemuru	ねむる（眠る）	dormir 60
nen	ねん（年）	an (date, durée) 15
nendai	ねんだい（年代）	période 40
nenkan	ねんかん（年間）	année *(durée)* 37
nensei	ねんせい（年生）	élève de x classe 92
nenshi	ねんし（年始）	début de l'année 74
neru	ねる（寝る1）	se coucher 11

netsu	ねつ (熱)	fièvre 81
niai	にあい (似合い)	bon accord 71
nichibei	にちべい (日米)	nippo-américain 88
nichijô	にちじょう (日常)	quotidien 94
nichiyôbi	にちようび (日曜日)	dimanche 16
nigiyaka	にぎやか	endroit animé 51
nihon	にほん (日本)	Japon 18
nihonjin	にほんじん (日本人)	Japonais 36
niku	にく (肉)	viande 9
nimotsu	にもつ (荷物)	bagages 27
nin	にん (人)	pour compter les personnes 47
ningen	にんげん (人間)	être-humain 88
niru	にる (似る1)	ressembler 39
nise	にせ (偽)	imitation 82
nishi	にし (西)	ouest 30
nisseki	にっせき (日赤)	Croix rouge japonaise 53
nitchû	にっちゅう (日中)	milieu de la journée 30
ni totte	に とって	pour (dans le cas de) 89
ni tsuite	に ついて	au sujet de 66
niwa	にわ (庭)	jardin 34
noberu	のべる (述べる1)	raconter 89
nochihodo	のちほど (後ほど)	ensuite 69
nôgyô	のうぎょう (農業)	agriculture 64
nôjô	のうじょう (農場)	exploitation agricole 97
nokoru	のこる (残る)	rester 45
nomi	のみ	puce (animal) 17
nomu	のむ (飲む)	boire 3
noni	のに	bien que 41
norikaeru	のりかえる (乗り換える1)	changer de moyen de transport 55
noru[1]	のる (乗る)	monter (dans un véhicule) 31
noru[2]	のる (載る)	être inséré 89
nukeru	ぬける (抜ける1)	manquer 59
nyûgaku	にゅうがく (入学)	entrée (dans une école) 38
nyûin	にゅういん (入院)	hospitalisation 23
nyûkyo	にゅうきょう (入居)	emménagement 34
nyûsu	ニュース	informations (radio ou télévision) 10

O

ôbei	おうべい (欧米)	Europe et USA 88
ôboe	オーボエ	hautbois 47
oboeru	おぼえる (覚える1)	se souvenir 36
obôsan	おぼうさん (お坊さん)	moine (bouddhiste) 85

obotchan	おぼっちゃん（お坊ちゃん）	votre petit garçon 15
ochiru	おちる（落ちる1）	tomber 48
odoroku	おどろく（驚く）	être surpris 39
odoru	おどる（踊る）	danser 76
ofukuro	おふくろ	ma mère (*degré moins/hommes*) 80
oikosu	おいこす（追い越す）	doubler (dépasser un véhicule) 32
oishii	おいしい	être bon (goût) 9
ojôsan	おじょうさん（お嬢さん）	votre jeune fille 15
o kage de	お かげ で	grâce (à) 60
okashi	おかし（お菓子）	gâteau 12
okashii	おかしい	être bizarre 59
okazu	おかず	plat (qui accompagne le riz) 93
okiagaru	おきあがる（起き上がる）	se relever 72
okiru	おきる（起きる1）	se lever 11
okonau	おこなう（行う）	effectuer 89
okoru	おこる（起こる）	se produire (événement) 43
okosu	おこす（起こす）	relever 72
oku	おく（置く）	poser 40
okujô	おくじょう（屋上）	toit 52
okureru	おくれる（遅れる1）	être en retard 74
okuru	おくる（送る）	accompagner (qqun) 33 ; expédier (courrier) 61
okusan	おくさん（奥さん）	madame 59
omae	おまえ（お前）	toi / tu (*degré moins, hommes*) 73
omawarisan	おまわりさん（お巡りさん）	policier 97
o me ni kakaru	お め に かかる（お 目 に かかる）	rencontrer (*degré plus/je*) 68
omiai	おみあい（お見合）	mariage arrangé 69
omiyage	おみやげ（お土産）	cadeau-souvenir 6
omo	おも（主）	principal 40
omoi	おもい（重い）	être lourd 93
omoidasu	おもいだす（思い出す）	se souvenir 74
omoide	おもいで（思いで）	souvenir (nom) 74
omoshiroi	おもしろい（面白い）	être intéressant 6
omou	おもう（思う）	penser 25
onaji	おなじ（同じ）	identique 36

onaka	おなか（お腹）	ventre 93
ongakkai	おんがっかい（音楽会）	concert 29
ongaku	おんがく（音楽）	musique 47
onishime	おにしめ（お煮染）	ragoût 93
onna	おんな（女）	femme (opp. à homme) 41
onna no ko	おんな の こ（女 の 子）	fille (opp. à garçon) 15
oodoori	おおどおり（大通り）	avenue 58
ooi	おおい（多い）	être nombreux 34
ookii	おおきい（大きい）	être grand 20
oosôji	おおそうじ（大掃除）	grand ménage 74
ooyorokobi	おおよろこび（大喜び）	allégresse 39
oozei	おおぜい（大勢）	beaucoup (de personnes) 79
opera	オペラ	opéra 41
oranda	オランダ	Pays-Bas 94
ore	おれ	moi / je *(degré moins/ hommes)* 66
ori	おり（檻）	cage 39
orinpikku	オリンピック	Jeux olympiques 97
oriru	おりる（降りる1）	descendre 51
ôsetsuma	おうせつま（応接間）	salon 66
oshieru	おしえる（教える1）	enseigner 29
ossharu	おっしゃる	dire *(degré plus/vous)* 93
osu	おす（押す）	appuyer 46
o sumai	お すまい（お住い）	habitation *(degré plus)* 68
ôsutoraria	オーストラリア	Australie 38
ôsutoria	オーストリア	Autriche 78
otaku	おたく（お宅）	maison *(degré plus/votre)* 82
oto	おと（音）	bruit 24 ; son 96
otoko no ko	おとこ の こ（男 の 子）	garçon 15
otona	おとな（大人）	adulte 44
otonashiku	おとなしく（大人しく）	sagement 54
otosu	おとす（落とす）	faire tomber 73
ototoi	おととい	avant-hier 39
ototoshi	おととし（一昨年）	année avant l'année dernière 90
owari	おわり（終わり）	fin (nom) 48
owaru	おわる（終わる）	se terminer 48

oyatsu	おやつ（お八つ）	goûter (quatre-heures) 93
oyogu	およぐ（泳ぐ1）	nager 30

P

pan	パン	pain 3
panda	パンダ	panda 39
pari	パリ	Paris 55
pato kâ	パト　カー	voiture de police 32
pea	ペア	paire 31
pêji	ページ	page 25
petto	ペット	animal de compagnie 82
piano	ピアノ	piano 29
pikunikku	ピクニック	pique-nique 16
pînattsu	ピーナッツ	cacahuète 39
porutogarugo	ポルトガル語	portugais (langue) 71
posuto	ポスト	boîte à lettres 61

R

raigetsu	らいげつ（来月）	mois prochain 44
rainen	らいねん（来年）	année prochaine 26
raion	ライオン	lion 39
raishû	らいしゅう（来週）	semaine prochaine 23
raku	らく（楽）	agréable 92
rakuda	らくだ	chameau 39
rebeiyon	レヴェイヨン	réveillon 74
reibô	れいぼう（冷房）	climatisation 60
reien	れいえん（霊園）	parc-cimetière 67
reikin	れいきん（礼金）	honoraires 34
reitô	れいとう（冷凍）	congélation 48
reizôko	れいぞうこ（冷蔵庫）	réfrigérateur 59
rekishi	れきし（歴史）	Histoire 57
rekishiteki	れきしてき（歴史的）	historique 89
renraku	れんらく（連絡）	prise de contact 69
renshû	れんしゅう（練習）	exercice 47
renshûjô	れんしゅうじょう（練習場）	terrain d'entraînement 52
ressha	れっしゃ（列車）	train 68
ressun	レッスン	leçon (particulière) 64
resutoran	レストラン	restaurant 46
ribingu	リビング	salle de séjour 34
rifuto	リフト	télésiège 72
rika	りか（理科）	sciences (matière scolaire) 94

rikkôhosha	りっこうほしゃ（立候補者）	candidat (élections) 58
rimujin basu	リムジン　バス	autocar de luxe 27
ringo	りんご	pomme 3
rippa	りっぱ（立派）	sensationnel 62
rishi	りし（利子）	intérêts (bancaires) 45
risô	りそう（理想）	idéal 69
riyû	りゆう（理由）	raison 89
robotto	ロボット	robot 40
roketto	ロケット	fusée 47
rokku	ロック	rock 64
romantikku	ロマンティック	romantique 48
rusu	るす（留守）	absence 18
ryô	りょう（両）	les deux 68
ryôkin	りょうきん（料金）	tarif 22
ryokô	りょこう（旅行）	voyage 31
ryokôyô	りょこうよう（旅行用）	pour le voyage 65
ryôri	りょうり（料理）	cuisine (préparation des plats) 18
ryôshin	りょうしん（両親）	parents (père et mère) 39
ryûgakusei	りゅうがくせい（留学生）	boursier à l'étranger 78
ryukkusakku	リュックサック	sac à dos 93

S

sabishii	さびしい（寂しい）	être mélancolique 48
sâbisu	サービス	service (client) 61
sagasu	さがす（捜す）	chercher 34
sai	さい（歳）	ans (âge) (après chiffre) 15
saifu	さいふ（財布）	porte-monnaie 45
saigo	さいご（最後）	dernier 43
saikin	さいきん（最近）	récemment 47
saikon	さいこん（再婚）	remariage 15
saisho	さいしょ（最初）	début 32
sakan	さかん（盛ん）	florissant 52
sakana	さかな（魚）	poisson 9
sake	さけ（酒）	alcool 4
saki	さき（先）	devant 92
saki/sakki	さき／さっき（先）	auparavant 89
sakka	さっか（作家）	écrivain 83
sakkâ	サッカー	football 52
sakkyoku	さっきょく（作曲）	composition (musicale) 41
sakkyokuka	さっきょくか（作曲家）	compositeur 41

sakuhin	さくひん（作品）	œuvre (littéraire) 83
sakunen	さくねん（昨年）	année dernière 78
sakura	さくら（桜）	cerisier 90
samitto	サミット	sommet (réunion politique) 89
samui	さむい（寒い）	être froid (temps) 60
sandouitchi	サンドウイッチ	sandwich 16
sanka	さんか（参加）	participation 89
sanpo	さんぽ（散歩）	promenade 31
sansû	さんすう（算数）	mathématiques 92
sara	さら（皿）	assiette 74
saraishû	さらいしゅう（再来週）	semaine après la semaine prochaine 46
sararîman	サラリーマン	salarié (nom) 52
saru	さる（猿）	singe 39
sasou	さそう（誘う）	inviter 16
sassoku	さっそく（早速）	promptement 50
satô	さとう（砂糖）	sucre 80
satsu	さつ（札）	billet (de banque) 88
se	せ（背）	taille (hauteur) 71
sechiryôri	せちりょうり（節料理）	cuisine du Jour de l'an 74
seifu	せいふ（政府）	gouvernement 78
seigen	せいげん（制限）	limitation 32
seihin	せいひん（製品）	produit fabriqué 40
seijika	せいじか（政治家）	homme politique 88
seikaku	せいかく（正確）	exact 61
seikatsu	せいかつ（生活）	manière de vivre 71
seiki	せいき（世紀）	siècle 88
seito	せいと（生徒）	élève (nom) 82
seiyô	せいよう（西洋）	Occident 88
seizô	せいぞう（製造）	fabrication 40
sekai	せかい（世界）	monde 76
sekkachi	せっかち	pressé (impatient) 81
sekkaku	せっかく	occasion précieuse 72
sekken	せっけん	savon 80
semai	せまい（狭い）	être étroit 24
sen	せん（線）	ligne 68
senaka	せなか（背中）	dos 54
senbei	せんべい（煎餅）	sèmbé (biscuits salés) 93
sengetsu	せんげつ（先月）	mois dernier 73
senketsu	せんけつ（先決）	urgence 76
senkyo	せんきょ（選挙）	élection 58
sensei	せんせい（先生）	professeur 33
senshû	せんしゅう（先週）	semaine dernière 29
sensô	せんそう（戦争）	guerre 18
sentaku	せんたく（洗濯）	lessive 62

sentakuki	せんたくき (洗濯機)	machine à laver (linge) 59
sentô	せんとう (銭湯)	bains publics 62
senzen	せんぜん (戦前)	avant-guerre 88
setonaikai	せとないかい (瀬戸内海)	mer Intérieure 30
setsubi	せつび (設備)	installation (appareils) 62
setsumei	せつめい (説明)	explication 38
setsuritsu	せつりつ (設立)	fondation 89
settai	せったい (接待)	réception (mondaine) 69
sewa	せわ (世話)	service (rendu) 78
shaberi	しゃべり	bavardage 73
shakai	しゃかい (社会)	société (la ~) 88
shakkin	しゃっきん (借金)	dette 76
shakôsei	しゃこうせい (社交性)	sociabilité 69
shakôteki	しゃこうてき (社交的)	sociable 71
shamen	しゃめん (斜面)	pente 75
shanai	しゃない (車内)	intérieur du véhicule 60
shanpen	シャンパン	champagne 47
shashin	しゃしん (写真)	photo 19
shawâ	シャワー	douche 62
shi	し (詩)	poème 48
shiai	しあい (試合)	match 95
shiasatte	しあさって	après-après-demain 27
shiatsu	しあつ (指圧)	acupressure 81
shibai	しばい (芝居)	théâtre (activité) 29
shiberia	シベリア	Sibérie 55
shichigatsu	しちがつ (七月)	juillet 55
shîdî	シーディー (CD)	CD 47
shigatsu	しがつ (四月)	avril 23
shigoto	しごと (仕事)	travail 23
shikamo	しかも	mais (en tête de phrase) 61
shikashi	しかし	mais (en tête de phrase) 26
shikata	しかた (仕方)	manière de faire 44
shiki[1]	しき (四季)	quatre saisons 66
shiki[2]	しき (式)	à la manière 66
shikikin	しききん (敷金)	caution 34
shikimô	しきもう (色盲)	daltonien 79
shikkari to	しっかり と	solidement 92
shiku	しく (敷く)	étendre (étaler) 90
shima	しま (島)	île 30
shimau	しまう	faire jusqu'au bout 31
shinbun	しんぶん (新聞)	journal (quotidien) 69
shinin	しにん (死人)	mort (personne) 75

shinkansen	しんかんせん（新幹線）	Shinkansen (TGV japonais) 60
shinkoku	しんこく（深刻）	grave 95
shinkonryokô	しんこんりょこう（新婚旅行）	voyage de noces 65
shinnen	しんねん（新年）	nouvelle année 78
shinpai	しんぱい（心配）	inquiétude 27
shinryaku	しんりゃく（侵略）	invasion 43
shinseki	しんせき（親戚）	parent (parenté) 36
shinsen	しんせん（新鮮）	frais (récent) 30
shinsetsu	しんせつ（親切）	gentil 97
shinshitsu	しんしつ（寝室）	chambre (à coucher) 66
shinu	しぬ（死ぬ）	mourir 37
shiraberu	しらべる（調べる1）	examiner 22
shiritsu	しりつ（私立）	privé (opp. à public) 92
shiro	しろ（城）	forteresse 68
shiroi	しろい（白い）	être blanc 31
shiru	しる（知る）	connaître 6 ; savoir 25
shîsô	シーソー	bascule 82
shisôka	しそうか（思想家）	penseur 88
shita[1]	した（舌）	langue (organe) 46
shita[2]	した（下）	dessous 80
shitagi	したぎ（下着）	sous-vêtement 80
shitaku	したく（支度）	préparatifs 73
shitsugyôsha	しつぎょうしゃ（失業者）	chômeur 40
shitsumon	しつもん（質問）	question 40
shitsurei	しつれい（失礼）	impolitesse 83
shiwa	しわ	ride 39
shiyôryô	しようりょう（仕用料）	taxe 45
shizen	しぜん（自然）	nature 36
shizuka	しずか（静か）	tranquille 57
shizumaru	しずまる（静まる）	s'apaiser 85
shîzun	シーズン	saison 10
shôbai	しょうばい（商売）	commerce (activité) 48
shôgakkô	しょうがっこう（小学校）	école primaire 92
shôgatsu	しょうがつ（正月）	Jour de l'an 68
shôgo	しょうご（正午）	midi *(heure)* 44
shôgun	しょうぐん（将軍）	shôgoun 68
shôkai	しょうかい（紹介）	présentation 15
shokudô	しょくどう（食堂）	salle à manger 66
shokugo	しょくご（食後）	après le repas 41
shokugyô	しょくぎょう（職業）	profession 38
shokuhin	しょくひん（食品）	aliment 48

shokuji	しょくじ (食事)	repas 26
shoppingu sentâ	ショッピングセンター	centre commercial 97
shôrai	しょうらい (将来)	avenir 89
shori	しょり (処理)	traitement 95
shorui	しょるい (書類)	formulaire 38
shôsetsu	しょうせつ (小説)	roman 25
shôshaman	しょうしゃマン (商社マン)	homme d'affaires 97
shôshin	しょうしん (昇進)	avancement 46
shôshô	しょうしょう	un petit peu 18
shôyu	しょうゆ	shôyu (sauce de soja) 75
shûgakuryokô	しゅうがくりょこう (修学旅行)	voyage scolaire 97
shujin	しゅじん (主人)	mon mari 31
shujinkô	しゅじんこう (主人公)	héros (film, roman) 25
shujutsu	しゅじゅつ (手術)	opération chirurgicale 53
shûkan	しゅうかん (週間)	semaine 46
shûmatsu	しゅうまつ (週末)	week-end 32
shumi	しゅみ (趣味)	activité (loisir) 47
shuppan	しゅっぱん (出版)	publication 25
shuppatsu	しゅっぱつ (出発)	départ 32
shurui	しゅるい (種類)	sorte 96
shûshoku	しゅうしょく (就職)	débouché *(nom)* 92
shusseki	しゅっせき (出席)	présence (à une réunion) 94
shutchô	しゅっちょう (出張)	voyage d'affaires 90
shuto	しゅと (首都)	capitale (d'un pays) 76
shuyô	しゅよう (主要)	principal 89
sô	そう	ainsi 1
soba	そば	à côté 51
sobo	そぼ (祖母)	ma grand-mère 90
soboku	そぼく (素朴)	sobre 89
sofu	そふ (祖父)	mon grand-père 90
sôjiki	そうじき (掃除機)	aspirateur 59
soko	そこ	là 6
sôko	そうこ (倉庫)	entrepôt 40
sokutatsu	そくたつ (速達)	envoi exprès 61
sonna	そんな	de cette sorte 68
sonna ni	そんな に	de cette façon 20
sono ato	その あと	après cela 57
sono go	その ご (後)	depuis 23
sono mama	そのまま	tel quel 32
sono tanbi ni	その たんび に	à chaque fois 72
sono uchi ni	その うち に	bientôt 37
sono ue	その うえ	en outre 72

sora	そら（空）	ciel 48
sôrâ paneru	ソーラー　パネル	panneau solaire 76
soreni	それに	de plus 26
sorede	それで	alors 52
soredemo	それでも	tout de même 11
soredewa	それでは	alors 3
sorehodo	それほど	à ce point 24
soreja	それじゃ	alors 64
sorekara	それから	puis 6
sorenara	それなら	dans ce cas 11
soretomo	それとも	ou bien 29
sorezore	それぞれ	chacun 89
sôridaijin	そうりだいじん（総理大臣）	Premier ministre 94
sorosoro	そろそろ	doucement 48
sôshiki	そうしき（葬式）	funérailles 67
soshite	そして	ensuite 30
soto	そと（外）	extérieur (dehors) 60
sotsugyô	そつぎょう（卒業）	diplôme 23
sou	そう	longer 57
sû	すう（数）	le nombre de 66
subarashii	すばらしい	être splendide 30
subete	すべて	tous 76
sugata	すがた（姿）	aspect 68
sugi	すぎ	passé *(+ heure)* 62
sugiru	すぎる（過ぎる1）	passer *(temps)* 48 ; être trop 92
sugoi	すごい	être formidable 32
sugosu	すごす（過ごす）	passer (son temps) 97
sugu	すぐ	tout de suite 16
suichû megane	すいちゅう　めがね（水中　眼鏡）	lunettes de bain 54
suiheisen	すいへいせん（水平線）	horizon (marin) 30
suimin	すいみん（睡眠）	sommeil 73
suiri shôsetsu	すいり　しょうせつ（推理　小説）	roman policier 25
suiyôbi	すいようび（水曜日）	mercredi 46
suizokukan	すいぞくかん（水族館）	aquarium (bâtiment) 6
suki	すき（好き）	aimé (adjectif) 10
sukî	スキー	ski 72
sukima	すきま（隙間）	fente 76
sukkari	すっかり	tout à fait 78
sukoshi	すこし（少し）	un peu 26

suku	すく	être vide 62
sumi	すみ（墨）	encre 90
sumô	すもう（相撲）	sumô (sport) 10
sumu[1]	すむ（住む）	habiter 15
sumu[2]	すむ（澄む）	être transparent 75
suna	すな（砂）	sable 54
sûnen	すうねん（数年）	plusieurs années 76
supai	スパイ	espion 25
supein	スペイン	Espagne 38
supîdo	スピード	vitesse 32
supîkâ	スピーカー	haut-parleur 58
supôtsu	スポーツ	sport 52
sûpu	スープ	potage 9
suru	する	faire 8
sushi	すし（寿司）	sushi 16
susume	すすめ（勧め）	conseil 18
susumu	すすむ（進む）	avancer 32
sutajiamu	スタジアム	stade 97
suteki	すてき	adorable 74
suu	すう（吸う）	aspirer 20
suwaru	すわる（座る）	s'asseoir 54
suzushii	すずしい（涼しい）	être frais (temps) 60

T

ta	た（田）	rizière 36
tabako	タバコ	cigarettes 20
tabakoya	タバコや（タバコ屋）	bureau de tabac 20
tabemono	たべもの（食べ物）	aliment 46
taberu	たべる（食べる）	manger 3
tabesugi	たべすぎ（食べすぎ）	excès d'alimentation 46
tabitabi	たびたび（度々）	souvent 45
tada	ただ	ordinaire 46
taeru	たえる（耐える1）	supporter 85
tagai	たがい（互い）	mutuel 89
tahichi	タヒチ	Tahiti 76
taihen	たいへん（大変）	terrible 11
taiin	たいいん（退院）	sortie de l'hôpital 23
taikutsu	たいくつ（退屈）	ennui (désœuvrement) 55
taisen	たいせん（大戦）	guerre mondiale 88
taisetsu	たいせつ（大切）	important 89
taishoku	たいしょく（退職）	retraite 59
taiyô	たいよう（太陽）	soleil 30
taizai	たいざい（滞在）	séjour 38
takai	たかい（高い）	être cher 5 ; être haut 75

takusan	たくさん	beaucoup 6
takushî	タクシー	taxi 51
tama ni	たま に	de temps en temps 73
tamago	たまご（卵）	œuf 3
tamaranai	たまらない	être insupportable 54
tame	ため	à l'intention de 16 ; afin de 38 ; à cause de 60
tameiki	ためいき（溜息）	soupir 48
tanjôbi	たんじょうび（誕生日）	anniversaire 29
tanka	たんか（短歌）	poème classique japonais 90
tanomu	たのむ（頼む）	demander 29
tanoshii	たのしい（楽しい）	être agréable 39
tanoshimi	たのしみ（楽しみ）	réjouissance 41
tanoshimu	たのしむ（楽しむ）	savourer 66
taoru	タオル	serviette de toilette 31
tariru	たりる（足りる1）	être suffisant 32
tashika	たしか（確か）	sûr 60
tassha	たっしゃ（達者）	expert 92
tasu	たす（足す）	ajouter 95
tasukaru	たすかる	être sauvé 20
tatami	たたみ（畳）	tatami 80
tatamu	たたむ（畳む）	plier 80
tatemono	たてもの（建物）	bâtiment 40
tateru	たてる（建てる1）	construire 37
tatoeba	たとえば（例えば）	par exemple 36
tatsu[1]	たつ（立つ）	se dresser 24
tatsu[2]	たつ（経つ）	s'écouler (temps) 46
tazuneru	たずねる（訪ねる1）	rendre visite 86
te	て（手）	main 64
têburu	テーブル	table 82
tegami	てがみ（手紙）	lettre (courrier) 39
teinen	ていねん（定年）	limite d'âge 66
tekikoku	てきこく（敵国）	pays ennemi 43
temo	ても	même si 62
ten[1]	てん（展）	exposition *(+ nom d'artiste)* 2
ten[2]	てん（点）	point 43
tengoku	てんごく（天国）	paradis 82
tenisu	テニス	tennis 38
tenki	てんき（天気）	temps (météorologique) 16
tenkin	てんきん（転勤）	mutation (travail) 69
tennô	てんのう（天皇）	empereur 68

tenpura	てんぷら	tempura (cuisine japonaise) 29
tento	テント	tente 75
tera	てら（寺）	monastère bouddhique 57
terebi	テレビ	télévision 10
tesage kaban	てさげ　かばん（手提げ　鞄）	sac fourre-tout 31
tetsudau	てつだう（手伝う）	aider 74
to	と	quand 46
tô	とう（頭）	x gros animaux 39
tobitatsu	とびたつ（飛び立つ）	s'envoler 43
tobiutsuru	とびうつる（飛び移る）	sauter (d'un endroit à l'autre) 39
tochiji	とちじ（都知事）	gestion municipale de Tôkyô 58
tochû	とちゅう（途中）	en chemin 75
tôdai	とうだい（東大）	Université de Tôkyô 23
toka	とか	ou bien 36
tokei	とけい（時計）	montre 80
toki	とき（時）	moment 32
tokidoki	ときどき（時々）	quelquefois 10
toko	とこ	endroit (degré moins) 87
tokoro	ところ（所）	endroit 27 ; moment 94
tokorode	ところで	à propos 50
tokoroga	ところが	or (cependant) 61
toku ni	とくに（特に）	particulièrement 47
tokubetsu	とくべつ（特別）	spécial 68
tomaru[1]	とまる（止まる）	s'arrêter 68
tomaru[2]	とまる（泊まる）	séjourner 17
tomo	とも（供）	compagnon 26
tomodachi	ともだち（友達）	ami 8
tonari	となり（隣）	voisin 20
tooi	とおい（遠い）	être loin 20
tooru	とおる（通る）	parcourir 57
torakku	トラック	camion 32
torakutâ	トラクター	tracteur 97
toranku	トランク	valise 4
tori[1]	とり（鳥）	oiseau 50
tori[2]	とり（鶏）	poulet 93
toru	とる（取る）	prendre 9
toshidama	としだま（年玉）	étrennes 74
to shite	と　して	en tant que 78
toshokan	としょかん（図書館）	bibliothèque (de prêt) 83
totemo	とても	très 9

totonou	とトのう（整う）	être accompli 74
totsugisaki	とつぎさき（嫁ぎ先）	belle-famille (d'une fille) 86
totsuzen	とつぜん（突然）	soudainement 86
tsugi	つぎ（次）	suivant 19
tsugô	つごう（都合）	circonstances 19
tsui ni	つい に（遂 に）	finalement 97
tsuide ni	ついで に	par la même occasion 59
tsuitachi	ついたち（一日）	premier jour du mois 65
tsukaeru	つかえる（仕える1）	servir (qqun) 37
tsukamaru	つかまる（捉まる）	attraper 32
tsukare	つかれ（疲れ）	fatigue 73
tsukareru	つかれる（疲れる1）	être fatigué 75
tsukaru	つかる（浸かる）	se plonger 62
tsukau	つかう（使う）	utiliser 68
tsukeru	つける（付ける1）	attacher 36
tsuki	つき（月）	lune 43
tsûkô	つうこう（通行）	circulation (des véhicules) 82
tsuku[1]	つく（付く）	se fixer 31
tsuku[2]	つく（着く）	arriver 5
tsukue	つくえ（机）	table 80
tsukuru	つくる（作る）	fabriquer 18
tsuma	つま（妻）	mon épouse 34
tsumaranai	つまらない	être sans intérêt 55
tsumari	つまり	c'est-à-dire 75
tsumetai	つめたい（冷たい）	être très froid (au toucher) 54
tsumori	つもり	intention 25
tsurai	つらい	être pénible 20
tsureru	つれる（連れる1）	accompagner 26
tsûro	つうろ（通路）	passage 79
tsuru	つる（釣る）	pêcher (à la ligne) 30
tsutome	つとめ（勤め）	emploi (travail) 23
tsutomeru	つとめる（勤める1）	être employé (pour un travail) 23
tsûyaku	つうやく（通訳）	interprète 97
tsuyoi	つよい（強い）	être fort 30
tsuzuki	つづき（続き）	suite 37
tsuzuku	つづく（続く）	se poursuivre 20

u

uchi[1]	うち（内）	intérieur 88
uchi[2]	うち（家）	maison 53
uchû	うちゅう（宇宙）	univers 43
ue	うえ（上）	dessus 23
ugokasu	うごかす（動かす）	faire bouger 40
uiku endo	ウイーク エンド	week-end 72
uîn	ウィーン	Vienne (Autriche) 78
ukabu	うかぶ（浮かぶ）	flotter 48

ukagau	うかがう	entendre *(degré plus/je)* 47 ; venir *(degré plus/je)* 59 ; demander *(degré plus/je)* 87
uketoru	うけとる（受け取る）	réceptionner (recevoir) 61
umai	うまい	être réussi 87
umaku	うまく	de façon réussie 75
umareru	うまれる（生まれる1）	naître 38
umi	うみ（海）	mer 30
undô	うんどう（運動）	mouvement 58
unten	うんてん（運転）	conduite (d'un véhicule) 97
untenshu	うんてんしゅ（運転手）	chauffeur 97
ura	うら（裏）	envers 17
urajiosutoku	ウラジオストク	Vladivostock 55
urayamashii	うらやましい	être jaloux 30
ureshii	うれしい	être réjoui 74
uru	うる（売る）	vendre 48
urusai	うるさい	être désagréable 24
ushi	うし（牛）	bovin 97
ushiro	うしろ（後ろ）	derrière 22
uso	うそ（嘘）	mensonge 85
uta	うた（歌）	chanson 19
utau	うたう（歌う）	chanter 19
utsukushii	うつくしい（美しい）	être ravissant 19
utsukushisa	うつくしさ（美しさ）	beauté 85
uwasa	うわさ（噂）	propos (au sujet de qqun) 73

W

wa ga hai	わがはい（吾輩）	je (ancien) 88
waishatsu	ワイシャツ	chemise d'homme 80
wakai	わかい（若い）	être jeune 83
wakareru	わかれる（別れる）	être séparé 34
wakaru	わかる（分かる）	être compréhensible 1
wakasu	わかす（沸かす）	faire bouillir 73
wake	わけ（訳）	situation 36
wakusei	わくせい（惑星）	planète 43
wani	わに（鰐）	crocodile 76
warau	わらう（笑う）	rire *(verbe)* 90
warui	わるい（悪い）	être mauvais 19
warumono	わるもの（悪者）	méchante personne 43
washitsu	わしつ（和室）	pièce traditionnelle japonaise 34
wasureru	わすれる（忘れる1）	oublier 8
watakushi	わたくし（私）	moi / je 9
watakushidomo	わたくしども（私共）	nous (officiel) 40
wataru	わたる（渡る）	traverser 36
watashi	わたし（私）	moi / je 12

nana hyaku kyû jû hachi • 798

watashitachi	わたしたち（私達）	nous 39
watasu	わたす（渡す）	tendre *(verbe)* 79
wazawaza	わざわざ	en se donnant la peine 61

Y

yabureru	やぶれる（破れる1）	être détérioré 88
yachin	やちん（家賃）	loyer 24
yahari/yappari	やはり/やっぱり	comme prévu 67
yakeru	やける（焼ける1）	griller 30
yakuhin	やくひん（薬品）	médicament 81
yakusoku	やくそく（約束）	rendez-vous 13
yakuwari	やくわり（役割）	rôle 95
yakyû	やきゅう（野球）	base-ball 52
yama	やま（山）	montagne 36
yamagoya	やまごや（山小屋）	chalet 72
yameru	やめる1	abandonner 5
yarikata	やりかた	façon de faire 58
yaru	やる	faire *(familier)* 29
yasai	やさい（野菜）	légume 80
yasashii	やさしい	être gentil 94
yasui	やすい（安い）	être bon marché 31
yasumi	やすみ（休み）	vacances 30
yasumu	やすむ（休む）	se reposer 46
yatto	やっと	enfin 24
yo	よ（世）	monde 48
yô	よう	similitude 48 ; à l'usage de 82
yôchien	ようちえん（幼稚園）	école maternelle 24
yohô	よほう（予報）	prévision 93
yohodo	よほど	absolument 92
yôji	ようじ（用事）	occupation 86
yoko	よこ（横）	à côté 31 ; flanc 46
yoku	よく	bien 8 ; souvent 10
yokujitsu	よくじつ（翌日）	lendemain 45
yome	よめ（嫁）	épouse 86
yomitsugareru	よみつがれる（読み継がれる1）	continuer à être lu 89
yomu[1]	よむ（詠む）	composer (un poème) 90
yomu[2]	よむ（読む）	lire 64
yonaka	よなか（夜中）	pleine nuit 11
yopparau	よっぱらう（酔っ払う）	s'enivrer 48
yori	より	plus *(+ adjectif)* que 19
yôroppa	ヨーロッパ	Europe 73
yoroshii	よろしい	être bien *(degré plus/vous)* 23
yoru[1]	よる	s'appuyer sur 55
yoru[2]	よる（寄る）	passer (par) 31

yoru[3]	よる（夜）	nuit 11
yosan	よさん（予算）	budget 32
yoteigai	よていがい（予定外）	imprévu *(adj.)* 45
yoyaku	よやく（予約）	réservation 44
yoyû	よゆう（余裕）	disponibilité 80
yu	ゆ（湯）	eau chaude 73
yûbe	ゆうべ（夕べ）	hier soir 61
yûbin	ゆうびん（郵便）	courrier 22
yûbinkyoku	ゆうびんきょく（郵便局）	bureau de poste 22
yubiwa	ゆびわ（指輪）	bague 76
yubune	ゆぶね（湯槽）	bassin à eau chaude (de bains publics) 62
yudetamago	ゆでたまご（茹で卵）	œuf dur 93
yûgata	ゆうがた（夕方）	soir 33
yûjin	ゆうじん（友人）	ami 69
yûjô	ゆうじょう（友情）	amitié 89
yuki	ゆき（雪）	neige 72
yukigeshiki	ゆきげしき（雪景色）	paysage de neige 72
yukkuri/ yukkuri to	ゆっくり/ ゆっくり と	lentement 39
yûkô	ゆうこう（友好）	fraternité 88
yume	ゆめ（夢）	rêve 50
yûmei	ゆうめい（有名）	célèbre 37
yûryô	ゆうりょう（有料）	payant 32
yûshoku	ゆうしょく（夕食）	dîner (nom) 73
yûyake	ゆうやけ（夕焼け）	crépuscule 48

Z

zannen	ざんねん（残念）	dommage 19
zasshi	ざっし（雑誌）	revue *(nom)* 64
zehi	ぜひ（是非）	absolument 19
zeikan	ぜいかん（税関）	douane 4
zen	ぜん（善）	le Bien 90
zenbu	ぜんぶ（全部）	entièrement 31
zenjidô	ぜんじどう（全自動）	entièrement automatique 65
zensekai	ぜんせかい（全世界）	monde entier 76
zenzen	ぜんぜん（全然）	absolument pas 24
zô	ぞう（象）	éléphant 39
zuibun	ずいぶん（随分）	extrêmement 13
zutsu	ずつ	chaque 39
zutto	ずっと	tout à fait 82

Lexique français - japonais - transcription

A

abandonner	やめる1	**yameru** 5
abondamment	どんどん	**dondon** 64
abord (d'~)	まず（先ず）	**mazu** 6
absence	るす（留守）	**rusu** 18
absolument	ぜひ（是非）	**zehi** 19 ;
	よほど	**yohodo** 92
absolument pas	ぜんぜん（全然）	**zenzen** 24 ;
	いっさい（一切）	**issai** 81
accident	じこ（事故）	**jiko** 23
accompagner	つれる（連れる1）	**tsureru** 26
accompagner (pour un départ)	みおくる（見送る）	**miokuru** 78
accompagner (qqun)	おくる（送る）	**okuru** 33
accompli (être ~)	ととのう（整う）	**totonou** 74
accord (bon ~)	にあい（似合い）	**niai** 71
accorder (s'~)	あう（合う）	**au** 71
accroché (être ~)	かかる	**kakaru** 31
acheter	かう（買う）	**kau** 5
achevé (être ~)	できる1	**dekiru** 40
acteur	はいゆう（俳優）	**haiyû** 97
actif	かっぱつ（活発）	**kappatsu** 88
action	かつやく（活躍）	**katsuyaku** 88
activité	かつどう（活動）	**katsudô** 47
activité (loisir)	しゅみ（趣味）	**shumi** 47
actrice	じょゆ（女優）	**joyu** 19
acupressure	しあつ（指圧）	**shiatsu** 81
admirable	かんしん（感心）	**kanshin** 33
admiration	かんしん（感心）	**kanshin** 37
adorable	すてき	**suteki** 74
adresse	じゅうしょ（住所）	**jûsho** 38
adulte	おとな（大人）	**otona** 44
aéroport	くうこう（空港）	**kûkô,**
	ひこうじょう（飛行場）	**hikôjô** 27
afin de	ため	**tame** 38
Afrique	アフリカ	**afurika** 39
agence immobilière	ふどうさんや（不動産屋）	**fudôsan.ya** 34

agit (s'il s'~ de)	なら	**nara** 29
agréable	きらく（気楽）	**kiraku** 87 ;
	らく（楽）	**raku** 92
agréable (être ~)	たのしい（楽しい）	**tanoshii** 39
agriculture	のうぎょう（農業）	**nôgyô** 64
aider	てつだう（手伝う）	**tetsudau** 74
aiguille (pour l'acuponcture)	はり（鍼）	**hari** 81
aimé (très ~/adoré)	だいすき（大好き）	**daisuki** 9
aimé *(adjectif)*	すき（好き）	**suki** 10
ainsi	そう	**sô** 1
air (qu'on respire)	くうき（空気）	**kûki** 75
ajouter	たす（足す）	**tasu** 95
alcool	さけ（酒）	**sake** 4
aligner	ならべる（並べる1）	**naraberu** 74
aliment	たべもの（食べ物）	**tabemono** 46 ;
	しょくひん（食品）	**shokuhin** *(pl.)* 48
allégresse	おおよろこび（大喜び）	**ooyorokobi** 39
Allemagne	ドイツ	**doitsu** 78
aller	いく（行く）	**iku** 1
aller *(degré plus/vous)*	いらっしゃる	**irassharu** 68
aller à la rencontre	むかえる（迎える1）	**mukaeru** 27
allô	もしもし	**moshimoshi** 27
allumettes	マッチ	**matchi** 75
allure (aspect)	かっこう（恰好）	**kakkô** 82
alors	それでは	**soredewa** 3 ;
	では	**dewa** 17 ;
	それで	**sorede** 52 ;
	それじゃ	**soreja** 64
Amérique	アメリカ	**amerika** 8
ami	ともだち（友達）	**tomodachi** 8 ;
	ゆうじん（友人）	**yûjin** 69
amitié	ゆうじょう（友情）	**yûjô** 89
amour	こい（恋）	**koi** 43
amuser (s'~)	あそぶ（遊ぶ）	**asobu** 45
an *(date, durée)*	ねん（年）	**nen** 15
ancien (être ~)	ふるい（古い）	**furui** 17
anglais (langue)	えいご（英語）	**eigo** 64
Angleterre	イギリス	**igirisu** 22

animal	どうぶつ（動物）	**dôbutsu** 82
animal de compagnie	ペット	**petto** 82
animaux (x gros ~)	とう（頭）	**tô** 39
animé (endroit)	にぎやか	**nigiyaka** 51
année (cette ~)	ことし（今年）	**kotoshi** 23
année (chaque ~)	まいとし（毎年）	**maitoshi** 55
année (début de l'~)	ねんし（年始）	**nenshi** 74
année (en cours)	ほんねん（本年）	**honnen** 78
année (nouvelle ~)	しんねん（新年）	**shinnen** 78
année *(durée)*	ねんかん（年間）	**nenkan** 37
année avant l'année dernière	おととし（一昨年）	**ototoshi** 90
année dernière	きょねん（去年）	**kyonen** 55 ;
	さくねん（昨年）	**sakunen** 78
année prochaine	らいねん（来年）	**rainen** 26
années (plusieurs ~)	すうねん（数年）	**sûnen** 76
anniversaire	たんじょうび（誕生日）	**tanjôbi** 29
annuaire téléphonique	でんわちょう（電話帳）	**denwachô** 36
ans (âge) (après chiffre)	さい（歳）	**sai** 15
antibiotique	こうせいぶっしつ（抗生物質）	**kôseibusshitsu** 81
apaiser (s'~)	しずまる（静まる）	**shizumaru** 85
apercevoir (s'~ que)	き が つく（気 が つく）	**ki ga tsuku** 81
apparaître	でる（出る1）	**deru** 29
appareil	きぐ（器具）	**kigu** 59
appareil photo	カメラ	**kamera** 4
appareil photo numérique	デジ カメ	**deji kame** 65
apparence extérieure	がいかん（外観）	**gaikan** 96
appartement	アパート	**apâto** 24
appeler (s'~)	いう（言う）	**iu** 33
appeler (s'~) *(degré plus/je)*	もうす（申す）	**môsu** 15
approcher (s'~)	ちかづく（近づく）	**chikazuku** 58
approximativement (après mot de temps)	ごろ	**goro** 55
appuyer	おす（押す）	**osu** 46

appuyer sur (s'~)	よる	**yoru** 55
après	ご（後）	**go** 31 ;
	あと（後）	**ato** 45
après cela	その あと	**sono ato** 57
après le repas	しょくご（食後）	**shokugo** 41
après-après-demain	しあさって	**shiasatte** 27
après-demain	あさって	**asatte** 43 ;
	みょうごにち（明後日）	**myôgonichi** 53
après-midi	ごご（午後）	**gogo** 11
aquarium (bâtiment)	すいぞくかん（水族館）	**suizokukan** 6
arbre	き（木）	**ki** 39
architecte	けんちくか（建築家）	**kenchikuka** 97
argent (monnaie)	かね（金）	**kane** 31
Argentine	アルゼンチン	**aruzenchin** 41
arrangement de fleurs	いけばな（生け花）	**ikebana** 34
arrêter (s'~)	とまる（止まる）	**tomaru** 68
arriver	つく（着く）	**tsuku** 5
arriver à temps	まにあう（間に合う）	**maniau** 51
arrondissement	く（区）	**ku** 51
article de journal	きじ（記事）	**kiji** 64
aspect	すがた（姿）	**sugata** 68
aspirateur	そうじき（掃除機）	**sôjiki** 59
aspirer	すう（吸う）	**suu** 20
assemblée	かいぎ（会議）	**kaigi** 89
assemblée nationale (Diète)	こっかい（国会）	**kokkai** 69
assembler (des pièces)	くみたてる）（組み立てる1	**kumitateru** 40
asseoir (s'~)	かける1	**kakeru** 46 ;
	すわる（座る）	**suwaru** 54
assiette	さら（皿）	**sara** 74
atmosphère	ふんいき（雰囲気）	**fun.iki** 85
attacher	つける（付ける1）	**tsukeru** 36
attendre	まつ（待つ）	**matsu** 13
attention (faire ~)	き を つける（気 を つける1）	**ki o tsukeru** 40
attraper	つかまる（捉まる）	**tsukamaru** 32
audible (être ~)	きこえる（聞こえる1）	**kikoeru** 24
augmenter	ふえる（増える1）	**fueru** 45
aujourd'hui	きょう（今日）	**kyô** 11

happyaku yon • 804

auparavant	さき／さっき（先）	**saki/sakki** 89
Australie	オーストラリア	**ôsutoraria** 38
autocar de luxe	リムジン　バス	**rimujin basu** 27
automatique (entièrement ~)	ぜんじどう（全自動）	**zenjidô** 65
automne	あき（秋）	**aki** 48
autoroute	こうそくどうろ（高速道路）	**kôsokudôro** 32
autre	ほか（他）	**hoka** 41
autrefois	むかし（昔）	**mukashi** 33
Autriche	オーストリア	**ôsutoria** 78
avancement	しょうしん（昇進）	**shôshin** 46
avancer	すすむ（進む）	**susumu** 32
avant	まえ（前）	**mae** 15 ;
	いぜん（以前）	**izen** 57
avant-guerre	せんぜん（戦前）	**senzen** 88
avant-hier	おととい	**ototoi** 39
avenir	しょうらい（将来）	**shôrai** 89
aventure	ぼうけん（冒険）	**bôken** 43
avenue	おおどおり（大通り）	**oodoori** 58
avion	ひこうき（飛行機）	**hikôki** 27
avion (par ~) (courrier)	こうくう（航空）	**kôkû** 22
avril	しがつ（四月）	**shigatsu** 23

B

bagages	にもつ（荷物）	**nimotsu** 27
bague	ゆびわ（指輪）	**yubiwa** 76
baguettes	はし（箸）	**hashi** 9
bain	ふろ（風呂）	**furo** 62
bains publics	せんとう（銭湯）	**sentô** 62
balançoire	ブランコ	**buranko** 82
banque	ぎんこう（銀行）	**ginkô** 31
bar	バー	**bâ** 11
bascule	シーソー	**shîsô** 82
base-ball	やきゅう（野球）	**yakyû** 52
bassin à eau chaude (de bains publics)	ゆぶね（湯槽）	**yubune** 62
bateau	ふね（船）	**fune** 55
bâtiment	ビル	**biru** 24 ;
	たてもの（建物）	**tatemono** 40

batterie	じゅうでん（充電）	**jûden** 51
bavardage	しゃべり	**shaberi** 73
Beau (le ~)	び（美）	**bi** 85
beau temps (faire ~)	はれる（晴れる1）	**hareru** 93
beaucoup	たくさん	**takusan** 6
beaucoup (de personnes)	おおぜい（大勢）	**oozei** 79
beaucoup plus	もっと	**motto** 19
beauté	うつくしさ（美しさ）	**utsukushisa** 85
bel homme	びだんし（美男子）	**bidanshi** 94
belle-famille (d'une fille)	とつぎさき（嫁ぎ先）	**totsugisaki** 86
béton	コンクリート	**konkurîto** 66
bibliothèque (de prêt)	としょかん（図書館）	**toshokan** 83
bicyclette	じてんしゃ（自転車）	**jitensha** 57
bien	よく	**yoku** 8
bien (être ~)	いい	**ii** 2
bien (être ~) *(degré plus/vous)*	よろしい	**yoroshii** 23
Bien (le ~)	ぜん（善）	**zen** 90
bien que	のに	**noni** 41 ;
	けれども	**keredomo** 44
bien que *(familier)*	けど	**kedo** 44 ;
	けれど	**keredo** 45
bien sûr	もちろん（勿論）	**mochiron** 67
bientôt	そのうちに	**sono uchi ni** 37 ;
	もうじき（もう直き）	**môjiki** 64
bière	ビール	**bîru** 3
billet (de banque)	さつ（札）	**satsu** 88
billet (ticket)	きっぷ（切符）	**kippu** 29
biscuit	クッキー	**kukkî** 93
bizarre	へん（変）	**hen** 58
bizarre (être ~)	おかしい	**okashii** 59
blanc (être ~)	しろい（白い）	**shiroi** 31
blé	こむぎ（小麦）	**komugi** 30
bleu/vert (être ~)	あおい（青い）	**aoi** 31
boire	のむ（飲む）	**nomu** 3
bois (de construction)	もくぞう（木造）	**mokuzô** 85
boîte	はこ（箱）	**hako** 17
boîte à lettres	ポスト	**posuto** 61
bon (être ~) (goût)	おいしい	**oishii** 9

happyaku roku • 806

bon marché (être ~)	やすい（安い）	yasui 31
bondé	まんいん（満員）	man.in 62
bonne santé	げんき（元気）	genki 23
bonsai (arbre nain)	ぼんさい（盆栽）	bonsai 66
bord	ふち（縁）	fuchi 31
bouger (faire ~)	うごかす（動かす）	ugokasu 40
bouillir (faire ~)	わかす（沸かす）	wakasu 73
boulettes de riz	だんご（団子）	dango 90 ;
	むすび（結び）	musubi 93
boursier à l'étranger	りゅうがくせい（留学）	ryûgakusei 78
bovin	うし（牛）	ushi 97
branche (d'arbre)	えだ（枝）	eda 39
Brésil	ブラジル	burajiru 69
briller	かがやく（輝く）	kagayaku 48
bruit	おと（音）	oto 24
bruit de pas	あしおと（足音）	ashioto 48
brûler	もえる（燃える1）	moeru 85
budget	よさん（予算）	yosan 32
bureau (pièce)	じむしょ（事務所）	jimusho 40
bureau de poste	ゆうびんきょく（郵便局）	yûbinkyoku 22
bureau de tabac	タバコや（タバコ屋）	tabakoya 20
bus	バス	basu 6

C

c'est-à-dire	つまり	tsumari 75
cacahuète	ピーナッツ	pînattsu 39
cadeau-souvenir	おみやげ（お土産）	omiyage 6
café (boisson)	コーヒー	kôhi 3
café (établissement)	きっさてん（喫茶店）	kissaten 12
cage	おり（檻）	ori 39
calcul (mathématique)	けいさん（計算）	keisan 95
calculatrice	でんたく（電卓）	dentaku 95
camarade	なかま（仲間）	nakama 47
camion	トラック	torakku 32
campagne	いなか（田舎）	inaka 36
camping	キャンプ	kyanpu 75
Canada	カナダ	kanada 45
candidat (élections)	りっこうほしゃ（立候補者）	rikkôhosha 58

capitale (d'un pays)	しゅと(首都)	**shuto** 76
carte de crédit	クレジット　カード	**kurejitto kâdo** 89
carte postale	はがき(葉書)	**hagaki** 22
carte postale illustrée	えはがき(絵葉書)	**ehagaki** 39
cas	ばあい(場合)	**baai** 68
cas (dans ce ~)	それなら	**sorenara** 11
catalogue	カタログ	**katarogu** 96
cause (à ~ de)	ため	**tame** 60
caution	しききん(敷金)	**shikikin** 34
CD	シーディー(CD)	**shîdî** 47
célébration	いわい(祝い)	**iwai** 46
célèbre	ゆうめい(有名)	**yûmei** 37
celui-là (il/lui *péjoratif*)	あいつ	**aitsu** 72
centre commercial	ショッピングセンター	**shoppingu sentâ** 97
cependant	けれども	**keredomo** 24
cerisier	さくら(桜)	**sakura** 90
certain (un ~) *(+ nom)*	ある	**aru** 37
certainement	きっと	**kitto** 39
chacun	それぞれ	**sorezore** 89
chalet	やまごや(山小屋)	**yamagoya** 72
chaleur (fuite de la ~)	ひしょ(避暑)	**hisho** 76
chaleureux (être ~)	あたたかい(温かい)	**atatakai** 41
chambre	へや(部屋)	**heya** 44
chambre (à coucher)	しんしつ(寝室)	**shinshitsu** 66
chambre chez l'habitant	みんしゅく(民宿)	**minshuku** 75
chameau	らくだ	**rakuda** 39
champ	はたけ(畑)	**hatake** 57
champagne	シャンパン	**shanpen** 47
changer	かわる(変わる)	**kawaru** 41
changer de moyen de transport	のりかえる(乗り換える1)	**norikaeru** 55
changer de vêtement	きがえる(着替える1)	**kigaeru** 54
chanson	うた(歌)	**uta** 19
chanter	うたう(歌う)	**utau** 19
chanteur	かしゅ(歌手)	**kashu** 19
chapeau	ぼうし(帽子)	**bôshi** 54
chaque	ずつ	**zutsu** 39
châssis	ボディー	**bodî** 65
chat	ねこ(猫)	**neko** 50

happyaku hachi • 808

chaud (être ~)	あつい（暑い）	**atsui** 1
chaud (être agréablement ~)	あたたかい（暖かい）	**atatakai** 81
chaud et humide (être ~) (temps)	むしあつい（蒸暑い）	**mushiatsui** 60
chauffeur	うんてんしゅ（運転手）	**untenshu** 97
chausser (qqun)	はかす	**hakasu** 82
chaussette	くつした（靴下）	**kutsushita** 5
chaussure	くつ（靴）	**kutsu** 82
chemin (en ~)	とちゅう（途中）	**tochû** 75
chemise d'homme	ワイシャツ	**waishatsu** 80
cher (être ~)	たかい（高い）	**takai** 5
chercher	さがす（捜す）	**sagasu** 34
chien	いぬ（犬）	**inu** 33
chimie	かがく（化学）	**kagaku** 81
Chine	ちゅうごく（中国）	**chûgoku** 26
chinois (langue)	ちゅうごくご（中国語）	**chûgokugo** 26
chocolat	チョコレート	**chokorêto** 93
choisir	えらぶ（選ぶ）	**erabu** 65
chômeur	しつぎょうしゃ（失業者）	**shitsugyôsha** 40
ciel	そら（空）	**sora** 48
ciel couvert (nuageux)	くもり（曇り）	**kumori** 93
cigarettes	タバコ	**tabako** 20
cimetière	ぼち（墓地）	**bochi** 67
cinéma	えいが（映画）	**eiga** 8
circonstances	つごう（都合）	**tsugô** 19
circulation (des véhicules)	つうこう（通行）	**tsûkô** 82
circulation (transports)	こうつう（交通）	**kôtsû** 23
cirrocumulus	いわしぐも（いわし雲）	**iwashigumo** 48
civilisation	ぶんか（文化）	**bunka** 82
clairement	はっきり	**hakkiri** 55
classique	クラシック	**kurashikku** 47
climatisation	れいぼう（冷房）	**reibô** 60
club (de sport)	クラブ	**kurabu** 38
cocktail (réception)	カクテル パーティー	**kakuteru pâtî** 47
cœur (esprit)	こころ（心）	**kokoro** 85
cœur (par ~)	あんき（暗記）	**anki** 83
collectionner (rassembler)	あつめる（集める1）	**atsumeru** 88
collège	ちゅうがっこう（中学校）	**chûgakkô** 92
collégien	ちゅうがくせい）（中学生	**chûgakusei** 97

collègue	どうりょう (同僚)	**dôryô** 32
collier	くびわ (首輪)	**kubiwa** 82
combien environ ?	どのぐらい	**donogurai** 25
combien ? (prix)	いくら	**ikura** 17
combien ? *(dénombrable)*	いくつ	**ikutsu** 15
commémoration	きねん (記念)	**ki.nen** 89
commencement	はじめ (初め)	**hajime** 55
commencer (qq chose)	はじめる (始める1)	**hajimeru** 47
comment ?	どう やって	**dô yatte** 54
comment ?	どう	**dô** 6 ;
	いかが	**ikaga** 16
commerce (activité)	しょうばい (商売)	**shôbai** 48
compagnon	とも (供)	**tomo** 26
comparer	くらべる (比べる1)	**kuraberu** 60
compétition	きょうそう (競争)	**kyôsô** 54
composer (un poème)	よむ (詠む)	**yomu** 90
compositeur	さっきょくか (作曲家)	**sakkyokuka** 41
composition (musicale)	さっきょく (作曲)	**sakkyoku** 41
compréhensible (être ~)	わかる (分かる)	**wakaru** 1
compte bancaire	こうざ (口座)	**kôza** 45
concert	コンサート	**konsâto** 19 ;
	おんがっかい (音楽会)	**ongakkai** 29
condition	じょうけん (条件)	**jôken** 69
conduite (d'un véhicule)	うんてん (運転)	**unten** 97
confier	あずける (預ける1)	**azukeru** 45
congélation	れいとう (冷凍)	**reitô** 48
connaissance (personne)	ちじん (知人)	**chijin** 67
connaître	しる (知る)	**shiru** 6
connaître *(degré plus/vous)*	ご ぞんじ (存知) です	**go zonji desu** 96
conseil	すすめ (勧め)	**susume** 18
constitution (texte de loi)	けんぽう (憲法)	**kenpô** 88
construire	たてる (建てる1)	**tateru** 37
construit en	だて (建て)	**date** 76
contemplation des fleurs (de cerisier)	はなみ (花見)	**hanami** 90
contemporain	げんだい (現代)	**gendai** 50
contenu	ないよう (内容)	**naiyô** 43
continuer à être lu	よみつがれる (読み継がれる1)	**yomitsugareru** 89
contravention	ばっきん (罰金)	**bakkin** 32

happyaku jû • 810

conversation	かいわ（会話）	kaiwa 94
coquillages	かいるい（貝類）	kairui 30
corps	からだ（体）	karada 73 ;
	み（身）	mi 92
correctement	ちゃんと	chanto 61
côté	ほう（方）	hô 32
côté (à ~)	よこ（横）	yoko 31 ;
	そば	soba 51
côté (ce ~)	こちら	kochira 40
côté (l'autre ~)	むこう（向こう）	mukô 69
côté droit	みぎがわ（右側）	migigawa 20
cou	くび（首）	kubi 39
coucher	ねかせる（寝かせる1）	nekaseru 75
coucher (se ~)	ねる（寝る1）	neru 11
couleur	いろ（色）	iro 30
coup de soleil	ひやけ（日焼け）	hiyake 54
cour impériale	ちょうてい（朝廷）	chôtei 83
courbette	じぎ（辞儀）	jigi 78
courrier	ゆうびん（郵便）	yûbin 22
courses (achats)	かいもの（買物）	kaimono 5
court (être ~)	みじかい（短い）	mijikai 97
couteau	ナイフ	naifu 80
couvert de	だらけ	darake 39
couverture (d'un livre, d'une revue)	ひょうし（表紙）	hyôshi 85
crépuscule	ゆうやけ（夕焼け）	yûyake 48
crocodile	わに（鰐）	wani 76
Croix rouge japonaise	にっせき（日赤）	nisseki 53
cuisine (pièce)	だいどころ（台所）	daidokoro 34
cuisine (préparation des plats)	りょうり（料理）	ryôri 18
cuisine chinoise	ちゅうかりょうり（中華料理）	chûkaryori 9
cuisine du Jour de l'an	せちりょうり（節料理）	sechiryôri 74
curiosité	きょうみ（興味）	kyômi 43

D

daltonien	しきもう（色盲）	shikimô 79
dangereux (être ~)	あぶない（危ない）	abunai 54
danser	おどる（躍る）	odoru 76

débouché *(nom)*	しゅうしょく（就職）	**shûshoku** 92
début	さいしょ（最初）	**saisho** 32
décembre	じゅうにがつ（十二月）	**jûnigatsu** 74
décidé (être ~)	きまる（決まる）	**kimaru** 27
décider	きめる（決める1）	**kimeru** 55
déçu (être ~)	がっかり する	**gakkari suru** 85
défendre	まもる（守る）	**mamoru** 43
dégoûté (être ~)	こりごり です	**korigori desu** 79
degré (°C)	ど（度）	**do** 81
déjà	もう	**mô** 25
demain	あした（明日）	**ashita** 2
demande	ねがい（願い）	**negai** 45
demander	たのむ（頼む）	**tanomu** 29 ;
	きく（聞く）	**kiku** 39
demander *(degré plus/je)*	うかがう	**ukagau** 87
demi	はん（半）	**han** 30
demi-journée	はんにち（半日）	**hannichi** 72
démontage	ぶんかい（分解）	**bunkai** 59
départ	しゅっぱつ（出発）	**shuppatsu** 32
depuis	そのご（後）	**sono go** 23 ;
	いらい（以来）	**irai** 59
déraisonnable	むり（無理）	**muri** 19
dernier	さいご（最後）	**saigo** 43
derrière	うしろ（後ろ）	**ushiro** 22
désagréable (être ~)	うるさい	**urusai** 24
descendre	おりる（降りる1）	**oriru** 51
désiré (être ~)	ほしい（欲しい）	**hoshii** 34
desséché (être ~)	ひからびる1	**hikarabiru** 80
dessert	デザート	**dezâto** 93
dessiner	えがく（描く）	**egaku** 88
dessous	した（下）	**shita** 80
dessus	うえ（上）	**ue** 23
détaillé (être ~)	くわしい（詳しい）	**kuwashii** 51
détérioré (être ~)	やぶれる（破れる1）	**yabureru** 88
détestable	いや（嫌）	**iya** 93
détester	きらう（嫌う）	**kirau** 75 ;
	きらい（嫌い）	**kirai** 81
dette	しゃっきん（借金）	**shakkin** 76
deux (les ~)	りょう（両）	**ryô** 68
devant	まえ（前）	**mae** 13 ;
	さき（先）	**saki** 92

happyaku jû ni • 812

développement	はったつ（発達）	hattatsu 95
devenir	なる	naru 22
diamant	ダイヤモンド	daiyamondo 76
Diète (bâtiment)	こっかいぎじどう（国会議事堂）	kokkaigijidô 94
différent (être ~)	ちがう（違う）	chigau 89
difficile (être ~)	むずかしい	muzukashii 32
dimanche	にちようび（日曜日）	nichiyôbi 16
dîner *(degré moins)*	ばんめし（晩飯）	banmeshi 75
dîner *(nom)*	ゆうしょく（夕食）	yûshoku 73 ;
	ばんごはん（晩御飯）	bangohan 83
dînette (jeu)	ままごと	mamagoto 90
diplôme	そつぎょう（卒業）	sotsugyô 23
dire	いう（言う）	iu 37
dire *(degré plus/vous)*	おっしゃる	ossharu 93
direction	ほうこう（方向）	hôkô 67 ;
	ほう（方）	hô 75
diriger vers (se ~)	むかう（向かう）	mukau 94
discussion	はなしあい（話し合い）	hanashiai 89
discuter	はなしあう（話し合う）	hanashiau 66
disparaître	なくなる（無くなる）	nakunaru 45
disponibilité	よゆう（余裕）	yoyû 80
disposition (d'esprit)	ごこち（心地）	gokochi 60
distribution	はいたつ（配達）	haitatsu 61
domaine	ほうめん（方面）	hômen 64
dommage	ざんねん（残念）	zannen 19
doré	きんいろ（金色）	kin.iro 85
dorénavant	これから	korekara 40
dormir	ねむる（眠る）	nemuru 60
dos	せなか（背中）	senaka 54
douane	ぜいかん（税関）	zeikan 4
doubler (dépasser un véhicule)	おいこす（追い越す）	oikosu 32
doucement	そろそろ	sorosoro 48
douche	シャワー	shawâ 62
douloureux (être ~)	いたい（痛い）	itai 46
drapeau	はた（旗）	hata 58
dresser (se ~)	たつ（立つ）	tatsu 24
droit (tout ~)	まっすぐ	massugu 20
droite (opp. à gauche)	みぎ（右）	migi 17
drôlerie	あいきょう（愛嬌）	aikyô 39

E

eau froide	みず（水）	**mizu** 31
eau chaude	ゆ（湯）	**yu** 73
échantillon	みほん（見本）	**mihon** 92
école	がっこう（学校）	**gakkô** 82
école maternelle	ようちえん（幼稚園）	**yôchien** 24
école primaire	しょうがっこう（小学校）	**shôgakkô** 92
économie (science)	けいざい（経済）	**keizai** 69
écouler (s'~) (temps)	たつ（経つ）	**tatsu** 46
écouter	きく（聞く）	**kiku** 29
écrire	かく（書く）	**kaku** 17
écrivain	ぶんがくしゃ（文学者）	**bungakusha** 67 ;
	さっか（作家）	**sakka** 83
effectuer	おこなう（行う）	**okonau** 89
élection	せんきょ（選挙）	**senkyo** 58
électricien	でんきや（電気屋）	**denkiya** 59
électricité	でんき（電気）	**denki** 40
éléphant	ぞう（象）	**zô** 39
élève *(nom)*	せいと（生徒）	**seito** 82
élève de x classe	ねんせい（年生）	**nensei** 92
élever (un animal)	かう（飼う）	**kau** 33
elle	かのじょ（彼女）	**kanojo** 71
éloigné (être ~)	はなれる（離れる1）	**hanareru** 44
emménagement	にゅうきょ（入居）	**nyûkyo** 34
émotion	いんしょう（印象）	**inshô** 85
empereur	てんのう（天皇）	**tennô** 68
emploi (travail)	つとめ（勤め）	**tsutome** 23
employé (être ~) (pour un travail)	つとめる（勤める1）	**tsutomeru** 23
encombré (être ~)	こむ（混む）	**komu** 32
encore	まだ	**mada** 15
encore (pas ~)	まだ	**mada** 2
encre	すみ（墨）	**sumi** 90
endroit	ところ（所）	**tokoro** 27
endroit (où on pose le pied)	あしもと（足元）	**ashimoto** 40
endroit *(degré moins)*	とこ	**toko** 87
enfant	こども（子供）	**kodomo** 15
enfant perdu	まいご（迷子）	**maigo** 97

enfin	やっと	**yatto** 24 ;
	いったい	**ittai** 59
enivrer (s'~)	よっぱらう（酔っ払う）	**yopparau** 48
ennui (désœuvrement)	たいくつ（退屈）	**taikutsu** 55
ennuyé (être ~)	こまる（困る）	**komaru** 13
énorme	きょだい（巨大）	**kyodai** 52
enregistrement	チェック イン	**chekku in** 44 ;
	ろくおん（録音）	**rokuon** 99
enseigner	おしえる（教える1）	**oshieru** 29
ensemble	いっしょ に（一緒 に）	**issho ni** 5
ensommeillé (être ~)	ねむい（眠い）	**nemui** 39
ensuite	そして	**soshite** 30 ;
	のちほど（後ほど）	**nochihodo** 69
entendre *(degré plus/je)*	うかがう	**ukagau** 47
entièrement	ぜんぶ（全部）	**zenbu** 31
entrée (d'une maison)	げんかん（玄関）	**genkan** 62
entrée (dans une école)	にゅうがく（入学）	**nyûgaku** 38
entrée (de magasin)	いりぐち（入口）	**iriguchi** 79
entrepôt	そうこ（倉庫）	**sôko** 40
entrer	はいる（入る）	**hairu** 5
entrer (faire ~)	いれる（入れる1）	**ireru** 47
enveloppe	ふうとう（封筒）	**fûtô** 61
envers	うら（裏）	**ura** 17
envie (avoir ~ de)	き が する（気 が する）	**ki ga suru** 43
environnement (écologique)	かんきょう（環境）	**kankyô** 95
environs (alentours)	へん（辺）	**hen** 20 ;
	あたり（辺り）	**atari** 32 ;
	きんぺん（近辺）	**kinpen** 82
envoi exprès	そくたつ（速達）	**sokutatsu** 61
envoler (s'~)	とびたつ（飛び立つ）	**tobitatsu** 43
épais (être ~)	ふとい（太い）	**futoi** 71
éphémère (être ~)	はかない	**hakanai** 48
époque	じだい（時代）	**jidai** 17
époque (moment)	ころ（頃）	**koro** 74
épouse	よめ（嫁）	**yome** 86
épouse (mon ~)	つま（妻）	**tsuma** 34
épuisé (être ~)	くたびれる1	**kutabireru** 72
escalier roulant	エスカレーター	**esukarêtâ** 79

Espagne	スペイン	**supein** 38
espèce humaine	じんるい（人類）	**jinrui** 95
espion	スパイ	**supai** 25
esprit	き（気）	**ki** 24
est (point cardinal)	ひがし（東）	**higashi** 79
estomac	い（胃）	**i** 46
étage	フロア	**furoa** 44
étage (précédé d'un nombre)	かい（階）	**kai** 24
État (d'~)	こくりつ（国立）	**kokuritsu** 92
été (saison)	なつ（夏）	**natsu** 30
étendre (étaler)	しく（敷く）	**shiku** 90
étoile	ほし（星）	**hoshi** 43
étrange	ふしぎ（不思議）	**fushigi** 50
étranger (personne)	がいこくじん（外国人）	**gaikokujin** 45
être-humain	ひと（人）; にんげん（人間）	**hito** 19 ; **ningen** 88
être-humain *(degré plus)*	かた（方）	**kata** 48
étrennes	としだま（年玉）	**toshidama** 74
étroit (être ~)	せまい（狭い）	**semai** 24
étude	べんきょう（勉強）	**benkyô** 64
étude des langues	ごがく（語学）	**gogaku** 71
étudiant	がくせい（学生）; だいがくせい（大学生）	**gakusei** 78 ; **daigakusei** 92
étudier	ならう（習う）	**narau** 64
euh…	ええと	**eeto** 58
Europe	ヨーロッパ	**yôroppa** 73
Europe et USA	おうべい（欧米）	**ôbei** 88
événement	ぎょうじ（行事）	**gyôji** 89
exact	せいかく（正確）	**seikaku** 61
exactement	まったく（全く）	**mattaku** 48
examiner	しらべる（調べる1）	**shiraberu** 22
excès d'alimentation	たべすぎ（食べすぎ）	**tabesugi** 46
excursion	えんそく（遠足）	**ensoku** 93
exemple (par ~)	たとえば（例えば）	**tatoeba** 36
exercice	れんしゅう（練習）	**renshû** 47
exister *(animés)*	いる1	**iru** 15
exister *(inanimés)*	ある	**aru** 19
expédier (courrier)	おくる（送る）	**okuru** 61
expert	たっしゃ（達者）	**tassha** 92
explication	せつめい（説明）	**setsumei** 38

exploitation agricole	のうじょう（農場）	**nôjô** 97
exposition *(+ nom d'artiste)*	てん（展）	**ten** 2
exprimer	あらわす（表す）	**arawasu** 36
exténué	くたくた	**kutakuta** 80
extérieur (dehors)	そと（外）	**soto** 60
extrêmement	ずいぶん（随分）	**zuibun** 13 ;
	ひじょう に（非常 に）	**hijô ni** 50
extrémité	はて（果て）	**hate** 43

F

fabrication	せいぞう（製造）	**seizô** 40
fabriquer	つくる（作る）	**tsukuru** 18
face (en ~)	むかい（向かい）	**mukai** 24
facile	かんたん（簡単）	**kantan** 18
façon (de cette ~)	そんな に	**sonna ni** 20 ;
	こんな に	**konna ni** 39
façon (de toute ~)	いずれ に せよ	**izure ni seyo** 89
façon de choisir	えらびかた（選び方）	**erabikata** 65
façon de faire	やりかた	**yarikata** 58
faire	する	**suru** 8
faire *(degré plus/je)*	いたす	**itasu** 69
faire *(degré plus/vous)*	なさる	**nasaru** 46
faire *(familier)*	やる	**yaru** 29
faire fonctionner	かける1	**kakeru** 16
faire jusqu'au bout	しまう	**shimau** 31
faire pour moi	くれる1	**kureru** 29
faire pour moi *(degré plus)*	くださる	**kudasaru** 86
faire pour qqun	あげる1	**ageru** 93
fait (de ce ~)	ですから	**desukara** 30 ;
	だから	**dakara** 34
fait (événement)	こと	**koto** 33
famille	かぞく（家族）	**kazoku** 67
famille impériale	こうしつ（皇室）	**kôshitsu** 68
fan	ファン	**fan** 94
faner (se ~)	ちる（散る）	**chiru** 90
fatigue	つかれ（疲れ）	**tsukare** 73
fatigué (être ~)	つかれる（疲れる1）	**tsukareru** 75
féminin	じょりゅう（女流）	**joryû** 83
femme (= de sexe féminin)	じょせい（女性）	**josei** 89

femme (ma ~) (opp. à mari)	かない（家内）	**kanai** 18
femme (opp. à homme)	おんな（女）	**onna** 41
fenêtre	まど（窓）	**mado** 60
fente	すきま（隙間）	**sukima** 76
feu	ひ（火）	**hi** 85
feuille (d'arbre)	は（葉）	**ha** 48
feuille morte	かれは（枯葉）	**kareha** 48
fièvre	ねつ（熱）	**netsu** 81
filet	あみ（網）	**ami** 52
fille (jeune ~)	むすめ（娘）	**musume** 76, 86
fille (opp. à garçon)	おんな の こ（女 の 子）	**onna no ko** 15
fille (votre jeune ~)	おじょうさん（お嬢さん）	**ojôsan** 15
film d'animation	アニメ	**anime** 95
fin du jour	ひぐれ（日暮れ）	**higure** 48
fin *(nom)*	おわり（終わり）	**owari** 48
finalement	ついに（遂に）	**tsui ni** 97
fixer	はる（張る）	**haru** 52
fixer (se ~)	つく（付く）	**tsuku** 31
flanc	よこ（横）	**yoko** 46
fleur	はな（花）	**hana** 53
floraison (pleine ~)	まんかい（満開）	**mankai** 90
florissant	さかん（盛ん）	**sakan** 52
flotter	うかぶ（浮かぶ）	**ukabu** 48
fois (à chaque ~)	その たんび に	**sono tanbi ni** 72
fois (cette ~-ci)	こんかい（今回）	**konkai** 58
fois (je ne sais combien de ~)	なんども（何度も）	**nandomo** 58
fois (précédé d'un nombre)	かい（回）	**kai** 89
fois (prochaine)	こんど（今度）	**kondo** 19
fois (une seule ~)	いっぺん（一遍）	**ippen** 67
fonctionner	かかる	**kakaru** 41
fondation	せつりつ（設立）	**setsuritsu** 89
football	サッカー	**sakkâ** 52
forêt	もり（森）	**mori** 50
forme	かたち（形）	**katachi** 97
formidable (être ~)	すごい	**sugoi** 32
formulaire	しょるい（書類）	**shorui** 38
fort (être ~)	つよい（強い）	**tsuyoi** 30
forteresse	しろ（城）	**shiro** 68
fou (passionné)	きちがい（気違い）	**kichigai** 82

happyaku jû hachi • 818

foule	ひとごみ（人込み）	hitogomi 94
fourchette	フォーク	fôku 9
frais (être ~) (temps)	すずしい（涼しい）	suzushii 60
frais (récent)	しんせん（新鮮）	shinsen 30
frais de scolarité	がくひ（学費）	gakuhi 92
Français	フランス人	furansujin 13
France	フランス	furansu 18
fraternité	ゆうこう（友好）	yûkô 88
fréquenter régulièrement	かよう（通う）	kayou 83
froid (être ~) (temps)	さむい（寒い）	samui 60
froid (être très ~) (au toucher)	つめたい（冷たい）	tsumetai 54
fruit	くだもの（果物）	kudamono 53
funérailles	そうしき（葬式）	sôshiki 67
fusée	ロケット	roketto 43
futon	ふとん（布団）	futon 80

G

gâché	だいなし	dainashi 72
gagner (être vainqueur)	かつ（勝つ）	katsu 54
garage	ガレージ	garêji 34
garçon	おとこ の こ（男 の 子）	otoko no ko 15
garçon (votre petit ~)	おぼっちゃん（お坊ちゃん）	obotchan 15
gare	えき（駅）	eki 6
gâteau	おかし（お菓子）	okashi 12
gauche (opp. à droite)	ひだり（左）	hidari 17
gêne (retenue)	えんりょ（遠慮）	enryo 86
gêner	き に なる（気 に なる）	ki ni naru 62
genre (ce ~ d'objets)	など	nado 33
gens (les ~)	ひとびと（人々）	hitobito 37
gens du peuple	へいみん（平民）	heimin 36
gentil	しんせつ（親切）	shinsetsu 97
gentil (être ~)	やさしい	yasashii 94
girafe	きりん	kirin 39
glace (à manger)	アイス クリーム	aisu kurîmu 54
globe terrestre	ちきゅう（地球）	chikyû 43
golf	ゴルフ	gorufu 52
goût	あじ（味）	aji 75

goûter (quatre-heures)	おやつ（お八つ）	**oyatsu** 93
goûter *(verbe)*	あじわう（味わう）	**ajiwau** 85
gouvernement	せいふ（政府）	**seifu** 78
grâce (à)	お かげ で	**o kage de** 60
grand (être ~)	おおきい（大きい）	**ookii** 20
grand magasin	デパート	**depâto** 5
grave	しんこく（深刻）	**shinkoku** 95
Grèce	ギリシャ	**girisha** 22
griller	やける（焼ける1）	**yakeru** 30
guérir (d'une maladie)	なおる（直る）	**naoru** 46
guerre	せんそう（戦争）	**sensô** 18
guerre mondiale	たいせん（大戦）	**taisen** 88
guerrier	ぶけ（武者）	**buke** 36
guichet	かいさつぐち（改札口）	**kaisatsuguchi** 79
guidage	あんない（案内）	**annai** 40

H

habile	じょうず（上手）	**jôzu** 69
habitation *(degré plus)*	お すまい（お住い）	**o sumai** 68
habiter	すむ（住む）	**sumu** 15
habituel	ふつう（普通）	**futsû** 45
happy-end	ハッピー エンド	**happî endo** 43
hâter (se ~)	いそぐ（急ぐ）	**isogu** 32
haut (être ~)	たかい（高い）	**takai** 75
hautbois	オーボエ	**ôboe** 47
haut-parleur	スピーカー	**supîkâ** 58
héros (film, roman)	ヒーロー	**hîrô** 43 ;
	しゅじんこう（主人公）	**shujinkô** 25
heure (sur l'horloge)	じ（時）	**ji** 11
heure *(durée)*	じかん（時間）	**jikan** 13
hier	きのう（昨日）	**kinô** 8
hier soir	ゆうべ（夕べ）	**yûbe** 61
histoire	はなし（話）	**hanashi** 25
Histoire	れきし（歴史）	**rekishi** 57
histoires de fantômes	かいだん（怪談）	**kaidan** 29
historique	れきしてき（歴史的）	**rekishiteki** 89
hiver	ふゆ（冬）	**fuyu** 45
homme (= de sexe masculin)	だんせい（男性）	**dansei** 89

homme d'affaires	しょうしゃマン（商社マン）	**shôshaman** 97
homme politique	せいじか（政治家）	**seijika** 88
hommes et femmes	だんじょ（男女）	**danjo** 62
honoraires	れいきん（礼金）	**reikin** 34
honteux (être ~)	はずかしい（恥ずかしい）	**hazukashii** 62
hôpital	びょういん（病院）	**byôin** 46
horizon (marin)	すいへいせい（水平線）	**suiheisen** 30
horrible (être ~)	ひどい	**hidoi** 80
hospitalisation	にゅういん（入院）	**nyûin** 23
hôtel	ホテル	**hoteru** 44

I

ici	ここ	**koko** 5
idéal	りそう（理想）	**risô** 69
idée	かんがえ（考え）	**kangae** 16
identique	おなじ（同じ）	**onaji** 36
idole (star)	アイドル	**aidoru** 95
île	しま（島）	**shima** 30
imitation	にせ（偽）	**nise** 82
immanquablement	かならず（必ず）	**kanarazu** 27
impératrice	こうごう（皇后）	**kôgô** 68
impolitesse	しつれい（失礼）	**shitsurei** 83
important	たいせつ（大切）	**taisetsu** 89
impossible	だめ	**dame** 67
impression (papier)	いんさつ（印刷）	**insatsu** 88
impression (sentiment)	かんじ（感じ）	**kanji** 71
imprévu *(adj.)*	よていがい（予定外）	**yoteigai** 45
incendie	かじ（火事）	**kaji** 85
incommode	ふべん（不便）	**fuben** 62
Inde	インド	**indo** 39
indifférent	へいき（平気）	**heiki** 62
indispensable	ひつよう（必要）	**hitsuyô** 34
individuel	こじん（個人）	**kojin** 64
industrie	こうぎょう（工業）	**kôgyô** 64
information	じょうほう（情報）	**jôhô** 95
informations (radio ou télévision)	ニュース	**nyûsu** 10

informatique	じょうほうかがく（情報科学）	**jôhôkagaku** 95
infraction	いはん（違反）	**ihan** 32
inquiétude	しんぱい（心配）	**shinpai** 27
inséré (être ~)	のる（載る）	**noru** 89
installation (appareils)	せつび（設備）	**setsubi** 62
institut de beauté	びよういん（美容院）	**biyôin** 82
instrument de musique	がっき（楽器）	**gakki** 47
insupportable (être ~)	たまらない	**tamaranai** 54
intention	つもり	**tsumori** 25
intention (à l'~ de)	ため	**tame** 16
interdiction	きんし（禁止）	**kinshi** 82
interdiction de fumer	きんえん（禁煙）	**kin.en** 20
interdit	だめ	**dame** 75
intéressant (être ~)	おもしろい（面白い）	**omoshiroi** 6
intérêt (être sans ~)	つまらない	**tsumaranai** 55
intérêts (bancaires)	りし（利子）	**rishi** 45
intérieur	うち（内）	**uchi** 88 ;
	なか（中）	**naka** 4
intérieur du véhicule	しゃない（車内）	**shanai** 60
international	こくさいてき（国際的）	**kokusaiteki** 92
internet	インターネット	**intânetto** 47
interprète	つうやく（通訳）	**tsûyaku** 97
intervalle	あいだ（間）	**aida** 31
intestin	ちょう（腸）	**chô** 53
invasion	しんりゃく（侵略）	**shinryaku** 43
invité *(nom)*	きゃく（客）	**kyaku** 34
inviter	さそう（誘う）	**sasou** 16

J

jaloux (être ~)	うらやましい	**urayamashii** 30
jambe	あし（足）	**ashi** 57
janvier	いちがつ（一月）	**ichigatsu** 74
Japan Air Lines (JAL)	ジャル（JAL）	**jaru** 27
Japon	にほん（日本）	**nihon** 18
Japonais	にほんじん（日本人）	**nihonjin** 36
jardin	にわ（庭）	**niwa** 34

jaune (être ~)	きいろい（黄色い）	**kiiroi** 53
jazz	ジャズ	**jazu** 19
jeu vidéo	ビデオ　ゲーム	**bideo gêmu** 95
jeudi	もくようび（木曜日）	**mokuyôbi** 39
jeune (être ~)	わかい（若い）	**wakai** 83
Jeux olympiques	オリンピック	**orinpikku** 97
job	アルバイト	**arubaito** 80
jogging	ジョギング	**jogingu** 68
jouer (du piano)	ひく（弾く）	**hiku** 96
jouer (un rôle)	はたす（果たす）	**hatasu** 95
jour	ひ（日）	**hi** 30
jour (chaque ~)	まいにち（毎日）	**mainichi** 37
jour (opp. à nuit)	ひる（昼）	**hiru** 95
jour (premier ~ du mois)	ついたち（一日）	**tsuitachi** 65
Jour de l'an	しょうがつ（正月）	**shôgatsu** 68
jour de la semaine (quel ~)	なんようび（何曜日）	**nan.yôbi** 53
journal (quotidien)	しんぶん（新聞）	**shinbun** 69
journaliste	きしゃ（記者）	**kisha** 69
journée (milieu de la ~)	にっちゅう（日中）	**nitchû** 30
journée (toute une ~)	いちにち（一日）	**ichinichi** 39
juillet	しちがつ（七月）	**shichigatsu** 55
jus de fruits	ジュース	**jûsu** 16
juste	ちょうど	**chôdo** 24
justement	こそ	**koso** 67

K

kabuki (théâtre traditionnel)	かぶき（歌舞伎）	**kabuki** 29
kaki (fruit)	かき（柿）	**kaki** 48
kilomètre	きろ（キロ）	**kiro** 32
kimono	きもの（着物）	**kimono** 78
kimono de cérémonie	ふりそで（振り袖）	**furisode** 71

L

là	そこ	**soko** 6
là-bas	あそこ	**asoko** 1
là-bas (tout ~)	かなた（彼方）	**kanata** 43
labyrinthe	めいろ（迷路）	**meiro** 79
langue (organe)	した（舌）	**shita** 46

langue nationale	こくご（国語）	kokugo 89
leçon (particulière)	レッスン	ressun 64
léger (être ~)	かるい（軽い）	karui 65
légume	やさい（野菜）	yasai 80
lendemain	よくじつ（翌日）	yokujitsu 45
lentement	ゆっくり/ゆっくり と	yukkuri/yukkuri to 39
lequel des deux ?	どちら	dochira 10 ;
	どっち	dotchi 29
lequel ?	どれ	dore 65
lessive	せんたく（洗濯）	sentaku 62
lettre (courrier)	てがみ（手紙）	tegami 39
lever (se ~)	おきる（起きる1)	okiru 11
librairie	ほんや（本屋）	hon.ya 18
lien	かんけい（関係）	kankei 23
lieu (endroit)	ばしょ（場所）	basho 51
lieue	り（里）	ri 99
ligne	せん（線）	sen 68
limitation	せいげん（制限）	seigen 32
limite d'âge	ていねん（定年）	teinen 66
lion	ライオン	raion 39
lire	よむ（読む）	yomu 64
lit	ベッド	beddo 46
littérature	ぶんがく（文学）	bungaku 83
livre	ほん（本）	hon 4
logement chez l'habitant	げしゅく（下宿）	geshuku 62
loin (être ~)	とおい（遠い）	tooi 20
long (être ~)	ながい（長い）	nagai 25
longer	そう	sou 57
longtemps (après bien ~)	ひさしぶり に（久し振り に）	hisashiburi ni 73
louer (une maison)	かりる（借りる1)	kariru 54
lourd (être ~)	おもい（重い）	omoi 93
loyer	やちん（家賃）	yachin 24
lumière	ひかり（光）	hikari 30
lumineux (être ~)	あかるい（明るい）	akarui 94
lundi	げつようび（月曜日）	getsuyôbi 26
lune	つき（月）	tsuki 43
lunettes	めがね（眼鏡）	megane 8
lunettes de bain	すいちゅう めがね（水中 眼鏡）	suichû megane 54
lycée	こうこう（高校）	kôkô 47

happyaku ni jû yon • 824

M

machine à laver (linge)	せんたくき（洗濯機）	**sentakuki** 59
madame	おくさん（奥さん）	**okusan** 59
magasin	みせ（店）	**mise** 6
magasin d'appareils photo	カメラや（カメラ屋）	**kameraya** 65
magnifique	きれい	**kirei** 30
mahjong (jeu d'origine chinoise)	マージャン	**mâjan** 41
mai	ごがつ（五月）	**gogatsu** 23
maillot de bain	みずぎ（水着）	**mizugi** 54
main	て（手）	**te** 64
maintenant	いま（今）	**ima** 12
mais (en tête de phrase)	でも	**demo** 5 ;
	しかし	**shikashi** 26 ;
	しかも	**shikamo** 61
mais (entre deux propositions)	が	**ga** 19
maison	いえ（家）	**ie** 34 ;
	うち（家）	**uchi** 53
maison *(degré plus/votre)*	おたく（お宅）	**otaku** 82
maison individuelle	いっけんや（一軒家）	**ikken.ya** 34
maître (d'un animal)	かいぬし（飼い主）	**kainushi** 37
Majesté (sa ~)	へいか（陛下）	**heika** 68
maladie	びょうき（病気）	**byôki** 41
mandarine	みかん	**mikan** 16
manga	まんが（漫画）	**manga** 83
manger	たべる（食べる）	**taberu** 3
manière	ふう（風）	**fû** 48
manière (à la ~)	しき（式）	**shiki** 66
manière de faire	しかた（仕方）	**shikata** 44
manière de vivre	せいかつ（生活）	**seikatsu** 71
mannequin	ファッション　モデル	**fasshon moderu** 25
manquer	ぬける（抜ける1）	**nukeru** 59
manteau	コート	**kôto** 76
manuel scolaire	きょうかしょ（教科書）	**kyôkasho** 89
manuscrit	げんこう（原稿）	**genkô** 76
marché *(nom)*	いち（市）	**ichi** 17
marcher	あるく（歩く）	**aruku** 6
mardi	かようび（火曜日）	**kayôbi** 29
mari (mon ~)	しゅじん（主人）	**shujin** 31
mariage	けっこん（結婚）	**kekkon** 15

mariage arrangé	おみあい（お見合）	**omiai** 69
marque (du fabricant)	メーカー	**mêkâ** 65
marron (couleur)	ちゃいろ（茶色）	**cha.iro** 96
match	しあい（試合）	**shiai** 95
mathématiques	さんすう（算数）	**sansû** 92
matin	あさ（朝）	**asa** 11
matin (ce ~)	けさ（今朝）	**kesa** 13
matin (chaque ~)	まいあさ（毎朝）	**maiasa** 30
matinée	ごぜん（午前）	**gozen** 27
mauvais (être ~)	わるい（悪い）	**warui** 19
médecin	いしゃ（医者）	**isha** 46
médicament	くすり（薬）,	**kusuri,**
	やくひん（薬品）	**yakuhin** 81
mélancolique (être ~)	さびしい（寂しい）	**sabishii** 48
membre d'une assemblée	ぎいん（議員）	**giin** 69
même *(+ nom)*	でも	**demo** 58
même si	ても	**temo** 62
ménage (grand ~)	おおそうじ（大掃除）	**oosôji** 74
mensonge	うそ（嘘）	**uso** 85
mer	うみ（海）	**umi** 30
mer Intérieure	せとないかい（瀬戸内海）	**setonaikai** 30
mercredi	すいようび（水曜日）	**suiyôbi** 46
métro	ちかてつ（地下鉄）	**chikatetsu** 31
mettre (sur la tête)	かぶる（被る）	**kaburu** 54
mettre (un vêtement)	きる（着る1）	**kiru** 54
midi *(heure)*	しょうご（正午）	**shôgo** 44
mignon (être ~)	かわいい	**kawaii** 33
migration	いどう（移動）	**idô** 95
milieu (plein ~)	まんなか（真中）	**mannaka** 68
minute	ふん／ぷん（分）	**fun/pun** 24
modèle	モデル	**moderu** 65
modérer	ひかえる（控える1）	**hikaeru** 46
moderne	モダン,	**modan** 66 ;
	きんだい（近代）	**kindai** 88
moi / je	わたくし（私）,	**watakushi** 9 ;
	わたし（私）	**watashi** 12
moi / je (femmes)	あたし	**atashi** 29
moi / je (hommes)	ぼく（僕）	**boku** 20
moi / je (degré moins/ hommes)	おれ	**ore** 66

moine (bouddhiste)	おぼうさん（お坊さん）	**obôsan** 85
mois (ce ~-ci)	こんげつ（今月）	**kongetsu** 94
mois dernier	せんげつ（先月）	**sengetsu** 73
mois prochain	らいげつ（来月）	**raigetsu** 44
moitié	はんぶん（半分）	**hanbun** 61
moment	とき（時）	**toki** 32 ;
	ところ（所）	**tokoro** 94
monastère bouddhique	てら（寺）	**tera** 57
monde	よ（世）	**yo** 48 ;
	せかい（世界）	**sekai** 76
monde entier	ぜんせかい（全世界）	**zensekai** 76
monnaie (billets/pièces)	かへい（貨幣）	**kahei** 88
Monsieur et Madame	ふさい（夫妻）	**fusai** 66
montagne	やま（山）	**yama** 36
montée *(nom)* à la capitale	じょうきょう（上京）	**jôkyô** 80
monter	あがる（上がる）	**agaru** 86
monter	のる（乗る）	**noru** 31
(dans un véhicule)		
montre	とけい（時計）	**tokei** 80
montrer	みせる（見せる1）	**miseru** 17
morceau	いちぶ（一部）	**ichibu** 89
mort (personne)	しにん（死人）	**shinin** 75
Moscou	モスクワ	**mosukuwa** 55
mot	ことば（言葉）	**kotoba** 91
mourir	しぬ（死ぬ）	**shinu,**
	なくなる（亡くなる）	**nakunaru** 37
mouvement	うんどう（運動）	**undô** 58
musée d'art	びじゅつかん（美術館）	**bijutsukan** 50
musique	おんがく（音楽）	**ongaku** 47
mutation (travail)	てんきん（転勤）	**tenkin** 69
mutuel	たがい（互い）	**tagai** 89

N

n'importe quand	いつでも	**itsudemo** 73
nager	およぐ（泳ぐ1）	**oyogu** 30
naître	うまれる（生まれる1）	**umareru** 38
nationalité	こくせき（国籍）	**kokuseki** 38
natte de paille	ござ（茣蓙）	**goza** 90
nature	しぜん（自然）	**shizen** 36
neige	ゆき（雪）	**yuki** 72

neige (paysage de ~)	ゆきげしき（雪景色）	**yukigeshiki** 72
nez	はな（鼻）	**hana** 50
nippo-américain	にちべい（日米）	**nichibei** 88
noble de la cour	こげ（公家）	**kuge** 36
noir (être ~)	くろい（黒い）	**kuroi** 96
nom	なまえ（名前）	**namae** 36
nom de famille	みょうじ（苗字）	**myôji** 36
nombre (le ~ de)	すう（数）	**sû** 66
nombreux (être ~)	おおい（多い）	**ooi** 34
non	いいえ	**iie** 9
nord	きた（北）	**kita** 75
nostalgique (être ~)	なつかしい	**natsukashii** 78
nous	わたしたち（私達）	**watashitachi** 39
nous (officiel)	わたくしども（私共）	**watakushidomo** 40
nouveau (de ~)	また	**mata** 9
nouveau (être ~)	あたらしい（新しい）	**atarashii** 50
nouvelles (demander des ~ de)	きげん（機嫌）	**kigen** 87
novembre	じゅういちがつ（十一月）	**jûichigatsu** 67
nu *(ajectif)*	はだか（裸）	**hadaka** 62
nuage	くも（雲）	**kumo** 67
nuit	よる（夜）	**yoru** 11
nuit (cette ~)	こんや（今夜）	**kon.ya** 75
nuit (pleine ~)	よなか（夜中）	**yonaka** 11
nuitée	はく／ぱく（泊）	**haku/paku** 86
numéros d'une maison	ばんち（番地）	**banchi** 61

o

objet	もの（物）	**mono** 17
objet réel	じつぶつ（実物）	**jitsubutsu** 67
obligatoirement (pas ~)	かならずしも（必ずしも）	**kanarazushimo** 36
occasion	きかい（機会）	**kikai** 19
occasion (par la même ~)	ついで に	**tsuide ni** 59
occasion de départ	きっかけ	**kikkake** 47
occasion précieuse	せっかく	**sekkaku** 72
Occident	せいよう（西洋）	**seiyô** 88
occupation	ようじ（用事）	**yôji** 86

occupé (être ~)	いそがしい	isogashii 41
œil	め（目）	me 39
œuf	たまご（卵）	tamago 3
œuf dur	ゆでたまご（茹で卵）	yudetamago 93
œuvre (littéraire)	さくひん（作品）	sakuhin 83
oiseau	とり（鳥）	tori 50
opéra	オペラ	opera 41
opération chirurgicale	しゅじゅつ（手術）	shujutsu 53
or (cependant)	ところが	tokoroga 61
ordinaire	ただ	tada 46
ordinateur	コンピューター	konpyûtâ 40
oreille	みみ（耳）	mimi 39
oreiller	まくら（枕）	makura 75
organisation (d'un événement)	かいさい（開催）	kaisai 89
Organisation des Nations unies (ONU)	こくさいれんごう（国際連合）	kokusairengô 89
ou bien	それとも	soretomo 29 ;
	とか	toka 36 ;
	また は	mata wa 50
où ?	どこ	doko 1
oublier	わすれる（忘れる1）	wasureru 8
ouest	にし（西）	nishi 30
oui *(familier)*	ええ	ee 12
oui	はい	hai 4
ours	くま（熊）	kuma 39
outre (en ~)	その うえ	sono ue 72
ouvrier	こういん（工員）	kôin 40
ouvrir	ひらく（開く）	hiraku 45
ouvrir (s'~)	あく（開く）	aku 60

P

page	ページ	pêji 25
pain	パン	pan 3
paire	ペア	pea 31
paix	へいわ（平和）	heiwa 18
palais impérial	こうきょ（皇居）	kôkyo 68
panda	パンダ	panda 39
panne	こしょう（故障）	koshô 59
panneau indicateur	ひょうじばん（表示板）	hyôjiban 79

panneau solaire	ソーラー　パネル	**sôrâ paneru** 76
panorama (vue)	ふうけい（風景）	**fûkei** 85
papier	かみ（紙）	**kami** 88
paradis	てんごく（天国）	**tengoku** 82
parapluie	かさ（傘）	**kasa** 31
parc public	こうえん（公園）	**kôen** 68
parc-cimetière	れいえん（霊園）	**reien** 67
parcourir	とおる（通る）	**tooru** 57
parent (parenté)	しんせき（親戚）	**shinseki** 36
parents (père et mère)	りょうしん（両親）	**ryôshin** 39
parfait	けっこう	**kekkô** 4 ;
	かんぺき（完璧）	**kanpeki** 85
parfum	こうすい（香水）	**kôsui** 31
Paris	パリ	**pari** 55
parler	はなす（話す）	**hanasu** 33
part	ぶん（分）	**bun** 34
participation	さんか（参加）	**sanka** 89
particulièrement	とく に（特 に）	**toku ni** 47
passage	つうろ（通路）	**tsûro** 79
passé (opp. à avenir)	かこ（過去）	**kako** 89
passé *(+ heure)*	すぎ	**sugi** 62
passer	こす（越す）	**kosu** 86
passer (par)	よる（寄る）	**yoru** 31
passer (temps)	すぎる（過ぎる1）	**sugiru** 48 ;
	すごす（過ごす）	**sugosu** 97
passer sa vie	くらす（暮らす）	**kurasu** 97
passion (avec ~)	いっしょうけんめい（一生懸命）	**isshôkenmei** 83
patience	がまん（我慢）	**gaman** 71
patte	あし（足）	**ashi** 50
payant	ゆうりょう（有料）	**yûryô** 32
payer	はらう（払う）	**harau** 32
pays	くに（国）	**kuni** 38
pays ennemi	てきこく（敵国）	**tekikoku** 43
pays étranger	がいこく（外国）	**gaikoku** 71
paysage	けしき（景色）	**keshiki** 75
paysan	ひゃくしょう（百姓）	**hyakushô** 97
Pays-Bas	オランダ	**oranda** 94
pêcher (à la ligne)	つる（釣る）	**tsuru** 30
pédagogue	きょういくか（教育家）	**kyôikuka** 88

peine (en se donnant la ~)	わざわざ	**wazawaza** 61
pendant que	あいだ に（間 に）	**aida ni** 62
pénible (être ~)	つらい	**tsurai** 20
penser	おもう（思う）	**omou** 25 ;
	かんがえる（考える1）	**kangaeru** 66
penseur	しそうか（思想家）	**shisôka** 88
pente	しゃめん（斜面）	**shamen** 75
période	ねんだい（年代）	**nendai** 40
permis	きょかしょう（許可証）	**kyokashô** 38
personnage	じんぶつ（人物）	**jinbutsu** 88
personne (méchante ~)	わるもの（悪者）	**warumono** 43
personne (nul)	だれも	**daremo** 30
personnes (pour compter les ~)	にん（人）	**nin** 47
personnes (pour compter les ~) (officiel)	めい（名）	**mei** 44
pessimiste	ひかんてき（悲観的）	**hikanteki** 95
petit (être ~)	ちいさい（小さい）	**chiisai** 27
petit déjeuner (nom)	ちょうしょく（朝食）	**chôshoku** 3
peu (à ~ près)	くらい／ぐらい	**gurai/kurai** 25 ;
	ほど	**hodo** 69
peu (un ~)	ちょっと	**chotto** 17 ;
	すこし（少し）	**sukoshi** 26
peu (un petit ~)	しょうしょう	**shôshô** 18
peuple	こくみん（国民）	**kokumin** 68
peut-être	かしら	**kashira** 59 ;
	かもしれない	**kamoshirenai** 75 ;
	もしかしたら	**moshikashitara** 95
pharmacopée chinoise	かんぽうやく（漢方薬）	**kanpôyaku** 81
photo	しゃしん（写真）	**shashin** 19
piano	ピアノ	**piano** 29
piano à queue	グランド ピアノ	**gurando piano** 96
piano droit	アップライト ピアノ	**appuraito piano** 96
pièce d'eau	いけ（池）	**ike** 85
pièce traditionnelle japonaise	わしつ（和室）	**washitsu** 34
pied	あし（足）	**ashi** 75
pied de la montagne	ふもと	**fumoto** 72
pierre précieuse	ほうせき（宝石）	**hôseki** 82

piéton	ほこうしゃ（歩行者）	**hokôsha** 82
pique-nique	ピクニック	**pikunikku** 16
plaire	きに いる （気に入る）	**ki ni iru** 24
planète	わくせい（惑星）	**wakusei** 43
plat (qui accompagne le riz)	おかず	**okazu** 93
plein	いっぱい（一杯）	**ippai** 80
pleurer	なく（泣く）	**naku** 39
pleurnicher	べそ を かく	**beso o kaku** 72
plier	たたむ（畳む）	**tatamu** 80
plonger (se ~)	つかる（浸かる）	**tsukaru** 62
pluie	あめ（雨）	**ame** 31
plus (de ~)	それに	**soreni** 26
plus (le ~)	いちばん（一番）	**ichiban** 52
plus *(+ adjectif)* que	より	**yori** 19
plus de	いじょう（以上）	**ijô** 39
plus en plus (de ~)	ますます（益々）	**masumasu** 73
poème	し（詩）	**shi** 48
poème classique japonais	たんか（短歌）	**tanka** 90
point	てん（点）	**ten** 43
point (à ce ~)	それほど	**sorehodo** 24
point (au ~ de)	ほど	**hodo** 67
poisson	さかな（魚）	**sakana** 9
police (agent de ~)	けいさつかん（警察官）	**keisatsukan** 94
police (poste de ~)	こうばん（交番）	**kôban** 97
policier (personne)	おまわりさん （お巡りさん）	**omawarisan** 97
pomme	りんご	**ringo** 3
portable (téléphone)	けいたい （でんわ） （携帯(電話)）	**keitai (denwa)** 51
porte *(nom féminin)*	ドア	**doa** 74
porte-monnaie	さいふ（財布）	**saifu** 45
porte-monnaie électronique	でんし マネー （電子 マネー）	**denshi manê** 89
portugais (langue)	ポルトガル語	**porutogarugo** 71
poser	おく（置く）	**oku** 40
posséder	もつ（持つ）	**motsu** 4
possible (autant que ~)	なるべく	**narubeku** 78
possible (être ~)	できる1	**dekiru** 13
potage	スープ	**sûpu** 9

happyaku san jû ni • 832

poulet	とり（鶏）	tori 93
pour (dans le cas de)	に　とって	ni totte 89
pourquoi ?	なぜ	naze 33 ;
	どうして	dôshite 36
pourrir	くさる	kusaru 67
poursuivre (se ~)	つづく（続く）	tsuzuku 20
pourtour	まわり（回り）	mawari 57
pratique	べんり（便利）	benri 24
Premier ministre	そうりだいじん（総理大臣）	sôridaijin 94
première fois (pour la ~)	はじめて（初めて）	hajimete 39
prendre	とる（取る）	toru 9
prendre (temps)	かかる	kakaru 32
préparatifs	したく（支度）	shitaku 73
préparation	じゅんび（準備）	junbi 66
présence (à une réunion)	しゅっせき（出席）	shusseki 94
présentation	しょうかい（紹介）	shôkai 15
presqu'île	はんとう（半島）	hantô 67
presque	ほぼ	hobo 83
presque totalement	ほとんど	hotondo 36
pressé (impatient)	せっかち	sekkachi 81
prêter	かす（貸す）	kasu 32
prévision	よほう（予報）	yohô 93
prévu (comme ~)	やはり/やっぱり	yahari/yappari 67
principal	おも（主）	omo 40 ;
	しゅよう（主要）	shuyô 89
printemps	はる（春）	haru 26
prise de contact	れんらく（連絡）	renraku 69
privé (opp. à public)	しりつ（私立）	shiritsu 92
prix	ねだん（値段）	nedan 65
probabilité	はず（筈）	hazu 79
problème	もんだい（問題）	mondai 46
problème (sans ~)	だいじょうぶ（大丈夫）	daijôbu 27
proche (être ~)	ちかい（近い）	chikai 6
produire (se ~) (événement)	おこる（起こる）	okoru 43
produit de l'étranger	がいこくせい（外国製）	gaikokusei 96
produit du pays	こくさん（国産）	kokusan 96

produit fabriqué	せいひん（製品）	**seihin**	40
professeur	せんせい（先生）	**sensei**	33 ;
	きょうじゅ（教授）	**kyôju**	92
profession	しょくぎょう（職業）	**shokugyô**	38
profond (être ~)	ふかい（深い）	**fukai**	62
profondeur	ふかみ（深み）	**fukami**	96
progressivement	だんだん（段々）	**dandan**	36
promenade	さんぽ（散歩）	**sanpo**	31
promptement	さっそく（早速）	**sassoku**	50
propos (à ~)	ところで	**tokorode**	50
propos (au sujet de qqun)	うわさ（噂）	**uwasa**	73
proverbe	ことわざ（諺）	**kotowaza**	90
province	ちほう（地方）	**chihô**	89
proximité	ちかく（近く）	**chikaku**	62 ;
	きんじょ（近所）	**kinjo**	82
publication	しゅっぱん（出版）	**shuppan**	25
puce (animal)	のみ	**nomi**	17
puis	それから	**sorekara**	6
puissance (pays)	こくしゅのう（国首脳）	**kokushunô**	89
pur	じゅん（純）	**jun**	66

Q

quai (gare, métro)	ホーム	**hômu**	79
quand	と	**to**	46
quand ?	いつ	**itsu**	12
quel ?	どの	**dono**	51
quelqu'un	だれか	**dareka**	69
quelqu'un (degré plus)	どなたか	**donataka**	96
quelque chose	なにか（何か）	**nanika**	34
quelque part	どこか	**dokoka**	29
quelquefois	ときどき（時々）	**tokidoki**	10
question	しつもん（赤問）	**shitsumon**	40
queue (faire la ~)	ならぶ（並ぶ）	**narabu**	39
qui ?	だれ	**dare**	19
qui ? (degré plus)	どなた	**donata**	86
quitter	でる（出る1）	**deru**	27
quoi ?	なん／なに（何）	**nan/nani**	2
quotidien	にちじょう（日常）	**nichijô**	94

happyaku san jû yon • 834

R

raconter	のべる（述べる1）	**noberu** 89
rafraîchir (faire ~)	ひやす（冷やす）	**hiyasu** 74
ragoût	おにしめ（お煮染）	**onishime** 93
raison	りゆう（理由）	**riyû** 89
ranger	かたづける（片付ける1）	**katazukeru** 80
rapide (être ~)	はやい（速い）	**hayai** 32
rapport (en ~ avec)	けい（係）	**kei** 94
rare (être ~)	めずらしい	**mezurashii** 41
rassembler (se ~)	あつまる（集まる）	**atsumaru** 47
ravissant (être ~)	うつくしい（美しい）	**utsukushii** 19
réaliste	げんじつてき（現実的）	**genjitsuteki** 48
réalité	じつ（実）	**jitsu** 15
récemment	さいきん（最近）	**saikin** 47
réception (mondaine)	せったい（接待）	**settai** 69
réceptionner (recevoir)	うけとる（受け取る）	**uketoru** 61
recevoir	もらう	**morau** 31
recevoir *(degré plus/je)*	いただく	**itadaku** 73
recevoir en dépôt	あずかる（預かる）	**azukaru** 92
recherche (scientifique)	けんきゅう（研究）	**kenkyû** 78
rechercher	もとめる（求める1）	**motomeru** 85
récit	ものがたり（物語）	**monogatari** 43
réel	じっさい（実際）	**jissai** 85
réfrigérateur	れいぞうこ（冷蔵庫）	**reizôko** 59
refuser	ことわる（断る）	**kotowaru** 41
régal	ごちそう	**gochisô** 41
regarder	みる（見る1）	**miru** 2
regarder *(degré plus/vous)*	ごらん　くださる（御覧　くださる）	**goran kudasaru** 65
régime (alimentaire)	ダイエット	**daietto** 12
reine	じょおう（女王）	**joô** 94
réjoui (être ~)	うれしい	**ureshii** 74
réjouissance	たのしみ（楽しみ）	**tanoshimi** 41
relever	おこす（起こす）	**okosu** 72
relever (se ~)	おきあがる（起き上がる）	**okiagaru** 72
remariage	さいこん（再婚）	**saikon** 15

remplacement	かわり（代り）	**kawari** 39
rencontrer	あう（会う）	**au** 23
rencontrer *(degré plus/je)*	おめにかかる（お目にかかる）	**o me ni kakaru** 68
rendez-vous	やくそく（約束）	**yakusoku** 13
rendre	かえす（返す）	**kaesu** 76
rendre visite	たずねる（訪ねる1）	**tazuneru** 86
renoncer (être découragé)	あきらめる1	**akirameru** 34
rentrer chez soi	かえる（帰る）	**kaeru** 31
réparé (être ~)	なおる（直る）	**naoru** 59
réparer	なおす（直す）	**naosu** 59
repas	しょくじ（食事）	**shokuji** 26
repas (qu'on emporte)	べんとう（弁当）	**bentô** 93
répéter	くりかえす（繰り返す）	**kurikaesu** 58
répondre	こたえる（答える1）	**kotaeru** 39
réponse	へんじ（返事）	**henji** 61
reposer (se ~)	やすむ（休む）	**yasumu** 46
représentatif	だいひょうてき（代表的）	**daihyôteki** 83
représentation (d'un spectacle)	えんそう（演奏）	**ensô** 29
réservation	よやく（予約）	**yoyaku** 44
ressembler	にる（似る1）	**niru** 39
ressentir	かんじる（感じる1）	**kanjiru** 89
restaurant	レストラン	**resutoran** 46
restauration (d'un bâtiment)	ふくげん（復元）	**fukugen** 85
restauration (politique)	いしん（維新）	**ishin** 88
rester	のこる（残る）	**nokoru** 45
résultat	けっか（結果）	**kekka** 89
retard (être en ~)	おくれる（遅れる1）	**okureru** 74
retour	かえり（帰り）	**kaeri** 31
retour au pays	きこく（帰国）	**kikoku** 45
retraite	たいしょく（退職）	**taishoku** 59
réunion de parents	ふけいかい（父兄会）	**fukeikai** 94
réussi (être ~)	うまい	**umai** 87
réussie (de façon ~)	うまく	**umaku** 75
rêve	ゆめ（夢）	**yume** 50
réveillon	レヴェイヨン	**rebeiyon** 74

revenir (sur ses pas)	もどる（戻る）	**modoru** 32
revue *(nom)*	ざっし（雑誌）	**zasshi** 64
rhume	かぜ（風邪）	**kaze** 81
riche	かねもち（金持）	**kanemochi** 87
ride	しわ	**shiwa** 39
rien	なにも（何も）	**nanimo** 24
rire *(verbe)*	わらう（笑う）	**warau** 90
rivage	かいがん（海岸）	**kaigan** 30
rivière	かわ（川）	**kawa** 36
rizière	た（田）	**ta** 36
robe de chambre	ガウン	**gaun** 31
robot	ロボット	**robotto** 40
rocher	いわ（岩）	**iwa** 54
rock	ロック	**rokku** 64
rôle	やくわり（役割）	**yakuwari** 95
roman	しょうせつ（小説）	**shôsetsu** 25
roman policier	すいり しょうせつ（推理 小説）	**suiri shôsetsu** 25
romantique	ロマンティック	**romantikku** 48
rouge (être ~)	あかい（赤い）	**akai** 31
rouler (véhicule)	はしる（走る）	**hashiru** 32
route nationale	こくどう（国道）	**kokudô** 32
rue	みち（道）	**michi** 20
rugir	ほえる（吠える1）	**hoeru** 39

S

sable	すな（砂）	**suna** 54
sac	バッグ	**baggu** 27 ;
	かばん（鞄）	**kaban** 65
sac à dos	リュックサック	**ryukkusakku** 93
sac à main	ハンド バッグ	**hando baggu** 76
sac fourre-tout	てさげ かばん（手提げ 鞄）	**tesage kaban** 31
sagement	おとなしく（大人しく）	**otonashiku** 54
saison	シーズン	**shîzun** 10 ;
	きせつ（季節）	**kisetsu** 39
saisons (quatre ~)	しき（四季）	**shiki** 66
saké chaud	かん	**kan** 73
salarié *(nom)*	サラリーマン	**sararîman** 52

sale (être ~)	きたない	**kitanai** 80
salle à manger	ダイニング	**dainingu** 34 ;
	しょくどう（食堂）	**shokudô** 66
salle de bains	ふろば（風呂場）	**furoba** 66
salle de séjour	リビング	**ribingu** 34
salon	おうせつま（応接間）	**ôsetsuma** 66
salutation	あいさつ（挨拶）	**aisatsu** 68
samedi	どようび（土曜日）	**doyôbi** 19
sandwich	サンドウイッチ	**sandouitchi** 16
sauter (d'un endroit à l'autre)	とびうつる（飛び移る）	**tobiutsuru** 39
sauvé (être ~)	たすかる	**tasukaru** 20
savoir	しる（知る）	**shiru** 25
savon	せっけん	**sekken** 80
savourer	たのしむ（楽しむ）	**tanoshimu** 66
scène	ぶたい（舞台）	**butai** 89
science	かがく（科学）	**kagaku** 78
science-fiction	エス　エフ（S. F）	**esu efu** 43
sciences (matière scolaire)	りか（理科）	**rika** 94
sécurité	あんぜん（安全）	**anzen** 43
séjour	たいざい（滞在）	**taizai** 38
séjourner	とまる（泊まる）	**tomaru** 57
semaine	しゅうかん（週間）	**shûkan** 46
semaine (cette ~-ci)	こんしゅう（今週）	**konshû** 80
semaine (chaque ~)	まいしゅう（毎週）	**maishû** 60
semaine (une ~ sur deux)	かくしゅう（隔週）	**kakushû** 47
semaine après la semaine prochaine	さらいしゅう（再来週）	**saraishû** 46
semaine dernière	せんしゅう（先週）	**senshû** 29
semaine prochaine	らいしゅう（来週）	**raishû** 23
sèmbé (biscuits salés)	せんべい（煎餅）	**senbei** 93
sensation	かんかく（感覚）	**kankaku** 55
sensationnel	りっぱ（立派）	**rippa** 62
sensibilité	かんじゅせい（感受性）	**kanjusei** 89
sentiment	きもち（気持）	**kimochi** 48
séparé (être ~)	わかれる（別れる）	**wakareru** 34 ;
	べつべつ（別｜々）	**betsubetsu** 62
série (télévisée)	ドラマ	**dorama** 10
sérieux	まじめ	**majime** 64
service (client)	サービス	**sâbisu** 61

happyaku san jû hachi • 838

service (rendu)	せわ（世話）	**sewa** 78
serviette de toilette	タオル	**taoru** 31
servir (qqun)	つかえる（仕える1）	**tsukaeru** 37
seul (tout ~)	ひとり で（一人 で）	**hitori de** 47
seulement	だけ	**dake** 4 ;
	ばっかり/ばかり	**bakkari/bakari** 74
sévère (être ~)	きびしい（厳しい）	**kibishii** 94
Shinkansen (TGV japonais)	しんかんせん（新幹線）	**shinkansen** 60
shôgoun	しょうぐん（将軍）	**shôgun** 68
shôyu (sauce de soja)	しょうゆ	**shôyu** 75
si	もし	**moshi** 76
Sibérie	シベリア	**shiberia** 55
siècle	せいき（世紀）	**seiki** 88
siège	いす（椅子）	**isu** 60
sieste	ひるね（昼寝）	**hirune** 30
signification	いみ（意味）	**imi** 36
similitude	よう	**yô** 48
singe	さる（猿）	**saru** 39
situation	わけ（訳）	**wake** 36 ;
	じょうたい（状態）	**jôtai** 87
situation affreuse	ひどい め（ひどい 目）	**hidoi me** 72
ski	スキー	**sukî** 72
sobre	そぼく（素朴）	**soboku** 89
sociabilité	しゃこうせい（社交性）	**shakôsei** 69
sociable	しゃこうてき（社交的）	**shakôteki** 71
société (commerciale)	かいしゃ（会社）	**kaisha** 23
société (la ~)	しゃかい（社会）	**shakai** 88
Société des Nations (SDN)	こくさいれんめい（国際連盟）	**kokusairenmei** 88
soigner	なおす（直す）	**naosu** 81
soi-même	じぶん（自分）	**jibun** 18
soins	ちりょう（治療）	**chiryô** 46
soir	ばん（晩）	**ban** 26 ;
	ゆうがた（夕方）	**yûgata** 33
soir (ce ~)	こんばん（今晩）	**konban** 9
soir (chaque ~)	まいばん（毎晩）	**maiban** 62
soldes	バーゲン	**bâgen** 31
soleil	たいよう（太陽）	**taiyô** 30
soleil levant	あさひ（朝日）	**asahi** 30
solide	じょうぶ（丈夫）	**jôbu** 88
solidement	しっかり と	**shikkari to** 92

sommeil	すいみん（睡眠）	**suimin** 73
sommet (réunion politique)	サミット	**samitto** 89
son	おと（音）	**oto** 96
sonner (faire ~)	ならす（鳴らす）	**narasu** 74
sonnette	ベル	**beru** 74
sorte	しゅるい（種類）	**shurui** 96
sorte (cette ~ de choses)	なんか	**nanka** 80
sorte (de cette ~)	そんな	**sonna** 68
sorte (de quelle ~ ?)	どんな	**donna** 19
sortes (de toutes ~)	いろいろ（色々）	**iro.iro** 47
sortie	でぐち（出口）	**deguchi** 79
sortie de l'hôpital	たいいん（退院）	**taiin** 23
sortir (de chez soi)	でかける（出掛ける1）	**dekakeru** 67
sortir (faire ~)	だす（出す）	**dasu** 46
soudain	きゅう（急）	**kyû** 94
soudainement	とつぜん（突然）	**totsuzen** 86
souffler	ふく（吹く）	**fuku** 47
soupir	ためいき（溜息）	**tameiki** 48
sous-vêtement	したぎ（下着）	**shitagi** 80
souterrain	ちか（地下）	**chika** 79
souvenir (se ~)	おぼえる（覚える1）	**oboeru** 36 ;
	おもいだす（思い出す）	**omoidasu** 74
souvenir (nom)	おもいで（思いで）	**omoide** 74
souvent	よく	**yoku** 10 ;
	たびたび（度々）	**tabitabi** 45
spacieux	ひろびろ と	**hirobiro to** 62
spécial	とくべつ（特別）	**tokubetsu** 68 ;
	べつ（別）	**betsu** 83
spécialité	めいぶつ（名物）	**meibutsu** 30
splendide (être ~)	すばらしい	**subarashii** 30
sport	スポーツ	**supôtsu** 52
stade	スタジアム	**sutajiamu** 97
statue de bronze	どうぞう（銅像）	**dôzô** 33
statut social	みぶん（身分）	**mibun** 89
style (littéraire)	ぶんたい（文体）	**buntai** 89
sucre	さとう（砂糖）	**satô** 80
sucré (être ~)	あまい（甘い）	**amai** 93
sud	みなみ（南）	**minami** 75
suffisamment	だいぶ（大分）	**daibu** 53
suffisant	じゅうぶん（十分）	**jûbun** 73

suffisant (être ~)	たりる（足りる1）	**tariru** 32
suite	つづき（続き）	**tsuzuki** 37
suivant	つぎ（次）	**tsugi** 19
sujet (au ~ de)	に ついて	**ni tsuite** 66
sumô (sport)	すもう（相撲）	**sumô** 10
supporter	たえる（耐える1）	**taeru** 85
sûr	たしか（確か）	**tashika** 60
surpris (être ~)	おどろく（驚く）	**odoroku** 39 ;
	びっくり する	**bikkuri suru** 80
surtout	もっぱら	**moppara** 47
sushi	すし（寿司）	**sushi** 16

T

table	つくえ（机）	**tsukue** 80 ;
	テーブル	**têburu** 82
tableau	え（絵）	**e** 50
Tahiti	タヒチ	**tahichi** 76
taille (hauteur)	せ（背）	**se** 71
taille (petite ~)	こがた（小型）	**kogata** 65
tant (en ~ que)	と して	**to shite** 78
tard (être ~)	おそい（遅い）	**osoi** 11
tarif	りょうきん（料金）	**ryôkin** 22 ;
	だい（代）	**dai** 45
tasse	ちゃわん（茶碗）	**chawan** 17
tatami	たたみ（畳）	**tatami** 80
tatamis	じょう（畳）	**jô** 34
(pour compter les ~)		
taxe	しようりょう（仕用料）	**shiyôryô** 45
taxi	タクシー	**takushî** 51
tel quel	そのまま	**sono mama** 32
téléchargement	ダウンロード	**daunrôdo** 47
téléphone	でんわ（電話）	**denwa** 13
télésiège	リフト	**rifuto** 72
télévision	テレビ	**terebi** 10
tellement (pas ~)	なかなか	**nakanaka** 47
temps (ces ~-ci)	このごろ	**konogoro** 46
temps (météorologique)	てんき（天気）	**tenki** 16
temps *(durée)*	じかん（時間）	**jikan** 55
temps en temps (de ~)	たま に	**tama ni** 73
temps libre	ひま（暇）	**hima** 26

tempura (cuisine japonaise)	てんぷら	**tenpura** 29
tendre	わたす(渡す)	**watasu** 79
tenir	もつ(持つ)	**motsu** 16
tennis	テニス	**tenisu** 38
tente	テント	**tento** 75
terminal (d'aéroport)	エア ターミナル	**ea tâminaru** 27
terminé (être ~)	できあがる	**dekiagaru** 40
terminer (se ~)	おわる(終わる)	**owaru** 48
terrain d'entraînement	れんしゅうじょう (練習場)	**renshûjô** 52
terrible	たいへん(大変)	**taihen** 11
terrifié (être ~)	こわい	**kowai** 39
tête	あたま(頭)	**atama** 50
texte classique (littérature)	こてん(古典)	**koten** 83
thé	ちゃ(茶)	**cha** 34
théâtre (activité)	しばい(芝居)	**shibai** 29
tirer	ひく(引く)	**hiku** 81
titre (d'une œuvre)	だい(題)	**dai** 50
toi / tu	あなた	**anata** 29
toi / tu	おまえ(お前)	**omae** 73 ;
(degré moins, hommes)	きみ(君)	**kimi** 75
toit	おくじょう(屋上)	**okujô** 52
tombe (nom féminin)	はか(墓)	**haka** 67
tomber	おちる(落ちる1)	**ochiru** 48 ;
	ころぶ(転ぶ)	**korobu** 72
tomber (faire ~)	おとす(落とす)	**otosu** 73
tomber (pluie, neige)	ふる(降る)	**furu** 31
ton	ちょうし(調子)	**chôshi** 41
tôt (être ~)	はやい(早い)	**hayai** 27
toujours	いつも	**itsumo** 32
tour (parcours)	いっしゅう(一周)	**isshû** 76
tourisme	かんこう(観光)	**kankô** 26
touriste	かんこうきゃく (観光客)	**kankôkyaku** 85
tourner	まがる(曲がる)	**magaru** 20
tourner (vers)	むける(向ける1)	**mukeru** 75
tous	みんな	**minna** 36 ;
	すべて	**subete** 76
tout à fait	すっかり	**sukkari** 78 ;
	ずっと	**zutto** 82
tout de même	それでも	**soredemo** 11

happyaku yon jû ni • 842

tout de suite	すぐ	sugu 16
tout en faisant	がてら	gatera 31
tracteur	トラクター	torakutâ 97
train	でんしゃ（電車）	densha 6 ;
	れっしゃ（列車）	ressha 68
train de grandes lignes	きしゃ（汽車）	kisha 32
traitement	しょり（処理）	shori 95
tranquille	しずか（静か）	shizuka 57
tranquillité	あんしん（安心）	anshin 23
transparent (être ~)	すむ（澄む）	sumu 75
travail	しごと（仕事）	shigoto 23
travailler	はたらく（働く）	hataraku 11
traverser	わたる（渡る）	wataru 36
tremblement de terre	じしん（地震）	jishin 66
très	とても	totemo 9
triste (être ~)	かなしい（悲しい）	kanashii 48
trop	あまりにも	amarinimo 48 ;
	あんまり／あまり	anmari/amari 65
trop (être ~)	すぎる（過ぎる1）	sugiru 92
trouvable (être ~)	みあたる（見当たる）	miataru 75
trouvé (être ~)	みつかる（見つかる）	mitsukaru 24
trouver	みつける（見つける1）	mitsukeru 51
trouver (se ~) *(animés)*	いる1	iru 40
trouver (se ~) (degré plus/je)	ござる	gozaru 86
trouver (se ~) *(degré plus/vous)*	いらっしゃる	irassharu 73
trouver (se ~) *(inanimés)*	ある	aru 4
tulipe	チューリップ	chûrippu 53

u

ulcère à l'estomac	いかいよう（胃潰瘍）	ikaiyô 46
univers	うちゅう（宇宙）	uchû 43
université	だいがく（大学）	daigaku 23
Université de Tôkyô	とうだい（東大）	tôdai 23
urgence	せんけつ（先決）	senketsu 76
usage (à l'~ de)	よう（用）	yô 82
usine	こうじょう（工場）	kôjô 40 ;
	こうば（工場）	kôba 97
utiliser	つかう（使う）	tsukau 68

V

vacances	やすみ（休み） バカンス	**yasumi** 30 ; **bakansu** 55
vagues	なみ（波）	**nami** 90
vain (être ~)	むなしい（空しい）	**munashii** 48
valise	トランク	**toranku** 4
vantardise	じまん（自慢）	**jiman** 72
variation (changement)	へんか（変化）	**henka** 88
vaste (être ~)	ひろい（広い）	**hiroi** 52
véhicules (pour compter les ~)	だい（台）	**dai** 34
vendre	うる（売る）	**uru** 48
vendredi	きんようび（金曜日）	**kin.yôbi** 53
venir	くる（来る）	**kuru** 8
venir *(degré plus/je)*	うかがう まいる（参る）	**ukagau** 59 ; **mairu** 86
venir *(degré plus/vous)*	いらっしゃる	**irassharu** 47
ventre	おなか（お腹）	**onaka** 93
verre (un ~)	いっぱい（一杯）	**ippai** 73
verres (pour compter les ~ pleins)	はい（杯）	**hai** 37
vert	みどりいろ（緑色）	**midori.iro** 50
vêtement	ふく（服）	**fuku** 4
via *(+ nom de lieu)*	けいゆ（経由）	**keiyu** 55
viande	にく（肉）	**niku** 9
vide (complètement ~)*(familier)*	からっぽ	**karappo** 45
vide (être ~)	すく	**suku** 62
vidéo	ビデオ	**bideo** 82
vie	いのち（命）	**inochi** 48
vie (toute une ~)	いっしょう（一生）	**isshô** 67
Vienne (Autriche)	ウィーン	**uîn** 78
vif	はきはき	**hakihaki** 71
villa	べっそう（別荘）	**bessô** 76
village	むら（村）	**mura** 30
virage	カーブ	**kâbu** 72
vis	ねじ	**neji** 59
visage	かお（顔）	**kao** 50
visible (être ~)	みえる（見える1）	**mieru** 8
visite (à un malade)	みまい（見舞）	**mimai** 53
visite (d'étude)	けんがく（見学）	**kengaku** 40

happyaku yon jû yon • 844

visite touristique	けんぶつ（見物）	**kenbutsu** 76
vison	ミンク	**minku** 76
vite	はやく（早く）	**hayaku** 1
vitesse	スピード	**supîdo** 32
vivre	いきる（生きる1）	**ikiru** 89
Vladivostock	ウラジオストク	**urajiosutoku** 55
voisin	となり（隣）	**tonari** 20
voiture	じどうしゃ（自動車） くるま（車）	**jidôsha** 23 ; **kuruma** 34
voiture de police	パト　カー	**pato kâ** 32
vol (numéro de ~)	びん（便）	**bin** 27
voyage	りょこう（旅行）	**ryokô** 31
voyage (pour le ~)	りょこうよう（旅行用）	**ryokôyô** 65
voyage d'affaires	しゅっちょう（出張）	**shutchô** 90
voyage de noces	しんこんりょこう（新婚旅行）	**shinkonryokô** 65
voyage scolaire	しゅうがくりょこう（修学旅行）	**shûgakuryokô** 97
vrai	ほんとう（本当）	**hontô** 12
vraiment	まさか	**masaka** 82
vue	ながめ（眺め）	**nagame** 24

W

week-end	しゅうまつ（週末） ウイーク　エンド	**shûmatsu** 32 ; **uiku endo** 72

Y

yen	えん（円）	**en** 17

Z

zoo	どうぶつえん（動物園）	**dôbutsuen** 39

▶▶▶ **Le japonais**
chez Assimil, c'est également :

Grammaire du japonais
Le Japonais kanji
Apprendre le japonais – Niveau A2
Les cahiers d'écriture (Volumes 1 et 2)
Cahier d'exercices - débutants
Cahier d'exercices - faux-débutants / intermédiaire
QCM - 280 tests de japonais
Le Japonais du manga
Japonais (guide de conversation)
Coffret de conversation japonais

N° édition 4343 : Le japonais
Imprimé en France - Mai 2024
404172